Français

Chapitre 1 p. 5

1 a. déterminants – b. adverbes – c. prépositions – d. conjonctions de subordination – e. conjonctions de coordination.

2

Articles définis	La/ au /les
Articles indéfinis	Une (deux fois) / un (trois fois)
Déterminant possessif	sa
Déterminant démonstratif	cette
Déterminant indéfini	Quelques, telle
Déterminant numéral	trois

3 dans : préposition – quelques : déterminant indéfini – bien et ensuite : adverbes.

4 J', on, on, rien, rien, tout.

5 a. b. Tous, tout, tout : déterminant indéfini. – Toute : adverbe – Tout : pronom indéfini.

6 Revenaient, attendait, méditaient, se promenait, demeurait, était : verbes à l'imparfait de l'indicatif. Ce temps dominant exprime une habitude.

Descendraient : au conditionnel présent pour marquer l'éventuel.

Descendent : au présent de l'indicatif pour marquer une vérité générale.

Verbes au pluriel : revenaient, méditaient, descendent, descendraient.

Chapitre 2 p. 7

1 Attributs du sujet : tendus, Quel, très compétent.
Attributs du COD : président, malade.

2 a. à son oncle : COI de *ressembler à*.
b. un petit chien ridicule : COD de *tenir*.
c. à la sauce : COS de *ajouter*.
d. lui : COI de *parler*.
e. chaussures : COD de *trouver*.

3

	Sujet	COD	COI	COS
les conspirateurs	du verbe *offrir*			
au grand Michu			du verbe *offrir*	
d'être leur chef				du verbe *offrir*
l'approbation		du verbe *donner*		
à ce plan				du verbe *donner*

4 me : COD; contrarié : attribut du sujet; je : sujet; d'un complot : COI.

5 Une après-midi, à la récréation de quatre heures, le grand Michu et Paul me prirent à part, dans un coin de la cour. Ils avaient un air grave qui me frappa d'une certaine crainte; car le grand Michu et Paul étaient des gaillards, aux poings énormes, que pour rien au monde je n'aurais voulu avoir pour ennemis.
– Écoute, me dirent-ils de leur voix basse de paysans à peine dégrossis, écoute, veux-tu en être ?
Je répondis carrément : « Oui ! » flatté d'être de quelque chose avec le grand Michu et Paul. Alors, ils m'expliquèrent qu'il s'agissait d'un complot. Les confidences qu'ils me firent me causèrent une sensation délicieuse, que je n'ai jamais peut-être éprouvée depuis.

Chapitre 3 p. 9

1 Vrai : b. c. d. Faux : a.

2 Pronom : où. Adverbe : de loin. Préposition + GN : dans la grande calèche découverte, de l'autre côté du fleuve; de notre rive; à la balustrade.

3 Vrai : a. b. Faux : c.

4 Sous forme de dialogue : CC de manière du verbe *écrire*; pour mettre... : CC de but du verbe *écrire*. Avec ironie : CC de manière du verbe *regarder*. Devant elle : CC de lieu du verbe *prononcer*. Autrefois : CC de temps du verbe *être*.

5 Mieux : adverbe CC de manière du verbe *rouler*.
Alors : adverbe CC de temps du verbe *éclairer*.
Soudain : CC de temps du verbe *dévaler*.
Rapidement : CC de manière du verbe *passer*.

6 a. Dans *Enfance* on assiste au dédoublement de la narratrice : d'une part, l'auteur raconte sa vie, d'autre part, un double critique l'interpelle et interrompt régulièrement le fil de la narration pour la conseiller. Ce mode de « jeu du je », lui permet de s'approcher de l'indicible. Sur la couverture, on voit donc la petite fille (voix narratrice) qui évoque ses souvenirs et l'adulte dont la voix est beaucoup plus critique.

b. L'enfant est habillée avec soin. Elle est très jeune et porte des vêtements du début du XXe siècle.

c. La femme vue de profil est adulte et regarde la petite fille pour bien signifier qu'elle prend ses distances par rapport à l'autre voix.

Chapitre 4 p. 11

1 Vrai : a. b. d. – c. pas toujours

2 froid – vagues et fraîches – grands – chétifs et difformes – hautes – longs – armés .

3 a. *le jardin ombragé* = le jardin qui était à l'ombre. b. *les parterres fleuris* = les parterres de fleurs. c. Ce jardin est un vrai paradis. Son aspect luxuriant est évoqué par l'abondance des couleurs. L'eau, synonyme de vie, apporte de la fraîcheur pour tempérer la chaleur du soleil.

4 Vaste et profond : adjectifs qualificatifs apposés au nom *jardin*. fleuries : adjectif qualificatif épithète du nom *pentes*. de fils d'argent : complément du nom *dentelles*. dominant l'ensemble : apposé au GN *une foule d'insectes et de minuscules bestioles*. minuscules : adjectif qualificatif épithète du nom *bestioles*. assourdissante : épithète du nom *cacophonie*.

5 a. Les couleurs à dominante de vert profond, couleur froide, sont franches et denses en contre-jour. La zone d'ombre s'oppose à la zone lumineuse.

b. La femme qui joue de la flûte traversière au beau milieu d'une forêt peuplée d'animaux, vaut avant tout pour sa signification symbolique : peut-être incarne-t-elle par exemple le pouvoir de l'art sur les forces sauvages de la nature. Sa nudité, ainsi que la présence des serpents, font penser à Ève. Elle attire irrésistiblement le spectateur par ses yeux lumineux qui ressortent mystérieusement sur son corps sombre.

c. Une impression onirique se dégage de ce tableau. L'atmosphère est plutôt oppressante car les branches se confondent avec les serpents. La végétation semble dense. La femme invite cependant le spectateur à s'évader dans le hors-champ lumineux qui suit le cours d'eau et l'appel de la lumière.

Chapitre 5 p. 13

1 1. d. – 2. c. – 3. b. – 4. a.
2 Vrai : a, d. – Faux : b, c, e.
3 <u>ne</u> vaut <u>pas</u> – n'est <u>pas</u> – <u>rien</u> – <u>ne</u> voit <u>pas.</u>
4 Phrases à la forme passive : a, d.
Phrases à la forme emphatique : b, c.
5 a. Chérubin, le page, a été découvert chez Fanchette, la cousine de Suzanne, par le Comte Almaviva. b. Une chanson pour la fête du mariage de Suzanne était répétée par Fanchette et Chérubin. c. De grands cris de colère auraient été poussés par le Comte, en les trouvant ensemble. d. L'ordre de quitter le château fut reçu par Chérubin.
6 CHÉRUBIN. – Suzon, je suis privé à jamais du plaisir de te voir.
SUZANNE. – De me voir ! C'est mon tour ! vous ne soupirez plus en secret pour ma maîtresse ?
CHÉRUBIN. – Suzon, elle est noble, elle est belle ! Mais elle est imposante !
SUZANNE. – Je ne le suis pas et on peut oser avec moi…
Le dialogue devient plat et peu crédible. La passion que les femmes inspirent à Chérubin et l'amusement qu'elles en éprouvent apparaît moins clairement.

Chapitre 6 p. 15

1 a. Phrases simples : 2e et 3e – Phrases complexes : 1re et 4e.
b. *Que* est conjonction de subordination dans la 1re phrase. Il introduit une subordonnée conjonction complétive COD du verbe *craindre*.
Que est un pronom relatif dans la 4e phrase. Il introduit une subordonnée relative complément de l'antécédent du pronom relatif *équipe*.
2 a. Ma famille habitait depuis dix ans le village, quand un jour Augustin Meaulnes arriva.
b. Le dimanche d'hiver à la campagne, dans les années 1900, était parfois si triste que l'arrivée d'un invité était un événement.
c. J'étais inquiet parce que Meaulnes n'était pas rentré.
3 <u>Dès le début de la classe</u> : GN CC de temps du verbe *s'apercevoir*. <u>Dès qu'il aura levé la tête</u> : subordonnée conjonctive circonstancielle CC de temps du verbe *courir*.
4 Subordonnées relatives : 2e et 4e – Subordonnées conjonctives complétives : 1re et 3e.
5

Proposition	Principale ou subordonnée ?	Type de subordonnée	Fonction de la sub.
Tandis que les enfants couraient avec des cris de joie	subordonnée	conjonctive circonstancielle	CC de temps du verbe *s'avancer*
que des groupes se formaient ou s'éparpillaient à travers bois	subordonnée	conjonctive circonstancielle	CC de temps du verbe *s'avancer*
Meaulnes s'avança dans une allée	principale		
où, dix pas devant lui, marchait la jeune fille.	subordonnée	relative	complément du nom *allée*

Chapitre 7 p. 17

1 a. Je bois frais parce que j'ai chaud.
b. Il n'a pas bien interprété son morceau de piano parce qu'il était trop nerveux.
c. Il a eu une forte amende parce qu'il dépassait la limite de vitesse autorisée.
d. Les enfants étaient excités parce que leurs parents rentraient de Chine.
e. Il n'a pas réussi à montrer sa joie parce qu'il est trop timide.
2 a. L'automobiliste a freiné si brusquement que je n'ai pas pu l'éviter. b. L'incendie a pris dans la forêt si bien qu'on a dû évacuer le village. c. Elle a tant d'enfants qu'elle ne sait où donner de la tête.
d. Il avait voyagé toute la nuit de sorte qu'il tombait de fatigue. e. Son histoire familiale est tellement sinistre qu'il a décidé d'en faire un récit autobiographique.
3 a. travaillez – b. nous pourrions – c. doit ou devrait ou aurait dû – d. n'avait pas été.
4 a. pour qu' – b. afin qu' – c. pour qu' – d. de peur que.
5 a. Rapport de cause : C – Rapport de conséquence : B – Rapport de but : A. b. Non.
6 quoique, quand, pourquoi, si, que, puisque.

s	i	q	u	o	i	q	u	e
u	l	u	v	r	q	u	e	n
r	s	a	v	e	s	e	n	s
e	r	n	i	r	e	b	o	u
m	i	d	a	c	n	t	s	q
p	u	i	s	q	u	e	m	i
n	e	a	n	m	o	i	n	s
c	e	r	t	e	s	m	l	e
p	o	u	r	q	u	o	i	t

Chapitre 8 p. 19

1 Groupe nominal prépositionnel : b. c. e.
Sub. conjonctive à l'indicatif : f.
Sub. conjonctive au subjonctif : a.
Sub. conjonctive au conditionnel : d.
2 Quoique : a. Quoi que : b, c, d.
3 Promenions, offririez, soit, manifester.
4 Sauf, en dépit de ou malgré, sauf ou excepté, malgré.
5 a. Quand bien même tu serais triste… b. En dépit de ses quinze ans… c. Cet exercice est facile, cependant (ou or) il a du mal à le terminer. d. Bien qu'il fasse chaud…

Chapitre 9 p. 21

1 Je mangerai, vous dites, nous ferons, il ou elle doit, je courrai, il ou elle veut, ils ou elles pèsent, il ou elle fit, je ou tu vaux, je courrai, je ou tu mourus, je ou il ou elle couvre, je ou il ou elle cueille, vous appréciâtes, je ou il ou elle paie, je payai, je me méfierai, il ou elle obéit, je ou tu acquiers, je ou tu tins.
2 Vaincre, vêtir, vivre, tenir, croire ou croître, voir ou vivre, devoir, mouvoir, peindre, paître, coudre, tenir, broyer, sentir, falloir, recevoir, pourvoir, savoir, pouvoir, vouloir.
3 Tu aèreras, nous nous assiérons, vous recevrez, il parcourra, tu résoudras.
4 J'éteignais, je sortais, apparaissait, travailliez, réussissiez, ruisselait, défaisaient, avaient construit.
5 a. Le vieil homme les regarde, puis a ce geste qui stupéfie son petit-fils car il sait à quel point l'aïeul a du mal à se tenir debout : il se lève. […] Pierre-Édouard n'en croit pas ses yeux lorsqu'il constate que les paupières du vieillard se frangent de larmes. b. Une heure et demie plus tard, lorsque seront publiés les résultats, ce sera d'un pas tremblant et la gorge sèche, que Pierre-Édouard s'approchera du tableau d'affichage. Mais il ne saura pas où trouver son nom et ce sera le maître qui lui annoncera qu'il sera reçu premier de la commune

et troisième du canton. Ce sera plus qu'un succès, un triomphe !

6 tins, vit, crus, criai, naquit, sus, firent, durent, eut, mangea.

Chapitre 10 p. 23

1 a. Présent de vérité générale – b. Présent de futur proche – c. Présent d'habitude – d. Présent de narration.

2 a. Imparfait de description – b. Imparfait d'action d'arrière-plan – c. Imparfait d'habitude.

3 Suivit, surprit, déplaçais, sursautai, n'eus, glissèrent, présentai, provoqua.

4

Verbes au passé simple pour rapporter les actions successives du récit	Verbes au présent dans le dialogue	Verbes à l'imparfait pour évoquer les actions secondaires ou faire un commentaire
Pénétra, ferma, demanda.	J'espère, pleures, regarde, c'est	C'était, tenait

5 a. On distingue trois plans. Au premier plan se trouvent des objets; au second plan, les femmes sont assises; une porte et une tenture occupent l'arrière-plan.
b. Au premier plan on voit un narguilé pour bien souligner le caractère orientalisant de la scène et l'inaction des femmes du harem. On voit aussi trois babouches abandonnées.
c. La femme à gauche est accoudée un peu à l'écart sur des coussins. Les deux autres femmes semblent discuter entre elles à voix basse. Ces trois femmes sont richement vêtues : sarouels, bijoux, soieries. La seule femme debout est une femme de couleur dont les vêtements sont beaucoup plus simples que ceux des trois autres femmes. On peut supposer que c'est une servante. Elle semble lever le bras pour lever une lourde tenture.
d. La pièce est éclairée par une lumière un peu irréelle. L'espace est petit. On ne voit pas de porte d'entrée ou de sortie.

Chapitre 11 p. 25

1 Oui : croies, fût, voient, voyions.

2 Oui : avant que, quoique, pour que.

3 a. Subjonctif dans une subordonnée complétive.
b. Subjonctif dans une subordonnée circonstancielle de temps. c. Subjonctif dans une subordonnée complément d'une tournure impersonnelle. d. Subjonctif dans une phrase indépendante exprimant un ordre. e. Subjonctif dans une phrase indépendante exprimant un souhait.

4 Fournisse : subjonctif dans une complétive commandé par une principale dont le verbe est au conditionnel. N'ait pas été brûlée vive : supposition.

5 aient été effectués/ portassent / participassent/ calmât.

6 sache, sût, croie, puissiez, pût, voies, voyions.

Chapitre 12 p. 27

1 a. Tu as annoncé que tu arriverais bientôt. b. Je savais bien que tu rentrerais à temps. c. Si on écoutait ton frère, on quitterait cet endroit calme pour aller dans une grande ville.

2 serait, brillerait, accrocherais, serait : ces verbes sont conjugués au conditionnel car le narrateur est dans la supposition.

3 serait, choisiriez, étonnerait, quitterait, serait.

4 a. Je savais que le ciel changerait de couleurs tous les soirs. b. Il disait qu'il peindrait un toit de vieilles tuiles avant midi et qu'il le placerait tout à côté d'un tilleul secoué par le vent. c. Il affirmait qu'il ne fallait pas nécessairement lier la poésie à la versification.

5 saurait, rimerait, seriez, tairais.

6 a. Ce tableau représente de manière très réaliste un objet du quotidien : une pipe. Une inscription à l'intérieur même du tableau affirme que contrairement aux apparences, l'objet représenté n'est pas une pipe. Cette inscription nie en quelque sorte, l'objet représenté. Magritte a expliqué que cette pipe n'est pas réelle que l'on ne peut ni la toucher, ni fumer avec. Il s'agit d'une image de pipe. b. La pipe se détache parfaitement bien sur son fond clair. Le jeu de l'ombre et de la lumière lui donne du relief par souci de réalisme. Le tableau se rapproche de l'affiche publicitaire. c. Cette toile fait partie d'une série intitulée : *La Trahison des images*. Il ne faut pas confondre l'image et la réalité. Une image n'est qu'une représentation de la réalité. d. Magritte nous rappelle que l'art n'imite jamais le réel; l'objet représenté se transforme en œuvre d'art grâce au regard que l'on porte sur lui. En outre, le peintre donne sa vision de l'objet. Il a choisi un modèle de pipe parmi tant d'autres.

Chapitre 13 p. 29

1 Rouillait, s'ennuie, avaient, devaient, avaient, avez, arrivent, feras.

2 Connaissent, a, a, savent.

3 Ressemble, m'aimais, aimais, vivions, aimais, aimais, aiment.

4 a. Faux. b. Vrai. c. Vrai. d. Faux.

5 a. Les chattes [...] se sont installées. b. Les clientes qui ont acheté [...] l'ont rapporté. c. [...] tout était bleu. d. Ni ses frères, ni ses sœurs ne connaissent [...].

6 a. **et** b. Au premier plan se trouve une silhouette rouge désarticulée comme celle d'une personne fusillée pour marquer la violence et le sang. On aperçoit à l'arrière-plan une énorme locomotive et un visage en gros plan. Un homme est coiffé d'une casquette, signe de son appartenance à un milieu social populaire. Il s'agit plutôt d'une scène nocturne. c. L'affiche évoque les actions des résistants qui faisaient sauter les convois en plaçant des bombes sur les voies ferrées. Ils étaient fusillés pour actes de sabotage. Le titre *Les Portes de la nuit* évoque le mystère. Le mot « portes » symbolise la volonté de sortir de l'enfermement de Paris, des privations et de la violence de la guerre ? Mais le désir de liberté est souvent brisé par la mort. L'affiche, comme le titre du film, insistent sur l'aspect tragique de l'époque.

Chapitre 14 p. 31

1 a. Vrai. b. Faux. c. Vrai. d. Vrai.

2 Sur la droite, on apercevait par-delà les blés les deux tours ciselées et rustiques de Saint-André-des-Champs, elles-mêmes, effilées, écailleuses, imbriquées d'alvéoles, jaunissantes et grumeleuses, comme deux épis.

3 a. environnant, couchant. b. gênant. c. suivants. d. fuyants.

4 principale – cessant – couvrant – tombée – seul.

5

Participes présents ou gérondifs	Infinitifs des Verbes	Adjectifs verbaux	Adjectifs qualificatifs
convergeant	converger		Convergents
excellant	exceller		Excellents
convainquant	convaincre	convaincants	
communiquant	communiquer	communicants	
fatiguant	fatiguer	fatigante	

Chapitre 15 p. 33

1 lire → lu, lier → lié, savoir → su, suer → sué, vaincre → vaincu, vivre → vécu, coudre → cousu, courir → couru.

2 a. dû b. appris c. repeint d. interprétées.

3 a. né b. destiné c. inscrit d. acquise – permis e. étudiés.

4 perdu, perdu, révolu, fait, découvert, peuplée, perpétué.

5 a. Ce tableau est un tableau romantique. Le sujet est la contemplation. Caspar David Friedrich souligne la petitesse de l'homme face à l'immensité du monde. b. Au premier plan de ce tableau, on voit un personnage qui tourne le dos au spectateur. Il est au sommet d'une montagne, sur un rocher et contemple un vaste paysage à ses pieds. Au second plan, on aperçoit quelques cimes émerger d'une mare de nuages. À l'arrière-plan, on aperçoit d'autres sommets. Cette superposition des plans crée un effet de perspective pour souligner l'immensité du panorama. c. Le personnage porte un habit sombre. Il s'est aidé d'une canne pour faire sa promenade dans la montagne. Il semble s'être immobilisé pour contempler la mer de nuages qui est à ses pieds. Sa solitude est confrontée à un monde immense mais il est tout de même en situation de domination. d. Ce tableau a une tonalité lyrique car le peintre rend compte du regard d'un homme face à la nature. Les romantiques aiment souligner la solitude humaine dans l'immensité du monde, mais aussi rappeler la beauté de la nature.

Chapitre 16 p. 35

1

Verbe pronominal de sens réfléchi	Verbe pronominal de sens réciproque	Verbe pronominal de sens passif	Verbe essentiellement pronominal
se perdre	s'entraider, se réconcilier	se terminer	s'enfuir

2 a. Ils se sont baignés. b. Ils se sont envolés. c. Ils se sont excusés. d. Ils se sont souvenus.

3 a. Le verbe pronominal est réfléchi indirect, le COD *robe* est placé derrière le verbe, pas d'accord. b. Le verbe pronominal est réciproque indirect, pas de COD, pas d'accord. c. Le verbe pronominal est réciproque indirect, le COD *cabane* est placé derrière le verbe, pas d'accord. d. Le verbe pronominal est réfléchi indirect le COD *poignet* est placé derrière le verbe, pas d'accord.

4 a. Ils se sont rencontrés. b. Elles se sont réchauffées. c. Ils se sont revus. d. Nous nous sommes parlé. e. Elles se sont souri.

5 a.

Participes passés employés comme adjectifs (3)	Participes passés employés avec *avoir* (2)	Participe passé employé avec *être* (1)	Participe passé d'un verbe pronominal (1)
embarrassé, gelé, moulu	oublié, mangés	dévoré	souvenu

b. Il est impossible d'employer le verbe *souvenir* sans *se*, il est donc essentiellement pronominal et son participe passé s'accorde toujours avec le sujet. c. C'était le petit pion qui s'était souvenu, en se levant, qu'il m'avait oubliée et qui venait voir si j'ai été dévorée par les rats, ou si c'est moi qui les avais mangés. Il avait l'air un peu embarrassé, le pauvre homme ! Il m'a retrouvée gelée, moulue, les cheveux secs, la main fiévreuse : il s'est excusé de son mieux et m'a entraînée dans sa chambre, où il m'a dit d'allumer un bon feu et de me réchauffer.

Chapitre 17 p. 37

1 a. Tu es b. j'aie c. ma sœur est d. tu aies e. qu'il ait

2 a. s'est cassé b. n'y c. si d. quand e. qu'en f. t'a

3 a. t'ai b. tes. c. t'est d. t'es

4 a. quelques jours. b. quelque temps. c. quelques produits bio. d. Quelle que soit la raison. e. Quels que soient tes résultats. f. quelque deux mille élèves.

5 son – est – en tant que – voire – au cours de – ou.

6 a. *Bouteilles de Coca-Cola vertes* est une peinture à l'huile sur toile. Andy Warhol se sert donc d'une technique traditionnelle depuis la Renaissance. Cependant la manière de représenter l'objet évoque la précision et la neutralité de la photographie. b. Il s'agit donc d'une toile figurative mais sa facture n'a rien d'une œuvre d'art classique. Même si toutes les bouteilles ne sont pas identiques, il les multiplie de manière monotone et froide. La mise en scène du tableau évoque les techniques publicitaires bien connus d'Andy Warhol. Son originalité fut d'introduire le langage de la publicité dans une œuvre qui, par son format et parce qu'elle est exposée dans un musée, s'affiche comme une œuvre d'art majeure. c. Cette œuvre a été peinte en 1962, période économique prospère où la société de consommation bat son plein, sous l'impulsion de la publicité. Coca-Cola devient la boisson la plus vendue dans le monde. Elle le reste aujourd'hui et est même devenue le symbole des sociétés occidentales, dont l'économie américaine est le fer de lance. De nos jours encore, la publicité crée sans cesse de nouveaux besoins pour stimuler la société de consommation.

Chapitre 18 p. 39

1 a. honnête, b. nombre, c. souffrir, d. charade.

2 **International :** préfixe *inter*, radical *nation*, suffixe *al*. **Coreligionnaire :** préfixe *co*, radical *religion*, suffixe *naire*. **Dompteur :** radical *dompt*, suffixe *eur*. **Horaire :** radical *hor*, suffixe *aire*. **Nocturne :** radical *noct*, suffixe *urne*. **Maritime :** radical *mar*, suffixe *itime*. **Alunir :** préfixe *a*, radical *lun*, suffixe *ir*. **Indistinctement :** préfixe *in*, radical *distincte*, suffixe *ment*.

3 **Tapuscrit** : formé à partir du mot *manuscrit* qui signifie écrit à la main. Il s'agit d'un document imprimé après avoir été tapé sur l'ordinateur. **Franglais** : mélange d'*anglais* et de *français*. **Courriel** : synthèse de *courrier* et de *mel*. **Globalisation** : son radical est le mot globe.

4 Adverbes (de manière) : lentement, courageusement, élégamment, détournement, vraiment.

Noms : grognement, fondement, appariement.

5 a. **Misogyne :** qui n'aime pas les femmes. **Démographie :** science qui étudie les statistiques de la population. **Dysfonctionnement :** mauvais fonctionnement. **Néologisme :** nouveau mot.

b. mis- : détester. demo- : peuple. dys- : mal. neo- : nouveau, mytho- : fable, fabulation.

6 **Commencement** : radical *commence*, suffixe *ment*. **Rêveuse** : radical *rêv*, suffixe *euse*. **Emportais** : préfixe *em*, radical *port*, suffixe *ais*, indiquant le temps et la personne du verbe. **Poulailler** : radical *poul*, suffixe *ailler*. **Invisible** : préfixe *in*, radical *vis*, suffixe *ible*.

Chapitre 19 p. 41

1 Champ lexical des parfums : poivré, musc, remugle, odorant, embaumer.

Champ lexical des couleurs : mordoré, pigment, chamarré, incarnat, cuivré.

2 Toutes les expressions sont au sens figuré sauf « punaise des bois ».
3 Battre la campagne : Raconter des bêtises.
Bayer aux corneilles : Rester sans rien faire.
Poser un lapin : Ne pas être à un rendez-vous.
S'occuper de ses oignons : S'intéresser à ses affaires.
Crier au loup : Délirer.
Avoir une langue de vipère : Dire facilement du mal des gens.
Passer du coq à l'âne : Changer de sujet.
4 Champ lexical de la sensation. Vue : jaune ton sur ton. Goût : couler dans la gorge, fluidité laiteuse. Toucher : fraîcheur ensoleillée.
La publicité promet la satisfaction des sens. Elle crée une harmonie des sensations.
5 Ce slogan publicitaire se présente comme une argumentation. Il fait appel à des références scientifiques avec des termes précis et savants : bulbe, derme, calvitie, xérasie, stimulation, céphalique. Il joue aussi sur le champ lexical de la beauté des cheveux (brillant, finesse, lustre) associée à la jeunesse.

Chapitre 20 p. 43

1 Jurer comme un charretier. Avoir des doigts de fée. Rire à gorge déployée. Être fort comme un Turc. Mentir comme un arracheur de dents. Errer comme une âme en peine. Avoir une faim de loup.
2 La colombe : la paix. Marianne : la République. La balance : la justice. Le coq : la France. Le sablier : le temps qui passe. Le chardon : l'Écosse.
3 a. litote. b. périphrase. c. euphémisme. d. périphrase
4 a. Le cercle dessiné au tableau est comparé, à cause de sa forme ronde, à un tambour. Il attire l'attention des élèves. Il est sourd car il ne donne aucune réponse aux élèves qui doivent résoudre des problèmes de géométrie. b. Le trapèze est comparé à un parapet c'est-à-dire à une forme qui enferme. Le problème posé aux élèves est comparé à un animal qui se mord la queue, qui tourne sur lui-même. Le poète file la métaphore de l'enfermement. Les élèves sont enfermés dans la difficulté du raisonnement et en sortiront quand ils auront trouvé la solution. c. Il y a autre une métaphore dans la dernière strophe. Le tracé des chiffres rappelle au poète des insectes. ce tracé est universel, ou presque : la métaphore est donc amplifiée à toute la terre, où les insectes sont aussi omniprésents. La fourmilière évoque la multitude, mais aussi l'organisation, comme les chiffres.

Chapitre 21 p. 45

1 Les énoncés qui font référence à la situation d'énonciation sont : a. *hier* et *je*. c. adverbes *bientôt* et *ici*. d. emploi du *je*.
2 Seules les phrases a. et c. font référence à la situation d'énonciation.
3 a. Scapin s'adresse à un autre personnage, Octave, et au spectateur. Octave s'adresse à Scapin et au spectateur. b. Le narrateur s'adresse aux lecteurs. c. Le narrateur s'adresse à ses futurs lecteurs.
4 a. Le détective rendit ses conclusions le lendemain. b. La plage du crime se trouvait là-bas. c. La veille, ils étaient allés au cinéma voir une adaptation du *Mystère de la Chambre jaune*. d. Près de là se trouvait un parc célèbre. e. Le crime remontait à une heure environ.
5 Aujourd'hui, maman est morte. Ou peut-être hier, je ne sais pas. J'ai reçu [...] C'était peut-être hier. [...] Je prendrai l'autobus à deux heures et j'arriverai dans l'après-midi. Ainsi je pourrai la veiller et je rentrerai demain soir.

Chapitre 22 p. 47

1 a. sûrement. b. sans doute. c. certainement. d. assurément. e. vraiment.
2 seraient – sans aucun doute – Il est indéniable – semble-t-il – pratiqueraient
3 Proposition incise exprimant la certitude du narrateur : je vous assure.
Mots et expressions caractérisant négativement la fillette : airs de victime, rien de doux, abominablement contrariés.
4 a. *Lionne* : la métaphore exprime la noblesse de cette femme. *D'une espèce inconnue* : l'expression insiste sur son originalité et sa singularité. *Magnifiques* : un adjectif à connotation positive. b. *Chétive* : un adjectif à connotation négative, donc péjorative. c. *Que vous dirai-je ?* : le narrateur intervient dans le récit pour nuancer sa précédente affirmation. d. Le point d'exclamation final insiste sur la beauté de cette jeune fille.
5 C'était une enfant maigre et moche. Elle ne ressemblait pas du tout à sa mère qui affirmait même que sa fille était laide depuis sa naissance. Elle aimait tout de même énormément son enfant qui en grandissant se transformait doucement. Si on la regardait bien, cette jeune fille avait des yeux superbes.

Chapitre 23 p. 49

1

Reprise nominale	Reprises pronominales
cette brebis	elle, l' : pronoms personnels; celle-ci : pronom démonstratif.

2 Elle; la brebis.
3 a. *La mienne* est un pronom personnel qui reprend le mot *planète*. b. *Certains, d'autres* sont des pronoms indéfinis qui reprennent *les gens*. c. *Cela* est un pronom démonstratif qui reprend *lire des romans de...* . d. *Le* est un pronom personnel qui reprend *très content de...* .
4

Reprises nominales	Reprises pronominales
Ces vils individus reprend *des membres du Sénat.*	*Elle* (pronom personnel) reprend *la guerre des clones.*
Cette haute assemblée reprend *le Sénat.*	*Tous* (pronom indéfini) reprend *des membres du Sénat.* (périphrase)

5 a. Cette œuvre représente une photographie au milieu d'un champ. Un miroir réfléchit deux brebis identiques alors qu'il n'y a qu'un animal devant la glace. L'image a été fabriquée par ordinateur.
b. L'art s'interroge sur la société. Le clonage est une découverte scientifique qui bouleverse les lois de la nature et pose des problèmes éthiques. D'après les auteurs de cette œuvre, il s'agit de montrer que même si le monde est resté le même, une chose extraordinaire est arrivée. Dans un monde connu, celui d'un champ, d'un homme et d'une brebis, une brebis se voit double dans le miroir, phénomène extraordinaire.
c. Cette photo insiste sur les problèmes éthiques que soulèvent les progrès scientifiques et technologiques. Un logiciel informatique peut truquer une photo. Il faut donc se méfier des images. Dolly est née sans père, l'homme est devenu capable de changer les lois de la reproduction animale. Cette découverte peut être source de bienfaits, mais si elle est mal utilisée, elle peut produire des effets très néfastes.

Chapitre 24 p. 51

1 Faux; Vrai; Vrai.

2 a. *Un jour* : CC de temps du verbe *reparaître*. Il marque une rupture dans le récit. Alors que les deux amis étaient séparés depuis longtemps : Pierre revient, l'action rebondit. b. *Reparaître* : au passé simple pour marquer ce retour de l'action au premier plan.
c. Les deux personnages sont proches et différents. Ils grandissent ensemble dans un petit village mais ont des goûts différents. Le narrateur reste dans son village, Pierre part travailler à l'étranger. Ils se perdent de vue, mais ils vont renouer leur amitié.

3 b. est la meilleure solution.

5 Dans *Enfance,* Nathalie Sarraute fait dialoguer deux voix. *Le Petit Prince* est une œuvre de Saint Exupéry. Hervé Bazin, dans *Vipère au poing,* surnomme sa mère Folcoche.

Chapitre 25 p. 53

1 Bonnes réponses : a. et e.

2 a. **Titre du A :** hommage du narrateur à sa mère. *Livre* : synonyme d'éloge.
Titre du B : la mère est comparée à une vipère, animal dangereux qui crache son venin pour tuer ses victimes.
b. Le narrateur retrouve ses souvenirs heureux quand il sent le parfum du myrte. Sa mère aimait recevoir cette plante en cadeau. Elle venait de Corfou en Grèce, où l'on trouve cette plante aromatique en abondance. En la frottant dans ses mains, elle retrouvait les odeurs familières de son pays d'origine et le narrateur associe ce parfum à sa mère.
c. Connotations positives : l'adjectif *jolie*; les possessifs *ma* devant *Maman*, la répétition du mot *Maman*. Le terme *vieille* est aussi connoté de manière positive, il souligne juste la fragilité de la vieille dame.
d. Connotations négatives : dans le portait à charge de Folcoche, tous les détails physiques insistent sur la laideur de sa mère. Cette laideur traduit surtout sa méchanceté. Ses cheveux sont secs comme son cœur. Tout le bas de son visage traduit son agressivité verbale : bouche serrée, menton en galoche. Ses mots sont toujours blessants. Frédie les compare à *un coup de pied au cul*. Le terme utilisé appartient au registre familier, sa grossièreté traduit l'agressivité de cette mère envers ses enfants.

3 Le narrateur emploie le *je* : c'est un texte autobiographique. Les couleurs dominantes sont le rouge (*fraises, cassis, groseilles*), le bleu (*bleu originel et confus*), le jaune (*sable*). Ce sont des couleurs de l'été. Des couleurs vives : rouge et jaune marquent l'aube, le réveil de la nature au sortir de la nuit.

4 a. Ce portrait représente un visage à la fois de face et de profil. Il est totalement destructuré et restructuré. Le visage est peint en vert et bleu, couleurs complémentaires qui se détachent du fond coloré en jaune et orange, couleurs chaudes en accord chromatique. Le cadre peint en vert tout autour de la scène introduit une distance par rapport au sujet peint et la transforme en une sorte d'icône intouchable.
b. Les couleurs choisies pour le visage, l'accentuation des angles, le mélange face et profil montrent que Picasso ne cherche pas à reproduire la réalité. Il appartient au mouvement artistique du cubisme qui veut créer des espaces picturaux qui ne soient plus des imitations du réel mais qui pose le problème du volume dans les deux dimensions de la toile. Il prend des éléments d'un visage, en dégage les formes géométriques et le reconstruit.
c. Ses ongles longs et ses longs cils soulignent l'élégance de cette femme. Les couleurs choisies agrandissent l'espace qui l'entoure pour mieux souligner son indépendance peut-être. Elle regarde l'extérieur de la toile et ne fixe pas le spectateur pour montrer une fois encore sa liberté.

Chapitre 26 p. 55

1 a. Propos rapportés au style indirect. b. Propos rapportés au style indirect libre. c. Propos rapportés au style direct. d. Au style indirect le verbe être se conjuguera au conditionnel.

2 a. La mère d'Eva dit à Vollard : « Rendez visite à la fillette dans son centre de rééducation ! ». b. Il s'agit d'un conditionnel temps imposé par la concordance des temps. Il marque une action future dans le passé. c. Le verbe de la subordonnée conjonctive commandé par une principale au passé est à l'imparfait. d. Il représente Vollard.

3 a. b. Les paroles du directeur sont rapportées au style direct : on relève la présence d'un tiret pour introduire ses propos. Il parle au « je ». Il emploie des phrases nominales, beaucoup de formes interrogatives et des exclamatives. c. Le style direct rend le texte plus vivant et plus proche de l'oral. d. Le sous-directeur dit à M. Vollard que celui-ci est très attendu. Il lui demanda s'il était l'oncle de la fillette ou un parent puis se reprit en disant que cela ne le regardait pas [...].

4 L'infirmière a répondu à Vollard que bien sûr il pouvait l'emmener en promenade*; qu'*elle participait aux sorties en groupe, mais que personne ne l'avait emmenée marcher, toute seule, sur les chemins autour du centre parce que sa maman avait rarement le temps. Elle lui dit aussi que les jambes d'Eva allaient bien désormais.

Chapitre 27 p. 57

1 **Verbes exprimant une position neutre :** je pense, je sais, je confirme, j'admets, je conviens, j'adhère.
Verbes exprimant une conviction : je crois, je suis certain, j'affirme, je considère, je certifie.
Verbes exprimant une incertitude : je doute, je suppose, j'ignore si.

2 a. On peut remplacer par *puisque* b. Le capitaine est de très mauvaise foi : *déjà, depuis toujours, bien avant notre arrivée*, sont trois CC. de temps utilisés pour dégager la responsabilité morale des Européens dans ce commerce honteux. Il affirme que l'esclavage existait depuis toujours en Afrique. c. Les deux phrases viennent en contradiction totale avec l'argumentation du capitaine : ce n'est pas une bonne affaire pour les esclaves d'être vendus et si personne ne les achetait ils ne seraient pas prisonniers.

3 a. *Grincer, commenter avec colère, s'écrier.*
Le capitaine montre son autorité avec les verbes : *s'exclamer, hurler*. Un des membres de l'équipage ne veut pas renoncer à sa prime et il *dénonce* un camarade auprès du capitaine, qui le punit. b. *Le travail des Noirs* est un euphémisme pour désigner le caractère très pénible du travail imposé aux esclaves. Blaise-Benoît rappelle que les esclaves ont des conditions de vie épouvantables (maltraités, mal nourris, privés de liberté, de rester avec les membres de leur famille). c. Le timonier affirme qu'aucun homme n'a le droit de soumettre un autre en esclavage, qu'aucune justification n'est possible. Il réfute la thèse du capitaine qui prétend que les esclaves seront bien traités. Si c'était le cas, ils seraient libres de travailler la terre contre un salaire décent.

Chapitre 28 p. 59

1 a. Comique. b. Au début de l'acte II. c. Par l'entrée ou la sortie d'un personnage. d. Aux prises avec son destin.
2 a. Les didascalies montrent que Figaro parle en aparté au spectateur sans que le Comte ne puisse l'entendre. L'effet est comique et induit une complicité entre Figaro et le spectateur. b. Dans ces répliques, Figaro est un homme du XVIIIe siècle qui remet en question le statut des domestiques face aux nobles qui se croient « nés pour être servis ». c. Le Comte est convaincu que Figaro ne sait pas qu'il a donné rendez-vous à Suzanne, alors qu'il est au courant. Figaro mène le dialogue en faisant semblant de ne rien savoir.
3 a. La colère de Figaro contre sa condition de valet et contre sa future épouse qu'il croit infidèle. b. Argumentative. c. Les nombreuses phrases exclamatives insistent sur son exaspération qui doit apparaître dans la voix, les gestes des acteurs qui laissent éclater leur colère.
4 Athènes au VIe siècle avant J.-C.; Euripide, Sophocle, Eschyle; bienséances; Racine, Corneille; mythologique, biblique.

Chapitre 29 p. 61

1 a. aux didascalies. b. des personnages ordinaires. c. une maison bourgeoise. d. ironique avec la répétition du mot *anglais*.
2 a. au début d'une scène d'exposition. b. sont d'emblée posées. c. souvent limité. c. Les deux réponses sont bonnes.
3 Ce monologue reprend les conversations les plus ordinaires de la vie quotidienne. Il y a un jeu de mots reposant sur sens propre et sens figuré à propos du *sel*. Une personne a du *sel* quand elle a de la personnalité, un caractère affirmé.
4 a. Les deux couples sont habillés de la même manière pour montrer qu'ils sont interchangeables. Leurs costumes reprennent les critères de la petite bourgeoisie : costume-cravate pour les hommes, tailleur Channel pour les femmes. Les couleurs sont criardes et de mauvais goût. b. Les mimiques des femmes sont outrées pour souligner leur côté ridicule. Les échanges sont pleins de banalité comme dans de nombreuses conversations mais ils mettent aussi en lumière des tensions, des peurs et des liens affectifs profonds. c. Le décor est « kitsch » et matérialisé comme fictif. Un panneau représente une façade de maison comme dans certains feuilletons. Tout se joue sur la pelouse, archétype de la société petite bourgeoise anglaise.

Chapitre 30 p. 63

1 a. croisées. b. oui c. alexandrins.
2 Ce sont des rimes embrassées. On trouve une allitération en *v et f* et une assonance en *i ou é*.
3 a. Seule *enveloppe* compte. b. Le *e* de *ce* et de *morte* comptent. c. Aucun ne compte.
4 a. On relève un enjambement entre le vers 2 et le vers 3. Le mot *luit* est à la place du rejet. Le champ lexical de la couleur domine : *haillons d'argent, verdure, mousse de rayons, luit*. La nature est belle et joyeuse. b. La deuxième strophe est un quatrain en alexandrins au rythme ternaire. Le soldat semble fragile et bien immobile. Les rimes sont embrassées. Le mot *nue* dans *tête nue* insiste sur la fragilité du soldat perdu sous l'immensité de la *nue* c'est-à-dire du ciel. c. Dans les strophes 2 et 3, le soldat paraît faire seulement la sieste. Puis au champ lexical du sommeil succède celui de la maladie : *comme un enfant malade*. La mort est évoquée implicitement à la fin du tercet avec le mot *froid*. d. Ce poème montre l'indifférence de la nature à la mort d'un jeune homme qui sans la guerre, pourrait savourer la beauté de l'été.
5 a. enjambement. b. octosyllabe. c. assonance. d. croisées. e. quatrain. f. ternaire.

Chapitre 31 p. 65

1 a. Le champ lexical de la guerre (*obus, mitrailleuse, créneaux*) se conjugue à celui de la nature (*ciel étoilé, forêt*). b. Le poète dénonce la laideur et l'absurdité de la guerre. La nature est indifférente à la folie meurtrière des hommes.
2 a. Paul Éluard a choisi un pseudonyme pour échapper à la censure et aux poursuites de la police française ou de la Gestapo. Tous les résistants changeaient leur nom. b. Ces premiers vers insistent sur toutes les difficultés de la vie quotidienne que rencontrent les Parisiens sous l'Occupation allemande : *froid, faim, descente dans les abris souterrains* lors des bombardements. Mes ces difficultés ne parviennent pas à vaincre la solidarité (*bonté*) le courage et la volonté de résister à l'ennemi.
3 a. L'expression *je le nomme* affirme que le nom de ce personnage est désormais celui d'un héros associé au combat pour la liberté menée par son peuple. b. Les verbes à l'impératif font de ce poème une forme d'incantation. Ce sont des verbes d'action *démolis* et *ouvre* il s'agit de sortir de captivité et d'aller vers la liberté : *dresse* et *lève*. Cette connotation de verticalité invite à s'élever vers un idéal de justice.
4 a. On retrouve les couleurs bleu, blanc, rouge du drapeau tricolore français. Un bandeau noir, signe de deuil, efface les signes typographiques du mot liberté. Le jaune est la lumière de l'espoir de liberté après la guerre. b. Le mot *Liberté* est écrit en haut du tableau, comme un titre, et fait directement écho au poème écrit par Paul Éluard qui a le même intitulé. c. Les caractères typographiques en diverses polices reprennent le refrain de ce poème : *J'écris ton nom*. L'inscription de ces mots fut un acte fort de résistance pendant la Seconde Guerre mondiale. Les artistes peintres ou poètes peuvent s'opposer aux armes par la plume et la peinture.
d. On reconnaît, dessiné au pochoir, le visage d'Éluard qui a écrit ce poème en 1941.

Mathématiques

Chapitre 1 p. 67

1

	Valeur exacte	Valeur arrondie à 0,01 près
$23 \div 6$	$\frac{23}{6}$	3,83
Longueur d'un cercle de 5 cm de rayon	$10\,\pi$ cm	31,42
Aire d'un cercle de 5 cm de rayon	$25\,\pi$ cm^2	78,54 cm^2
Hypoténuse du triangle (4 ; 5)	$\sqrt{41}$	6,40

2 a. $A = \frac{16}{3}$ et $B = -\frac{16}{3}$. b. **Vrai. Vrai.**

3 a. **Vrai.** b. **Vrai.** c. **Vrai.** d. **Faux.** e. **Faux.**

4 a. **Vrai.** b. **Faux.** c. **Vrai.** d. **Vrai.** e. **Vrai.**

5 a. $\mathbf{A} = \frac{\mathbf{3}}{\mathbf{5}}$ et $\mathbf{B} = 8 - 1 \times \frac{8}{3} = 8 - \frac{8}{3} = \frac{\mathbf{16}}{\mathbf{3}}$.

b. $A = 0{,}6$, donc **A est un décimal** ;
mais $B = 5{,}333...$ **n'est pas un décimal**.

6 a. $\mathbf{A} = -\frac{\mathbf{1}}{\mathbf{2}}$ et $\mathbf{B} = -\frac{69}{20}$. b. $A = -0{,}5$
et $B = -3{,}45$ **sont des nombres décimaux**.

7 a. **Vrai.** b. **Vrai.** c. **Vrai.** d. **Faux.** e. **Faux.**

8 $A = \frac{6}{25}$, donc $\mathbf{A = 0{,}24}$.

9 a. **Vrai.** b. **Vrai.** c. **Faux.** d. **Vrai.**

Chapitre 2 p. 69

1 a. **Vrai.** b. **Faux.** c. **Faux.** d. **Faux.** e. **Vrai.**
2 a. **Faux.** b. **Vrai.** c. **Vrai.** d. **Vrai.**

3 $\mathbf{A = 9x + 17}$; $\mathbf{B = 2z + 6}$; $\mathbf{C = -11t + 31}$.

4 $\mathbf{A} = \left(\frac{1}{4} + \frac{4}{5} - \frac{7}{2}\right)x = -\frac{\mathbf{49}}{\mathbf{20}}\,\mathbf{x}$.

$\mathbf{B} = \left(\frac{9}{5} + \frac{2}{3} - \frac{1}{6} - 1\right)x^2 = \frac{\mathbf{13}}{\mathbf{10}}\,\mathbf{x^2}$.

$\mathbf{C} = (0{,}4 + \frac{7}{20} - \frac{13}{5} + 1)\,y = -\frac{\mathbf{17}}{\mathbf{20}}\,\mathbf{y}$.

5 $A = -0{,}4x - 22{,}2$; $B = 25$; $C = -7y - 9$.

6 1. a. $2x + 7 - 3x$ b. $2(x + 7) - 3x$
c. $2(x + 7 + 3x)$ d. $2x - (7 - 3x)$
2. • $2(x + 7) - 3x = \mathbf{-x + 14}$.
• $2x - (7 - 3x) = \mathbf{5x - 7}$.
• $2x + 7 - 3x = \mathbf{-x + 7}$.
• $2(x + 7 + 3x) = \mathbf{8x + 14}$.

7 a. $\mathbf{5x\,(3 - 5x)}$. b. $\mathbf{\frac{1}{4}\,y^2\,(3y - 1)}$.

c. $\mathbf{xy\,(7y + 3x - 5)}$. d. $\mathbf{4x^2\,(1 + 5x - 4x^2)}$.

8 a. $\mathbf{E = 6x^2 - 9x - 6}$.

b. Pour $x = -\frac{1}{2}$, $E = \mathbf{0}$ et pour $x = 0$, $E = \mathbf{-6}$.

c. $F = 6x^2 - 9x - 6$. Les expressions E et F sont donc égales. **Pour $x = 2$,** $x - 2 = 0$,
donc $F = 3(2x + 1)(x - 2) = 0$. d. Soit $\mathbf{E = 0}$.

9 a. $DH^2 = 17^2 - 15^2 = 64$, donc $DH = 8$.
$\mathbf{\mathscr{P} = 2x + 50}$ et $\mathbf{\mathscr{A} = 15x + 120}$.

b. Pour $\mathbf{x = 15}$, $\mathbf{\mathscr{P} = 80}$ et $\mathbf{\mathscr{A} = 345}$.

10 a. $P = 4(2a) + 4(a) + 4(a + 1) = \mathbf{16a + 4}$;
$V = 2a \times a \times (a + 1) = 2a^2\,(a + 1) = \mathbf{2a3 + 2a2}$.

b. Pour $\mathbf{a = \frac{11}{4}}$, $\mathbf{P = 48}$ et $\mathbf{V = \frac{1815}{32}}$.

Chapitre 3 p. 71

1 a. $(x - \frac{1}{2})^2 \neq x^2 - \frac{1}{4}$.

b. $(x + 3)(x - 3) = x^2 - 9$.
c. $(x + 5)^2 = x^2 + 25 + 10x$.
d. $(4 - a)(4 + a) \neq 4 - a^2$.

2 a. $(6 + 4)^2 > 6^2 + 4^2$.
b. $(8 - 9)^2 > 8^2 - 9^2$.
c. $(10 - 3)(10 + 3) = 10^2 - 3^2$.
d. $(-15 + 5)^2 = 10^2$.

3 a. $(a + b)^2 \geqslant 0$. b. $-(a + b)^2 \leqslant 0$.
c. $-3^2 \leqslant 0$. d. $(3 - 10)^2 \geqslant 0$.

4 a. **Vrai.** b. **Faux.** c. **Vrai.** d. **Vrai.** e. **Vrai.**

5

Double produit	Produit	Facteurs du produit
$6xy$	**3xy**	**3, x et y**
14x	$7x$	**7 et x**
– 3	$-\frac{3}{2}$	-3 et $\frac{1}{2}$
2	**1**	$\frac{2}{3}$ et $\frac{3}{2}$
0	**0**	5 et 0

6 a. $(5x - 1)^2 = \mathbf{25x^2 - 10x + 1}$.

b. $\left(x + \frac{3}{4}\right)^2 = \mathbf{x^2 + \frac{3}{2}x + \frac{9}{16}}$.

c. $(2x - 5)(2x + 5) = \mathbf{4x^2 - 25}$.

d. $\left(\frac{x}{2} + \frac{1}{3}\right)^2 = \mathbf{\frac{x^2}{4} - \frac{x}{3} + \frac{1}{9}}$.

7 a. $(x + \mathbf{3})^2 = x^2 + \mathbf{6x} + 9$.
b. $(a - 5)^2 = a^2 - \mathbf{10a} + 25$.
c. $(\mathbf{8} - x)^2 = 64 - \mathbf{16x} + \mathbf{x^2}$.
d. $(\mathbf{7x} + \mathbf{1})(\mathbf{7x} - \mathbf{1}) = 49x^2 - 1$.
e. $(x + 5)^2 - 8^2 = (\mathbf{x} + \mathbf{5} + 8)(\mathbf{x} + \mathbf{5} - 8)$
$= (\mathbf{x} + \mathbf{13})(\mathbf{x} - \mathbf{3})$.

8 a. $16x^2 - 49 = \mathbf{(4x + 7)(4x - 7)}$.
b. $9x^2 + 24x + 16 = (3x + 4)^2 = \mathbf{(3x + 4)(3x + 4)}$.
c. $36 - 24x + 4x^2 = (6 - 2x)^2 = \mathbf{(6 - 2x)(6 - 2x)}$.

d. $\frac{x^2}{4} - \frac{16}{9} = \left(\frac{x}{2} + \frac{4}{3}\right)\left(\frac{x}{2} - \frac{4}{3}\right)$.

e. $(x + 7)^2 - 25 = (x + 7 + 5)(x + 7 - 5)$
$= \mathbf{(x + 12)(x + 2)}$.

9 a. $D = x^2 - 10x + 25 - 16$; $D = \mathbf{x^2 - 10x + 9}$.
b. $D = (x - 5 + 4)(x - 5 - 4)$; $D = \mathbf{(x - 1)(x - 9)}$.
c. Considérons $D = x^2 - 10x + 9$.
Pour $x = \frac{1}{3}$, $D = \frac{1}{9} - \frac{10}{3} + 9$, $\mathbf{D = \frac{52}{9}}$.

10
A = (500 + 1)(500 − 1) = 250 000 − 1 = **249 999**.
B = $(500 + 1)^2$ = 250 000 + 1000 + 1 = **251 001**.
C = $(500 - 1)^2$ = 250 000 − 1000 + 1 = **249 001**.

11 a. $E = (4x^2 + 4x + 1) - (4x^2 - 4x + 1)$; $E = 8x$.

b. **Pour $x = 100$,**
l'expression $E = (2 \times 100 + 1)^2 - (2 \times 100 - 1)^2 = 201^2 - 199^2$. Or, $E = 8x$, donc $\mathbf{201^2 - 199^2 = 800}$.

12 a. $A = (4x^2 + 4x + 1) - (2x^2 + x - 6x - 3)$
$= \mathbf{2x^2 + 9x + 4}$

b. $A = (2x + 1)\,[(2x + 1) - (x - 3)]$
$= (2x + 1)(2x + 1 - x + 3)$
$= \mathbf{(2x + 1)(x + 4)}$

c. Considérons $A = (2x + 1)(x + 4)$.
Pour $x = -\frac{1}{2}$, $(2x + 1) = -1 + 1 = 0$, donc **A** = 0.

Chapitre 4 p. 73

1 a. **Non.** b. **Oui.** c. **Non.** d. **Oui.** e. **Oui.**

2 $2x - 3 = -x + 5$, $3x = 8$, $x = \frac{3}{8}$.
$\frac{8}{3} = 2{,}666...$ est un nombre non décimal car dans 2,666... la partie après la virgule est illimitée.

3 a. $E = \mathbf{x(4x - 5)}$; $F = \mathbf{5x\,(3x + 2)}$.

b. **E = 0 pour x = 0 ou $x = \frac{5}{4}$,**
et F = 0 pour x = 0 ou $x = -\frac{2}{3}$.

4 a. **− 1** ; b. **− 7 et 1** ; c. $\frac{1}{2}$; d. **− 1 et 1** ;
e. $-\frac{1}{2}$ **et** $\frac{1}{2}$; f. **7**.

5 a. $\mathbf{(x - 2)(x - 3) = 0}$. b. $\mathbf{x\,(x + 3) = 0}$.
c. $\mathbf{(x - 1)(x + 1)(x + 2)(x - 4) = 0}$.

6 a. **Vrai.** b. **Vrai.** c. **Faux.** d. **Vrai.**

7 a. $\mathbf{A = (4 - x)(4 + x)}$. $\mathbf{B = \left(x + \frac{3}{2}\right)^2}$.

b. **A = 0 pour x = 4** ou **x = − 4**
et **B = 0 pour $x = -\frac{3}{2}$.**

8 a. $x(x + 2) + 3x = 0$; $\mathbf{x(x + 2 + 3) = 0}$;
$\mathbf{x(x + 5) = 0}$. $x(x + 5) = 0$ admet pour solutions
0 et − 5. b. $x(x - 5) - 4(x - 5) = 0$; $\mathbf{(x - 5)(x - 4) = 0}$.
Les solutions sont **5 et 4**.

c. $\frac{25}{4}x^2 - 1 = 0$; $\left(\frac{5}{2}x + 1\right)\left(\frac{5}{2}x - 1\right) = 0$.
Les solutions sont $-\frac{2}{5}$ **et** $\frac{2}{5}$.

d. $3x^2 + 24x + 48 = 0$; $3(x^2 + 8x + 16) = 0$;
$\mathbf{3(x + 4)^2 = 0}$. La solution est **−4**.

9 a. $\mathbf{E = 12x^2 + x - 1}$.

b. E = −1, donc
$12x^2 + x - 1 = -1$.
$12x^2 + x = 0$
$x(12x + 1) = 0$
$\mathbf{x = 0}$ **ou** $\mathbf{x = -\frac{1}{12}}$

c. $E = (3x + 1)\,[(3x + 1) + (x - 2)]$.
$= \mathbf{(3x + 1)(4x - 1)}$

d. E = 0, donc
$(3x + 1)(4x - 1) = 0$
$\mathbf{x = -\frac{1}{3}}$ **ou** $\mathbf{x = \frac{1}{4}}$.

10 a. $\mathbf{A = 3x^2 + 2}$.

b. $(x - 1)^2 + x^2 + (x + 1)^2 = 7502$ donc,
$3x^2 + 2 = 7502$ et $3x^2 = 7500$ soit $x^2 = 2500$
x est un entier positif donc $x = 50$.

Par conséquent **les trois entiers positifs consécutifs** sont **49, 50** et **51**.

Vérifions à l'aide d'une calculatrice :
$49^2 + 50^2 + 51^2 = 7\,502$.

11 a. **Vrai,** car $A = (x - 1)(x - 1 - 8 + x)$
$\mathbf{= (x - 1)(2x - 9)}$.

b. **Faux, car B = $\mathbf{(2x - 9)^2}$.**

c. **Vrai, car A + B** $= (x - 1)(2x - 9) + (2x - 9)^2$
$= (2x - 9)(x - 1 + 2x - 9)$
$= (2x - 9)(3x - 10)$.

Donc, **A + B = 0 pour $x = \frac{9}{2}$ ou $x = \frac{10}{3}$.**

d. **Vrai,**
en effet : $A - B = (x - 1)(2x - 9) - (2x - 9)^2$
$= (2x - 9)[(x - 1) - (2x - 9)]$
$= (2x - 9)(-x + 8)$.

Donc **A − B = 0 pour $x = \frac{9}{2}$ ou x = 8.**

Chapitre 5 p. 75

1

Nombre	Racine carrée exacte	Racine carrée arrondie au centième
5	$\sqrt{5}$	2,24
10	$\sqrt{10}$	**3,16**
7	$\sqrt{7}$	**2,65**
0,36	0,6	
9,4	$\sqrt{9{,}4}$	**3,07**

2

Nombre	Racine carrée exacte	Encadrement à 0,1 près
6	$\sqrt{6}$	$2{,}4 < \sqrt{6} < 2{,}5$
8,5	$\sqrt{8{,}5}$	$\mathbf{2{,}9} < \sqrt{8{,}5} < \mathbf{3{,}0}$
85	$\sqrt{85}$	$\mathbf{9{,}2} < \sqrt{85} < \mathbf{9{,}3}$
3	$\sqrt{3}$	$\mathbf{1{,}7} < \sqrt{3} < \mathbf{1{,}8}$
2	$\sqrt{2}$	$\mathbf{1{,}4} < \sqrt{2} < \mathbf{1{,}5}$

3 a. $\sqrt{400} = 20$. b. $3^2 - \sqrt{81} = 0$.
c. $5^2 + \sqrt{25} = 30$. d. $(-2)^2 + 2^2 + (\sqrt{2})^2 = 10$.
e. $\sqrt{0} - \sqrt{7^2} = -7$. f. $\sqrt{3^2 + 4^2} = 5$.

4 a. $\frac{7}{\sqrt{2}} = \frac{7\sqrt{2}}{2}$. b. $\frac{-1}{\sqrt{11}} = \mathbf{\frac{-\sqrt{11}}{11}}$. c. $\frac{\sqrt{3}}{\sqrt{5}} = \mathbf{\frac{\sqrt{15}}{3}}$.

d. $\frac{6\sqrt{2}}{\sqrt{2}} = \frac{6\sqrt{2}}{\sqrt{3}} \times \frac{\sqrt{3}}{\sqrt{3}} = \frac{6\sqrt{6}}{3} = \mathbf{2\sqrt{6}}$.

5 a. **Faux.** b. **Faux.** c. **Vrai.** d. **Vrai.** e. **Faux.**

6 a. $\frac{\sqrt{25}}{\sqrt{9}} = \frac{5}{3}$. b. $\frac{1}{\sqrt{3}} = \frac{\sqrt{3}}{3}$. c. $\sqrt{20} \times \sqrt{5} = \sqrt{100} = 10$.
d. $\sqrt{0{,}4} \neq 0{,}2$. e. $\frac{\sqrt{0{,}9}}{\sqrt{0{,}1}} = \sqrt{\frac{0{,}9}{0{,}1}} = 3$.
f. $\sqrt{\frac{3}{7}} \times \sqrt{\frac{28}{3}} = 2$.

7 a. $\sqrt{9 \times 2} = \mathbf{3}\sqrt{2}$. $\sqrt{72} = \mathbf{6}\sqrt{2}$. $\sqrt{98} = \mathbf{7}\sqrt{2}$. $\sqrt{128} = \mathbf{8}\sqrt{2}$.

b. $\sqrt{4 \times 3} = \mathbf{2\sqrt{3}}$. $\sqrt{27} = \mathbf{3\sqrt{3}}$. $\sqrt{48} = \mathbf{4\sqrt{3}}$. $\sqrt{300} = \mathbf{10\sqrt{3}}$.

8 **a.** $\sqrt{3} \times \sqrt{3} = \mathbf{3}$. **b.** $2 \times (\sqrt{5})^2 = \mathbf{10}$.

c. $-3 \times \sqrt{10} \times \sqrt{10} = \mathbf{-30}$. **d.** $2\sqrt{81} = \mathbf{18}$.

e. $7\sqrt{27} = \mathbf{21\sqrt{3}}$. **f.** $\sqrt{3} \times \sqrt{15} = \mathbf{3\sqrt{5}}$.

9 $A = \sqrt{81 \times 13} - 3\sqrt{25 \times 13} + 2\sqrt{4 \times 13}$

$= 9\sqrt{13} - 15\sqrt{13} + 4\sqrt{13} = \mathbf{-2\sqrt{13}}$.

Chapitre 6 p. 77

1 **a.** $x = \sqrt{3}$. **b.** $x = \frac{\sqrt{5}}{2}$. **c.** $x = -\sqrt{7}$. **d.** $x = -1$.

e. $x = 8\sqrt{2}$. **f.** $x = \sqrt{2}$.

2 **a.** $x = 2$ ou $x = -2$. **b.** $x = 1$ ou $x = -1$.

c. $x = 5$ ou $x = -5$. **d.** $x = 0$. **e.** pas de solution.

f. pas de solution.

3 **a.** Vrai. **b.** Vrai.

4 **a.** $x = -\sqrt{2}$ ou $x = \sqrt{2}$. **b.** $x = -\sqrt{10}$ ou $x = \sqrt{10}$.

c. $x = -\sqrt{23}$ ou $x = \sqrt{23}$. **d.** $x = 1$ ou $x = -\sqrt{2}$.

e. $x = -3$ ou $x = \sqrt{5}$. **f.** $x = -2 + \sqrt{3}$.

g. Pas de solution. **h.** $x = 0$.

5 **a.** $19 + 6\sqrt{2}$ **b.** $43 - 30\sqrt{2}$ **c.** 132 ; **d.** 2 **e.** 147.

6 **a.** $C = \sqrt{9 + 3} - 3\sqrt{25 \times 3}$, $C = 3\sqrt{3} - 3 \times 5\sqrt{3}$,
$C = \mathbf{12\sqrt{3}}$.

b. $C^2 = (-12\sqrt{3})^2 = (-12)^2(\sqrt{3})^2 = 144 \times 3 = 432$.
Donc **C^2 est un nombre entier.**

7 $C = 3\sqrt{2}(\sqrt{3} - 7) - (\sqrt{2} - 10)(\sqrt{2} - 11)$

$= 3\sqrt{6} - 21\sqrt{2} - (2 - 11\sqrt{2} - 10\sqrt{2} + 110)$

$= 3\sqrt{6} - 21\sqrt{2} - 2 + 21\sqrt{2} - 110$

$= \mathbf{-112 + 3\sqrt{6}}$.

8 **a.** **Faux**, car $BC = \sqrt{13}$. **b.** **Vrai.**

c. **Faux**, car $BC = 2\sqrt{14}$.

9 **a.** $z = 7$. **b.** $z = 10$. **c.** $z = \sqrt{35}$.

10 **a.** $AB^2 = 9 - 4\sqrt{5}$, $AC^2 = 9 + 4\sqrt{5}$; $BC^2 = 18$.
On a $BC^2 = AB^2 + AC^2$, donc **le triangle ABC est rectangle en A. [BC] est son hypoténuse.**

b. $AB^2 = 6 + 2\sqrt{5}$; $AC^2 = 20$; $BC^2 = 21 + 4\sqrt{5}$.
Le triangle ABC n'est pas rectangle, car :
$21 + 4\sqrt{5} \neq (6 + 2\sqrt{5}) + 20$.

c. $AB^2 = 26$; $AC^2 = 13 - 4\sqrt{3}$; $BC^2 = 13 + 4\sqrt{3}$.

On a $AB^2 = AC^2 + BC^2$, donc **le triangle ABC est rectangle en C. [AB] est son hypoténuse.**

Chapitre 7 p. 79

1 $A = \frac{1}{15}$; $B = -\frac{5}{49}$; $C = -\frac{15}{14}$; $D = \frac{1}{14}$.

2 $B = \frac{45}{4} \times 10^3 = \mathbf{11\,250}$; $C = 6 \times 10^{-1} = \frac{6}{10} = \mathbf{\frac{3}{5}}$.

3 **a.** $A = \frac{-22}{35}$; $B = -\frac{67}{51}$. **b.** $C = 4 \times 10^{-6}$.

4 $A = 11\sqrt{5}$; $B = 3\sqrt{5}$; $C = -12\sqrt{3}$; $D = 8 + 8\sqrt{3}$.

5 $A = \frac{7 \times 12}{9 \times 12} = \frac{7}{9}$; $B = \frac{\sqrt{49 \times 2}}{\sqrt{81 \times 2}} = \frac{7\sqrt{2}}{9\sqrt{2}} = \frac{7}{9}$;

$C = \frac{21}{15} \times \frac{5}{9} = \frac{7}{9}$;

$D = (\sqrt{19})^2 - (2\sqrt{3})^2 = 19 - 4 \times 3 = \mathbf{7}$;

$E = \frac{\sqrt{49 \times 10}}{2\sqrt{10}} = \frac{7\sqrt{10}}{9\sqrt{10}} = \frac{7}{9}$;

$F = \frac{7}{4} : \left(-\frac{15}{10}\right)^2 = \frac{7}{4} : \left(\frac{3}{2}\right)^2 = \frac{7}{4} \times \frac{4}{9} = \frac{7}{9}$.

Conclusion : **A = B = C = E = F. D est l'intrus.**

6 **a.** **Vrai.** **b.** **Vrai.** **c.** **Vrai.**

7 **a.** **Vrai.** **b.** **Vrai.** **c.** **Faux.** **d.** **Faux.**

8 **a.**

x	$x-2$	$(x-2)^2$	$x-1$	$x-4$	$(x-1)(x-4)$	A
10	8	64	9	6	54	10
100	98	9604	99	96	9504	100

b. $A = x^2 - 4x + 4 - (x^2 - 4x - x + 4)$
$= x^2 - 4x + 4 - x^2 + 5x - 4 = \mathbf{x}$.

c. Pour $x = 1\,236$, $A = (1\,236 - 2)^2 - (1\,236 - 1)(1\,236 - 4) = 1\,234^2 - \mathbf{1\,235 \times 1\,232 = 1\,236}$.

9 **a.** $E = (-2x + 5)\left[\frac{1}{2}(-2x + 5) + \frac{3}{4}(4x + 1)\right]$

$E = (-2x + 5)\left[-x + \frac{5}{2} + 3x + \frac{3}{4}\right]$

$\mathbf{E = (-2x + 5)\left(2x + \frac{13}{4}\right)}$.

b. $E = 0$ pour $-2x + 5 = 0$ ou $2x + \frac{13}{4} = 0$.

Soit : $-2x = -5$ ou $2x = -\frac{13}{4}$

$x = \frac{5}{2}$ ou $x = -\frac{13}{8}$.

10 **a.** $E = x(4x^2 - 4x + 1) - 6x^2 + 3x$
$= 4x^3 - 4x^2 + x - 6x^2 + 3x$
$= \mathbf{4x^3 - 10x^2 + 4x}$.

b. Calculons les valeurs exactes de E dans son expression développée :

- **pour $x = 0$,** $E = 0$;
- **pour $x = -1$,** $E = 4(-1)3 - 10(-1)2 + 4(-1)$
$= -4 - 10 - 4 = \mathbf{-18}$;
- **pour $x = \sqrt{2}$,** $E = 4(\sqrt{2})^3 - 10(\sqrt{2})^2 + 4\sqrt{2}$
$= 8\sqrt{2} - 20 + 4\sqrt{2}$
$\mathbf{E = -20 + 12\sqrt{2}}$.

c. $E = x(2x - 1)[(2x - 1) - 3]$
$= x(2x - 1)(2x - 4)$
$= \mathbf{2x(2x - 1)(x - 2)}$.

d. **E = 0** pour $x = 0$ ou $2x - 1 = 0$ ou $x - 2 = 0$.
Soit, $x = 0$ **ou** $x = \frac{1}{2}$ ou $x = 2$.

e. $0 + \frac{1}{2} + 2 = 2{,}5$.

Donc, la somme des trois solutions trouvées à la question précédente est bien égale à 2,5.

Chapitre 8 p. 81

1 **a.** $\frac{21}{14} = \frac{3}{2}$ **b.** $\frac{48}{56} = \frac{6}{7}$ **c.** $\frac{121}{33} = \frac{11}{3}$

d. $\frac{35}{28} = \frac{5}{4}$ **e.** $\frac{75}{50} = \frac{3}{2}$ **f.** $\frac{99}{27} = \frac{11}{3}$

2 **a.** $15 = \mathbf{2} \times 7 + 1$. **b.** $32 = \mathbf{4} \times 7 + 4$.

c. $63 = \mathbf{9} \times 7 + \mathbf{0}$. **d.** $80 = \mathbf{11} \times 7 + \mathbf{3}$.

e. $145 = \mathbf{20} \times 7 + \mathbf{5}$. **f.** $210 = \mathbf{30} \times 7 + \mathbf{0}$.

3 a. $\frac{15}{2} = \mathbf{7 + \frac{1}{2}}$ b. $\frac{20}{3} = \mathbf{6 + \frac{2}{3}}$

c. $\frac{75}{7} = \mathbf{10 + \frac{5}{7}}$ d. $\frac{25}{4} = \mathbf{6 + \frac{1}{4}}$ e. $\frac{40}{9} = \mathbf{4 + \frac{4}{9}}$

f. $\frac{125}{11} = \mathbf{11 + \frac{4}{11}}$

4 1. • 36 : **1**; **2**; **3**; **4**; **6**; 9; **12**; 18; 36
• 48 : **1**; **2**; **3**; **4**; **6**; 8; **12**; 16; 24; 48.
PGCD (36 ; 48) = 12.

2. a. **Vrai.** b. **Vrai.**

5 a. 2275 = 1 + 1715 + **560**

b. 1715 = 3 × 560 + **35** c. 560 = 16 × 35 + **0**

d. PGCD (1715 ; 2275) = **35**

6 **Vrai.** 2 432 = 2 × 1197 + **38**. 1197 = 31 × 38 + **19**
38 = 2 × 19 + **0**. **Le PGCD de 2 432 et 1197 est le** dernier reste non nul, donc **19**.

7 a. **Vrai.** b. **Vrai.** c. **Faux.** d. **Vrai.**

8 a. 1120 = 1 × 864 + 256
864 = 3 × 256 + 96
256 = 2 × 96 + 64
96 = 1 × 64 + **32**
64 = 2 × 32 + 0
D'où **PGCD (864 ; 1120) = 32.**

b. $\frac{864}{1\,120} = \frac{27 \times 32}{35 \times 32} = \mathbf{\frac{27}{35}}$

9 a. PGCD (254 ; 381) = 127 donc,
$\frac{254}{381} = \frac{2 \times 127}{3 \times 127} = \mathbf{\frac{2}{3}}$

b. PGCD (2 555 ; 365) = 365 donc,
$\frac{2\,555}{365} = \frac{7 \times 365}{1 \times 365} = \mathbf{7}$

c. PGCD (2 080; 1344) = 32 donc,
$\frac{2\,080}{1344} = \frac{32 \times 65}{32 \times 42} = \mathbf{\frac{65}{42}}$

10 a. 72 = 2 × 35 + 2. 35 = 2 × 17 + **1**
17 = 1 × 17 + 0. Le dernier reste non nul est **1**, donc 72 et 35 sont premiers entre eux.

b. $\mathbf{\frac{72}{35}}$ **est irréductible**, car 72 et 35 sont premiers entre eux. c. $\frac{648}{315} = \frac{9 \times 72}{9 \times 35} = \mathbf{\frac{72}{35}}$.

11 a. **PGCD (110 ; 88) = 22.**

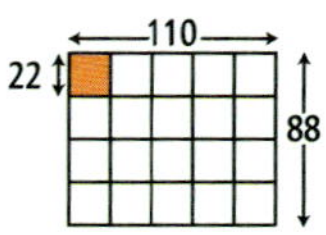

b. 22 est le plus grand commun diviseur de 110 et 88. Par conséquent la longueur du côté d'un carré est de **22 cm**.

c. 110 = 5 × 22, donc on a 5 carrés dans le sens de la longueur. 88 = 4 × 22, donc on a 4 carrés dans le sens de la largeur. 4 × 5 = 20, donc on obtient **20 carrés par plaque**.

Chapitre 9 p. 83

1 a. **Oui.** b. **Oui.** c. **Non.** d. **Oui.** e. **Non.**

2 a. $x = \mathbf{-7}$ b. $x < \mathbf{-5}$ c. $x > \mathbf{-2}$ d. $x > \mathbf{3}$

e. $x = \mathbf{3}$ f. $x < \mathbf{3}$

3 a.

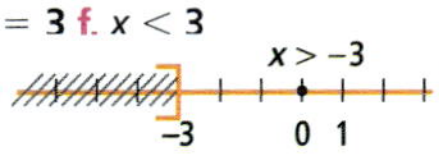

b.

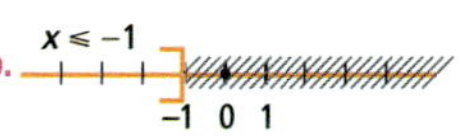

c.

d.

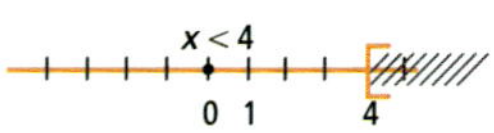

4 a. IX **<** 10 (9 **<** 10) b. LV **<** LX (55 **<** 60)

c. VD = 495 d. DC **>** 500 (600 **>** 500)

e. CD = 400 f. MDC **>** 1500 (1600 **>** 1500).

5 a. $x = -3$, donc **pas de solution** car $x \geqslant 0$. b. $x < 5$ donc **les solutions sont :** $\mathbf{x = 0; 1; 2; 3}$ **ou 4.**

6 a. $x \geqslant -4$, donc **les solutions sont :** $\mathbf{x = -4 ; -3; -2}$ **ou −1**. b. $x > -6$, donc **les solutions sont :** $\mathbf{x = -5 ; -4 ; -3 ; -2 ; -1}$.

7 a. **Vrai.** b. **Vrai.**

c. $x > \frac{-5}{2}$

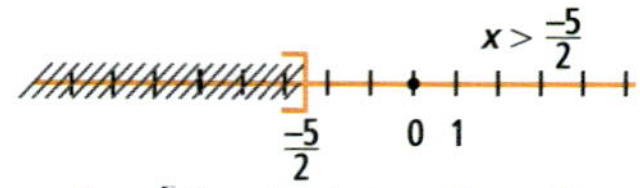

8 a. $\frac{x}{2} - \frac{x+1}{3} + \frac{x-2}{4} = \frac{6x}{12} - \frac{4x+4}{12} + \frac{3x-6}{12}$

$= \frac{6x - 4x - 4 + 3x - 6}{12} = \mathbf{\frac{5x - 10}{12}}$

b. $\frac{5x - 10}{12} > 0$

$5x - 10 > 0$
$5x > 10$
$x > 2$

9 a. $\mathbf{x = 0}$ **ou** $\mathbf{x = \frac{7}{2}}$

b.
$4x^2 = 100$
$4x^2 = 4 \times 25$
$x^2 = 25$
$x^2 - 25 = 0$
$(x - 5)(x + 5) = 0$
$x - 5 = 0$ ou $x + 5 = 0$
$\mathbf{x = 5}$ **ou** $\mathbf{x = -5}$

c. $\frac{5x+1}{6} < \frac{3x-3}{8}$

$\frac{5x+1}{6} - \frac{3x-3}{8} < 0$; $\frac{20x+4}{24} - \frac{9x-9}{24} < 0$;

$\frac{20x + 4 - 9x + 9}{24} < 0$; $\frac{11x + 13}{24} < 0$;

$11x + 13 < 0$; $x + \frac{13}{11} < 0$; $x < -\frac{13}{11}$.

10 a. $\mathbf{x > 2.}$ b. $\mathbf{x \leqslant -3.}$ c. $\mathbf{x \geqslant 5.}$ d. $\mathbf{x \geqslant -4.}$

Chapitre 10 p. 85

1 a. Pour $x = 2$ et $y = 1$, l'égalité $2x - 3y = 1$ est vraie, donc le couple **($x = 2$; $y = 1$) est solution de l'équation**.
b. Pour $x = 2$ et $y = 1$, l'égalité $x + y = 4$ n'est pas vraie, donc **($x = 2$; $y = 1$) n'est pas solution du système**.

2 a. **Faux.** b. **Faux.** c. **Vrai.**

3 a. **Faux.** b. **Faux.** c. **Vrai.** d. **Vrai.**

4 S_1 : (1; −2). S_2 : (3; 2). S_3 : (−4; 2).

5 $3x - 5(2x + 3) = -x - 12$
$3x - 10x - 15 = -x - 12$
$3x - 10x + x = 15 - 12$
$-6x = 3$ soit $\mathbf{x} = \frac{3}{-6} = \mathbf{-\frac{1}{2}}$

Or, $y = 2x + 3$, donc $\mathbf{y} = 2\left(-\frac{1}{2}\right) + 3 = \mathbf{2}$.

6 a. $\mathbf{x = -\frac{3}{8}, y = \frac{11}{8}}$. b. $\mathbf{x = -\frac{2}{3}, y = -\frac{1}{3}}$.

7 a. $\mathbf{y = \frac{3}{2}x - 3}$. b. $\mathbf{x = -4; y = -9}$.

8 a. **A(4 ; 2), B(0 ; 6).** b. **C(1 ; 0), D(− 2 ; − 2).**

c. Les coordonnées du point d'intersection de d_1 et d_2 vérifient les équations de ces deux droites. Or, d_1 et d_2 se coupent en A, donc les solutions du système sont $\mathbf{x = 4}$ et $\mathbf{y = 2}$.

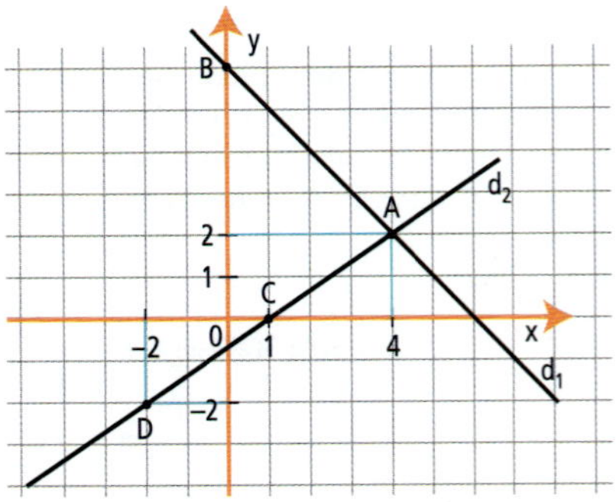

d. Par calcul : $x + y = 6$, donc $y = -x + 6$. Remplaçons y par sa valeur dans $2x - 3y = 2$,
il vient que $2x - 3(-x + 6) = 2$; $5x = 20$; $\boldsymbol{x = 4}$.
Doù $\boldsymbol{y = -4 + 6 = 2}$.

9 • Périmètre du rectangle $= 20$ cm,
donc $2(x + y) = 20$ ou $x + y = 10$.
• Périmètre du trapèze isocèle $= 23$ cm,
donc $x + (2x - 3) + y + y = 23$ ou $3x + 2y = 26$.
x et y sont les solutions du système :

$$\begin{cases} x + y = 10 & (1) \\ 3x + 2y = 26 & (2) \end{cases}$$

(1) : $y = -x + 10$. (2) : $3x + 2(-x + 10) = 26$.
On trouve $\boldsymbol{x = 6}$ et $\boldsymbol{y = 4}$.

Chapitre 11 p. 87

1 **15 ; 17 ; 19.**

2 **a.**

	Âge actuel	Âge dans 2 ans
Julie	x	$x + 2$
Stéphanie	**4x**	**4x + 2**

b. Dans deux ans, l'âge de Stéphanie sera le double de celui de Julie, d'où $4x + 2 = 2(x + 2)$; $2x = 2$; $x = 1$. D'après le tableau : **l'âge actuel de Julie est 1 an et celui de Stéphanie est 4 ans**.

3 Soit x ce nombre. On obtient :
$6x + 8 = 4(x - 3)$. **Ce nombre est donc – 10.**

4 $(3x - 2) + (x + 3) = 25$, donc $\boldsymbol{x = 6}$.
$(3 \times 6 - 2) \times (6 + 3) = 144$, donc **l'aire du rectangle est 144 cm²**.

5 Soit x le nombre de billets à vendre.
$15x$ euros est le prix des x billets.
$15x \geqslant 62\,500$, soit $x \geqslant 4166,66$.
Pour assurer au moins un bénéfice de 50 000 €, l'association devrait au moins vendre 4 167 billets.

6 Soit x sa 4ᵉ note. $\dfrac{6 + 9 + 12 + x}{4} \geqslant 10$ soit $\dfrac{27 + x}{4} \geqslant 10$, donc $27 + x \geqslant 40$ ou $x \geqslant 13$.

L'élève devrait avoir au moins 13 à son 4ᵉ devoir.

7 **a.** $\mathscr{P} = (x + 3) + x = 2x + 3$.

b. $2x + 3 < \dfrac{36}{2}$ ou $2x + 3 < 18$ ou $2x < 15$
soit $x < 7,5$. Or, x est positif et non nul, donc les **valeurs entières de x sont : 1 ; 2 ; 3 ; 4 ; 5 ; 6 ; 7**.

8 Soit x et y les mesures de ces deux angles en degrés. x et y sont les solutions du système.

$$\begin{cases} x + y = 90 \\ y = 2x + 36 \end{cases}$$

La résolution de ce système nous donne $\boldsymbol{x = 18}$ **et** $\boldsymbol{y = 72}$.

Vérifions : $18 + 72 = 90$ et $2 \times 18 + 36 = 36 + 36 = 72$, donc les angles mesurent 18° et 72°.

9 Soit x la longueur et y la largeur du rectangle.

$$\begin{cases} x + y = 18 \\ 3x + 2y = 18 + 28 \end{cases}$$

La résolution de ce système nous donne $x = 10$ et $y = 8$.

Par conséquent, **la longueur et la largeur du rectangle sont respectivement 10 cm et 8 cm.**

10 x et y sont les solutions du système :

$$\begin{cases} x - y = 206 & (1) \\ x = 4y + 29 & (2) \end{cases}$$

En remplaçant x par sa valeur dans (1), on trouve $4y + 29 - y = 206$, soit $3y = 177$.
$y = \dfrac{177}{3} = 59$. D'où $x = 4 \times 59 + 29 = 265$.

Les nombres entiers demandés sont 265 et 59.

11 PGCD (294; 210) $=$ 42. **Le plus grand nombre d'équipes que l'on peut composer est 42.**
Or, $294 = 42 \times 7$ et $210 = 42 \times 5$, donc **chaque équipe comprendra 7 garçons et 5 filles.**

Chapitre 12 p. 89

1 Les trois douzièmes de la figure sont en rouge.
Soit $\dfrac{3}{12} = \dfrac{1}{4} = 0,25 = \dfrac{25}{100} = \boldsymbol{25\ \%}$.

2 À l'aide d'un tableau de proportionnalité :

Population	100	P ?
Population après croissance	102	465 200

$102 \times P = 100 \times 465\,200$, $P = \dfrac{46\,520\,000}{102}$

P = 456 078 habitants.

3 44 %. En effet, avec une réduction de 30 %, un article de 100 € revient à 70 €. En appliquant une réduction de 20 % à 70€, l'article revient à :
80 % × 70 € = 56 €. (prix initial)100 € – (prix final) 56 € = 44 €, donc au total la réduction est de 44 %.

4 42,52 €. En effet, 70 % × 89,99 € = 62,99 € ;
75 % × 62,99 € = 47,24 € et
90 % × 47,24 € = 42,52.

5 19,07 %. Si le prix initial est de 100 €, alors après la première augmentation, son prix est de 108 €. Son prix est de 108 × 1,05 € à la deuxième augmentation et de (108 × 1,05) × 1,05 € à la troisième. Soit 119,07 € ou en pourcentage, 19,07 %.

6 En m, $\begin{cases} 86 - 0,5 \leqslant L \leqslant 86 + 0,5 \text{ et} \\ 48 - 0,5 \leqslant l \leqslant 48 + 0,5, \end{cases}$

donc $\begin{cases} 85,5 \leqslant L \leqslant 86,5 \text{ et} \\ 47,5 \leqslant l \leqslant 48,5. \end{cases}$

$85,5 \times 47,5$ m² $= 4061,25$ m² est l'aire minimale et, $86,5 \times 48,5$ m² $= 4195,25$ m² est l'aire maximale. On écrit **en m², 4061,25 ⩽ A ⩽ 4195,25.**

7 **1. a.** 4,7 h = 4 h + 0,7 h = 4 h + 0,7 × 60 min = **4 h 42 min.**

b. 8,09 h = 8 h + 0,09 h = 8 h + 0,09 × 60 min
= 8 h + 5,4 min = 8 h + 5 min + 0,4 min
= 8 h + 5 min + 0,4 × 60 s = **8 h 5 min 24 s.**

2. 1 h = 60 min et 1 min = 60 s, d'où :

a. 2 h 36 min = 2 h + $\dfrac{36}{60}$ h = 2 h + 0,6 h = **2,6 h.**

b. 5 h 2 min 24 s = 5 h + 2 min + $\dfrac{24}{60}$ min = 5 h +2 min + 0,4 min = 5 h + 2,4 min = 5 h + $\dfrac{2,4}{60}$ h = 5 h + 0,04 h = **5,04 h.**

8 **a.** v = 180 km/h = $\dfrac{180 \text{ km}}{60 \text{ min}}$ = 3 km/min.

$v = 3 \text{ km/min} = \dfrac{3000 \text{ m}}{60 \text{ s}} = \mathbf{50 \text{ m/s}}.$

b. 40 km = 40 000 m.

$t = \dfrac{d}{v} = \dfrac{40000 \text{ m}}{50 \text{ ms}^{-1}} = 800 \text{ s} = 780 \text{ s} + 20 \text{ s}$

$= \mathbf{13 \text{ min } 20 \text{ s}}.$

9 $v = 795{,}2 : 24 \approx 33{,}13$ milles/h = 33,13 nœuds.
En mètres et en 24 h, la distance parcourue est de 795,2 × 1852, et en une seconde (795,2 × 1852) : (24 × 3600) ≈ 17,05. Soit $v \approx 17$ m/s.

Remarque : 1 nœud = 1852 m/h = 1852 m/3600 s ≈ 0,5 m/s.

10 **a.** 1 m^3 = 1 000 000 cm^3, donc 1 m^3 d'or pèse 1 000 000 × 19,3 g = 19 300 000 g = 19 300 kg. La masse volumique de l'or est **19 300 kg / m^3**.

b. 1 m^3 de fer pèse (15,72 : 2) tonnes = 7,86 t.
1 t = 1000 kg et 1 m^3 = 1000 dm^3.

$7{,}86 \text{ t/m}^3 = 7860 \text{ kg/m}^3 = \dfrac{7860 \text{ kg}}{1000 \text{ dm}^3}$

$= \mathbf{7{,}86 \text{ kg/dm}^3}.$

11 Soit, en euro, x la somme placée à 3 %. $12000 - x$ est donc la somme placée à 4 %.
$0{,}03x$ est le montant des intérêts à 3 %.
$0{,}04 \times (12000 - x)$ est le montant des intérêts à 4 %. Or, le montant des intérêts à 3 % est supérieur à celui des intérêts à 4 % de 115 €, donc :

$$\begin{aligned} 0{,}03x &= 0{,}04(12000 - x) + 115 \\ 0{,}07x &= 595 \\ x &= 595/0{,}07 = 8500. \end{aligned}$$

Lola a placé 8500 € à 3 % et 3500 € à 4 %.

Chapitre 13 p. 91

1 **a.** A(−3; 4). B(6; 2).
C(3; −3). O(0 ; 0).

b.

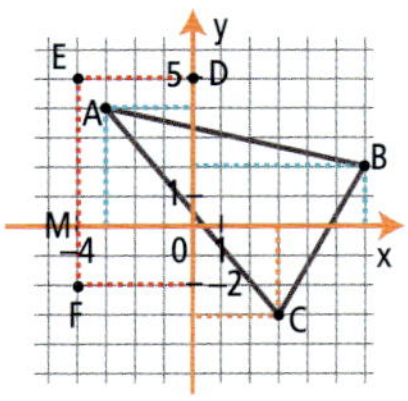

2 **a.** **Vrai.** **b.** **Vrai.** **c.** **Vrai.**

3 **a.**

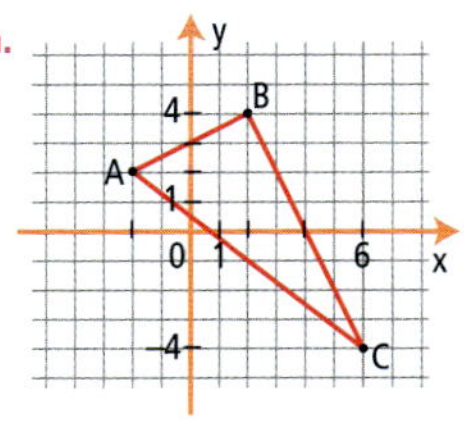

b. $\mathbf{AB^2} = 4^2 + 2^2 = \mathbf{20}.$
$\mathbf{BC^2} = 4^2 + 8^2 = \mathbf{80}.$
$\mathbf{AC^2} = 8^2 + 6^2 = \mathbf{100}.$
Or, 100 = 80 + 20, donc $AC^2 = BC^2 + AB^2$, par conséquent **le triangle ABC est rectangle en B.**

c. Le diamètre du cercle circonscrit au triangle ABC est égal à l'hypoténuse AC de ce triangle.
Or, $AC^2 = 100$, donc $AC = \sqrt{100} = 10$; par conséquent, **le rayon du cercle circonscrit au triangle ABC est égal à 5.**

4 AB = 17. CD = 10. EF = $\dfrac{5}{2}$. GH = $\sqrt{34}$.

5 **1.**

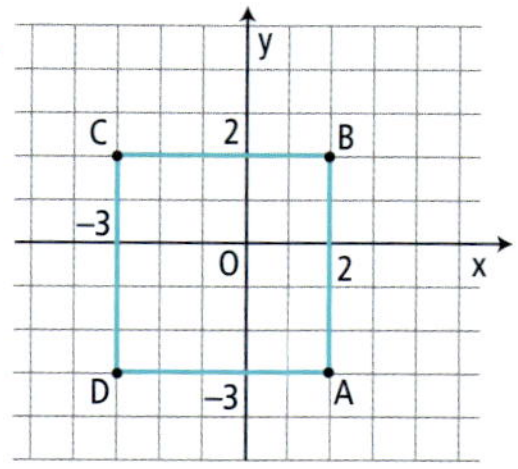

2. a. **Vrai**. A et B ont pour abscisses 2.
b. **Faux**, car l'abscisse de B est 2 et celle de C, − 3.
c. **Vrai**. A et D ont pour ordonnée − 3.
d. **Vrai**. En effet, (AB) // (Oy), car A et B ont même abscisse, de même (CD) // (Oy), car C et D ont même abscisse.
A et D ont même ordonnée, donc (AD) // (Ox), de même (BC) // (Ox). Le quadrilatère ABCD a les côtés parallèles aux axes (Ox) et (Oy), donc il a quatre angles droits, et il a les côtés de même longueur AB = BC = CD = DE = 5. ABCD est donc un carré.
3. $\mathscr{P} = 4 \times 5$ u = 20 unités = 20 × 0,5 cm = 10 cm.
$\mathscr{A} = 5 \times 5$ unités d'aire $= 25 \times (0{,}5)^2$ cm^2
$= 6{,}25$ cm^2.

6 $S_1 \to M_3$. $S_2 \to M_1$. $S_3 \to M_2$. $S_4 \to M_4$.

7 **a.**

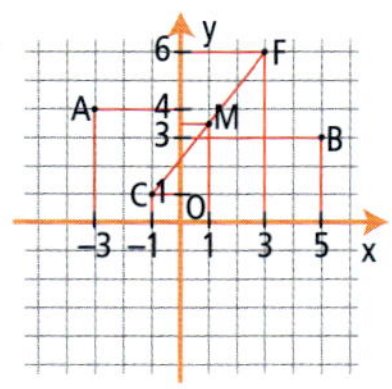

b. $M\left(\dfrac{-3+5}{2} ; \dfrac{4+3}{2}\right)$
donc $\mathbf{M\left(1 ; \dfrac{7}{2}\right)}$.

c. Symétrique de C par rapport à M : **F(3 ; 6).**

d. **ACBF est un parallélogramme**, car les diagonales [AB] et [CF] se coupent en leur milieu M.

8 **1. a.** **Faux**, car si IM = IN, alors I est équidistant de M et N, donc I appartient à la médiatrice de [MN]. I n'est pas nécessairement le milieu de [MN].

b. **Vrai**. En effet, I est le milieu de [MN], car :

$\dfrac{x_M + x_N}{2} = \dfrac{-2-6}{2} = -4 = x_I$, et

$\dfrac{y_M + y_N}{2} = \dfrac{-4+2}{2} = -1 = y_I$.

Les points M, I et N sont donc alignés.

2. $\dfrac{x_A + x_B}{2} = x_J$ et $\dfrac{y_A + y_B}{2} = y_J$, donc $x_A + x_B = 2x_J$ et $y_A + y_B = 2y_J$. D'où : $2 + x_B = 2$, $x_B = 0$, et $0 + y_B = 12$, $y_B = 12$. Soit **B(0 ; 12)**.

9 **1.**

Si x =	−1	0	$\frac{2}{3}$	1	$\frac{5}{3}$
alors y =	4	2,5	1,5	1	0
et (x , y) =	(−1 ; 4)	(0 ; 2,5)	$\left(\frac{2}{3} ; 1{,}5\right)$	(1 ; 1)	$\left(\frac{5}{3} ; 0\right)$

2. Les réponses peuvent varier. Elles dépendent du choix de x (ou de y). Exemples de réponses :
A(−3 ; 7) , B(2 ; −0,5) et C(3 ; −2).

Chapitre 14 p. 93

1 **a.** $f(x) = \mathbf{-3x}$. **b.** $f(4) = \mathbf{-12}$. **c.** $f(0) = \mathbf{0}$.
d. $f(-1) = \mathbf{3}$. **e.** $f(-2) = 6$. **f.** $f(2) = 6$.

2

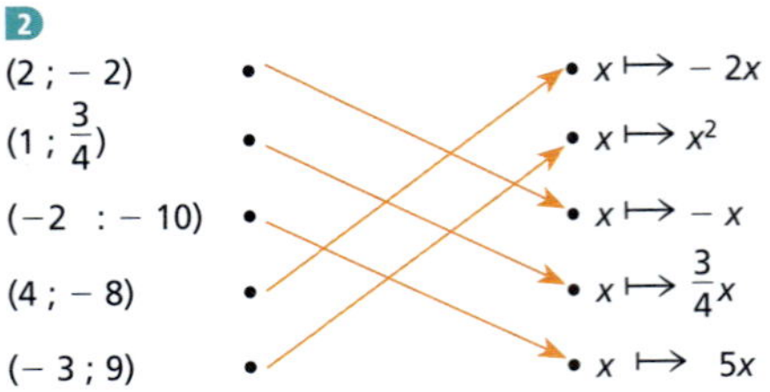

3 a. **Faux**, car $\frac{10,5}{-7} = \frac{-84}{56} = \frac{-4,5}{3} = -1,5$ mais $\frac{-31}{20} \neq -1,5$. b. **Faux**, car $4x^2$ n'est pas de la forme ax. c. **Faux**, car la droite ne passe pas par l'origine du repère.

4 $x = \frac{7 \times 80}{100} = 5,6$.

Pour parcourir 80 km, la voiture consomme 5,6 L.

5 1. $a = \frac{A'B'}{AB} = \frac{8,8}{5,5} =$ **1,6**. D'où le tableau :

AB = 5,5	BC = 5	CD = **4,5**	DA = 7
A'B' = 8,8	B'C' = **8**	C'D' = 7,2	D'A' = **11,2**

2. a. **Vrai.** b. **Faux**, car aire A'B'C'D' = a^2 aire ABCD.

6

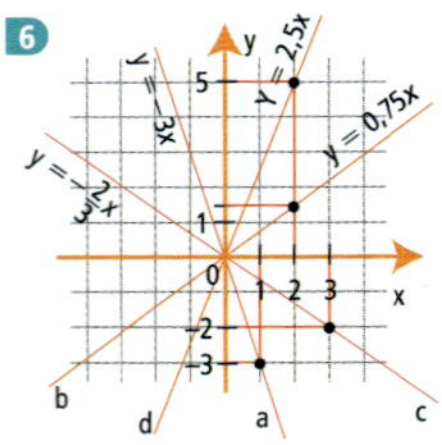

7 a. d_1 : **3**. d_2 : $\frac{2}{3}$. d_3 : **− 2**. d_4 : $-\frac{1}{2}$.

b. d_1 : $y = 3x$. d_2 : $y = \frac{2}{3}x$. d_3 : $y = -2x$. d_4 : $y = -\frac{1}{2}x$.

8 f est linéaire, donc $f(x) = ax$. Or $f(3) = 12$, donc $a = \frac{12}{3} = 4$. Par conséquent $f(7) = 4 \times 7 =$ **28**.

9 Soit a le coefficient de f. $a = \frac{10,4}{6,5} =$ **1,6**.

L'image de 2,5 est donc $1,6 \times 2,5 =$ **4**.

10 a. On a A(5 ; 3) et B(−3 ; 5), donc

$OA^2 = 5^2 + 3^2 = 34$; $OA = \sqrt{34}$
$OB^2 = (-3)^2 + 5^2 = 34$; $OB = \sqrt{34}$ } **OA = OB**

b. **cos $\widehat{AOH}$** $= \frac{OH}{OA} = \frac{5}{\sqrt{34}}$
sin $\widehat{BOI}$ $= \frac{BI}{OB} = \frac{5}{\sqrt{34}}$
} cos $\widehat{AOH}$ = sin $\widehat{BOI}$, donc les angles $\widehat{AOH}$ et $\widehat{BOI}$ sont complémentaires.

$\widehat{BOI} + \widehat{AOH} = 90°$, donc $\widehat{AOB} = 180° - 90° = 90°$.

Les droites (OA) et (OB) sont perpendiculaires.

Chapitre 15 p. 95

1 a. $f(0) =$ **−3**. b. $f(-2) =$ **− 4**. c. $f(4) =$ **− 1**.
d. $f(2) = -2$. e. $f(6) = 0$. f. $f(1) = -\frac{5}{2}$.

2 a. $f(-1) = -3(-1) + 2 =$ **5**.
b. $-3x + 2 = 4$ donc $-3x = 2$ et $x = -\frac{2}{3}$.

3 a. **Vrai.** b. **Vrai**, car $x \mapsto 3x + 0$. c. **Faux.**
d. **Vrai**, car $x - \frac{x}{2} + 1 = \frac{x}{2} + 1$.

4 a. $P(x) = 2x + 5\pi$ avec $x \geqslant 0$.

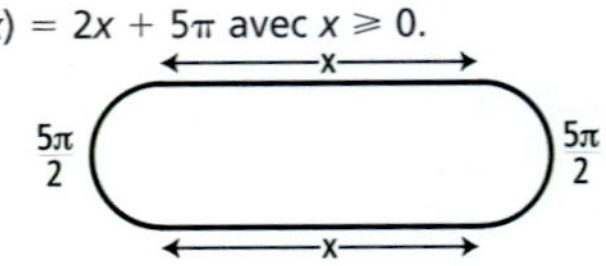

b. $P(5) = 2 \times 5 + 5 \times 3,14 =$ **25,7**.

c. $2x + 5\pi = 13\pi$
$2x = 13\pi - 5\pi$ donc $x = 4\pi$.

d. **$a(x) = 5x + 6,25\pi$ avec $x > 0$.**

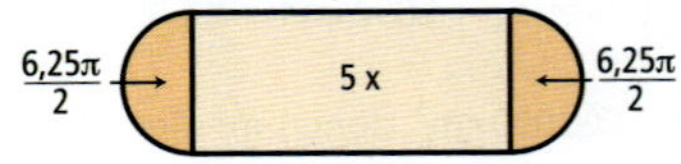

5 La représentation graphique de la fonction : $x \mapsto 5 - 4x$ ou $x \mapsto -4x + 5$ est une droite qui passe par A(0 ; 5) et B(1 ; 1).

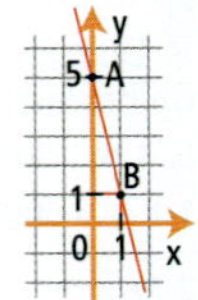

$y = -4x + 5$

6 $y = -2x + 5$.

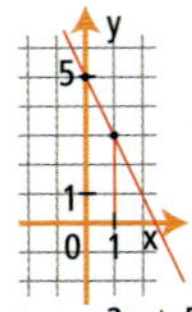

$y = -2x + 5$

7 A(−6 ; 0). La représentation graphique de f passe par le point A(−6; 0), donc pour $x = -6$, on a $y = 0$ d'où : $0 = \frac{2}{3} \times (-6) + ?$, $0 = -4 + ?$ ou ? = 4. Donc $f(x) = \frac{2}{3}x + 4$.

8 1. Il s'agit de la fonction $x \mapsto \frac{2}{3}x + 2$, car pour $x = 6$ on a $y = 6$ et pour $x = -3$, on a $y = 0$.

2. Les trois droites représentatives sont concourantes en C(0; 2).
En effet, l'image de 0 est 2 dans les trois fonctions.

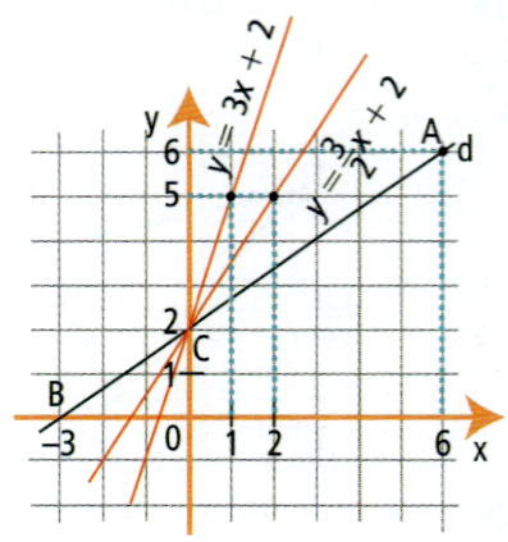

9 a.

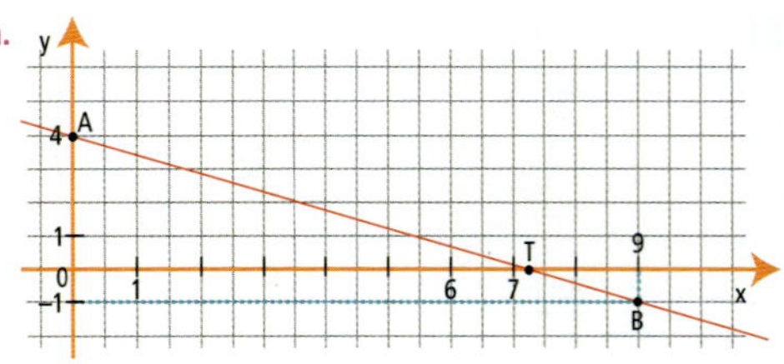

Considérons $x \mapsto -\frac{5}{9}x + 4$. On a : $0 \mapsto 4$ et $9 \mapsto -1$

Donc la droite D passe par les points A(0; 4) et B(9; −1).

b. Par lecture, l'abscisse de T est entre 7 et 7,5 et son ordonnée est 0.

Par calcul : $-\frac{5}{9}x + 4 = 0$ soit $-5x + 36 = 0$
$x = \frac{36}{5} = 7,2$. Donc T(7,2 ; 0).

10 a.

$x \mapsto -x+3$
$x \mapsto 2x+3$
$x \mapsto 3$
$x \mapsto -2x+3$

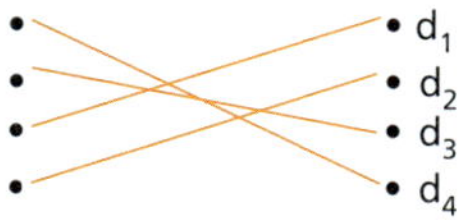

b. $f(x)$ est de la forme $ax + b$. a et b sont les solutions du système

$$\begin{cases} 2a + b = 10 \\ \frac{1}{6}a + b = -1 \end{cases}$$

On trouve $a = 6$ et $b = -2$, donc $\boldsymbol{f : x \mapsto 6x - 2}$.

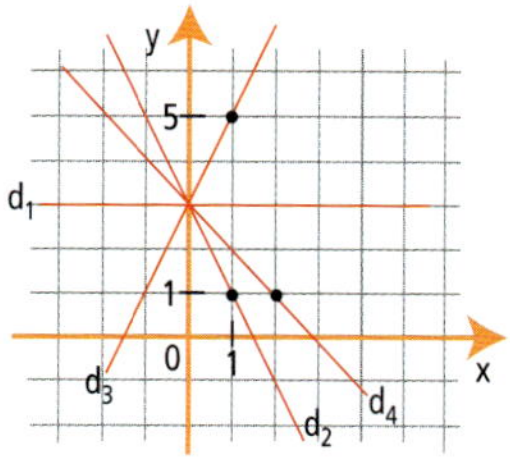

Chapitre 16 p. 97

1 a. A(2; 1), B(4 ; 2), C(6 ; 4), D(2 ; 6) b. AB $= \sqrt{5}$, BC $= \sqrt{8} = 2\sqrt{2}$, CD $= \sqrt{20} = 2\sqrt{5}$, DA $= 5$. $\mathcal{P} \approx 14{,}5$ unités. c. $\mathcal{A}$ = aire triangle AEB + aire trapèze BEFC + aire triangle CFD $= \frac{2 \times 1}{2} + \frac{2+4}{2} \times 2 + \frac{4 \times 2}{2} = 1 + 6 + 4 = 11$. $\mathcal{A} = 11$ unités d'aires.

2 1. **Le train est :** a. parti de Paris : **9 h**.
b. arrivé à Lille : **10 h 15 min**.
c. reparti de Lille : **11 h 45 min**.
d. retourné à Paris : **13 h**.
2. **Il a eu un arrêt de 1 h 30 min.**
3. Sa vitesse est de **176 km/h à l'aller et au retour**.
4. À 12 h 15, le train était à **132 km de Paris, 90 km environ de Lille, 88 km de Lille**.

3 a. En euros, le prix x d'un cahier et le prix y d'un stylo sont solutions du système :

$$\begin{cases} 4x + 2y = 6{,}5 & (1) \\ 5x + y = 7 & (2) \end{cases}$$

L'équation (2) nous permet d'écrire $y = -5x + 7$.
L'équation (1) s'écrit alors : $4x + 2(-5x + 7) = 6{,}5$.
On trouve $x = 1{,}25$; puis $y = 0{,}75$. Donc, **le prix d'un cahier est 1,25 € et celui d'un stylo 0,75 €**.

b. Soit $f : x \mapsto -2x + 3{,}25$ et $g : x \mapsto 7 - 5x$.

x	1	2
$f(x)$	1,25	– 0,75

x	1	1,5
$g(x)$	2	– 0,5

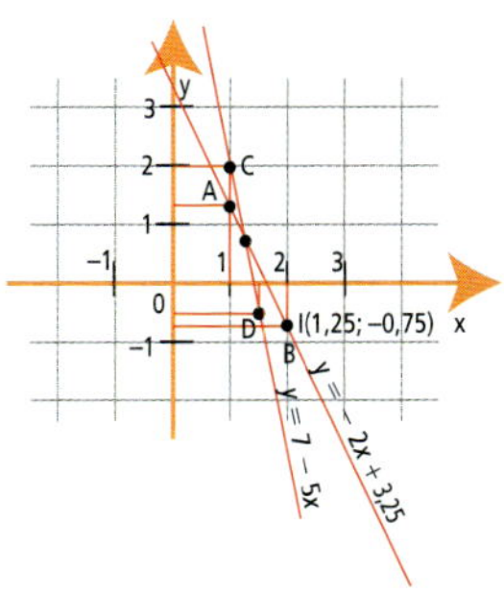

L'équation (1) du système s'écrit : $2y = -4x + 6{,}5$ ou $y = -2x + 3{,}25$.
Par conséquent, les solutions du système :

$$\begin{cases} y = -2x + 3{,}25 \\ y = -5x + 7 \end{cases}$$

correspondent aux prix x et y d'un cahier et d'un stylo.

Graphiquement, ce sont les coordonnées du point d'intersection I, des droites d'équations : $y = -2x + 3{,}25$ et $y = 7 - 5x$.
Par lecture : $x_I = 1{,}25$ et $y_I = 0{,}75$.

4 1. En cm, périmètre du rectangle avant augmentation : $2x + 20$. Périmètre du rectangle après augmentation : $(2x + 20) + \frac{25}{100}(2x + 20)$
$= 2x + 20 + 0{,}25\,(2x + 20) = 2{,}5x + 25$.
Donc p est définie par $p(x) = 2{,}5x + 25$.
On a bien : $\boldsymbol{p(2)} = 2{,}5 \times 2 + 25 = \mathbf{30}$
et $\boldsymbol{p(4)} = 2{,}5 \times 4 + 25 = \mathbf{35}$.

2. x est la mesure d'une largeur, donc $x > 0$.

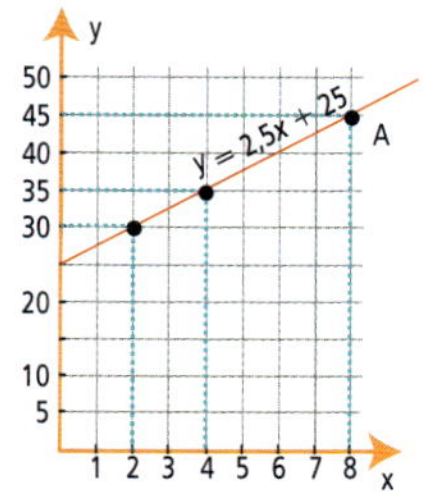

3. $p(x) = 45$, donc $2{,}5x + 25 = 45$ et $2{,}5x = 20$ soit $\boldsymbol{x} = \frac{20}{2{,}5} = \mathbf{8}$.

A est le point de la droite d'ordonnée 45. **L'abscisse de A, 8, est la solution de $p(x) = 45$.**

4. a. **Le périmètre $p(x)$ est stictement supérieur à 45 pour les valeurs de x strictement supérieures à 8.** b. **Le périmètre $p(x)$ est compris entre 30 et 45 pour les valeurs de x comprises entre 2 et 8.**

Chapitre 17 p. 99

1 a. **Faux.** b. **Vrai.** c. **Faux.**

2

Série de valeurs	Moyenne	Médiane
9 m ; 12 m ; 19 m	$\frac{40}{3}$ m	12 m
– 4° ; 8° ; 10° ; 14° ; 25°	10,6°	10°
20 g ; 25 g ; 35 g ; 45 g	31,25 g	30 g

3 1. a. **2 ; 4 ; 4 ; 6 ; 7 ; 7 ; 7.** b. **Moyenne** $= \mathbf{\frac{37}{7}}$ **; médiane = 6.** 2. Nouvelle série : 2 ; 4 ; 4 ; 5 ; 6 ; 7 ; 7 ; 7. **Moyenne** $= \frac{42}{8} = \mathbf{5{,}25}$ **: médiane** $= \frac{5+6}{2} = 5{,}5$.

4 $\boldsymbol{x = 15}$ **;** $\boldsymbol{y = 21}$. $\boldsymbol{z = 19}$ **;** $\boldsymbol{t = 17}$. $\boldsymbol{r = 11}$ **;** $\boldsymbol{s = 2}$.

5 a. **21**, car $1 + 4 + 5 + 6 + 4 + 1 = 21$.

b. **11**, car $(5 \times 1) + (8 \times 4) + (10 \times 5) + (12 \times 6) + (4 \times 14) + (1 \times 16) = 231$. $\frac{231}{21} = 11$. c. **12**, car la médiane est la note du 11e élève, donc 12.

6 a. **La somme de ces nombres est égale à :** $8{,}2 \times 5 = \mathbf{41}$. b. **La somme de ces trois nombres est égale à :** $55 \times 3 = \mathbf{165}$.

c. **La moyenne des huit nombres est égale à :** $\frac{41 + 165}{8} = \frac{206}{8} = \mathbf{25{,}75}$.

7 a. Nombre total de jours : 31. Nombre total de poissons pêchés : 135. **Nombre moyen de poissons pêchés par jour :** $\frac{135}{31} = \mathbf{4{,}35}$. b. La médiane est la valeur qui partage la série en deux groupes de même effectif; c'est donc la valeur du 16e jour. **La médiane de la série est donc 4.**

8
a. $\frac{(57 \times 2{,}5) + (84 \times 7{,}5) + (345 \times 12{,}5) + (114 \times 17{,}5)}{600}$
$= 11{,}8$. **11,8 est la note moyenne. La note médiane**

appartient à l'intervalle [10 ; 15[, cela signifie qu'une moitié des copies a une note inférieure à 12,5 environ et que l'autre moitié a une note supérieure à 12,5.

b.

Notes	$n < 5$	$5 \leqslant n < 10$	$10 \leqslant n < 15$	$15 \leqslant n$
Effectif	57	84	345	114
Fréquence	$\frac{57}{600} = 0{,}095$	0,14	0,575	0,19
Fréquence (%)	9,5	14	57,5	19

c.

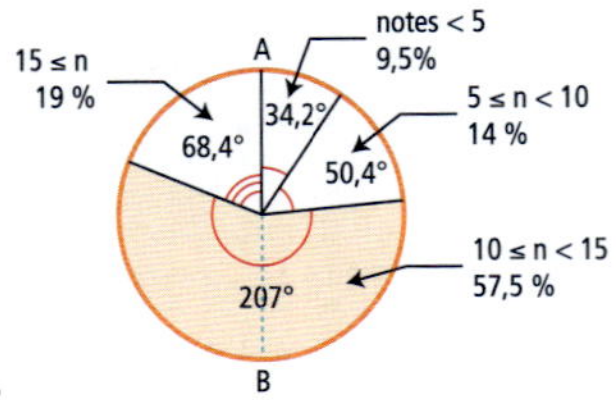

d. Vrai.

Chapitre 18 p. 101

1 Dans l'ordre croissant, la série s'écrit : 1 m ; 4 m ; 25 m. **a.** En mètres, **l'étendue de la série est 24. b. Sa médiane est 4. c. Sa moyenne est 10.**

2 En ordonnant les séries, on trouve :

Série de valeurs	Étendue	Moyenne	Médiane
−5 ; 2 ; −5 ; 6 ; 9	14	1,4	2
−3 ; 8 ; 10	13	5	8
0 ; 3 ; 5 ; 0 ; −1 ; 8 ; 6	8 − (−1) = 9	21 ÷ 7 = 3	3

3 **1. a. les heures. b. les nombres d'appels cumulés. c. 3 heures. d. 120. 2. a. 20 appels. b. 80 appels. c. 60 appels. d. 100 appels. 3. a. 50 %. b. 25 %. c. 10 %.**

4. a. Faux. b. Faux. c. Vrai, car 9 h 36 min = $(9 + \frac{36}{60})$ h = (9 + 0,6) h.

4 **1.** Sur l'axe des abscisses : **les âges**. Sur l'axe des ordonnées : **le nombre d'abonnés**.

2. La largeur d'une barre représente un **intervalle** de 10 ans. **Sa longueur** représente le **nombre d'abonnés**.

3. a. Vrai, car 90 − 10 = 80. **b. Vrai**, car 15 + 20 + 12 + 9 + 14 + 2 + 0 + 1 = 73. **c. Faux**, car les effectifs cumulés sont : 15 ; 35 ; 47 ; 56 ; 70 ; 72 ; 73. **d. Vrai**, car la médiane est l'âge du 36e abonné. **e. Faux**, car :

$$\frac{(15\times15)+(25\times20)+(35\times12)+(45\times9)+(55\times14)+(65\times2)+(85\times1)}{73}$$

$= \frac{2\,535}{73} \approx 35$. **f. Vrai**, car $\frac{15+20}{73} \approx 0{,}48$ ou 48 %.

5 **1.**

Montant des ventes (en €)	Effectifs (ou nombre de clients)	Effectifs cumulés
[0 ; 10[	12	12
[10 ; 20[	25	37
[20 ; 30[	8	**45**
[30 ; 40[	15	**60**
[40 ; 50[	13	**73**
[50 ; 60]	7	**80**

2.

$$\frac{(5\times12)+(15\times25)+(25\times8)+(35\times15)+(45\times13)+(55\times7)}{80}$$

$= \frac{2\,130}{80} = 26{,}625$.

Le montant moyen d'une vente est 26,63 €.

3.

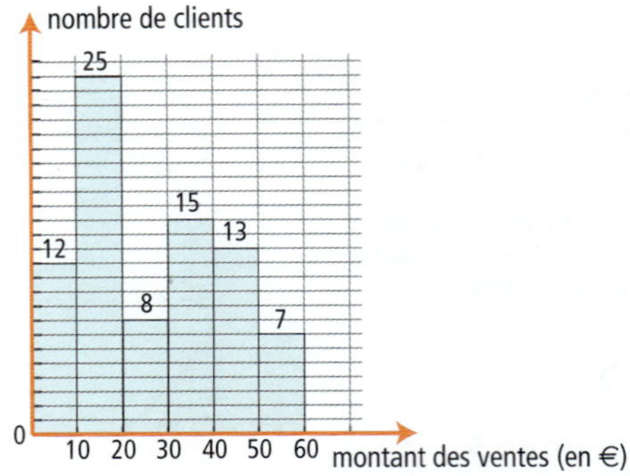

4. a. Faux, car $\frac{37}{80} = 0{,}4625$ ou 46,25 % des clients ont dépensé moins de 20 €. **b. Vrai**, car la médiane est le montant correspondant à l'effectif « milieu » de 80. **c. Vrai**, car $\frac{60}{80} = 0{,}75$ ou 75%.

Chapitre 19 p. 103

1 **1.** Non, car la roue compte trois secteurs rouges mais quatre secteurs noirs.

2. a. Impossible. **b.** Possible. **c.** Certaine.

3. P(noir) • • $\frac{1}{8}$

P(jaune) • • $\frac{3}{8}$

P(rouge) • • 50%

$P(\text{noir}) = \frac{4}{8} = \frac{1}{2} = 0{,}5 = 50\ \%$. $P(\text{jaune}) = \frac{1}{8}$. $P(\text{rouge}) = \frac{3}{8}$.

2 Dans un cercle, le rayon aboutissant au point de tangence est toujours perpendiculaire à la tangente en son extrémité.

Donc la probabilité $P(\widehat{OAx} = 90°) = \mathbf{1}$.

3 La classe compte 30 élèves. 14 de ces élèves sont des filles, d'où $P(\text{fille}) = \frac{14}{30} = \mathbf{\frac{7}{15}}$.

4 **a.** $P(\text{jaune}) = \frac{2}{14} = \mathbf{\frac{1}{7}}$. **b.** $P(\text{blanche}) = \frac{0}{14} = \mathbf{0}$.

c. $P(\text{rouge ou bleue}) = \mathbf{\frac{9}{14}}$. **d.** $P(\text{non rouge}) = \frac{10}{14} = \mathbf{\frac{5}{7}}$.

5 **a.** 6 cas sont possibles dont un seul cas, la face 3, est favorable au succès, d'où $P(3) = \mathbf{\frac{1}{6}}$.

b. Deux cas, les faces 1 et 5, sont favorables au succès, donc $P(1 \text{ ou } 5) = \frac{2}{6} = \mathbf{\frac{1}{3}}$.

c. Dans la liste 1, 2, 3, 4, 5 et 6, les nombres 2, 4 et 6 sont pairs, donc 3 cas sont favorables au succès, d'où $P(\text{pair}) = \frac{3}{6} = \mathbf{\frac{1}{2}}$.

d. Il est impossible d'obtenir un 7, donc $P(7) = 0$.

6 **1.** $P(\text{dame}) = \frac{4}{52} = \mathbf{\frac{1}{13}}$.

2. $P(\text{dame de trèfle}) = \mathbf{\frac{1}{52}}$.

3. Nombre de cas favorables : 52 − (4 + 4) = 44, donc $P(\text{ni dame, ni roi}) = \frac{44}{52} = \mathbf{\frac{11}{13}}$.

4. 3, 6 et 9 sont les multiples de 3, soit 12 cartes. 12 est le nombre de cas favorables, donc $P(\text{multiple de 3}) = \frac{12}{52} = \mathbf{\frac{3}{13}}$.

7 Dans le triangle ABC rectangle en B, $AC^2 = AB^2 + BC^2$, donc $BC^2 = 6^2 + 3{,}6^2 = 23{,}04$, d'où $BC = \sqrt{23{,}04} = 4{,}8$. Par ailleurs, (MN) et (BC) sont perpendiculaires à une même droite, elles sont donc parallèles. Dans le triangle ABC, M est le milieu de [AB] et (MN) // (BC), donc N est le milieu de [AC] et $MN = \frac{1}{2}BC$.

D'où, MN = 2,4. Par conséquent, il est impossible d'avoir MN = 2,5, d'où : **P(MN = 2,5) = 0**.

8 **1. a.** D'après le diagramme, le secteur du riz est de 90°, donc le quart de tout le diagramme. Le quart des élèves est 240 : 4 = 60, donc **60 élèves préfèrent le riz.**
b. 240 − (105 + 60) = 75, donc **75 élèves préfèrent la purée.**
2. a. 60 élèves sur 240 préfèrent le riz, donc la fréquence du riz est de $\frac{60}{240} = \frac{1}{4} = 0{,}25$. En pourcentages, $0{,}25 = \frac{25}{100} =$ **25 %**.
b. La fréquence des pâtes est de $\frac{105}{240} = 0{,}4375$.

En pourcentages, $0{,}4375 = \frac{43{,}75}{100} =$ **43,75 %**.

c. La fréquence de la purée est de $\frac{75}{240} = 0{,}3125$.

En pourcentages, $0{,}3125 = \frac{31{,}25}{100} =$ **31,25 %**.

3. a. Cas favorables = 60 et cas possibles = 240, donc la probabilité $P(\text{riz}) = \frac{60}{240} = \frac{1}{4}$ **ou 0,25 ou 25 %**. **b.** $P(\text{pâtes}) = \frac{105}{240} = \frac{7}{16}$ ou 0,4375 ou 43,75 %.

c. $P(\text{purée}) = \frac{75}{240} = \frac{5}{16}$ ou 0,3125 ou 31,25 %.

Remarque : la probabilité d'un événement n'est autre que sa fréquence.
4. Cas favorables = 60 + 75 = 135, et cas possibles = 240, donc la probabilité

$P(\text{riz ou purée}) = \frac{135}{240} = \mathbf{\frac{9}{16}}$ **ou 0,5625 ou 56,25 %**.

Chapitre 20 p. 105

1 **a.** $\widehat{BOD} + \widehat{DOC} = 180°$ et $\widehat{BOC} = 180°$, **donc les points B, O et C sont alignés.**

b. A, O et D sont alignés si $\widehat{AOD} = 180°$, donc pour $x =$ **81°**.

2 **a. Vrai,** car les angles en position d'alternes-internes $\widehat{ABC}$ et $\widehat{BAD}$ sont égaux. **b. Faux,** car les angles en position d'alternes-internes $\widehat{ACB}$ et $\widehat{CAE}$ ne sont pas égaux.
c. Faux, car si les points D, A et E étaient alignés, la droite (AE) serait parallèle à (BC).

3 **a.** $\widehat{AOB}$ **et** $\widehat{BOC}$ **sont adjacents** par définition.

b. • $\widehat{AOB}$ **et** $\widehat{BOC}$ **sont complémentaires si :**

$\widehat{AOB} + \widehat{BOC} = 90°$
$2a + 2b = 90°$
$a + b = 45°$ $a = 23°$, donc $\mathbf{b = 22°}$.

• $\widehat{AOB}$ **et** $\widehat{BOC}$ **sont supplémentaires si :**

$\widehat{AOB} + \widehat{BOC} = 180°$
$2a + 2b = 180°$
$a + b = 90°$ donc $\mathbf{b = 67°}$

Dans ce cas $\widehat{AOC} = 180°$, donc **les points A, O et C sont alignés.**

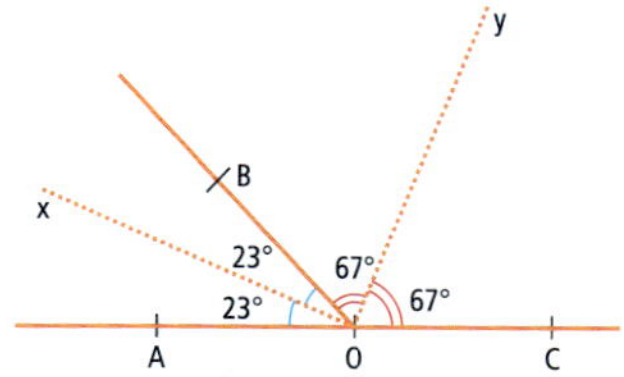

4 **a.** $\widehat{CAz} = 180° - 52° = 128°$**, donc** $x = \frac{128°}{2} = 64°$**.**
b. $\widehat{C} = 180° - (52° + 71°) = 57°$, donc
(Ay) // (BC) pour $x = 57°$.

5 **a.** Les angles droits ne sont pas opposés par le sommet, car **leurs côtés ne sont pas dans le prolongement l'un de l'autre.**

b. $\widehat{BAC} = 360° - (45° + 90° + 90°) = 135°$.
La somme des angles d'un triangle est égale à 180°, donc $\widehat{B} + \widehat{C} = 180° - 135° = 45°$.
D'où $2x = 45°$, $\mathbf{x = 22{,}5°}$.

6 **a.** $\widehat{CDE} = \widehat{CAB} =$ **82°** comme correpondants.
$\widehat{CED} = \widehat{CBA} =$ **43°** comme correspondants.

$\widehat{C} = 180° - (82° + 43°) =$ **55°**.

b. ABED est un trapèze car il a les côtés opposés [AB] et [DE] parallèles.

7 Si (BC) // (DE), alors $\widehat{ADE} = \widehat{ABC} = x + 12$ comme correspondants. Dans ce cas, dans le triangle ADE, $\widehat{A} + \widehat{ADE} + \widehat{AED} = 180°$, soit $x + x + 12 + 54 = 180$. D'où $2x = 114$; $\mathbf{x = 57°}$.

8 **a.** (yz) // (MN), donc $\widehat{PMN} = 62°$ comme alternes-internes. Le triangle MNP est isocèle en M si : $\widehat{MPN} = \widehat{MNP} = x$. Dans le triangle MNP, on a alors : $\widehat{PMN} + x + x = 180°$ ou $2x + 62° = 180°$. Soit $\mathbf{x = 59°}$.

b. Le triangle MNP est isocèle en N si :
$\widehat{PMN} = \widehat{MPN} = x$. Mais $\widehat{PMN} = 62°$, donc $\mathbf{x = 62°}$.
Dans ce cas **[PM] est bissectrice de l'angle $\widehat{NPy}$**.

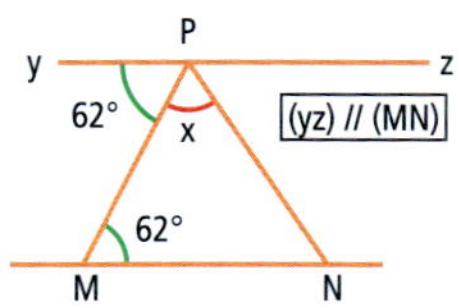

Chapitre 21 p. 107

1 **a.** IA = IB, donc **I est le milieu de [AB].**
BM = MC, donc **[AM] est une médiane pour le triangle ABC.**

b. T est un point de la médiane [AM] tel que AT = 2TM, donc T est le centre de gravité du triangle ABC. [CI] est une médiane, donc [CI] passe par le centre de gravité T. **Les points C, T et I sont alignés.**

2

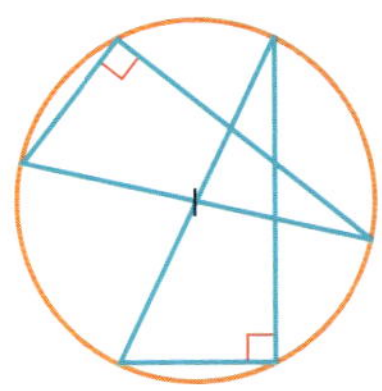

3 a. **ABC est un triangle rectangle en A**, car il est inscrit dans le cercle de diamètre [BC].
$\widehat{ABM} = 45°$, donc dans le triangle ABM,
$\widehat{AMB} = 90° - 45° = 45°$. **ABM est un triangle rectangle isocèle en A.**

b. **Vrai.** En effet, le triangle BDC est rectangle en D, car il est inscrit dans le cercle de diamètre [BC] et, il est isocèle en D, car $\widehat{DMC} = \widehat{AMB} = 45°$ comme opposés par le sommet.

4 a. $\widehat{A} = 180° - (55° + 48°) = $ **77°**.

b.

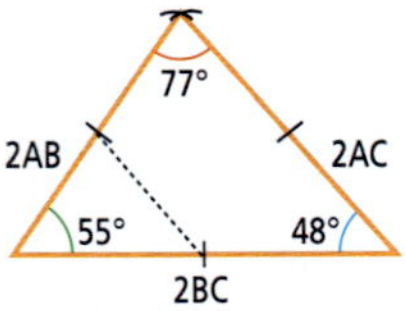

c. **Les angles du triangle agrandi ont les mêmes mesures que les angles du triangle ABC.**
Remarque : agrandir ou réduire une figure ne change pas les mesures des angles de la figure.

5 a.

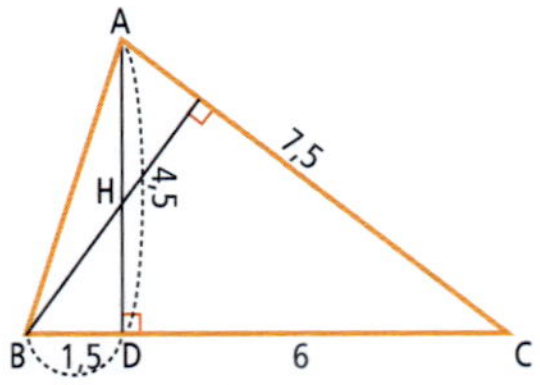

b. • **AC = 7,5.** En effet, dans le triangle ADC rectangle en D :
$AC^2 = AD^2 + DC^2$ (théorème de Pythagore).
$AC^2 = 4{,}5^2 + 6^2$
$AC^2 = 56{,}25$ donc AC = 7,5.
• **La mesure de la hauteur issue de B est 4,5.** En effet, le triangle ABC est isocèle en C,
car CA = CB = 7,5. Par symétrie, les hauteurs issues de A et de B ont même longueur.

6 a. $\widehat{AST} = 180° - (60° + 60°) = 60°$.

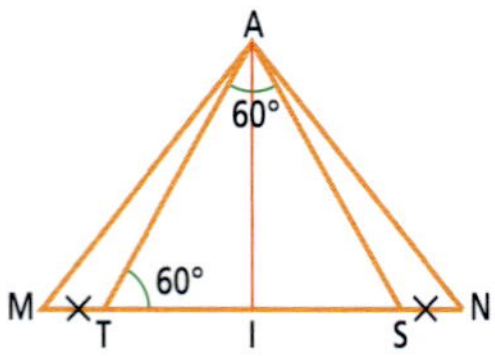

Le triangle ATS est équilatéral.

b. La bissectrice (AI) est médiatrice de [TS] car le triangle ATS est équilatéral, donc (AI)⊥(TS) et IT = IS. Mais TM = SN, donc IM = IN. Par conséquent, (AI) est la médiatrice de [MN], D'où **AM = AN**. Le triangle AMN est isocèle en A, donc $\widehat{M} = \widehat{N}$.

7 a. **Vrai.** En effet, $13^2 = 169$ et $12^2 + 5^2 = 169$. Donc, le triangle OML est rectangle en M d'après la réciproque du théorème de Pythagore.
(LM) // (PQ) car elles sont perpendiculaires à la même droite (QM).

b. **Vrai.**
En effet : $OQ^2 = 10{,}4^2 - 9{,}6^2$ (th. de Pythagore)
$OQ^2 = 16$ donc OQ = 4.
PQLM est un trapèze. Son aire, en cm^2, est égale à
$\dfrac{12 + 9{,}6}{2} \times 9 = 97{,}2$.

8 a.

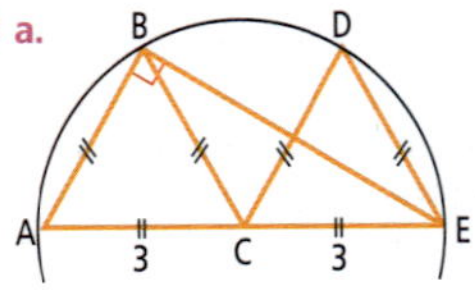

b. CA = CB = CD = CE = 3 cm, donc **les points A, B, D et E sont sur le cercle de centre C et de rayon 3 cm.**

c. **Le triangle ABE** est inscrit dans le cercle de diamètre [AE], il **est** donc **rectangle en B**.

d. **AE = 6 cm, AB = 3 cm** et $BE^2 = 6^2 - 3^2 = 27$,
donc **BE =** $3\sqrt{3} \approx$ **5,2 cm.**
$\widehat{ABE}$ **= 90°**, $\widehat{BAE}$ **= 60°** (ABC est équilatéral),
donc $\widehat{AEB} = 180° - (90° + 60°) = $ **30°**.

e. $\widehat{ACB} = 60°$ et $\widehat{DCE} = 60°$ (triangles équilatéraux).
Les points A, C et E sont alignés,
donc $\widehat{BCD} = 180° - (60° + 60°) = 60°$.

Le triangle BCD est isocèle car CB = CD = 3 cm et il a un angle de 60 °, il est donc **équilatéral.**

Chapitre 22 p. 109

1 a.

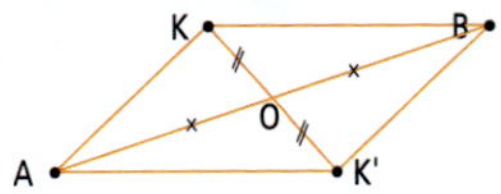

A et B sont symétriques, donc le centre de symétrie est le milieu O de [AB]. Le symétrique de K est le point K' tel que O est le milieu de [KK'].

b. **AKBK' est un parallélogramme**, car ses diagonales se coupent en leur milieu.

2 a. Soit Δ l'axe de symétrie. Les cercles $\mathscr{C}$ et $\mathscr{C}'$ sont symétriques, donc leurs centres O et O' sont symétriques par rapport à Δ. Par conséquent, Δ est la médiatrice de [OO']. Dans cette symétrie, le point A' est tel que Δ est la médiatrice de [AA'].

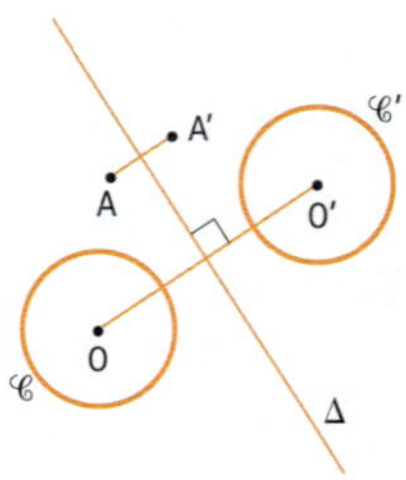

b. (AA')⊥Δ et (OO')⊥Δ' donc (AA') // (OO').
OA = O'A' par symétrie. Donc, **OAA'O' est un trapèze isocèle.**

3 a. Δ et Δ' sont perpendiculaires à la droite (AB). Elles sont donc parallèles. **b.** (AB)⊥Δ ET (AB)⊥Δ', donc AB est la **distance des deux parallèles Δ et Δ'**.

c.

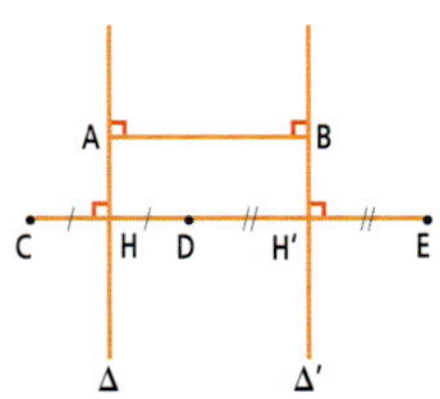

d. **Vrai**, C, D et E sont alignés. En effet, par symétrie, (CD)⊥Δ et (DE)⊥Δ'. Du point D on ne peut tracer qu'une seule perpendiculaire à deux parallèles, par conséquent les points C, D et E sont alignés. **Vrai,** (CE) // (AB). En effet, (CE) et (AB) sont perpendiculaires à une même droite, Δ. **Vrai,** CE = 2AB. En effet, CE = CD + DE. Or, par symétrie, CD = 2HD et DE = 2DH', d'où :
CE = 2HD + 2DH' = 2(HD + DH') = 2HH' = 2AB.

4 1. a. **Vrai.** Dans le triangle OBF, la parallèle à (BF), passant par le milieu de [OB], passe par le milieu de [OF].

D'où OE = EF. Dans le triangle OBF, (AE) est la droite des milieux, donc BF = 2AE.

b. Vrai. Dans le triangle ODH, B est le milieu de [OD] et (BF) // (DH), donc F est le milieu de [OH].

c. Vrai. (BF) // (DH) et BF est la droite des milieux dans le triangle ODH.

d. Vrai. A est le milieu de [OB] et F est le milieu de [OH]. Dans le triangle OBH, (AF) est la droite des milieux, donc (AF) // (BH) et AF = $\frac{1}{2}$ BH.

2. H Par rapport à A, le symétrique de B est O. Et, le symétrique de O par rapport à F est H.

5 1. J est le point de rencontre des diagonales du parallélogramme DBCE.

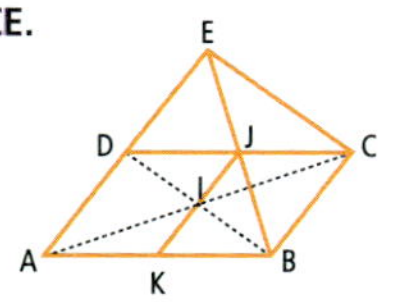

2. a. Vrai. (DE) et (DA) sont parallèles à la même droite (BC), car ABCD et BCDE sont des parallélogrammes, donc les droites (DE) et (DA) sont confondues et les points A, D et E sont alignés.

b. Vrai. AD = BC et DE = BC, donc : AD = DE.

AD = DE et les points A, D et E sont alignés, donc E est le symétrique de A par rapport à D.

c. Vrai. Dans le triangle DBC, (IJ) est la droite des milieux, donc IJ = $\frac{1}{2}$ BC. Mais BC = $\frac{1}{2}$AE, donc IJ = $\frac{1}{2}\left(\frac{1}{2}\text{ AE}\right) = \frac{1}{4}$ AE.

3. a. Dans la symétrie de centre I, l'image de **C** est **A**, et l'image de **D** est **B**, donc l'image du segment **[CD]** est le segment **[AB]**. L'image de **B** est **D**, l'image de **D** est **B** et l'image de **C** est **A**, donc l'image du triangle **BDC** est le triangle **DBA**.

b. Dans la symétrie de centre I, l'image de **[CJ]** est **[AK]**, donc **CJ = AK**. L'image de **[JD]** est **[KB]**, donc **JD = KB**. Mais, **CJ = JD**, donc **AK = KB** et **K** est le milieu de **[AB]**.

6 1. a. A(4 ; −2) et B(4 ; 3).

b. D(− 4 ; − 2) et C(− 4 ; 3).

2. Le quadrilatère ABCD est un rectangle car il a quatre angles droits.

P = 2(AB + BC) = 2(5 + 8) = 26 unités.

En cm, P = 26 × 0,5 = **13 cm**.

A = AB × BC = 40 unités d'aire.

En cm^2, A = 40 × (0,5 × 0,5) = **10 cm^2**.

Chapitre 23 p. 111

1 Si $\frac{x}{9} = \frac{8}{12}$, alors x = **6.** Si $\frac{8}{y} = \frac{4}{6,5}$, alors y = **13.**

Si $\frac{12,1}{33} = \frac{11}{z}$, alors z = **30.**

2 a. Vrai. b. Faux. c. Faux. d. Vrai. e. Vrai.

3 a. (MN) // (BC), car les angles correspondants $\widehat{AMN}$ et $\widehat{ABC}$ sont égaux.

b. Les triangles AMN et ABC sont en situation de Thalès, donc $\frac{AM}{AB} = \frac{MN}{8}$ ou $\frac{3}{5} = \frac{MN}{8}$.

Soit 5 MN = 24 ; **MN** = $\frac{24}{5}$ = **4,8.**

c. Vrai. En effet $\frac{AN}{AC} = \frac{AM}{AB} = \frac{3}{5}$. Si AN = 4,2, alors $\frac{4,2}{AC} = \frac{3}{5}$ soit 3AC = 4,2 × 5 ; AC = $\frac{21}{3}$ = 7.

4 a. • Vrai. • Faux, car $\frac{CA}{CB} = \frac{1}{2}$.

b. (AE) // (BF). Les triangles CAE et CBG sont en situation de Thalès, donc $\frac{CA}{CB} = \frac{AE}{BG} = \frac{2}{3}$.

De même les triangles DAE et DBF sont en situation de Thalès, donc $\frac{DA}{DB} = \frac{AE}{BF} = \frac{2}{3}$.

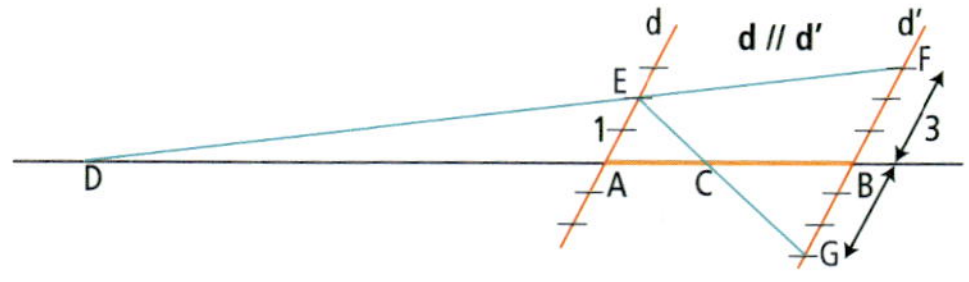

5 a. $\frac{OA}{OM} = \frac{4,7}{9,4} = \frac{1}{2}$, donc A est le milieu de [OM].

$\frac{OB}{OS} = \frac{6,3}{12,6} = \frac{1}{2}$, donc B est le milieu de [OS].

Dans le triangle OMS, **(AB)** est la droite des milieux, donc elle **est parallèle à (MS).**

b. Le triangle OAB est une réduction du triangle OMS à l'échelle $\frac{1}{2}$.

c. MS = 2AB. Si AB = 3,9, alors **MS = 7,8.**

6 a. AB = AC donc **ABC est isocèle.** $\widehat{D} = \widehat{E}$ donc **ADE est isocèle. b.** $\frac{AB}{AD} = \frac{AC}{AE}$ car AB = AC et AD = AE (triangles isocèles), donc d'après la propriété 2 de Thalès **(BC) // (DE).**

c. On a : $\frac{DB}{DA} = \frac{4}{12} = \frac{1}{3}$ et $\frac{DP}{DE} = \frac{6}{18} = \frac{1}{3}$,

donc $\frac{DB}{DA} = \frac{DP}{DE}$. D'après la propriété 2 de Thalès, **(BP) et (AE) sont parallèles.**

d. Le quadrilatère **BPEC est un parallélogramme** car il a ses côtés opposés parallèles.

e. BC = 12 ; CE = 4 et BP = 4.

7

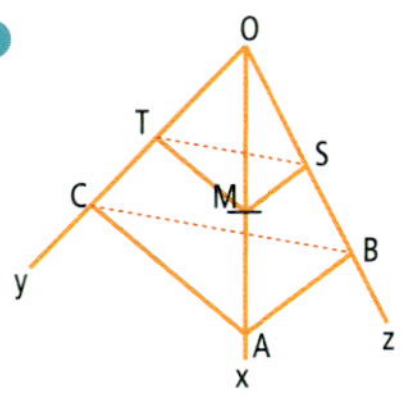

b. Dans le triangle OAC, (TM) // (AC) donc d'après la propriété 1 de Thalès $\frac{OT}{OC} = \frac{OM}{OA}$. De même dans le triangle OAB, (MS) // (AB), donc $\frac{OM}{OA} = \frac{OS}{OB}$, par conséquent $\frac{OT}{OC} = \frac{OS}{OB}$.

Considérons les triangles OST et OBC : $\frac{OT}{OC} = \frac{OS}{OB}$, donc d'après la propriété 2 de Thalès (TS)//(BC).

8 a. (MN) // (BD), donc les triangles AMN et ABD sont en situation de Thalès :

$\frac{AM}{AB} = \frac{AN}{AD}$. Soit $\frac{5}{7} = \frac{6}{AD}$, donc $AD = \frac{42}{5} = 8,4$.

D'où **DN** = 8,4 − 6 = **2,4**.

b. $\frac{MN}{BD} = \frac{AM}{AB}$ (les triangles AMN et ABD sont en situation de Thalès), donc $\frac{MN}{BD} = \frac{5}{7}$.

Soit **MN** = $\mathbf{\frac{5}{7}}$ **BD**.

c. Considérons les triangles CPQ et CBD, ils ont :

$\frac{CP}{CB} = \frac{3}{7}$ et $\frac{CQ}{CD} = \frac{4,5}{10,5} = \frac{3 \times 1,5}{7 \times 1,5} = \frac{3}{7}$,

donc $\frac{CP}{CB} = \frac{CQ}{CD}$. D'après la propriété 2 de Thalès (PQ) // (BD), donc (PQ) et (MN) sont parallèles.

Chapitre 24 p. 113

1 **a.** **Vrai.** **b.** **Vrai.** **c.** **Faux.** **d.** **Vrai.** **e.** **Vrai.**

2

	Valeur exacte	Valeur approchée à 0,001 près
sin 45°	$\frac{1}{\sqrt{2}}$ ou $\frac{\sqrt{2}}{2}$	0,707
cos 45°	$\frac{1}{\sqrt{2}}$ ou $\frac{\sqrt{2}}{2}$	0,707
tan 45°	1	

3 tan 34° = **0,675** ; sin 81° = **0,988** ;
cos 44° = **0,719** ; tan 75° = **3,732**.

4 Si sin x = 0,629 alors x = **39° ; si cos** x = **0,866** alors x = **30°** ; si tan x = 1,192 alors x = **50°**.

5 **a.** OM est un côté **adjacent à $\widehat{M}$** et **opposé à $\widehat{N}$**.

b. Pour calculer OM, il faudrait utiliser **tan 40°**.

c. OM est égale à **12,6**.

6 **a.** $\sin 70° = \frac{y}{20}$; $\cos 70° = \frac{x}{20}$

b. sin 70° = **0,940** ; cos 70° = **0,342**.

c. x **= 20 × cos 70° et** y **= 20 × sin 70°. A 0,1 près** x **= 6,8 et** y **= 18,8.**

7 **a.** $\sin x = \frac{29}{85}$. $\tan x = \frac{29}{y}$.

b. Arrondies à l'unité x = 20 et y = 80. En effet, à l'aide d'une calculatrice :
taper [2nd] ou [SHIFT] ou [INV] puis [sin].
Entrer [(] 29 [÷] 85 [)] puis [ENTER] ou [EXE] ou [=] et lire 19.94856723. Soit $x \approx 20$.
De même à l'aide d'une calculatrice, arrondie à l'unité y = 80.

8 **a.** sin 65° = **0,906** et cos 25° = **0,906**. En effet, 65° et 25° sont deux angles complémentaires.
b. Si x désigne la mesure d'un angle en degrés, alors $(\sin x)^2 + (\mathbf{\cos x})^2 = 1$ et $\tan x = \frac{\mathbf{\sin x}}{\mathbf{\cos x}}$.

c. • $(\sin x)^2 + (\cos x)^2 = 1$. Or, $\cos x = \frac{4}{5}$ donc :

$(\sin x)^2 + \frac{16}{25} = 1$. D'où : $\sin^2 x = 1 - \frac{16}{25} = \frac{9}{25}$,

donc $\sin x = \frac{3}{5}$ car sin x est un nombre positif.

• $\tan x = \frac{\sin x}{\cos x}$ donc $\tan x = \frac{3}{5} : \frac{4}{5}$

$\tan x = \frac{3}{5} \times \frac{5}{4}$; **tan** x **=** $\mathbf{\frac{3}{4}}$.

9 **a.** Considérons le triangle ABH rectangle en H.

$\sin \widehat{HBA} = \frac{AH}{AB} = \frac{5}{8} = 0,625$, donc $\widehat{HBA}$ **= 38,7°** arrondi à 0,1 près.

b. $\widehat{ACB} + \widehat{ABC} = 51° + 38,7° = 89,7° \neq 90°$,
donc le triangle ABC n'est pas rectangle en A.

c. Considérons le triangle ABH. D'après le théorème de Pythagore : $HB^2 = AB^2 - AH^2$
$HB^2 = 64 - 25 = 39$,

donc HB = $\sqrt{39}$. Soit **HB = 6,245 cm arrondi au millième près.**

d. Dans le triangle ACH rectangle en H,

$\tan \widehat{C} = \frac{AH}{CH}$ donc $CH = \frac{AH}{\tan \widehat{C}}$.

Soit $CH = \frac{5}{\tan 51°}$; **CH = 4,049 cm arrondi au millième près.** BC = CH + HB.

e. **Aire du triangle ABC :** $\frac{AH \times BC}{2} \approx$ **25,735 cm²**.

Chapitre 25 p. 115

1 **a.** Dans le cercle de centre O, [AB] et [BC] sont des **cordes**. [OA] et [OC] sont des **rayons**.

b. L'angle $\widehat{ABC}$ est un angle **inscrit** et l'angle $\widehat{AOC}$ est un angle au **centre**.
$\widehat{ABC}$ et $\widehat{AOC}$ **interceptent** le même arc $\overset{\frown}{AC}$.

c. L'angle $\widehat{ABD}$ est **inscrit** dans un demi-cercle, car [AD] est un **diamètre**. Il est égal à **90°**.

2 **Vrai.** En effet :
• $\widehat{ADB}$ = 90°, donc [AB] est un diamètre.
• (Tx) est tangente au cercle en T, donc [TM] est un diamètre.

3 **a.** L'angle $\widehat{ABM}$ **mesure 48°**,
car $\widehat{AMB}$ = 90° et $\widehat{ABM}$ = 90° − 42° = 48°.

b. L'angle $\widehat{ANM}$ est de **48°**, car $\widehat{ANM} = \widehat{ABM}$ (angles inscrits qui interceptent le même arc $\overset{\frown}{AM}$.

c. L'angle $\widehat{AON}$ **est de 96°**, car $\widehat{AMN}$ = 48° et $\widehat{AON} = 2 \times \widehat{AMN}$.

4 **a.** x est égal à 18°, car $5x = 90°$, $x = \frac{90°}{5}$.

b. Les mesures y et z sont telles que $y = z$, car le triangle OBT est isocèle.

c. y = **27°**, car $y + z = 3x$, donc $y + z = 54°$.

Or, $y = z$, donc $y = \frac{54°}{2} = 27°$.

5 $\widehat{OTA} = 90°$; $3x = 90°$, $x = 30°$; $2x = 60°$
$2y = 90°$, $y = 45°$

$\widehat{CID} = \frac{1}{2}\widehat{COD}$ (angle inscrit et angle au centre)

$\widehat{CID} = \frac{1}{2} \times 105° =$ **52,5°**.

6 **1. a.** $\widehat{ABC} = \widehat{BCD}$ **comme alternes-internes.**

b. $\widehat{ABC} = \widehat{ADC}$ **comme angles inscrits** interceptant le même arc $\overset{\frown}{AC}$.

2. Considérons le triangle MCD. $\widehat{C} = \widehat{ABC}$ et $\widehat{ABC} = \widehat{D}$, donc $\widehat{C} = \widehat{D}$ et le triangle MCD est isocèle en M.
Considérons le triangle AMB. $\widehat{A} = \widehat{C}$ (angles inscrits qui

interceptent le même arc BD), mais $\widehat{C} = \widehat{B}$, donc $\widehat{A} = \widehat{B}$ et le triangle **AMB est isocèle en M.**

7 a.

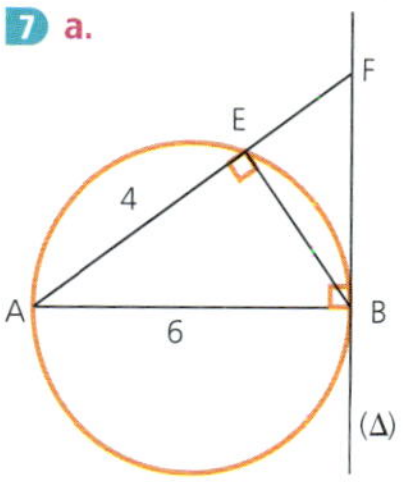

b. Le triangle **ABE** est inscrit dans le demi-cercle de diamètre [AB], **il est donc rectangle en E.**

c. Considérons le triangle rectangle ABE.

$\cos \widehat{BAE} = \frac{AE}{AB} = \frac{4}{6} = \frac{\mathbf{2}}{\mathbf{3}}$.

Considérons le triangle rectangle ABF.

$\cos \widehat{BAF} = \frac{AB}{AF}$. D'où $\frac{2}{3} = \frac{6}{AF}$; 2AF = 18 ; AF = **9**.

Chapitre 26 p. 117

1 a.

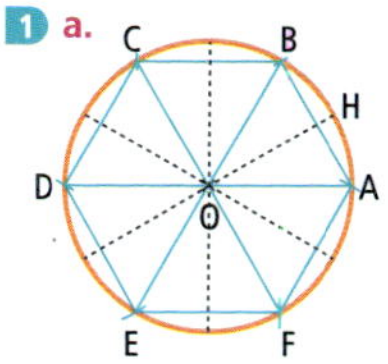

b. Le triangle **OAB est équilatéral, car OA = OB = AB = 2 cm.**

c. $\widehat{AOD} = \widehat{AOB} + \widehat{BOC} + \widehat{COD} = 3 \times 60° = 180°$, donc **les points A, O et D sont alignés.**

d. La figure compte six axes de symétrie : les trois diagonales (AD), (BE), (CF) et les trois médiatrices des côtés, en pointillées.

2 a. **Vrai.** b. **Vrai.** c. **Vrai.** d. **Vrai.**

3 a.

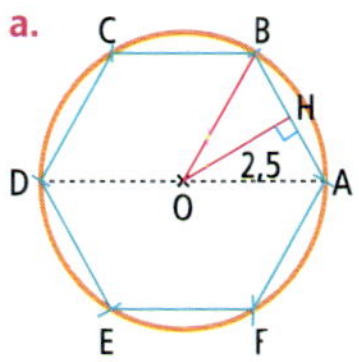

b. **Vrai. Vrai.** En effet :

OH = OA × cos 30° ≈ 2,17.

$\mathcal{A}_{OAB} = \frac{AB \times OH}{2} \approx 2{,}71$.

$\mathcal{A}_{ABCDEF} = 6 \times \mathcal{A}_{OAB} \approx 16{,}26$.

4 a.

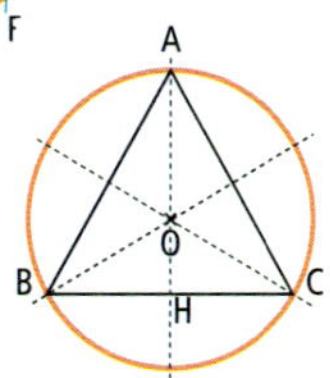

b. **OBC est isocèle car OB = OC** (rayons). $\widehat{BOC} = 2\,\widehat{BAC} = 120°$ (l'angle au centre $\widehat{BOC}$ et l'angle inscrit $\widehat{BAC}$ interceptent le même arc BC).

c. Dans un triangle équilatéral, la hauteur est également médiatrice. Comme OB = OC, O est un point de la médiatrice de [BC], donc **O est un point de [AH].** d. **Les trois médiatrices (AO), (BO) et (CO) des côtés du triangle sont les axes de symétrie de la figure.**

5 a.

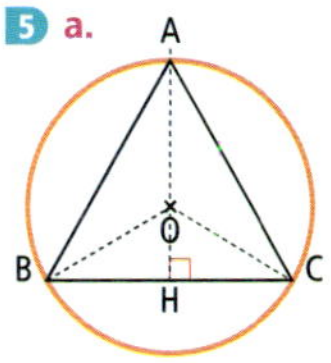

b. • [AH] est médiatrice dans le triangle équilatéral ABC. OB = OC, donc O est un point de [AH].

• (OB) est un axe de symétrie de la figure,

donc $\widehat{OBH} = \frac{1}{2} \times \widehat{ABC} = 30°$.

Dans le triangle rectangle OBH, $\sin \widehat{OBH} = \frac{OH}{OB}$,

$\sin 30° = \frac{OH}{5}$ d'où OH = 5 × sin 30°, OH = 2,5 cm.

Par conséquent **AH** = OA + OH = **7,5 cm.**

c. Dans le triangle ABH rectangle en H,

$\sin \widehat{ABH} = \frac{AH}{AB}$ ou **AB =** $\frac{AH}{\sin 60°}$.

d. D'après le c., AB = $\frac{7{,}5}{\sin 60°}$ = BC.

Aire ABC = $\frac{BC \times AH}{2} = \frac{7{,}5}{\sin 60°} \times \frac{7{,}5}{2}$.

Donc aire **ABC = 32,5 cm²** arrondie à 0,1 près.

6 1. a. **Faux,** car ses angles ne sont pas égaux. b. **Faux,** car ses côtés n'ont pas la même longueur. c. **Vrai,** car ses côtés sont de même longueur et ses angles sont égaux.

2. **L'aire en cm² d'un carré de 10 cm de diagonale est 50.**

7 a.

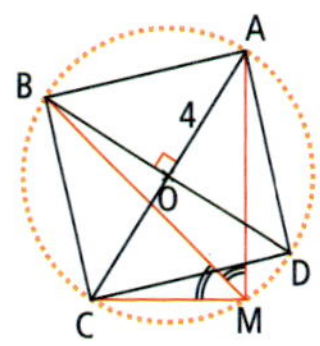

b. $\widehat{AMB} = \frac{1}{2}\widehat{AOB} = 45°$ (angle inscrit et angle au centre qui interceptent le même arc).

De même, $\widehat{BMC} = \frac{1}{2}\widehat{BOC} = 45°$.

Donc **[MB] est bissectrice de** $\widehat{AMC}$.

c. D'après le théorème de Pythagore

AB² = OA² + OB² donc AB² = 32.

AB = $\sqrt{32} = \sqrt{16 \times 2}$. Soit AB = $4\sqrt{2}$ cm.

Aire ABCD = AB² = **32 cm²** et

Périmètre ABCD = 4AB = **$16\sqrt{2}$ cm.**

8 a. $\widehat{AOB} = \frac{360°}{5} = $ **72°**.

b. $\widehat{HOD} = \widehat{HOA} + \widehat{AOE} + \widehat{EOD}$;

$\widehat{HOD} = \frac{1}{2}72° + 72° + 72° = 180°$,

donc H, O et D sont alignés.

c. **Vrai.** $\frac{OH}{OA}$ = cos 36° dans le triangle OAH rectangle en H.

OA = $\frac{OH}{\cos 36°}$, OA = $\frac{5}{\cos 36°}$, OA = 6,2 cm arrondie à 0,1 près.

d. **Vrai.** $\tan \widehat{AOH} = \frac{AH}{OH}$ donc AH = OH × tan 36°.

Soit AH = 3,6 cm arrondie à 0,1 près.

$\mathcal{P}$ = 5 × AB ≈ 5 × (2 × 3,6), $\mathcal{P}$ ≈ **36 cm.**

$\mathcal{A}$ = 5 × aire AOB = 5 × $\frac{AB \times OH}{2}$,

$\mathcal{A} = \frac{5 \times 2 \times 5 \times \tan(36°) \times 5}{2}$,

$\mathcal{A}$ = **91 cm² arrondi à l'unité.**

Chapitre 27 p. 119

1 a. **11 cm³** arrondi au cm³ près. b. **63 617 cm³** arrondi au cm³ près (et en utilisant la touche π).

2 a. **339 cm³** arrondi au cm³ près. b. **114 cm³** arrondi au cm³ près.

3 $V = $ **109 cm³** arrondi au cm³ près.

4 a. h = **5,1 cm**, V = **78,608 cm³**. b. h = **3,8 cm**, V = **20,577 cm³**.

5 Volume du cylindre : $V = \pi \times r^2 \times h$.

$r = \frac{80}{2} = 40$. $\pi \times 40^2 \times 50 = 251\,327$ à l'unité près.

Donc le volume du baril cylindrique est 251 327 cm³ arrondi au cm³ près.

En L, sa capacité est de 251,327.

La capacité du baril conique est $\frac{1}{3} \times 251{,}327$ L.

Soit **83,776 L** arrondie au mL près.

6 a.

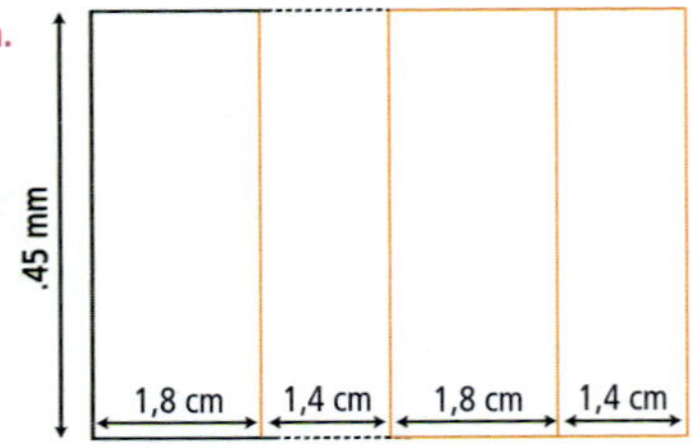

$\mathcal{A}$ = **28,8 cm²**

b.

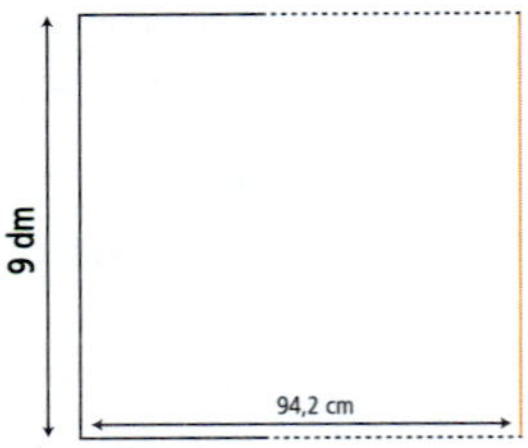

Au cm² le plus proche, $\mathcal{A}$ = **8 482 cm²**
($\mathcal{A} = 2\pi \times 15 \times 90$ en utilisant le π de la calculatrice)

7 1. a. **Vrai.** $AS^2 = OA^2 + OS^2 = 36 + 81 = 117$.

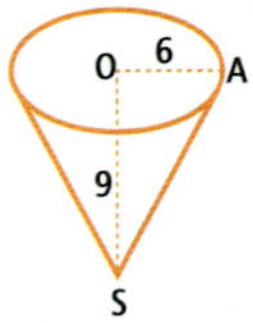

Or, $\sqrt{117} = \sqrt{9 \times 13} = 3\sqrt{13}$, donc $AS = 3\sqrt{13}$ cm.

b. **Vrai**, car Diamètre $\times \pi = 12\pi$.

c. **Vrai**, d'après le tableau de proportionnalité :

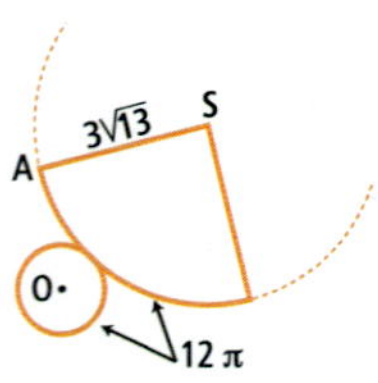

Longueur (cm)	$6\sqrt{13}\pi$	12π
Aire (cm²)	$\pi \times (3\sqrt{13})^2$	?

$$\frac{12\pi \times \pi(3\sqrt{13})^2}{6\sqrt{13}\pi} = 204 \text{ arrondi à l'unité.}$$

Donc, **arrondie à l'unité, l'aire latérale du cône est 204 cm².**

2.

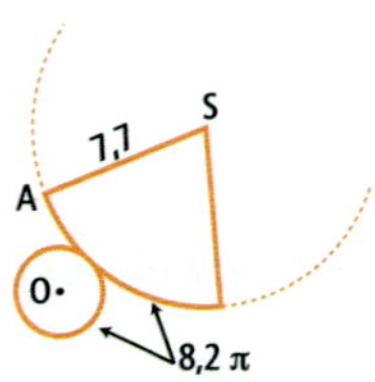

$SA^2 = 6{,}5^2 + 4{,}1^2 = 59{,}06$
$SA = \sqrt{59{,}06}$
$SA \approx 7{,}7$ cm.

Tableau de proportionnalité :

Longueur (cm)	$15{,}4\pi$	$8{,}2\pi$
Aire (cm²)	$\pi \times (7{,}7)^2$	?

$$\frac{8{,}2\pi \times \pi \times (7{,}7)^2}{15{,}4\pi} = 99 \text{ arrondi à l'unité.}$$

Arrondie à l'unité, **l'aire latérale du cône de la figure 2b est 99 cm².**

8 a.

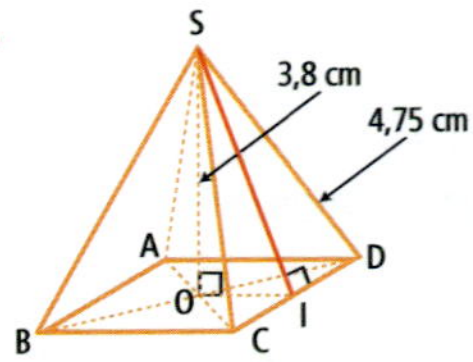

La hauteur [SO] est perpendiculaire à la base, elle est donc perpendiculaire à toutes les droites de la base, en particulier à [OI] ; par conséquent, **le triangle SOI est rectangle en O.**

Calcul du côté du carré ABCD :
$BC^2 + CD^2 = BD^2$; $2BC^2 = BD^2$; $2BC^2 = 5{,}7^2$,
BC = 4 cm arrondie à 0,1 près.
Calcul de SI : $SI^2 = SO^2 + OI^2$; $SI^2 = 3{,}8^2 + 2^2$;
$SI^2 = 18{,}44$, **SI = 4,3 cm arrondie à 0,1 près.**

b. Le triangle SCD est isocèle en S et I est le milieu de la base [CD], donc **SI est une hauteur du triangle SCD. Aire SCD** $= \frac{1}{2}$ CD × SI = **8,6 cm²** à 0,1 près et aire latérale SABCD = 4 × aire SCD ≈ 34,4 cm².

Chapitre 28 p. 121

1 Non. En effet, le corps de L_2 est une réduction de celui de L_1, mais les oreilles de L_1 et L_2 ont la même grandeur.

2 a. $\frac{2}{3} \times AB < AB$, car $\frac{2}{3} < 1$.

b. $\frac{5}{4} \times CD > CD$, car $\frac{5}{4} > 1$.

c. $1{,}25\,x > x$, car $1{,}25 > 1$.

d. $75\ \%\ y < y$, car $75\ \% = 0{,}75$ et $0{,}75 < 1$.

3 a. AB = 12. En effet, dans le triangle ABC, (IJ) est la droite des milieux, donc (IJ) // (AB) et $IJ = \frac{1}{2}AB$.

b. Les triangles CIJ et ABC ont leurs angles égaux ($\widehat{C}$ commun, $\widehat{I} = \widehat{A}$ et $\widehat{J} = \widehat{B}$ comme correspondants) et leurs côtés proportionnels $\left(\frac{CI}{CA} = \frac{CJ}{CB} = \frac{IJ}{AB} = \frac{1}{2}\right)$, donc le triangle CIJ est une réduction du triangle ABC à l'échelle $\frac{1}{2}$.

c. **Vrai.** En effet $k = \frac{1}{2}$, donc $\mathcal{P}_{CIJ} = \frac{1}{2}\mathcal{P}_{ABC}$ et

$\mathcal{A}_{CIJ} = \left(\frac{1}{2}\right)^2 \mathcal{A}_{ABC} = \frac{1}{4}\mathcal{A}_{ABC}$.

4 $k^2 = \frac{49}{100}$, donc $k = \sqrt{\frac{49}{100}} = \frac{7}{10} = 0{,}7$.

5 a. $\frac{8}{5}$ et 1,6. b. $\frac{8}{5} \times 12$ cm et 19,2 cm.

c. $\left(\frac{5}{8}\right)^2 \times 25$ cm².

6 $k^3 = \frac{27}{8} = \frac{3^3}{2^3} = \left(\frac{3}{2}\right)^3$, donc $k = \frac{3}{2} = 1{,}5$.

7 **Non**, car les dimensions homologues ne sont pas proportionnelles.

$\frac{\text{rayon de base de } C_1}{\text{rayon de base de } C_2} = \frac{3}{6} = \frac{1}{2}$ et

$\dfrac{\text{hauteur de } C_1}{\text{hauteur de } C_2} = \dfrac{5}{8}$.

8 a. $k = \dfrac{\text{diamètre } C_1}{\text{diamètre } C_2} = \dfrac{4}{6} = \mathbf{\dfrac{2}{3}}$.

b. $h = \dfrac{2}{3} \times 9 = \mathbf{6}$.

c. $V = B \times h = (\pi r^2) \times h$, donc $V_{C1} = (\pi \times 2^2) \times 6 = 24\pi$ cm³, et $V_{C2} = (\pi \times 3^2) \times 9 = 81\pi$ cm³. $\dfrac{V_{C1}}{V_{C2}} = \dfrac{24\pi}{81\pi} = \dfrac{8}{27} = \dfrac{2^3}{3^3} = \left(\dfrac{2}{3}\right)^3$.

9

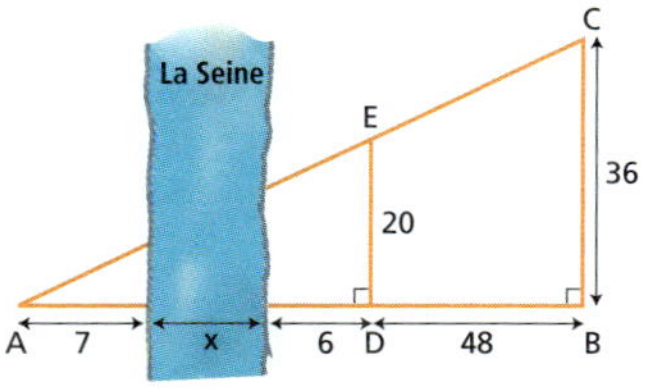

(DE) et (BC) sont perpendiculaires à (AB), donc (DE) // (BC). Dans le triangle ABC et d'après le théorème de Thalès : $\dfrac{AD}{AB} = \dfrac{AE}{AC} = \dfrac{DE}{BC}$.

Soit, en mètres, x la largeur de la Seine.

$AD = 13 + x$ et $AB = 61 + x$. $\dfrac{AD}{AB} = \dfrac{DE}{BC}$, d'où :

$\dfrac{13 + x}{61 + x} = \dfrac{20}{36}$. Or $\dfrac{20}{36} = \dfrac{5}{9}$, donc $\dfrac{13 + x}{61 + x} = \dfrac{5}{9}$

$9(13 + x) = 5(61 + x)$.

$4x = 188$; $x = 47$. En ce point de mesure, la largeur de la Seine est de 47 m.

Chapitre 29 p. 123

1 C_2 n'est pas une réduction du cylindre C_1 car leurs dimensions homologues ne sont pas dans la même proportion. En effet, la hauteur de C_2 est la moitié de celle de C_1 mais le diamètre de C_2 n'est pas la moitié de celui de C_1 : $\dfrac{5}{10} \neq \dfrac{8}{8}$.

2 a. Les dimensions homologues sont proportionnelles, donc $\dfrac{35}{14} = \dfrac{x}{8}$, d'où $\mathbf{x = 20}$. b. $\mathbf{\dfrac{B}{B'} = \dfrac{25}{4}}$.
c. $\mathbf{\dfrac{V}{V'} = \dfrac{125}{8}}$.

3 a. (B'C') // (BC) SA'B'C'D est une réduction de SABCD à l'échelle $\mathbf{\dfrac{1}{2}}$ car $\dfrac{SA'}{SA} = \dfrac{1}{2}$.

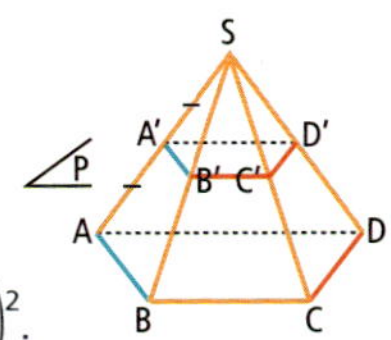

b. Aire A'B'C'D = aire ABCD $\times \left(\dfrac{1}{2}\right)^2$.
Aire A'B'C'D' = 6,25 cm².
Volume SA'B'C'D = volume SABCD $\times \left(\dfrac{1}{2}\right)^3$.
Volume SA'B'C'D' = 7,5 cm².

c. $V = \dfrac{1}{3} \times B \times h$. Pour la pyramide SABCD :

$60 = \dfrac{1}{3} \times 25 \times h$, $h = \dfrac{60 \times 3}{25}$. La hauteur de la pyramide SABCD est donc de 7,2 cm.
Hauteur de la pyramide SA'B'C'D' :
$7{,}2 \times \dfrac{1}{2} = \mathbf{3{,}6}$ (cm).

4 a. (A'B') // (AB) ; (B'C') // (BC) et (A'C') // (AC). b. ABC est un triangle rectangle en A, donc **A'B'C' est un triangle rectangle en A'**. c. (A'B'') // (SB) ; (B''C'') // (BC) et (A'C'') // (SC).

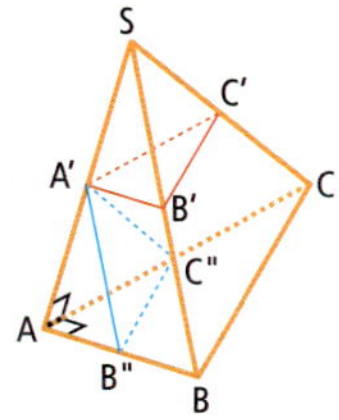

5 a. **Aire (AKI)** $= \dfrac{1}{2}$ AK × AI. Aire (AKI) = **18 cm²**.

b. **Volume (JAKI)** $= \dfrac{1}{3} \times$ base (AKJ) × hauteur AJ
$= \mathbf{36}$ **cm³**.

c. Cette figure est réalisée à l'échelle $\dfrac{1}{10}$.

d. $\dfrac{V\ (JAKI)}{V\ (cube)} = \dfrac{36}{12 \times 12 \times 12} = \dfrac{1}{48}$

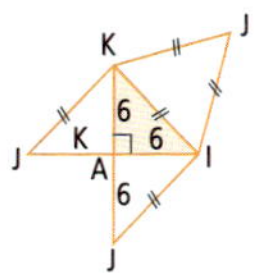

6 a.

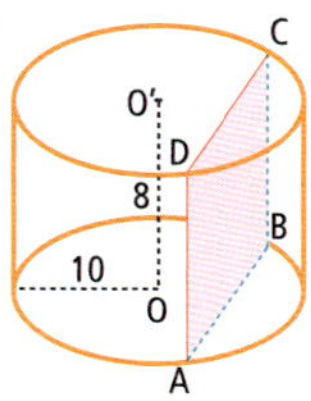

b. $AB^2 = OA^2 + OB^2$
$= 100 + 100$ donc
$AB = \sqrt{200}$, $AB = 10\sqrt{2}$ cm.
ABCD est un rectangle.
Aire ABCD = AB × AD.
Soit $\mathbf{80\sqrt{2}}$ **cm²**.

7 a. Le triangle OAS est rectangle en O.
$\tan \widehat{OSA} = \dfrac{OA}{OS}$ d'où : OA = OS × tan 30°,
OA = 5,2 cm à 0,1 près.

b. $V = \dfrac{1}{3} \times \pi \times (9 \tan 30°)^2 \times 9$.

$V \approx 254{,}5$ cm³ = 0,2545 dm³ = 0,2545 L = 25,45 cL.
Au cL près, la capacité de ce verre est 25 cL.

c.

h (cm)	3	4,5	6
V (cL)	**25/27**	**25/8**	**200/27**

Remarque :
$V(\text{cL}) = \left(\dfrac{h}{SO}\right)^3 \times$ capacité maximale $= \left(\dfrac{h}{9}\right)^3 \times 25$.

Chapitre 30 p. 125

1 a. $\mathscr{A} = \pi r^2 + 2\pi r^2$ ou $\mathbf{\mathscr{A} = 3\pi r^2}$

b. $V = \dfrac{1}{2} \times \dfrac{4}{3} \pi r^3 = \dfrac{2}{3} \pi r^3$

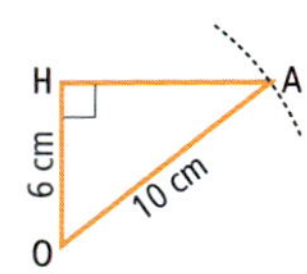

2 $\mathscr{A} = \pi r^2 + 2\pi r^2 = 3\pi r^2$, $V = \mathbf{\dfrac{2}{3}} \pi r^3$. Arrondi à 0,1 près, $\mathscr{A}$ =235,6 cm² et V =261,8 cm³.

3 **Le cylindre est rempli au $\dfrac{2}{3}$.**

En effet : $\dfrac{V\ \text{sphère}}{V\ \text{cylindre}} = \dfrac{\frac{4}{3}\pi R^3}{\pi R^2 \times 2R} = \dfrac{2}{3}$.

4 a. On trace un angle droit de sommet H. On place O tel que HO = 6 cm et, à l'aide d'un compas, on place le point A tel que OA = 10 cm.

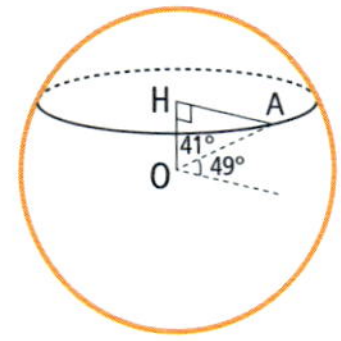

b. Le rayon du cercle (C) est égal à HA. D'après le théorème de Pythagore :

$AH^2 = OA^2 - OH^2$

$AH^2 = 100 - 36 = 64$

$AH = 8$ cm

5 Rayon (en km) du parallèle passant par Paris : $HP = OP \times \sin 41°$. Soit : $HP = 6400 \times \sin 41° \approx 4199$.
Longueur du parallèle (en km) :
$2 \times \pi \times (6400 \sin 41°) \approx$ **26 382**.

6 **a.** OHM est un triangle rectangle. $OH = AM \times \cos 52°$, **OH = 11 m** (arrondie à 1 m près). **b.** $HM = OM \times \sin 52°$, **HM = 14 m** (arrondie à 1 m près). **c.** $18 + 11 = 29$. **29 m est la hauteur totale de la Géode. d. La forme de la surface au sol occupée par la Géode est un disque.**
$\pi \times HM^2 = \pi \times (18 \sin 52)^2 = 632$ (à 1 près). Donc l'aire de ce disque est 632 m^2 à 1 m^2 près.

e. • 18 m = 1800 cm. $1800 \times \frac{1}{300} = 6$.
Sur le dessin, **OM = 6 cm**.

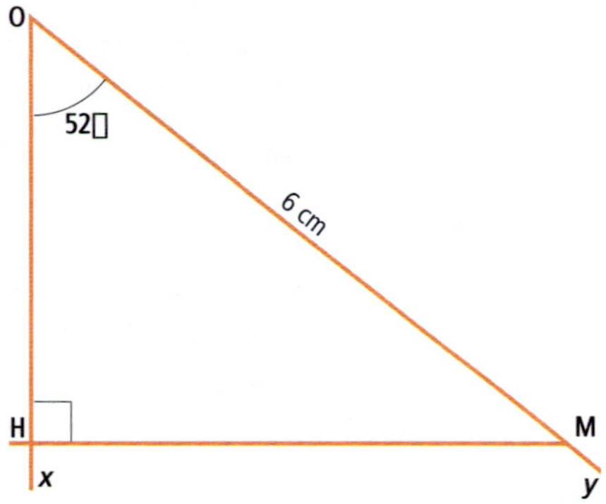

• On trace : $\widehat{xOy} = 52°$ avec Ox verticale ; sur (Oy), le point M tel que OM = 6 cm ; la perpendiculaire de M à (Ox), elle coupe (Ox) en H.

7 **a.** **Vrai.** En effet, $4 \times \pi \times 6400 \times 6400 \approx 514\,718\,540{,}4 \text{ km}^2 \approx 5{,}15 \times 10^8 \text{ km}^2$.

b. **30 %**. En effet, $\frac{149{,}04 \times 10^6}{5{,}15 \times 10^8} = \frac{149{,}04}{5{,}15 \times 10^2}$

$\approx 28{,}9/100$, donc environ 30 %.

8

Planète	Mercure	Mars	Vénus	Terre
Rayon (km)	2439	**3400**	**6050**	**6378**
Diamètre (km)	**4878**	6800	**12100**	12756
Aire (millions km^2)	**75**	**145**	460	**511**
Volume (milliards km^3)	**61**	**165**	**928**	**1087**

Histoire-Géographie

Histoire

Chapitre 1 p. 127

1 **a.** De Kourou en Guyane (DOM). **b.** Ariane 5, conçue par des pays européens. **c.** En 1979. **d.** Cette fusée doit ravitailler la station orbitale internationale (ISS).

2 **a.** Médecine, chimie, physique, littérature et paix.
b. Ils ont décroché près de la moitié des prix Nobel scientifiques, ce qui place les États-Unis au 1er rang mondial.
c. Les États-Unis accordent des aides financières importantes à la recherche et favorisent la venue de savants du monde entier (*brain-drain*) en proposant des conditions de travail très attractives.
d.

Année	Domaine	Nom	Travail scientifique
1911	Chimie	Marie Curie	Travaux sur le polonium et le radium
1935	Chimie	Irène Juliot-Curie et Frédéric Joliot	Découverte de la radioactivité artificielle
1991	Physique	Pierre-Gilles de Gennes	Travaux sur les cristaux liquides et les polymères
2008	Médecine	Françoise Barré-Sinoussi, Luc Montagnier	Découverte du virus du SIDA

3 **a.** Jacques Testart. **b.** La FIVETE en 1982. **c.** Elle permet à des parents stériles d'avoir des enfants. Il craint que la FIVETE soit utilisée pour sélectionner son enfant et décider de son sexe, de sa couleur de cheveux… **d.** Il décide de faire une pause : poursuivre l'amélioration de sa technique mais sans chercher à découvrir autre chose. **e.** L'État doit intervenir pour fixer des lois qui diront aux chercheurs et aux parents ce qu'il est possible de faire.

Chapitre 2 p. 129

1 **a.** Le PIB est l'ensemble des richesses produites par les entreprises d'un pays sur une année et le PIB/hab. est le PIB divisé par le nombre d'habitants du pays. Ce sont les deux principaux indicateurs qui permettent de mesurer les performances économiques. **b.** PIB/h en 1913 : environ 3800 $; en 1994 : environ 18 000 $. **c.** Il a été multiplié par 7. **d.** Une phase de faible croissance jusqu'en 1945, une phase de forte croissance après 1945. **e.** « Les Trente glorieuses ».

2 **a.** Environ 5 millions. **b.** A fortement diminué (divisé par 2). **c.** Ont fortement augmenté (presque doublé). **d.** La mécanisation (forte augmentation du nombre de tracteurs). **e.** Grâce aux progrès techniques, l'agriculture française a pu produire beaucoup plus et exporter, d'où « l'or vert », avec beaucoup moins de main-d'œuvre (les agriculteurs : 2% de la population active aujourd'hui).

3 **a.** En 1936. **b.** Dans une usine devant la chaîne de production. **c.** Cette scène illustre l'OST mise en place dans les usines à la suite de Taylor et Ford pour augmenter la productivité. **d.** Le film raconte l'histoire d'un ouvrier que le travail à la chaîne rend fou et qui est renvoyé. Il est arrêté à la suite d'une manifestation et jeté en prison. Libéré, il est confronté à la misère et regrette sa vie en prison. Il tombe ensuite amoureux d'une jeune fille qui l'entraîne dans une série de péripéties. Dans ce film, Chaplin dresse une satire sociale qui dénonce les conditions de vie des ouvriers et des chômeurs dans un pays touché par une grave crise économique.

e. Chaplin a réalisé *Le Dictateur* dans lequel il se moque d'un dictateur ressemblant à Hitler. f. Autres artistes engagés : Marianne Satrapi, cinéaste (*Persépolis*, sur la vie en Iran), Stanley Kubrick, cinéaste (*Les Sentiers de la gloire*, sur la 1re GM), Picasso, peintre (*Guernica*, sur la guerre d'Espagne), Joseph Kessel, écrivain (*L'Armée des ombres*, sur les résistants pendant la 2e GM)...

Chapitre 3 p. 131

1 a. 1914. b. 1916. c. 1917. d. 1917. e. 1918.

2 a. Un graphique ou diagramme en barres. b. Près de 1,4 million de victimes. c. L'Allemagne, la Russie et la France. d. Les États-Unis sont entrés assez tard dans le conflit. e. Les progrès techniques ont permis de fabriquer des armes plus meurtrières, avec une utilisation massive de l'artillerie.

3 a. Il s'agit d'une lettre écrite par un soldat français à ses parents. b. Ce texte a été écrit pendant la deuxième phase (guerre de position), au cours de la bataille de Verdun (1916). c. Les Allemands sont surnommés « Boches » et les soldats français « Poilus ». d. *Liquides enflammés, gaz lacrymogènes – gaz suffocants – asphyxiants, tir de barrage*.
e. *Je ne suis qu'un bloc de boue, soif, l'horreur de l'attente de la mort, fatigue, J'ai sommeil, je suis plein de poux, je pue la charogne des macchabées*.

4 a. Vrai. b. Faux (700 000). c. Vrai. d. Vrai. e. Vrai. f. Faux.

Chapitre 4 p. 133

1 Idéologie communiste; Suppression des classes sociales; Parti communiste; Lénine puis Staline; Plans quinquennaux impératifs; Par la terreur (police politique, goulag); Par la propagande (affiches, culte du chef, grands rassemblements); Par l'embrigadement dans des organisations.

2 a. Lénine dirige l'URSS de 1917 à 1924. b. Les koulaks (paysans riches ou opposés aux communistes). c. Lénine souhaite que les koulaks soient exécutés et leurs céréales confisquées. d. Le régime soviétique instaure la terreur et la violence contre ses opposants.

3 a. Un ouvrier et une paysanne. b. L'ouvrier tient un marteau et la paysanne une faucille, symboles du communisme et de l'URSS. c. Ils s'avancent fiers et joyeux vers l'avenir. d. Au réalisme socialiste. e. L'union des travailleurs permet d'instaurer le communisme qui transforme la société et conduit à un avenir radieux. f. Le régime soviétique se livre à une active propagande et contrôle la vie artistique.

Chapitre 5 p. 135

1 Idéologie nazie; Suppression des races jugées inférieures (Juifs); Parti nazi; Le Führer; Adolf Hitler; Orientée vers la guerre; Par la terreur et la violence (police politique, SS, camps de concentration); Par la propagande (affiches, culte du chef, radio, grands rassemblements); Par l'embrigadement dans des organisations (Jeunesses hitlériennes).

2 a. En 1938, après la « Nuit de Cristal ». b. Parce qu'il appartenait à un Juif. c. L'aspect raciste et antisémite. d. En mars 1938, l'Allemagne a annexé l'Autriche qui est intégrée au Reich.

3 a. On aperçoit un aigle, symbole du Reich, qui surplombe l'autoroute. b. La construction d'une autoroute permet de créer des emplois et de faire baisser le chômage. c. Elle peut être utilisée pour la circulation des convois militaires.

Chapitre 6 p. 137

1 Fin de la bataille de Stalingrad : 1943. Début de la guerre : 1939. Capitulation de l'Allemagne : 8 mai 1945. Bombardement atomique d'Hiroshima : août 1945. Entrée en guerre des États-Unis : 1941.

2 a. La guerre se déroule en Europe et Afrique du Nord, et dans l'océan Pacifique. b. L'Allemagne, le Japon et l'Italie. c. Les États-Unis, le Royaume-Uni et l'URSS. d. Stalingrad en URSS et El Alamein en Égypte. e. L'année 1942 marque la fin de l'avancée allemande et japonaise.

3 a. À Berlin, le 2 mai 1945. b. Le soldat est soviétique, (URSS). c. Il brandit un drapeau avec les symboles soviétiques (faucille, marteau). d. Berlin, théâtre de combats intenses, est ravagée par les bombardements soviétiques. e. Le 8 mai 1945, l'Allemagne vaincue signe sa capitulation.

Chapitre 7 p. 139

1 a. La Chine et la Pologne. b. Nom donné à la ligne infranchissable qui sépare les deux blocs en Europe. c. L'Allemagne et Berlin sont divisées en deux. La RFA (Allemagne de l'Ouest avec Berlin-Ouest) est l'alliée des États-Unis tandis que la RDA (Allemagne de l'Est avec Berlin-Est) est l'alliée de l'URSS. d. Le blocus de Berlin (1948-1949) et la guerre de Corée (1950-1953). e. L'alliance des États-Unis est l'OTAN et celle de l'URSS est le pacte de Varsovie.

2 a. En 1961 pour empêcher les Allemands de l'Est de fuir vers l'Allemagne de l'Ouest en transitant de Berlin-Est à Berlin-Ouest. b. La porte de Brandebourg, symbole de Berlin construit à la fin du XVIIIe siècle. c. Les Berlinois peuvent monter sur le Mur, le franchir et se retrouver. d. Le Mur symbolisait la division de l'Allemagne, de l'Europe et du monde en deux camps opposés. Sa chute signifie la fin de la guerre froide et donc de l'affrontement entre les deux blocs.

3 a. À l'ONU. Elle est signée le 26 juin 1945 à San Francisco. b. À préserver les générations futures du fléau de la guerre qui deux fois en l'espace d'une vie humaine a infligé à l'humanité d'indicibles souffrances. c. Entre les hommes et les femmes et entre les pays. d. Les droits fondamentaux de l'homme, la justice, le progrès social, la liberté.

Chapitre 8 p. 141

1 a. En 1947 après des négociations. b. En 1962 après une guerre. c. De 1947 à 1962. d. En Indonésie. e. Cette ville abrite une conférence réunissant les pays nouvellement indépendants, surnommés « tiers monde », qui s'organisent pour faire entendre leur voix.

2 a. Dans l'Ouest de l'Afrique. b. En 1960 de manière pacifique, comme la plupart des colonies françaises d'Afrique subsaharienne. c. Le personnage évoque Marianne (personnification de la République). d. La langue, la monnaie et le régime républicain. e. Léopold Sédar Senghor fut le premier président du Sénégal de 1960 à 1980.

3 a. Alfred Sauvy. b. Les deux blocs de la guerre froide : États-Unis contre URSS (et leurs alliés respectifs). c. Les pays sous-développés. d. Ce terme fait référence au tiers état qui, avant la Révolution française, avait peu de privilèges face à la noblesse et au clergé. Il exprime aussi la position vis-à-vis des deux camps de la guerre froide. e. Ce sont souvent d'anciennes colonies, peuplées et peu développées économiquement. f. Ils se retrouvent

lors de grandes conférences internationales, comme Bandung en 1955.

Chapitre 9 p. 143

1 CEEA : création d'une industrie nucléaire européenne, 1957. CECA : unification des productions de charbon et d'acier, 1951. UE : création de l'euro et de la PESC, 1992. CEE : mise en place d'un marché commun, 1957.

2 a. Allemagne, Belgique, France, Italie, Luxembourg et Pays-Bas. b. 15 membres en 2002. c. L'Islande et la Norvège. d. L'Irlande, le Royaume-Uni, la Suède et le Danemark n'ont pas adopté l'euro. e. L'Irlande et le Royaume-Uni. f. Parce que tous les pays ne sont pas impliqués de la même manière. Certains, comme la France ou l'Allemagne, jouent un rôle moteur alors que d'autres n'appliquent pas toutes les dispositions (ex : le Royaume-Uni).

3 a. Le 9 mai 1950. b. Robert Schuman, ministre des Affaires étrangères. c. Éviter une nouvelle guerre en Europe après les deux conflits mondiaux. d. Le charbon et l'acier. e. Parce que les armes et le matériel militaire sont fabriqués avec de l'acier dont la production est désormais gérée par une Haute Autorité commune. f. La CECA avec six pays : Allemagne, Belgique, France, Italie, Luxembourg et Pays-Bas.

Chapitre 10 p. 145

1 a. La Russie, les États-Unis, la France, la Chine et le Royaume-Uni. b. Israël, le Pakistan, l'Inde et la Corée du Nord. c. La Syrie, l'Iran et la Birmanie.
d. Plus le nombre de pays possédant l'arme nucléaire est élevé, plus le risque de son utilisation est élevé.

2 a. Par le photojournaliste Henri Bureau en Irak en 1980. b. L'Irak et l'Iran. c. Au 1er plan, figure un soldat irakien avec son arme. Au 2e plan, on aperçoit le désert et à l'arrière-plan, des fumées noires s'échappent de champs de pétrole en flamme. d. Raconter un récit en image. e. Il a voulu montrer que c'était une guerre du pétrole, ce qui est aussi en partie valable pour les conflits de 1991 et 2003.

3 a. Des attentats du 11 septembre perpétrés par le mouvement terroriste Al Qaida aux États-Unis. b. La fin de la Deuxième Guerre mondiale, le début de la Guerre froide et l'implosion de l'URSS (fin de la Guerre froide). c. Pour lutter contre le terrorisme : «*guerre contre le terrorisme*».

Chapitre 11 p. 147

1 a. Pour les élections législatives. b. Le communisme instauré en Russie par Lénine. c. En homme violent, effrayant, au visage haineux tenant un couteau entre les dents. d. Par un parti du Bloc national. e. Inspirer chez les électeurs la crainte des partis de gauche, et notamment de la SFIO, pour remporter les élections.

2 a. En 1919 par le syndicat CGT. b. Aux ouvriers et aux employés. c. Des usines. d. À gauche, les employés et ouvriers tirent sur l'horloge pour faire respecter les 8 heures de travail par jour. À droite, les patrons et les bourgeois tirent de leur côté pour tenter de faire travailler plus longtemps leurs salariés. e. La loi des 8 heures a été votée mais il faut agir avec le syndicat pour que les patrons la respectent.

3 Radical – Dreyfus – Zola – président du Conseil – pacifiste – Parlement – Tigre – Versailles – président de la République.

Chapitre 12 p. 149

1 a. En 1936, pour les élections, par le parti communiste. b. Au Front populaire. c. Hitler. d. Aigle : Allemagne ; croix gamée : nazisme, insignes des ligues. e. Cette affiche rappelle l'affiche électorale de 1919. f. Inciter à voter communiste pour faire barrage au danger d'extrême droite.

2 a. Les lois sur les congés payés et la semaine de 40 heures de travail, votées au Parlement. b. Aux classes populaires. c. Le pique-nique avec les aliments dispersés, les tenues vestimentaires et surtout les barques sur l'eau évoquent la liberté nouvellement conquise par les ouvriers et les classes populaires. d. Il a fondé l'agence Magnum en 1947 avec Robert Capa et David Seymour.

3 a. À Matignon, résidence du président du Conseil, Léon Blum. b. Entre les représentants des employeurs (CGPF) et ceux des employés (CGT). c. Une augmentation des salaires. d. Ils représentent leurs collègues et peuvent faire des réclamations auprès de l'employeur. e. Article 3. f. Parce que de nombreuses usines sont en grève et occupées par les ouvriers.

Chapitre 13 p. 151

1 a. Le 22 juin 1940. b. À gauche, le maréchal Pétain qui dirige l'État français et à droite, Hitler qui est à la tête de l'Allemagne. c. La collaboration entre la France et l'Allemagne. d. La police française aide les Allemands à arrêter les Juifs sur le sol français pour les déporter. e. Il est dictatorial et antisémite.

2 a. «Travail, famille, patrie». b. La devise républicaine : «Liberté, égalité, fraternité». c. Le maréchal Pétain, chef de l'État. d. À gauche figurent le monde rural et l'agriculture, à droite le monde urbain avec les usines et le commerce (colis, ancre). e. Il s'agit d'une image de propagande qui met en valeur le régime de Vichy et son chef.

3 a. C'est un discours prononcé par Pierre Laval le 22 juin 1942 sur la collaboration. b. Il est membre du gouvernement. c. Le communisme et la politique menée par l'URSS de Staline. d. La collaboration. e. Assurer à la France une place importante dans une Europe dominée par l'Allemagne ; lutter contre le communisme ; permettre aux soldats français prisonniers en Allemagne depuis 1940 de revenir.

Chapitre 14 p. 153

1 a. À Londres en 1943. b. L'occupation allemande et ses conséquences. c. L'occupant allemand. d. À tous ceux qui veulent résister. e. Ce soir l'ennemi connaîtra le prix du sang et les larmes. Sortez de la paille les fusils, la mitraille, les grenades. Ohé, les tueurs à la balle et au couteau, tuez vite ! Ohé, saboteur, attention à ton fardeau : dynamite… f. Les paroles sont de Joseph Kessel et Maurice Druon, la musique d'Anna Marly.

2 a. Jean Moulin, à la demande du général De Gaulle. b. Tous les réseaux et mouvements de la Résistance intérieure pour les placer sous l'autorité du général de Gaulle. c. En mars 1944, alors que la victoire des Alliés semble inéluctable et la libération de la France proche. d. L'Allemagne. e. Intensifier la lutte contre les Allemands et planifier les réformes pour la France à la libération du territoire.

3 a. À Paris lors de la libération de la ville en août 1944. c. Chef du gouvernement provisoire de la République française. d. Au régime de Vichy. e. Philippe Marie de Hautecloque, maréchal de France, dit général Leclerc

f. La 2e division blindée (DB). g. Droit de vote des femmes et création de la Sécurité sociale.

Chapitre 15 p. 155

1 Fin de la IIIe République : 1940. Début de la IVe République : 1946. Manifestation à Alger : 1958. Référendum sur l'élection du Président au suffrage universel : 1962. Manifestations et grèves contestant le régime : 1968. Fin de la présidence du général de Gaulle : 1969. Fin de la Ve République : ? (elle n'est pas terminée).
2 a. Un organigramme. b. De la Constitution de la Ve République (1958). c. Sept ans (septennat). d. Il nomme le Premier ministre et les ministres, peut dissoudre l'Assemblée nationale et organiser des référendums. e. Le gouvernement est contrôlé par l'Assemblée nationale et peut être renversé par un vote des députés.
3 a. Depuis 10 ans. b. Par une révolte des étudiants. c. Le général de Gaulle. d. Les étudiants qui critiquent le manque de liberté d'expression dont ils disposent selon eux. e. Le général de Gaulle donne la parole au pays par référendum et organise de nouvelles élections législatives en dissolvant l'Assemblée nationale.

Chapitre 16 p. 157

1 a. De 1981 à 1995. b. de 1995 à 2007. c. Mitterrand est de gauche et Chirac de droite. d. 1986-1988, 1993-1995 et 1997-2002. e. En 2002. La cohabitation est difficile car désormais président et députés sont élus en même temps et pour la même durée.
2 a. Président de la République élu en 1981. Il est de gauche, issu du parti socialiste. b. Le changement de majorité politique à la tête du pays. c. Pour la première fois la majorité parlementaire relève de tendances politiques différentes de celles qui s'étaient rassemblées lors de l'élection présidentielle. d. Jacques Chirac. e. Le Président s'occupe des questions de défense et de relations internationales tandis que le Premier ministre prend des décisions de politique interne.
3 a. Faux (en 1958). b. Faux (un vote). c. Vrai. d. Faux (il est nommé par le Président). e. Vrai. f. Vrai (Mitterrand 1981-1995). g. Faux (en 1981).

GÉOGRAPHIE

Chapitre 18 p. 161

1 a. 46 b. Cap et marais d'Opale, Armorique. c. Protéger certains espaces naturels, favoriser un tourisme durable et promouvoir la préservation de l'environnement. d. Parc national des Cévennes, Parc national des Écrins, Parc national de La Guadeloupe, Parc amazonien de Guyane, Parc national du Mercantour, Parc national de Port-Cros, Parc national des Pyrénées, Parc national de La Réunion, Parc national de la Vanoise. Projet de parc national : les Calanques de Marseille.
2 a. Un ensemble formé par un pôle urbain et une couronne périphérique (unités urbaines et/ou communes rurales dépendant du pôle pour les emplois). b. Paris avec 11 millions d'habitants. c. Elle augmente depuis 1990.
3 a. En région Rhône-Alpes (département de l'Isère) dans le Sud-Est de la France. b. Une ancienne caserne désaffectée.
c. résidentielle, tertiaire, commerciale, récréative. d. Des espaces verts ont été créés et les bâtiments construits avec des normes pour réduire la consommation énergétique et renforcer l'isolation. e. Le projet a respecté les trois piliers du DD : économique, social et environnemental.

Chapitre 19 p. 163

1

N°	Région (capitale régionale)	N°	Région (capitale régionale)
1	Alsace (Strasbourg)	15	Lorraine (Metz)
2	Aquitaine (Bordeaux)	16	Midi-Pyrénées (Toulouse)
3	Auvergne (Clermont-Ferrand)	17	Nord-Pas-De-Calais (Lille)
4	Basse-Normandie (Caen)	18	Pays de la Loire (Nantes)
5	Bourgogne (Dijon)	19	Picardie (Amiens)
6	Bretagne (Rennes)	20	Poitou-Charentes (Poitiers)
7	Centre (Orléans)	21	Provence-Alpes-Côte-D'azur (Nice)
8	Champagne-Ardenne (Châlons-en-Champagne)	22	Rhône-Alpes (Lyon)
9	Corse (Bastia)	23	Guadeloupe (Pointe-à-Pitre)
10	Franche-Comté (Besançon)	24	Guyane (Cayenne)
11	Haute-Normandie (Rouen)	25	Martinique (Fort-de-France)
12	Ile-de-France (Paris)	26	Mayotte (Mamoudzou)
13	Languedoc-Roussillon (Montpellier)	27	Réunion (Saint-Denis)
14	Limousin (Limoges)		

2 a. Centre, Auvergne, Midi-Pyrénées, Aquitaine et Poitou-Charentes. b. Haute-Vienne, Corrèze et Creuse. c. Limoges. d. Les autoroutes A20 (Nord-Sud) et A89 (Ouest-Est). e. Pôle majeur : Limoges. Pôles secondaires : Brive et Tulle. Partie la moins dynamique : l'Est.
3 a. Faciliter les déplacements, favoriser le fret ferroviaire (transport de marchandises par train) et relier la région aux autres pays européens. b. 2 heures. c. 23 millions d'euros. c. La région veut améliorer les déplacements de sa population (aspect social), créer des activités économiques (technicentre, commerce) et protéger l'environnement (train moins polluant que les camions), donc le développement des transports paraît durable. d. Un intérêt économique et la création d'emplois.

Chapitre 20 p. 165

1 a. 633 000 km^2. b. Départements et régions d'outre-mer. c. d. Guadeloupe, Guyane, Martinique, Mayotte et Réunion. Océan Atlantique pour les trois premiers et Océan Indien pour les deux derniers. e. Les TAAF servent à des missions scientifiques.
2 a. C'est une représentation simplifiée d'un phénomène sur une carte. c. Métropoles : Paris, Lille, Lyon, Marseille, Strasbourg, Nice, Toulouse, Bordeaux, Nantes. d. Les littoraux et les vallées de fleuves où se situent de nombreuses grandes villes. e. L'espace peu peuplé qui traverse la France du Nord-Est au Sud-Ouest, en blanc sur le croquis. f. L'inégale répartition de la population sur le territoire français.
3 a. Faux, c'est l'Allemagne (81 millions d'habitants). b. Vrai, grâce à ses territoires ultramarins. c. Vrai : mer du Nord, Manche, océan Atlantique, mer Méditerranée. d. Faux, 27 régions. e. Faux, c'est l'Île-de-France. f. Vrai, 80 %. g. Vrai : Vosges, Jura, Alpes, Massif corse, Massif central et Pyrénées. h. Faux, le baby-boom a duré de 1945 à 1975. i. Vrai, avec l'augmentation de l'espérance de vie et la diminution de la natalité.
4 Il s'agit de la pyramide des âges b..

Chapitre 21 p. 167

1 a. Environ 15 %. b. Elle a fortement diminué. c. Nucléaire, hydraulique, éolienne, solaire, photovoltaïque et géothermique. d. Elle a fortement augmenté. e. L'électricité en France provient à 80 % des centrales nucléaires.

2 a. Production de véhicules. b. Énergie produite à partir de roches issues de la fossilisation des êtres vivants comme le pétrole, le gaz naturel et le charbon. c. En réduisant la consommation d'énergie et en diminuant le rejet des gaz à effet de serre. d. Des véhicules électriques. e. Elle donne une plus grande autonomie aux véhicules électriques.

3 a. La présence de matières premières, de la main-d'œuvre nécessaire, d'un réseau de transport efficace, d'un marché de consommation et un cadre de vie agréable pour les employés. b. Île-de-France et Rhône-Alpes. c. Le Nord (Nord-Pas-de-Calais) et l'Est (Lorraine). d. Île-de-France, Rhône-Alpes, Provence-Alpes-Côte-d'azur et Midi-Pyrénées. e. Le Havre (près de Rouen), Saint-Nazaire (près de Nantes), Fos-sur-Mer (près de Marseille) et Dunkerque (dans le Nord). Surtout des industries de base.

Chapitre 22 p. 169

1 a.

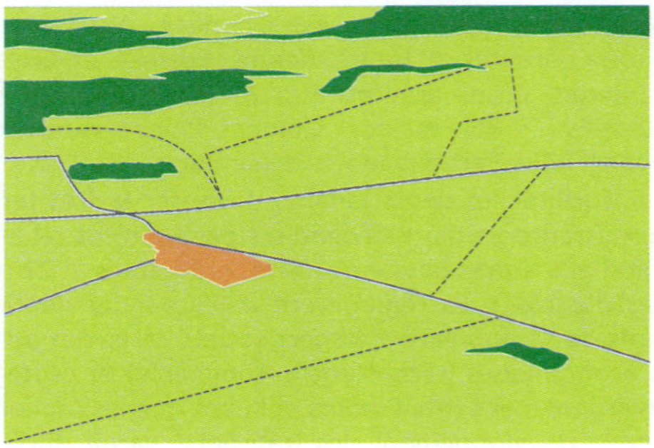

Légende :
- Exploitation agricole
- Parcelles cultivées
- ---- Limites des cultures
- Restes de forêts
- Routes

Dans la Beauce (bassin parisien). Espace de grande culture à dominante céréalière. b. En vert foncé : les restes de forêt. En vert clair : les parcelles agricoles. Trait gris : les routes. En orange : l'exploitation agricole. c. Un paysage de céréaliculture dans la Beauce.

2 a. L'élevage intensif. b. Essentiellement le long des fleuves et sur les littoraux méditerranéens. c. La Normandie. d. Les espaces de moyenne montagne (Pyrénées, Alpes du Sud, Massif central…).

3 a. Environ 500 000. b. Il a baissé depuis 2000, passant d'environ 680 000 à 500 000 (–26 % d'après le texte). c. Il est resté quasiment identique. d. Le nombre des grandes exploitations est resté identique alors que le nombre total diminuait, donc la part des grandes exploitations a augmenté. e. 30 % de l'ensemble. f. Elle a augmenté, passant de 42 à 55 hectares. g. Le nombre d'exploitations a diminué ; la part des grandes exploitations a augmenté ; la taille moyenne des exploitations a augmenté.

Chapitre 23 p. 171

1 a. Dans l'agglomération parisienne, à l'Ouest de Paris. b. Un quartier d'affaires avec des bureaux et des sièges sociaux d'entreprises. c. Des tours et des gratte-ciel. d. Une fonction pratique (bureaux) et une fonction symbolique (montrer la puissance de l'entreprise). e. Dans les centres-villes.

2 a. Huit millions. b. Quatre catégories distinctes : touristes d'agrément (loisirs) et d'affaires, de la région parisienne, des autres régions françaises et de l'étranger. Les touristes d'agrément sont les plus nombreux et viennent de la région parisienne (4 millions, soit 50 % du total). c. Pour faire du shopping. d. Fonctions résidentielles, commerciales et économiques et de loisirs. e. Le fait d'être à la fois le premier quartier d'affaires européen, le plus grand centre commercial d'Europe, le 2e Palais des Congrès de France, le 4e cinéma, et un avenir architectural de premier plan, fera de La Défense un vrai lieu de vie, de travail et de loisirs.

3 a. Faux, les services emploient environ 75 % de la population active et l'industrie 22 %. b. Vrai, elles sont attirées par un cadre de vie agréable et une main-d'œuvre bien formée. c. Faux, elle est spécialisée dans l'élevage intensif hors-sol. d. Vrai, elle utilise beaucoup de carburants et de produits chimiques qui polluent l'air, les sols et les nappes phréatiques. e. Vrai, elle est le 1er pays touristique avec 77 millions de touristes étrangers en 2009. f. Faux, ils se localisent dans les grandes villes. g. Vrai.

Chapitre 24 p. 173

1 a. Un croquis est une représentation simplifiée d'un phénomène sur une carte. b. Si l'espace concentre la population, les activités économiques et les réseaux de transport, il peut être qualifié de dynamique. d. Les métropoles, les régions frontalières et les littoraux. e. Le Limousin.

Titre : Organisation du territoire français.

2 a. « Sur le plan politique, elle abrite les pouvoirs exécutif, législatif et judiciaire français ainsi que des sièges d'institutions internationales. Elle concentre en son sein la quasi-totalité des emplois de l'information et des arts. Elle offre de surcroît un patrimoine unique : le Louvre […], deux opéras […] et quantité de théâtres. Sur les plans financier et économique, Paris se situe au 20e rang des places financières mondiales, mais accueille la moitié des sièges sociaux des filiales étrangères implantées en France […]. L'accueil des congrès internationaux.

b. Un rôle d'interface entre la France et le reste du monde ; sièges d'institutions internationales, moitié des sièges sociaux des filiales étrangères implantées en France ; 1er centre mondial pour l'accueil des congrès internationaux ; 2e plate-forme aéroportuaire d'Europe. c. Elle a des fonctions de commandement politique (ministères, Parlement…), économique (sièges sociaux des filiales étrangères) et culturelle (musées, congrès). Son influence s'exerce à l'échelle de la planète (institutions internationales, tourisme, sièges sociaux des filiales étrangères). Donc, Paris est une métropole mondiale.

3 A. Durable – B : Défense – C : DROM –
D : Métropolisation – E : Extensible – F : Réseau.
1 : Industrie – 2 : Métropole – 3 : Loire –
4 : Rhône-Alpes – 5 : PIB – 6 : Insee.

Chapitre 25 p. 175

1 a. Le PIB/hab. mesure la richesse et le niveau de vie des habitants. b. Le PIB/hab. de l'Allemagne = 163 ; de l'Espagne = 104 ; de la Suède = 120. c. La plupart des pays européens ont des PIB/hab. élevés (Pologne, Slovaquie,

Roumanie…) ou très élevés (France, Royaume-Uni, Pays-Bas…), supérieurs à ceux des pays asiatiques, africains ou d'Amérique du Sud. L'UE est donc un espace riche et développé qui appartient au groupe des « pays du Nord ». d. Trois pays ont refusé l'euro (Royaume-Uni, Pays-Bas, Suède) et d'autres (Bulgarie, République tchèque, Lettonie, Lituanie, Hongrie, Pologne, Roumanie) n'ont pas encore les conditions économiques suffisantes. e. Bruxelles, Luxembourg et Strasbourg.

2 a. José Manuel Barroso. b. Choisi par les chefs d'État et de gouvernement des 27 pays et approuvé par le Parlement européen. c. 5 ans. d. Elle prépare les lois européennes, assure le fonctionnement de l'UE et veille à l'application des décisions européennes. Son siège est à Bruxelles. e. Souligner tout le deuxième paragraphe.

3 a. En 1992. b. Par le Parlement européen et le Conseil de l'UE. c. Un espace de libre circulation des personnes. d. Des démocraties. e. 27 membres. f. De la politique étrangère.

Chapitre 26 p. 177

1 a. Le nombre moyen d'années qu'on peut espérer vivre à la naissance dans un pays. b. L'IDH (indice de développement humain). c. Islande, Norvège, Suisse, Croatie, Turquie, Monténégro et Macédoine. d. Royaume-Uni et Allemagne ($>$ 78 ans). Slovaquie et Bulgarie ($<$ 71 ans). e. Les espérances de vie les plus faibles se trouvent dans l'Est de l'Europe et témoignent des conditions de vie encore difficiles dans ces pays où l'IDH est plus faible qu'à l'Ouest.

2 a. 271 b. Royaume-Uni (Londres centre). c. Au Nord-Ouest. d. À l'Est. e. À l'échelle nationale (entre les pays) et à l'échelle régionale.

3 a. De Londres à Rome en passant par le Nord-Est de la France, la Belgique, les Pays-Bas et l'Ouest de l'Allemagne. b. En jaune : régions périphériques du Sud, (faible retard économique). En bleu : périphéries de l'Est, (fort retard économique). c. La mégalopole. e. C'est l'espace le plus peuplé, le plus urbanisé, le plus riche et le mieux équipé, concentrant les métropoles et les sièges des entreprises transnationales.

Chapitre 27 p. 179

1 a. Les transports routiers, ferroviaires et fluviaux. b. Les routes et autoroutes. c. 1 881 km. d. Les réseaux routiers. e. Les transport maritimes et aériens, les transports collectifs des villes (métro, tramway).

2 c. Paris-Le Mans, Paris-Lyon-Marseille, Paris-Nancy et Paris-Lille. d. Paris. e. Les pays du Nord : Royaume-Uni, Belgique, Pays-Bas. f. L'Europe de l'Est.

3 a. À Francfort et Stuttgart. b. Assurer le lien entre le Nord et le Sud du continent, entre le Benelux, l'Allemagne, la Suisse et l'Espagne. c. 2,3 milliards d'euros. d. Plus de 20 acteurs dont l'UE, la France, la Suisse et RFF.

Chapitre 28 p. 181

1 a. 633 000 − 544 000 = 89 000 km^2. b. Guadeloupe, Guyane, Martinique, Mayotte, Réunion. c. Polynésie française, Saint-Pierre-et-Miquelon, Wallis et Futuna, Saint-Barthélémy et Saint-Martin. d. Ils permettent à la France d'être présente partout dans le monde, d'avoir des bases militaires et des relais pour sa flotte, et de bénéficier du contrôle d'une très vaste ZEE.

2 a. Une chaîne d'information diffusée dans les pays étrangers qui émet 24 h sur 24. b. Couvrir l'actualité avec un regard français et véhiculer partout dans le monde les valeurs et les perspectives françaises. c. Français, anglais et arabe. d. Pour diffuser l'information vue de France et la culture française à des non francophones. e. De la chaîne américaine CNN, une référence mondiale.

3 a. L'Organisation Internationale de la Francophonie. b. Promouvoir la langue française et la diversité culturelle et linguistique; promouvoir la paix, la démocratie et les droits de l'Homme; appuyer l'éducation, la formation, l'enseignement supérieur et la recherche; développer la coopération au service du développement durable. c. 75 pays (56 membres et 19 observateurs). d. En Afrique : Sénégal, Mali ou Côte d'Ivoire. e. Ce sont d'anciennes colonies françaises qui ont gardé la langue française parfois même comme langue officielle.

Chapitre 29 p. 183

1 a. L'ensemble des richesses produites par un pays ou un groupe de pays en une année. b. L'UE occupe le 1er rang mondial avec environ 30 % du PIB mondial. c. Les PIB des États-Unis et du Japon s'élèvent à 31,5 % du PIB mondial. d. Sa puissance économique. e. Politique et militaire.

2 b. 16 pays. c. Triple but : approfondir la démocratie et les droits de l'homme, concourir au développement économique et assurer la paix et la sécurité dans les pays partenaires. e. Des aides financières et des prêts.

3 a. 27 pays. b. En 2013. c. En 2005. d. « chapitre concernant la justice, […] l'indépendance des juges. » e. Les autres pays candidats à l'adhésion : le Monténégro, la Macédoine, la Turquie et l'Islande.

Éducation civique

Chapitre 1 p. 185

1 a. Ce tableau, réalisé par Claude Monet en 1878, représente la rue Montorgueil à Paris lors d'une fête nationale. Il est conservé au musée d'Orsay à Paris. b. Il a été réalisé sous la IIIe république pour la fête du 30 juin 1878, dédiée à la paix et au travail. c. La multitude de drapeaux tricolores et la foule dans la rue. d. En 1880. e. Au courant impressionniste.

2 a. Le port de signes religieux très visibles dans un établissement scolaire. b. Le port de signes discrets ou portés fréquemment par des élèves sans faire référence à une religion. c. Le voile islamique (islam), la kippa (judaïsme) et la croix (christianisme). d. principe constitutionnel de laïcité, respect de la liberté de conscience, l'égale dignité de tous les êtres humains, l'égalité entre les hommes et les femmes et la liberté de chacun y compris dans le choix de son mode de vie, le libre arbitre de chacun, un vouloir-vivre-ensemble. e. De laïcité.

Chapitre 2 p. 187

1 a. Française. b. La mention « Union européenne » en haut du document. c. Voter aux élections municipales dans le pays de l'UE où l'on réside et bénéficier à l'étranger de la protection diplomatique d'un pays de l'UE. d. Le traité de Maastricht. e. Norvège, Suisse, Ukraine, Croatie, Macédoine.

2 a. Le Revenu Supplémentaire d'Activité est une aide financière accordée par l'État à ceux dont les revenus sont inexistants ou faibles. b. Des revenus que reçoit la personne et de sa situation familiale. c. 301 € d. Michel est au SMIC, sa femme ne travaille pas et ils ont deux enfants. e. La mise en œuvre des droits sociaux. f. Elle assure le RSA et le RMI, un salaire minimum garanti par la loi et le ministère des Solidarités et de la Cohésion sociale. L'État applique donc ce principe figurant dans la Constitution.

3 **Cas 1** : Jean est devenu automatiquement français à 18 ans car il est né en France. **Cas 2 :** Abdel est français car au moins l'un de ses parents est français. **Cas 3 :** Mariam est française car au moins l'un de ses parents est français. **Cas 4 :** Margot n'est pas française car elle est née à l'étranger de parents étrangers. Elle peut le devenir par naturalisation, mariage, adoption... **Cas 5 :** Anouk est française car elle est mariée à un Français.

Chapitre 3 p. 189

1

Élections	Personnes élues	Âges d'éligibilité
présidentielles	Président de la République	**23 ans**
législatives	**Députés**	**23 ans**
sénatoriales	**Sénateurs**	24 ans
municipales	**Conseillers municipaux**	18 ans
régionales	Conseillers régionaux	18 ans
cantonales	Conseillers généraux	18 ans
européennes	**Députés européens**	23 ans

a. La possibilité de se présenter comme candidat à une élection. b. Les élections sénatoriales. c. Les élections locales (municipales, cantonales et régionales), sauf conditions de résidence : habiter dans la commune, le canton ou la région concernés. d. députés européens, députés, sénateurs. e. Tous les citoyens français de 18 ans ou plus inscrits sur les listes électorales et les citoyens européens.

2 a. Dans un bureau de vote parisien en 2007, lors du 1er tour des élections présidentielles. b. L'urne transparente. c. Un assesseur du bureau de vote qui fait signer la liste d'émargement. d. Sa carte d'identité et sa carte d'électeur. e. Le secret du vote.

3 a. douze étoiles. b. sociale. c. la Ve République. d. 1848. e. habiter en France. f. à certaines élections pour les citoyens européens.

Chapitre 4 p. 191

1 a. Front national, Ligue communiste révolutionnaire, Mouvement démocrate, Nouveau Centre, Europe-Écologie-Les-Verts, Parti socialiste, Union pour un Mouvement populaire, Nouveau Parti anticapitaliste, Parti radical de gauche. b. Gauche : LCR, NPA, PS, EELV, PRG. Centre : Modem, NC. Droite : UMP, FN. c. Les partis politiques animent le débat politique, rédigent des programmes et présentent des candidats aux élections. d. Ils peuvent organiser des réunions publiques, distribuer des tracts, intervenir dans les médias, créer des sites Internet... e. Le pluralisme politique.

2 a. Elle vote les lois et contrôle le gouvernement. b. Pour 5 ans au suffrage universel direct. c. Le Parlement. d. Les députés du PS se trouvent à gauche et ceux de l'UMP à droite. e. Le « perchoir ».

3 a. Une modification d'une partie de la Constitution. b. Elle mentionne que désormais la République française est décentralisée. c. Les régions, les départements et les groupements de communes. d. Votée par le Parlement, elle prévoit de transférer des compétences de l'État vers les collectivités locales. e. L'essentiel du réseau routier national transféré aux départements. Les ports et aéroports transférés aux collectivités locales. En Île-de-France, la région devient majoritaire dans le syndicat des transports.

Chapitre 5 p. 193

1 a. En 1884. b. La libre création d'un syndicat (sans autorisation du gouvernement). c. L'étude et la défense des intérêts économiques, industriels, commerciaux et agricoles. d. CGT, CFDT, Medef... e. La négociation, la grève ou des manifestations.

2 a. Médecins Sans Frontières (MSF). b. En 1971. c. En Irak, Amérique latine, Somalie, Bangladesh. Aider les populations sur les plans médical et alimentaire, faire face à des catastrophes naturelles ou à des conflits. d. Par des fonds privés (dons) et des subventions publiques.

3 a. En octobre 2011. b. Environ 3 millions. c. Variable selon les ministères, de 30 % à 80 %. d. La CGT. e. CGT en tête (23,5 %), devant FO (17, 6%), CFDT (16,8 %), FSU (11,6 %), Unsa (11,6 %), Solidaires (7,5 %), CFTC (3,4 %) et CGC (2,8 %). f. Il a légèrement baissé.

Chapitre 6 p. 195

1 a. Très bonne : France et États-Unis. b. Très grave : Arabie saoudite et Soudan. c. Difficile ou très grave en Afrique et en Asie où sévissent des dictatures. d. Elle n'est pas toujours bonne ou plutôt bonne dans les démocraties, comme en témoignent les exemples de l'Italie et du Brésil.

2 a. Il s'agit d'un article de presse écrit par Tristan Vey, paru en mars 2011 sur le site internet lefigaro.fr. Il informe sur le débat autour des sondages réalisés sur Internet. b. Harris interactive. c. Rémunérer les gens sondés sur Internet. d. Jean Pierre Sueur : « de telles pratiques faussent totalement l'échantillon ». Hughes Portelli : choquante sur le plan éthique. Quand on vote, on n'est pas payé. e. Patrick Van Bloeme rejette cette vision des choses : L'enquête en ligne s'est révélée plus fiable. [...] L'absence d'interlocuteur physique libèrerait la parole.

3 a. 1881. b. 1884. c. la décentralisation. d. CGT (un syndicat). e. humanitaire.

Chapitre 7 p. 197

1 a. Un texte qui définit l'organisation et le fonctionnement des pouvoirs dans un pays. b. Garant de l'indépendance nationale, de l'intégrité du territoire et du respect des traités. Chef des armées. Il préside les conseils et les comités supérieurs de la défense nationale. d. Non, elle « doit être autorisée par un vote du Parlement ». e. En Afghanistan.

2 a. Journée Citoyenneté et Défense. b. Tous les jeunes Français, filles et garçons, avant 18 ans. c. On est informé sur les enjeux de la Défense et sur les différents métiers de la Défense par des professionnels. d. L'enseignement de la Défense et le recensement. e. Pour s'inscrire aux examens (bac, permis de conduire) et concours nationaux, il doit être soumis au contrôle de l'autorité publique.

3 a. M. Khadafi. b. Le Conseil de Sécurité des Nations unies. c. Pour protéger les populations civiles libyennes (qui s'étaient révoltées contre Khadafi et son régime). d. L'embargo sur les armes, le gel des avoirs financiers des dirigeants et les poursuites judiciaires devant la cour pénale internationale (CPI).

Sciences et Vie de la Terre

Chapitre 1 p. 199

1 a. Particularité déterminée génétiquement et transmise par des parents à leur descendance. b. Présentation photographique ou dessinée du nombre et de la forme des chromosomes du noyau d'une cellule (caractéristique de l'espèce). c. Filaments ou bâtonnets localisés dans le noyau des cellules, observables au cours de la division cellulaire et portant le programme génétique. d. Ensemble des informations génétiques porté par les chromosomes, déterminant les caractères héréditaires d'un individu. e. Erreur dans le nombre des chromosomes.

2 a. Les chromosomes constituent le support de l'information génétique. b. 23 paires. c. Les paires de chromosomes sont identiques deux à deux à l'exception de la 23e paire de chromosomes sexuels où on trouve XX chez la femme et XY chez l'homme. d. La trisomie 21 est la présence d'un chromosome 21 supplémentaire qui provoque l'apparition de cette maladie.

3 a. 23 paires de chromosomes ; chromosomes sexuels XY. b. programme génétique ; noyau de la cellule. c. chromosomes classés par paires ; 23 paires de chromosomes ; chromosomes sexuels.
d. trisomie 21 ; chromosomes 21.

4 a. 23 paires soit 46 chromosomes. b. Elles sont semblables deux à deux. c. La 23e est la paire de chromosomes sexuels, différente chez la femme (XX) et chez l'homme (XY).

5 a. Syndrome de Kinefelter : deux chromosomes X et un chromosome Y. Trisomie 21 : trois chromosomes 21. b. Elles peuvent provoquer des malformations physiques et / ou un retard mental plus ou moins important.

6 a. L'échographie qui permet de surveiller le développement du fœtus. b. Une trisomie 21, à cause de certains symptômes déjà visibles (face plate, cou épais). c. Réaliser un caryotype.

Chapitre 2 p. 201

1 a. «doublement» ou reproduction à l'identique d'un chromosome. b. unité d'information génétique portée par un chromosome. c. version d'un gène.

2 Dans les cellules en division cellulaire, des filaments apparaissent : les chromosomes. Si les cellules sont au repos, les chromosomes ne sont pas visibles.

3 **A** : cellule au repos, photo de l'ex. 2. **B** : même photo. **C** : p. 204 photo 1. **D** : p. 204, photo 3 ou photo de l'ex. 2, la cellule au milieu.

4 a. Chaque chromosome se duplique en 2 chromatides identiques qui, en se séparant, reconstituent 2 lots de chromosomes à une chromatide. Chaque lot migrera à un pôle de la cellule et se retrouvera ensuite dans l'une de deux cellules-fille. b. La duplication des chromosomes et leur répartition identique entre les deux cellules-fille.

5 a. La couleur de la peau. Le têtard est sans pigment (albinos), le crapaud est vert. b. On a prélevé un ovule de crapaud vert dont on a détruit le noyau. On a reconstitué une cellule complète en introduisant le noyau d'une cellule d'intestin de têtard albinos. c. Le programme génétique du têtard albinos. d. Car il provient du développement d'une cellule qui contenait le programme génétique du têtard albinos. e. Comme toutes les cellules de l'organisme, les cellules intestinales possèdent l'ensemble du programme génétique de l'organisme, mais souvent n'en expriment qu'une partie.

6 Le caractère « groupe A » s'obtient avec les combinaisons d'allèles AA ou AO. Donc A est dominant et O récessif. Le caractère « groupe B » s'obtient avec les combinaisons BB ou BO. Donc B est dominant. Dans la combinaison AB, les deux allèles dominants s'expriment → « groupe AB ».
Le caractère « groupe O » est déterminé par la combinaison OO de deux allèles récessifs.

Chapitre 3 p. 203

1 a. F. b. V. c. V. d. F. e. F. f. V. g. V.
La fécondation est l'union d'un gamète mâle et d'un gamète femelle réunissant, au hasard, les chromosomes d'origine maternelle et les chromosomes d'origine paternelle dans la cellule-œuf.

2 a. En A, on observe la présence d'un chromosome Y et les chromosomes sexuels de cet individu sont X et Y. On déduit qu'il s'agit d'un caryotype de spermatozoïde. Un caryotype d'ovule présenterait uniquement un chromosome X. b. 23 chromosomes dans la cellule-œuf. c. Si le gamète mâle porteur du chromosome X féconde un ovule normal, la cellule-œuf qui en résultera donnera une fille. Si le spermatozoïde porteur du chromosome Y féconde un ovule normal, la cellule-œuf qui en résultera donnera un garçon. d. Il y a à peu près autant de spermatozoïdes humains porteurs du chromosome X, que de spermatozoïdes porteurs du chromosome Y.

3 a. Chez la mère, les chromosomes des paires 11 et 21 n'ont pas la même taille. b. La paire 11 du fœtus est normale, les deux chromosomes ont la même taille. Dans la paire 21, les deux chromosomes n'ont pas la même taille. C'est une anomalie. c. Le père a transmis au fœtus un chromosome 21 de petite taille et la mère lui a transmis un chromosome 21 de grande taille (chromosome anormal). d. Le fœtus sera porteur d'une anomalie chromosomique qui entraînera certaines déficiences physiques ou /et mentales.

4 a. Les deux parents sont du groupe A et portent tous les deux les allèles A O, au moment de la fécondation, chacun a donné l'allèle O, donc Julien est du groupe O. Il porte les allèles OO. b. Du groupe O comme lui, ou du groupe A comme les parents car il ou elle porterait les allèles OO (groupe O) ou AO ou AA (groupe A).

Chapitre 4 p. 205

1 a. Elle repose sur la formation des espèces les unes à partir des autres compte tenu de la filiation entre les groupes. b. Disparition brutale de nombreux groupes à certaines périodes géologiques données. c. Des roches sédimentaires qui ont conservé des fossiles d'animaux et de végétaux ou leurs traces.

2 1) Poissons. 2) Reptiles. 3) Amphibiens. 4) Mammifères.

3 a. Les Arthropodes. b. La plupart des animaux représentés ici sont carnivores, le reptile n° 8 est peut-être herbivore. c. Les reptiles, les Amphibiens, les Arthropodes. d. Les fougères.

4 a. L'Acanthostega. b. 4 formes intermédiaires entre – 350 et – 200 Ma.

Chapitre 5 p. 207

1 a. 4,5 Ga. b. 4,5 Ga. c. 4 Ga. d. Chute d'une météorite et violentes éruptions volcaniques. e. Les dinosaures.

2 La diminution de la température, la formation des océans par condensation de la vapeur d'eau atmosphérique.

3 a. Les victimes : les dinosaures, les mosasaures, les plésiosaures, les ptérosaures, certains oiseaux primitifs descendant des dinosaures, les marsupiaux.
Les survivants : certains oiseaux descendant des dinosaures, les mammifères, les plus petits vertébrés (ex : lézards, serpents), les animaux d'eau douce (poissons, amphibiens, certaines tortues, des crocodiliens). Parmi les crocodiliens, les espèces de grosse taille. b. En dehors des crocodiliens, aucun animal de plus de 25 kg ne semble avoir survécu à la crise. On peut supposer que les animaux de petite taille ont survécu à la crise parce que leurs besoins en nourriture étaient peu importants. Comme ceux qui vivaient dans les eaux douces ont été épargnés, on peut supposer que le milieu aquatique a peu subi les conséquences de la crise.

4 a. Cette météorite était géante (diamètre : 1,5 km et masse : 6 milliards de tonnes) ; sa vitesse au moment de l'impact s'élevait à plus de 70000 km/h ; l'énergie libérée au moment du choc représentait 14 millions de fois la bombe d'Hiroshima. Toutes ces raisons expliquent la violence du choc causé par la météorite. b. Les effets de souffle, les émissions de vapeur toxiques, les nuées ardents, les séismes sont les causes de la destruction de toute vie dans un rayon de 500 km du point d'impact.

Chapitre 6 p. 209

1 a. Organisme de taille microscopique, autrefois appelé microbe. b. Substance toxique sécrétée par un bactérie. c. Se dit d'un microbe qui est responsable d'un maladie. d. Couche interne des cavités du corps communiquant avec le milieu extérieur (appareils respiratoire, digestif, génital…). e. Maladies sexuellement transmissibles (notamment lors des rapports sexuels) dues à divers agents pathogènes (bactéries, virus, champignons, protozoaires).

2 a. La grippe est provoquée par un virus. b. L'air et l'eau contiennent des microbes. c. Les virus ne sont pas détruits par les antibiotiques. d. Les antibiotiques détruisent les bactéries. e. Toutes les bactéries ne sont pas pathogènes.

3 a. Une bactérie appelée méningocoque. b. Un virus appelé virus de la grippe. c. Une bactérie appelée bacille de Koch. d. Une bactérie qui vit dans le sol. e. Une bactérie. f. Un virus. g. Un virus.

4 a. Afin d'éliminer tout risque d'infection provenant de micro-organismes présents sur des instruments ou des mains sales. b. Les micro-organismes sont tués à cette température.

5 a. Entre le temps t_1, début de la mesure (6 h après l'infection) et $t_1 + 16$ h, la quantité de virus infectant les cellules a été multipliée par 10000. L'infection est donc très rapide. Quand le nombre de cellules saines est très faible, la croissance de la population virale diminue fortement. b. Les virus ne peuvent se multiplier qu'à l'intérieur de cellules vivantes, les cellules-hôtes. Ils sont ensuite expulsés par bourgeonnement et se propagent par l'intermédiaire du sang vers d'autres cellules de l'organisme.

6 a. L'antibiotique A montre l'auréole la plus large, c'est le plus efficace. b. Les antibiotiques E et F n'ont aucune action sur cette bactérie responsable de cette maladie urinaire. On en conclut qu'un antibiotique agit sur certaines bactéries mais pas sur toutes.

Chapitre 7 p. 211

1 1f. – 2i. – 3b. – 4c. – 5e. – 6g. – 7d. – 8a. – 9h.

2 phagocytose – leucocytes – bactéries – spécifique.

3 a. C, D, B, A. b. C : Après migration, le leucocyte est près du micro-organisme. D : Les micro-organismes adhèrent à la paroi du leucocyte. B : Les micro-organismes sont ingérés par le leucocyte. A : Les micro-organismes sont digérés ou phagocytés par le leucocyte.

4 a. Chaque bactérie possède à sa surface des récepteurs de formes géométriques différentes. La bactérie A a par exemple des récepteurs triangulaires. b. Le dessin D représente un anticorps. Les anticorps sont des molécules spécifiques de l'antigène, elles forment un complexe avec celui-ci, le neutralisent et suppriment ses effets. c. L'anticorps D pourrait se fixer sur la bactérie A car le site antigénique de l'anticorps et les récepteurs de la bactérie A ont des formes complémentaires. Avec plusieurs anticorps, il se formerait donc un complexe antigène-anticorps qui pourrait neutraliser la bactérie. Par contre, l'anticorps E ne pourrait jouer aucun rôle dans ce modèle. d. C'est une molécule spécifique.

5 a. À la suite de la 1re injection de l'antigène A, les lymphocytes spécifiques de cet antigène produisent des anticorps anti-A et gardent la mémoire de l'antigène A. À la 2e injection de l'antigène A, les lymphocytes mémoire le reconnaissent rapidement, se multiplient et se transforment en nouvelles cellules productrices d'anticorps anti-A. Après le 2e contact de l'organisme du cobaye avec l'antigène, au 48e jour, la quantité d'anticorps anti-A est très importante alors que la quantité d'anticorps anti-B est faible car c'est le résultat obtenu après une 1re injection. b. Le système immunitaire agit de manière spécifique. Les lymphocytes gardent la mémoire de l'antigène (mémoire immunitaire).

Chapitre 8 p. 213

1 a. Vrai. Le VIH est le virus du SIDA. b. Faux. Lorsque le virus entre dans la cellule, il laisse une trace de son passage, grâce à des récepteurs. Ces récepteurs sont reconnus par les lymphocytes. c. Faux. Un individu possédant le virus du SIDA est dit séropositif au VIH. d. Faux. La meilleure protection contre la contamination par voie sexuelle au VIH est le préservatif. e. Faux. Le dépistage doit être fait impérativement une fois très rapidement, puis 3 mois plus tard, puis 6 mois plus tard. f. Vrai. La trithérapie est le traitement palliatif du SIDA. g. Faux. Une personne atteinte du SIDA meurt fréquemment prématurément à cause des maladies opportunistes. h. Faux. Une mère atteinte du SIDA ne peut pas allaiter son bébé. i. Vrai. Si les instruments utilisés n'ont pas été stérilisés, ils peuvent transmettre le SIDA.

2 a. Un rhume ou une grippe. b. En effet, les malades atteints du SIDA ne meurent pas du SIDA mais très souvent de maladies banales, appelées maladies opportunistes. Elles sont la conséquence de l'effondrement des défenses immunitaires.

3 a. Un micro-organisme susceptible de déclencher des maladies (ex. : les virus, les bactéries…). b. On suppose qu'il faudrait augmenter les capacités de réponses immunitaires de l'individu.

4 a. Les vaccins reproduisent une situation naturelle, celle de l'immunité acquise contre ces virus après une première infection guérie. b. Sur l'existence d'une mémoire immunitaire. c. Pour s'adapter à son environnement.

5 a. Les protéines, les lipides, le glucose, des acides aminés, de l'eau et des vitamines. b. Le virus du SIDA, trans-

Paramètres étudiés / Méthode	Efficacité	Avantages	Inconvénients
Condom ou préservatif féminin	– bon moyen de contraception si utilisé de façon constante	– non en latex – protection contre les MST	– irritation possible des parties génitales – fragile (déchirure) – peut glisser si mal utilisé
Condom ou préservatif masculin	– efficacité renforcée si utilisée avec un spermicide	– bon moyen contraceptif – peu coûteux – protection contre les MST	– allergie possible au latex – fragile (déchirure si mal utilisé)
Spermicide	– bonne si utilisé avec un diaphragme ou un condom	– protection contre les MST – facile à utiliser – en vente libre et peu coûteux	– réaction allergique pouvant provoquer l'irritation du pénis et du vagin
Stérilet	99 %	– peu coûteux – utilisé par les femmes qui ne veulent pas prendre la pilule – ne nuit pas à l'allaitement – pas d'obligation quotidienne	– possibilité de saignements menstruels abondants – anémie – allergie au cuivre
Diaphragme	80 %, si utilisé avec un spermicide	– peu coûteux – efficacité immédiate après insertion	– allergie au latex ou à la crème ou la gelée spermicide – douleurs pelviennes si mal placé
Pilules contraceptives	– si prise correcte, 99 %	– diminue les crampes menstruelles et les saignements – régularise le cycle menstruel	– obligation quotidienne – saignement entre les règles – enflures, rétention d'eau – maux de tête – douleurs aux seins
Pilules contraceptives d'urgence (PCU) (Levonorgestrel)	– importante si la PCU est prise le plus tôt possible après la relation sexuelle non protégée	– prévention d'une grossesse non désirée	– nausées, vomissements – diarrhées, maux d'estomac – sensibilité des seins – changements menstruels reliés à la prise d'hormones

porté par les vaisseaux sanguins et peut aussi traverser les parois, se retrouver dans les cellules sécrétrices de lait et être transmis à l'enfant. **c.** Le risque de transmission du VIH au cours de l'allaitement est de 5 à 20 %.

6 H1 : le VIH ne parvient pas à s'introduire dans les lymphocytes. H2 : le VIH s'introduit dans les lymphocytes mais ne parvient pas à s'y multiplier et à les détruire.

Chapitre 9 p. 215

1 Voir tableau ci-dessus.

2 **a.** Remédier à la stérilité. **b.** En dernière instance lorsque la procréation médicalement assistée à l'intérieur du couple reste un échec. **c.** Elle réglemente les procréations médicalement assistées et évite toute dérive et tout abus.

3 **Don du sang** **a.** Il permet de savoir si le donneur n'a pas été récemment contaminé par le sida ou par l'hépatite. **b.** Les examens médicaux permettent de dépister les maladies transmissibles.

Don d'organe **a.** S'assurer qu'il a laissé de son vivant une autorisation de prélèvement d'organe, ou que la famille est d'accord. **b.** Pour comparer les antigènes du donneur à ceux du receveur.

4 Les enfants issus de ces ovules seraient pour elle des demi-frères ou demi-sœurs. Psychologiquement, elle peut aussi avoir du mal à accepter que les ovules de sa mère soient fécondés par le sperme de son mari.

Chapitre 10 p. 217

1 **a.** Consommation d'aliments variés adaptée aux besoins de matière et d'énergie d'un organisme. **b.** Maladies du fonctionnement du cœur et des vaisseaux sanguins.

2 Protecteurs : fruits, légumes, féculents, produits à base de grains entiers, céréales, légumineuses, fruits secs. Nocifs : viandes rouges en excès, charcuteries, sel, aliments conservés par salaison, plats riches en graisses et sucres.

3 **a.** Normal chez l'adulte. Supérieur ou égal à 25, cela indique une surcharge pondérale.

b. État présenté par un individu ayant une prise de poids importante et une activité physique réduite à nulle. L'individu obèse consomme plus d'énergie qu'il n'en dépense. **c.** On mesure l'obésité en calculant l'IMC.

$$IMC = \frac{\text{poids (kg)}}{\text{taille}^2}.$$

Ex. : un adulte qui mesure 1,68 m et pèse 70 kg aura un IMC de 24,82. Pour un IMC $\geqslant 30$, l'individu est obèse. En prenant le tour de taille juste au-dessus des hanches après une excrétion. Un tour de taille $\geqslant 88$ cm correspond à un risque élevé. Chez la femme et chez l'homme, c'est à partir d'une valeur $\geqslant 102$ cm. **d.** On n'a pas encore totalement élucidé les mécanismes expliquant le lien entre risque de cancer et obésité. Des études scientifiques ont montré que les cellules graisseuses sécrètent en continu un grand nombre d'hormones, de facteurs de croissance dans le sang et cela en plus grande quantité que chez les individus ayant un poids optimal. Comme ce phénomène favorise une croissance et une division plus rapides des cellules, cela augmente le risque de développer certains types de cancers (foie, rein, colon, col de l'utérus, vésicule biliaire, pancréas, sein, ovaire, endomètre). L'individu obèse ou en surcharge pondérale serait susceptible d'être l'objet d'un plus grand risque de mutations déclenchant le développement de cancers. **e.** Il faut avoir une alimentation équilibrée, consommer 5 fruits et légumes par jour, réduire la consommation de graisses et de sucres, adopter un mode de vie actif, faire du sport, réduire la sédentarité afin de dépenser une partie de l'énergie consommée.

4 Comme il y a trop de lipides dans la répartition A, c'est la répartition B la plus équilibrée.

5 a. Les facteurs chimiques (ex. : pesticides, dioxine), les facteurs physiques (ex. : rayonnements ionisants, radiation UV) et les facteurs biologiques (ex : virus, bactéries). b. En infectant les cellules saines, celles-ci peuvent se transformer en cellules anormales se divisant à l'infini et évoluer en cellules cancéreuses au bout de plusieurs années.

6 a. Des virus de la famille des papillomavirus. b. Par le frottis cervico-vaginal et par un test HPV (Human Papilloma Virus). c. Par contact intime génital ou par rapport sexuel. d. Chez les adolescentes, le vaccin contre le HPV doit être administré avant le 1er rapport sexuel.

Chapitre 11 p. 219

1 a. Zone contenant d'anciens dépôts de déchets ou d'infiltrations de substances dangereuses et présentant une pollution constituant un risque pérenne pour les personnes ou l'environnement. b. Pesticides, herbicides, stockages d'hydrocarbures, décharges mal gérées, métaux lourds. c. Allergies respiratoires, cutanées, cancers.

2 a. La biodégradation, le bio-venting, la phytoremédiation, l'atténuation naturelle contrôlée. b. Elles participent à former des molécules simples et naturelles (O_2, CO_2, H_2O...) qui sont intégrées ensuite dans le sol ou l'air. c. Toxiques pour l'organisme.

3 Comme le phytoplancton ne peut pas produire de matière organique au cours de la photosynthèse (pas de lumière), le zooplancton végétarien ne peut pas se nourrir, le zooplancton carnivore et les poissons mangeurs de plancton non plus. En bout de chaîne, les 2,5 kg de poissons carnivores ne sont pas produits pour la consommation humaine à cause de la grosse perturbation causée par cette pollution massive.

4 a. Connaître de manière précise les effets de polluants sur la faune et la flore des écosystèmes aquatiques. b. Il permet de mieux apprécier l'impact réel des rejets dans les eaux des rivières.

Chapitre 12 p. 221

1 a. Parmi quelques 100 000 molécules organiques inventées par l'Homme et répertoriées, les plus dangereuses d'entre elles, toxiques et très peu dégradables, se sont accumulées dans les organismes. Elles sont à l'origine de perturbations de la reproduction sexuée. On pense aujourd'hui que plusieurs centaines de molécules industrielles perturbent les systèmes endocriniens et dérèglent l'action d'hormones intervenant dans la reproduction des êtres vivants. Ces substances augmentent la proportion de mâles chez certains poissons ou, comme le tributylétain (tBt) des peintures antifouling déclenchent l'apparition d'un pénis chez les bigorneaux femelles qui sont ainsi rendus stériles. b. Certaines espèces devenues stériles, ne pouvant pas se reproduire, disparaissent. Tous ces produits chimiques rejetés par l'homme constituent donc un grand danger pour la diversité des espèces.

2 a. Cet ion agit sur la Caulerpe comme un algicide et la détruit rapidement. b. Le cuivre (substance tuant l'algue) : un métal lourd toxique pour les animaux et les plantes si certaines doses seuils sont dépassées.

3 a. Cette aquaculture consomme en fait plus de poissons qu'elle n'en produit et risque d'épuiser les ressources halieutiques. b. Pour produire 1 kg de poissons d'élevage, il faudrait diminuer la consommation de protéines et de lipides d'origine animale, concevoir de nouveaux aliments, tester l'élevage de nouvelles espèces, améliorer par sélection celles qui sont déjà domestiquées. c. Cela permet de mieux prévoir les effets des variations de l'environnement et des activités de l'homme sur les ressources halieutiques. d. À court terme : diminution de la biomasse et de la biodiversité. À long terme : forte diminution de la biomasse et de la biodiversité. La biomasse pêchée est fortement réduite.

Chapitre 13 p. 223

1 a. La chaleur de la Terre, le vent et le soleil. b. Énergie constituée et stockée dans les sous-sols il y a des millions d'années. c. Gaz naturel, pétrole et charbon sont des énergies fossiles. d. Elles sont non polluantes et se renouvellent assez rapidement pour qu'on puisse les considérer comme inépuisables à l'échelle des temps humaine.

2 a.

Avantages	Inconvénients
– fournit des quantités massives d'électricité à bon marché tout en gardant l'atmosphère propre – renforce les chances d'éviter à la planète un bouleversement climatique aux conséquences graves	– rejets radioactifs – transport des déchets nucléaires – stockage des déchets nucléaires – risque d'irradiation

b. L'usage d'énergies fossiles polluantes est diminué, les réserves d'énergies fossiles sont moins sollicitées, l'indépendance énergétique est augmentée et de nouveaux emplois dans l'industrie sont créés. c. Ils permettent une utilisation accrue des énergies renouvelables, une décentralisation de la production et participent à la maîtrise des consommations d'énergie.

3 a. Réchauffement de la planète par le phénomène de l'effet de serre. b. Les catastrophes de grande envergure comme les marées noires, les fuites radioactives, les explosions de gazoducs. c. Si ces pays en voie de développement utilisaient de l'énergie fossile, ils auraient à faire face à un surcoût important et seraient dépendants en matière d'énergie. Le fait d'utiliser des énergies renouvelables permet une meilleure gestion des ressources et crée de nouveaux emplois. d. Limiter la combustion de matériaux d'origine fossile. Augmenter l'utilisation des énergies renouvelables. Augmenter l'utilisation de l'énergie nucléaire.

4 a. L'énergie obtenue par désintégration des roches situées en profondeur dans le manteau terrestre. b. C'est l'extraction de l'énergie contenue dans le sol pour l'utiliser sous forme d'électricité et de chauffage. c. Certaines pompes à chaleur prélèvent l'énergie à partir de la chaleur de l'air, ce sont les pompes à chaleur aérothermique. D'autres utilisent la chaleur du sol, ce sont les pompes à chaleur géothermique. d. Utiliser de l'énergie gratuite de l'environnement en le préservant. e. Grâce au rayonnement solaire.

Physique-Chimie

Chapitre 1 p. 225

1 Les métaux sont conducteurs, ils s'oxydent et sont plus denses que l'eau.
2 a. Les métaux sont malléables, les objets en métal pur peuvent se déformer. b. Le fer s'oxyde à froid : il rouille. Les ustensiles de cuisine sont donc fabriqués en alliages de fer qui sont inoxydables.
3 a. fer b. oxygène c. argent.
4 a. Vrai. b. Faux, les alliages utilisés actuellement ne comportent plus de danger. c. Faux, tous les métaux ne sont pas attirés par un aimant. d. Vrai. e. Faux, le graphite est en carbone et conduit le courant. f. Vrai.
5 a. C'est un métal, il conduit le courant. b. Il conduit le courant électrique. c. Très résistant. d. Léger et résistant.
6 a. Le silicium, l'aluminium et le fer.
b. m (Al) = (8/100) × m (Terre) = 0,08 × 5,98.10^{24} = 4,8.10^{23} kg.
7 a. Vérifier que l'acier de la marmite contient au moins 10,5 % de chrome et moins de 1,2 % de carbone. % chrome = (104 / 800) × 100 = 13 %; % carbone = (8 / 800) × 100 = 1 %. La marmite est donc en acier inoxydable. b. % Fe = 100 − 13 − 1 = 86 %. c. m(Fe) = (86 / 100) × m(marmite) = 0,86 × 800 = 688 g. d. Une marmite doit être chauffée et contenir des aliments, donc pas être fabriquée avec une matière qui s'oxyde. C'est le cas de l'acier inoxydable.

Chapitre 2 p. 227

1 Un atome est constitué d'un noyau (+) et d'électrons (−) qui lui gravitent autour.
2 a. neutre b. déplacement d'électrons c. les cations/les anions d. anion e. positive.
3 a. Faux, autant de charges positives que d'électron. b. Vrai. c. Faux, autant de charges positives que négatives. d. Faux, vers la cathode. e. Vrai.
4 a. SO_4^{2-} est un anion et une solution est neutre. Fe^{2+}. b. L'ion sulfate est constitué de 5 atomes. Il a gagné 2 électrons. c. (Fe^{2+} + SO_4^{2-}).
5 a. L'atome de cuivre possède 29 électrons car un atome contient autant d'électrons que de charges positives données par Z, le numéro atomique. b. L'atome de cuivre perd 2 électrons pour donner l'ion Cu^{2+}. Cet ion possède 27 électrons mais toujours 29 charges positives.
6 a. La solution contient des ions. Elle conduit le courant électrique. b. L'anode est liée à la borne + du générateur (à gauche) et la cathode à la borne − (à droite). c. Les anions vont vers l'anode et les cations vers la cathode. d. Les électrons vont de la borne − du générateur vers la borne + (pas d'électrons dans l'eau ! juste dans les fils).
7 a. Voir schéma (p. 37). b. L'ion chlorure : Cl^- est l'anion. L'ion cuivre II : Cu^{2+} est le cation. c. Voir schéma (p. 37).
d. (Cu^{2+} + 2 Cl^-).

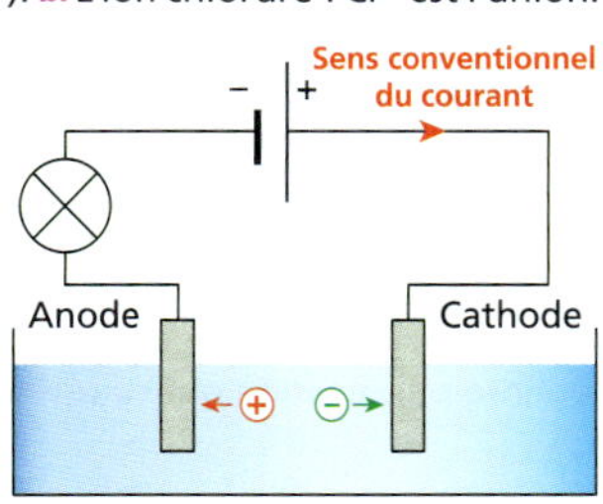

Chapitre 3 p. 229

1 À l'aide d'un papier pH ou un pH-mètre.
2 Unité; 0 et 14; acide; pH > 7; neutre; pH = 7.
3 a. Ion sodium : Na^+. b. Ion hydroxyde : OH^-. c. (Na^+ + OH^-).
4 a. Faux, le précipité est blanc. b. Vrai. c. Vrai. d. Faux, son pH diminue.
5 La solution est basique.
6 a. Acide. b. Il est supérieur à 2. c. Elle augmente.
7 a. B, G, H. b. A, D, E, F. c. F. d. B.
8 a. Il affirme la présence des ions chlorure dans les deux solutions. b. Flacon 1 : ion fer III (Fe^{3+}). Flacon 2 : ion fer II (Fe^{2+}). c. Une solution de chlorure de fer III : (Fe^{3+} + 3 Cl^-). d. Une solution de chlorure de fer II : (Fe^{2+} + 2 Cl^-).

Chapitre 4 p. 231

1 a. ne réagit pas b. dihydrogène c. ne réagissent pas d. inférieur.
2 a. Faux, précipité vert. b. Faux, Cl^- ne réagit pas. c. Faux, le pH augmente. d. Vrai.
3 Réaction chimique car les réactifs se transforment en d'autres espèces chimiques. Or lors d'un changement d'état, les espèces chimiques restent intactes, elles changent juste d'état (solide, liquide, gaz).
4 a. Cl^- et H^+. b. L'ion H^+. c. Que les réactifs H^+ et le fer disparaissent. d. Les ions H^+ disparaissent, le milieu est donc de moins en moins acide.
5 a. Le dihydrogène : en approchant une flamme de l'éprouvette, on entend une détonation. b. Si les ions H^+ disparaissent, le pH diminue. On mesure le pH de la solution du ballon. c. Réactifs : le métal fer Fe et les ions H^+ de l'acide chlorhydrique. Produits : les ions Fe^{2+} et le dihydrogène H_2. d. Acide chlorhydrique + métal fer → ions fer II + dihydrogène gazeux.
6 a. Oui car la solution est encore acide; son pH = 4. b. Elle contient des ions Fe^{2+} produits de la transformation du fer, des ions Cl^- provenant de l'acide qui n'ont pas réagi, et des ions H^+ restants qui n'ont pas réagi. c. Il y a deux ions Cl^- pour chaque ion Fe^{2+}. d. Formule (Fe^{2+} + 2 Cl^-) e. C'est l'ion Cl^- car il ne participe pas à la réaction.

Chapitre 5 p. 233

1 a. réactifs / produits b. chimique / électrique c. réactifs d. de la chaleur.
2 a. Faux, une lame de zinc et une en cuivre. b. Vrai. c. Faux, stocke de l'énergie électrique. d. Faux, réactifs différents.
3 a. Le zinc se couvre de métal de cuivre et la solution devient de moins en moins bleue. b. L'ion Cu^{2+} capte deux électrons pour se transformer en Cu. c. Les atomes de zinc perdent deux électrons pour se transformer en ions Zn^{2+}. d. Métal zinc + solution de sulfate de cuivre → ion zinc + métal cuivre.
4 a. L'électrode en Cu est relié au « COM ». C'est la borne + de la pile mais le voltmètre est branché à l'envers et indique une tension négative. b. Voir schéma. c. Les ions Cu^{2+} bleus disparaissent dans la réaction ayant lieu dans une pile. d. Réactifs : ions Cu^{2+} et métal Zn; produits : ions Zn^{2+} et métal Cu. e. Métal zinc + ions cuivre → ions zinc + métal cuivre.

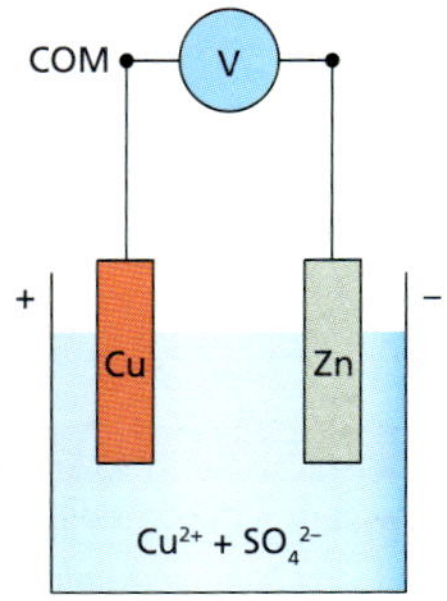

5 **a.** Sinon, les électrons qui doivent circuler par ces électrodes et à l'extérieur de la pile, circuleront à l'intérieur de celle-ci : ce n'est plus une pile. **b.** La borne + est la cathode en graphite car par analogie avec une pile simple, la borne − est en zinc. **c.** Borne + en haut et borne − en bas. **d.** Les ions doivent se déplacer entre les électrodes pour qu'une réaction chimique se produise et que la pile fonctionne. L'électrolyte assure cette liaison. **e.** Une pile est « sèche » et ne doit pas contenir un liquide pour être pratique : on gélifie l'électrolyte liquide.

Chapitre 6 p. 235

1 **a.** transformation chimique **b.** les consignes de sécurité/le protocole **c.** hotte **d.** relargage **e.** réfrigérant à boules.

2 Il condense les vapeurs issues de l'ébullition pour éviter les pertes.

3 Lors d'une synthèse, les réactifs subissent une transformation chimique pour donner des produits.

4 **a.** et **b.** Voir schéma. **c.** Condensation. **d.** La soude concentrée. **e.** Le mélange est hétérogène. **f.** Il faut relarguer et filtrer sous vide.

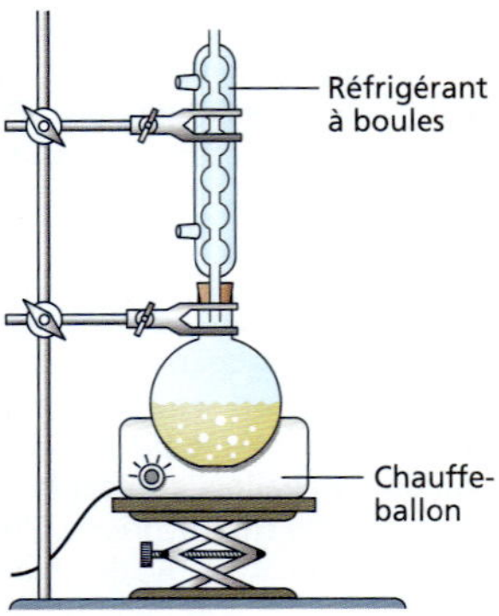

5 **a.** Voir schéma du cours sur la saponification. **b.** Le chauffage accélère la vitesse de la réaction. **c.** Elles régulent l'ébullition. **d.** On ne peut pas chauffer un ballon fermé (risque d'explosion). **e.** Acide acétique, eau et acétate de linalyle. **f.** Linanol + anhydride acétique → acétate de linalyle. **g.** Port des gants et des lunettes; manipulation sous la hotte.

Chapitre 7 p. 237

1 **a.** convertisseur **b.** pétrole/charbon/non renouvelables **c.** la turbine/l'alternateur **d.** réaction nucléaire.

2 Ces énergies sont inépuisables.

3 Les centrales thermiques (charbon, fioul, gaz naturel); les centrales nucléaires (uranium 235); les centrales hydroélectriques (eau); les centrales à éolienne (vent).

4 **a.** Il y a 2 convertisseurs : l'ensemble chaudière + vapeur et l'ensemble turbine + alternateur. **b.** Ensemble chaudière + vapeur : convertit l'énergie chimique de combustion en énergie thermique. Ensemble turbine + alternateur : convertit l'énergie mécanique en énergie électrique. **c.** $P_1 = 550 - 320 = 230$ MW; $P_2 = 320 - 250 = 70$ MW. **d.** L'énergie se perd sous forme de chaleur. **e.** La source primaire est le fioul. Elle n'est pas renouvelable.

5 • le rendement r_1 de l'ensemble chaudière + vapeur : $r_1 = (320 / 550) \times 100 = 58$ %;
• le rendement r_2 de l'ensemble turbine + alternateur : $r_2 = (250 / 320) \times 100 = 78$ %.

Chapitre 8 p. 239

1 **a.** La turbine **b.** alternative **c.** tourne/apparaît/l'induction; **d.** une bobine/un aimant/le stator/le rotor.

2 **a.** Le déplacement d'un aimant près d'une bobine fait apparaître un courant dans celle-ci. **b.** Le rotor (ou l'aimant).

3 **a.** Un aimant perd son aimantation au cours du temps. **b.** On branche les bornes d'une bobine à une pile et on approche une plaque de fer à la bobine : celle-ci sera attirée. **c.** Oui, car un courant traverse le fil de la bobine : le courant électrique dans un fil résulte d'un mouvement d'ensemble d'électrons. **d.** À l'inverse du phénomène d'induction, lorsqu'un courant électrique traverse la bobine, les électrons se mettent en mouvement. Ceci crée un champ magnétique dans la bobine : elle s'aimante.

4 **a.** L'eau est une source renouvelable.
b. $P_{emportée} = (2,5 - 2,1 - 0,170) \times 10^3 = 0,23.10^3$ MW.
c. Un seul : turbine + alternateur.
d. $r = (P_{électrique} / P_{reçue}) \times 100 = 84$ %.

Chapitre 9 p. 241

1 **a.** valeur/ constante **b.** U_{max}/valeur maximale **c.** périodique/période **d.** T/motif élémentaire; **e.** variable/positives/négatives.

2 De gauche à droite. 1er schéma : DEL éteinte; 2e schéma : DEL allumée; 3e schéma : DEL du haut allumée.

3 De gauche à droite. Schéma 1 : périodique; schéma 2 : continue; schéma 3 : alternative et périodique; schéma 4 : alternative et périodique.

4 **a.** Oui, car elle prend des valeurs positives et négatives successivement. **b.** Oui, car elle possède un motif élémentaire qui se répète. **c.** $U_{max} = 12$ V. **d.** On surligne un motif (de 0 à 10 s). $T = 10$ s.

5 **a.**

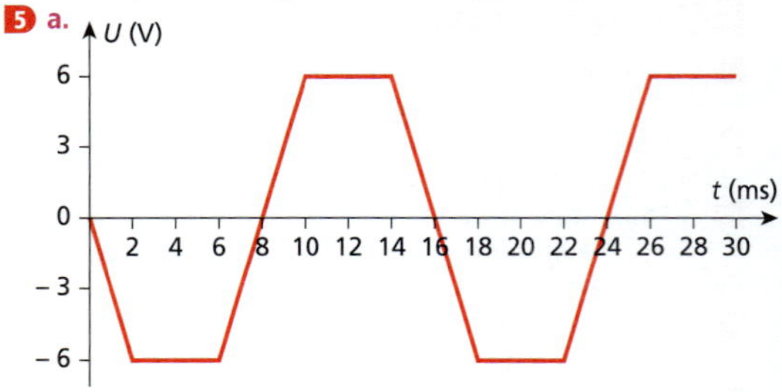

b. Non, car sa valeur varie au cours du temps : le graphique n'est pas une droite parallèle à l'axe des x. **c.** Amplitude : $U_{max} = 6$ V et période : $T = 16$ ms $= 1,6.10^{-2}$ s.

6 **a.**

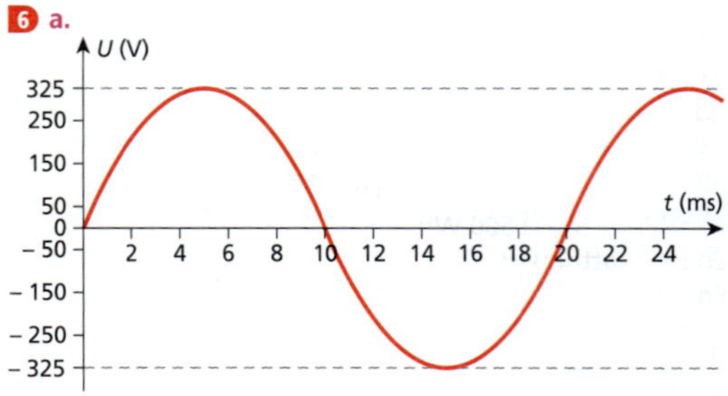

b. Pendant une période, la tension s'annule 2 fois, donc la lampe s'éteint 2 fois par période de 20 ms. Dans une seconde, il y a $1/(20.10^{-3}) = 0,5.10^2 = 50$ périodes. La lampe s'éteindra donc $2 \times 50 = 100$ fois. **c.** L'œil ne peut pas voir la lampe clignoter. La rétine n'enregistre que 20 images par seconde, or il y a 100 images de la lampe éteinte par seconde que la rétine ne peut séparer.

Chapitre 10 p. 243

1 a. V (volt) b. Hz (hertz) c. s (seconde) d. V (volt).

2 Oscilloscope → Tension maximale
Voltmètre → Tension efficace
Fréquencemètre → Fréquence
Ampèremètre → Période

3 a. 1,5 kHz. b. 0,03 s. c. 0,4 V. d. 5.10^{-5} s. e. 0,5 MHz. f. 64 ms. e. 0,8 kV.

4 a. Juste. b. $U_{max} = U_{eff} \times \sqrt{2}$. c. Juste. d. $f = 1/T$. e. $U_{eff} = U_{max} / \sqrt{2}$.

5 a. Le second oscillogramme à partir de la gauche représente une tension alternative et sinusoïdale.

b.

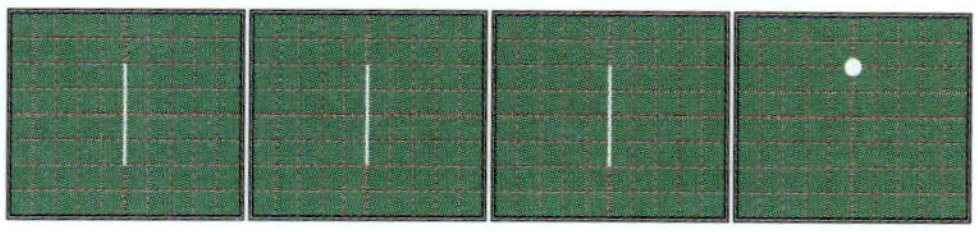

6 a. $f = 1/T = 1/5.10^{-5} = 20\ 000$ Hz $= 20$ kHz. b. $T = 1/f = 1/40 = 0{,}025$ s. c. $U_{eff} = U_{max}/\sqrt{2} = 24/\sqrt{2} = 17$ V. d. $U_{max} = U_{eff} \times \sqrt{2} = 12 \times \sqrt{2} = 17$ V. e. $f = 1/T = 1/0{,}020 = 50$ Hz.

7 a. $U_{max} = C \times 2 = 10 \times 2 = 20$ V. b. Oui, car elle change de signe : elle devient négative et positive alternativement. c. Oui, car elle se répète identiquement à elle-même après une période T. d. $T = B \times 3 = 5 \times 3 = 15$ ms $= 0{,}015$ s. e. $f = 1/T = 1/0{,}015 = 67$ Hz. f. Le voltmètre donne U_{eff} : $U_{eff} = U_{max}/\sqrt{2} = 20/\sqrt{2} = 14$ V. g. C = 20 V/division et la tension mesurée est de 20 V. La sinusoïde s'étend donc sur 1 seule division (1 vers le haut et 1 vers le bas).

Chapitre 11 p. 245

1 Les caractéristiques nominales de l'appareil.

2 a. P = puissance ; U = tension ; I = intensité.

b. watt; volt; ampère. c. Oui, mais en courant alternatif, elle est applicable aux appareils ne comportant que des résistances.

3 $P = U.I = 230 \times 6{,}5 = 1495$ W.

4 $I = \frac{P}{U} = \frac{1500}{230} = 6{,}5$ A.

5 a. Elle est égale à la somme des puissances reçues par les appareils en fonctionnement.
$P = 1200 — + 100 + 2500 = 3800$ W ou 3,8 kW

b. $I_{eff} = \frac{P}{U_{eff}} = \frac{3800}{230} = 16{,}5$ A

6 a. $E = P \times t$. b. – Si P est en kW et t en h, alors E est en kWh (kilowattheure). Si P est en W et t en s, alors E est en J (joules).

7 a. $P = 500$ W $= 0{,}5$ kW; $t = 3$ h $= 10\,800$ s
énergie consommée en wattheures :
$E = 500 \times 3 = 1500$ Wh.
En kilowattheures : $E = 0{,}5 \times 3 = 1{,}5$ kWh.
En joules : $E = 500 \times 10800 = 5400000$ J
ou $5{,}4 \cdot 10^6$ J.

b. Elle est transformée en lumière et en chaleur.

8 a. Le compteur électrique. b. $P = 3800$ W ou 3,8 kW; $t = 1{,}5$ h ou 5400 s → énergie consommée en :
– joules : $E = 3800 \times 5400 = 20520000$ J
soit $\approx 2 \cdot 10^7$ J.
– kilowattheures : $E = 3{,}8 \times 1{,}5 = 5{,}7$ kWh

c. coût : $5{,}7 \times 0{,}1 = 0{,}57$ euros.

9 Pour choisir la section de fil adaptée, il faut calculer l'intensité qui traverse chaque appareil en faisant $I = \frac{P}{U}$.

– fer à repasser $I = \frac{2000}{230} = 8{,}7$ A
→ section 1,5 mm²

– four $I = \frac{2800}{230} = 12{,}2$ A
→ section 2,5 mm²

– plaque de cuisson $I = \frac{5500}{230} = 23{,}9$ A
→ section 4 mm²

10 $P = U \times I = 230 \times 4{,}35 = 1000$ W. $E = P \times t = 1000 \times 10 = 10000$ Wh $= 10$ kWh. Le coût sera de $10 \times 0{,}10 = 1$ €.

Chapitre 12 p. 247

1 Interaction entre le Soleil et les planètes du système solaire et l'interaction entre la Terre et la Lune par exemple.

2 a. interaction b. égales c. augmente d. forces attractives e. très grandes.

3 a. Vrai. b. Faux, les deux s'attirent. c. Vrai. d. Faux, les deux forces sont identiques. e. Faux, les aimants peuvent se repousser tandis que l'interaction gravitationnelle est seulement attractive.

4 Oui, deux aimants sont en interaction électromagnétique par exemple.

5 b. c. d.

6 1. $F_1 = F_2$. 2. a. Oui, tant que les corps possèdent une masse et ce n'est pas négligeable tant qu'ils ne sont pas très loin l'un de l'autre. b. Oui, le cube peut être en interaction gravitationnelle avec plusieurs corps. c. Oui, il existe une interaction de contact entre ces deux cubes de fait qu'ils sont en contact.

Chapitre 13 p. 249

1 a. La masse/ne varie pas b. un dynamomètre/newton c. P = m.g/l'intensité de la pesanteur d. change / masse.

2 a. m = P/g; les deux autres formules sont justes. b. Newton : N. c. Kilogramme : kg. d. g est l'intensité de la pesanteur. Elle s'exprime en N/kg.

3 a. La masse reste constante. b. $P_T = m.g_{Terre} = 80 \times 9{,}8 = 784$ N; $P_L = m.g_{Lune} = 80 \times 1{,}6 = 128$ N.

4 b. et c. sont justes.

5 a. Il faut prolonger la direction du fil : en rouge sur le schéma.

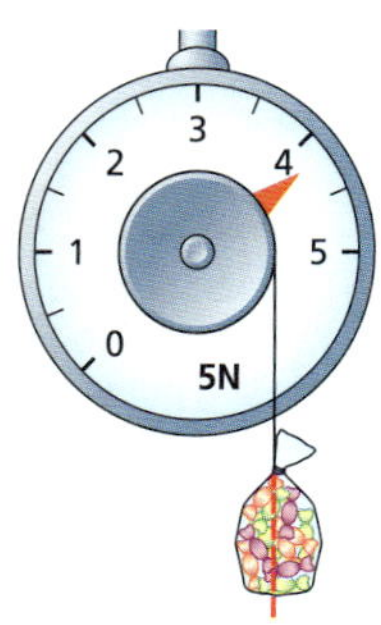

b. P = m.g ↔ m = P/g = 4,2/10 = 0,42 kg. c. m = 420 g.

6 a. $P_T = m \,.\, g_{Terre} \leftrightarrow m = P_T/g$ Terre = 1176 / 9,8 = 120 kg.
b. La masse ne change pas avec la planète. C'est la quantité de matière qui constitue la sonde, elle est constante. c. Le poids diminue lorsque l'on s'éloigne d'une planète pour finir par s'annuler dans l'espace. Le poids de la sonde est nul à mi-chemin. d. P = m.g ↔ g = P/m = 444 / 120 = 3,7 N/ kg. Le tableau nous indique qu'il s'agit de g sur la planète Mars.

7 a.

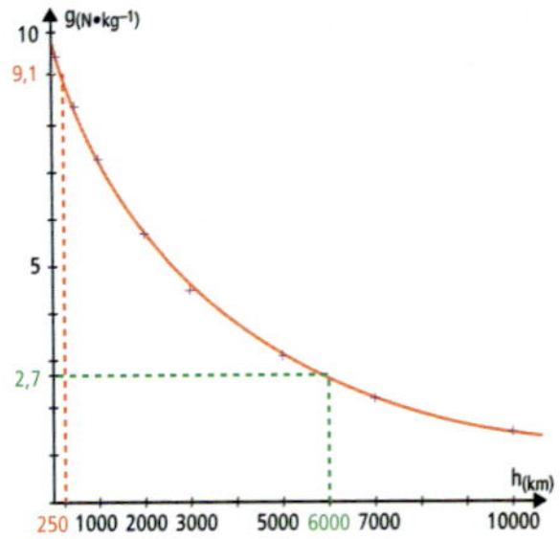

b. À 250 km d'altitude : $g = 9{,}1 N•kg^{-1}$.

c. La trajectoire est une courbe : en rouge.

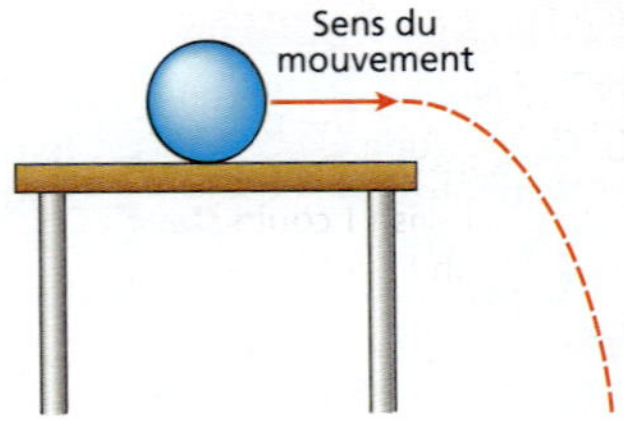

Chapitre 14 p. 251

1 Cette somme représente une énergie et s'exprime en joules.
2 a. $Ec = ½.m.V^2$. b. E_c est l'énergie cinétique ou de mouvement ; m est la masse; V est la vitesse. c. E_c en joule; m en kg; V en $m.s^{-1}$.
3 a. hauteur h / la masse / hauteur h. b. E_P augmente car la hauteur augmente.
4 b. et d.
5 Cocher b. c. et e.
6 a. Elle subit son poids et tombe. Elle ne peut pas continuer son mouvement en ligne droite. b. Avec la Terre et la table.

7 $E_c = ½.m.V^2 \leftrightarrow V = \sqrt{2 . E_c/m} = 283 m.s^{-1}$.
8 a. V = d / t. On convertit la vitesse en $m.s^{-1}$: $V = 100 / \frac{3600}{1000} = 27{,}8 m.s^{-1}$. $d = V \times t = 27{,}8 \times (5 \times 60) = 8340$ m. b. $E_c = ½.m.V^2 = 0{,}5 \times 1200 \times (27{,}8)^2 = 4{,}6 \times 10^5$ J. c. $V = \sqrt{2 . E_c/m} = 9{,}6 m.s^{-1} = 45{,}5 km.h^{-1}$.
9 a. $V_1 = 45 / 3{,}6 = 12{,}5 m.s^{-1}$ et $V_2 = 90 / 3{,}6 = 25 m.s^{-1}$. b. Le temps de réaction étant de 1 s, on a $D_{R1} = 12{,}5$ m et $D_{R2} = 25$ m. c. D_F est proportionnelle à V^2. d. $V_2 = 2 \times V_1$ donc $D_{F2} = 2^2 x D_{F1} = 4 \times D_{F1} = 4 \times 13 = 52$ m. e. $D_{A1} = D_{R1} + D_{F1} = 12{,}5 + 13 = 25{,}5$ m. $D_{A2} = D_{R2} + D_{F2} = 52 + 25 = 77$ m (on remarque que $D_{A2} \neq 2 \times D_{A1}$ mais bien plus).

Anglais

Chapitre 1 p. 253

1 a. enjoys. b. are boarding. c. knows. d. drives. e. is crossing. f. works.
2 a. does b. is c. do d. is e. are.
3 a. better than b. more expensive than c. prettier than.
4 a. the most expensive b. the longest c. the most popular and the nicest d. the best.
5 a. he/her b. they /them c. he (she)/ us.
6 If I were you I would buy it. It really suits you, you should buy it. This is the last one in the shop you'd better get it. I advise you to take it the colour suits you. If you follow my advice you'll buy it now.
8 a. graduated b. taking an exam c. failed d. educated e. bad at.

Chapitre 2 p. 255

1 a. What did you see last year? b. How often do you go to London? c. How long is the river? d. How many eggs did/do you put in this omelette? e. Whose car is it? f. What will you take a taxi for?
2 a. who b. how often c. how far d. which e. how long.
3 a. ...what time it is. b. ...where she went. c. ...why you are so sad. d. ...how much you will spend.
4 a. What is he sitting on? b. What does it depend on? c. Who is he talking to? d. Who do you work with? e. What is she writing with?
5 I can't believe my eyes! How could you do this! We'll never forgive you! Don't you ever do this again! What a shame! Couldn't you clean a little? It's the dirtiest house I've ever seen!
7 life/alive – to die/dead – to be sick/sick – to feel (have) pain/pain – to be disabled/disabled.

Chapitre 3 p. 257

1 a. went/haven't seen b. called/was cooking c. was playing/was planting d. couldn't/ was e. built f. was sleeping/jumped/scared.
2 b. she was having breakfast c. she was driving to work d. she was working e. she was having dinner
3 a. farmer b. teacher c. bank manager.
4 This document is an oil painting by Van Gogh (1888). The painting belongs to the impressionnist period. It represents his bedroom and its furniture.The colours are vivid. The setting is bare. What is striking is the simplicity of the place which conveys peace and rest. In the upper part the colours are blue, the blue of the walls. In the lower part the colour is brown, the brown of the floor. On the right, we can see the bed and a few paintings on the wall; on the left a wooden chair and a towel hanging on a nail, in the background a green window, a wooden table and a small chair next to the bed. The painter enhances the simplicity of his bedroom.

Chapitre 4 p. 259

1 a. takes b. is taking c. is coming d. opens.
2 a. will tell/I see b. have/will paint c. will call/finishes.
3 a. will call b. he'll do it c. she's travelling.
4 a. Shall I call the doctor? b. Shall I cook dinner? c. Shall I buy it?
5 I wish I had married him! If only he had come to church that day! What a pity I never had children! If I had known I would have married the other man!
7 a. unleaded b. oil slick c. deforestation d. endangered species.

Chapitre 5 p. 261

1 a. could b. will she succeed c. see d. were.
2 a. If you slept earlier you would wake up in the mor-

ning. b. She wouldn't eat chocolate all day if she didn't feel sad. c. If Paul had money, he would take a taxi, he wouldn't take the bus.

3 a. I wish I had more time. b. I wish I didn't live in the town. c. I wish I could sleep at Pamela's.

4 a. I wish I could see my friends at night; b. I wish my parents didn't watch me; c. I wish I could watch TV (I were allowed to watch TV); d. I wish I could make up / could wear make up.

5 a. I'd rather be at the beach (I'd rather swim, take the sun). b. I'd rather drink (have) champagne. c. I'd rather be in New-York.

6 I refuse to work overtime – I see no reason why I should work on Friday night – It's out of the question – I will never agree to work overtime.

8 to be late, one way ticket (single ticket) – arrival – confirm.

Chapitre 6 p. 263

1 a. coming b. to come c. staying d. to stay e. going f. to go.

2 a. Instead of visiting London he went to Porthmouth. b. Before leaving he called his wife. c. She is good at swimming. d. After leaving school the boys went home. e. taking a break.

3 a. 4 b. 1 c. 5 d. 3 e. 2.

4 a. It's worth trying. b. It's no use leaving too early. c. Tim can't help lying. d. Your sister can't bear (stand) taking the dog out in the evenings.

7 a. 5 b. 1 c. 4 d. 3 e. 2.

Chapitre 7 p. 265

1 a. You can't love her. b. He may come earlier. c. He must be John's cousin. d. They may have left the bag. e. He can't have done it.

2 a. must have forgotten b. can't have seen c. must have gone out d. can't have heard.

3 a. She may have fallen down. b. He can't have spent all his money. c. They must have told him the truth.

4 1c – 2c – 3a – 4d – 5e.

5 It can open the door, it can clean the floor, it can't make your bed, it can't go out, it can't cook, it can answer the phone and the door.

7 to break into ; a burglar/to mug ; a mugger/to steal; a thief/to blackmail ; a blackmailer/to forge; a forger.

Chapitre 8 p. 267

1 The street has been widened, the old library has been demolished and turned into a car-park which was built in 1985; two new shops have been built, the Town hall and the church have been moved, a supermarket was added in 1990.

2 a. The police arrested him. b. They are building a bridge. c. Ken has broken the window. d. They (he, she, we) will paint the door soon. e. Ben gave flowers to Helen.

3 a. Dinner is served at 7. b. You will be written to. c. I was given your phone number. d. He is called Jimmy.

4 John was given a tennis racket, a tennis racket was given to him. Joan was offered a cook book, a cook book was offered to her. Jessica was given a ring, a ring was given to her. Jason was offered a bike ; a bike was offered to him.

5 I prefer to go to the disco, I'd rather dance, I'd rather go to the disco ; I feel like dancing, I don't wish to go to the theatre.

7 a. ads (advertisements). b. subtitles. c. commercial. d. musical. e. advertising.

Chapitre 9 p. 269

1 Jeffrey asked how old she was.
Stephanie said she was 22.
Jeffrey asked what she did.
Stephanie said she was a student.
Jeffrey asked what she studied.
Stephanie said she studied history.
Jeffrey asked if she often travelled.
Stephanie answered that she had been in Turkey the week before.
Jeffrey asked if she had ever been to Asia.
Stephanie answered that she would love to.

2 those, there, then, that day, the day before (the previous day), the following day (the day after, the next day), that week, the week before, the following month.

3 Mr Jan Pedross said he couldn't deliver the new photocopier, he would call later.
Jorge said he had forgotten the meeting.
Your mother said she was at home.
Beatriz Martin asked me to tell you that she had come to see you.
Peter Hardy said that he was optimistic about the new product and that he would sign the documents.

4 I think we all have a right and that it must be respected. As far as I am concerned I can't stand the ringing when I'm in a restaurant, it really bothers me. In my opinion it's just a respect for people, I believe we must be responsible for our own actions.

6 a. physics b. researcher c. computer d. chemistry e. experiment.

Chapitre 10 p. 271

1 a. who b. whose c. what d. which e. Ø that.

2 a. look up b. looks after c. looked around d. look for it e. looking forward f. looking back g. Look at.

3 a. throw them away b. fell off c. fill in d. taking off e. speak up f. get on g. gave up.

4 Shakespeare was a famous English poet and playwright who lived in the sixteenth century. He wrote many plays describing love, and denouncing power. He wrote comedies, tragedies and history plays.

6 a. resigned b. draw c. ran for President d. demonstration e. opinion poll.

Chapitre 11 p. 273

1 a. as soon as b. after c. while (as) d. since e. as (while) f. as long as.

2 a. 4 b. 3 c. 2 d. 1.

3 a. He loves animals whereas his brother is afraid of them. b. Although I am younger than Pamela I feel more responsible. c. While Mary was sleeping, Jane was playing with the dog. d. He left earlier in order to help his friend Jennifer. e. Let's go to the cinema even though we are tired. f. He lent me some money so that I could study in London.

4 The plane can't take off as a consequence (therefore) we'll miss our conference. We are still at the airport, it means (implies) that we'll be late. The plane can't take off which results in a delay.

6 harmless, thankful, unreliable, self-conscious, unselfish – grateful – inconsiderate – responsible – unpretentious – unreasonable – faithful.

Chapitre 12 p. 275

1 a. His hair needs cutting b. Your room needs cleaning (tidying) c. The TV set needs repairing d. Your car needs washing.

2 He wants her to clean the restaurant, he asks her to set up the tables, he tells her to wash the dishes, he orders her to peel the vegetables, he expects her to answer the phone.

3 a. He wants me to help him b. Do you want me to come earlier? c. She wants to travel alone.

4 a. smoking b. to smoke c. repairing d. to repair.

5 We must clock in and out every day. We have to wear overalls. They make us put out our cigarettes before entering the factory.

7 It was fall. I knew I was late to the movies.
I decided to hail a cab. It was getting late. Finally a truck stopped and picked me up. The driver was quite nice and gave me some candies. It was my first day of vacations, I was very relaxed and confident.But when we got there he asked me to give him some bills to buy some gas… I wish I had taken the subway instead!!!
(9 words)

Brevets blancs

Sujet 1 de Français, p. 276

Questions

1 a. La narration est à la troisième personne du singulier. Dantès raconte l'histoire, son nom est repris par le pronom personnel « il » quand il est sujet, « lui » quand il est complément.

b. Le passé simple et l'imparfait sont les temps que l'on emploie dans un récit au passé. Les verbes au passé simple *vint, regarda, dit* expriment des actions de premier plan qui se succèdent de manière ponctuelle. Le verbe « *était* sur son lit » est conjugué à l'imparfait pour insister sur le déroulement de l'action. Les deux autres verbes à l'imparfait, *semblait* et *gardait*, expriment un commentaire sur ce qui se passe.

2 On relève le champ lexical du regard avec le verbe *regarder* et le nom *œil*.

3 L'autre sens évoqué dans ce texte est celui de l'ouïe. « La nuit s'écoula sans qu'aucun bruit répondît à sa fiévreuse attente », puis « il entendit frapper trois coups à intervalles égaux ».

4 Une nuit – un sommaire – rapide.

5 La chronologie des faits : *le soir*, *pendant la nuit*, *le lendemain matin*.

6 Le verbe et son sujet ne sont pas inversés.

7 Les deux personnages décident de passer à l'action.

8 L'insertion d'un dialogue donne du rythme au récit. Il fait avancer l'action

9 *Importuner* signifie *gêner; importun* signifie *gênant, dérangeant.*

10 S'il découvre l'ouverture dans le mur, il risque de déranger leur plan d'évasion.

11 Dantès est agité car il a peur que leur stratagème soit découvert par le geôlier : « il craignait que l'émotion ne le trahît ». Il est impatient d'avoir des nouvelles de son voisin : « fiévreuse attente », dès qu'il entend du bruit, il « se précipite » vers le mur et il est soulagé de renouer la communication. Dantès, dans le dialogue, insiste sur la nécessité d'agir vite. Il conclut par une phrase exclamative. Il emploie une forme emphatique avec l'interjection « Oh oui », et une formule redondante « sans tarder » et « à l'instant même ». Le verbe *supplier* revêt une connotation très forte.

Réécriture

Je me rejetai en arrière, tandis qu'une masse de terre et de pierres détachées se précipitait dans un trou qui venait de s'ouvrir au-dessous de l'ouverture que moi-même avais faite; alors, au fond de ce trou sombre et dont je ne pouvais mesurer la profondeur, je vis paraître une tête.

Rédaction

Critères de réussite
Temps utilisés : imparfait dans les passages descriptifs et passé simple pour les actions dans la narration; présent, passé composé et futur dans les dialogues.
Narration : troisième personne du singulier.
Cohérence de l'histoire :
– fébrilité des personnages : peur de se faire prendre par les gardes. Tous leurs sens sont aux aguets.
– lieux : penser aux dispositifs de garde qui sont autant d'obstacles pour empêcher toute évasion;
– durée : une évasion doit être rapide.

Rédaction

Sujet 2
Méricourt, le 3 mars 2012
Salut !
Je sais que c'est un peu bizarre de s'écrire, alors qu'on se voit tous les jours au collège. Mais c'est qu'il n'est pas toujours facile de te parler. Et pour cause ! À l'école, tu ne discutes jamais avec personne; en dehors, tu ne sors jamais de chez toi. Pourquoi ? Je sais que tu viens d'emménager et que tu as dû quitter tout ce qui t'était familier. Cependant ça fait déjà six mois maintenant.
Je pense qu'il est temps pour toi de t'ouvrir aux autres. Tu as quatorze ans ! C'est l'âge où on doit rire, s'amuser, s'épanouir. Tu te prives de beaucoup de plaisirs en restant tout seul. N'as-tu pas envie, de temps en temps, de partager ce que tu aimes avec quelqu'un qui te ressemble ? Les parents c'est bien, mais enfin… tu sais comme moi que ce ne sont pas des amis.
Bien sûr, la solitude est nécessaire parfois. J'ai moi aussi souvent besoin de me retrouver seul quelques instants. Pourtant, je sens que je deviendrais fou si je ne me parlais qu'à moi-même. Quand tu as un problème, à qui peux-tu te confier si tu n'as créé de liens avec personne ? Comment fais-tu quand tu es malheureux ? Un ami t'apporterait son soutien, son aide, son affection. Es-tu vraiment sûr de pouvoir t'en passer ? Parce que, pardonne-moi de te dire cela, tu n'as pas toujours l'air très heureux…

Enfin peut-être que les gens de ton âge qui t'entourent ne t'intéressent pas... Si c'est ça, alors le remède est facile : fais du sport, de la musique, multiplie les activités, les rencontres, et sur les sept milliards d'êtres humains qui vivent sur terre, tu finiras bien par trouver ceux qui partagent tes goûts. Allez, un petit effort !
Voilà, j'ai fini ; tu peux dire que je me mêle de ce qui ne me regarde pas. C'est vrai, mais ça me tenait à cœur de t'en parler. Sans rancune j'espère.
À lundi au collège,
Léo

Tu dois encadrer tes arguments par deux paragraphes : une introduction (présentation du thème de la lettre) et une conclusion (bilan et formule d'adieu).
Voici le plan suivi : il faut rompre avec la solitude (thèse) pour pouvoir partager ses joies (1er argument), ses peines (2e argument) et ses passions (3e argument).

Sujet 2 de Français, p. 278

Questions

1 François, un jeune garçon de douze ans, se trouve à Valparaiso au Chili.

2 Il doit s'habituer au changement de pays (Europe – Chili), à l'internat, à se faire de nouveaux amis et à l'enseignement en espagnol.

3 Le personnage fait la distinction entre la langue écrite très normée, et la langue orale.

4 *Nous* renvoie au *je* du narrateur et à ses camarades de collège.

5 L'équipe du collège du narrateur à Valparaiso et celle d'un collège privé de Santiago dirigé par les jésuites. Les élèves du collège de Santiago viennent d'une banlieue résidentielle, ceux de Valparaiso appartiennent à un milieu social moins privilégié.

6 *Discipline, uniforme, cheveux courts, slogans à la gloire de leur institution* pour les élèves de Santiago s'opposent à *groupe disparate, en sifflotant, professeurs débonnaires, par hasard* pour les élèves de Valparaiso.

7 Les élèves et les enseignants du collège jésuite regardent ceux de Valparaiso d'une *manière un rien condescendante*, c'est-à-dire avec une bienveillance fortement mêlée de mépris. La discipline est fondamentale pour les jésuites. Le narrateur compare les élèves à des soldats avec leurs uniformes et les cheveux très courts. Ils gomment leur individualité. Ils chantent des *slogans*, le terme est connoté de manière péjorative comme s'ils étaient embrigadés.

8 *primordial* : essentiel – *disparate* : diversifié.

9 Les jésuites tiennent à donner à leurs élèves l'esprit de groupe et de compétition pour remporter la victoire. De plus, ces élèves qui viennent d'une banlieue aisée de la capitale se croient supérieurs aux élèves de milieu moins favorisé habitant en province, et leur soi-disant supériorité doit se traduire par leur victoire sportive.

10 Ce texte autobiographique se caractérise par une double énonciation. Le *je* est d'une part le protagoniste de l'histoire qui se déroule dans les années 1940 (verbes au passé). D'autre part, le *je* est le narrateur adulte qui commente ce qui s'est passé et *comprend* (verbe au présent) au moment où il écrit que les enjeux de cette rencontre sportive sont compliqués.

11 *aurais pu* est au conditionnel passé, il marque l'irréel du passé. Le narrateur regrette de ne pas avoir saisi cette occasion.

12 Le narrateur montre de grandes facultés d'adaptation : « Le premier trimestre s'écoula dans le calme. Je m'habituais à cette nouvelle vie en dehors du cadre familial. Je me débrouillais à présent en espagnol, celui qui s'apprend dans les livres et celui des cours de récréation. »
Il est sociable : « Je m'étais fait de nouveaux amis. »
Il est ouvert sur une autre culture : « y compris parmi les Sud-Américains. »
Il ne veut pas être un meneur, il est modeste : « Je gagnai ce jour-là mes titres de noblesse, et j'aurais pu devenir l'un des meneurs de la division si j'en avais eu le caractère. »

Réécriture

Nous nous habituons à cette nouvelle vie en dehors du cadre familial. Nous nous débrouillons à présent en espagnol, celui qui s'apprend dans les livres et celui des cours de récréation. Nous nous sommes fait de nouveaux amis, y compris parmi les Sud-Américains dont nous avons acquis la considération à la suite du match de football qui a opposé l'équipe du collège à celle des jésuites de Santiago.

Sujet 1 de Mathématiques, p. 280

1 a. **1/6**. En effet, $\frac{4}{3} - \frac{1}{3} \times (3 + \frac{1}{2}) =$

$\frac{4}{3} - \frac{1}{3} \times \frac{7}{2} = \frac{4}{3} - \frac{7}{6} = \frac{8}{6} - \frac{7}{6} = \mathbf{\frac{1}{6}}.$

b. **$1{,}125 \times 10^4$**. En effet, $\frac{6 \times 10^{-2} \times 15 \times 10^7}{8 \times 10^2}$;

$\frac{3 \times 15 \times 10^5}{4 \times 10^2} = \frac{45 \times 10^5}{4 \times 10^2} = \mathbf{\frac{45 \times 10^3}{4}}.$

c. **Incalculable**. En effet, la figure ne montre pas que le triangle est rectangle.

d. **1,07**. En effet, si x est le prix initial, alors l'augmentation est de $\frac{5}{100} \times x$, donc de $0{,}05x$. Le nouveau prix est alors égal à $x + 0{,}05x = (1 + 0{,}05)x = 1{,}05x$, donc le prix initial x est multiplié par 1,05.

e. **1,39.** Pour cela, et à l'aide d'une calculatrice, taper par exemple :
(37 ÷ 28 − 29 ÷ 42) ÷ (15 ÷ 33) EXE ou ENTRER ou = et lire 1.388095238.

2 **1.** b. En effet, $4x + 1 > -2x - 5$

$4x + 2x > -5 - 1$

$6x > -6$

$\frac{6x}{6} > \frac{-6}{6}$

$\mathbf{x > -1}$.

2. L'inéquation $(x - 3)^2 \geq 0$ est vérifiée pour toutes les valeurs réelles de x. En effet, **le carré d'un nombre est toujours positif ou nul**.

3. $7 - 4x < -25$

$-4x < -25 - 7$

$-4x < -32.$

Divisons les deux membres par −4 en changeant le sens de l'inéquation, d'où : $\mathbf{x \geq 8}$

3 a. $E = 9x^2 + 24x + 16 - (15x + 20 - 6x^2 - 8x)$

$= 9x^2 + 24x + 16 - (7x - 6x^2 + 20)$

$= 9x^2 + 24x + 16 - 7x + 6x^2 - 20$

$= \mathbf{15x^2 + 17x - 4}$.

b. Pour $x = -1$:

$E = 15(-1)^2 + 17(-1) - 4 = 15 - 17 - 4 = \mathbf{-6}$.

c. $(3x + 4)$ est un facteur commun, d'où :

$E = (3x + 4)\,[(3x + 4) - (5 - 2x)]$

$\quad = (3x + 4)\,[3x + 4 - 5 + 2x]$

$\quad = \mathbf{(3x + 4)\,(5x - 1)}$.

d. Un produit de facteurs est nul si l'un des facteurs est nul, d'où :

$(3x + 4)\,(5x - 1) = 0$ pour $3x + 4 = 0$ ou $5x - 1 = 0$.

Soit $\mathbf{x = -\frac{4}{3}}$ **ou** $\mathbf{x = \frac{1}{5}}$.

$-\frac{4}{3} = -1{,}333\ldots$. La partie 333… après la virgule étant illimitée, la solution $-\frac{4}{3}$ n'est pas un nombre décimal.

$\frac{1}{5} = 0{,}2$, donc la solution $\mathbf{\frac{1}{5}}$ **est un nombre décimal** .

4 **a.** $(7 + 9 + 9{,}5 + 9{,}5 + 10 + 10 + 12 + 14 + 16 + 16 + 19) \div 11 = 12$. **12 est donc la moyenne** du groupe.

b. La série est classée dans **l'ordre croissant** et l'effectif total est 11, donc la médiane est la sixième note, car elle partage la série en deux parties de même effectif. Par conséquent, **la médiane est 10**.

c. 7 notes sont supérieures ou égales à 10. Au total, il y a onze notes, donc la fréquence est $\frac{7}{11} \approx 0{,}636$. Arrondie à 0,01 près, cette fréquence est de 0,64 ou $\frac{64}{100}$. Soit **64 %**.

5 **a.** $AM = 6$, donc $AM^2 = 36$.

$MP = 4{,}8$, donc $MP^2 = 23{,}04$ et $AP = 3{,}6$, donc $AP^2 = 12{,}96$. Or, $23{,}04 + 12{,}96 = 36$, donc $MP^2 + AP^2 = AM^2$. D'après la réciproque du théorème de Pythagore, le triangle AMP est **rectangle en P**.

b. Considérons le triangle AEF. (MP) // (EF) par hypothèse. Les triangles AEF et AMP sont donc en situation de Thalès, par conséquent :

$\frac{AE}{AM} = \frac{EF}{MP}$ soit $\frac{AE}{6} = \frac{6}{4{,}8}$.

D'où $\mathbf{AE} = 6 \times \frac{6}{4{,}8} = \mathbf{7{,}5}$.

$\mathbf{ME} = AE - AM = 7{,}5 - 6 = \mathbf{1{,}5}$.

c. Les points M, A et B sont alignés, ainsi que les points P, A et C.

Or, $\frac{AM}{AB} = \frac{6}{7{,}5} = 0{,}8$ et $\frac{AP}{AC} = \frac{3{,}6}{4{,}5} = 0{,}8$,

donc $\frac{AM}{AB} = \frac{AP}{AC}$.

D'après la réciproque du théorème de Thalès, les **droites (MP) et (BC) sont donc parallèles.**

6 **a.** ABD est un triangle rectangle en D, donc

$\cos \widehat{ABD} = \frac{BD}{BA}$ soit $\cos 60° = \frac{BD}{8}$

ou $BD = 8 \times \cos 60° = 8 \times \frac{1}{2} = 4$.

Donc **BD = 4 cm.**

b. $CD = BC - BD = 10 - 4 = 6$.

Donc **CD = 6 cm.**

c. Considérons le triangle rectangle ABD.

$\tan \widehat{B} = \frac{AD}{BD}$ soit

$\tan 60° = \frac{AD}{4}$ ou $AD = 4 \times \tan 60° = 4 \times \sqrt{3}$.

Donc $\mathbf{AD = 4\sqrt{3}}$ **cm.**

d. Considérons le triangle ACD.

Il est rectangle en D.

$\tan \widehat{ACD} = \frac{AD}{CD}$, $\tan \widehat{ACD} = \frac{4\sqrt{3}}{6} \approx 1{,}1547$.

D'où, arrondie au degré, $\mathbf{\widehat{ACD} = 49°}$.

7 **a.** Dans la cellule A4, on lit 0, donc $x = \mathbf{0}$. Dans B4, on lit -4, donc $f(0) = \mathbf{-4}$.

b. • Dans la cellule B2, on lit $f(-2)$, donc $f(-2) = \mathbf{6}$. Par calcul $f(-2) = (-2)^2 - 3(-2) - 4 = 4 + 6 - 4 = 6$.

• $f(1) = \mathbf{-6}$ (cellule B5). Par calcul $f(1) = 1^2 - 3 \times 1 - 4 = -6$.

• $f(5) = \mathbf{6}$ (cellule B9). Par calcul $f(5) = 5^2 - 3 \times 5 - 4 = 25 - 15 - 4 = 6$.

c. $f(x) = 0$ pour $x = -\mathbf{1}$ (cellule A3) et $f(x) = 0$ pour $x = \mathbf{4}$ (cellule A8).

Vérifions par calcul. On a bien : $f(-1) = (-1)^2 - 3(-1) - 4 = 1 + 3 - 4 = 0$, et

$f(4) = 4^2 - 3 \times 4 - 4 = 16 - 12 - 4 = 0$.

d. $f(x) < 0$ dans les cellules B4, B5, B6 et B7, donc $f(x) < 0$ pour les valeurs entières de x des cellules A4, A5, A6 et A7. Par conséquent, $f(x) < 0$ pour $x = 0$, $x = 1$, $x = 2$ et $x = 3$.

Problème

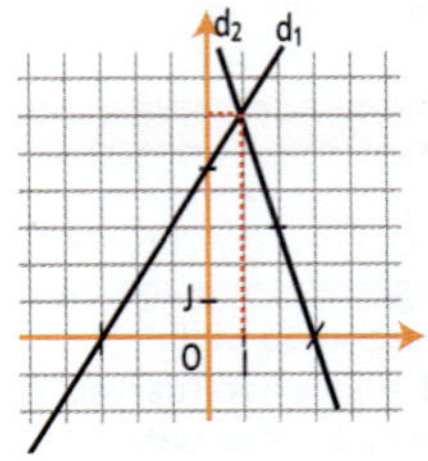

1 **a.** $f(0) = \frac{9}{2}$; $g(0) = 9$;

$f(2) = \frac{3}{2} \times 2 + \frac{9}{2} = \frac{15}{2}$

et $g(2) = 3$.

b. $g(x) = 5$, donc

$-3x + 9 = 5$; $-3x = -4$;

$x = \frac{4}{3}$.

c.

x	0	-3
$f(x)$	$\frac{9}{2}$	0

x	2	3
$g(x)$	3	0

La représentation d_1 de f est une droite qui passe par les points $\left(0\,;\frac{9}{2}\right)$ et $(-3\,;0)$.

La représentation d_2 de g est une droite qui passe par les points $(2\,;3)$ et $(3\,;0)$.

2 **a.** • Aire EFG $= \frac{EG \times AD}{2}$.

Pour $x = 2$, et en cm^2, cette aire est égale à $\frac{2 \times 3}{2} = 3$.

• AFED est un trapèze, donc aire AFED $= \frac{AF + DE}{2} \times AD$.

Pour $x = 2$, et en cm^2, cette aire est égale à $\frac{3 + 2}{2} \times 3 = 7{,}5$.

• Pour $x = 2$, et en cm^2,

aire FBCG $= \frac{BF + CG}{2} \times BC = \frac{3 + 2}{2} \times 3 = 7{,}5$.

b. Comme $DC = 6$, pour que les points D, E, G et C restent dans cet ordre, il faut que x varie entre 0 et 3. Soit $0 < x < 3$.

c. En fonction de x et en cm^2 :

aire de EFG $= (6 - 2x) \times 3 = \frac{18 - 6x}{2}$

$\quad = 9 - 3x$ ou $-3x + 9$.

Aire de AFED = aire FBCG $= \frac{3 + x}{2 \times 3}$

$\quad = \frac{9 + 3x}{2}$

ou $\frac{3}{2}x + \frac{9}{2}$.

d. Pour $0 < x < 3$, on a :

aire EFG $= -3x + 9 = g(x)$

et aire AFED = aire FBCG $= \frac{3}{2}x + \frac{9}{2} = f(x)$.

Par conséquent, les trois aires EFG, AFED et FBCG sont égales pour la valeur de x telle que $f(x) = g(x)$.

Soit M le point d'intersection de d_1 et d_2. Nous lisons que l'abscisse de M est 1 et que son ordonnée est 6 (voir pointillés rouges sur le grahique). Donc, **pour $x = 1$**, chacune des trois aires est égale à 6 cm².

e. Les trois aires sont égales si :

$-3x + 9 = \frac{3}{2}x + \frac{9}{2}$

$-6x + 18 = 3x + 9$

$-9x = -9$, donc $x = 1$.

En résumé, graphiquement et par calcul, les aires de EFG, AFED et FBCG sont égales pour $x = 1$.

Sujet 2 de Mathématiques, p. 283

1 a. **100**. En effet, $(x + y)^2 = x^2 + y^2 + 2xy$, donc $(x + y)^2 = 58 + 2 \times 21 = 58 + 42 = 100$.

b. **16**. En effet, $(x - y)^2 = x^2 + y^2 - 2xy$
$= 58 - 2 \times 21 = 58 - 42 = 16$.

2 **1.** a. Le nombre choisi est 2.

- Triplons ce nombre, nous obtenons 6.
- Ajoutons le double de 2, nous obtenons 10.
- Soustrayons 5, nous obtenons 5.
- Divisons le résultat 5 par 5, nous obtenons 1.
- Ajoutons 1, nous obtenons 2.
- Soustrayons le nombre choisi, 2, nous obtenons **0**.

b. Le nombre choisi est -1.

- Triplons ce nombre, nous obtenons -3.
- Ajoutons le double de -1, nous obtenons -5.
- Soustrayons 5, nous obtenons -10.
- Divisons le résultat par 5, nous obtenons -2.
- Ajoutons 1, nous obtenons -1.
- Soustrayons le nombre choisi, -1, nous obtenons $-1 - (-1)$, donc **0**.

2. Pour les deux nombres choisis 2 et -1, le résultat obtenu était 0. Il se peut donc qu'Edgar ait raison. Vérifions par calcul sa conjecture.
Soit x le nombre choisi.

- Triplons x, nous obtenons $3x$.
- Ajoutons le double de x, nous obtenons $3x + 2x$ ou $5x$
- Soustrayons 5, nous obtenons $5x - 5$
- Divisons le résultat par 5, nous obtenons $\frac{5x - 5}{5}$ ou $\frac{\cancel{5}(x - 1)}{\cancel{5}}$, donc $x - 1$.
- Ajoutons 1, nous obtenons x.
- Soustrayons le nombre choisi, x, nous obtenons **0**.

En résumé, Edgar avait raison. Pour ce programme de calcul, le résultat est 0 quel que soit le nombre choisi au départ.

3 a. **Vrai.** En effet, 1 kg/dm³ = 1 kg/1dm³
= 1000 g/1000 cm³ = 1 g/cm³.

b. **Vrai.** En effet, 1 m/s = 1 m/1s = 60 m/60 s
= 60 m/min.

c. **Faux.** En effet, 1 km/h = 1000 m/3600 s
= 10 m/36 s ≈ 0,28 m/s.

d. **Faux.** En effet, 3,7 h = 3 h + $\frac{7}{10}$ h = 3 h + $\frac{7}{10}$ × 60 min
= 3 h 42 min.

4 **1.** a. $\sqrt{2000} = \sqrt{100 \times 20} = \sqrt{100 \times 4 \times 5} = \sqrt{100} \times \sqrt{4} \times \sqrt{5} = 10 \times 2 \times \sqrt{5} = \boxed{20\sqrt{5}}$

b. On a $3^{-2} \times 3^2 = 3^{-2+2} = 3^0 = 1$ et $(\sqrt{3})^2 = 3$.

Par conséquent : $3^{-2} \times 3^2 - (\sqrt{3})^2 = 1 - 3 = \boxed{-2}$

2. KLM est un triangle rectangle en L. D'après le théorème de Pythagore :

$KM^2 = KL^2 + LM^2$

$KM^2 = (\sqrt{3} - 1)^2 + (\sqrt{3} + 1)^2$

$KM^2 = (3 + 1 - 2\sqrt{3}) + (3 + 1 - 2\sqrt{3}) = 8$

$KM = \sqrt{8} = \sqrt{4 \times 2} = 2\sqrt{2}$.

$KM^2 = (3 - 2\sqrt{3} + 1) + (3 + 2\sqrt{3} + 1) = 8$

5 a. $1631 = 1 \times 932 + 699$

$932 = 1 \times 699 + 233$

$699 = 3 \times 233 + 0$

Le dernier reste non nul est 233, donc 233 est le PGCD de 1631 et 932.

233 est le nombre maximum de lots que le philatéliste pourra réaliser.

b. $1631 = 7 \times 233$ et $932 = 4 \times 233$.

Il y aura donc **7 timbres français et 4 timbres étrangers par lot.**

6 **Choix des inconnues** : Soit x la consommation en watts d'un néon et y celle d'une lampe.

Mise en équation : les données du problème se traduisent par le système

$$\begin{cases} x + 2y = 165 & (1) \\ 3x + y = 195 & (2) \end{cases}$$

Résolution du système :

L'équation (2) nous permet d'écrire $y = -3x + 195$.

L'équation (1) devient alors $x + 2(-3x + 195) = 165$. Soit $-5x = -225$, $x = 45$. Remplaçons x par sa valeur dans $y = -3x + 195$, il vient que $y = 60$.

On en déduit que la consommation d'un néon est de 45 watts et celle d'une lampe 60 watts. Or, $2 \times 45 + 2 \times 60 = 210$, par conséquent, **la consommation des deux néons et des deux lampes de la salle de séjour est de 210 watts.**

7 **1.** Les nombres premiers compris entre 1 et 20 sont : 2, 3, 5, 7, 11, 13, 17 et 19, donc au nombre de 8. Or, $\frac{8}{20} = 0{,}4$, donc la probabilité de tirer une boule portant un nombre premier est de **0,4**.

2. $20 - 8 = 12$, donc les nombres non premiers sont au nombre de 12, par conséquent la probabilité de tirer une boule portant un nombre non premier est de $\frac{12}{20} = $ **0,6**.

3. Les nombres divisibles par 2 ou par 3 sont : 2, 3, 4, 6, 8, 9, 10, 12, 14, 15, 16, 18 et 20, donc au nombre de 13. Or $\frac{13}{20} = 0{,}65$, donc la probabilité de tirer une boule portant un nombre divisible par 2 ou par 3 est de **0,65**.

4. Soit x le nombre de boules portant le nombre 0. Le nombre total des boules du sac est alors de $x + 20$.

Or, probabilité (boule 0) = $\frac{\text{nombre de cas favorable}}{\text{nombre de cas possibles}}$

$= \frac{x}{x + 20} = \frac{1}{3}$. Soit $3x = x + 20$, donc $2x = 20$, $x = 10$.

Le nombre de boules portant le nombre 0 est de 10.

8 a. BC = 6, AB = $6\sqrt{3}$, AD = 8, AE = $4\sqrt{3}$. En effet :

- dans le triangle ABC rectangle en B,

$\frac{BC}{AC} = \sin 30°$,

donc BC = AC × sin 30° = 12 × 0,5 = 6.

D'après le théorème de Pythagore :

$AB^2 + BC^2 = AC^2$, donc $AB^2 = 12^2 - 6^2 = 108$;

$AB = \sqrt{108} = \sqrt{36 \times 3} = 6\sqrt{3}$.

- dans le triangle ADE rectangle en E,

$\frac{DE}{AD} = \sin 30°$, donc $AD = \frac{4}{0{,}5} = 8$. D'après le théorème de Pythagore : $AE^2 = 8^2 - 4^2 = 48$,

$AE = \sqrt{48} = \sqrt{16 \times 3} = 4\sqrt{3}$.

b. Les triangles ADE et ABC ont leurs angles égaux à 30°, 60° et 90° et leurs côtés homologues proportionnels ; en effet :

$\frac{AD}{AC} = \frac{8}{12} = \frac{2}{3}$,

$\frac{DE}{BC} = \frac{4}{6} = \frac{2}{3}$

et $\frac{AE}{AB} = \frac{4\sqrt{3}}{6\sqrt{3}} = \frac{2}{3}$.

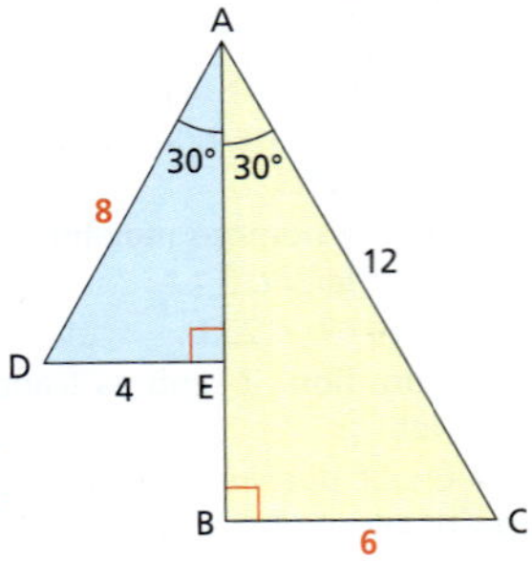

Le triangle ADE est donc une réduction du triangle ABC.

Le facteur de réduction est $\frac{2}{3}$.

c. $\frac{\mathcal{A}_{ADE}}{\mathcal{A}_{ABC}}$

= (facteur de réduction)^2

$= \left(\frac{2}{3}\right)^2 = \frac{4}{9}$.

Par conséquent : $\mathcal{A}_{ADE} = \frac{4}{9} \times \mathcal{A}_{ABC}$.

9 **1. a.** Voir figure.

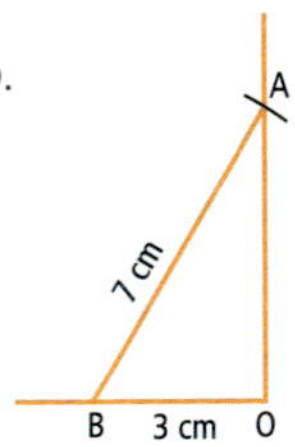

b. Le triangle AOB est rectangle en O.
D'après le théorème de Pythagore :
$AB^2 = OA^2 + OB^2$
$49 = OA^2 + 9$,
$OA^2 = 40$ et **OA** $= \sqrt{40} = \sqrt{4 \times 10} =$ $\mathbf{2\sqrt{10}}$.

2. En cm^3, le volume du cône est

$\frac{1}{3}\pi r^2 \times h$; soit $\frac{1}{3}\pi \times 3^2 \times 2\sqrt{10}$

ou $6\pi\sqrt{10}$.

Le volume de la demi-boule est $\frac{1}{2} \times \frac{4}{3}\pi r^3$,

soit $\frac{1}{2} \times \frac{4}{3}\pi \times 3^3 = 18\pi$.

Le volume du jouet est donc $6\pi\sqrt{10} + 18\pi$. Arrondi au cm^3 près, ce volume est de **116 cm³**.

Problème

1 **a.** Pour les valeurs positives de x, la représentation graphique de la fonction p est la demi-droite [OB) avec B(20; 10) et celle de p' est la demi-droite [CD) avec C(0; 4) et D(20; 12).

Les deux demi-droites se coupent en A. Nous lisons A(40; 20).

b. Les coordonnées de A sont les solutions du système :

$$\begin{cases} y = 0{,}5x & (1) \\ y = 4 + 0{,}4x & (2) \end{cases}$$

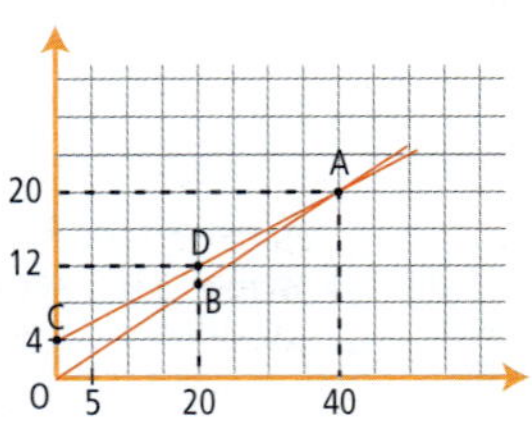

On remplace y par sa valeur $0{,}5x$ dans l'équation (2), on a :

$0{,}5x = 4 + 0{,}4x$, donc $0{,}1x = 4$ et $x = 40$.

On remplace x par sa valeur dans l'équation (1), on a $y = 0{,}5 \times 40 = 20$.

D'où A(40 ; 20).

2 **a.** Soit $p(x)$ le prix payé par l'élève selon le premier tarif, donc $p(x) = 0{,}5x$ et, $p'(x)$ le prix payé par l'élève selon le deuxième tarif, donc $p'(x) = 4 + 0{,}4x$. **b.** Les représentations graphiques de p et p' sont celles de la première partie.

Le second tarif est le plus intéressant pour les valeurs de x supérieures à 40, car pour ces valeurs la représentation de p' est en-dessous de celle de p. Donc, à partir du 41e pain, le second tarif est le plus intéressant.

3 **a.**

	Lundi	Mardi	Merc.	Jeudi	Vend.	Total
Sem. n°1	120	150	80	150	120	**620**
Sem. n°2	125	150	**75**	145	130	625
Sem. n°3	130	145	90	135	**120**	620
Sem. n°4	**120**	150	**85**	160	120	**635**
Total	495	**595**	330	**590**	**490**	**2 500**

b. La vente d'un petit pain rapporte 0,06 €.
620 × 0,06 = 37,2. Donc **37,2 €** est le bénéfice réalisé la première semaine.

c. 1440 ÷ 30 = 48. Les élèves doivent réaliser un bénéfice de 48 € en moyenne par semaine.
48 ÷ 0,06 = 800. Donc, les élèves doivent vendre en moyenne **800 petits pains par semaine**.

SUJET 1

Première partie – Histoire, p. 286

I

1 L'Hégire a lieu en 622.
2 L'édit de Nantes est signé en 1598.
3 La loi de séparation des Églises et de l'État en France est votée en 1905.

II

4 Hitler accède au pouvoir en 1933 de manière légale. Il est nommé chancelier (chef du gouvernement) par le président de la République car son parti est arrivé en tête aux élections.

5 En Allemagne, les nazis considèrent les Juifs comme une race nuisible. Ils prennent de nombreuses mesures contre eux. Dès 1933, L'Allemagne encourage le boycott des magasins juifs. En 1935, sont prises les lois de Nuremberg qui excluent les Juifs de la nation allemande et interdit les relations sexuelles entre Juifs et Allemands. Les Juifs sont exclus de nombreuses professions et lieux. L'antisémitisme culmine avec la Nuit de cristal en 1938, déchainement de violence qui entraîne la mort de nombreux Juifs et la destruction de synagogues.

III

6 Cette affiche s'adresse à la population française et a été réalisée dans le contexte de la Première Guerre mondiale.

7 Le soldat agenouillé représente l'Allemagne et le coq agressif symbolise la France.

8 L'État français a fait réaliser cette affiche pour inciter la population à donner de l'argent afin de soutenir l'effort de guerre. Grace à l'argent versé, l'État pourra acheter du matériel de guerre et des vivres pour les soldats.

9 C'est une affiche de propagande car elle fait passer un message : grâce à l'argent versé par les Français, l'Allemagne sera bientôt vaincue. L'Allemagne est représentée à genoux face à un coq dominateur et belliqueux.

Deuxième partie – Géographie, p. 288

I

1

II

2 La population française augmente faiblement et sa population vieillit.

3 Une métropole est une grande ville ayant des fonctions de commandement et donc une influence sur un territoire plus ou moins large. Paris est une métropole mondiale avec des fonctions de commandement économique (sièges sociaux d'entreprises), politique (ministères) ou culturel (siège de l'UNESCO).

III

4 5 6

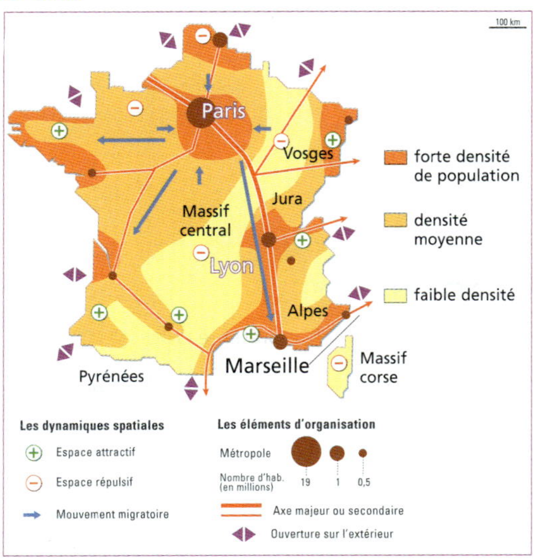

7 L'inégale répartition de la population française.

Troisième partie – Éducation civique, p. 289

I

1 Une constitution est un texte fondamental qui fixe l'organisation politique et le fonctionnement des pouvoirs dans un État. La Constitution de la Ve République a été adoptée en 1958 par référendum.

2 Le drapeau tricolore, Marianne, la devise « Liberté, égalité, fraternité » et la Marseillaise sont quatre symboles de la République française.

3 La République française tolère toutes les religions et fait respecter la liberté religieuse et de culte, garantie par la DDHC reprise dans la Constitution. Il y a ainsi en France des croyants de toutes les religions qui peuvent pratiquer à condition qu'ils ne troublent pas l'ordre public, ainsi que des non-croyants. Toutefois, depuis la loi de 1905, l'État ne reconnaît aucune religion officielle et ne subventionne aucune religion. À l'école, le principe de laïcité se manifeste également car aucun élève ne doit porter de signes très visibles de sa religion (loi de 2004).

II

4 Les citoyens français de 18 ans au moins inscrits sur les listes électorales peuvent voter à toutes les élections, ainsi que les citoyens européens aux élections municipales et européennes.

5 61 % des Français souhaitent que les étrangers puissent voter aux élections locales.

6 La gauche est plutôt favorable comme le montre ce passage : « les Verts sont pour tout comme la majorité des socialistes ».

7 L'UMP, principal parti de droite, est défavorable parce que selon lui, le droit de vote est un avantage qui doit être réservé aux citoyens du pays et que s'il veulent voter en France, les étrangers peuvent demander la nationalité française.

SUJET 2

Première partie – Histoire, p. 290

I

1 Louis XIV a régné de façon personnelle de 1661 à 1715.

2 Le suffrage universel masculin a été adopté en 1848.

3 La IIIe République en France se déroule de 1870 à 1940.

II

4 L'ONU a pour objectifs d'éviter les guerres, de promouvoir les Droits de l'Homme dans le monde et de favoriser le développement économique et social.

5 La Guerre froide est le nom donné à l'opposition entre les États-Unis et l'URSS entre 1947 et 1989. Le monde se divise en deux blocs. Les deux puissances utilisent la dissuasion nucléaire et s'affrontent indirectement à plusieurs reprises, comme lors de la guerre de Corée (1950-1953) ou à propos de l'Allemagne coupée en deux.

III

6 Le général de Gaulle, président de la République depuis 1958 (réélu au suffrage universel en 1965), prononce ce discours. Il s'adresse à l'ensemble des citoyens français comme le montre la formule « Françaises, Français ».

7 Ce discours est prononcé durant la crise de mai 1968 qui commence par un mouvement étudiant et se poursuit par une crise sociale, avec des grèves et une paralysie du pays, ainsi que par une crise politique, avec une contestation du général de Gaulle.

8 Pour le général de Gaulle, c'est une minorité, des groupes organisés et un parti qui utilisent la menace, l'intoxication et la tyrannie pour bloquer le pays.

9 Les opposants souhaitent le départ du général de Gaulle.

10 Le général de Gaulle provoque de nouvelles élections législatives en dissolvant l'Assemblée nationale.

Deuxième partie – Géographie, p. 291

I

1 1 : Pologne. Capitale : Varsovie. 2 : Hongrie. Capitale : Budapest. 3 : Irlande. Capitale : Dublin.

II

2 L'UE compte 27 pays membres en 2012.

3 La Commission siège à Bruxelles (Belgique).

4 La mégalopole européenne s'étend de Londres (Royaume-Uni) à Rome (Italie). C'est la partie la plus densément peuplée, la plus urbanisée, la plus développée de l'Europe. C'est donc l'espace le plus dynamique.

III

5 La moyenne régionale du PIB/hab. dans l'UE est de 22 845 €.

6 La Roumanie et la Bulgarie sont les deux pays qui ont les plus faibles PIB/hab.

7 Ils se situent dans l'Est de l'Europe.

8 Avec près de 80 000 € de PIB/hab., la région d'Inner London est plus de 10 fois plus riche que la région du Nord-Est de la Roumanie où le PIB/hab. s'élève à 5 800 €.

9 On peut en tirer deux conclusions. D'une part, l'UE est composée de régions qui ont des niveaux de richesse divers comme le montre le fort écart entre Londres et le Nord-Est de la Roumanie. D'autre part, les régions les plus riches se trouvent à l'Ouest de l'UE (Royaume-Uni, Luxembourg, Belgique, Allemagne) tandis que les régions les plus pauvres se situent à l'Est (Roumanie, Bulgarie). Ce retard est dû à l'intégration récente des pays de l'Est, anciennes dictatures communistes.

Troisième partie – Éducation civique, p. 292

I

1 En France, on est passé d'une armée de conscription à une armée professionnelle.

2 Le parcours du citoyen est destiné aux futurs citoyens français. Il est composé de trois étapes : l'enseignement de la Défense à l'école, le recensement à la mairie à 16 ans et la Journée Défense et Citoyenneté (JDC) entre 17 et 18 ans.

3 Les Tribunaux Pénaux Internationaux (TPI) ont été créés par le Conseil de Sécurité de l'ONU. Ils servent à juger les dirigeants politiques ou militaires accusés dans le monde de graves crimes, comme les crimes de guerre ou les crimes contre l'humanité. Le TPI du Rwanda doit juger les Hutus responsables du génocide contre les Tutsis en 1994.

II

4 Marianne, la devise et le drapeau tricolore sont les trois symboles apparaissant sur l'affiche.

5 La carte électorale est représentée sur l'affiche. Elle est indispensable pour pouvoir voter en France car elle prouve qu'on est inscrit sur les listes électorales.

6 Elle s'adresse à tous ceux qui ne sont pas inscrits sur les listes électorales, qui ont déménagé, qui viennent d'avoir 18 ans, et donc qui peuvent voter.

7 Elle veut lutter contre l'abstention.

Conception graphique : Anne Gallet
Adaptation, réalisation : Ici et ailleurs
Cartographie : Légendes cartographie
Infographie : Domino – Illustratek
Suivi éditorial : Brigitte Brisse assistée de Julie Trenque

Français

Tout Savoir

3e

Français Dominique Estève

Mathématiques Raja Siblini

Histoire-Géographie Guillaume Joubert

Éducation civique Guillaume Joubert

Sciences de la Vie et de la Terre Jocelyne Cialec

Physique-Chimie Sonia Madani et Jacques Jourdan

Anglais Corinne Touati

© Hatier, Paris, 2012 – ISBN : 978-2-218-94940-1

Hatier

Tout savoir en 3e

Sommaire

Français

Mathématiques

Histoire-Géographie

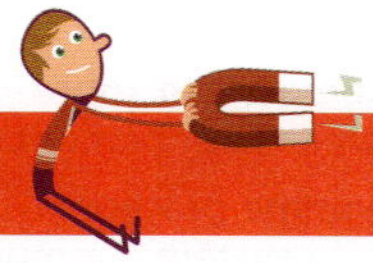

Retenir l'essentiel

Et c'est à cette minute que luirent sur sa tête, dans une déchirure de la tempête, comme un appât mortel au fond d'une nasse, quelques étoiles. Il jugeait bien que c'était un piège ; on voit trois étoiles dans un trou, on monte vers elles, ensuite on ne peut plus descendre, on reste là à mordre les étoiles… Mais sa faim de lumière était telle qu'il monta.

■ A. de Saint-Exupéry, *Vol de nuit* © Gallimard, 1930.

Repérez l'unique adjectif qualificatif. Quel est son rôle ?

L'adjectif *mortel* : épithète du nom appât, insiste sur le danger que représente l'appel de l'infini.

Les mots se répartissent en deux catégories : les mots variables et les mots invariables.

Les mots variables

Classe grammaticale		Exemples
Nom	Nom commun	*tempête*
	Nom propre	*Antoine*
Déterminant	Articles	*le, les, les, un, une, des*
	Dét. démonstratif	*ce, cet, cette, ces*
	Dét. possessif	*mon, ma, mes, ton, ta, tes…*
	Dét. interrogatif/ exclamatif	*quel, quelle, quels, quelles*
	Dét. numéral	*un, deux…, premier, deuxième…*
	Dét. indéfini	*quelques, plusieurs, chaque, tout, aucun, même, autre…*
Pronom	Pr. personnel	*je, tu, il, elle, le, la, les, lui, leur…*
	Pr. démonstratif	*ce, ceci, cela, celui, ceux…*
	Pr. possessif	*le mien, les miens, le tien, les tiens…*
	Pr. relatif	*qui, que, dont, où, lequel*
	Pr. interrogatif	*qui ? que ? lequel ?*
	Pr. indéfini	*quelqu'un, quelque chose, certains, chacun, tous, personne, rien…*
Adjectif qualificatif		*mortel*
Verbe		*luire, juger, voir, monter….*

Les mots invariables

Classe grammaticale		Exemples
Adverbe	circonstanciel	*ici, là, parfois, bien…*
	interrogatif	*quand ? où ? comment ?...*
	négatif	*ne, ne… pas, ne… plus, …*
	de phrase	*ainsi, ensuite, enfin…*
Préposition		*à, dans, de, par, pour…*
Conjonction	de coordination	*mais, où, et, donc, or, ni, car*
	de subordination	*que, quand, comme, parce que…*
Interjection		*ah ! oh !*

Comprendre comment faire

Pour identifier la nature de *tout*

Tout peut être adverbe, adjectif ou pronom.

- *Tout* est **adverbe** quand il signifie « tout à fait, entièrement ». Il est alors invariable.
  La carlingue de l'avion ***tout*** *entière fut secouée.*
  Attention, cependant, devant un adjectif qualificatif au féminin commençant par une consonne ou un *h* aspiré, l'adverbe *tout* s'accorde pour faciliter la prononciation. *Je suis* ***toute*** *seule.*
- *Tout* est un **déterminant indéfini** quand il est suivi d'un nom. Il s'accorde alors avec ce nom. ***Tous*** *les avions transportaient du courrier.*
- *Tout* est un **pronom indéfini** quand il est employé seul. Les trois formes possibles du pronom indéfini – *tout, tous, toutes* – se distinguent bien à l'oral.
  Tout l'ennuie. Tous [on entend le *s*] *l'ennuient. Toutes l'ennuient.*

FOCUS
Entre 1927 et 1933, **l'Aéropostale** explore toutes les voies aériennes de l'Amérique du Sud, entre le Brésil et le Chili. **Antoine de Saint-Exupéry** participe à cette aventure et la raconte dans *Vol de nuit*, roman paru en 1930.

S'entraîner

★ **1 Devinettes. Complétez ces phrases en utilisant les mots suivants : *déterminants, conjonctions de coordination, prépositions, adverbes, conjonctions de subordination*.**

a. Ils déterminent un nom : ce sont les ....

b. Ils précisent un verbe, un adjectif ou un autre adverbe : ce sont les ....

c. Elles introduisent un complément : ce sont les ....

d. Elles introduisent une proposition subordonnée : ce sont les ....

e. Elles relient deux mots, deux groupes de mots, deux propositions de même nature : ce sont les ....

★★ **2 Dans l'extrait cité p. 4, relevez les déterminants et classez-les dans le tableau ci-dessous.**

Article défini	....
Article indéfini	....
Déterminant possessif	....
Déterminant démonstratif	....
Déterminant indéfini	....
Déterminant numéral	....

★★ **3 Relisez l'extrait cité p. 4 et cochez la bonne réponse.**

	déterminant	préposition	adverbe
dans	☐	☐	☐
quelques	☐	☐	☐
bien	☐	☐	☐
ensuite	☐	☐	☐

★★ **4 Complétez les phrases suivantes avec le pronom qui convient.**

.... ai toujours aimé le désert. .... s'assoit sur une dune de sable. .... ne voit........, n'entend........ Et cependant,........ rayonne dans le silence.

■ A. de Saint-Exupéry, *Le Petit Prince* © Gallimard, 1943.

★★ **5 a. Complétez avec *tout, tous* ou *toute*.**

1. .... les avions devaient trouver leur chemin au-dessus des Andes.

2. .... pilote sait que c'est un voyage difficile quand la tempête brouille .... les repères habituels.

3. Il n'y a parfois qu'une .... petite visibilité. .... se perd dans la brume.

b. Identifiez la nature de chacun des mots utilisés.

★★★ **6 a. Dans le texte ci-dessous, repérez les verbes. Quel est le temps dominant ?**

b. Encadrez ceux qui sont accordés au pluriel.

Ainsi les trois avions postaux de la Patagonie, du Chili et du Paraguay revenaient du Sud, de l'Ouest et du Nord vers Buenos Aires. On y attendait leur chargement pour donner le départ, vers minuit, à l'avion d'Europe. [Trois pilotes, chacun à l'arrière d'un capot lourd comme un chaland, perdus dans la nuit, méditaient leur vol, et, vers la ville immense, descendraient lentement de leur ciel d'orage ou de paix, comme d'étranges paysans descendent de leurs montagnes. Rivière, responsable du réseau entier, se promenait de long en large sur le terrain d'atterrissage de Buenos Aires. Il demeurait silencieux car, jusqu'à l'arrivée des trois avions, cette journée, pour lui, restait redoutable.]

■ A. de Saint-Exupéry, *Vol de nuit* © Gallimard, 1930.

c. Faites-vous dicter le passage entre les crochets rouges.

Livret des corrigés p. 1

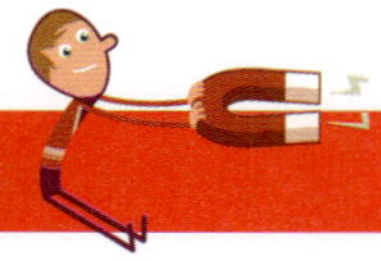

Retenir l'essentiel

Le grand Michu était du Var. Son père, un paysan qui possédait quelques bouts de terre, avait fait le coup de feu en 51, lors de l'insurrection provoquée par le coup d'État. Laissé pour mort dans la plaine d'Uchâne, il avait réussi à se cacher. Quand il reparut, on ne l'inquiéta pas. Seulement, les autorités du pays, les notables, les gros et les petits rentiers ne l'appelèrent plus que ce brigand de Michu. Ce brigand, cet honnête homme illettré, envoya son fils au collège d'A Sans doute il le voulait savant pour le triomphe de la cause qu'il n'avait pu défendre, lui, que les armes à la main. Nous savions vaguement cette histoire, au collège, ce qui nous faisait regarder notre camarade comme un personnage très redoutable.

■ Émile Zola, « Le Grand Michu », *Nouveaux Contes à Ninon*, 1874.

Indiquez les compléments d'objet direct des verbes soulignés.

Quelques bouts de terre ; le coup de feu ; l' ; l' ; son fils ; la cause ; cette histoire.

Le sujet

Une phrase est formée d'un sujet (le thème) et d'un groupe verbal (ce qu'on dit du thème).

Le sujet est donc un **composant essentiel de la phrase**. Il se place le plus souvent devant le verbe.

Il commande l'accord du verbe en nombre et en personne.

Le grand Michu (sujet) *était* (V) *du Var.*

Le verbe et ses compléments essentiels

- Le groupe verbal est composé du verbe et le plus souvent d'un **complément du verbe**. Un complément du verbe est **essentiel** : si on le supprime, le verbe a un sens incomplet. Selon le cas, il s'agit d'un complément d'objet (COD, COI ou COS), d'un attribut du sujet ou d'un attribut du COD.
- Après un verbe d'action, on trouve :

– soit un **complément d'objet direct** (COD) quand le verbe est transitif direct ;

Son père possédait (V) *quelques bouts de terre.* (COD)

– soit un **complément d'objet indirect** (COI) quand le verbe est transitif indirect ;

Il se souvenait (V) ***de** l'insurrection.* (COI)

– soit un **complément d'objet second** (COS), quand le verbe se construit avec deux compléments d'objet.

Nous savions (V) *vaguement l'histoire* (COD) *de cet honnête homme.* (COS)

- Après un verbe d'état (*être, sembler, demeurer, devenir, paraître, rester, avoir l'air…*), on trouve un **attribut du sujet.**

Il semblait (V) *un personnage très redoutable.* (att. du sujet)

- Après un verbe exprimant le choix, la désignation ou le jugement (*choisir, nommer, juger, trouver, estimer…*), on trouve un **attribut du COD.**

Au collège, Michu nous (COD) *trouvait* (V) *certainement bien peureux.* (att. du COD)

Comprendre comment faire

► Pour accorder un adjectif attribut du COD

- De même qu'un adjectif attribut du sujet s'accorde avec le sujet, un adjectif attribut du COD s'accorde avec le COD.

*Les collégiens jugeaient l'histoire du grand Michu passionnant**e**.*

1. On cherche le COD auquel l'attribut du COD se rapporte.
Qu'est-ce qui est passionnante ? *l'histoire du grand Michu.*

2. On accorde ensuite l'attribut du COD en genre et nombre avec le COD trouvé.
Passionnante s'accorde au féminin singulier avec *l'histoire.*

FOCUS

Zola, chef de file du mouvement naturaliste, est socialement engagé. Dans *Le grand Michu*, un collégien de condition modeste fait passer la solidarité envers ses camarades avant la faim qui lui tiraille le ventre et accepte de mener une révolte contre les plats servis à la cantine.

S'entraîner

★ 1 Quelle est la fonction des mots ou groupes de mots soulignés ?

	Att. du sujet	Att. du COD
Avant le départ, les cyclistes semblaient tendus.	☐	☐
Quel est ton nom ?	☐	☐
Les membres du club ont nommé Bob président.	☐	☐
Ce médecin passe pour très compétent.	☐	☐
Nous l'avons cru malade.	☐	☐

★★ 2 Indiquez la fonction des groupes de mots soulignés.

a. Il ressemble étonnamment à son oncle ......

....

b. Marie tenait en laisse un petit chien ridiculec..

c. Il faut ajouter du sel à la sauce ....

....

d. Le directeur est très occupé mais vous pourrez lui parler entre deux rendez-vous ....

....

e. Il ne trouve jamais de chaussures assez grandes pour lui ....

★★ 3 Complétez le tableau en indiquant le verbe complété dans la case correspondant à la fonction du mot ou du groupe de mots.

Naturellement, les conspirateurs offrirent au grand Michu d'être leur chef. Le plan de ces messieurs était d'une simplicité héroïque : il suffirait, pensaient-ils, de refuser toute nourriture, jusqu'à ce que le proviseur déclarât solennellement que l'ordinaire serait amélioré. L'approbation que le grand Michu donna à ce plan, est un des plus beaux traits d'abnégation et de courage que je connaisse.

■ Émile ZOLA, « Le Grand Michu », *Nouveaux Contes à Ninon*, 1874.

	Sujet	COD	COI	COS
les conspirateurs				
au grand Michu				
d'être leur chef				
l'approbation				
à ce plan				

★★ 4 Indiquez si les mots ou groupes de mots soulignés sont des sujets, des attributs du sujet, des COD ou des COI.

Une après-midi, à la récréation de quatre heures, le grand Michu me prit à part, dans un coin de la cour. Il avait l'air contrarié, ce qui me frappa d'une certaine crainte ; car le grand Michu était un gaillard, aux poings énormes, que pour rien au monde je n'aurais voulu avoir pour ennemi. Il s'agissait en fait d'un complot auquel il me proposait de participer.

■ D'après Émile ZOLA, « Le Grand Michu », *Nouveaux Contes à Ninon*, 1874.

★★★ 5 Réécrivez le texte ci-dessous en remplaçant le grand Michu par le grand Michu et Paul et faites toutes les modifications qui s'imposent.

Une après-midi, à la récréation de quatre heures, le grand Michu me prit à part, dans un coin de la cour. Il avait un air grave qui me frappa d'une certaine crainte ; car le grand Michu était un gaillard, aux poings énormes, que pour rien au monde je n'aurais voulu avoir pour ennemi.
– Écoute, me dit-il de sa voix grasse de paysan à peine dégrossi, écoute, veux-tu en être ?
Je répondis carrément: « Oui ! » flatté d'être de quelque chose avec le grand Michu. Alors, il m'expliqua qu'il s'agissait d'un complot. Les confidences qu'il me fit me causèrent une sensation délicieuse, que je n'ai jamais peut-être éprouvée depuis.

■ Émile ZOLA, « Le Grand Michu », *Nouveaux Contes à Ninon*, 1874.

Le grand Michu et Paul ....

Livret des corrigés p. 1

Les compléments circonstanciels

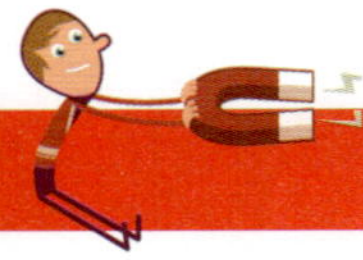

Retenir l'essentiel

Notre calèche traverse à gué le large fleuve, l'eau monte plus haut que le marchepied, mais il ne faut pas avoir peur, il ne peut rien nous arriver, le cocher connaît bien le chemin et nous voici enfin sur la terre ferme, les chevaux montent sur l'autre rive, nous roulons au trot sur la route blanche vers la pâtisserie, la boutique de livres, de jouets, de souliers.

■ N. Sarraute, *Enfance*, coll. « Folio » © Gallimard, 1985.

Quels sont les compléments qui indiquent le lieu ?

Sur la terre ferme ; sur l'autre rive ; sur la route blanche vers la pâtisserie, la boutique de livres, de jouets, de souliers.

Le sens des compléments circonstanciels

● Un complément circonstanciel (CC) précise dans quelle circonstance se fait l'action du verbe : on distingue différentes circonstances.

Circonstance	Classification	Exemple
Où ?	CC de lieu	*Nous roulons sur la route blanche.*
Quand ?	CC de temps	*Nous arrivons enfin sur la terre ferme.*
Comment ?	CC de manière	*Nous roulons au trot.*
Pourquoi ?	CC de cause	*Le cocher emprunte le même chemin par habitude.*
En sorte de quoi ?	CC de conséquence	*Il fait trop chaud pour voyager.*
Pour quoi ?	CC de but	*Nous partons pour acheter de nouvelles chaussures.*
Malgré quoi ?	CC d'opposition	*Malgré la chaleur, j'aimais ces promenades.*

● **Attention** : en général, un CC n'est pas indispensable au sens de la phrase et peut être supprimé, sauf dans le cas de certains compléments essentiels de lieu.
Ils montèrent sur la colline. → complément essentiel de lieu.

La classe grammaticale des compléments circonstanciels

● Un CC peut avoir des natures variées.

Nature du CC	Exemple
un GN	*Le soir, nous partons en calèche.* *Nous roulons sur la route blanche.*
un pronom précédé ou non d'une préposition	*J'habite chez eux.*
un gérondif	*Le cocher roule en chantant.*
un adverbe	*Il avançait vite.*
un verbe à l'infinitif	*Nous partons pour acheter de nouvelles chaussures.*

● Voir les propositions subordonnées circonstancielles p. 16.

Comprendre comment faire

► Pour distinguer les CC de cause, de conséquence et de but

● Un CC de cause donne la raison d'un événement ou d'un comportement.
À cause de la hauteur de la rivière, nous n'avons pas pu faire notre promenade habituelle.

● Un CC de conséquence met en évidence le résultat, les effets d'une action, d'un fait.
La rivière était en crue, de sorte qu'il nous fût impossible de faire notre promenade.

● Un CC de but exprime la visée, l'objectif.
Nous, nous allions, chaque été, en Russie, pour retrouver la famille.

FOCUS

Dans *Enfance*, paru en 1983, **Nathalie Sarraute** raconte ses souvenirs d'enfance jusqu'à l'âge de 11 ans. L'originalité de son **récit autobiographique** tient au fait qu'il y a un dédoublement du narrateur. Une voix raconte les souvenirs, l'autre porte un jugement critique.

S'entraîner

★ **1 Vrai ou faux ?**

	Vrai	Faux
a. Un complément circonstanciel est lié au verbe et ne peut être supprimé.	☐	☐
b. La préposition « à » peut introduire un COI ou un CC.	☐	☐
c. Un CC peut se construire sans préposition.	☐	☐
d. *Ici*, *là-bas*, sont des adverbes de lieu.	☐	☐

★ **2 Voici les lignes qui précèdent l'extrait p. 8. Classez les compléments circonstanciels de lieu soulignés dans le tableau suivant.**

Nous sommes assis avec (ma tante), nous, les plus petits, dans la grande calèche découverte, tirée par deux chevaux, nous allons de l'autre côté du fleuve, où se trouvent les magasins, où s'élève la haute tour blanche entourée près de son sommet d'un balcon... Même de loin, de notre rive, on voit une silhouette qui se penche à la balustrade, elle émet des sons étranges qui ressemblent à des cris, à des chants.

■ N. Sarraute, *Enfance*, coll. « Folio » © Gallimard, 1985.

Préposition + GN	Adverbe	Pronom

★ **3 Relisez l'extrait cité p. 8 et cochez la bonne réponse.**

	Vrai	Faux
a. « d'un balcon » est un CC de lieu.	☐	☐
b. « de l'autre côté du fleuve » est un CC de lieu essentiel.	☐	☐
c. « à la balustrade » est un CC de lieu essentiel.	☐	☐

★★ **4 Indiquez le sens des CC soulignés.**

Nathalie Sarraute écrit ses souvenirs d'enfance sous forme de dialogue, pour mettre au jour les souvenirs enfouis dans sa mémoire. Le narrateur regarde avec ironie ou attendrissement l'enfant naïve qu'elle fut autrefois. Des paroles brutales prononcées devant elle, pendant les premières années de sa vie, ont eu, en elle, de douloureuses répercussions.

★★ **5 Complétez le texte avec deux adverbes CC de temps, et deux adverbes CC de manière : *alors*, *mieux*, *rapidement*, *soudain*. Précisez leur fonction.**

Ravinel roule .... la nuit. Par goût. On est seul. On s'enfonce dans l'ombre, à toute allure.

On ne ralentit pas en traversant les villages. Les phares éclairent .... la route qui ressemble à un canal parcouru d'une légère houle. Impression de faire du hors-bord. Et puis .... impression de dévaler la pente d'un scenic-railway : les poteaux blancs qui balisent les virages passent ...., avec des miroitements de pierres précieuses.

■ Boileau-Narcejac, *Les Diaboliques*, coll. « Folio » © Gallimard, 1973.

★★ **6 Observez la couverture du roman de N. Sarraute.**

histoire des arts

a. Qui sont les deux personnes représentées sur la couverture ? Justifiez votre réponse.

b. Comment est habillée l'enfant ?

c. Comment caractériseriez-vous l'expression de la femme vue de profil ?

Livret des corrigés p. 1

Retenir l'essentiel

Des années auparavant, au fond d'un vallon dissimulé derrière sept montagnes et sept vallées encaissées, Nehi avait découvert au cours de ses errances un arbuste où poussaient [des baies blanches et pourpres au goût de viande]. Nehi appela ces fruits des carnélias.

■ Amos Oz, *Soudain dans la forêt profonde*, coll. « Folio » © Gallimard, 2009.

Observe le GN entre crochets. Par quels mots sont caractérisées les baies ?

Blanches et pourpres au goût de viande ; des carnélias

Une expansion du nom apporte une précision sur un nom. Placée le plus souvent après le nom, elle peut toujours être supprimée.

Des classes grammaticales variées

● Un nom est fréquemment précisé par un **adjectif qualificatif** qui exerce la fonction d'épithète.
Cet adjectif se place immédiatement avant ou après le nom qu'il qualifie. Il s'accorde en genre et nombre avec ce nom.
Des baies blanches et pourpres
adj. éptihètes au nom *baies*

● Un nom peut également être complété par un **groupe introduit par une préposition** (*à, de, en…*) ; ce groupe exerce la fonction de complément du nom.
Des baies au goût de viande
complément du nom *baies*
Notez que, dans le complément du nom *au goût de viande, de viande* est complément du nom *goût*.

● Un nom, enfin, peut être suivi d'une **proposition subordonnée relative.** On dit que cette proposition est complément de son antécédent (le mot que remplace le pronom relatif).
Un arbuste où poussaient des baies blanches.
prop. sub. relative complément de l'antécédent *baies*

Les expansions en apposition

● Une expansion est le plus souvent **liée** au nom noyau (voir les exemples ci-dessus). Parfois, cependant, elle est séparée du GN par une virgule ou un deux points. Le mot ou le groupe de mots ainsi construit est dit **apposé** ou **en apposition.**

● Selon le cas, il s'agit d'un adjectif, d'un nom ou d'un GN, d'un infinitif…
Nehi, confiant dans ses talents de cultivateur,
groupe adjectival apposé à *Nehi*
avait planté de nouvelles graines.

Ces fruits, des carnélias, sont succulents.
GN apposé à *ces fruits*
Nehi n'avait qu'une envie, nourrir au mieux ses animaux.
groupe infinitif apposé à *envie*

Comprendre comment faire

► Pour faire les accords dans une subordonnée relative

● **Avec le pronom *qui***
Quand le pronom relatif est le pronom sujet *qui*, le verbe de la relative s'accorde avec ce pronom ; pour bien faire l'accord, il faut donc retrouver le nom remplacé par *qui*.
*Les arbres **qui poussent** ici le mieux sont les pins maritimes.*
*C'est **toi qui** iras cueillir les fruits pour ce soir.*

● **Avec le pronom *que***
Quand le pronom relatif est le pronom COD *que* et que le verbe de la relative est à un temps composé, son participe passé s'accorde avec *que*.
*Les **fleurs** que j'ai cueillies ce matin sont écloses.*

FOCUS
Le mot **expansion** signifie « agrandissement, enrichissement ». Un groupe de mots, dont un nom est le noyau, « **grandit** » si on lui ajoute un adjectif, un autre nom ou une proposition.

S'entraîner

★ **1 Vrai ou faux ? Cochez la bonne réponse.**

	Vrai	Faux
a. On peut enrichir un GN avec un adjectif qualificatif.	☐	☐
b. On peut enrichir un GN avec une subordonnée relative.	☐	☐
c. Un complément du nom est toujours formé d'une préposition et d'un nom.	☐	☐
d. Un adjectif, un nom ou une subordonnée relative peuvent être apposés à un GN.	☐	☐

★ **2 Dans cet extrait, soulignez les neuf adjectifs épithètes.**

Un vent froid soufflait de la plaine. Le bois était ténébreux, sans aucun froissement de feuilles, sans aucune de ses vagues et fraîches lueurs de l'été. De grands branchages s'y dressaient affreusement ; des buissons chétifs et difformes sifflaient dans les clairières. Les hautes herbes fourmillaient sous la bise comme des anguilles. Les ronces se tordaient comme de longs bras armés de griffes cherchant à prendre leurs proies.

■ Victor HUGO, *Les Misérables*, 1862.

★★ **3 Lisez cet extrait pour répondre.**

Le jardin ombragé était un régal pour les yeux, illuminé qu'il était non seulement par les rayons du soleil couchant, mais aussi par les pinceaux d'une lumière extraordinaire, intense et polychrome. Ces rayons filtraient à travers les arbres et les buissons, les parterres fleuris, les bassins, les rivières et ruisselets cristallins qui coulaient ici et là entre les anfractuosités des rochers et au creux des gradins.

■ Amos OZ, *Soudain dans la forêt profonde*, coll. « Folio » © Gallimard, 2009.

a. Dans le GN *le jardin ombragé*, remplacez le participe passé pris comme adjectif « ombragé » par une relative qui aura le même sens.

b. Dans le GN *les parterres fleuris*, remplacez l'adjectif qualificatif par un complément de nom qui aura le même sens.

c. Quelle impression ressort de cette description du jardin ?

★★ **4 Classez les expansions soulignées dans le tableau qui suit, selon leur fonction.**

<u>Vaste et profond</u>, le jardin s'étirait à perte de vue jusqu'aux pentes <u>fleuries</u> avoisinant des bosquets obscurs, des vergers et des potagers. Des ruisseaux pareils à une dentelle <u>de fils d'argent</u> l'arrosaient. <u>Dominant l'ensemble</u>, une foule d'insectes et de <u>minuscules</u> bestioles s'agitaient, zigzaguaient et tourbillonnaient en tous sens dans une cacophonie <u>assourdissante</u> de bourdonnements, de vrombissements et de bruissements.

■ Amos OZ, *Soudain dans la forêt profonde*, coll. « Folio » © Gallimard, 2009.

Épithète	Complément du nom	Apposition

★★ **5 Observez ce tableau d'Henri Rousseau.**

histoire des arts

■ Henri ROUSSEAU (1844-1910), *La charmeuse de serpents*, 1907.

a. Quelles couleurs dominantes le peintre a-t-il choisies pour représenter la jungle ?

b. Comment est représentée la femme ?

c. Quelle impression se dégage de l'ensemble de la toile ?

Livret des corrigés p. 1

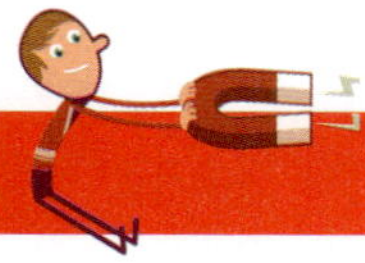

Retenir l'essentiel

ARLEQUIN. – Vous me trouvez un peu nigaud, n'est-il pas vrai? Mais cela passera; c'est que je vous aime et que je ne sais comment vous le dire?
EUPHROSINE. – Vous?
ARLEQUIN. – Eh pardi oui; qu'est-ce qu'on peut faire de mieux? Vous êtes si belle, il faut bien vous donner son cœur.

■ MARIVAUX, *L'Île des esclaves*, scène VIII, 1725.

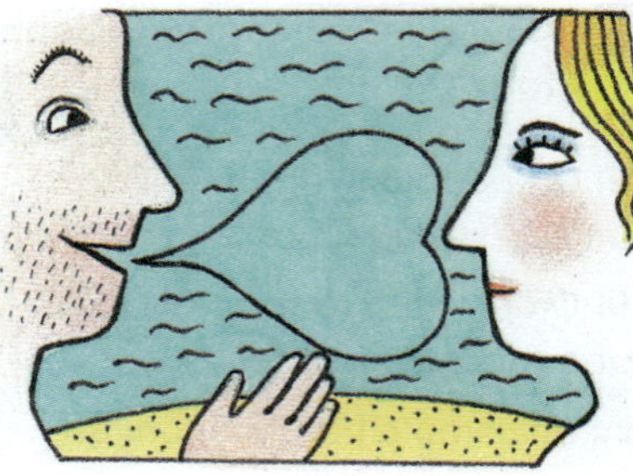

Soulignez une phrase à la forme emphatique.

C'est que je vous aime.

Les quatre types de phrases (déclarative, interrogative, impérative, exclamative) peuvent adopter différentes formes.

La forme affirmative ou négative

● Une phrase négative se distingue d'une phrase affirmative par la présence d'une négation. L'adverbe de négation « ne » est le plus souvent utilisé avec un autre mot qui peut être :

Un autre adverbe	Un pronom indéfini	Un déterminant
Ne … pas, ne … plus, ne jamais	Personne … ne, rien … ne	Aucun + nom + ne
Je n'ai jamais aimé ainsi.	*Personne ne m'a aimé.*	*Aucune femme n'est aussi belle que vous.*

● La conjonction de coordination *ni* relie deux termes ou deux propositions négatives.
Vous me trouvez ni beau ni intelligent mais vous changerez d'avis.

La forme neutre ou la forme emphatique

La phrase emphatique se distingue de la phrase neutre par la mise en valeur d'un de ses constituants. On distingue trois procédés de mise en valeur :
– le déplacement en tête de phrase :
Quelles jolies petites mains, vous avez !
– le déplacement et la reprise par un pronom :
Les jolis doigts, que je serais heureux avec cela !
– l'ajout d'un présentatif : c'est, voilà, il y a.
C'est que je vous aime.

La forme active ou passive

● Le passage d'une phrase active à la forme passive n'est possible que si le verbe est transitif direct. Le verbe est alors conjugué à la voix passive.

Arlequin aime Euphrosine.
(Arlequin : sujet ; Euphrosine : COD)

➜ *Euphrosine est aimée par Arlequin.*
(Euphrosine : sujet ; par Arlequin : comp. d'agent)

● Le COD de la phrase active devient sujet de la phrase de forme passive. Le sujet de la phrase active devient complément d'agent mais n'est pas obligatoire.

FOCUS

Le dialogue théâtral recourt souvent à l'**emphase** qui permet de souligner la vivacité des sentiments. Elle permet l'exagération de la voix et des gestes des acteurs.

Comprendre comment faire

► Pour accorder le participe passé d'un verbe à la voix passive

La voix passive exige l'auxiliaire être. Il faut donc faire attention à accorder le participe passé avec le sujet. Attention au cas où l'auxiliaire est à un temps composé (et donc conjugué avec l'auxiliaire avoir).

Aujourd'hui Euphrosine est aimée par Arlequin.
(est : présent)

Autrefois elle a été courtisée par un jeune homme riche.
(a été : passé composé)

S'entraîner

★ 1 Associez chaque phrase neutre à sa forme emphatique.

1. C'est vous, l'homme de ma vie. ●
2. Rencontrer un homme instruit, telle est ma destinée. ●
3. Des maîtres ridicules, j'en connais beaucoup au théâtre. ●
4. Des serviteurs rusés comme Arlequin ou Figaro, vous en trouverez dans les comédies classiques. ●

● a. Vous trouverez des serviteurs rusés comme Arlequin ou Figaro dans les comédies classiques.
● b. Je connais beaucoup de maîtres ridicules au théâtre.
● c. Je devais rencontrer un homme instruit.
● d. Vous êtes l'homme de ma vie.

★ 2 Ces phrases sont à la forme passive : vrai ou faux ?

	Vrai	Faux
a. Je suis enthousiasmée par cette rencontre.	☐	☐
b. Vous êtes merveilleux.	☐	☐
c. Je suis allée au théâtre.	☐	☐
d. Cette pièce a été souvent jouée.	☐	☐
e. Les duos amoureux sont des passages obligés dans la comédie.	☐	☐

★★ 3 Soulignez tous les termes qui marquent la négation.

EUPHROSINE. – Je ne suis digne que de pitié, mon enfant.
ARLEQUIN. – Bon, bon, à qui est-ce que vous contez cela ? Vous êtes digne de toutes les dignités imaginables : un empereur ne vous vaut pas, ni moi non plus : mais me voilà moi, et un empereur n'y est pas et un rien qu'on voit vaut mieux que quelque chose qu'on ne voit pas.

■ MARIVAUX, *L'Île des esclaves*, scène VIII, 1725.

★★ 4 Quelle est la forme de ces phrases ?

	Forme emphatique	Forme passive
a. Chérubin est protégé par toutes les femmes dans *Le Mariage de Figaro*.		
b. Quel plaisir de regarder cette nouvelle mise en scène du théâtre de Marivaux !		
c. Jouer le rôle d'Arlequin, voilà un joli début de carrière d'acteur.		
d. Les comédies de Marivaux ont été souvent jouées à la Comédie française, ces dernières années.		

★★★ 5 Réécrivez ces phrases au passif en faisant toutes les transformations nécessaires.

a. Le Comte Almaviva a découvert Chérubin, le page, chez Fanchette, la cousine de Suzanne.
b. Fanchette et Chérubin répétaient une chanson pour la fête du mariage de Suzanne.
c. Le Comte aurait poussé des grands cris de colère en les trouvant ensemble.
d. Chérubin reçut l'ordre de quitter le château.

★★★ 6 Réécrivez ce texte en supprimant tous les procédés d'emphase. Que devient le dialogue ainsi rédigé ?

CHÉRUBIN. – C'est fait Suzon, je suis privé à jamais du plaisir de te voir.
SUZANNE. – De me voir ! Moi ? C'est mon tour ! Ce n'est donc plus pour ma maîtresse que vous soupirez en secret ?
CHÉRUBIN. – Ah ! Suzon, qu'elle est noble, qu'elle est belle ! Mais qu'elle est imposante !
SUZANNE. – C'est-à-dire que je ne le suis pas et qu'on peut oser avec moi…

■ BEAUMARCHAIS, *Le Mariage de Figaro*, acte 1, scène 7, 1778.

Livret des corrigés p. 2

Français

6 La phrase complexe et les différentes subordonnées

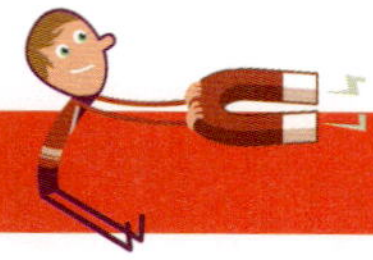

Retenir l'essentiel

Mais lorsque l'heure fut venue de partir et que je me levai pour faire signe au grand Meaulnes, il ne m'aperçut pas d'abord. Adossé à la porte et tête penchée, il semblait profondément absorbé par ce qui venait d'être dit. En le voyant ainsi, perdu dans ses réflexions, regardant, comme à travers des lieues de brouillard, ces gens paisiblement qui travaillaient, je pensais soudain à cette image de *Robinson Crusoé*, où l'on voit l'adolescent anglais, avant son grand départ, « fréquentant la boutique d'un vannier ».

■ Alain Fournier, *Le Grand Meaulnes*, 1913.

Ces phrases sont-elles simples ou complexes ?

Complexes.

Phrase simple et phrase complexe

● Une phrase qui ne comprend qu'un seul verbe conjugué est une **phrase simple.**

Alain Fournier a écrit Le Grand Meaulnes.

● Une phrase qui comprend au moins deux verbes conjugués est une **phrase complexe.** Elle se décompose en autant de propositions que de verbes conjugués. Les propositions peuvent être juxtaposées, coordonnées ou être liées par un rapport de subordination.

Les propositions subordonnées

● Une proposition subordonnée n'a **pas d'existence autonome,** elle dépend toujours d'une proposition principale à laquelle elle est reliée le plus souvent par un mot subordonnant.

Je ris [parce qu'il a raconté une blague].
mot subordonnant

● On distingue **six types de propositions subordonnées,** en fonction du mot qui les introduit.

Mot subordonnant	Nature de la subordonnée	Exemple
Conjonction de subordination	Conjonctive complétive Conjonctive circonstancielle	*Je pense [**qu'**il a raison]. Tu viens [**quand** tu veux].*
Pronom interrogatif ou conjonction de subordination	Interrogative indirecte	*Il se demande [**si** c'est raisonnable].*
Pronom relatif	Subordonné relative	*Les histoires [**qu'**il raconte] sont passionnantes.*
Pas de mot subordonnant mais verbe à l'infinitif	Subordonnée infinitive	*J'entends [Meaulnes rire de mes maladresses].*
Pas de mot subordonnant mais verbe au participe	Subordonnée participiale	*[Les cours terminés,] nous discutions ensemble.*

Comprendre comment faire

► Pour identifier le mot subordonnant *que*

● Si *que* est un pronom relatif, on peut en général remplacer la proposition par un adjectif épithète. *Meaulnes [que je voyais souvent rêver dans la cour] s'en alla un beau matin.* ➜ *Meaulnes souvent rêveur s'en alla.*

● Si *que* est une conjonction de subordination introduisant une subordonnée conjonctive complétive, on peut en général remplacer la proposition par un GN complément d'objet. *Le narrateur se rend compte [que Meaulnes a fugué].*
➜ *Le narrateur se rend compte de la fugue de Meaulnes.*

● La proposition relative suit souvent le nom que remplace le pronom relatif. La subordonnée conjonctive complétive suit le plus souvent le verbe de la principale.

FOCUS

Alain Fournier écrit *Le Grand Meaulnes* en 1913. François, le narrateur, est fasciné par son ami Augustin Meaulnes qui ne se satisfait pas de la réalité et rêve de départ et de découvertes.

S'entraîner

★ **1 a. Parmi ces phrases, lesquelles sont simples, lesquelles sont complexes ?**

	Simple	Complexe
Je sais que Meaulnes est parti.	☐	☐
Plus exactement je le soupçonne de s'être échappé.	☐	☐
Sitôt le déjeuner terminé, il a dû sauter le petit mur et filer à travers champs…	☐	☐
Il aura demandé la jument de M. et Mme Charpentier qu'il fait atteler maintenant.	☐	☐

b. Dans les phrases 1 et 4, identifiez la classe grammaticale de *que* et la subordonnée introduite.

★★ **2 Transformez chaque couple de phrases en une phrase comprenant une proposition principale et une subordonnée.**

a. Ma famille habitait depuis dix ans le village. Un jour Augustin Meaulnes arriva.
b. Le dimanche d'hiver à la campagne, dans les années 1900, était parfois très triste. C'est pourquoi l'arrivée d'un invité était un événement.
c. J'étais inquiet. Meaulnes n'était pas rentré.

★★ **3 a. Dans ce texte, soulignez deux compléments circonstanciels de temps.**

Dès le début de la classe, je me suis aperçu que Meaulnes n'était pas rentré après la récréation de midi. Son voisin de table a bien dû s'en apercevoir aussi. Il n'a rien dit encore, préoccupé par sa composition. Mais dès qu'il aura levé la tête, la nouvelle courra par toute la classe et quelqu'un comme c'est l'usage, ne manquera pas de crier à haute voix les premiers mots de la phrase : « Monsieur ! Meaulnes… ».

■ Alain Fournier, *Le Grand Meaulnes*, 1913.

b. Quelle est la classe grammaticale de chacun de ces compléments ?

★★ **4 Relative ou conjonctive complétive ? Indiquez quelle subordonnée introduit *que*.**

	Relative	Conjonctive complétive
Je crains que vous ne m'ayez pas compris.	☐	☐
Je te prêterai les livres que j'ai lus cet été.	☐	☐
Nous souhaitons que vous reveniez très vite parmi nous.	☐	☐
L'équipe que nous avions constituée fonctionnait très bien.	☐	☐

★★★ **5 Lisez ce texte et faites l'analyse en propositions de la première phrase.**

Tandis que les enfants couraient avec des cris de joie, que des groupes se formaient ou s'éparpillaient à travers bois, Meaulnes s'avança dans une allée, où, dix pas devant lui, marchait la jeune fille. Il se trouva près d'elle sans avoir eu le temps de réfléchir :
« Vous êtes belle », dit-il simplement.

■ Alain Fournier, *Le Grand Meaulnes*, 1913.

Proposition	Principale ou subordonnée ?	Type de subordonnée	Fonction de la sub.
Tandis que les enfants couraient avec des cris de joie			
que des groupes se formaient ou s'éparpillaient à travers bois			
Meaulnes s'avança dans une allée			
où, dix pas devant lui, marchait la jeune fille.			

Livret des corrigés p. 2

Français

7

Les subordonnées circonstancielles

Retenir l'essentiel

Maman, bien que ce mot fût par certains de nos proches tout voilé de réticences, maman, parce que nos petits cousins le disaient avec l'air de sucer un berlingot, maman, parce que le pronotaire et la tante Thérèse avaient presque la même manière de le prononcer en parlant de grand-mère, maman, malgré le « madame votre mère » terriblement lourd de mademoiselle Ernestine, maman, quoi ! Ça nous chauffait les oreilles.

■ Hervé BAZIN, *Vipère au poing*, © Éd. Grasset & Fasquelle, 1948.

Relevez une subordonnée circonstancielle de concession.

« Bien que ce mot fût [...] tout voilé de réticences. »

La subordonnée conjonctive circonstancielle

Une subordonnée conjonctive circonstancielle exprime là circonstance dans laquelle se fait le verbe de la proposition principale. Elle est introduite par une conjonction ou locution conjonctive qui précise leur sens.
On distingue plusieurs subordonnées circonstancielles selon leur sens.

Subordonnée circonstancielle	Conjonctions de subordination ou locutions conjonctives	Exemple
de temps (temporelle)	***quand, dès que, lorsque, tandis que, avant que, après que, comme***, etc.	*Lorsque nous cousins disent « maman », on sent plein de tendresse dans leur voix .*
de cause (causale)	***comme, parce que, puisque, sous prétexte que***, etc.	*Parce que maman rentrait de Chine, notre vie allait changer.*
de conséquence (consécutive)	***Si bien que, de sorte que, de façon que…, si…. que***, etc.	*Nous avions si peu vu notre mère que nous nous ne la connaissions guère.*
de but (finale)	***pour que, afin que, de peur que*** **suivies du subjonctif.**	*Nous nous sommes approchés pour que notre mère nous embrasse.*
de concession (concessive)	***bien que, quoique, même si***, etc. **suivies du subjonctif.**	*Bien que ce mot fût par certains de nos proches tout voilé de réticences, nous aimions bien dire maman.*
de condition (conditionnelle)	***si, à condition que…*** etc.	*Si vous travailliez davantage, vous auriez de meilleurs résultats.*
de comparaison	***comme, de même que, autant que***, etc.	*Nous aimions répéter le mot « maman » comme le font tous les enfants.*

Comprendre comment faire

▶ Pour bien utiliser les subordonnées circonstancielles de condition

Le temps de la subordonnée de condition dépend du temps de la principale et du sens de la phrase.

Exemple	Verbe de la subordonnée	Verbe de la principale	Sens
S'il fait beau, nous irons manger une pizza.	*fait* (présent de l'indicatif)	*irons manger* (présent conditionnel)	Éventuel
S'il faisait beau, nous irions manger une pizza.	*faisait* (imparfait de l'indicatif)	*irions manger* (passé conditionnel)	Potentiel
			Irréel du présent
S'il avait fait beau, nous aurions mangé une pizza.	*avait fait* (plus-que-parfait de l'indicatif)	*aurions mangé* (passé conditionnel)	Irréel du passé

FOCUS

Vipère au poing est le premier roman d'**Hervé Bazin** qui l'a rendu immédiatement célèbre. Publié en 1948, il est le premier volet d'une trilogie qui raconte successivement l'enfance de Jean Rezeau, sa vie de jeune adulte (*La Mort du petit cheval*) puis celle d'homme d'âge mûr jusqu'à la mort de sa mère Folcoche (*Le Cri de la chouette*). Cette trilogie est **autobiographique**.

S'entraîner

★ **1 Remplacez les deux indépendantes juxtaposées par une principale et une subordonnée circonstancielle de cause.**

a. Je bois frais ; j'ai chaud.
b. Il n'a pas bien interprété son morceau de piano ; il était trop nerveux.
c. Il a eu une forte amende ; il dépassait la limite de vitesse autorisée.
d. Les enfants étaient excités ; leurs parents rentraient de Chine.
e. Il n'a pas réussi à montrer sa joie ; il est trop timide.

★ **2 Remplacez les deux indépendantes juxtaposées par une principale et une subordonnée circonstancielle de conséquence, en variant les conjonctions de subordination.**

a. L'automobiliste a freiné très brusquement ; je n'ai pas pu l'éviter.
b. L'incendie a pris dans la forêt ; on a dû évacuer le village.
c. Elle a beaucoup d'enfants ; elle ne sait où donner de la tête.
d. Il avait voyagé toute la nuit ; il tombait de fatigue.
e. Son histoire familiale est très sinistre ; il a décidé d'en faire un récit autobiographique.

★★ **3 Conjuguez les verbes comme il convient.**

a. Si vous (travailler) .... vite, nous irons voir vos cousins.
b. Si ma grand-mère voulait nous aider, nous (pouvoir)......................... monter un spectacle.
c. Ce père de famille (devoir) .... protéger ses fils contre la sévérité de leur mère.
d. Nous aurions lu *Vipère au poing* même si ce roman n'(être) .... pas au programme.

★★ **4 Dans chaque phrase insérez une conjonction ou une locution conjonctive qui introduise une subordonnée de but.**

a. Le ministère des Transports a pris des mesures .... il y ait moins d'accidents.
b. Tu devrais allumer la lumière .... on y voie mieux.
c. Je leur téléphone .... ils viennent immédiatement.
d. Ils parlent tout bas .... le bébé ne s'éveille.

★★★ **5 Voici trois phrases extraites de la déclaration du narrateur à sa mère dans les dernières pages du roman. Lisez-les et répondez aux questions suivantes.**

A. Toi qui as déjà tant souffert pour nous faire souffrir, tu te moques de ce que je te réserve, pourvu que mûrisse ce que je me réserve à moi-même.
B. Je pense, donc je contredis.
C. Je dois dire non à cette forme d'éducation, puisque je déteste les guides.

a. Indiquez le rapport logique de chaque phrase.

Rapport de cause :	A ☐	B ☐	C ☐
Rapport de conséquence :	A ☐	B ☐	C ☐
Rapport de but :	A ☐	B ☐	C ☐

b. Ces phrases ont-elles une visée narrative ?

★ **6 Retrouvez dans ces mots mêlés au moins cinq conjonctions de subordination.**

s	i	q	u	o	i	q	u	e
u	l	u	v	r	q	u	e	n
r	s	a	v	e	s	e	n	s
e	r	n	i	r	e	b	o	u
m	i	d	a	c	n	t	s	q
p	u	i	s	q	u	e	m	i
n	e	a	n	m	o	i	n	s
c	e	r	t	e	s	m	l	e
p	o	u	r	q	u	o	i	t

Livret des corrigés p. 2

L'expression de l'opposition dans la phrase simple et la phrase complexe

Retenir l'essentiel

Ma mère arrivait chez moi, fermement résolue à ne pas s'écarter désormais de son régime. Mais ce régime, elle l'enfreignait constamment sans s'en douter, les infractions étant toutes exceptionnelles quoique quotidiennes. « Je veux seulement voir si ce feuilleté est réussi. »

■ Albert COHEN, *Le Livre de ma mère, 1954* © Folio, Gallimard, 1991.

Qu'expriment les expressions *sans s'en douter* et *quoique quotidiennes* ?

La concession.

Opposition simple et concession

Exprimer une opposition, c'est évoquer un fait dont la réalisation est contraire à un autre fait.

- L'**opposition simple** : les deux faits contrastent entre eux. *Ma mère devait faire un régime **mais** elle prenait toujours son café avec deux sucres.*
  ➜ Faire un régime et prendre un café avec deux sucres ne vont pas ensemble.

- La **concession** : le premier fait entraîne un second fait inattendu, contraire à la logique. ***Bien qu'**il fasse un régime, il a encore grossi.*
  ➜ Le fait qu'il fasse un régime n'entraîne pas la conséquence attendue : maigrir.

Dans une phrase simple

Dans une phrase simple, l'opposition peut être exprimée à l'aide d'un **complément circonstanciel** d'opposition appartenant aux classes grammaticales suivantes :

– un **GN** ou un pronom introduits par *malgré, à défaut de, en dépit de, excepté, sauf, sans.* *[**En dépit du** faible salaire de mon père], nous vivions heureux.*

– un **infinitif** introduit par *au lieu de, loin de, sans.* *[**Au lieu de** nous plaindre], nous profitions des bons moments.*

– un **gérondif** souvent précédé de : *tout, même.* *[**Tout** en faisant attention aux dépenses], ma mère savait nous gâter.*

Dans une phrase complexe

- Dans une phrase complexe, le **complément circonstanciel** d'opposition peut prendre la forme :

– d'une **subordonnée conjonctive** à l'indicatif introduite par *alors que, tandis que, même si*; *Chloé est brune [**alors que** sa sœur est blonde].*

– d'une subordonnée conjonctive au subjonctif introduite par *bien que, quoique*; *[**Bien qu'**on fût en hiver], il aimait vivre, fenêtres ouvertes.*

– d'une subordonnée conjonctive au conditionnel introduite par *quand bien même, alors même que*; *Je ne quitterais pas Paris, [**quand bien même** la pollution y augmenterait].*

– d'une **subordonnée relative** indéfinie au subjonctif introduite par *qui que, quoi que, quel que, où que.* *[**Où que** vous soyez], téléphonez-moi souvent.*

- L'opposition peut également être exprimée par **deux propositions indépendantes coordonnées** par *mais, or, cependant, néanmoins, pourtant, toutefois,* etc. *Il est tard **or** il n'est pas rentré du collège.*

Comprendre comment faire

► Pour distinguer *quoique* et *quoi que*

- ***Quoique*** est une conjonction de subordination que l'on peut remplacer par *bien que.* Elle introduit une subordonnée conjonctive dont le verbe se conjugue au subjonctif. ***Quoique** tu aies fait des progrès, tu peux encore t'améliorer.*

- ***Quoi … que*** est pronom relatif composé qui signifie *quelle que soit la chose que.* Ce pronom introduit une subordonnée relative dont le verbe se conjugue au subjonctif. ***Quoi que** tu dises, tu auras toujours raison, aux yeux de ta mère.*
  (*= Quelle que soit la chose que tu dises…*)

FOCUS

Dans le *Livre de ma mère,* **Albert Cohen** entend rendre **hommage à sa mère** décédée et témoigner de l'amour maternel reçu pendant son enfance.

S'entraîner

★ **1 Classez les compléments circonstanciels d'opposition, selon leur classe grammaticale, à l'aide du tableau suivant.**

a. Bien qu'elle soit très occupée, elle joue de la flûte tous les jours.
b. Malgré nos gros chandails de laine, nous grelottions de froid.
c. Venez, sauf contre-ordre de dernière minute de notre part.
d. Quand bien même il voudrait gagner davantage d'argent, il doit faire ses preuves.
e. En dépit de sa jeunesse, il a déjà beaucoup voyagé.
f. Tandis que ma mère m'attendait, j'oubliais l'heure, trop absorbé par mon nouveau jeu.

Groupe nominal prépositionnel	Sub. conjonctive à l'indicatif	Sub. conjonctive au subjonctif	Sub. conjonctive au conditionnel
....	....	....	....
....	....	....	....
....	....	....	....
....	....	....	....
....	....	....	....
....	....	....	....
....	....	....	....
....	....	....	....

★★ **2 Complétez par *quoique* ou *quoi que* ?**

a. .... cette pâte d'amandes soit un peu sucrée, je me régale.
b. .... tu dises, ta tarte est délicieuse.
c. .... indique cette balance, on ne peut pas s'y fier.
d. .... je mange, tu me grondes toujours.

★★ **3 Mettez les verbes au mode et au temps qui conviennent.**

a. Tandis que nous nous (*promener*) ...., le chien reniflait tous les murs des jardins.
b. Quand bien même vous m'(*offrir*) .... une fortune, je ne quitterais pas cet emploi que j'aime.
c. Bien que cette plage ne (*être*) .... pas polluée, l'eau n'est pas limpide.
d. Au lieu de (*manifester*) .... sa joie, elle fit un pâle sourire.

★★ **4 Complétez les phrases avec un mot exprimant l'opposition.**

Quand Albert Cohen a débarqué de Corfou avec ses parents, ils ne connaissaient personne à Marseille, ... un vieil oncle. .... de son jeune âge, il se réveillait seul avant d'aller à l'école. Sa mère lui laissait un petit dessin rassurant qui remplaçait son baiser, ... les jours où elle était trop pressée. Devenu adulte, l'écrivain n'a rien oublié .... le nombre d'années écoulées.

★★★ **5 Modifiez la manière d'exprimer l'opposition en fonction des indications données entre parenthèses.**

a. Au lieu d'être triste, tu ferais mieux de travailler. (Employer une sub. conjonctive au conditionnel)

....

b. Bien qu'il ait quinze ans, il n'est pas très autonome. (Employer une préposition et un GN)

....

c. Quoique cet exercice soit facile, il a dû mal à le terminer. (Employer deux indépendantes coordonnées)

....

d. Malgré la chaleur, cette maison reste fraîche. (Employer une sub. conjonctive au subjonctif)

....

Livret des corrigés p. 2

Les difficultés de conjugaison aux temps simples de l'indicatif

Retenir l'essentiel

Le vieil homme les **regarda**, puis **eut** ce geste qui **stupéfia** son petit-fils car il savait à quel point l'aïeul avait du mal à se tenir debout : il **se leva**. [...] Pierre-Édouard n'en **crut** pas ses yeux lorsqu'il **constata** que les paupières du vieillard se frangeaient de larmes.

■ C. MICHELET, *Des grives aux loups* © Laffont, 2003.

À quel temps sont les verbes en gras ?

Au passé simple.

Les terminaisons aux temps simples de l'indicatif

- Au **présent** et au **passé simple**, les terminaisons dépendent du groupe du verbe.
- Mais à l'**imparfait** et au **futur**, les terminaisons sont les mêmes pour tous les verbes.

	Verbes du 1er groupe du type *chanter*	Verbes du 2e groupe du type *finir*	Verbes du 3e groupe
Présent	-e, -es, -e -ons, -ez, -ent	-s, -s, -t -ons, -ez, -ent	-s, -s, -t / -ds, -ds, -d, / -es, -es, -e / -x, -x, -t, -ons, -ez, -ent
Passé simple	-ai, -as, -a -âmes, -âtes, -èrent	-is, -is, -it -îmes, -îtes, -irent	-is, -is, -it, -îmes, -îtes, -irent -ins, -int, -înmes, -întes, -inrent -us, -us, -ut, -ûmes, -ûtes, -urent
Imparfait	-ais, -ais, -ait, -ions, -iez, -aient		
Futur	-rai, -ras, -ra, -rons, -rez, -ront		

Les variations du radical

- On dit des **verbes du 1er et du 2e groupe** qu'ils sont réguliers car ils présentent tous le même système de terminaisons et qu'en règle générale, **leur radical ne varie pas.** Cependant, certains verbes du 1er groupe présentent de légères variations de radical liées à la prononciation.

- Quant aux **verbes du 3e groupe,** la plupart ont un **radical variable.**
je lis, nous lisons, il lut…
je vois, nous voyons, il vit…
je vais, nous allons, il ira…

Types de verbes	Règle	Exemples
Verbes en *-cer*	Prennent un *ç* devant des terminaisons commençant par *a* ou *o*.	*nous commençons il commençait*
Verbes en *-ger*	S'écrivent avec *ge* devant des terminaisons commençant par *a* ou *o*.	*nous mangeons il mangeait*
Verbes en *-yer*	Changent le *y* en i devant un *e* muet.	*il essuie, il essuiera*
Verbes en *-er*	Changent le *e* en è devant un *e* muet.	*il sème, il achète, il gèle*
Verbes en *-eler* et *-eter*	Doublent le *l* ou le *t* devant un *e* muet.	*il appelle, il jette.*

FOCUS

Le **passé simple** étant le temps du récit, il s'emploie essentiellement à la troisième personne du singulier et du pluriel. Les autres personnes sont beaucoup moins utilisées et donc moins connues.

Comprendre comment faire

► Pour connaître les terminaisons du présent des verbes du 3e groupe

La plupart des verbes du 3e groupe prennent les terminaisons : *-s, -s, -t, -ons, -ez, -ent.* Mais il y a des exceptions, heureusement en nombre limité.

	Irrégularités au singulier	Irrégularités au pluriel
Verbes en *-dre* qui ne se terminent pas par *-indre* et *-soudre*	*-ds, -ds, -d* *je prends, tu prends, il prend*	–
pouvoir, valoir, vouloir	*-x, -x, -t* *je peux, tu peux, il peut*	–

S'entraîner

★ **1 Placez un (ou deux) pronom(s) personnel(s) devant les formes verbales suivantes.**

.... mangerai	.... dites
.... ferons	.... doit
.... courrai	.... veut
.... pèsent	.... fit
.... vaux	.... courrai
.... mourus	.... couvre
.... cueille	.... appréciâtes
.... paie	.... payai
.... méfierai	.... obéit
.... acquiers	.... tins

★ **2 Retrouvez l'infinitif des verbes suivants.**

il vainc :	ils vêtaient : ....
il vécut :	tu tins : ....
vous crûtes :	je vis : ....
il dut :	il meut : ....
tu peignis :	il paît ....
tu cousis :	vous tîntes : ....
il broie :	vous sentîtes : ....
il faut :	tu recevras : ....
il pourvut :	elle sut : ....
tu pus :	elles veulent : ....

★★ **3 Mettez ces phrases au futur.**

a. Tu aères la salle de bains.

....

b. Nous nous asseyons à la terrasse d'un café.

....

c. Vous recevez bientôt de nos nouvelles.

....

d. Il parcourt rapidement la une du journal.

....

e. Tu résous tes équations facilement.

....

★★ **4 Mettez ces phrases à l'imparfait.**

a. J'éteins la lumière quand je sors d'une pièce.

....

b. Le fantôme apparaît chaque vendredi.

....

c. Vous travaillez et réussissez bien.

....

d. L'eau ruisselle le long de la roche.

....

e. Ils défont ce que leurs ancêtres ont construit patiemment.

....

★★ **5 a. Réécrivez l'extrait p. 20 au présent.**

b. Réécrivez cet extrait au futur.

Une heure et demie plus tard, lorsque furent publiés les résultats, c'est d'un pas tremblant et la gorge sèche, que Pierre-Édouard s'approcha du tableau d'affichage. Mais il ne savait pas où trouver son nom et c'est le maître qui lui annonça qu'il était reçu premier de la commune et troisième du canton. C'était plus qu'un succès, un triomphe !

■ Claude MICHELET, *Des grives aux loups*

★★ **6 Mots mêlés : retrouvez dix formes conjuguées au passé simple. Les mots s'écrivent horizontalement et verticalement et certaines lettres sont communes.**

t	i	n	s	v	i	t	o
a	b	o	c	r	u	s	r
e	d	u	r	e	n	t	l
f	r	a	i	g	n	i	s
i	j	m	a	n	g	e	a
r	t	e	i	n	q	a	s
e	e	s	o	n	u	s	e
n	s	z	s	q	i	e	u
t	r	e	n	t	t	m	t

Livret des corrigés p. 2

Retenir l'essentiel

Le lendemain, pour apaiser ma colère, je disparus une bonne partie de l'après-midi. J'avais trouvé dans la montagne une cachette idéale, une espèce de trouée dans la roche qui ressemblait à une petite grotte. Je la considérais comme ma maison secondaire... L'été, il y faisait très bon.

■ Tahar Ben Jelloun, *Les yeux baissés* © Seuil, 1991.

À quel temps est le verbe « j'avais trouvé » ?

Au plus-que-parfait de l'indicatif.

Les emplois du présent et du passé composé de l'indicatif

● **Le présent** : il correspond au moment de l'énonciation ou au moment de l'écriture : *Je me réfugie dans une grotte pour rêver* ➜ je suis en train d'entrer quand je prononce cette phrase.

Il peut prendre d'autres valeurs qui s'ajoutent au sens du verbe :

– le présent de vérité générale : *La terre tourne.* L'énoncé est valable au moment où je parle, l'a toujours été et le sera toujours ;

– le présent d'habitude : *Je me lève avec le soleil.*

– le présent de passé ou de futur proche : *Je pars demain/Je rentre du désert.*

➜ Dans les deux énoncés, les actions sont proches du moment de l'énonciation.

– le présent de narration se rencontre dans un texte au passé pour rendre le récit plus proche et donc plus vivant : *Il faisait un temps magnifique; les oiseaux chantaient; soudain un grondement s'élève.*

● **Le passé composé** : dans un énoncé qui fait référence au moment de l'énonciation, il est utilisé pour exprimer l'antériorité par rapport au présent : *Aujourd'hui je pars tôt, mais hier j'ai quitté la maison à midi.*

Les emplois du passé simple et de l'imparfait dans un récit au passé

L'imparfait et le passé simple sont les temps de base de l'énoncé coupé de la situation d'énonciation. Les récits au passé sont caractérisés par l'alternance de ces deux temps.

Les valeurs du passé simple de l'indicatif (actions successives : le premier plan du récit)	Exprimer une action de premier plan, les événements principaux.
	Exprimer des actions brèves et achevées. *Je disparus une partie de l'après midi.*
Les valeurs de l'imparfait de l'indicatif	Exprimer une action secondaire par rapport au premier plan qui est au passé simple, vue dans son déroulement. *Elle marchait vers sa cachette quand soudain quelque chose attira son regard.*
	Décrire : les verbes de la description à l'imparfait sont vus en cours de déroulement. *L'été, il faisait bon dans cette grotte.*
	Exprimer la répétition, l'habitude passée. *Chaque jour, elle se reposait dans sa grotte.*
	Rapporter les commentaires du narrateur. *Notre héros était bien lâche !*

FOCUS

Tahar Ben Jelloun se présente comme un **conteur** qui aime raconter des histoires et comme un **citoyen** qui écrit des articles de journaux pour partager son besoin de justice. Cet écrivain contemporain marocain écrit en français. C'est une des grandes **figures de la francophonie**.

Comprendre comment faire

► Pour justifier l'emploi d'un plus que parfait ou d'un conditionnel présent

● Dans un récit au passé, **le plus que parfait** exprime une action antérieure aux faits exprimés au passé simple ou à l'imparfait. *J'avais trouvé une cachette idéale.*

● Dans un récit au passé, **le conditionnel présent** exprime une action à venir. *Je réfléchissais. Quand j'aurais fini mon travail, je me réfugierais dans ma grotte et partirais en voyage, au pays de mes rêves.*

S'entraîner

★ **1 Reliez les verbes au présent à leur valeur.**

a. Qui vole un œuf vole un bœuf. ● ● Présent de narration

b. Je pars demain au lycée de la ville voisine. ● ● Présent de futur proche

c. Elle va au marché toutes les semaines. ● ● Présent de vérité générale

d. La chaleur était accablante, je marchais avec peine; soudain un camion s'arrête pour me prendre en stop. ● ● Présent d'habitude

★★ **2 Même consigne pour l'imparfait.**

a. L'homme était grand et élégant, il portait une cravate à pois. ● ● Imparfait d'action d'arrière-plan

b. Il mangeait quand quelqu'un sonna. ● ● Imparfait d'habitude

c. Comme souvent, le plat était mal cuisiné. ● ● Imparfait de description

★★ **3 Mettez les verbes entre parenthèses au temps qui convient.**

Voici la suite de l'extrait p. 22.

Un jour mon frère me (suivre) .... et me (surprendre) .... au moment où je (déplacer) .... la grosse pierre servant de porte. Je (sursauter) .... et n'(avoir) .... d'autre choix que de le faire entrer en lui faisant jurer de ne jamais parler à qui que ce soit. Nos deux corps se (glisser) .... dans la grotte et, tout en tenant mon frère par l'épaule, je lui (présenter) .... mes personnages et amis. Cela (provoquer) .... chez lui un fou rire émerveillé.

■ Tahar ben Jelloun, *Les yeux baissés* © Seuil, 1991.

★★ **4 Remplissez le tableau à l'aide du texte.**

Mon père pénétra dans la chambre, ferma la porte à clé, et demanda à Lalla Radhia d'ôter les langes du nouveau-né. C'était évidemment une fille. Sa femme s'était voilé le visage pour pleurer. Il tenait le bébé dans son bras gauche et de sa main droite il tira violemment sur le voile et dit à sa femme : « Pourquoi ces larmes ? J'espère que tu pleures de joie ! Regarde, regarde bien c'est un garçon ! »

■ Tahar ben Jelloun, *L'Enfant de sable* © Seuil, 1985.

Verbes au passé simple pour rapporter les actions successives du récit	Verbes au présent dans le dialogue	Verbes à l'imparfait pour évoquer les actions secondaires ou faire un commentaire

★★ **5 Observez ce tableau de Delacroix.**

histoire des arts

■ Eugène Delacroix, *Femmes d'Alger dans leur appartement,* 1834.

a. Combien de plans distinguez-vous ?

b. Quels sont les objets que l'on voit au premier plan ?

c. Décrivez l'attitude des personnages.

d. Comment est rendue l'ambiance d'endroit renfermé et confiné ?

Livret des corrigés p. 3

Retenir l'essentiel

Le narrateur Malaussène est employé dans un grand magasin pour désamorcer la colère des clients mécontents.

Il a suffi que je me mette à pleurer pour que la cliente prenne ma place. Compassion. Elle parvient à interrompre Lehmann au milieu d'une respiration. Machine arrière toute. Elle retire sa plainte. Qu'on se contente de faire jouer les garanties du réfrigérateur, elle n'en demande pas plus. Inutile de faire rembourser le réveillon de vingt-cinq personnes. Elle s'en voudrait de me faire perdre ma place une veille de fête.

■ D. PENNAC, *Au bonheur des ogres* © Gallimard, 1988.

Quels verbes sont conjugués au subjonctif ?

mette, prenne, contente.

Le subjonctif est un mode personnel qui comprend quatre temps : le présent (*qu'il parle*) et l'imparfait (*qu'il parlât*) ; le passé (*qu'il ait parlé*) et le plus-que-parfait (*qu'il eût parlé*).

Formation du subjonctif

● Au subjonctif présent, pour tous les verbes sauf *avoir* et *être*, les terminaisons sont : *-e*, *-es*, *-e*, *-ions*, *-iez*, *-ent*. *que je voie, que tu voies, qu'il/elle voie.*

● Au subjonctif imparfait, on garde la voyelle qui sert à former le passé simple et on ajoute : *-sse*, *-sses*, *-ât*, *-ssions*, *-ssiez*, *-ssent*. *Que je chantasse, que tu chantasses, qu'il/elle chantât.*

● Au subjonctif passé et plus-que-parfait, on conjugue l'auxiliaire *être* ou *avoir* au subjonctif présent ou à l'imparfait et on ajoute le participe passé. *Que j'aie chanté; que je sois venu. Que j'eusse chanté; que je fusse venu.*

Emplois du subjonctif

● Le subjonctif est le mode de l'éventuel pour une action incertaine.

● Dans une indépendante ou une principale : il peut exprimer un ordre ou un souhait. *Qu'on se contente de respecter les clauses du contrat.*

● On le trouve aussi :
– dans des subordonnées complétives après des verbes qui expriment un sentiment dans la proposition principale (*Je préfère que vous retiriez ma plainte*), la volonté, l'ordre (*Elle demande qu'on la rembourse*), la possibilité et le doute (*Je doute que la cliente croie à ta bonne foi*) ;
– après les tournures impersonnelles comme *il faut que, il suffit que, il est dommage que*… *Il a suffi que je pleure.*
– dans les subordonnées circonstancielles de but (*Je pleure pour que la cliente soit émue*), de concession (*Bien qu'elle soit en colère, la cliente a accepté un compromis*), de condition (*La cliente est satisfaite, à condition que la garantie soit activée*), de temps introduites par les conjonctions *avant que*, *en attendant que* (*Avant qu'il ne soit trop tard, le vendeur cherche à la calmer*).

Comprendre comment faire

FOCUS
L'accent circonflexe à la troisième personne du singulier **permet de ne pas confondre subjonctif imparfait et passé simple.** *Il rendit son tablier (ps) / Bien qu'il rendît son tablier, il était mécontent (subj. imp.).*

▶ Pour ne pas confondre indicatif et subjonctif présents

Il faut que je voie le chef de rayon.
Je vois que le chef de rayon est trop occupé pour s'occuper de vous.

a. Je me demande à quel mode est conjugué le verbe, pour savoir comment j'orthographie la marque de personne. Je sais qu'après « il faut que », j'utilise le subjonctif.

b. En cas de doute, je peux remplacer le verbe de la phrase par le verbe « être » dont la forme au subjonctif est différente de sa forme à l'indicatif. Exemples :
Il faut que « je sois », subjonctif, donc la terminaison du verbe « voir » sera « e ».
Je suis sûr que « tu es », indicatif, donc la terminaison du verbe « voir » prend un « s ».

S'entraîner

★ **1 Les formes verbales suivantes peuvent-elles être des formes de subjonctif ?**

	Oui	Non
Croies	☐	☐
Voyez	☐	☐
Fût	☐	☐
Voient	☐	☐
Voyions	☐	☐

★ **2 Ces conjonctions de subordination peuvent-elles commander le subjonctif ?**

	Oui	Non
Avant que	☐	☐
Après que	☐	☐
Quoique	☐	☐
Pour que	☐	☐

★★ **3 Reliez les bonnes réponses.**

a. Il regrette que vos produits ne soient pas de qualité. ●

b. Faites jouer la garantie avant que les délais ne soient dépassés. ●

c. Il est possible que la compassion fonctionne souvent dans les rapports humains. ●

d. Qu'il vienne. ●

e. Que le diable l'emporte. ●

● Subjonctif dans une phrase indépendante exprimant un souhait.

● Subjonctif dans une phrase indépendante exprimant un ordre.

● Subjonctif dans une subordonnée circonstancielle de temps.

● Subjonctif dans une subordonnée complément d'une tournure impersonnelle.

● Subjonctif dans une subordonnée complétive.

★★ **4 Soulignez les verbes au subjonctif et justifiez son emploi.**

Voilà, il y a trois jours, mes services auraient vendu à la dame ici présente un réfrigérateur d'une contenance telle qu'elle y a enfourné le réveillon de vingt-cinq personnes. « Enfourné » est le mot juste, puisque cette nuit, pour une raison dont Lehmann aimerait que je lui fournisse l'explication, le frigo en question s'est transformé en incinérateur. Un miracle que madame n'ait pas été brûlée vive en ouvrant la porte ce matin.

■ D. PENNAC, *Au bonheur des ogres* © Gallimard, 1988.

★★ **5 Conjuguez les verbes entre parenthèses au subjonctif.**

a. Bien que les tests de contrôle (effectuer) .... cet article était défectueux.

b. Il fallait donc que les clients (porter) .... ; plainte pour qu'ils (participer) .... à l'assainissement du commerce.

c. Le numéro entre Malaussène et Lehman était bien rôdé pour que la colère des clients se (calmer) .... rapidement.

★★ **6 Mots mêlés : retrouvez des formes conjuguées au subjonctif des verbes : *voir, croire, savoir, pouvoir.***

e	s	a	c	h	e	s	v
v	û	v	r	o	p	a	o
u	t	i	o	u	o	i	y
e	s	s	i	v	u	s	i
p	û	t	e	h	v	t	o
o	m	i	v	o	i	e	n
o	e	z	t	s	a	i	s
p	u	i	s	s	i	e	z

Livret des corrigés p. 3

Retenir l'essentiel

Enquête n° 7
Si vous étiez le géranium / En pot sur la fenêtre / Voudriez-vous avoir / Plus de fleurs, plus de feuilles ?
Enquête n° 9
Quand vous voyez le ciel / Regarder nos journées, / N'avez-vous pas pensé / Qu'il aurait mieux à faire ?

■ E. Guillevic. « Enquêtes », *Avec*, © Gallimard, 1966.

Justifiez l'emploi du conditionnel des verbes soulignés ?

Hypothèse pour le 1er, futur dans le passé pour le 2e.

Formation du conditionnel

● Pour former le **conditionnel présent**, on ajoute au radical du verbe -r- et les terminaisons de l'imparfait. *Vous voudriez plus de fleurs.*

● Le **conditionnel passé** se forme avec l'auxiliaire être ou avoir au conditionnel présent suivi du participe passé. *Il aurait voulu plus de fleurs.*

Emplois du conditionnel

Le conditionnel a une valeur modale quand il s'oppose au futur ; une valeur temporelle quand il présente un futur dans le passé.

● **Valeurs temporelles, le futur dans le passé**
– Dans une subordonnée complétive, le conditionnel présent exprime le futur par rapport au passé quand le verbe de la principale est conjugué à un temps du passé. *Je savais que vous voudriez plus de fleurs.*

– Le conditionnel passé peut exprimer l'antériorité par rapport à ce futur dans le passé. On parle de futurs antérieurs dans le passé. *Je savais qu'elle regarderait différemment le ciel quand elle aurait lu ce poème.*

PASSÉ		PRÉSENT
savais	aurait lu	regarderait

● **Valeurs modales : hypothèses, suppositions, atténuation**
Quand il a une valeur modale, le conditionnel exprime un fait hypothétique, une supposition ou une atténuation.
– Par opposition au futur qui exprime un fait à venir certain, le conditionnel introduit la notion d'hypothèse. *Demain, j'achèterai des géraniums* (quasi certitude). *Si j'avais un balcon, j'achèterais des géraniums pour le fleurir* (hypothèse).
– Le conditionnel permet d'exprimer une supposition.
Un incendie aurait ravagé toute la forêt.
– Le conditionnel permet d'exprimer une demande, une volonté, un conseil de manière atténuée.
J'aimerais me transformer en fleurs.

Comprendre comment faire

► Pour distinguer le futur et le conditionnel

● À la première personne du singulier, le conditionnel présent ne se distingue guère du futur, à l'oral. À l'écrit, le conditionnel se termine par *-ais* et le futur par *-ai*.

● En cas de doute, il faut mettre le verbe à la deuxième personne du singulier.
L'année prochaine, j'aurai mieux à faire que de passer des heures sur internet.
L'année prochaine, tu auras mieux à faire que de passer des heures sur internet.
Le verbe *avoir* est au futur.
J'aurais mieux à faire que de passer des heures sur internet mais j'adore chatter.
Tu aurais mieux à faire que de passer des heures sur internet mais tu adores chatter.
Le verbe *avoir* est au conditionnel, il faut un *s* à la première personne du singulier.

FOCUS
Eugène Guillevic (1907-1997) a publié **vingt-cinq recueils de poèmes.** Il a collaboré pour plus de cent soixante œuvres avec des peintres et des musiciens. Il a été l'ami de Jean Follain, Paul Valéry, Paul Éluard, Aragon, Picasso, Dubuffet, Léger.

S'entraîner

★ **1 Remettez les phrases suivantes dans l'ordre.**

a. Tu / bientôt / arriverais / que / as annoncé / tu.
b. Que / je / tu / bien / rentrerais / à temps / savais.
c. Si / quitterait / pour / ailleurs / on / on / ton / écoutait / cet endroit calme / ton frère / aller / dans une grande ville.

★ **2 Soulignez les verbes au conditionnel. Quelle est la valeur de ce conditionnel ?**

Ce serait bien si les soixante-dix-huit boutons d'acné de ma sœur Édith se mettaient à clignoter. Bleu-rouge, vert-jaune citron, elle brillerait la nuit, comme une guirlande électrique. Et ce serait bien qu'elle brille longtemps, au moins jusqu'à Noël. Je lui accrocherais des boules dorées et ce serait notre sapin de Noël.

■ B. Friot, « Ce serait bien », *Encore des histoires pressées* © Éditions Milan, 2007.

★★ **3 Conjuguez les verbes entre parenthèses au conditionnel.**

a. Le futur (être) .... pour vous présent ?
b. Si vous aviez choisi d'être une couleur, laquelle (choisir) .... vous ?
c. Si vous étiez la nuit qui saisit la campagne, qu'est-ce qui vous (étonner) .... ?
d. Je croyais que le soleil me (quitter) .... avec des regrets à la tombée du jour ?
e. Si les réveils n'existaient pas votre existence en (être) ....-elle bouleversée ?

★★ **4 Réécrivez les phrases suivantes au passé.**

a. Je sais que le ciel changera de couleurs tous les soirs.
b. Il dit qu'il peindra un toit de vieilles tuiles avant midi et qu'il le placera tout à côté d'un tilleul secoué par le vent.
c. Il affirme qu'il ne faut pas lier nécessairement la poésie à la versification.

★★ **5 Retrouvez quatre verbes conjugués au conditionnel dans cette grille de mots mêlés.**

s	e	r	i	e	z	o	o
a	b	ê	t	c	e	p	n
u	r	g	m	l	i	e	s
r	i	m	e	r	a	i	t
a	s	s	i	e	r	a	s
i	e	u	t	i	l	e	b
t	a	i	r	a	i	s	v

★★ **6 Observez ce tableau de Magritte.**

histoire des arts

■ René Magritte, *La trahison des images*, 1929.

a. Décrivez sommairement le tableau.
....
b. Comment est éclairée la pipe ?
....
c. Commentez le titre du tableau : « La trahison des images ».
....
....
d. Quelle est l'intention de Magritte quand il déclare : « Ceci n'est pas une pipe » ?
....
....

Livret des corrigés p. 3

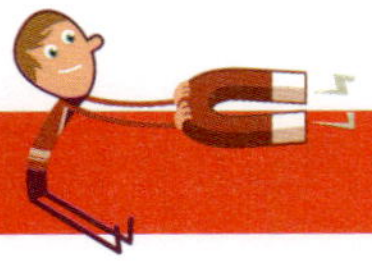

Retenir l'essentiel

Je voudrais, tant que tu te souviennes
Des jours heureux où nous étions amis
En ce temps-la la vie était plus belle
Et le soleil plus brûlant qu'aujourd'hui.

■ Jacques PRÉVERT, « Les feuilles mortes », *Paroles*, © Gallimard, 1949.

À quelles personnes sont conjugués les verbes ?

1re, 2e, 3e du singulier et 1re du pluriel.

Règle générale

Le verbe s'accorde toujours en nombre et en personne avec son sujet.
Attention aux sujets inversés ou éloignés du verbe. *Dans ma mémoire revienn**ent** les souvenirs heureux*.
sujet

Cas particuliers

Parfois on hésite : le sujet entraîne-t-il un accord au singulier ou au pluriel ? Voici les règles à connaître.

- **Le verbe a un sujet.**

Nature du sujet	Règle	Exemple
chacun, nul, personne, rien, tout	Accord à la 3e personne du **singulier**	*Chacun **a** des souvenirs heureux.*
peu, assez, beaucoup, trop, moins, tant, autant, combien (+ GN au pluriel)	Accord à la 3e personne du **pluriel**	*Beaucoup d'événements lui **ont laissé** un souvenir douloureux.*
Nom collectif au singulier + GN au pluriel	Accord, le plus souvent, à la 3e personne du **pluriel** (mais singulier possible)	*Une foule de souvenirs heureux **ont envahi** ma mémoire.* ou : *Une foule de souvenirs heureux **a envahi** ma mémoire.*

- **Le verbe a deux ou plusieurs sujets.**

Plusieurs sujets coordonnés par *et*	Accord à la 3e personne du **pluriel**	*Prévert et Komas **ont écrit** une chanson.*
Plusieurs sujets coordonnés par *ou* ou *ni*	Accord, le plus souvent, à la 3e personne du **pluriel** (mais singulier possible quand les sujets s'excluent l'un l'autre)	*Ni elle, ni lui **n'ont oublié** l'amitié qui les liait dans leur jeunesse.*
Plusieurs sujets repris par *personne, tout* ou *rien*	Accord à la 3e personne du **singulier**	*Son frère, son cousin, son oncle, personne ne **se souvenait** du jardin de son grand-père.*

Comprendre comment faire

▶ Pour relire une dictée

Il faut relire sa dictée plusieurs fois et se poser les bonnes questions.
1. À quel temps sont conjugués les verbes ? Si le texte est un récit au passé, le temps de base est le plus souvent le passé simple. Vérifiez alors les terminaisons utilisées : *-a/-èrent* pour les verbes du 1er groupe ; *-it/-irent* pour la plupart des autres verbes (à la 3e personne).
2. Ai-je bien accordé… ?
– chaque verbe avec son sujet ;
– chaque adjectif avec le nom auquel il se rapporte ;
– les participes passés qui doivent être accordés (voir les chapitres 14 et 15).
3. Ai-je évité les fautes sur les terminaisons ou les mots homophones ?
Par exemple :
– sur les terminaisons verbales en [e] : *-er, -é* ou *-ez* selon le cas ;
– sur les homophones grammaticaux tels que *ces, ses, c'est, s'est.*

FOCUS

La chanson *Les feuilles mortes* a été écrite en 1945 par **Jacques Prévert** pour servir de générique au film de Marcel Carné, *Les Portes de la nuit*. Le film raconte l'histoire d'amour tragique qui a lié un résistant Diego, à Malou mal mariée à un collaborateur.

S'entraîner

★ **1 Choisissez la forme du verbe qui convient.**

a. La devanture du magasin de jouets ☐ rouillait ☐ rouillaient.

b. Le vendeur de bicyclettes ☐ s'ennuie ☐ s'ennuient.

c. Les fruits que vous avez cueillis ☐ avaient ☐ avez un drôle de goût.

d. Ceux qui ☐ devait ☐ devaient nous rejoindre y ont renoncé.

e. La plupart d'entre nous ☐ avait ☐ avaient vu ce film.

f. Toi et lui ☐ avez ☐ avaient souvent voyagé ensemble.

g. Beaucoup d'élèves ☐ arrive ☐ arrivent en retard les jours de neige.

h. C'est toi qui ☐ fera ☐ feras la vaisselle.

★ **2 Même consigne.**

La chanson des feuilles mortes est de Prévert et Kosma. La plupart des gens ☐ connaît ☐ connaissent aussi l'interprétation que Serge Gainsbourg a composée. Plus d'un groupe de musique en ☐ a ☐ ont donné une interprétation musicale. C'est Yves Montand qui ☐ l'as ☐ l'a le plus chantée. Peu de gens ☐ sait ☐ savent qu'elle a été écrite pour être une musique de film.

★★ **3 Complétez les verbes.**

C'est une chanson qui nous ressembl........
Toi qui m'aimai........
Et je t'aimai........
Et nous vivi........ tous deux ensemble
toi qui m'aim........
et que j'aim........
mais la vie sépare ceux qui s'aim........

■ Jacques PRÉVERT, Les feuilles mortes, *Paroles*, © Gallimard, 1949.

★★ **4 Lorsqu'un verbe a plusieurs sujets :**

	V	F
a. Il s'accorde toujours avec le premier sujet.	☐	☐
b. Il se met toujours au pluriel.	☐	☐
c. Il se met au singulier si les sujets sont repris par un pronom indéfini.	☐	☐
d. Il se met au singulier si les sujets sont coordonnés par *et*.	☐	☐

★★ **5 Écrivez au pluriel les GN soulignés et faites les transformations qui s'imposent.**

a. La chatte, à la recherche de chaleur, s'est installée sur le radiateur.

b. La cliente qui a acheté un manteau vert pomme l'a rapporté dès le lendemain.

c. Son sac, son manteau, son écharpe, tout était bleu.

d. Ni son frère, ni sa sœur ne connaît son petit ami.

★★ **6 Observez cette affiche de cinéma.**

histoire des arts

■ Affiche du film *Les Portes de la nuit* de Marcel CARNÉ, 1946.

a. Décrivez cette affiche du premier plan à l'arrière-plan.

b. Que symbolise la silhouette rouge ?

c. Quel rapport établissez-vous entre l'affiche et le titre du film ?

Livret des corrigés p. 3

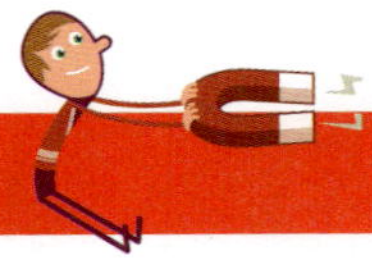

Retenir l'essentiel

Je remontais en auto avec elle, heureux que nous dussions le lendemain aller ensemble à Saint-Mars, dont, par ces temps ardents où on ne pensait qu'au bain, les deux antiques clochers, d'un rose saumon, aux tuiles en losanges, légèrement infléchis et comme palpitants, avaient l'air de vieux poissons aigus, imbriqués d'écailles, moussus et roux, qui, sans avoir l'air de bouger, s'élevaient dans une eau transparente et bleue.

■ Marcel Proust, *Sodome et Gomorrhe*, 1921.

Combien y a-t-il d'adjectifs dans cet extrait ?

Onze.

Fonction	Exemple
épithète ou apposé	*de vieux **poissons** aigus, imbriqués* adj. épithètes *d'écailles, moussus et roux* adj. apposés ➜ Les adjectifs *vieux, aigus, moussus* et *roux*, ainsi que le participe passé *imbriqués* employé comme adjectif, s'accordent au masculin pluriel avec le nom *poissons*.
attribut du sujet ou attribut du COD	*Le **ciel** était bleu et transparent.* adj. attributs du sujet ➜ Les adjectifs *bleu* et *transparent* s'accordent au masculin singulier avec le nom *ciel*.

Règle générale

● L'adjectif qualificatif **s'accorde en genre et en nombre** avec le nom (ou le pronom) auquel il se rapporte. Pour trouver ce nom (ou ce pronom), on peut poser la question ***Qu'est-ce qui est… ?*** suivi de l'adjectif.
Je remontais en auto avec elle, heureux…
➜ Qu'est-ce qui est heureux ? *Je* ; l'adjectif *heureux* s'accorde donc au masculin singulier avec le pronom *je* qui représente le narrateur (un homme).

● Cette règle s'applique également aux **participes passés employés comme adjectifs** (voir chapitre 15).

● Elle est valable **quelle que soit la fonction de l'adjectif.**

Cas particuliers

● Quand un adjectif qualificatif **se rapporte à plusieurs noms**, il s'accorde :
– au féminin pluriel si les noms sont tous féminins (*une mer et une plage merveilleuses*) ;
– au masculin pluriel dans les autres cas (*un clocher et une tour élevés*).

● Attention aux **adjectifs de couleur.** Certains restent invariables :
– les adjectifs de couleur dérivés d'un nom, tels *orange*, *marron* (mais *rose, fauve, mauve* et *pourpre* s'accordent) (*des tuiles orange* mais *des murs roses*) ;
– les adjectifs de couleur composés, tels bleu foncé, gris perle (*des tuiles rose saumon*).

Comprendre comment faire

▶ Pour distinguer un adjectif verbal d'un participe présent

Quand on ajoute le suffixe *-ant* à un verbe, on obtient une forme qui peut être employée comme verbe, le participe présent, ou comme adjectif, l'adjectif verbal. Selon le cas, cette forme en *-ant* reste invariable ou s'accorde. Comment distinguer les deux emplois ?

● En tant que verbe, le **participe présent** peut être mis à la forme négative. Souvent on le reconnaît car il est suivi d'un complément d'objet.
Répondant distraitement à mes questions, Albertine regardait le garçon.
participe présent invariable

● En tant qu'adjectif, l'**adjectif verbal** peut être mis au féminin.
Je trouve la forme de ces clochers étonnante.
adjectif verbal au féminin

FOCUS
Marcel Proust est l'auteur d'un seul livre, ***À La Recherche du Temps Perdu***, œuvre monumentale à laquelle l'auteur a consacré sa vie entière d'écrivain entre 1907 et 1922.

S'entraîner

★ **1 Vrai ou faux ? Cochez la bonne réponse.**

	Vrai	Faux
a. Un adjectif s'accorde en personne et en nombre avec le nom auquel il se rapporte.	☐	☐
b. Quand il qualifie plusieurs noms, il se met toujours au masculin pluriel.	☐	☐
c. Un adjectif composé de couleur comme *bleu clair* est invariable.	☐	☐
d. *Orange* et *marron* sont invariables mais *rose* et *mauve* s'accordent.	☐	☐

★★ **2 Remplacez le nom *clochers* par le nom *tours* et réécrivez cette phrase.**

Sur la droite, on apercevait par-delà les blés les deux clochers ciselés et rustiques de Saint-André des-Champs, eux-mêmes, effilés, écailleux, imbriqués d'alvéoles, jaunissants et grumeleux, comme deux épis.

■ Marcel PROUST, *Du côté de chez Swann*, 1913.

★★ **3 Cochez la forme en *-ant* correctement écrite.**

a. Les champs ☐ environnant ☐ environnants le village étaient éclairés par les rayons du soleil ☐ couchant ☐ couchants.

b. Albertine et le garçon avaient l'air d'être dans un tête-à-tête mystérieux, dont j'étais le tiers ☐ gênant ☐ gênants et de qui on se cache.

c. Dès les jours ☐ suivant ☐ suivants, j'avais oublié cette impression pénible.

d. Elle seule au monde existait pour moi ; je la poursuivais, la touchais, et la perdais tour à tour de mes regards ☐ fuyant ☐ fuyants, et j'étais indifférent à l'avenir.

★★ **4 Ajoutez ou non des marques d'accord aux adjectifs et participes.**

a. L'œuvre principal..... de Marcel Proust s'intitule *À la recherche du temps perdu*. La première phrase de ce grand roman est écrite en 1907. Le romancier la poursuivra pendant quinze ans, ne cessant..... de la modifier. Il invente ainsi plus de deux cents personnages, couvrant..... quatre générations.

b. Au cours de cette période, Proust vit en reclus : il dort le jour et ne sort qu'à la nuit tombé..... pour dîner le plus souvent seul....., parfois avec des amis.

★★ **5 Classez les mots soulignés dans le tableau suivant.**

a. Leurs avis sont convergents – En convergeant, les rivières forment un fleuve.

b. Excellant en toutes les matières, il obtient d'excellents résultats.

c. Il a su trouver des arguments convaincants pour partir avec son ami au ski, en convainquant ses parents qu'il se reposerait bien pour affronter au mieux le trimestre.

d. La loi des vases communicants est une loi physique – En communiquant ses nouveaux résultats, ce chercheur a fait avancer la science.

e. Cette promenade est fatigante – Fatiguant son auditoire, l'avocat a mal défendu son client.

Participes présents	Infinitifs des Verbes	Adjectifs verbaux	Adjectifs qualificatifs

Livret des corrigés p. 3

L'accord du participe passé (1) : cas simples

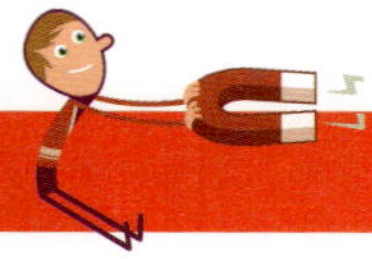

Retenir l'essentiel

Monsieur Goodman avait aimé et rêvé posséder les nuages, et par les nuages, le ciel. Il avait rêvé d'un lieu sur la terre pour y vivre, qui avait eu pour lui le nom d'Angleterre et qui, il le savait maintenant, n'était pas un endroit ayant jamais existé en ce monde, mais un pays rêvé et inventé par un peintre, le pays de Constable, Constable Country.

■ Jacques Roubaud, *Ciel et terre et ciel et terre, et ciel* © Argol, 2009.

Relevez les sept participes passés. Sont-ils toujours employés avec un auxiliaire ?

aimé, rêvé (posséder), rêvé (d'un lieu), existé, rêvé, inventé. Ils peuvent être employés sans auxiliaire comme adjectifs.

Le participe passé est employé seul, avec une valeur d'adjectif

Dans ce cas, il s'accorde en genre et en nombre **avec le nom** (ou le pronom) auquel il se rapporte (voir chap. 14). *Le lieu dont rêve M. Goodman est un **pays** inventé par le peintre.*

Le participe passé est employé avec l'auxiliaire *être*

Dans ce cas, il s'accorde en genre et en nombre **avec le sujet.** ***Les nuages** sont passés.*

Le participe passé est employé avec l'auxiliaire *avoir*

- Dans ce cas, il ne s'accorde jamais avec le sujet. *Il avait rêvé posséder les nuages.*

Mais il peut s'accorder **avec le COD s'il celui-ci est placé avant le verbe.** *La toile **qu'**il avait vue à Londres lui avait donné l'envie de posséder les nuages.*

Ici le participe passé *vue* s'accorde avec le pronom COD antéposé *qu'* qui remplace *la toile* (féminin singulier). D'ailleurs, si on pose la question *Qu'est-ce qui a été vu ?*, la réponse est bien *la toile.*

- Retenez ces **règles particulières** :

– quand le COD est le pronom *en*, le participe passé est invariable ;
Des poèmes faciles à retenir, j'en ai peu lu.

– le participe passé suivi d'un infinitif s'accorde avec le pronom COD antéposé uniquement si ce pronom fait l'action indiquée par l'infinitif ;
La cantatrice que j'ai entendue chanter avait une voix sublime.

– le participe passé de *faire* suivi d'un infinitif est invariable.
Tous les tableaux qu'il a fait encadrer représentent des nuages.

Comprendre comment faire

► Pour orthographier un participe passé

- Il faut former le participe passé correspondant au verbe, puis se poser la question de son accord.

- Voici les **règles de formation** du participe passé.

Verbes du 1er groupe	Verbes du 2e groupe	Verbes du 3e groupe
terminaison en *-é*	terminaison en *-i*	terminaison en *-i*, en *–is*, en *–u* ou en *-t*
*J'ai gagn**é** la partie.*	*Il a grand**i** dans la forêt.*	*Je suis part**i**, j'ai appr**is**, j'ai véc**u**, j'ai offer**t***

L'astuce : Pour savoir si le participe passé d'un verbe du 3e groupe se termine au masculin singulier par un *s* ou un *t*, ou par une simple voyelle, je cherche le féminin. *découvert* ➜ *découverte* – *survécu* ➜ *survécue*

FOCUS

Jacques Roubaud est un **mathématicien poète.** Il a été membre de l'Oulipo : un atelier où l'on fabrique des textes à partir de contraintes formelles qui stimulent l'imagination.

S'entraîner

★ **1 Reliez le verbe à l'infinitif et son participe passé masculin singulier. Attention au piège.**

lire ●	● su
lier ●	● vaincu
savoir ●	● cousu
suer ●	● sué
vaincre ●	● lu
vivre ●	● lié
coudre ●	● couru
courir ●	● vécu

★ **2 Écrivez comme il convient les participes passés des verbes à l'infinitif.**

a. Elles auraient (devoir) .... t'en parler plus tôt.

b. Ils ont (apprendre) .... la triste nouvelle.

c. Nous avons (repeindre) .... les murs de sa chambre.

d. Ses paroles ont été mal (interpréter) ....

★★ **3 Complétez avec le participe passé du verbe entre parenthèses.**

a. John Constable (1776-1837) est (naître) .... dans le Suffolk, en Angleterre.

b. Fils d'un riche minotier, il était (destiner) .... à prendre la succession paternelle.

c. Mais, en 1796, il s'est (inscrire) .... à la *Royal Academy* de Londres pour y étudier la peinture.

d. La réputation qu'il a (acquérir) lui a (permettre) .... d'arrêter de peindre des portraits de notables pour se consacrer à la peinture de paysages.

e. Spécialiste des ciels, il les a (étudier) .... comme « le plus insaisissable des phénomènes du monde ».

★★ **4 Soulignez les participes passés du texte.**

Monsieur Goodman avait perdu ces rêves, et de la manière la plus brutale. Et pourtant, il n'avait pas tout perdu. Par le chemin des images, de ciel et de sol, de nuages et de rivières, il pouvait revenir au centre de sa mémoire, au pin d'été dans la garrigue, à la chambre de l'hiver révolu.

Monsieur Goodman alors pensa que Constable avait fait d'une quête du temps la forme centrale de sa peinture, et découvert, là était son génie, une solution picturale à son mystère dans le contraste entre ciel et terre, entre une terre peuplée des images fixes du passé, des lieux de l'enfance, et un ciel peuplé des images mobiles du présent perpétué en futur, les nuages.

■ Jacques Roubaud, *Ciel et terre et ciel et terre et ciel*
© Argol, 2009.

★★ **5 Observez ce tableau de Friedrich.**

histoire des arts

■ *Voyageur contemplant une mer de nuages*, Caspar David Friedrich (1774-1840).

a. D'après son titre, quel est le sujet de ce tableau ?

b. Combien de plans peut-on distinguer ? Comment les éléments du tableau sont-ils distribués sur ces différents plans ?

c. Décrivez le personnage.

d. En quoi ce tableau est-il de tonalité lyrique ?

Livret des corrigés p. 4

Français

16

L'accord du participe passé (2) : le cas des verbes pronominaux

Retenir l'essentiel

Il est nuit. Je m'en aperçois d'un coup. Combien y-a-t-il de temps que je suis dans ce livre ? Quelle heure est-il ? Je ne sais pas, mais voyons si je puis lire encore ! Je frotte mes yeux, je tends mon regard, les lettres s'effacent, les lignes se mêlent, je saisis encore le coin d'un mot, puis plus rien.

■ Jules Vallès, *L'Enfant*, 1879.

Quels verbes pronominaux peut-on relever dans cet extrait ?

s'apercevoir, s'effacer, se mêler.

Un verbe pronominal est toujours accompagné d'un pronom réfléchi (= de la même personne que le sujet) : *me, te, se…* Aux **temps composés**, il se conjugue **avec l'auxiliaire *être*.** *Il s'en est aperçu d'un coup.* Pourtant son participe passé ne s'accorde pas systématiquement avec le sujet. La règle d'accord dépend de la catégorie à laquelle le verbe appartient.

Accord avec le sujet

Le participe passé d'un verbe pronominal s'accorde avec le sujet quand le pronom réfléchi ne peut pas être analysé. C'est le cas quand le verbe pronominal est :

– **essentiellement pronominal** (il s'emploie toujours avec un pronom réfléchi ou a un sens différent sans le pronom réfléchi) ;
*À la vue du monstre, **elle** s'est évanouie.*

– **de sens passif.** ***Ses traces** se sont effacées.* (= *Ses traces ont été effacées.*)

Accord avec le pronom réfléchi COD

Le participe passé d'un verbe pronominal s'accorde avec le **pronom réfléchi** quand celui-ci peut être analysé comme le **COD** du verbe. Le verbe pronominal est alors de sens réfléchi ou réciproque et de construction directe.

*Julie **s'**est mariée avec Julien.* (*se* = *soi-même* = COD)

*Ils **se** sont regardés en souriant.* (*se* = *l'un l'autre* = COD)

Cas de non accord

● Le participe passé d'un verbe pronominal reste invariable quand le **pronom réfléchi** est **COI ou COS** et qu'il n'y a pas de COD antéposé. Le verbe pronominal est alors de sens réfléchi ou réciproque et de construction indirecte.

Elle s'est procuré une cafetière. (*se* = ***à** soi-même* = COS)

Ils se sont prêté des romans policiers. (*se* = *l'une **à** l'autre* = COS)

Le pronom réfléchi *se* est COS et le COD est derrière le verbe ➜ pas d'accord.

● Mais attention :

*La cafetière **qu'**elle s'est procurée fait du très bon café.*

*Les romans policiers **qu'**ils se sont prêtés sont des classiques du genre.*

Le participe passé s'accorde avec le pronom COD *qu'* placé avant le verbe.

Comprendre comment faire

► Pour accorder le participe passé d'un verbe pronominal de sens réfléchi ou réciproque

Pour accorder le participe passé d'un verbe pronominal de sens réfléchi ou réciproque, il suffit d'analyser la fonction du pronom réfléchi :

– *se* = **COD** ➜ accord avec *se* (même genre et même nombre que le sujet) ;
Elle s'est réjouie de l'événement. (*s'* = *elle-même* = COD ➜ accord avec s')

– *se* = **COI ou COS** ➜ pas d'accord avec *se* ; le participe passé reste invariable s'il n'y a pas de COD ou si celui-ci est placé après le verbe ;
Ils se sont donné la main. (*s'* = *l'un à l'autre* = COS)
Le COD *la main* est placé après le verbe ➜ participe passé invariable.

FOCUS
Jules Vallès, auteur de la fin du XIXe siècle, a écrit son autobiographie sous forme d'une trilogie : *L'Enfant, Le Bachelier* et *L'Insurgé*.

S'entraîner

★ **1 En vous aidant des exemples, classez les verbes pronominaux dans le tableau.**

a. *s'entraider.* Ils se sont entraidés tout au long de l'année.
b. *s'enfuir.* À notre approche, les biches se sont enfuies.
c. *se terminer.* Les vacances se sont bien terminées.
d. *se réconcilier.* Finalement nous nous sommes réconciliés.
e. *se perdre.* La jeune fille s'est perdue dans sa lecture et a oublié le temps.

Verbe pronominal de sens réfléchi	Verbe pronominal de sens réciproque	Verbe pronominal de sens passif	Verbe essentiellement pronominal

★ **2 Réécrivez les verbes à la troisième personne du pluriel.**

a. Il s'est baigné dans la mer.
→ Ils ....
b. Il s'est envolé à sept heures.
→ Ils ....
c. Il s'est excusé platement.
→ Ils ....
d. Il s'est souvenu de son rendez-vous.
→ Ils ....

★★ **3 Expliquez pourquoi, dans les phrases suivantes, le participe passé reste invariable.**

a. Elle s'est acheté une robe en soie sauvage.
→ ....
b. Mes frères jumeaux se sont longtemps ressemblé comme deux gouttes d'eau.
→ ....
c. Les enfants se sont construit une cabane dans les arbres.
→ ....
d. Elle s'est foulé le poignet pendant le match.
→ ....

★★ **4 Écrivez correctement le participe passé dans les phrases suivantes.**

a. Ils se sont (rencontrer) .... sur une île déserte.
b. Elles se sont (réchauffer) .... au coin du feu.
c. Ils se sont (revoir) .... après une longue absence
d. Nous nous sommes (parler) .... sur le balcon.
e. Elles se sont (sourire) .... en toute complicité.

★★★ **5 Lisez le texte et répondez aux questions.**

C'est le petit pion qui s'est souvenu, en se levant, qu'il m'avait oublié et qui vient voir si j'ai été dévoré par les rats, ou si c'est moi qui les ai mangés. Il a l'air un peu embarrassé, le pauvre homme ! Il me retrouve gelé, moulu, les cheveux secs, la main fiévreuse : il s'excuse de son mieux et m'entraîne dans sa chambre, où il me dit d'allumer un bon feu et de me réchauffer.

■ Jules VALLÈS, *L'Enfant*, 1879.

a. Relevez les participes passés et complétez le tableau.

Participes passés employés comme adjectifs (3)	Participes passés employés avec avoir (2)	Participe passé employé avec être (1)	Participe passé d'un verbe pronominal (1)

b. Expliquez pourquoi *se souvenir* est un verbe essentiellement pronominal.
Comment s'accorde par conséquent le participe passé *souvenu* ?
c. Réécrivez ce texte au passé et transposez la voix narrative au féminin. C'est une fille qui raconte l'anecdote.
C'était le petit pion qui s'était souvenu…

Livret des corrigés p. 4

Retenir l'essentiel

Ce qu'il y a de formidable dans ce pays, c'est que l'Amérique a créé la tradition où les plus riches consommateurs achètent la même chose que les plus pauvres. Vous pouvez regarder la télévision et voir Coca-Cola, et vous pouvez savoir que le Président boit du Coca.

■ A. Warhol, *The Philosophy of Andy Warhol: From A to B and Back Again*, © Harcourt Brace Jovanovich, 1975. Traduction Marianne Véron © Flammarion, 2007.

Donnez tous les homophones possibles des mots soulignés.

ce : se – c'est : ses, s'est, ces, sais, sait – où : ou, houx.

En un mot ou en deux mots ?

Homophones	Analyse grammaticale	Exemple
ces, c'est, ses ou s'est ?	*ces* : déterminant démonstratif	***Ces*** *personnes attendent depuis 8 heures.*
	ses : déterminant possessif	***Ses*** *parents ont dit non.*
	c'est (= *cela est*) : présentatif	***C'est*** *de sa faute.*
	s'est : verbe pronominal au passé composé	*Il* ***s'est*** *fait mal.*
si ou s'y ?	*si* : conjonction exprimant la condition ou adverbe d'intensité	***Si*** *tu veux. – Il est* ***si*** *grand.*
	s'y = *se* + *y*	*Qui* ***s'y*** *frotte* ***s'y*** *pique.*
ni ou n'y ?	*ni* : relie des termes négatifs	*Cette histoire n'a* ***ni*** *queue* ***ni*** *tête.*
	n'y = *ne* + *y*	*Il* ***n'y*** *comprend rien.*
quand, quant ou qu'en ?	quand : évoque une idée de temps	***Quand*** *veux-tu venir ?*
	quant à = « en ce qui concerne »	***Quant*** *à mes ennemis, je m'en charge.*
	qu'en = *que* + *en*	***Qu'en*** *penses-tu ?*
quel(les) ou qu'elle(s) ?	*quel(les)* : dét. interrogatif ou exclamatif	***Quelle*** *chance !*
	qu'elle(s) = *que* + *elle(s)*	*Je crois* ***qu'elle*** *n'est pas là.*

Le verbe *avoir* ou le verbe *être* ?

Homophones	Analyse grammaticale	Exemple
es, est	verbe *être* au présent de l'indicatif	*Il* ***est*** *huit heures. – Tu* ***es*** *en retard.*
ai	verbe *avoir* à la 1re personne du singulier du présent de l'indicatif	***J'ai*** *faim. –* ***J'ai*** *pris un billet pour Pékin.*
aie, aies, ait, aient	verbe *avoir* au présent de l'impératif ou du subjonctif	***Aie*** *confiance. – Il faut que tu* ***aies*** *confiance. – Nous voudrions qu'ils* ***aient*** *compris.*

FOCUS

Homos est une racine grecque qui **signifie « même »**. Deux homophones se prononcent de la même façon ; deux homographes s'écrivent de la même façon. **Homophones** et **homographes** sont des **homonymes**.

Comprendre comment faire

► Pour distinguer *quelque(s)* et *quel(les) que*

● ***Quelque*** : adverbe invariable signifiant « environ ».
Ce pays possède ***quelque*** *deux cent cinquante millions d'habitants.*

● ***Quelque(s)*** : déterminant indéfini signifiant « un certain nombre » et s'accordant en nombre avec le nom déterminé.
J'ai passé ***quelques*** *années de ma jeunesse à New York.*

● ***Quel(les) que*** : expression signifiant l'opposition, toujours suivie d'un verbe au subjonctif, dans laquelle *quel(les)* est adjectif et s'accorde en genre et en nombre avec le sujet du verbe. ***Quelle que*** *soit votre force, vous n'arriverez pas à la soulever.*

S'entraîner

★ **1 Choisissez la forme verbale qui convient.**

a. Tu ☐ es ☐ est ☐ ai notre fille aînée.

b. Il faudrait que j' ☐ ai ☐ aie ☐ ait une plus grande marge de manœuvre.

c. Pendant l'été, ma sœur ☐ es ☐ est ☐ ai gardienne de musée.

d. Bien que tu ☐ ai ☐ aie ☐ aies seulement quinze ans, tu peux lire ce livre.

e. J'apprécie qu'il ☐ ai ☐ aie ☐ ait de bonnes relations avec ses grands-parents.

★ **2 En un mot ou en deux ? Choisissez la forme qui convient.**

a. Il ☐ ses ☐ s'est ☐ c'est cassé la jambe la semaine dernière.

b. Elle est malheureuse mais nous ☐ ni ☐ n'y pouvons rien.

c. Elle vient dîner ☐ si ☐ s'y elle a envie.

d. Je me demande ☐ quand ☐ quant ☐ qu'en reviendront les beaux jours.

e. Je ne sais pas ce ☐ quand ☐ quant ☐ qu'en pense Albertine.

f. Mon père ☐ ta ☐ t'a ☐ t'as donné de bons conseils.

★★ **3 Complétez avec l'une de ces quatre formes homonymes *tes, t'es, t'est, t'ai*.**

a. Je .... aperçu au cinéma, dimanche.

b. Tu as perdu .... clés.

c. Il ne .... pas venu à l'esprit de me prévenir plus tôt.

d. Heureusement, tu ne .... pas fait mal en glissant dans l'escalier.

★★ **4 Remplacez les points de suspension par *quelque, quelques ou quel(les) que*.**

a. Depuis .... jours, il fait très beau.

b. Il y a .... temps il est parti au Pérou.

c. Ce magasin propose .... produits bio.

d. .... soit la raison de ton retard, tu dois présenter tes excuses.

e. .... soient tes résultats, tu dois poursuivre tes efforts.

f. Cet établissement compte .... deux mille élèves.

★★ **5 Choisissez la forme qui convient.**

Andrew Warhola (1928-1987), plus connu sous ☐ son ☐ sont pseudonyme Andy Warhol ☐ est ☐ es un artiste américain figure emblématique du mouvement artistique le Pop Art. Il est devenu célèbre ☐ en tant que ☐ en temps que peintre, réalisateur de film, ☐ voir ☐ voire producteur de musique. Au ☐ cours ☐ court des années 1960, il peint des produits de consommation courante ☐ ou ☐ où des portraits de célébrités médiatiques.

★★ **6 Observez cette œuvre d'Andy Warhol.**

■ Andy WARHOL, *Bouteilles de Coca-Cola vertes*, 1962, huile sur toile.

a. Quelle technique utilise Andy Warhol ?

b. Une œuvre d'art ou une image publicitaire ? Justifiez votre point de vue en analysant la composition du tableau.

c. Relevez la date de création du tableau : que nous dit encore cette œuvre sur la société dans laquelle nous vivons ?

Livret des corrigés p. 4

Retenir l'essentiel

Le mot « presbytère » venait de tomber, cette année-là, dans mon oreille sensible, et d'y faire des ravages. « C'est certainement le presbytère le plus gai que je connaisse… », avait dit quelqu'un. Loin de moi l'idée de demander à l'un de mes parents : « Qu'est-ce que c'est, un presbytère ? »
[…] J'avais recueilli en moi le mot mystérieux, comme brodé d'un relief rêche en son commencement, achevé en une longue et rêveuse syllabe

■ COLETTE, *La Maison de Claudine*, 1922 © Librairie Arthème Fayard et Hachette Littérature, 2004.

Comment est formé le mot *mystérieux* ?

Radical : *mystère* et suffixe : *ieux*

Le français comprend des mots simples qui ne peuvent pas être décomposés en unités de sens plus petites (par exemple *grand*). Il comprend également de nombreux mots formés par dérivation (*grandeur*, *grandir*, *agrandir*, etc.) ou par composition (*grand-mère*, *grand-rue*, etc.).

Les mots formés par dérivation

● La dérivation consiste à **ajouter à un radical**, qui contient le sens principal du mot, un préfixe ou un suffixe ou les deux. Une famille de mots est formée de tous les mots dérivés à partir d'un même radical.

● Un **préfixe** est un groupe de lettres ajouté **avant le radical**. Il modifie le sens du mot (mais pas sa classe grammaticale).
habile ➜ ***mal**habile* : le préfixe *mal-* exprime la négation.
dire ➜ ***re**dire* : le préfixe *re-* exprime la répétition.
histoire ➜ ***pré**histoire* : le préfixe *pré-* exprime l'antériorité.

● Un **suffixe** est un groupe de lettres ajouté **après le radical**. Il peut changer la classe grammaticale du mot auquel il s'ajoute. Par exemple :
– *-er*, *-ir* servent à former des verbes à l'infinitif (*chant**er***, *grand**ir***, etc.) ;
– *-(a)tion*, *-eur*, *-(i)té*, etc. des noms (*inform**ation***, *grand**eur***, *pur**eté***, etc.) ;
– *-able*, *-al*, *-el*, *-eux* - etc. des adjectifs (*prob**able***, *fat**al***, *ritu**el***, *brum**eux***, etc.).

Les mots formés par composition

● Les **mots composés usuels** sont majoritairement des noms formés selon le cas avec :
– deux noms (*salle de bain*) ;
– un adjectif et un nom (*grand-père*) ;
– un verbe et un nom (*des serre-tête*) ;
– une préposition (ou un adverbe) et un nom (*un après-midi*).

● Les mots composés **« savants »** sont formés à partir d'éléments empruntés au grec ou au latin. Ex. : *démocratie* est formé de deux éléments grecs, *démo*, « peuple » et *cratie*, « pouvoir ».

FOCUS

Colette (1873-1954) écrit son enfance de manière très romancée dans la série des *Claudine* parue entre 1900 et 1905. Elle aime la nature, les animaux et connaît une enfance heureuse, accompagnée d'une grande liberté pour une jeune fille de son époque.

Comprendre comment faire

► Pour reconnaître des familles de mots irrégulières

● Quand une famille de mots est construite tout entière à partir du même radical, on dit qu'elle est régulière. Mais il y a des **familles irrégulières.** Par exemple :

*ho**nn**eur*	mais *ho**n**orer, ho**n**oraire*
*mo**nn**aie*	mais *mo**n**étaire*
*ratio**nn**el*	mais *ratio**n**alité, ratio**n**alisation*

● Attention en particulier à certains **noms formés à partir des verbes en *-onner*.**
La plupart s'écrivent avec *-nn-* : *abonner* ➜ *abonnement*. Mais il y a des exceptions.

*do**nn**er*	mais *do**n**ation, do**n**ateur*	*so**nn**er*	mais *so**n**ore, so**n**orité*
*ento**nn**er*	mais *into**n**ation*	*to**nn**er*	mais *déto**n**er, déto**n**ation*
*réso**nn**er*	mais *réso**n**ance*		

S'entraîner

★ **1 Barrez l'intrus dans les listes suivantes.**

a. Honneur, honnête, honorable, déshonorer.
b. Nommer, nomination, prénom, renommée, nombre.
c. Souffler, soufflerie, boursoufler, souffrir.
d. Charrue, chariot, charade.

★ **2 Pour chaque mot, encadrez le radical et faites ainsi apparaître le préfixe et/ou le suffixe utilisé(s).**

- international
- dompteur
- nocturne
- maritime
- coreligionnaire
- horaire
- alunir
- indistinctement

★★ **3 Repérez les éléments (mots ou suffixes) entrant dans la formation de ces néologismes (définition : exercice 5).**

Néologisme	Formé à partir de :
tapuscrit	
franglais	
courriel	
globalisation	

★★ **4 Le suffixe *-ment* permet de former des noms ou des adverbes. Classez les mots en *-ment* ci-dessous selon leur classe grammaticale.**

Lentement, grognement, courageusement, fondement, élégamment, détournement, vraiment, appariement.

Noms	Adverbes (de manière)

★★ **5 a. Associez chaque mot à sa définition.**

misogyne ●	● science qui étudie les statistiques de la population
démographie ●	● qui n'aime pas les femmes
dysfonctionnement ●	● nouveau mot
néologisme ●	● mauvais fonctionnement

b. Déduisez-en le sens des éléments d'origine grecque ci-dessous.

mis- : ……………………………………………

demo- : ……………………………………………

dys- : ……………………………………………

neo- : ……………………………………………

mytho- : ……………………………………………

★★ **6 Expliquez la formation des mots soulignés.**

J'avais recueilli en moi le mot mystérieux, comme brodé d'un relief rêche en son commencement, achevé en une longue et rêveuse syllabe… Enrichie d'un secret et d'un doute, je dormais avec le *mot* et je l'emportais sur mon mur. « Presbytère ! » Je le jetais, par-dessus le toit du poulailler et le jardin de Miton, vers l'horizon toujours brumeux de Moutiers. Du haut de mon mur, le mot sonnait en anathème* : « Allez ! Vous êtes tous des presbytères ! », criais-je à des bannis invisibles.

■ COLETTE, *La Maison de Claudine*, 1922.

Préfixe	Radical	Suffixe

* Condamnation sévère ou malédiction visant une personne, ses actes ou ses opinions. Dans le christianisme, excommunication qui exclut celui qui en est l'objet de la société des fidèles.

Livret des corrigés p. 4

Français

19 Champ sémantique et champ lexical

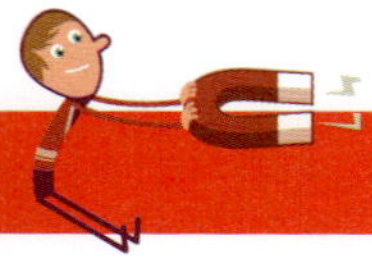

Retenir l'essentiel

J'ai des millions de lecteurs. « Gorgée de soleil, la pêche jaune est le fruit de l'été. Elle cache, sous sa peau fine et duveteuse, une chair juteuse et fondante ». Oui c'est de moi, sur le pot de yaourt X.

■ Philippe DELERM, *Panier de fruits* © Éditions Du Rocher, 1998.

Quel est le champ lexical dominant de cette citation ?

Les fruits (pêche, fruit, peau, chair).

Le champ sémantique

● Le champ sémantique d'un mot englobe l'ensemble de ses significations. Le contexte permet de choisir la signification qui convient. Certains mots sont **monosémiques**, ils n'ont qu'un seul sens (*Été = saison entre le printemps et l'automne*), alors que d'autres sont **polysémiques**, ils ont plusieurs sens. Un mot polysémique possède souvent un sens propre et des sens figurés. Le sens propre est le sens premier, le sens le plus concret du mot. Le sens figuré est une signification plus imagée (*fruit = produit végétal; fruit = avantage, bénéfice*).

● La **dénotation** est le sens explicite précis d'un mot, indiqué par le dictionnaire (*soleil = astre*) alors que la **connotation** est l'ensemble des valeurs subjectives et implicites qu'un locuteur accorde à un mot. Quand le locuteur valorise ce qu'il dit, on parle de **connotation méliorative.** Quand il insiste sur les aspects négatifs on parle de **connotation péjorative.**
Cet enfant est mon soleil = Cet enfant m'apporte beaucoup de joies = connotation positive.

Le champ lexical

● Le champ lexical regroupe des termes exprimant une même idée, une même notion. Ils peuvent appartenir à des classes grammaticales différentes. Ils sont synonymes ou antonymes, de la même famille ou non. Ils peuvent décliner en termes particuliers un terme générique.

● Repérer un champ lexical permet de déterminer le thème principal d'un texte ou de caractériser un personnage.
Briller, éclat, scintillant, soleil, ampoule, lampe, appartiennent au champ lexical de la lumière.

Comprendre comment faire

► Pour étudier l'emploi d'un champ lexical

● Le champ lexical permet de répondre aux questions : de quoi s'agit-il ? quel est le thème du texte ?
Ma jeunesse ne fut qu'un ténébreux orage,
Traversé çà et là par de brillants soleils ;
Le tonnerre et la pluie ont fait un tel ravage,
Qu'il reste en mon jardin bien peu de fruits vermeils.

■ Charles BAUDELAIRE, « L'ennemi », *Les Fleurs du mal*, 1878.

● Pour repérer un champ lexical, on reprend entre guillemets toutes les expressions du texte désignant la même notion puis on dit que ces termes constituent tel ou tel champ lexical. Les expressions « ténébreux orage », « tonnerre et pluie » constituent le champ lexical des intempéries.

● Quand on demande d'analyser un champ lexical, on essaie de comprendre les effets voulus par l'auteur dans l'utilisation de ces termes et de préciser l'idée dominante du texte. Dans ce quatrain de Baudelaire, la jeunesse est associée au lexique des intempéries. Ce champ lexical est utilisé de manière métaphorique pour suggérer que cette période de la vie du narrateur a été agitée et tourmentée.

FOCUS
Philippe Delerm est un **écrivain contemporain**. Depuis 2006, il dirige la collection « Le goût des mots » aux éditions du Seuil. Passionné de sport, il a été invité à commenter les épreuves d'athlétisme pendant les Jeux olympiques de Pékin en 2008.

S'entraîner

★ **1 Dans la liste suivante, distinguez les mots qui forment le champ lexical relatif aux parfums et le champ lexical relatif aux couleurs.**

Poivré, mordoré, pigment, musc, odorant, chamarré, remugle, incarnat, arôme, cuivré, embaumer.

Champ lexical du parfum	Champ lexical des couleurs

★ **2 Les expressions soulignées sont-elles utilisées au sens propre ou au sens figuré ? Cochez la bonne réponse.**

	Sens propre	Sens figuré
a. Il a pris la clé des champs.	☐	☐
b. La punaise des bois est un insecte.	☐	☐
c. La police a arrêté le cerveau du hold-up	☐	☐
d. Le prince demanda la main de la princesse au roi.	☐	☐

★★ **3 Reliez ces expressions au sens figuré à leurs définitions.**

Battre la campagne ●	● Raconter des bêtises
Bayer aux corneilles ●	● Dire facilement du mal des gens
Poser un lapin ●	● Ne pas être à un rendez vous
S'occuper de ses oignons ●	● S'intéresser à ses affaires
Crier au loup ●	● Changer de sujet
Avoir une langue de vipère ●	● Délirer
Passer du coq à l'âne ●	● Rester sans rien faire

★★ **4 Dans ces lignes, le narrateur fait l'explication de texte du slogan publicitaire de la page de gauche. Relevez les termes qui forment le champ lexical de la sensation. Quel est le but d'une publicité ?**

Et maintenant, songez bien au yaourt. Si l'on oublie les mots qui ornent le pot, ce n'est pas qu'on ne les ait pas lus : il y a bien eu ces quelques secondes distraites où l'on s'est évadé pour saisir le pot entre pouce et majeur et déchiffrer l'étiquette. Mais l'opération s'est faite presque inconsciemment. Preuve que le texte a coulé dans la gorge, pêche jaune ton sur ton. Cette harmonie du mot avec la chose n'est pas pour rien dans la sensation de fraîcheur ensoleillée, de fluidité laiteuse. Disparaître dans la sensation ; c'est une jolie devise poétique.

■ Philippe DELERM, *Panier de fruits* © Éditions du Rocher, 1998.

★★ **5 Observez cette publicité du XIXe siècle.**

MÉDAILLE D'OR À L'EXPOSITION DE 1819

HUILE CÉPHALIQUE

BREVETS D'INVENTION ET DE PERFECTIONNEMENT.

Nul cosmétique ne peut faire croître les cheveux, de même que nulle préparation chimique ne les teint sans danger pour le siège de l'intelligence. La science a déclaré récemment que les cheveux étaient une substance morte, que nul ne pouvait les empêcher de tomber ni de blanchir. Pour prévenir la Xérasie ou la Calvitie, il suffit de préserver le bulbe d'où ils sortent de toute influence atmosphérique, et de maintenir à la tête la chaleur qui lui est propre. [...] Conserver au lieu de chercher à provoquer une stimulation impossible ou nuisible sur le derme qui contient les bulbes, telle est la destination de l'HUILE CÉPHALIQUE. [...] La chevelure, ce produit magnifique conserve jusque dans l'âge avancé de la personne qui se sert de l'HUILE CÉPHALIQUE, ce brillant, cette finesse, ce lustre qui rendent si charmantes les têtes des enfants.

■ Honoré de BALZAC, *Grandeur et décadence de César Birotteau*, 1837.

Par quels arguments le produit est-il valorisé ?

Livret des corrigés p. 4-5

Retenir l'essentiel

Quarante enfants dans une salle,
Un tableau noir et son triangle,
Un grand cercle hésitant et sourd
Son centre bat comme un tambour.

■ Jules Supervielle, « Mathématiques », *Gravitations*
© Gallimard, 1925.

Quelles sont les deux figures de style associées au « grand cercle » ?

Personnification et métaphore.

● On appelle figures de style les procédés par lesquels un auteur cherche à créer un effet particulier. On les classe en quatre grandes catégories.

Figures	Définitions	Exemples
Figures d'analogie		
Comparaison	Elle établit un rapport de ressemblance entre deux termes (le comparé et le comparant), à l'aide d'un outil grammatical.	*Le poète est semblable au prince des nuées.* (Baudelaire)
Métaphore	Comparaison abrégée, sans outil grammatical (selon le cas, le comparé est ou non cité).	*D'autres fois, calme plat, grand miroir de mon désespoir!* (Baudelaire), pour évoquer la mer.
Personnification	Elle attribue des traits humains à une chose, une idée ou un être non humain.	*L'habitude venait me prendre dans ses bras comme un petit enfant.* (Proust)
Allégorie	Elle représente une idée concrètement.	*La mort est une faucheuse.*
Figures d'amplification et d'atténuation		
Hyperbole	Elle utilise des termes exagérés pour insister.	*Un bruit à réveiller un mort.*
Anaphore	Elle répète un mot en tête de phrase, de proposition ou de vers.	*Rome, l'unique objet de mon ressentiment!* *Rome* […] (Corneille)
Gradation	C'est une accumulation organisée qui va crescendo ou decrescendo.	*Va, cours, vole et nous venge.* (Corneille)
Litote	Figure qui dit le moins pour suggérer le plus.	*Va, je ne te hais point.* (Corneille)
Euphémisme	Parler de façon atténuée	*Une personne malentendante*, à la place de sourde.
Figures d'opposition		
Antithèse	Elle oppose vigoureusement deux termes.	*Un ver de terre amoureux d'une étoile.* (Hugo)
Antiphrase	Procédé ironique : chercher à faire comprendre le contraire de ce qu'on dit.	*Ne vous gênez pas!*
Figures de substitution		
Métonymie	Le mot que l'on attend est remplacé par un autre mot selon une relation logique.	*Lire un Balzac; boire un verre.*
Périphrase	Elle évoque la chose au lieu de la nommer directement.	*C'était l'heure tranquille où les lions vont boire.* (Hugo), pour dire le soir.

Comprendre comment faire

► Pour distinguer comparaison et métaphore

● Une comparaison comprend trois éléments : l'élément comparé, le terme comparatif et le comparant. *Le centre du cercle bat comme un tambour.*

● Dans la métaphore, le rapprochement du comparé et du comparant se fait directement sans terme comparatif. *Le parapet dur d'un trapèze.*
Le côté du trapèze ressemble à un mur ou à un parapet. Cette figure géométrique a des angles pointus qui s'opposent à la rondeur du cercle. Elle évoque l'enfermement et donc des parapets.

FOCUS

La **rhétorique** est l'ensemble des règles du bien parler. Les **figures de style** se définissent par un écart avec l'expression courante.

S'entraîner

★ **1 Retrouvez chaque comparaison devenue un « cliché littéraire »**

Jurer comme un	Turc
Avoir des doigts de	gorge déployée
Rire à	âme en peine
Être fort comme un	arracheur de dents
Mentir comme un	fée
Errer comme une	loup
Avoir une faim de	charretier

★★ **2 Reliez chaque allégorie à son symbole.**

La colombe	la République
Marianne	la justice
La balance	la France
Le sablier	la paix
Le chardon	le temps qui passe
Le coq	l'Écosse

★★ **3 Lisez attentivement ce poème et répondez aux questions.**

Quarante enfants dans une salle,
Un tableau noir et son triangle,
Un grand cercle hésitant et sourd
Son centre bat comme un tambour.

Des lettres sans mots ni patrie
Dans une attente endolorie.
Le parapet dur d'un trapèze,
Une voix s'élève et s'apaise

Et le problème furieux
Se tortille et se mord la queue.
La mâchoire d'un angle s'ouvre.
Est-ce une chienne ? Est-ce une louve ?

Et tous les chiffres de la terre,
Tous ces insectes qui défont
Et qui refont leur fourmilière
Sous les yeux fixes des garçons.

■ Jules SUPERVIELLE, « Mathématiques », *Gravitations*
© Gallimard, 1925

a. Relevez une comparaison dans la première strophe. Quel est l'effet produit ?

....

b. Relevez deux métaphores dans la troisième strophe et expliquez-les.

....

....

c. Quelle figure de style relevez-vous dans la dernière strophe ? Expliquez-la.

....

....

....

★★ **4 Cochez la bonne réponse.**

	Litote	Euphémisme	Périphrase
a. Dire moins pour faire plus d'effet.	☐	☐	☐
b. Cette figure de style s'emploie quand on désigne, par exemple, un soldat par l'expression « jeune tambour ».	☐	☐	☐
c. Sur un faire-part, on lit « X nous a quittés le X ». Cette formule atténue le caractère désagréable de la nouvelle.	☐	☐	☐
d. Au XVIIe siècle, les Précieuses se coiffaient devant le conseiller des grâces. Elles enfermaient leurs chers souffrants dans des escarpins à rubans. Elles adoraient cette figure de style.	☐	☐	☐

Livret des corrigés p. 5

Français

21

Énoncé et énonciation

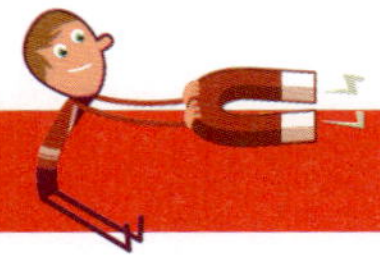

Retenir l'essentiel

Le 15 janvier, *L'Époque* publiait le sensationnel article suivant :
« Le jury de Seine-et-Oise est appelé aujourd'hui à juger l'une des plus mystérieuses affaires qui soient dans les annales judiciaires. Jamais procès n'aura présenté tant de points obscurs, incompréhensibles, inexplicables ».

■ G. Leroux, *Le Mystère de la chambre jaune*, 1907.

À quelle date renvoie le mot *aujourd'hui* ?

Aujourd'hui = 15/01 ; la phrase de récit initiale permet d'interpréter cette référence au moment où a été écrit l'article.

La situation d'énonciation

● L'**énonciation** est l'acte par lequel une personne produit un énoncé qu'elle destine à une autre personne.

énonciateur	énoncé	destinataire
ou locuteur	message oral ou écrit	ou interlocuteur

● La **situation d'énonciation** est le contexte dans lequel est produit l'énoncé. Pour la définir, il faut répondre aux questions : qui parle ? À qui ? Où ? Quand ? Dans quel but ?

Deux types d'énoncés

● **Énoncé qui fait référence à la situation d'énonciation.**

Je me souviens encore ***aujourd'hui*** *de la cohue du procès.*

Dans cet exemple, le pronom *je* fait référence au locuteur ; l'adverbe *aujourd'hui* fait référence au moment où il parle. Il est difficile de situer cet énoncé car on ne sait pas qui est ce locuteur ni à quel moment il a produit cet énoncé. L'autobiographie, la poésie lyrique, l'essai et la lettre sont les genres littéraires où domine ce type d'énoncé.

● **Énoncé coupé de la situation d'énonciation.**

La veille, le mystère de l'assassinat de la Chambre jaune avait été élucidé.

Il n'y a aucune référence ici à celui qui parle et au moment où il parle. L'expression *la veille* est en relation avec le moment interne à l'histoire. Le roman, la nouvelle, le conte, la fable sont les genres littéraires où domine ce type d'énoncé.

Comprendre comment faire

► Pour distinguer les deux types d'énoncé

Voici les différents indices à prendre en compte :

Indices permettant de repérer que…	L'énoncé fait référence à la situation d'énonciation	L'énoncé est coupé de la situation d'énonciation
Indices de personne	Pronoms des **1re et 2e personnes**, qui désignent le locuteur et l'interlocuteur.	Emploi privilégié de pronoms de la **3e personne**.
Indices de temps	Emploi du **présent** comme temps repère et d'autres temps de l'indicatif, hormis le passé simple.	Emploi du **passé simple** comme temps repère, en alternance avec l'imparfait et le plus-que-parfait de l'indicatif.
	Connecteurs temporels : *aujourd'hui, hier, demain, dans deux jours…*	Connecteurs temporels : *alors, ce jour-là, la veille, le mois dernier, le lendemain…*
Indices de lieu	Connecteurs spatiaux : *ici, à droite…*	Connecteurs spatiaux : *là, là-bas, à la droite de…*

FOCUS

Gaston Leroux veut rédiger un **roman policier** où l'intrigue sera encore **plus complexe** que dans les romans policiers de Conan Doyle et Edgar Poe. Pour résoudre le mystère d'une affaire qui se déroule dans une chambre close, il crée le modèle type du journaliste détective Joseph Rouletabille.

S'entraîner

★ **1 Cochez les énoncés qui font référence à la situation d'énonciation.**

a. Hier soir, je suis allée au restaurant. ☐
b. Les récoltes étaient perdues à cause de l'orage de la veille. ☐
c. Une crêperie ouvrira bientôt ici. ☐
d. J'aime beaucoup les romans policiers. ☐

★ **2 Dites pour chaque phrase si elle fait référence ou non à la situation d'énonciation.**

	Oui	Non
a. J'aime les romans policiers.	☐	☐
b. Les romans policiers se vendent bien.	☐	☐
c. Rouletabille, voyons, vous n'êtes pas sérieux dans vos affirmations.	☐	☐
d. L'assassin revient toujours sur les lieux du crime.	☐	☐
e. Hercule Poirot, Rouletabille, Sherlock Holmes sont des détectives célèbres.	☐	☐
f. Les indices avaient été soigneusement effacés.	☐	☐

★★ **3 Quels sont, dans chaque extrait, l'énonciateur et le destinataire ?**

a. SCAPIN – Qu'est-ce, Seigneur Octave ? Qu'avez-vous ?
OCTAVE – Ah ! Mon pauvre Scapin, je suis perdu, je suis désespéré, je suis le plus infortuné des hommes !

■ MOLIÈRE, *Les Fourberies de Scapin*, 1671.

……………………………………………………………

……………………………………………………………

b. Je veux expliquer comment une famille, un petit groupe d'êtres, se comporte en société, en s'épanouissant pour donner naissance à dix, vingt individus, qui paraissent, au premier coup d'œil, profondément dissemblables mais que l'analyse montre liés les uns aux autres. L'hérédité a ses lois comme la pesanteur.

■ Émile ZOLA, Préface de *La Fortune des Rougon*, 1871.

……………………………………………………………

……………………………………………………………

c. Vous qui me lisez, vous êtes encore parmi les vivants ; mais moi qui écris, je serai parti depuis longtemps pour la région des ombres. Car, en vérité, d'étranges choses arriveront, bien des choses secrètes seront révélées, bien des siècles passeront avant que ces notes soient vues par les hommes.

■ Edgar POE, *Nouvelles histoires extraordinaires*, 1857.

……………………………………………………………

……………………………………………………………

★★ **4 Réécrivez chaque phrase de manière que l'énoncé soit coupé de la situation d'énonciation.**

Exemple : Pierre arrive ici demain.
➜ Pierre arriva chez lui le lendemain.

a. Le détective rend ses conclusions demain.
➜ ……………………………………………………

b. La plage du crime se trouve à côté d'ici.
➜ ……………………………………………………

c. Hier ils sont allés au cinéma voir une adaptation du *Mystère de la Chambre jaune*.
➜ ……………………………………………………

……………………………………………………………

d. Près d'ici se trouve un parc célèbre.
➜ ……………………………………………………

e. Le crime remonte à une heure environ.
➜ ……………………………………………………

★★ **5 Soulignez les indices qui montrent que cet énoncé est ancré dans une situation d'énonciation.**

Aujourd'hui, maman est morte. Ou peut-être hier, je ne sais pas. J'ai reçu un télégramme de l'asile : « Mère décédée. Enterrement demain. Sentiments distingués. » Cela ne veut rien dire. C'était peut-être hier.
L'asile de vieillards est à Marengo, à quatre-vingts kilomètres d'Alger. Je prendrai l'autobus à deux heures et j'arriverai dans l'après-midi. Ainsi je pourrai la veiller et je rentrerai demain soir.

■ Albert CAMUS, *L'Étranger* © Gallimard, 1942.

Livret des corrigés p. 5

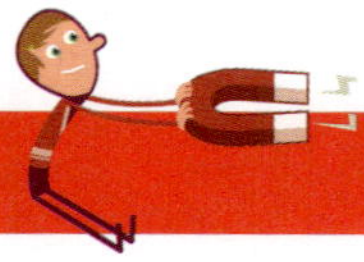

Retenir l'essentiel

[Le vicomte de Brassard] avait été dès sa jeunesse un des plus brillants officiers de la fin du premier Empire. J'ai ouï dire, bien des fois, à ses camarades de régiment, qu'il se distinguait par une bravoure à la Murat, compliquée de Marmont.

■ Barbey D'AUREVILLY, *Les Diaboliques*, 1874.

À travers quelle expression le locuteur exprime qu'il tient ses informations d'autres personnes ?

J'ai ouï dire.

Dans un énoncé, le locuteur peut exprimer sa subjectivité : son degré de certitude, ses opinions, ses sentiments. On parle de **modalisation**. Les marques de modalisation se relèvent surtout dans les textes rédigés à la 1re personne, mais aussi dans les autres types de texte ; seuls les énoncés scientifiques et techniques échappent en principe à la modalisation.

L'expression d'une plus ou moins grande certitude

En voici différentes marques :
– des **verbes et adverbes** traduisant la certitude ou au contraire le doute, la prise de distance ; *Il était, **je crois**, de la race de Guillaume le Conquérant et il avait, **dit-on**, beaucoup conquis.*
– les verbes *pouvoir* et *devoir* + infinitif, pour exprimer l'éventualité ou la probabilité ; *Il **a dû** connaître de nombreux succès.*
– des **modes** et des **temps** à valeur modale : le subjonctif (expression d'un fait virtuel), le conditionnel (expression d'un fait hypothétique). *Il **serait** de la race de Guillaume le Conquérant.*

L'expression d'une évaluation

Le jugement du locuteur se traduit par des adjectifs ou groupes nominaux :
– **mélioratifs** (un point de vue valorisant) ; *Il était **d'une beauté extraordinaire**.*
– **péjoratifs** (un point de vue dévalorisant). *Je juge sa conduite **irresponsable**.*

L'expression d'une émotion

En voici différentes marques :
– les **interjections** ; ***Hélas**, Alberte ne me montrait aucun signe d'intérêt !*
– le **vocabulaire affectif**, traduisant une émotion, un sentiment ; *J'éprouvai de la **panique**.*
– les formes de phrase **exclamative** ou **emphatique** ; ***Une telle expérience**, vous ne la vivez qu'une fois dans votre vie !*
– les **figures de style**, en particulier la comparaison, l'hyperbole, l'antithèse…

Comprendre comment faire

▶ Pour relever les procédés de modalisation et expliquer leurs effets

Le vicomte de Brassard tombe amoureux d'Alberte. Un soir, celle-ci meurt brutalement dans ses bras. Il raconte le sentiment de peur qui l'étreint.

Alberte m'avait fait passer dans l'âme plus d'un genre de frisson, plus d'un genre de terreur ; mais ce n'avait été encore que l'impression des balles qui sifflent autour de vous et des boulets dont on sent le vent ; on frissonne, mais on va toujours. Ce fut la peur, de la peur complète, de la vraie peur, non pour Alberte, mais pour moi, et pour moi tout seul ! Ce que j'éprouvai, ce fut positivement cette sensation qui doit rendre le cœur aussi pâle que la face ; ce fut cette panique qui fait prendre la fuite à des régiments tout entiers. ■ Barbey D'AUREVILLY, *Les Diaboliques*, « Le rideau cramoisi », 1874.

L'émotion du vicomte est exprimée par :
– le vocabulaire de la peur : *frisson*, *terreur*, *peur*, *panique* ;
– les formes de phrase exclamative et emphatique : *Ce que j'éprouvai*, *ce fut…* ;
– les comparaisons : *l'impression des balles qui sifflent*, *le cœur aussi pâle que la face* ;
– les expressions *peur complète* et *vraie peur*, l'adverbe *positivement*, qui expriment sa force de conviction.

FOCUS
Les Diaboliques sont un recueil de six nouvelles écrites par **Barbey d'Aurevilly** au XIXe siècle. Les personnages de femmes sont au centre de ces **nouvelles énigmatiques et troublantes**.

S'entraîner

★ **1 Dans chacune des phrases, introduisez un adverbe traduisant une certitude ou un doute du locuteur.**

a. Il rentre pour dîner : ....

....

b. Je vais l'appeler d'ici la fin de la semaine :

....

c. Le film sort mercredi prochain : ....

....

d. Il faut travailler pour réussir : ....

....

e. La lecture permet d'acquérir une culture :

....

★★ **2 Soulignez les marques de modalisation qui permettent au narrateur de mettre à distance les faits ou leur interprétation.**

Internet et les jeux vidéos seraient responsables de la perte de goût de la lecture chez la jeunesse. Les jeunes, sans aucun doute, préfèrent jouer aux jeux vidéo que lire un livre. L'essor des technologies, la sortie des jeux nouvelles générations jouent un rôle principal dans le désintéressement des jeunes à la lecture. Il est indéniable que la plupart d'entre eux possèdent des consoles vidéo et autres jeux électroniques. Cependant, pas mal de jeunes, semble-t-il, apprécient la lecture de mangas et BD. Ils pratiqueraient aussi volontiers la lecture par internet.

★★ **3 Dans cet extrait, relevez des marques de modalisation et classez-les dans le tableau.**

Une seule fois, sa mère l'exigeant, la fillette se plaça devant son instrument de musique ouvert avec un de ses airs de « victime » qui, je vous assure, n'avait rien de doux, et elle commença je ne sais quelle partition avec des doigts abominablement contrariés. Elle avait le dos tourné et il n'y avait pas de glace dans laquelle elle pût voir que je la regardais.

■ Barbey d'Aurevilly, *Les Diaboliques*, « Le plus bel amour de Don Juan », 1874.

Proposition incise exprimant la certitude du narrateur	Mots et expressions caractérisant négativement la fillette

★★ **4 Lisez ces phrases extraites d'une nouvelle de Barbey d'Aurevilly et répondez aux questions suivantes.**

A. Lionne, d'une espèce inconnue, qui s'imaginait avoir des griffes, et qui, quand elle voulait les allonger, n'en trouvait jamais dans ses magnifiques pattes de velours.

■ Barbey d'Aurevilly, *ibidem*.

B. C'était, si vous voulez le savoir, une enfant chétive, parfaitement indigne du moule splendide d'où elle était sortie, laide, même de l'aveu de sa mère, qui ne l'en aimait que davantage ; une petite topaze brûlée… Que vous dirai-je ? Une espèce de maquette en bronze avec des yeux noirs… une magie !

■ Barbey d'Aurevilly, *ibidem*.

a. Dans ce portrait, quels mots indiquent que Don Juan rend honneur à la femme évoquée ?

....

b. L'adjectif *chétive* a-t-il une valeur méliorative ou péjorative ?

....

c. Que traduit l'expression « Que vous dirai-je » ?

....

d. Justifiez l'emploi du point d'exclamation final.

....

....

★★ **5 Réécrivez le dernier extrait dans la langue d'aujourd'hui, en insistant sur la laideur apparente du personnage. Puis faites ressortir sa beauté.**

Livret des corrigés p. 5

Retenir l'essentiel

Deux scientifiques écossais annoncent avoir donné naissance, le 5 juillet 1996, au premier mammifère cloné à partir d'un animal adulte. L'animal est une brebis. Elle s'appelle Dolly. Cette brebis vivra six ans.

Quels sont les termes qui reprennent Dolly ?

Mammifère cloné, animal, elle, brebis.

Dans un texte, pour éviter les répétitions, un mot ou un groupe de mots peuvent être repris totalement ou partiellement par un autre mot. Ces mots peuvent être des noms ou groupes nominaux appelés aussi substituts lexicaux ou des pronoms.

Reprises nominales

On peut reprendre un groupe nominal avec un autre nom ou un autre groupe nominal.

Nom propre	*La brebis = Dolly*
Le même nom avec un déterminant plus précis	*Une brebis = cette brebis*
Un synonyme (il peut être générique)	*L'animal = le mammifère = la brebis*
Un nom commun avec expansion du GN	*L'animal cloné par les chercheurs écossais.*
Une périphrase	*Le lion = le roi des animaux*

Reprises pronominales

Tous les pronoms peuvent remplir cette fonction.

● Les pronoms les plus utilisés sont les pronoms personnels de la 3e personne, les pronoms relatifs, démonstratifs, possessifs et certains indéfinis (*chacun, tous…*).
Le clonage est une découverte étonnante. Celui d'une brebis est célèbre, elle s'appelle Dolly. Tu ne le crois pas ?…

● Un pronom peut reprendre totalement un GN, ou reprendre une partie du groupe nominal.
Tous les mammifères ne peuvent pas être clonés. Ils ne vivent pas tous très longtemps. (reprise totale)
Ce scientifique a cloné deux brebis. L'une a vécu trois ans, l'autre est morte au bout de quelques jours. (reprise partielle)

Comprendre comment faire

Pour utiliser des pronoms démonstratifs *ce / ceux, celui-ci / celui-là*

● Quand les formes **celui-ci** et **celui-là** sont employées ensemble, elles s'opposent : *celui-ci* désigne ce qui est le plus proche dans le temps ou dans le texte ; *celui-là* désigne ce qui est le plus éloigné dans le temps et dans le texte.
Les plantes utilisent naturellement deux manières de se reproduire à l'identique : le rejet et le marcottage. L'olivier a adopté celui-ci, le fraisier celui-là.

● **Ce**, pronom démonstratif, peut être remplacé par *ceci* ou *cela*.
Une loi vient d'interdire le clonage humain. Ce n'est pas trop tôt.

● **Ceux**, pronom démonstratif, remplace un nom masculin pluriel, au féminin il est remplacé par **celles**. *Ceux qui ne voulaient pas du clonage humain ont été rassurés par le vote de la nouvelle loi.*

FOCUS
Au sens scientifique, **le clonage** est l'obtention d'un être vivant génétiquement identique à l'original qui lui donne naissance.

S'entraîner

★ **1 Classez les reprises des mots en gras dans le tableau.**

Dolly a donné naissance à quatre brebis, ce qui prouve qu'un animal cloné peut se reproduire. **Cette brebis** n'a pas eu de maladie particulière. **Elle** a été victime d'une infection pulmonaire, à la fin de sa vie. Les chercheurs ont décidé de **l'**euthanasier pour **l'**empêcher de souffrir. Une fois naturalisée, **celle-ci** sera exposée au musée d'Edimbourg.

Reprise nominale	Reprises pronominales

★ **2 Complétez le texte en évitant les répétitions.**

Dolly a été l'animal le plus photographié du siècle. En effet, ... est la copie conforme d'une autre brebis. Depuis sa naissance en février 1997, tout le monde s'interroge sur les bienfaits et les méfaits du clonage. L'enjeu est celui du clonage humain. Dolly, ... a ouvert la boîte de Pandore.

★★ **3 Précisez la catégorie des pronoms substituts et soulignez les mots qu'ils reprennent.**

a. Ta planète est bleue, la mienne est rouge.

La mienne est un pronom ....

b. Les gens sont partagés sur le clonage humain. Certains y sont favorables pour la thérapie génique, d'autres farouchement opposés.

Certains, d'autres sont des pronoms ....

c. J'adore lire des romans de science-fiction. Cela me détend beaucoup.

Cela est un pronom ....

d. Je crois que tu es très content de ton travail. Ne le nie pas.

Le est un pronom ....

★★ **4 Classez les reprises des mots en gras dans le tableau.**

Aucune guerre ne fut aussi intense que la guerre des clones. **Elle** divisa la Galaxie en deux. Chacune de ses parties fut plongée dans les ténèbres. Il y avait eu bien des signes avant-coureurs de cette catastrophe. Des membres du Sénat qui ne respectaient plus l'intérêt commun avaient voulu s'enrichir. **Ces vils individus** avaient corrompu leurs collègues en achetant leurs votes. Bientôt tous les sénateurs voulurent s'enrichir. Aucun membre de **cette haute assemblée** n'échappa à cette course au gain. **Tous** préférèrent leur petit profit égoïste au bon fonctionnement de la gouvernance de la galaxie.

Reprises nominales	Reprises pronominales
.... reprend le mot	.... reprend le mot ....
.... reprend le mot	.... reprend le mot ....

★★ **5 Observez cette photo.**

histoire des arts

Cette photo a été assemblée digitalement (par ordinateur) par Steve Walkowak.

a. Décrivez cette photo.

b. Comment une découverte scientifique devient-elle une œuvre d'art ?

c. Comment l'interprétez-vous ?

Livret des corrigés p. 5

Retenir l'essentiel

Comme je ne m'exprime bien qu'en conteur, je lui contai une parabole du sage derviche Algazzel, un peu arrangée à ma manière, comme il est loisible de le faire dans la tradition du conteur.

■ Michel Tournier, *Le Medianoche amoureux*
© Gallimard, 1989.

Un récit a-t-il nécessairement un personnage ?

Oui il peut être réel ou imaginaire.

Un récit est une suite d'événements dont l'enchaînement constitue l'histoire et qui suit un schéma dit **schéma narratif.**

L'histoire, le schéma narratif

La situation initiale d'un récit est modifiée par un événement qui vient rompre l'équilibre initial, l'**élément perturbateur.** Cet événement est souvent indiqué par un adverbe de temps (*soudain, alors, tout à coup*). Dans un récit au passé, le passé simple succède à l'imparfait. L'enchaînement des actions (**péripéties**)permet la progression du récit jusqu'à **la situation finale** ou **dénouement**. Le dénouement est heureux ou malheureux mais il marque un retour à l'équilibre.

Les personnages

Les personnages existent grâce aux liens qu'ils nouent entre eux. Le personnage principal est le **héros** ou le **sujet.** Les adjuvants l'aident. Les opposants s'opposent à lui. Les qualités des héros sont idéalisées. L'**anti-héros** est un être ordinaire plongé dans une vie ordinaire ou confronté soudain à une situation extraordinaire. Quand il incarne une réalité sociale, morale ou psychologique, il devient un **type.**

L'ordre et le rythme du récit

Le schéma narratif peut suivre pas à pas un ordre chronologique de manière linéaire. Mais pour complexifier la narration, on peut introduire des :
– retours en arrière : un personnage évoque un souvenir, une expérience passée ;
– anticipations : le narrateur évoque des faits susceptibles de se passer après le moment où il parle ;
– ellipses : le narrateur passe sous silence une certaine durée : *trois ans après…* ;
– scènes et pauses descriptives : le récit est souvent entrecoupé de séquences descriptives qui permettent de placer le cadre dans lequel se déroule l'action.

Comprendre comment faire

► Pour repérer le point de vue du narrateur dans un récit

Dans le discours narratif, le narrateur peut adopter trois points de vue :

● **Un point de vue omniscient** ou **focalisation zéro** : le narrateur connaît tout des personnages, leur passé, leurs pensées. *Les deux amis étaient inséparables, alors qu'ils ne partageaient pas les mêmes passions.*

● **Un point de vue interne** ou **focalisation interne** : le narrateur s'efface derrière un (ou plusieurs) de ses personnages, et raconte l'histoire à travers leur regard. Dans les récits à la première personne, le point de vue est toujours interne : le lecteur sait par le personnage qui dit « je » ce qu'il fait, ce qu'il voit, ce qu'il pense. Dans un récit à la troisième personne : le narrateur « se met dans la peau » de son personnage pour nous transmettre ce qu'il voit, ce qu'il fait, ce qu'il pense. *Je décidais de lui lire un conte pour lui faire comprendre ma pensée/Pierre était convaincu qu'il reviendrait en France.*

● **Un point de vue externe** ou **focalisation externe** : le narrateur relate les faits comme un simple témoin. Étant à l'extérieur, il ne peut pas nous dire ce que voient et pensent les personnages, il n'entre pas dans leur intériorité. *Pierre déménagea aux États-Unis et ne revit plus son ami.*

FOCUS
Un medianoche est un repas servi à minuit, c'est-à-dire au milieu de la nuit.

S'entraîner

★ **1 Lisez cet extrait de récit et cochez les bonnes réponses.**

Pierre et moi sommes nés la même année, dans le même village. Nous avons appris à lire et à écrire dans la même école mais c'est là que nos destins ont commencé à diverger. Alors que Pierre excellait en mathématiques, se passionnait pour la chimie et remportait tous les prix en physique, pour moi seules comptaient la littérature, la poésie et plus tard la philosophie.

■ Michel Tournier, *Le Medianoche amoureux*

	Vrai	Faux
Le narrateur est interne.		
Ces lignes sont au début du récit.		
Les personnages sont symboliques.		

★★ **2 Voici la suite. Lisez-la et répondez aux questions.**

Dès l'âge de vingt ans, Pierre s'expatriait, moi je restais au village dans la maison séculaire de mes ancêtres. Je ne voyais plus mon ami d'enfance mais j'en avais des nouvelles par ses parents, demeurés mes voisins […]. Un jour brusquement Pierre reparut. Il sonna à ma porte. Il avait à peine changé. Malgré la distance il avait suivi mes travaux. Pas un de mes ouvrages qu'il n'eût lu et relu. Et il m'apportait une proposition fantastique.

■ Michel Tournier, *ibidem.*

a. Quelle est la fonction du GN « un jour » ? Quel rôle joue cette expression dans le déroulement du récit ?

b. À quel temps est le verbe « reparut ». Justifiez sa valeur ici.

c. Quelle était la relation des deux personnages au début de l'histoire ? Comment évolue-t-elle ?

★★ **3 Lisez la suite du récit et répondez à la question.**

Sa firme venait de mettre au point un système de codage international. N'importe quel programme pouvait être enregistré sous un volume infime, et devenait accessible à une multitude de décodages en langues diverses. Il me proposait de devenir le premier écrivain au monde qui profiterait de ce système. Si j'en étais d'accord, toute mon œuvre serait mise sur ordinateur, et déchiffrée ensuite dans les cent trente pays actuellement pourvus d'un terminal approprié.

■ Michel Tournier, *ibidem.*

Voici deux reformulations de ce passage. Cochez celle qui vous paraît la meilleure.

a. Pierre propose au narrateur de donner à traduire son œuvre en plusieurs langues. ☐

b. Pierre propose au narrateur de retranscrire son œuvre en langage informatique facile à traduire dans toutes les langues. ☐

★★★ **4 Inventez la fin du récit en quelques lignes en étant attentif :**
– aux temps des verbes : faire alterner imparfait et passé simple ;
– à l'énonciation : la narration est au « je » ;
– à garder la cohérence de l'histoire.

★★★ **5 Testez vos connaissances littéraires.**

Dans le roman dont je suis l'héroïne, la narration est assurée par deux voix : une naïve qui raconte ses souvenirs, une plus distanciée qui commente le récit de la première.	●	●	Je suis Saint Exupéry
J'ai écrit *Le Petit Prince* et des romans racontant les débuts de l'aviation aéropostale.	●	●	Je suis Hervé Bazin
Je suis surnommé « Brasse-Bouillon » par ma mère qui me rejette et me maltraite et je le lui rends bien en l'appelant « Folcoche ».	●	●	Je suis Nathalie Sarraute

Livret des corrigés p. 6

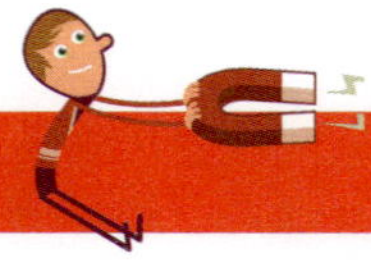

Retenir l'essentiel

Le matin, la lumière du jour me parvenait de concert avec le parfum dont usait ma grand-mère, une senteur de jasmin restée associée pour moi à l'image d'une vieille dame aux manières exquises et aux yeux clairs comme de l'eau, avec de beaux cheveux neigeux, ramenés en un chignon sur lequel elle agrafait une barrette de jade. Cette barrette était un cadeau – son unique coquetterie – elle ne portait jamais de bijoux, à part son alliance.

■ Minh Tran Huy, *La double vie d'Anne Song*
© Actes Sud, 2009.

Quelle impression se dégage de ce portrait ?

Souvenirs agréables, atmosphère heureuse, affection…

Enjeux de la description

● Dans une description, l'énonciateur donne à voir le plus souvent, mais aussi à entendre, à sentir, ce que le destinataire n'est pas en mesure de percevoir. Il est rare qu'une description soit faite pour elle-même : elle s'insère dans un autre discours.

● Dans un discours narratif, elle constitue souvent une **pause,** pour caractériser un lieu, un personnage, ou un objet.
La description des lieux donne un cadre à l'action. Elle crée une impression dominante, une atmosphère plaisante, merveilleuse, inquiétante, effrayante…
La description peut avoir une portée **explicative** : on montre pour faire **comprendre.**

● Quand on décrit un personnage, on fait **son portrait.** Le portrait peut être physique ou moral ou les deux. Il permet de dégager une impression du personnage qui est sympathique, antipathique, drôle, triste, etc. Le portrait s'ordonne du général au particulier ou du particulier au général, mais il est ordonné.

Les marques de la description

● **La structure** : la description suit une progression organisée et cohérente.
Elle peut s'organiser autour de :
– la profondeur : premier plan, second plan, arrière-plan ;
– la verticalité : en haut en bas ;
– la latéralité : à gauche, à droite.

● **Les connecteurs spatiaux** organisent généralement la description en situant les choses par rapport à un repère dans l'espace. Ce sont des adverbes ou des locutions adverbiales (à droite/à gauche, d'un côté/de l'autre, ici/là-bas…).
Certains groupes CC de lieu, placés en début de phrase, jouent souvent le même rôle dans l'organisation du texte descriptif (derrière elle).

● **Les temps** les plus employés dans le portrait et la description sont le présent et l'imparfait.

● **Les champs lexicaux** les plus employés sont ceux des sensations, des formes et des couleurs.

FOCUS

Le récit d'enfance est un texte écrit dans lequel un écrivain adulte, par divers procédés littéraires, de narration ou d'écriture, raconte l'histoire d'un enfant – lui-même ou un autre –, ou une tranche de la vie d'un enfant : ce récit peut être **autobiographique ou fictif.**

Comprendre comment faire

▶ Pour présenter un personnage dans un récit

Dans l'extrait ci-dessus, le portrait va du général (« une dame aux manières exquises ») au particulier (les détails du visage, les yeux et la chevelure « aux yeux clairs comme de l'eau, avec de beaux cheveux neigeux »).
Le narrateur s'attarde sur un bijou (« la barrette de jade ») parce qu'il s'agit d'un cadeau offert par une voisine vietnamienne.
Les indices formels de la description sont l'emploi de l'imparfait. Le champ lexical est celui des couleurs (« clairs comme de l'eau » « neigeux », « jade »).
L'impression qui se dégage de ces lignes est la grande tendresse de cette grand-mère. Dans ce récit d'enfance, le narrateur souligne la douceur de son souvenir, qui est porté par les sensations olfactives (« l'odeur de jasmin »).

S'entraîner

★ **1 Testez vos connaissances. Soulignez les bonnes réponses.**

a. Une description raconte ou donne à voir.

b. Les connecteurs dans une description sont logiques ou spatio-temporels.

c. Pour faire le portrait d'un personnage on utilise le passé composé ou l'imparfait.

d. Un portrait le plus souvent est ordonné ou rédigé en toute liberté.

e. Une description peut être réaliste ou symbolique.

★★ **2 Voici deux portraits de « mère ». Lisez-les et répondez aux questions.**

A. Tout était bien ce jour-là et elle aspirait l'odeur du myrte traditionnel que nous lui apportions. Elle frottait les brins entre ses petites mains et en humait l'odeur un peu théâtralement, comme il convient aux gens de notre tribu orientale. Elle était alors si jolie, ma vieille Maman qui se mouvait avec peine, ma Maman.

■ Albert COHEN, *Le Livre de ma mère*, 1954 © Folio, Gallimard, 1991.

B. On m'a dit cent fois qu'elle avait été belle. Je vous autorise à le croire, malgré ses grandes oreilles, ses cheveux secs, sa bouche serrée et ce bas du visage agressif qui faisait dire à Frédie, toujours fertile en mots :
« Dès qu'elle ouvre, la bouche, j'ai l'impression de recevoir un coup de pied au cul. Ce n'est pas étonnant avec ce menton en galoche. »

■ Hervé BAZIN, *Vipère au poing*, © Éditions Grasset & Fasquelle, 1948.

a. Comparaison des deux titres des œuvres dont sont extraits ces passages.
Comment comprenez-vous « Le livre de ma mère » ? Quel synonyme donner à « livre » ?
Expliquez la métaphore de la vipère pour désigner la mère dans le second extrait.

b. Évocation du souvenir par les sensations dans l'extrait A : quelle sensation est évoquée par le narrateur ?

c. Un portrait tendre : dans l'extrait A, quels sont les termes qui montrent la tendresse du narrateur pour sa mère ?

d. Un portrait à charge : dans l'extrait B, quels sont tous les termes à connotation négative qui sont utilisés pour décrire la mère ?

★★ **3 Qui parle ? Quelles sont les couleurs dominantes dans cet extrait ? Quel effet donnent-elles au texte ?**

J'aimais tant l'aube que ma mère me l'accordait en récompense. Je voulais qu'elle m'éveillât à trois heures et demie, et je m'en allais vers les terres maraîchères, vers les fraises et les cassis, les groseilles agglutinées près de la rivière. À trois heures et demie, tout dormait dans un bleu originel et confus. Quand je descendais le chemin de sable qui menait à la rivière, le brouillard baignait d'abord mes jambes, puis mon petit torse. Enfin, il atteignait mes lèvres, mes oreilles, mes narines. J'allais seule, ce pays était sans danger.

■ COLETTE, *Sido*, © Fayard et Hachette Littérature, 2004.

★★ **4 Observez ce tableau de Picasso.**

histoire des arts

■ Pablo PICASSO, *Portrait de Dora Maar*, 1937. Huile sur toile. Musée Picasso, Paris.

a. Observez la position du nez et des yeux, comment est présenté ce visage de femme ?

b. Observez les couleurs. Commentez-les.

c. Pourquoi s'éloigne-t-on de l'art figuratif ?

d. Quelle impression se dégage de ce portrait de femme ?

Livret des corrigés p. 6

Retenir l'essentiel

Vollard serrait à peine (la main d'Eva), mais les petits doigts bougeaient aussi, agrippaient doucement […].
– « Bien sûr que vous pouvez l'emmener en promenade ! Mais bien sûr ! Elle participe aux sorties en groupe, mais personne ne l'a emmenée marcher, toute seule, sur les chemins autour du centre. Sa maman a rarement le temps. Les jambes d'Eva vont bien désormais. »

■ Pierre Péju, *La Petite Chartreuse* © Gallimard, 2002.

Comment sait-on que les phrases soulignées sont au discours direct ?

Le tiret, les exclamations et guillemets, le pronom « vous ».

Le discours direct

Les paroles sont rapportées telles qu'elles ont été prononcées. Le discours direct présente :
– un tiret et des guillemets au début et en fin de paroles ;
– un verbe de prise de parole (*répondre*, *demander*, *crier*, *répondre*, *murmurer*…) ;
– les caractéristiques vivantes du langage oral : apostrophe, interjection, exclamation, interrogation (*« Bien sûr »*) ;
– les temps verbaux utilisés par le personnage dont on rapporte les propos qui se situent par rapport au moment de l'énonciation ;
– les pronoms du dialogue : l'effet produit est réaliste, le discours direct rend une scène proche et vivante.

– « Bien sûr que vous pouvez emmener Eva en promenade ! Bien sûr ! »

Le discours indirect

● Le narrateur rapporte les paroles des personnages sans les citer mot à mot. Le discours indirect se repère parce que :
– la ponctuation du discours direct disparaît ;
– toutes les phrases sont déclaratives ;
– le verbe de prise de parole est suivi d'une proposition subordonnée conjonctive ;
– les temps deviennent ceux du récit et suivent la concordance des temps.
L'infirmière lui dit que bien sûr, il pouvait emmener Eva en promenade.

● L'emploi du discours indirect dans un texte ne permet pas de savoir ce qui a été réellement dit mais supporte le point de vue du narrateur. Le discours indirect introduit une certaine distance.

Le discours indirect libre

Le narrateur rapporte des paroles intérieures ou des pensées en les intégrant complètement au récit. Le passage au discours indirect libre est signalé par :
– l'absence de verbe introducteur ;
– l'absence de ponctuation de dialogue ;
– l'absence de subordonnant ;
– la présence des pronoms et de la concordance des temps du style indirect.
Bien sûr il pouvait l'emmener en promenade !

Comprendre comment faire

► Pour faire la concordance des temps au style indirect

Au style indirect, si le verbe introducteur de la principale est au passé, la concordance des temps doit être respectée dans la subordonnée.

Style direct	Style indirect
Présent *L'infirmière affirmait : « Eva doit sortir. »*	Imparfait *L'infirmière affirmait qu'Eva devait sortir.*
Passé composé *L'infirmière affirmait : « Eva a dû sortir. »*	Plus-que-parfait *L'infirmière affirmait qu'Eva avait dû sortir.*
Futur simple *L'infirmière affirmait : « Eva devra sortir. »*	Conditionnel présent *L'infirmière affirmait qu'Eva devrait sortir.*
Futur antérieur *L'infirmière affirmait : « Eva aura dû sortir. »*	Conditionnel passé *L'infirmière affirmait qu'Eva aurait dû sortir.*

FOCUS
Le style indirect libre est très littéraire. Le narrateur intègre directement les propos et pensées du personnage au récit, sans passer par le dialogue.

S'entraîner

★ **1 Cochez la bonne réponse.**

a. Il me demande ce que sont devenus nos amis de l'école primaire.
- Propos rapportés au style indirect. ☐
- Propos rapportés au style indirect libre. ☐

b. Jean marchait songeur. Il commençait à être fatigué.
- Propos rapportés au style indirect. ☐
- Propos rapportés au style indirect libre. ☐

c. « Comment ferons-nous en cas de tempête de neige ? » demanda la fillette.
- Propos rapportés au style direct. ☐
- Propos rapportés au style indirect libre. ☐

d. « Serons-nous toujours amis ? » demanda la fillette.
- Au style indirect, le verbe *être* restera au futur. ☐
- Au style indirect, le verbe *être* se conjuguera au conditionnel. ☐

★★ **2 a. Écrivez ces propos au style direct :**

La mère d'Eva suggéra à Vollard qu'il rende visite à la fillette dans son centre de rééducation.

b. Expliquez ce que marque l'emploi du conditionnel dans cette phrase :

Vollard déclara qu'il serait ravi d'aller voir Eva.

c. Justifiez l'emploi de l'imparfait dans cette phrase :

Il l'assura qu'elle ne devait pas s'inquiéter d'être loin de sa fille et peu disponible.

d. Qui représente le pronom « il » dans cette phrase :

Il affirma qu'il lui devait bien cela puisqu'il ne se pardonnait pas d'avoir renversée la fillette.

★★ **3 Lisez l'extrait suivant puis répondez aux questions.**

Vollard s'étonna de ne pas devoir justifier son identité, mais il suivit sans rien dire le sous-directeur à travers les couloirs.

– Je dois vous avouer, Monsieur Vollard, que vous étiez très attendu. Vous êtes un oncle ? Un parent ? Enfin ça ne me regarde pas ! Mais il est souhaitable que la fillette ait des visites. La maman a dû accepter un travail loin d'ici, je crois… Elle n'est que très peu venue et restait à peine quand elle venait. Pourtant l'enfant va bien, mais il n'y a guère de changement. Les séquelles paraissent irréversibles. Toujours ce mutisme.

■ Pierre Péju, *La Petite Chartreuse* © Gallimard, 2002.

a. À quelle forme de discours rapporté correspondent les paroles du sous-directeur ?

b. Pour justifier votre réponse, relevez des indices et remplissez le tableau ci-dessous.

Signes de ponctuation du dialogue	Types de phrases	Pronoms personnels

c. Quel effet produit l'emploi de ce discours ?

d. Récrivez les propos du sous-directeur au style indirect.

Le sous-directeur dit à Monsieur Vollard que

……………………………………………………………

……………………………………………………………

……………………………………………………………

★★ **4 Voici la suite du texte. Lisez-la et inventez une suite au style indirect. Rédigez au moins deux phases.**

Ils pénétrèrent dans une vaste salle où les jeunes gens cabossés par les accidents les plus terribles jouaient aux cartes. […] Un téléviseur déversait une sauce épaisse d'inepties. Eva était assise dans ce vacarme, exactement sous le téléviseur […]. Rêveuse à vide. Regard vague.

Vollard en l'observant pensa que ……

■ Pierre Péju, *La Petite Chartreuse* © Gallimard, 2002.

★★ **5 Récrivez le passage de propos rapportés au style direct de l'extrait cité p. 54 en commençant par :**

L'infirmière a répondu à Vollard que :

……………………………………………………………

……………………………………………………………

……………………………………………………………

……………………………………………………………

……………………………………………………………

Livret des corrigés p. 6

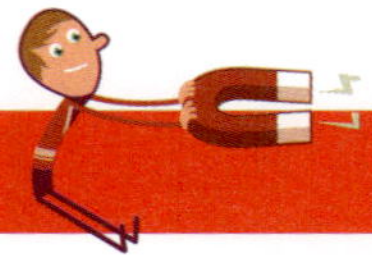

Retenir l'essentiel

« Vous avez la peau de la couleur de cendre, et nous de couleur d'ébène ; par conséquent, nous devons, par les lois sacrées de la nature, être toujours ennemis. »

■ Voltaire, *Candide*, 1759.

Quel lien logique exprime « par conséquent » entre les deux propositions ? En quoi cette affirmation est-elle absurde ?

Connecteur logique pour réfuter la thèse et mieux dire le contraire.

Le discours argumentatif est utilisé par l'énonciateur dès qu'il veut **convaincre** son destinataire d'un point de vue que celui-ci ne partage pas nécessairement.

Structure du texte argumentatif

Un texte argumentatif comporte :
– une **thèse** : le point de vue défendu par l'auteur, on parle alors de **thèse proposée** ;
– la **thèse réfutée** : la thèse que le destinataire est supposé soutenir sur le sujet en question. Pour mieux convaincre le destinataire de la légitimité de son point de vue, l'énonciateur réfute par avance cette autre thèse, ou la dévalorise ;
– des **arguments** : les **idées** qui prouvent la thèse proposée ;
– des **exemples** : des faits **concrets**, par opposition aux arguments plutôt abstraits, qui servent à **illustrer et justifier** les arguments et donc à mieux convaincre encore le destinataire.

Les marques de l'argumentation

● **Marques de la 1re personne et modalisateurs** : l'énonciateur s'exprime généralement à la 1re personne (*je pense que, à mon avis…*), mais il peut avoir recours à des formes générales pour donner plus de poids à son argumentation (***il** faut que, **on** sait que…*). Les **modalisateurs** (voir p. 46) jouent un rôle particulièrement important dans l'expression de l'opinion défendue.

● **Les temps** utilisés dans le discours argumentatif sont ceux du système du présent, même si le destinataire n'est pas physiquement présent (c'est le cas à l'écrit).

● Les **connecteurs logiques** soulignent la cohérence des arguments : ils marquent la cause, la conséquence, la concession, l'opposition, l'addition.

Comprendre comment faire

► Pour distinguer les arguments et les exemples

Les arguments sont des idées qui viennent justifier la thèse. Ils sont plus abstraits. La thèse est un but, les arguments amènent le lecteur vers ce but.
Les exemples sont des éléments concrets qui illustrent les arguments.

Thèse réfutée dans les extraits présentés pour bien montrer qu'elle est indéfendable sur la page de droite : *Les colonies avaient besoin de main-d'œuvre, donc d'hommes habitués à l'esclavage.*

Arguments :
1. Les Africains pratiquaient déjà entre eux l'esclavage.
2. Les maîtres Blancs traitaient bien mieux leurs esclaves que les rois africains les leurs.

Ex. pour l'argument 1 :
Les bateaux négriers venaient prendre à Gorée des esclaves qui avaient été capturés à l'intérieur du pays par des Africains. Les rois eux-mêmes les échangeaient contre d'autres marchandises.

Ex. pour l'argument 2 :
Les esclaves vivaient avec les familles de planteurs. Les femmes étaient les nourrices des enfants et étaient appréciées par les mères de famille.

FOCUS

Le Danemark fut le premier pays européen à abolir la traite des Noirs en 1792, suivi de près par l'Angleterre (1807) et les États-Unis (1808). Les esclaves français se virent enfin octroyer la liberté, grâce à Victor Schoelcher, le 27 avril 1848.

S'entraîner

★ **1 Classez ces verbes dans le tableau suivant.**

Je crois, je pense, je sais, je considère, je doute, je suppose, j'ignore si, je suis certain, j'affirme, je certifie, je confirme, j'admets, je conviens, j'adhère.

Verbes exprimant une position neutre	Verbes exprimant une conviction	Verbes exprimant une incertitude

★★ **2 Lisez ce texte et répondez aux questions.**

Le narrateur et certains membres d'équipage avaient embarqué pour les Antilles sans savoir qu'ils étaient à bord d'un navire qui faisait du commerce d'esclaves.

« Sachez pour vous rassurer, reprit le capitaine d'une voix forte, que nous ne volons personne : nous achetons les esclaves un bon prix, et cela fait à la fois les affaires de leur pays et du nôtre, car nos colonies ont un cruel besoin de main-d'œuvre.

– Pas l'affaire de ceux qui sont vendus, saint Capitaine », siffla Blaise-Benoît entre ses dents. Il n'avait pas parlé assez fort pour que Chevillot entende et celui-ci continua : « Vous ignorez sans doute que, chez eux, ils sont déjà esclaves. L'esclavage existe depuis toujours en Afrique, et ces gens ont été capturés bien avant notre arrivée.

– Si on n'allait pas en acheter, susurra Jos par un coin de sa bouche qu'il tordait avec un grand savoir-faire, ils auraient moins de raisons de faire des prisonniers.

– Et croyez-moi, poursuivit le capitaine, ils seront mieux aux colonies que chez leur actuel maître africain. »

■ E. Brisou-Pellen, *Deux Graines de cacao*, coll. « Le Livre de poche Jeunesse » © Hachette, 2001.

a. « Nous ne volons personne : […] main-d'œuvre ».

– Par quelle conjonction de subordination pourrait-on remplacer les deux points ?

– Reformulez l'argument.

b. « Chez eux, ils sont déjà esclaves. […] avant notre arrivée. »

– Relevez trois compléments de temps. Expliquez leur rôle.

– Résumez la théorie du capitaine.

c. « Pas l'affaire de ceux qui sont vendus, […] de faire des prisonniers ».

Montrez que ces deux phrases contredisent l'argumentation du capitaine.

★★ **3 Même consigne.**

Cette fois, c'est de nouveau Blaise-Benoît qui grinça :

« Il croit ce qu'il veut. Il n'a jamais vu le travail des Noirs sur les plantations.

– Chez les planteurs, ils sont nourris et soignés. Ils font presque partie de la famille.

– Ils sont mal nourris, battus, ils sont loin de leur pays, arrachés à leur famille, ils travaillent du matin au soir sans espoir de sortir de là, commenta Blaise-Benoît avec colère.

– J'entends des murmures ! » s'exclama le capitaine d'un ton menaçant.

Les officiers levèrent brièvement leur cravache, ce qui fit taire les protestataires. De l'arrière du groupe, Anselme surveillait lui aussi les matelots d'un air inquisiteur. S'il y avait mutinerie, c'était son travail sur le faux-pont qui en pâtirait et il refusait de dire adieu à sa prime.

« Qui peut se donner le droit de soumettre les autres à l'esclavage ? s'écria alors Youenn.

– Qui a parlé ?

– Le timonier ! dénonça Anselme.

– Trois douzaines de coups de fouet ! » hurla le capitaine.

■ E. Brisou-Pellen, *op. cit.*

a. Relevez les verbes qui introduisent les paroles des personnages. Quels renseignements nous donnent-ils sur la manière dont s'expriment les personnages ?

b. « Il croit ce qu'il veut. Il n'a jamais vu le travail des Noirs sur les plantations. »

– Quel argument du capitaine est rappelé par le groupe nominal « le travail des Noirs » ?

– Que sous-entend alors Blaise-Benoît ?

– Montrez qu'il développe ensuite son argument.

c. Quelle est la thèse du timonier ? En quoi fait-elle une thèse réfutée de celle du capitaine ?

Livret des corrigés p. 6

Retenir l'essentiel

Figaro – Qu'avez-vous fait pour tant de biens? Vous vous êtes donné la peine de naître et rien de plus; du reste homme assez ordinaire!

■ BEAUMARCHAIS, *Le Mariage de Figaro*, 1778.

Le théâtre est-il le plus souvent narratif ou argumentatif?

Les dialogues au théâtre constituent l'action, aussi le dialogue théâtral est-il essentiellement argumentatif. Un personnage essaie d'en convaincre un autre d'adopter sa thèse.

Une pièce de théâtre est une histoire racontée sous forme de **dialogues**, sans narrateur. Elle est d'abord faite pour être jouée et représentée. Il peut s'agir d'une comédie, d'une tragédie ou d'un drame.

Le texte de théâtre

Le texte de théâtre se compose des répliques des personnages et des didascalies.

● Les **didascalies** sont les indications données par l'auteur aux comédiens et au metteur en scène sur la façon de jouer, sur le lieu, les déplacements, etc. Elles ne sont pas prononcées pendant la représentation et sont écrites en italiques pour les distinguer des dialogues.

● Les personnages sont caractérisés par la manière dont ils parlent, c'est-à-dire :
– leurs niveaux et registres de langue;
– les types de phrases qu'ils emploient;
– leurs gestes, mimiques et attitudes;
– la répartition de la parole entre eux (un dominant parle davantage qu'un dominé).

La composition d'une pièce de théâtre classique

Elle est souvent organisée autour de trois ou cinq actes :
– l'**exposition** informe le spectateur sur la situation;
– le **nœud** de l'action, moment où l'action/l'intrigue est à son point culminant et le dénouement encore incertain;
– le **coup de théâtre,** un événement soudain, imprévu, change les données de l'action;
– le **dénouement** résout le problème posé par la pièce.

L'énonciation au théâtre

Elle est double généralement puisque les répliques s'adressent à **deux destinataires,** un autre personnage de la pièce et le spectateur :
– dans l'**aparté** le personnage s'adresse directement au public;
– dans le **monologue,** le personnage livre à voix haute, loin des autres et souvent seul en scène, ses pensées intimes.

FOCUS

L'étymologie du mot **«tragédie»** est grecque et signifie «**chant du bouc**». On pense que cela signifierait «ce que l'on chante pendant le sacrifice du bouc» que l'on immolait au dieu Dionysos quand on donnait des représentations de théâtre à Athènes.

Comprendre comment faire

► Pour définir les genres théâtraux

Dans le théâtre classique, on distingue la comédie et la tragédie.

● **La comédie** cherche à divertir en mettant en scène des personnages ordinaires et utilise le rire comme ressort; le dénouement est heureux.

● **La tragédie** montre le destin de personnages mythologiques ou historiques. Ses ressorts sont la crainte et la pitié. Un destin implacable pèse sur les héros souvent tourmentés de passions. Le dénouement est malheureux.

● **Le drame romantique** apparaît dans la 1re moitié du XIXe siècle. Il mélange les tons (tragique et comique).

S'entraîner

★ **1 Cochez la bonne réponse.**

a. Le quiproquo est :
☐ comique ☐ tragique

b. L'exposition d'une pièce classique doit être finie :
☐ à la fin de la scène 1 de l'acte I
☐ au début de l'acte II

c. Un acte est découpé en scènes. Une scène est délimitée :
☐ par l'entrée ou la sortie d'un personnage
☐ par l'auteur comme il veut

d. Le héros tragique est :
☐ aux prises avec son destin
☐ maître de ses choix

★★ **2 Lisez cet extrait pour répondre.**

Le comte veut obtenir les bonnes grâces de Suzanne, la fiancée de Figaro. Il convoque celui-ci pour savoir s'il est au courant. Or Suzanne a averti Figaro.

LE COMTE – […] Ce Figaro se fait bien attendre ! Il faut le sonder adroitement *(Figaro paraît dans le fond il s'arrête)* et tâcher, dans la conversation que je vais avoir avec lui, de démêler d'une façon détournée s'il est instruit ou non de mon amour pour Suzanne.

FIGARO, à *part*. – Nous y voilà.

LE COMTE – […] S'il en sait par elle un seul mot…

FIGARO, à *part*. – Je m'en suis douté.

LE COMTE – […] Et voyons ce que nous ferons de la jeunesse.

FIGARO, à *part*. – Ah ! Ma femme, s'il vous plaît.

LE COMTE, *se retourne*. – Hein ? Quoi ? Qu'est-ce que c'est ?

FIGARO, *s'avance*. – Moi qui me rends à vos ordres.

LE COMTE. – Les domestiques ici… sont plus longs à s'habiller que les maîtres !

FIGARO. – C'est qu'ils n'ont point de valets pour les y aider.

LE COMTE, […] à *part*. – Je m'emporte et nuis à ce que je veux savoir.

FIGARO, à *part*. – Voyons-le venir et jouons serré.

■ BEAUMARCHAIS, *Le Mariage de Figaro*, III, 4-5, 1778.

a. Qu'indiquent les didascalies ? Quel est l'effet de ce procédé ?

b. LE COMTE. – Les domestiques ici… sont plus longs à s'habiller que les maîtres !
FIGARO. – C'est qu'ils n'ont point de valets pour les y aider.
Que pensez-vous de la réplique de Figaro ?

c. Qui mène le dialogue : Figaro ou le Comte ?

★★ **3 Même consigne.**

Figaro croit faussement que Suzanne a finalement décidé de céder aux avances du comte Almaviva. Figaro se promène seul dans l'obscurité et fait éclater sa colère dans un long monologue.

Ô femme ! femme ! femme ! Créature faible et décevante ! Nul animal créé ne peut manquer à son instinct ; le tien est-il donc de tromper ? […] Après m'avoir obstinément refusé quand je l'empressai devant sa maîtresse, à l'instant qu'elle me donne sa parole ; au milieu de la cérémonie […] Il riait en lisant, le perfide ! et moi comme un benêt ! Non. Monsieur le Comte, vous ne l'aurez pas… vous ne l'aurez pas. Parce que vous êtes un grand seigneur, vous vous croyez un grand génie ! […] noblesse, fortune, un rang, des places ; tout cela rend si fier !

a. Les répétitions marquent ☐ la colère ☐ l'hésitation de Figaro sur la conduite à suivre.

b. Ce monologue a une portée ☐ narrative ☐ argumentative.

c. Qu'exprime la ponctuation ? Quelles indications donne-t-elle aux acteurs ?

★★ **4 Complétez ces phrases en puisant dans la liste des mots suivants :** *Racine, Corneille, mythologique, biblique, Athènes, Bienséances, Euripide, Sophocle, Eschyle.*

La tragédie naît en Grèce, à …………… au VIe siècle avant J.-C. Les trois grands auteurs de la tragédie grecque sont ……………

Pour ne pas choquer le public au XVIIe siècle, on suit la règle des …………… et on s'interdit de montrer un meurtre sur scène.

Dans les années 1635, la tragédie se développe en France avec deux auteurs ……………

Le sujet de la tragédie est emprunté à l'histoire antique ou …………… ou …………… .

Livret des corrigés p. 7

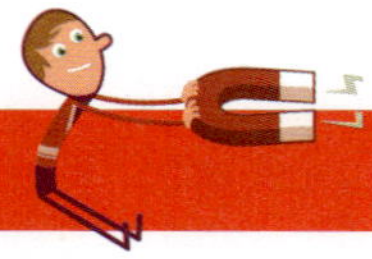

Retenir l'essentiel

PÂRIS. – Ménélas était nu sur le rivage, occupé à se débarrasser l'orteil d'un crabe. Il a regardé filer mon canot comme si le vent emportait ses vêtements.
HECTOR. – L'air furieux?
PÂRIS. – Le visage d'un roi que pince un crabe n'a jamais exprimé la béatitude.
HECTOR. – Pas d'autres spectateurs?
PÂRIS. – Mes gabiers.
HECTOR. – Parfait!
PÂRIS. – Pourquoi «parfait»? Où veux-tu en venir?
HECTOR. – Je dis «parfait», parce que tu n'as rien commis d'irrémédiable.

■ Jean GIRAUDOUX, *La Guerre de Troie n'aura pas lieu*, 1935, © Fondation Jean et Jean-Pierre Giraudoux / Fondation de France.

Qui sont Pâris et Ménélas?

Pâris, prince troyen, a enlevé Hélène, femme de Ménélas, et déclenche la guerre de Troie…

Le théâtre du XXe siècle est riche et varié. On distingue trois axes de création.

La reprise des mythes antiques

● Entre 1920 et 1950, des auteurs puisent leur inspiration dans les mythes gréco-romains qu'ils transposent dans leur époque (1933 : *La Machine infernale*, Cocteau; 1935 : *La Guerre de Troie n'aura pas lieu*, Giraudoux; 1944 : *Antigone*, Anouilh).

● On voit bien ici que Giraudoux tourne en dérision la tragédie classique : Ménélas n'est plus aux prises avec les dieux mais avec un crabe. Les personnages deviennent humains. Hector veut à tout prix éviter la guerre.

Le théâtre engagé (1940-1950)

Le théâtre engagé pose le problème de la légitimité de la violence en politique et des engagements. L'homme est confronté au tragique de l'histoire (1944 : *Huis Clos*, Sartre; 1948 : *Les Mains sales*, Sartre; 1949 : *Les Justes*, Camus).

Le théâtre de l'absurde

En 1896, Alfred Jarry avec *Ubu Roi* ouvre les voies d'un «nouveau théâtre» ou «théâtre de l'absurde» qui vise à la provocation. Les héritiers mêlent pour la plupart dérision, humour et tragique :
– Eugène Ionesco : *La Cantatrice chauve* (1950), *La leçon* (1951), *Les Chaises* (1952), *Le Roi se meurt* (1962);
– Samuel Beckett : *En attendant Godot* (1952), *Fin de partie* (1957), *Oh les beaux jours* (1963).

Comprendre comment faire

► Pour différencier le théâtre moderne du théâtre classique

Principaux constituants d'une pièce de théâtre	Théâtre traditionnel	Théâtre de l'absurde
L'histoire/ la structure	Il y a une exposition, un développement de l'intrigue et finalement un dénouement.	Il n'y a pas toujours d'histoire cohérente. Chaque fragment peut être autonome.
Les personnages	Les personnages ont une psychologie. *Le Comte Almaviva croit qu'il n'aime plus sa femme.*	Ce sont des types interchangeables. *Ubu est le symbole de la cupidité des tyrans.*
Le langage	Le langage a du sens, il aide à communiquer. Souvent, le langage est d'un niveau soutenu.	Mélanges de tons, de registres de langue, jeux sur la polysémie. Le langage peut servir de révélateur de la difficulté à communiquer.

FOCUS
Le mot **absurde** apparaît en littérature après la Seconde Guerre mondiale et caractérise la difficulté de l'homme à comprendre le monde dans lequel il vit.

S'entraîner

★ 1 Lisez puis cochez la bonne réponse.

La Cantatrice chauve est représentée pour la première fois le 11 mai 1950, par la Compagnie Nicolas Bataille. Avant le premier dialogue on trouve ces lignes.

Intérieur bourgeois anglais, avec des fauteuils anglais. Soirée anglaise. M. Smith, Anglais, dans son fauteuil anglais et ses pantoufles anglaises, fume sa pipe anglaise et lit un journal anglais, près d'un feu anglais. Il a des lunettes anglaises, une petite moustache grise, anglaise. À côté de lui, dans un autre fauteuil anglais, Mme Smith, Anglaise, raccommode des chaussettes anglaises. Un long moment de silence anglais. La pendule anglaise frappe dix-sept coups anglais.

■ Eugène IONESCO, *La Cantatrice chauve*, © Gallimard, 1950.

a. Ces lignes en italiques correspondent :
☐ aux didascalies.
☐ à une introduction pour le metteur en scène.

b. Les personnages sont :
☐ des héros empruntés à la mythologie.
☐ des personnages ordinaires.

c. Le lieu de l'action :
☐ est un palais comme dans la tragédie.
☐ une maison typiquement bourgeoise.

d. Le ton de ces lignes est :
☐ neutre. ☐ ironique.

★★ 2 Voici les premières répliques de la pièce. Lisez-les et cochez la bonne réponse.

Mme SMITH. – Tiens, il est neuf heures. Nous avons mangé de la soupe, du poisson, des pommes de terre au lard, de la salade anglaise. Les enfants ont bu de l'eau anglaise. Nous avons bien mangé, ce soir. C'est parce que nous habitons dans les environs de Londres et que notre nom est Smith.

M. SMITH, *continuant sa lecture, fait claquer sa langue.*

Mme SMITH. – Les pommes de terre sont très bonnes avec le lard, l'huile de la salade n'était pas rance. L'huile de l'épicier du coin est de bien meilleure qualité que l'huile de l'épicier d'en face, elle est même meilleure que l'huile de l'épicier du bas de la côte. Mais je ne veux pas dire que leur huile à eux soit mauvaise.

M. SMITH, *continuant sa lecture, fait claquer sa langue.*

■ Eugène IONESCO, *op. cit.*

a. Ces premières répliques correspondent :
☐ au début d'une scène d'exposition.
☐ à de riches informations pour le spectateur.

b. Les relations entre les personnages :
☐ sont d'emblée posées.
☐ reposent sur un vrai dialogue.

c. Le rôle du langage est :
☐ au service de la communication.
☐ souvent limité.

d. Ionesco a dit qu'il s'était inspiré de la méthode Assimil. C'est pour cela que :
☐ les répliques sont assez creuses.
☐ les répliques ont le même thème.

★★ 3 Mme Smith continue son monologue. Sur quoi repose la parodie ici ?

Mme SMITH. – Cependant, la soupe était peut-être un peu trop salée. Elle avait plus de sel que toi. Ah, ah, ah. Elle avait aussi trop de poireaux et pas assez d'oignons. Je regrette de ne pas avoir conseillé à Mary d'y ajouter un peu d'anis étoilé. La prochaine fois, je saurai m'y prendre.

M. SMITH, *continuant sa lecture, fait claquer sa langue.*

■ Eugène IONESCO, *op. cit.*

★★★ 4 Observez cette image.

histoire des arts

■ Représentation de *La Cantatrice chauve*, mise en scène de Jean-Luc Lagarce, diffusée sur Arte en 1991.

Les Smith reçoivent les Martin.

a. Comment sont habillés les acteurs ?

b. Quelle est la mimique des femmes ?

c. Quel décor a choisi le metteur en scène ?

Livret des corrigés p. 7

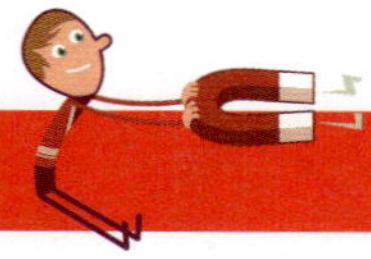

Retenir l'essentiel

Suis-je né trop tôt ou trop tard ?
Qu'est-ce que je fais en ce monde ?
Ô vous tous, ma peine est profonde :
Priez pour le pauvre Gaspard !

■ Paul VERLAINE, *Dagesse*, 1877.

Quel est le thème de ce poème ?

Mal-être, tristesse.

Jusqu'à la fin du XIXe siècle, la poésie se présente sous une forme versifiée. À partir du XXe siècle, les poètes s'affranchissent des règles de versification et écrivent de la poésie en prose qui continue à jouer sur les images, les rythmes et les sonorités.

La poésie en vers

- La **versification** est l'ensemble de règles qui régissent l'écriture d'un **vers**.
- Un **poème** est généralement constitué de **vers**, regroupés en **strophes**.
- Un vers se découpe en syllabes qu'on appelle **pieds**. Les vers portent des noms différents selon leur nombre de pieds.
  - Le vers de 12 pieds : **l'alexandrin.**
  - Le vers de 10 pieds : **le décasyllabe.**
  - Le vers de 8 pieds : **l'octosyllabe.**

Le jeu sur les sons

- **La rime** est un effet de sonorité avec la répétition d'un même son à la fin de deux ou plusieurs vers. Les rimes féminines se terminent par un **e** muet et sont masculines dans les autres cas. Les deux alternent selon trois combinaisons :

Rimes plates	Rimes embrassées	Rimes croisées
a/a/b/b	a/b/b/a	a/b/a/b

Dans la strophe de Verlaine les rimes sont embrassées : *Tard/Monde/Profonde/Gaspard.*

- **L'allitération** (répétition d'une même consonne dans une suite de mots rapprochés) crée un effet d'harmonie entre les sonorités et le sens du vers : *Priez pour le pauvre Gaspard !*
- **L'assonance** (répétition d'une même voyelle dans une suite de mots rapprochés) crée un effet d'harmonie entre les sonorités et le sens du vers : *Suis-je né trop tôt ou trop tard ?*

Les effets de rythme

- Le vers est divisé en **groupes rythmiques.** L'endroit où s'arrête un groupe rythmique s'appelle la **coupe.** La coupe principale d'un vers s'appelle la **césure.** Les coupes sont souvent liées à la ponctuation.

Un soir,/t'en souvient-il? // nous voguions en silence
2 Coupe 4 Césure 6

Cet alexandrin est découpé en deux **hémistiches** de 6 pieds par la **césure.**

- Il y a **enjambement** quand une proposition commencée dans un vers se prolonge dans le vers suivant. *Les beaux habits du soir un à un que l'on quitte / Tombent indolemment sur l'aube des planchers.*

■ ARAGON, *Le Roman inachevé.*

- Il y a **rejet** quand un élément appartenant à une proposition commencée dans un vers est placé en tête du vers suivant. *L'empereur se tourna vers Dieu; l'homme de gloire / **Trembla**; Napoléon comprit qu'il expiait…*

■ Victor HUGO, *Châtiments*, 1853.

FOCUS
Le poème en prose naît officiellement en 1842 avec la parution de *Gaspard de la nuit* d'**Aloysius Bertrand**. À la fin du XIXe siècle, cette forme poétique conviendra à **Charles Baudelaire** (1821-1867) dans *Le Spleen de Paris* et à **Arthur Rimbaud** (1854-1891) dans *Illuminations.*

Comprendre comment faire

▶ Pour compter le nombre de pieds

Chaque vers se décompose en **pieds.** Une syllabe = un pied. Le ***e*** muet en fin de vers ne compte pas. Quand le ***e* muet** est suivi d'une voyelle il ne compte pas, il compte quand il est suivi d'une consonne. *Ô vous tous, ma peine est profonde*
Ce vers est un octosyllabe. Le *e* de peine et de profonde ne compte pas.

S'entraîner

★ **1 Lisez le poème et cochez la bonne réponse.**

Depuis longtemps déjà je t'ai laissé tout seul
Cependant me voici t'apportant mon mensonge
Poète sois joyeux tu sembles un linceul
Regarde-moi c'est moi je ne suis pas un songe.

■ G. Apollinaire, « La ceinture », *Poèmes à Lou.*

a. Les rimes sont : croisées ☐ embrassées ☐
b. Les rimes masculines alternent avec les rimes féminines : oui ☐ non ☐
c. Ce sont des : décasyllabes ☐ alexandrins ☐

★ **2 Quelle est la disposition des rimes dans les vers suivants ? Relevez deux allitérations et une assonance.**

Je tresserai mes vers de verre et de verveine
Je tisserai ma rime au métier de la fée
Et trouvère du vent je verserai la vaine
Avoine verte de mes veines
Pour récolter la strophe et t'offrir ce trophée

■ Louis Aragon, extrait du *Cantique à Elsa* in *Les yeux d'Elsa*, © Seghers, 1942.

★★ **3 Soulignez les e muets qui se décomptent dans un vers et barrez ceux qui ne comptent pas.**

a. Une atmosphère obscure enveloppe la ville. (Baudelaire)
b. J'ai cueilli ce brin de bruyère/L'automne est morte souviens-t'en. (Apollinaire)
c. Demain, dès l'aube, à l'heure où blanchit la campagne. (Hugo)

★★ **4 Lisez et répondez aux questions.**

Le dormeur du val

C'est un trou de verdure où chante une rivière
Accrochant follement aux herbes des haillons
D'argent ; où le soleil, de la montagne fière,
Luit ; c'est un petit val qui mousse de rayons.

Un soldat jeune, bouche ouverte, tête nue,
Et la nuque baignant dans le frais cresson bleu,
Dort ; il est étendu dans l'herbe, sous la nue,
Pâle dans son lit vert où la lumière pleut.

Les pieds dans les glaïeuls, il dort. Souriant comme
Sourirait un enfant malade, il fait un somme
Nature, berce-le chaudement : il a froid.

Les parfums ne font pas frissonner sa narine ;
Il dort dans le soleil, la main sur sa poitrine
Tranquille. Il a deux trous rouges au côté droit.

■ Arthur Rimbaud, *Poésies*, 1870

a. Dans la strophe 1 : le mot « luit » occupe une place particulière : laquelle ? Pourquoi ? Quel est le champ lexical dominant ?
b. Comment s'appelle la strophe 2 ? Quel est le rythme du premier vers ? Justifiez-le. Comment sont disposées les rimes ?
c. Quel champ lexical est lié au soldat dans les strophes 2 et 3 ? Comment évolue-t-il ?
d. En quoi ce poème dénonce-t-il l'absurdité de la guerre ?

★★ **5 Retrouvez les mots qui correspondent aux définitions suivantes.**

a. Quand une phrase se poursuit dans le vers suivant c'est un ....
b. Un vers de huit pieds est un ....
c. La répétition d'une même voyelle ou diphtongue est une ....
d. Les rimes a/b/a/b sont ....
e. Une strophe de quatre syllabes est un ....
f. Un alexandrin qui a deux coupes a un rythme ....

e	q	u	a	t	r	a	i	n	o
n	u	r	t	e	p	o	e	m	c
j	a	d	o	r	d	r	i	o	t
a	s	s	o	n	a	n	c	e	o
m	e	t	r	a	p	r	r	l	s
b	d	m	g	i	f	p	o	b	y
e	b	v	h	r	i	m	i	g	l
m	o	k	r	e	a	l	s	b	l
e	m	b	r	a	s	s	e	e	s
n	p	c	l	q	y	o	e	n	b
t	a	e	r	u	a	h	s	b	e

Livret des corrigés p. 7

Retenir l'essentiel

Et par le pouvoir d'un mot
Je recommence ma vie
Je suis né pour te connaître
Pour te nommer
Liberté.

■ Paul Éluard, *Poésie et vérité*, © Éd. de Minuit, 1942.

Pourquoi le titre « Liberté » en 1942 ?

La France est occupée, des résistants s'engagent pour la libérer.

Définition et enjeux

« Être engagé » signifie se mettre au service d'une cause.

Le poète, comme l'écrivain, le chanteur, le peintre, peut, dans un contexte historique précis, décider de mettre son art au service d'une cause. On parle alors de **poésie engagée.** Elle est toujours ancrée dans la réalité, dans l'Histoire et fait donc souvent référence à des noms de lieux, de personnes, et à des dates. Elle vise à témoigner de la réalité, à convaincre les hommes d'adhérer à une cause, à mettre en garde contre l'oubli, à rendre hommage.

Thèmes

Le poète prend la plume lorsque les droits de l'homme sont bafoués dans différents domaines :
- religieux (intolérance, fanatisme) ;
- social (injustice, inégalité, misère, racisme…) : *V. Hugo dénonce le travail des enfants dans « Mélancholia » ;*
- politique (guerre, dictature, violence…), refus du nazisme : *Robert Desnos, poète de la Résistance, mourra en camps de concentration.*

La poésie engagée du xxe siècle

● Première Guerre mondiale

Apollinaire montrera l'horreur de cette guerre, par le récit de combats, comme dans *La Nuit d'Avril 1915*.

● Seconde Guerre mondiale

- 1942 : *Poésie et vérité* de Paul Éluard (1895-1952)
- 1943 : *État de veille* de Robert Desnos (1900-1945)
- 1945-1946 : *La Diane française* de Louis Aragon (1897-1982)
- 1948 : *Fureur et mystère* de René Char (1907-1988)

● Colonisation

- 1939 : *Cahier d'un retour au pays natal*, Aimé Césaire (1913-2008)
- 1948 : *Hosties noires,* Léopold Sédar Shengor (1906-2001)

● Guerre d'Algérie

1954 : *Le Déserteur,* Boris Vian (1920-1959)

FOCUS

Pendant l'occupation allemande de la 2e Guerre mondiale, Éluard fit partie de la Résistance en participant à la littérature clandestine. *Poésie et vérité* fut distribué par tracts, lancés d'avion au-dessus des maquisards pour leur donner du courage.

Comprendre comment faire

► Pour repérer les procédés de la poésie engagée

Pour incarner des idées, la poésie engagée à recours à des **symboles, des personnifications, des allégories.**

Les figures de style telles que les hyperboles, les métaphores, les comparaisons sont nombreuses, et utilisées dans une démarche argumentative, pour susciter l'émotion et l'adhésion du lecteur.

Le rythme et le jeu sur les sonorités sont particulièrement importants dans un poème engagé : la reprise d'expressions ou de structures syntaxiques (répétition et anaphore), les rejets et les enjambements, les parallélismes et les oppositions, les assonances et les allitérations, créent un dynamisme musical qui facilite la mémorisation et la diffusion des textes.

S'entraîner

★ **1 Voici le début du poème d'Apollinaire :**

Le ciel est étoilé par les obus des Boches
La forêt merveilleuse où je vis donne un bal
La mitrailleuse joue un air à triples-croches
Mais avez-vous le mot
Eh ! oui le mot fatal
Aux créneaux Aux créneaux
Laissez là les pioches

■ G. Appolinaire, « La Nuit d'avril 1915 », *Calligrammes* © Gallimard, 1918.

a. Quels sont les deux champs lexicaux présents dans cette strophe ?
b. Que veut dire le poète ?

★★ **2 Dans le poème *Courage* (1942), Paul Éluard dresse le portrait de Paris sous l'occupation allemande. Voici les premiers vers.**

Paris a froid Paris a faim
Paris ne mange plus de marrons dans la rue
Paris a mis de vieux vêtements de veille
Paris dort debout sans air dans le métro
Plus de malheur encore est imposé aux pauvres
Et la sagesse et la folie
De Paris malheureux
C'est l'air pur c'est le feu
C'est la beauté c'est la bonté
De ses travailleurs affamés
Ne crie pas au secours Paris
Tu es vivant d'une vie sans égale

■ P. Éluard, « Courage » (1942, sous le pseudonyme de Maurice Hervent), repris dans *Au rendez-vous allemand*, © Éd. de Minuit, 1945.

a. Pourquoi ce poème a-t-il été d'abord écrit sous un pseudonyme ?
b. Sur quel effet de contraste reposent ces premiers vers ?

★★ **3 Pablo Neruda écrit l'épopée de l'Amérique latine dans son *Chant général*.**

Gabriel Gonzales Videla. Je le nomme
afin qu'un jour, quand le temps aura effacé
l'ignominie, quand ma patrie aura lavé
son visage éclairé par le blé et la neige,
plus tard, quand ceux d'ici chercheront l'héritage
que je laisse entre ces lignes telle une braise verte,
ils trouvent aussi le nom du traître qui brandit
la coupe d'agonie qu'un peuple repoussa.
Mon peuple, mon pays, dresse enfin ton destin !
Démolis la prison, ouvre les murs qui
t'incarcèrent !
Écrase le pas tortueux du rat qui commande
en son Palais : lève tes lances vers l'aurore,
et au plus haut laisse ton étoile irritée.
briller, illuminant les chemins d'Amérique.

■ P. Neruda, « Gonzales Videla, le traître du Chili (Épilogue, 1948) », in *Le sable trahi*, recueilli dans *Chant général*, traduit par Claude Couffon.

a. Vers 1, pourquoi le poète tient-il à dire « Je le nomme » ?
b. Dans la dernière strophe, relevez les verbes à l'impératif. En quoi invitent-ils le peuple à gagner sa liberté ?

★★★ **4 Observez cette image.**

histoire des arts

■ Illustration de Ferdinand Léger pour le poème « Liberté » de Paul Éluard (1953).

a. Quelles sont les couleurs dominantes ? Pourquoi ?
b. Pourquoi le nom « Liberté » est-il écrit en haut de l'image ?
c. Pourquoi le peintre utilise-t-il plusieurs polices de caractères ?
d. Comment est représentée la liberté ?

Livret des corrigés p. 7

Retenir l'essentiel

Vocabulaire

Les écritures 3 ; – 4 ; 2,6 ; $\frac{5}{4}$; $\frac{8}{8}$; $\sqrt{2}$ et π représentent des nombres. Qu'en est-il de chacun de ces nombres ?

- **3 ; – 4 ; et 2,6 :**

• 3 est un **entier naturel** ; mais c'est également un **décimal**, car il s'écrit 3,0. Il est un **entier relatif**, **positif**, car il s'écrit + 3. Comme il peut être écrit sous la forme d'une **fraction** : $\frac{3}{1}$.

• – 4 est un **entier relatif**, **négatif.** Il est aussi un **décimal** car on peut l'écrire – 4,0. Sous **forme fractionnaire**, il s'écrit $-\frac{4}{1}$.

• 2,6 est un **décimal non entier**, **positif** car il s'écrit + 2,6. Sous la forme d'une **fraction**, il s'écrit $\frac{26}{10}$.

On dit que $\frac{26}{10}$ est une **fraction décimale.**

- $\mathbf{\frac{5}{4}}$ **et** $\mathbf{\frac{8}{3}}$ **:**

• $\frac{5}{4}$ est une **fraction.** Elle représente le **décimal** 1,25 car 5 : 4 = 1,25.

• $\frac{8}{3}$ est une **fraction.**

Elle représente un nombre **qui n'est pas décimal**, car 8 : 3 = 2,666 666 6… Dans 2,666 666 6… la partie après la virgule est formée du chiffre 6 qui se répète d'une manière illimitée.

- $\mathbf{\sqrt{2}}$ **:**

À l'aide d'une calculatrice, $\sqrt{2}$ représente le nombre 1,414213… dont la partie après la virgule ne se répète pas mais qui est illimitée.

- π **:**

Le quotient de la longueur d'un cercle par son diamètre est égal à π.

π représente le nombre 3,141 592… dont la partie après la virgule ne se répète pas mais qui est illimitée.

REMARQUE : Les mathématiciens sont précis et font la distinction entre ces différents nombres. Pour ce qui concerne le programme de 3e, on dira par exemple que 1,25 est la valeur exacte de 5/4 mais que 2,66 est une valeur approchée de 8/3, ou que 2,67 est l'arrondi au centième de 8/3. De même, 1,41 est une valeur approchée de $\sqrt{2}$ et 3,14 est une valeur approchée de π.

Calcul d'un nombre

- **Règles de priorités (Rappel)**

Dans une suite d'opérations, on effectue :
1. l'intérieur des parenthèses,
2. les puissances,
3. de gauche à droite les multiplications et divisions,
4. les additions et soustractions.

Comprendre comment faire

Pour calculer une valeur exacte, une valeur approchée

EXEMPLE : Question : ABC est un triangle rectangle en A. Calculer BC.

Réponse : D'après le théorème de Pythagore :

$BC^2 = AB^2 + AC^2$ $\quad BC^2 = 3^2 + 2^2$ $\quad BC^2 = 9 + 4 = 13$

La valeur exacte de BC est $\boxed{\sqrt{13}}$.

Une valeur approchée de BC au dixième près est 3,6 ; en effet, à l'aide d'une calculatrice : $\sqrt{13}$ = 3.60555127…

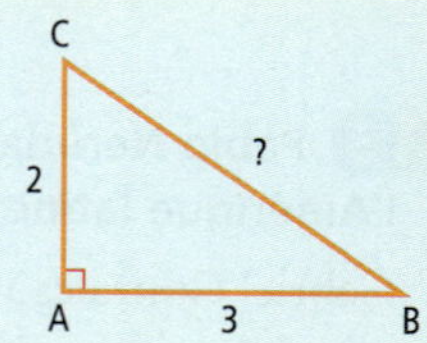

Pour effectuer une suite d'opérations

EXEMPLES : Calculer : $A = 5^2 + 9 - 4 \times 2$
$A = 25 + 9 - 8$
$= 34 - 8 = 26.$

Calculer : $B = 20 - (3 + 7 \times 2)$
$B = 20 - (3 + 14)$
$= 20 - 17 = 3.$

MOT CLÉ

Un nombre est écrit en « **notation scientifique** » s'il est le produit d'un nombre *a* et d'une puissance de 10, avec $1 \leq a < 10$. (Voir exercice 9).

S'entraîner

Valeurs exactes ou approchées ?

★ **1 Complétez le tableau selon les exemples.**

	Valeur exacte	Valeur arrondie à 0,01 près
16 : 3	$\frac{16}{3}$	5,33
5 : 4	1,25	
23 : 6		
Longueur d'un cercle de 5 cm de rayon		
Aire d'un cercle de 5 cm de rayon		
Hypoténuse du triangle 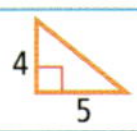		

★ **2** On donne $A = 5 + \frac{1}{3}$ et $B = 7 - \frac{37}{3}$.

a. Trouvez les valeurs exactes de A et B.

....

b. Vrai ou faux ? V F

$A + B = 0$. ☐ ☐

A et B sont deux nombres opposés. ☐ ☐

Décimal ou non ?

★ **3 Vrai ou faux ?** V F

a. Le quotient $\frac{39}{13}$ est un entier. ☐ ☐

b. Le quotient $\frac{8}{25}$ est un nombre décimal. ☐ ☐

c. $\sqrt{49}$ est un nombre décimal. ☐ ☐

d. $\sqrt{50}$ est un nombre décimal. ☐ ☐

e. $\frac{100}{27}$ est un nombre décimal. ☐ ☐

★ **4 Vrai ou faux ?** V F

a. $\frac{7}{12} \times \frac{120}{14}$ est un entier. ☐ ☐

b. $2 : \frac{7}{2}$ est un nombre décimal. ☐ ☐

c. $\frac{2}{3} : \frac{10}{9}$ est un nombre décimal. ☐ ☐

d. $\frac{3}{8} \times \frac{8}{3} = 1$. ☐ ☐

e. $\frac{3}{8}$ et $\frac{8}{3}$ sont deux nombres inverses. ☐ ☐

Suite d'opérations

★★ **5 On considère les nombres :**

$A = \frac{1}{3} + \frac{2}{3} \times \frac{2}{5}$ $\quad B = 8 - 1 : \frac{3}{8}$

a. Écrivez A et B sous la forme d'une fraction simplifiée.

....

b. Précisez, dans chaque cas, si le résultat obtenu est un nombre décimal ou non.

....

★★ **6** $A = \frac{4}{7} - \frac{1}{7} \times (7 + \frac{1}{2})$ et $B = \frac{9}{5} - \frac{3}{4} \times 7$.

a. Calculez A et B.

b. Précisez si A et B sont des nombres décimaux ou non.

Avec les puissances

★★ **7 Vrai ou faux ?** V F

a. $\frac{10^4 \times 10^2}{10^6}$ est égal à 1. ☐ ☐

b. 3^{-1} est égal à $\frac{1}{3}$. ☐ ☐

c. 5×10^{-2} est un nombre décimal. ☐ ☐

d. $7 \times 10^{-2} \times 5 \times 10^3$ est égal à 35×10^{-6}. ☐ ☐

e. $\frac{12 \times 10^9}{4 \times 10^2}$ est égal à 30. ☐ ☐

★★ **8 Vu au brevet**

On donne :

$A = \frac{1{,}5 \times 10^7 \times 4 \times 10^{-5}}{25 \times 10^2}$.

Donnez une écriture décimale du nombre A.

....

Notations scientifiques

★★ **9 Vrai ou faux ?** V F

En notation scientifique :

a. 568 s'écrit $5{,}68 \times 10^2$. ☐ ☐

b. 0,094 s'écrit $9{,}4 \times 10^{-2}$. ☐ ☐

c. 0,4 s'écrit 4×10. ☐ ☐

d. 52×10^4 s'écrit $5{,}2 \times 10^5$. ☐ ☐

Livret des corrigés p. 8

Retenir l'essentiel

Expression littérale

Voici un programme de calcul d'une facture mensuelle d'électricité à l'aide d'une lettre.

Abonnement (en €) :	4,16
Consommation (en kWh)	x
Prix d'un kWh (en €)	0,093
Prix de la consommation (en €)	$0{,}093x$
Montant de la facture (en €) :	$\boxed{0{,}093x + 4{,}16}$

$0{,}093x + 4{,}16$ est une **expression littérale.**

Valeur numérique

Voici deux jardins ayant la forme d'un rectangle et d'un triangle équilatéral.

La somme de leurs périmètres est $9x$.
Si, en mètres, $x = 10$, alors pour les clôturer il faudrait 90 m.
En effet : $9x = 9 \times 10 = \boxed{90}$.
90 est la **valeur numérique** de $9x$ pour $x = 10$.

Développer

Développer une expression signifie supprimer les parenthèses.

EXEMPLE 1 :
Question : Développer $3(a - 2)$
Réponse : $3(a - 2) = 3a - 3 \times 2 = 3a - 6$.

D'une manière générale,

$$k(a + b) = ka + kb \quad \text{et} \quad k(a - b) = ka - kb.$$

C'est la **distributivité de la multiplication par rapport à l'addition et à la soustraction.**

EXEMPLE 2 :
Question : Développer $E = x(5x + 4) - 9$
Réponse : $E = x(5x + 4) - 9 = 5x^2 + 4x - 9$
$5x^2 + 4x - 9$ est la **forme développée** de E.

Factoriser, réduire

Factoriser une expression signifie la mettre sous la forme d'un produit de facteurs.

EXEMPLE :
Question : Factoriser l'expression $x^2 + 5x$
Réponse : $x^2 + 5x = \mathbf{x} \times \mathbf{x} + 5 \times \mathbf{x} = x(x + 5)$.

D'une manière générale,

$$ka + kb = k(a + b) \quad \text{et} \quad ka - kb = k(a - b).$$

Réduire une expression, c'est simplifier ses termes semblables.

EXEMPLE :
Question : Réduire l'expression $F = 3x + 5x - 1$.
Réponse : $F = 3x + 5x - 1 = (3 + 5)x - 1$
$= 8x - 1$.
$8x - 1$ est la **forme réduite** de F.

Comprendre comment faire

► Pour calculer une expression à l'aide d'une calculatrice

Si la calculatrice est scientifique cela revient à rentrer les données telles qu'elles se présentent. Toutefois, et afin d'alléger le nombre de touches à taper, il serait bon de simplifier l'écriture de l'expression.

EXEMPLES :

1. **Question :** Utiliser l'expression $0{,}093x + 4{,}16$, où x désigne la consommation en kWh, pour calculer le montant en € d'une facture d'électricité de 465 kWh.
Réponse : Pour $x = 465$, le montant en € est de : $0{,}093 \times 465 + 4{,}16$. À l'aide d'une calculatrice :
0 [.] 0 9 3 [×] 4 6 5 [+] 4 [.] 1 6 [=] [47.405]
Pour une consommation de 465 kWh, le montant de la facture est 47,41 €.

2. **Question :** Calculer pour $x = -2{,}5$ l'expression $5x^2 + 4x - 9$.
Réponse : Pour $x = -2{,}5$ l'expression s'écrit :
$5 \times (-2{,}5)^2 + 4 \times (-2{,}5) - 9$
$= 5 \times 2{,}5^2 - 4 \times 2{,}5 - 9$.
À l'aide d'une calculatrice :
5 [×] 2 [.] 5 [x^2] [−] 4 [×] 2 [.] 5 [−] 9 [=] [12.25]

MOTS CLÉS
Les **termes** d'une expression sont séparés par les signes + et −.
Exemple : les termes de $5x - 3x + 4$ sont $5x$, $3x$ et 4.
$5x$ et $3x$ sont **semblables,** car ils ont la même partie littérale.

S'entraîner

★ 1 Vrai ou faux ?

	V	F
a. $1x = x$	☐	☐
b. $0x = x$	☐	☐
c. $3x + 5x = 8x^2$	☐	☐
d. $x^2 - x = x$	☐	☐
e. $x = x^1$	☐	☐

★ 2 Vrai ou faux ?

	V	F
a. $-3(2x - 1) = -6x - 3$	☐	☐
b. $2x\,(x-2) = 2x^2 - 4x$	☐	☐
c. $(2x - 5)(x - 2) = 2x(x - 2) - 5(x - 2)$	☐	☐
d. $(2x - 5)(x - 2) = 2x^2 - 9x + 10$	☐	☐

★ 3 Développez et réduisez chacune des expressions.

- $A = -4(-2x - 5) - (3 - x)$
- $B = 5z + 3(z - 2) - 6z + 12$
- $C = 2 - 5(2t - 7) - 6 - t$

★★ 4 Réduisez chacune des expressions suivantes.

- $A = \frac{1}{4}x + \frac{4}{5}x - \frac{7}{2}x$
- $B = \frac{9}{5}x^2 + \frac{2}{3}x^2 - \frac{1}{6}x^2 - x^2$
- $C = 0{,}4y + \frac{7}{20}y - \frac{13}{5}y + y$

★★ 5 Réduisez chacune des expressions.

- $A = 0{,}2(3x - 4) - 2(10{,}7 + 0{,}5x)$
- $B = 3(1 - 2m) + 10 - 4(-1{,}5m - 3)$
- $C = y^2 - 3y - 10 - (y^2 + 4y - 1)$

★★ 6 1. Faites correspondre chacune des expressions avec son écriture.

a. Le double de x plus sept moins le triple de x.

b. Le double de la somme de x et de 7 moins le triple de x.

c. Le double de la somme de x, de 7 et du triple de x.

d. Le double de x moins la différence de 7 et du triple de x.

$2(x + 7) - 3x$ ☐ $2x + 7 - 3x$ ☐

$2x - (7 - 3x)$ ☐ $2(x + 7 + 3x)$ ☐

2. Développez et réduisez chacune des expressions.

★★ 7 Factorisez chacune des expressions.

a. $15x - 25x^2$

b. $\frac{3}{4}y^3 - \frac{1}{4}y^2$

c. $7xy^2 + 3x^2y - 5xy$

d. $4x^2 + 20x^3 - 16x^4$

★★ 8 Soit $E = (3x - 5)(2x + 1) - (2x + 1)$.

a. **Développez et réduisez E.**

b. **Calculez la valeur de E pour $x = -\frac{1}{2}$, et pour $x = 0$.**

Soit $F = 3(2x + 1)(x - 2)$.

c. **Développez et réduisez F. Les expressions E et F sont-elles égales ?**

d. **Sans aucun calcul, trouvez la valeur de E pour $x = 2$.**

★★ 9 ABCD est un trapèze isocèle.

a. **Exprimez en fonction de x son périmètre $\mathscr{P}$ et son aire $\mathscr{A}$.**

b. **Calculez $\mathscr{P}$ et $\mathscr{A}$ pour $x = 15$.**

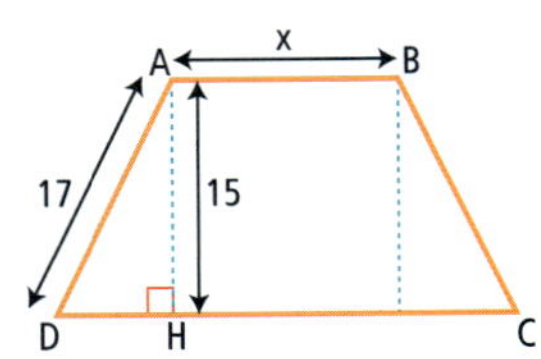

★★ 10 a. **Exprimez en fonction de a la somme P des longueurs des arêtes et le volume V du parallélépipède rectangle.**

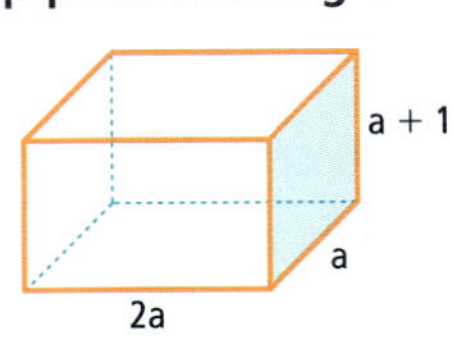

b. **Calculez P et V pour $a = \frac{11}{4}$.**

Livret des corrigés p. 8

Retenir l'essentiel

Vocabulaire

- a^2 est le **carré** de a et b^2 est le carré de b.
- $a^2 + b^2$ est la **somme** de ces deux carrés.
- $a^2 - b^2$ est la **différence** de ces deux carrés.
- ab est le **produit** de a et b.
  $2ab$ est le **double** de ce produit.
- $2a$ est le **double** de a.
- $10x$ est le **double** de $5x$.
- $a + b$ est la **somme** de a et b.
  $(a + b)^2$ est le **carré** de cette somme.
- $a - b$ est la **différence** de a et b. $(a - b)^2$ est le carré de cette différence.

Identités remarquables

$$(a + b)^2 = a^2 + 2ab + b^2$$

Le carré d'une somme de deux termes est égal au carré du premier plus le double produit du premier par le second plus le carré du second.

EXEMPLE 1 :
Question : Développer $(a + 3)^2$.
Réponse : $(a + 3)^2 = a^2 + 2 \times a \times 3 + 3^2$
$= a^2 + 6a + 9$.

EXEMPLE 2 :
Question : Factoriser $a^2 + 10a + 25$.
Réponse : $a^2 + 10a + 25 = (a + 5)^2$
$= (a + 5)(a + 5)$.

$$(a - b)^2 = a^2 - 2ab + b^2$$

Le carré d'une différence de deux termes est égal au carré du premier moins le double produit du premier par le second plus le carré du second.

EXEMPLE 1 :
Question : Développer $(x - 5)^2$.
Réponse : $(x - 5)^2 = x^2 - 2 \times x \times 5 + 5^2$
$= x^2 - 10x + 25$.

EXEMPLE 2 :
Question : Factoriser $y^2 - 6y + 9$.
Réponse : $y^2 - 6y + 9 = (y - 3)^2$
$= (y - 3)(y - 3)$.

$$(a + b)(a - b) = a^2 - b^2$$

Le produit de la somme de deux termes par leur différence est égal au carré du premier moins le carré du second.

EXEMPLE 1 :
Question : Développer $(a - 3)(a + 3)$.
Réponse : $(a - 3)(a + 3) = a^2 - 9$.

EXEMPLE 2 :
Question : Factoriser : $t^2 - 25$.
Réponse : $t^2 - 25 = (t + 5)(t - 5)$.

Comprendre comment faire

Pour développer ou factoriser une expression selon une identité remarquable

Cela revient en premier à identifier la forme de l'expression.

EXEMPLES :
1. Question : Développer $\left(x + \frac{3}{2}\right)^2$.

Réponse : L'expression $\left(x + \frac{3}{2}\right)^2$ est de la forme $(a + b)^2$.
Son développement est donc égal à :
$x^2 + 2 \times x \times \frac{3}{2} + \left(\frac{3}{2}\right)^2 = x^2 + 3x + \frac{9}{4}$.

2. Question : Écrire sous la forme d'un produit de facteurs $y^2 - 6y + 9$.
Réponse : L'expression $y^2 - 6y + 9$ contient trois termes : y^2 est le carré de y, 9 est le carré de 3 et $6y$ est le double du produit $3y$; par conséquent :
$y^2 - 6y + 9$ est de la forme $a^2 - 2ab + b^2$.
Sous la forme d'un produit de facteurs :
$y^2 - 6y + 9 = (y - 3)^2 = (y - 3)(y - 3)$.

Pour calculer mentalement à l'aide d'une identité remarquable

Cela revient en premier à identifier l'identité remarquable à utiliser.

EXEMPLE :
Question : Calculer 101^2.
Réponse : $101^2 = (100 + 1)^2$.

Cette expression est de la forme $(a + b)^2$, donc $101^2 = 100^2 + 2 \times 100 \times 1 + 1^2$
$= 10\,000 + 200 + 1 = 10\,201$.

MOT CLÉ
En mathématiques, une **identité** est une égalité vraie pour toutes les valeurs des lettres.

S'entraîner

★ **1 Complétez les pointillés avec = ou ≠.**

a. $\left(x - \frac{1}{2}\right)^2$ ..... $x^2 - \frac{1}{4}$

b. $(x + 3)(x - 3)$ ..... $x^2 - 9$

c. $(x + 5)^2$ ..... $x^2 + 25 + 10x$

d. $(4 - a)(4 + a)$ ..... $4 - a^2$

★ **2 Complétez les pointillés avec =, < ou >.**

a. $(6 + 4)^2$ ..... $6^2 + 4^2$

b. $(8 - 9)^2$ ..... $8^2 - 9^2$

c. $(10 - 3)(10 + 3)$ ..... $10^2 - 3^2$

d. $(-15 + 5)^2$ ..... 10^2

★ **3 Comparez à 0 en complétant les pointillés avec =, ⩽ ou ⩾.**

a. $(a + b)^2$ ..... 0 b. $-(a + b)^2$ 0

c. -3^2 ..... 0 d. $(3 - 10)^2$ 0

★ **4 Vrai ou faux ?**

	V	F
a. $(3 - t)^2$ est le carré d'une différence.	☐	☐
b. $7^2 + a^2$ est le carré d'une somme.	☐	☐
c. $9^2 - 6^2$ est la différence de deux carrés.	☐	☐
d. $(x - 5)^2 - 6^2$ est la différence de deux carrés.	☐	☐
e. $16 - (x - 1)^2$ est la différence de deux carrés.	☐	☐

★★ **5 Complétez le tableau en suivant le modèle.**

Double produit	Produit	Facteurs du produit
$100a$	$50a$	50 et a
$6xy$	....	....
....	$7x$	....
....	....	− 3 et 1/2
....	....	2/3 et 3/2
....	0	5 et ......

★★ **6 Développez.**

a. $(5x - 1)^2 =$ ....

b. $\left(x + \frac{3}{4}\right)^2 =$ ....

c. $(2x - 5)(2x + 5) =$ ....

d. $\left(\frac{x}{2} + \frac{1}{3}\right)^2 =$ ....

★★ **7 Complétez les égalités.**

a. $(x +$ .....$)^2 = x^2 +$ ..... $+ 9$

b. (..... $- 5)^2 = a^2 -$ ..... $+ 25$

c. (..... $- x)^2 = 64 -$ ..... + ...

d. (.... + ...)(.... − ....) $= 49x^2 - 1$

e. $(x + 5)^2 - 8^2 =$ (..... + 8)(..... − 8)

= (..........)(..........)

★★ **8 Écrivez sous la forme d'un produit de deux facteurs.**

a. $16x^2 - 49 =$ ....

b. $9x^2 + 24x + 16 =$ ....

c. $36 - 24x + 4x^2 =$ ....

d. $\frac{x^2}{4} - \frac{16}{9} =$ ....

e. $(x + 7)^2 - 25 =$ ....

★★ **9 Vu au brevet**

On considère l'expression $D = (x - 5)^2 - 16$.

a. **Développez D.** b. **Factorisez D.**

c. **Calculez D pour $x = \frac{1}{3}$.**

★★★ **10** Soit $x = 501$ et $y = 499$.

Utilisez les identités remarquables pour calculer $A = xy$; $B = x^2$; $C = y^2$.

★★★ **11** Soit l'expression $E = (2x + 1)^2 - (2x - 1)^2$.

a. **Développez et simplifiez E.**

b. **Utilisez ce résultat pour calculer : $201^2 - 199^2$.**

★★★ **12 Soit $A = (2x + 1)^2 - (x - 3)(2x + 1)$.**

a. **Développez et réduisez A.**

b. **Factorisez A.** c. **Calculez A pour $x = -\frac{1}{2}$.**

Livret des corrigés p. 8

Retenir l'essentiel

Rappels

Résoudre une équation, c'est trouver la (ou les) solution(s) de cette équation. Voici des exemples de résolution de certaines équations.

$$\mathbf{5x - 14 = 2x + 9}$$
$$5x - 2x = 9 + 14$$
$$3x = 23$$
$$x = \frac{23}{3}$$

$$\mathbf{3(x - 4) = 2(x + 7) - 5}$$
$$3x - 12 = 2x + 14 - 5$$
$$3x - 12 = 2x + 9$$
$$3x - 2x = 9 + 12$$
$$x = 21$$

$$\mathbf{\frac{x}{2} = \frac{5}{6}}$$
$$\frac{x}{2} \times 2 = \frac{5}{6} \times 2$$
$$x = \frac{5}{3}$$

Équation produit nul

Une équation dont l'un des membres est un produit de facteurs et dont l'autre est 0 est dite « **équation produit nul** ».

EXEMPLE : $(2x - 1)(x + 3) = 0$ est une équation produit nul.

Voici des modèles de résolution d'équations qui sont, ou qui se ramènent à la forme d'une équation produit nul.

$$\mathbf{(2x - 1)(x + 3) = 0}$$

Un produit de facteurs est nul si, et seulement si, l'un des facteurs est nul.

$2x - 1 = 0$ ou $x + 3 = 0$

$2x = 1$ $\quad$ $x = -3$

$x = \frac{1}{2}$

L'équation admet deux solutions : $\frac{1}{2}$ et -3.

$$\mathbf{x^2 + 8x = -16}$$
$$x^2 + 8x + 16 = 0$$
$$(x + 4)^2 = 0$$
$$(x + 4)(x + 4) = 0$$

Un produit de facteurs est nul si, et seulement si, l'un des facteurs est nul.

$x + 4 = 0$ ou $x + 4 = 0$

$x = -4$ $\quad$ $x = -4$

L'équation admet une seule solution : -4.

$$\mathbf{x^2 = 9}$$
$$x^2 - 9 = 0$$
$$(x + 3)(x - 3) = 0$$

Un produit de facteurs est nul si, et seulement si, l'un des facteurs est nul.

$x + 3 = 0$ ou $x - 3 = 0$

$x = -3$ $\quad$ $x = 3$

L'équation admet deux solutions : -3 et $+3$.

Comprendre comment faire

▶ Pour écrire une expression sous la forme d'un produit de facteurs

Cela revient à trouver un facteur commun aux différents termes de l'expression ou, à reconnaître si elle est le développement d'une identité remarquable.

1. Facteur commun

Voici une expression à deux termes séparés par le signe + : $E = x(2x - 1) + 5(2x - 1)$.
$(2x - 1)$ est un facteur commun à ces deux termes, d'où $E = (2x - 1)(x + 5)$.
Ainsi, E est mise sous la forme d'un produit de deux facteurs.

2. Identités remarquables : 3 termes

Voici une expression à trois termes séparés par les signes + : $E = 9x^2 + 30x + 25$.
Cette expression ne présente pas de facteur commun à ses trois termes ; mais elle est de la forme $a^2 + 2ab + b^2$ où $a = 3x$ et $b = 5$.
Par conséquent, $E = (3x + 5)^2 = (3x + 5)(3x + 5)$.
De même si $F = 9x^2 - 30x + 25$, alors $F = (3x - 5)^2$ ou $F = (3x - 5)(3x - 5)$.

3. Identité remarquable : 2 termes

Soit $E = 81x^2 - 121$. E est la différence de deux carrés.
$E = (9x)^2 - 11^2$ donc $E = (9x + 11)(9x - 11)$.

MOT CLÉ

Une **équation** est une égalité vraie sous condition. Exemple : $x + 2 = 5$ est vraie si $x = 3$.

S'entraîner

★ **1** **Remplacez x par -2, puis répondez par oui ou non à la question « -2 est-elle solution de l'équation ? »**

	Oui	Non
a. $3x - 6 = 0$	☐	☐
b. $5(x + 2)^2 = 0$	☐	☐
c. $4(x + 1)(x - 2) = 0$	☐	☐
d. $(2x + 4)(x + 6) = 0$	☐	☐
e. $-3(x + 8)(1 + \frac{x}{2}) = 0$	☐	☐

★ **2** Le triangle est équilatéral.

Quelle est la valeur de x ?
Cette valeur est-elle un nombre décimal ?

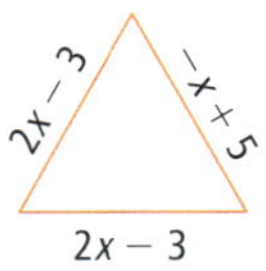

★ **3** **a. Écrivez sous la forme d'un produit de facteurs.**

$E = 4x^2 - 5x$ et $F = 15x^2 + 10x$

b. Résolvez chacune des équations :

$E = 0$ et $F = 0$

★ **4** **Reliez chaque équation à sa ou (ses) solution(s).**

a.	$(x + 1)^2 = 0$ ●	● -7
b.	$(x + 7)(x - 1) = 0$ ●	● 7
c.	$3(2x - 1)^2 = 0$ ●	● $-\frac{1}{2}$
d.	$x^2 - 1 = 0$ ●	● $+1$
e.	$4x^2 = 1$ ●	● -1
f.	$-(x - 7)^2 = 0$ ●	● $+\frac{1}{2}$

★★ **5** **Dans chacun des cas, écrivez une équation qui admet pour solutions :**

a. 2 et 3 b. 0 et -3 c. 1 ; -1 ; -2 et 4

★★ **6** **Vrai ou faux ?**

	V	F
a. L'équation $x^2 + 1 = 0$ n'a pas de solution.	☐	☐
b. L'équation $x^2 = 1$ a deux solutions.	☐	☐
c. $4x^2 = 0$ n'a pas de solution.	☐	☐
d. $4x^2 = 36$ a pour solutions -3 et $+3$.	☐	☐

★★ **7** **a. Écrivez sous la forme d'un produit de facteurs.**

$A = 16 - x^2$ et $B = \frac{9}{4} + 3x + x^2$

b. Résolvez chacune des équations A = 0 et B = 0.

★★ **8** **Transformez chacune des équations en une équation produit nul, puis résolvez-la.**

a. $x(x + 2) = -3x$

b. $x(x - 5) = 4(x - 5)$

c. $\frac{25}{4}x^2 = 1$

d. $3x^2 + 24x = -48$

★★ **9** Soit $E = (3x + 1)^2 + (x - 2)(3x + 1)$.

a. Développez et réduisez E.

b. Résolvez l'équation E = − 1.

c. Factorisez E.

d. Résolvez l'équation E = 0.

★★ **10** Soit $A = (x - 1)^2 + x^2 + (x + 1)^2$.

a. Développez et réduisez A.

b. ***Application :*** **trouvez 3 nombres entiers positifs consécutifs $(x - 1)$, x, $(x + 1)$ dont la somme des carrés est 7 502.**

★★ **11** Soit $A = (x - 1)^2 - (8 - x)(x - 1)$
$B = 4x^2 - 36x + 81$

Vrai ou faux ? *(Justifiez votre choix.)*

	V	F
a. Sous la forme d'un produit de facteurs : $A = (x - 1)(2x - 9)$.	☐	☐
b. Sous la forme d'un produit de facteurs : $B = (2x + 9)^2$.	☐	☐
c. L'équation $A + B = 0$ a pour solutions $\frac{9}{2}$ et $\frac{10}{3}$.	☐	☐
d. L'équation $A - B = 0$ a pour solutions $\frac{9}{2}$ et 8.	☐	☐

Livret des corrigés p. 9

Retenir l'essentiel

Définitions (rappel)

- **Carré d'un nombre**

$(-5)^2 = (-5) \times (-5) = 25$;
$0{,}7^2 = 0{,}7 \times 0{,}7 = 0{,}49$.

- **Racine carrée d'un nombre positif**

$\sqrt{25} = 5$; $\sqrt{0{,}49} = 0{,}7$

Si a est un nombre positif, alors $\sqrt{a}$ est le nombre **positif** tel que $(\sqrt{a})^2 = a$.

REMARQUE : $\sqrt{0} = 0$ et $\sqrt{1} = 1$.

Propriété du produit

Si a et b sont deux nombres positifs ou nuls, alors :

$$\sqrt{a \times b} = \sqrt{a} \times \sqrt{b}.$$

EXEMPLES :

- $\sqrt{4 \times 25} = \sqrt{4} \times \sqrt{25} = 2 \times 5 = 10$.
- $\sqrt{25 \times 3} = \sqrt{25} \times \sqrt{3} = 5 \times \sqrt{3}$ qu'on écrit $5\sqrt{3}$.

Propriété du quotient

Si a est un nombre positif ou nul et si b est un nombre positif non nul, alors :

$$\sqrt{\frac{a}{b}} = \frac{\sqrt{a}}{\sqrt{b}}.$$

EXEMPLES :

- $\sqrt{\frac{25}{49}} = \frac{\sqrt{25}}{\sqrt{49}} = \frac{5}{7}$ et $\left(\frac{5}{7}\right)^2 = \frac{25}{49}$
- $\sqrt{\frac{3}{12}} = \sqrt{\frac{3 \times 1}{3 \times 4}} = \sqrt{\frac{1}{4}} = \frac{\sqrt{1}}{\sqrt{4}}$

Or, $\sqrt{1} = 1$ et $\sqrt{4} = 2$, donc $\sqrt{\frac{3}{12}} = \frac{1}{2}$.

ATTENTION ! Si a et b sont positifs, alors

$$\sqrt{a+b} \neq \sqrt{a} + \sqrt{b} \text{ et } \sqrt{a-b} \neq \sqrt{a-b}$$

EXEMPLES :

- $\sqrt{16+9} = \sqrt{25} = 5$;
mais $\sqrt{16} + \sqrt{9} = 4 + 3 = 7$ et non 5.
- $\sqrt{16-9} = \sqrt{7} \approx 2{,}6$;
mais $\sqrt{16} - \sqrt{9} = 4 - 3 = 1$ et non 2,6.

Comprendre comment faire

▶ Pour écrire la racine carrée d'un nombre sous la forme $a\sqrt{b}$ où a et b sont des entiers

Cela revient à appliquer la propriété du produit.

EXEMPLE :
Question : Écrire $\sqrt{50}$ sous la forme $a\sqrt{b}$.

Réponse : $\sqrt{50} = \sqrt{25 \times 2} = \sqrt{25} \times \sqrt{2} = 5 \times \sqrt{2} = \boxed{5\sqrt{2}}$.
$5\sqrt{2}$ est de la forme $a\sqrt{b}$, avec $a = 5$ et $b = 2$.

▶ Pour réduire l'écriture d'une expression E

Cela revient entre autres à mettre en facteur.

EXEMPLE :
Question : Soit $E = 5\sqrt{3} - 3\sqrt{3} + 6\sqrt{3} + 10$. Réduire l'écriture de E.

Réponse : $\sqrt{3}$ est un facteur commun aux trois premiers termes de E, donc $E = (5 - 3 + 6)\sqrt{3} + 10 = \boxed{8\sqrt{3} + 10}$. $8\sqrt{3} + 10$ est la forme réduite de E.

▶ Pour écrire un dénominateur sans radical

Cela revient à multiplier le numérateur et le dénominateur d'un quotient par un même nombre.

EXEMPLE :
Question : Écrire $\frac{\sqrt{2}}{\sqrt{3}}$ avec un dénominateur entier.

Réponse : $\frac{\sqrt{2}}{\sqrt{3}} = \frac{\sqrt{2} \times \sqrt{3}}{\sqrt{3} \times \sqrt{3}} = \frac{\sqrt{6}}{3}$.

▶ Pour calculer à l'aide d'une calculatrice

Cela revient à utiliser la touche $\boxed{x^2}$ pour le calcul d'un carré et la touche $\boxed{\sqrt{}}$ pour le calcul d'une racine carrée.

MOT CLÉ

Par définition, la racine carrée d'un nombre positif est un nombre **positif**.

S'entraîner

Valeurs exactes, valeurs approchées

★ **1** **Complétez le tableau donnant la valeur exacte et la valeur approchée de la racine carrée d'un nombre.**

Nombre	Racine carrée exacte	Racine carrée arrondie au centième
5	$\sqrt{5}$	**2,24**
10		
	$\sqrt{7}$	
	0,6	╳
	$\sqrt{9{,}4}$	

★ **2** **Complétez le tableau donnant un encadrement de la racine carrée d'un nombre.**

Nombre	Racine carrée exacte	Encadrement à 0,1 près
6	$\sqrt{6}$	$2{,}4 < \sqrt{6} < 2{,}5$
8,5		
	$\sqrt{85}$	
	$\sqrt{3}$	
	$\sqrt{2}$	

Carrés et racines carrées

★ **3** **Calculez.**

a. $\sqrt{400} =$ ....

b. $3^2 - \sqrt{81} =$ ....

c. $5^2 + \sqrt{25} =$ ....

d. $(-2)^2 + 2^2 + (\sqrt{2})^2 =$ ....

e. $\sqrt{0} - \sqrt{7^2} =$ ....

f. $\sqrt{3^2 + 4^2} =$ ....

Dénominateur entier

★★ **4** **Écrivez chacun des quotients avec un dénominateur entier.**

a. $\dfrac{7}{\sqrt{2}} =$ ....   **c.** $\dfrac{\sqrt{3}}{\sqrt{5}} =$ ....

b. $\dfrac{-1}{\sqrt{11}} =$ ....   **d.** $\dfrac{6\sqrt{2}}{\sqrt{3}} =$ ....

Calculs sur les radicaux

★★ **5** **Vrai ou faux ?**

	V	F
a. $\sqrt{12} + \sqrt{4} = \sqrt{16}$	☐	☐
b. $\sqrt{9} - \sqrt{4} = \sqrt{5}$	☐	☐
c. $\sqrt{10} \times \sqrt{10} = 10$	☐	☐
d. $\sqrt{5} + \sqrt{5} + \sqrt{5} = 3\sqrt{5}$	☐	☐
e. $\sqrt{5} \times \sqrt{5} \times \sqrt{5} = 3\sqrt{5}$	☐	☐

★★ **6** **Complétez les pointillés avec = ou ≠.**

a. $\dfrac{\sqrt{25}}{\sqrt{9}}$ .... $\dfrac{5}{3}$

b. $\dfrac{1}{\sqrt{3}}$ .... $\dfrac{\sqrt{3}}{3}$

c. $\sqrt{20} \times \sqrt{5}$ .... $\sqrt{100}$ 10

d. $\sqrt{0{,}4}$ .... $0{,}2$

e. $\dfrac{\sqrt{0{,}9}}{\sqrt{0{,}1}}$ .... $\sqrt{\dfrac{0{,}9}{0{,}1}}$ 3

f. $\sqrt{\dfrac{3}{7}} \times \sqrt{\dfrac{28}{3}}$ 2

★★ **7** **a. Écrivez sous la forme $a\sqrt{2}$ chacune des racines carrées.**

$\sqrt{9 \times 2} =$ ...... $\sqrt{72} =$ ......

$\sqrt{98} =$ ...... $\sqrt{128} =$ ......

b. Écrivez sous la forme $a\sqrt{3}$ chacune des racines carrées.

$\sqrt{4 \times 3} =$ ...... $\sqrt{27} =$ ......

$\sqrt{48} =$ ...... $\sqrt{300} =$ ......

★★ **8** **Écrivez plus simplement chacun des produits.**

a. $\sqrt{3} \times \sqrt{3} =$ ....   **d.** $2\sqrt{81} =$ ....

b. $2 \times (\sqrt{5})^2 =$ ....   **e.** $7\sqrt{27} =$ ....

c. $-3 \times \sqrt{10} \times \sqrt{10} =$ ....   **f.** $\sqrt{3} \times \sqrt{15} =$ ....

★★ **9** **Vu au brevet**

Calculez : $A = \sqrt{1053} - 3\sqrt{325} + 2\sqrt{52}$.

On donnera le résultat sous la forme $a\sqrt{13}$, où a est un nombre entier.

Livret des corrigés p. 9

Retenir l'essentiel

Résoudre une équation de la forme $x^2 = a$

Voici trois exemples qui montrent comment résoudre l'équation $x^2 = a$ selon que a est un nombre positif, négatif ou nul.

EXEMPLES :

1. Question : Résoudre $x^2 = 5$.

Réponse :
$x^2 = 5$
$x^2 - 5 = 0$
$x^2 - \sqrt{5}^2 = 0$
$(x + \sqrt{5})(x - \sqrt{5}) = 0$
$x + \sqrt{5} = 0$ ou $x - \sqrt{5} = 0$,
donc $x = -\sqrt{5}$ ou $x = \sqrt{5}$.
Les solutions de l'équation $x^2 = 5$ sont : $\boxed{-\sqrt{5} \text{ et } \sqrt{5}}$.

2. Question : Résoudre $x^2 = -4$.

Réponse : $x^2 = -4$
$x^2 + 4 = 0$. Or x^2 est un nombre toujours positif ou nul et 4 est un nombre positif, donc $x^2 + 4$ est un nombre toujours supérieur à 0 ; par conséquent l'équation $\boxed{x^2 = -4 \text{ n'a pas de solution}}$.

3. Question : Résoudre $x^2 = 0$.

Réponse :
$x^2 = 0$
$x \times x = 0$
donc $x = 0$
La solution de l'équation $x^2 = 0$ est $\boxed{0}$.

En géométrie

Voici des exemples de calculs de valeurs exactes dans un triangle rectangle.

EXEMPLES :

1. Question :
Calculer l'hypoténuse BC.

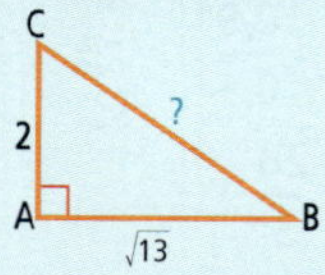

Réponse : Appliquons la propriété de Pythagore.
$BC^2 = AB^2 + AC^2$
$BC^2 = (\sqrt{13})^2 + 2^2$
$BC^2 = 13 + 4 = 17$,
$BC > 0$
donc $BC = \sqrt{17}$.

2. Question :
Calculer le côté IN du triangle rectangle MIN.

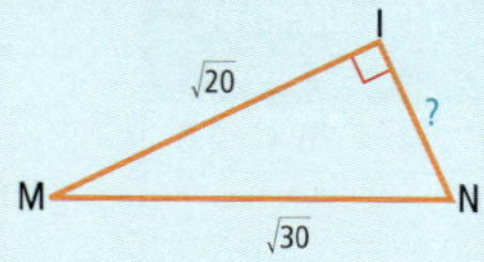

Réponse : Appliquons la propriété de Pythagore.
$IM^2 + IN^2 = MN^2$
$(\sqrt{20})^2 + IN^2 = (\sqrt{30})^2$
$20 + IN^2 = 30$
$IN^2 = 30 - 20 = 10$
$IN > 0$
$IN = \boxed{\sqrt{10}}$.

3. Question :
Calculer la diagonale AC du carré ABCD.

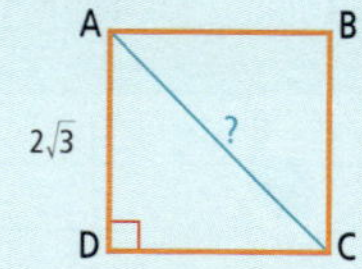

Réponse :
$AC^2 = AD^2 + DC^2$
$AC^2 = (2\sqrt{3})^2 + (2\sqrt{3})^2$
$AC^2 = 4 \times 3 + 4 \times 3$
$AC^2 = 12 + 12 = 24$
$AC > 0$
$AC = \sqrt{24} = \sqrt{4 \times 6} = \sqrt{4} \times \sqrt{6}$
$AC = \boxed{2\sqrt{6}}$.

Comprendre comment faire

▶ Pour développer selon une identité remarquable

Cela revient à appliquer les règles de calculs sur les radicaux.

EXEMPLE :
Question : Développer $(5 - \sqrt{3})^2$.

Réponse : $(5 - \sqrt{3})^2$ est de la forme $(a - b)^2$, donc
$(5 - \sqrt{3})^2 = 5^2 - 2 \times 5 \times \sqrt{3} + (\sqrt{3})^2$
$= 25 - 10\sqrt{3} + 3 = \boxed{28 - 10\sqrt{3}}$.

▶ Pour écrire une équation en x^2 sous la forme $x^2 = a$

Cela revient à diviser par le coefficient de x^2.

EXEMPLE :
Question : Écrire $3x^2 = 10$ sous la forme $x^2 = a$.

Réponse : $3x^2 = 10$, donc $\frac{3x^2}{3} = \frac{10}{3}$
$\boxed{x^2 = \frac{10}{3}}$.

NOTION CLÉ
Par définition $\sqrt{16} = 4$, mais si $x^2 = 16$ alors $x = -4$ ou $x = 4$.

S'entraîner

Équations

★ **1** **Résolvez mentalement chacune des équations.**

a. $x - \sqrt{3} = 0$
b. $2x = \sqrt{5}$
c. $-x = \sqrt{7}$
d. $\sqrt{2}x = -\sqrt{2}$
e. $x = 5\sqrt{2} + 3\sqrt{2}$
f. $\sqrt{5}x = \sqrt{10}$

★ **2** **Résolvez mentalement.**

a. $x^2 = 4$
b. $x^2 = 1$
c. $x^2 = 25$
d. $x^2 = 0$
e. $x^2 = -1$
f. $x^2 = -3$

★★ **3** **Vrai ou faux ?**

	V	F
a. L'équation $x^2 - 5 = 0$ s'écrit $(x + \sqrt{5})(x - \sqrt{5}) = 0$.	☐	☐
b. L'équation $x^2 - 5 = 0$ admet comme solutions $-\sqrt{5}$ et $\sqrt{5}$.	☐	☐

★★ **4** **Résolvez mentalement.**

a. $x^2 = 2$
b. $x^2 = 10$
c. $x^2 = 23$
d. $(x - 1)(x + \sqrt{2}) = 0$
e. $5(x + 3)(x - \sqrt{5}) = 0$
f. $x + 2 - \sqrt{3} = 0$
g. $x^2 + 9 = 0$
h. $x(x^2 + 9) = 0$

★★ **5** **Reliez chaque expression à son développement.**

a. $(3\sqrt{2} + 1)^2$ •	• 2
b. $(5 - 3\sqrt{2})^2$ •	• $43 - 30\sqrt{2}$
c. $(12 + \sqrt{12})(12 - \sqrt{12})$ •	• 147
d. $(\sqrt{2} - \sqrt{8})^2$ •	• $19 + 6\sqrt{2}$
e. $(3\sqrt{3} + 2\sqrt{12})^2$ •	• 132

★★ **6** **Vu au brevet**

Soit le nombre $C = \sqrt{27} - 3\sqrt{75}$.

a. Écrivez C sous la forme $a\sqrt{b}$, où a et b sont des nombres entiers.

b. Montrez, en indiquant les étapes du calcul, que C^2 est un nombre entier.

★★ **7** On donne :

$C = 3\sqrt{2}\,(\sqrt{3} - 7) - (\sqrt{2} - 10)\,(\sqrt{2} - 11)$.

Écrivez le nombre C sous la forme $a + b\sqrt{6}$, où a et b sont des nombres entiers relatifs.

★★ **8** **Vrai ou faux ?**

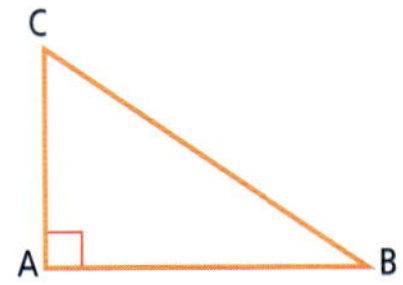

Triangle ABC rectangle en A

	V	F
a. Si $AB = \sqrt{8}$ et $AC = \sqrt{5}$, alors $BC = 13$.	☐	☐
b. Si $BC = 15$ et $AC = \sqrt{85}$, alors $AB = 2\sqrt{35}$.	☐	☐
c. Si $AB = AC = 2\sqrt{7}$, alors $BC = 4\sqrt{7}$.	☐	☐

★★ **9** **Calculez z dans chacun des cas.**

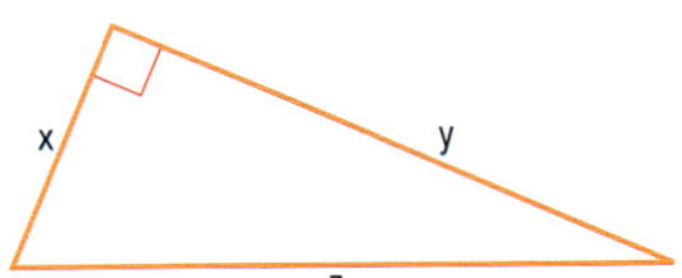

Triangle rectangle d'hypoténuse z

a. $x = 2\sqrt{7}$ $y = 5$ $z = \ldots\ldots$
b. $x = 6\sqrt{2}$ $y = 2\sqrt{7}$ $z = \ldots\ldots$
c. $x = \sqrt{15}$ $y = 2\sqrt{5}$ $z = \ldots\ldots$

★★ **10** **Répondez par oui ou non à la question : le triangle ABC est-il rectangle ? Si oui, précisez alors son hypoténuse.**
(Justifiez votre réponse.)

	Oui	Non
a. $AB = \sqrt{5} - 2$; $AC = \sqrt{5} + 2$; $BC = 3\sqrt{2}$.	☐	☐
b. $AB = 1 + \sqrt{5}$; $AC = 2\sqrt{5}$; $BC = 1 + 2\sqrt{5}$.	☐	☐
c. $AB = \sqrt{26}$; $AC = 2\sqrt{3} - 1$; $BC = 2\sqrt{3} + 1$.	☐	☐

Livret des corrigés p. 10

Retenir l'essentiel

Calculs dans $\mathbb{R}$
Mais que signifie $\mathbb{R}$?

$\mathbb{R}$ est le symbole d'un ensemble de nombres, dits **nombres réels.**

Ce sont tous les nombres que nous avons jusque-là utilisés tels l'entier naturel 2 ou $\sqrt{4}$; l'entier relatif -2 ou $-\frac{6}{3}$; le décimal positif 6,25 ou le décimal négatif $-2{,}7$; la fraction $\frac{3}{5}$ ou l'écriture fractionnaire $-\frac{3{,}2}{5}$; le nombre $\sqrt{2}$ ou même le nombre π.

L'ensemble $\mathbb{R}$ des réels est formé de tous les nombres dits **rationnels** et de tous les nombres dits **non rationnels (ou irrationnels)**.

Mais que signifie nombre rationnel ?

Un nombre est dit rationnel si on peut l'écrire sous la forme $\frac{a}{b}$ où a est un entier et b est un entier non nul.

EXEMPLES :

Le décimal 6,1 est un rationnel car on peut l'écrire $\frac{61}{10}$; de même $\frac{-4}{9}$ est un rationnel.

Mais $\sqrt{2}$ ou $-\sqrt{2}$ ne sont pas des rationnels car $\sqrt{2} = 1{,}4142136\ldots$, sa partie décimale est illimitée et il ne peut être écrit sous la forme d'une fraction.

Pour cette même raison, le nombre $\pi = 3{,}1415926\ldots$ n'est pas rationnel.

$\sqrt{2}$ et π sont dits irrationnels, de même $-\sqrt{3}$; $\sqrt{3}$; $-\sqrt{5}\ldots$ sont des irrationnels.

Comment calculer un nombre réel ?

Il suffit d'effectuer les opérations indiquées selon les règles de calculs déjà apprises. La réponse est généralement une valeur exacte. Elle est approchée dans certains cas de calculs.

EXEMPLES DE CERTAINS CALCULS DE BASE

- $1 + 9 \times 4 = 1 + 36 = 37$
- $(1 + 9) \times 4 = 10 \times 4 = 40$
- $10^{-2} = \frac{1}{10^2} = \frac{1}{100} = 0{,}01$
- $10^2 \times 10^3 = 10^{2+3} = 10^5 = 100\,000$
- $(10^2)^3 = 10^{2\times3} = 10^6 = 1\,000\,000$
- $(10^{-1})^3 = 10^{-3} = \frac{1}{10^3} = 0{,}001$
- $\frac{10^5}{10^2} = 10^{5-2} = 10^3 = 1000$
- $\sqrt{63} = \sqrt{9 \times 7} = \sqrt{9} \times \sqrt{7} = 3\sqrt{7}$
- $\sqrt{9 \times 25} = \sqrt{9} \times \sqrt{25} = 3 \times 5 = 15$
- $\sqrt{9 + 25} = \sqrt{34} \approx 5{,}83$

Comprendre comment faire

Pour calculer certains nombres

Voici des exemples de calculs déjà rencontrés.

EXEMPLES

1. Question :
On donne $A = \frac{6{,}3 \times 10^8 \times 5 \times 10^{-5}}{12 \times 10^2}$.
Donner une écriture décimale du nombre A.

Réponse : Au numérateur : $6{,}3 = 3 \times 2{,}1$ et $10^8 \times 10^{-5} = 10^3$.
Au dénominateur : $12 = 3 \times 4$,
d'où après simplification : $A = \frac{2{,}1 \times 10}{4}$

$A = \frac{21}{4}$

$\boxed{A = 5{,}25}$.

2. Question : Calculer A et donner le résultat sous forme d'une fraction irréductible :

$$A = \frac{\frac{5}{3} - \frac{1}{9}}{1 + \frac{4}{3}}.$$

Réponse : Effectuons le numérateur.
$\frac{5}{3} - \frac{1}{9} = \frac{15}{9} - \frac{1}{9} = \frac{14}{9}$;
le dénominateur : $1 + \frac{4}{3} = \frac{3}{3} + \frac{4}{3} = \frac{7}{3}$.
D'où : $A = \frac{14}{9} : \frac{7}{3} = \frac{14}{9} \times \frac{3}{7} = \boxed{\frac{2}{3}}$.

NOTION CLÉ

La valeur numérique d'une expression doit être **unique**. À cet effet, les mathématiciens ont établi les règles et ordre de calculs.

S'entraîner

★ **1 Reliez chaque expression à sa valeur.**

(Justifiez vos réponses.)

- $A = \frac{1}{3} - \frac{2}{3} \times \frac{2}{5}$ • • $-\frac{5}{49}$
- $B = \left(\frac{3}{7}\right)^2 - \frac{2}{7}$ • • $-\frac{15}{14}$
- $C = \frac{3}{7} - \frac{2}{5} \times \frac{15}{4}$ • • $\frac{1}{15}$
- $D = \frac{4}{7} - \frac{1}{7} \times (\frac{1}{2} + 3)$ • • $\frac{1}{14}$

★ **2 Vu au brevet**

Simplifiez.

$B = \dfrac{6 \times 10^{-2} \times 15 \times 10^7}{8 \times 10^2}$

$C = \dfrac{8 \times 10^{15} \times 15 \times 10^{-6}}{20 \times (10^2)^5}$

★★ **3 Vu au brevet**

On pose :

$A = -\frac{5}{7} + \frac{5}{21} \times \frac{9}{25}$ $\quad B = \frac{25}{17} : \frac{15}{24} - \frac{11}{3}$

$C = \dfrac{6 \times 10^5 \times (10^{-2})^4}{15 \times 10^2}$

a. Exprimez A et B sous forme de fractions irréductibles (détaillez les calculs).

b. Donnez l'écriture scientifique de C.

(Détaillez les calculs.)

★★ **4 Reliez chaque expression à sa valeur.**

(Justifiez vos réponses.)

- $A = \sqrt{45} - 2\sqrt{5} + \sqrt{500}$ • • $8 + 8\sqrt{3}$
- $B = \sqrt{20} + 2\sqrt{80} - \sqrt{245}$ • • $11\sqrt{5}$
- $C = \sqrt{12} - 3\sqrt{27} - \sqrt{75}$ • • $3\sqrt{5}$
- $D = \sqrt{3} + \frac{1}{2}(16 - 2\sqrt{3}) + \sqrt{192}$ • • $-12\sqrt{3}$

★★ **5 Parmi les six nombres suivants, cinq sont égaux. Cherchez l'intrus.**

(Justifiez votre réponse.)

$A = \dfrac{84}{108}$ $\quad D = (\sqrt{19} - 2\sqrt{3})(\sqrt{19} - 2\sqrt{3})$

$B = \dfrac{\sqrt{98}}{\sqrt{162}}$ $\quad E = \dfrac{\sqrt{490}}{6\sqrt{10} + 3\sqrt{10}}$

$C = \dfrac{21}{15} : \dfrac{9}{5}$ $\quad F = (1 + \frac{3}{4}) : (-1{,}5)^2$

★★ **6 Vrai ou faux ?** (V / F)

a. Le produit de deux nombres inverses est égal à 1. ☐ ☐

b. $(\sqrt{19} + 3\sqrt{2})$ et $(\sqrt{19} - 3\sqrt{2})$. sont deux nombres inverses. ☐ ☐

c. $\dfrac{1}{\sqrt{19} + 3\sqrt{2}} = \sqrt{19} - 3\sqrt{2}$. ☐ ☐

★★ **7 Vrai ou faux ?** (V / F)

a. $(5 + \sqrt{5})^2 = 30 + 10\sqrt{5}$ ☐ ☐

b. $\sqrt{30 + 10\sqrt{5}} = 5 + \sqrt{5}$ ☐ ☐

c. $\dfrac{25}{7} = \dfrac{\sqrt{5}}{\sqrt{49}}$ ☐ ☐

d. $\sqrt{63 + 112 - 175} = 2\sqrt{7}$ ☐ ☐

★★ **8 Vu au brevet**

On sait que $A = (x-2)^2 - (x-1)(x-4)$.

a. Complétez le tableau ci-dessous :

x	$x-2$	$(x-2)^2$	$x-1$	$x-4$	$(x-1)(x-4)$	A
10						
100						

b. Développez et réduisez A.

c. Utilisez ce qui précède pour trouver la valeur de x permettant de calculer facilement : $1\,234^2 - 1\,235 \times 1\,232$.

★★ **9** Soit $E = \frac{1}{2}(-2x + 5)^2 + \frac{3}{4}(-2x + 5)(4x + 1)$.

a. Factorisez E.

b. Résolvez l'équation : E = 0.

★★ **10** Soit l'expression $E = x(2x - 1)^2 - 3x(2x - 1)$.

a. Développez, puis simplifiez E.

b. Calculez la valeur exacte de E lorsque :

- $x = 0$ E = ...
- $x = -1$ E = ...
- $x = \sqrt{2}$ E = ...

c. Écrivez E sous la forme d'un produit de quatre facteurs.

d. Résolvez l'équation : E = 0.

e. Vérifiez que la somme des trois solutions trouvées à la question précédente est égale à 2,5.

Livret des corrigés p. 10

Retenir l'essentiel

Nombres entiers et rationnels

Voici une liste de six nombres qu'on peut écrire sous la forme $\frac{a}{b}$ avec a entier et b entier différent de 0. Ce sont des rationnels : 0 (ou $\frac{0}{1}$) ; 2 (ou $\frac{2}{1}$) ; $\frac{42}{10}$; -9 (ou $\frac{-9}{1}$) ; $\frac{8}{5}$; $\frac{7}{3}$.

Y a-t-il un intrus dans cette liste ?

Oui. −9 est un intrus dans cette liste, car il est le seul nombre négatif.

Dans la suite, on utilisera uniquement les nombres entiers 0 ; 1 ; 2 ; 3 ; 4… Ainsi, dans cette leçon d'arithmétique, tout nombre rationnel n'est autre qu'une fraction.

Qu'en est-il de $\frac{12}{18}$ et $\frac{2}{3}$?

$\frac{12}{18}$ et $\frac{2}{3}$ sont deux rationnels ou même deux fractions. Elles sont égales, car : $\frac{12}{18} = \frac{12:6}{18:6} = \frac{2}{3}$.

$\frac{2}{3}$ est la fraction simplifiée de $\frac{12}{18}$ et, elle n'est plus elle-même simplifiable.

On dit que $\frac{2}{3}$ **est irréductible.**

Que représente le nombre 6 pour 12 et 18 ?

Dans la liste des diviseurs de 12 et 18, 6 est leur **plus grand commun diviseur.** On dit que 6 est le PGCD de 12 et 18. On écrit **PGCD (12 ; 18) = 6** (voir ci-dessous).

Les fractions $\frac{4}{7}$ et $\frac{396}{126}$ sont-elles simplifiables ?

- La fraction $\frac{4}{7}$ n'est pas simplifiable car 4 et 7 n'ont pas de diviseurs communs autres que 1. On dit que la fraction $\frac{4}{7}$ est irréductible et que 4 et 7 **sont premiers entre eux.**
- $\frac{396}{126}$ est simplifiable par 2 puis par 3, et puis par 3. En tout, elle est simplifiable par $2 \times 3 \times 3$ ou par 18. On a donc : $\frac{396}{126} = \frac{396:18}{126:18} = \frac{22}{7}$. La fraction $\frac{22}{7}$ est irréductible, 18 est donc le PGCD de 396 et 126.

PROPRIÉTÉ : Pour écrire une fraction sous forme irréductible, on divise numérateur et dénominateur par le PGCD de ces deux nombres.

Comment fait-on pour trouver directement le PGCD 18, de 396 et 126 ?

À la main, ou à l'aide de la touche fraction d'une calculatrice, on applique la méthode des divisions successives connue sous le nom d'algorithme d'Euclide (voir ci-dessous).

Comprendre comment faire

Pour trouver le PGCD de deux nombres

Cela revient à observer les deux nombres. S'ils sont petits, on trouve soit mentalement leur PGCD, soit en écrivant la liste de leurs diviseurs ; mais s'ils sont grands, on procède par l'algorithme d'Euclide.

EXEMPLES :

1. PGCD de 12 et 18

Diviseurs de 12 : 1 ; 2 ; 3 ; 4 ; 6 et 12.

Diviseurs de 18 : 1 ; 2 ; 3 ; 6 ; 9 et 18.

D'où PGCD (12 ; 18) = 6.

Rappel :

Le plus petit commun multiple non nul de 12 et 18 est 36.

Soit PPCM (12 ; 18) = 36.

2. PGCD de 396 et 126

Par la méthode des divisions successives, ou algorithme d'Euclide :

$396 = 3 \times 126 + 18$

$126 = 7 \times 18 + 0$

Dans cet exemple simplifié, on a eu seulement deux divisions successives dont les restes sont respectivement 18 et 0. Le dernier reste non nul est 18.

Donc, PGCD (396 ; 126) = 18.

NOTION CLÉ

Le PGCD de deux entiers non nuls est **inférieur ou égal** au plus petit des deux.

S'entraîner

★ **1 Écrivez sous la forme d'une fraction irréductible.**

a. $\frac{21}{14} = \ldots\ldots$ b. $\frac{48}{56} = \ldots\ldots$ c. $\frac{121}{33} = \ldots\ldots$

d. $\frac{35}{28} = \ldots\ldots$ e. $\frac{75}{50} = \ldots\ldots$ f. $\frac{99}{27} = \ldots\ldots$

★ **2 Complétez avec le quotient et le reste de la division par 7.**

a. $15 = \ldots \times 7 + 1$ d. $80 = \ldots \times 7 + \ldots$

b. $32 = \ldots \times 7 + \ldots$ e. $145 = \ldots \times 7 + \ldots$

c. $63 = \ldots \times 7 + \ldots$ f. $210 = \ldots \times 7 + \ldots$

★ **3 Écrivez chaque fraction sous la forme $a + \frac{b}{c}$ où a, b, c sont des entiers et $\frac{b}{c} < 1$.**

Exemple : $\frac{23}{7} = \frac{21 + 2}{7} = \frac{21}{7} + \frac{2}{7} = 3 + \frac{2}{7}$

a. $\frac{15}{2} = \ldots\ldots\ldots\ldots$ d. $\frac{25}{4} = \ldots\ldots\ldots\ldots$

b. $\frac{20}{3} = \ldots\ldots\ldots\ldots$ e. $\frac{40}{9} = \ldots\ldots\ldots\ldots$

c. $\frac{75}{7} = \ldots\ldots\ldots\ldots$ f. $\frac{125}{11} = \ldots\ldots\ldots\ldots$

PGCD de deux entiers

★★ **4 1. Complétez la liste des diviseurs de 36 et de 48. En déduire leur PGCD.**

36 : 1; .... ; 36

48 : 1; ....

PGCD (36; 48) = ...

2. Vrai ou faux ? V F

On sait que :

PGCD (36; 48) × PPCM (36; 48) = 36 × 48

a. PPCM (36; 48) = 144 ☐ ☐

b. $\frac{1}{36} + \frac{1}{48} = \frac{7}{144}$ ☐ ☐

★★ **5 Complétez les restes des divisions successives et en déduire le PGCD de 1 715 et 2 275.**

a. 2 275 = 1 × 1 715 + ...

b. 1 715 = 3 × 560 + ...

c. 560 = 16 × 35 + ...

d. PGCD (1 715; 2 275) = ...

★★ **6 Vrai ou faux ?** V F

PGCD (2 432 ; 1 197) = 19 ☐ ☐

Justifiez la réponse par un algorithme d'Euclide.

Nombres premiers entre eux Fractions irréductibles

★★ **7 Vrai ou faux ?** V F

a. Une fraction est irréductible si son numérateur et son dénominateur sont premiers entre eux. ☐ ☐

b. Le PGCD de deux nombres premiers entre eux est égal à 1. ☐ ☐

c. 15 et 35 sont premiers entre eux. ☐ ☐

d. 12 et 25 sont premiers entre eux. ☐ ☐

★★ **8 a. Montrez que le PGCD (864 ; 1 120) = 32.**

b. Écrivez $\frac{864}{1\,120}$ sous une forme irréductible.

★★★ **9 Trouvez le PGCD du numérateur et du dénominateur puis simplifiez chacune des fractions.**

a. $\frac{254}{381}$ b. $\frac{2\,555}{365}$ c. $\frac{2\,080}{1\,344}$

★★★ **10 a. Démontrez par la méthode des divisions successives que les nombres 72 et 35 sont premiers entre eux.**

b. Pourquoi la fraction $\frac{72}{35}$ est-elle irréductible ?

c. Démontrez que $\frac{648}{315} = \frac{72}{35}$.

★★★ **11 Vu au brevet**

a. Calculez le PGCD de 110 et 88.

b. Un ouvrier dispose de plaques de métal de 110 cm de longueur et de 88 cm de largeur. Il a reçu la consigne suivante :

Découpez, dans ces plaques, des carrés tous identiques, les plus grands possible, de façon à ne pas avoir de perte.

Quelle sera la longueur du côté d'un carré ?

c. Combien obtiendra-t-on de carrés par plaque ?

Livret des corrigés p. 10-11

Retenir l'essentiel

Définitions

● 3 < 5 est une **inégalité.**

− 12 < 0 et + 7 > 0 sont également des inégalités.

● $2x + 3 < 5$ est une **inéquation.** x est son **inconnue.** $2x + 3$ est son premier **membre** et 5 est son second membre.

$3 - x > 7$; $x + 5 \leqslant 4$ et $2x - 1 \geqslant 0$ sont également des inéquations.

● **Résoudre une inéquation,** c'est trouver toutes les valeurs de l'inconnue pour lesquelles l'inégalité est vérifiée. Ces valeurs sont dites **solutions de l'inéquation.**

Propriétés

● **Propriété d'addition**

Les solutions d'une inéquation ne changent pas si on ajoute un même nombre aux deux membres de l'inéquation. Ce nombre peut être positif ou négatif.

● **Propriété de multiplication**

Les solutions d'une inéquation ne changent pas si on multiplie les deux membres de l'inéquation :

a. par un nombre positif sans changer le sens de l'inéquation ;

b. par un nombre négatif en changeant le sens de l'inéquation.

Représentations sur une droite graduée

Voici sur une droite graduée $(x'x)$ d'origine O la représentation en bleu de tous les nombres x inférieurs à 2 et, en rouge la représentation de tous les nombres x supérieurs ou égaux à 2.

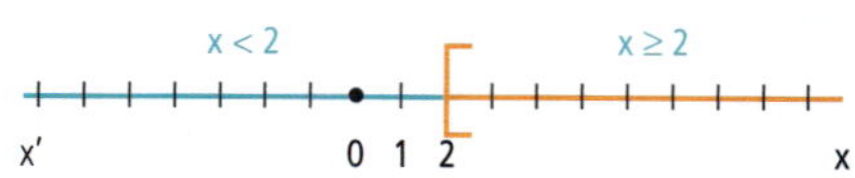

Comprendre comment faire

Pour résoudre une inéquation

Cela revient à isoler l'inconnue en appliquant, entre autres, les propriétés d'addition et de multiplication ci-dessus.

EXEMPLE :

Question : Résoudre l'inéquation $8 + 6(x - 1) > 10x + 22$ et représenter graphiquement l'ensemble de ses solutions.

Réponse :

$8 + 6(x - 1) > 10x + 22$

$8 + 6x - 6 > 10x + 22$ ← supprimer les parenthèses

$6x + 2 > 10x + 22$ ← simplifier le 1er membre

$6x + 2 \mathbf{- 10x} > 10x + 22 \mathbf{- 10x}$ ← ajouter $- 10x$ à chacun des membres

$- 4x + 2 > 22$ ← simplifier chacun des membres

$- 4x + 2 \mathbf{- 2} > 22 \mathbf{- 2}$ ← ajouter − 2 à chacun des membres

$- 4x > 20$ ← simplifier chacun des membres

$- 4x \times (-\frac{1}{4}) < 20 \times (-\frac{1}{4})$ ← multiplier par $-\frac{1}{4}$ chacun des membres et changer le sens de l'inéquation

$x < - 20/4$ ← simplifier chacun des membres

$x < - 5$ ← solutions de l'inéquation

Graphiquement :

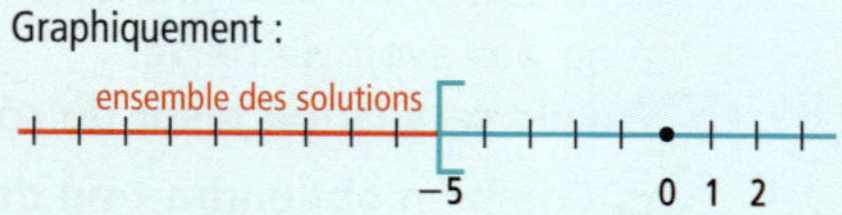

L'ensemble des solutions de l'inéquation est représenté sur la droite graduée par la demi-droite rouge, le nombre − 5 n'étant pas une solution.

NOTION CLÉ

La représentation sur une droite graduée de $x < 4$ inclut-elle le point 4 ? Non, car x est **strictement** inférieur à 4.

S'entraîner

Calcul mental

★ **1** **Remplacez x par -2, puis répondez par oui ou non à la question « -2 est-il solution de ... »**

	Oui	Non
a. $3x + 1 = -5$	☐	☐
b. $5x + 2 < 6$	☐	☐
c. $x + 5 < 0$	☐	☐
d. $x + 2 \leqslant 0$	☐	☐
e. $x + 2 < 0$	☐	☐

★ **2** **Complétez les pointillés avec les solutions.**

a. $2x + 9 = -5$

$x = ...$

b. $x - 4 < -9$

$x < ....$

c. $4x + 1 > -7$

x ....

d. $-x < -3$

x ....

e. $-5x + 4 = -11$

x ....

f. $-5x + 4 > -11$

x ....

★ **3** **Représentez graphiquement les solutions.** (Hachurez la partie qui ne convient pas.)

a. $x > -3$

b. $x \leqslant -1$

c. $x + 1 \geqslant 3,5$

d. $2x - 3 < 5$

★★ **4** Voici un tableau donnant les chiffres romains.

Chiffres romains	I	V	X	L	C	D	M
Nombres	1	5	10	50	100	500	1000

Comparez les nombres suivants à l'aide des signes =; < ou >.

a. IX 10

b. LV LX

c. VD 495

d. DC 500

e. CD 400

f. MDC 1500

Résoudre

★★ **5** **Sachant que x est un entier positif ou nul, résolvez :**

a. $7x - 2 = -23$

b. $3x + 7 < 22$

★★ **6** **Sachant que x est un entier strictement négatif, résolvez :**

a. $2(x - 8,5) \leqslant 5(x - 1)$

b. $\dfrac{x}{2} > -3$

★★ **7** **Vrai ou faux ?**

	V	F
a. $-\dfrac{3}{5}x + \dfrac{x-1}{2} < \dfrac{x}{10}$ s'écrit $-\dfrac{3}{5}x + \dfrac{x-1}{2} - \dfrac{x}{10} < 0$.	☐	☐
b. 10 est un dénominateur commun.	☐	☐

c. **Résolvez l'inéquation** $-\dfrac{3}{5}x + \dfrac{x-1}{2} < \dfrac{x}{10}$, **puis représentez les solutions sur une droite graduée.**

★★ **8** a. **Mettez au même dénominateur, puis simplifiez l'expression :**

$$\frac{x}{2} - \frac{x+1}{3} + \frac{x-2}{4}$$

b. **Résolvez** $\dfrac{x}{3} - \dfrac{x+1}{2} + \dfrac{x-2}{4} > 0$ **et représentez l'ensemble des solutions trouvées sur une droite graduée.**

★★ **9** Vu au brevet

Résolvez les équations ou inéquations.

a. $x(2x - 7) = 0$

b. $4x^2 = 100$

c. $\dfrac{5x+1}{6} < \dfrac{3x-3}{8}$

★★★ **10** **Reliez chaque inéquation à ses solutions. Justifiez les réponses.**

a. $x - 3 - (4x - 5) < -4$ ●　　● $x \geqslant 5$

b. $x - (x - 1) - (x - 2) \geqslant 6$ ●　　● $x > 2$

c. $x - \dfrac{1}{3} - (2x - \dfrac{1}{3}) \leqslant -5$ ●　　● $x \geqslant -4$

d. $\dfrac{3(2-5x)}{16} - \dfrac{5(1-x)}{8} \leqslant 1$ ●　　● $x \leqslant -3$

Livret des corrigés p. 11

Retenir l'essentiel

Définitions

Voici :

a. une équation à une inconnue : $x - 3 = 7$. Sa solution est 10.

b. une équation à deux inconnues :

$x + y = 5$.

L'égalité est vraie pour $x = 1$ et $y = 4$, on dit que le couple $(1 ; 4)$ est une solution de l'équation. Cette égalité est également vraie pour $x = 3$ et $y = 2$. Le couple $(3 ; 2)$ est une autre solution de cette équation.

c. un système de deux équations à deux inconnues :

$$\begin{cases} x + y = 5 & (1) \\ 2x - y = 4 & (2) \end{cases}$$

Résoudre ce système, c'est trouver la valeur de x et la valeur de y qui vérifient à la fois la première et la deuxième équation. Ici pour $x = 3$ et $y = 2$, les deux équations (1) et (2) sont vérifiées. On dit que le couple $(3 ; 2)$ est solution du système.

REMARQUE : le couple $(x = 1 ; y = 4)$ vérifie la première équation, mais il ne vérifie pas la deuxième équation. Par conséquent, il n'est pas solution du système.

Comprendre comment faire

▶ Pour résoudre un système de deux équations à deux inconnues

Cela revient à résoudre le système algébriquement, c'est-à-dire par calcul, ou graphiquement; et à vérifier ensuite que les valeurs trouvées sont bien des solutions du système.

EXEMPLES :

1. Résoudre algébriquement

Question : Résoudre le système

$$\begin{cases} x + y = 5 & (1) \\ 2x - y = 4 & (2) \end{cases}$$

Réponse : Considérons l'équation (1) :

$x + y = 5$, donc

$y = 5 - x$

Remplaçons y par sa valeur dans l'équation (2) :

$2x - y = 4$. Il vient que :

$$\begin{aligned} 2x - (5 - x) &= 4 \\ 2x - 5 + x &= 4 \\ 3x &= 9 \\ x &= \frac{9}{3} \\ x &= 3 \end{aligned}$$

Remplaçons x par sa valeur 3 dans l'équation (1), il vient que : $y = 5 - 3 = 2$.

Vérification : pour $x = 3$ et $y = 2$,

on a :

(1) $3 + 2 = 5$ et

(2) $2 \times 3 - 2 = 6 - 2 = 4$.

Par conséquent, le couple :

$(x = 3 ; y = 2)$ est solution du système.

2. Résoudre graphiquement

Question : Résoudre graphiquement le système

$$\begin{cases} x + y = 5 & (1) \\ 2x - y = 4 & (2) \end{cases}$$

Réponse :

Considérons l'équation (1) : $x + y = 5$.

Pour $x = 0$, $y = 5$. Soit $A(0 ; 5)$.

Pour $x = 5$, $y = 0$. Soit $B(5 ; 0)$.

Traçons la droite (AB). Les coordonnées des points de cette droite vérifient l'équation (1). De même, $C(0 ; -4)$ et $D(2 ; 0)$ définissent la droite (CD).

Les coordonnées de tous les points de cette droite vérifient l'équation (2).

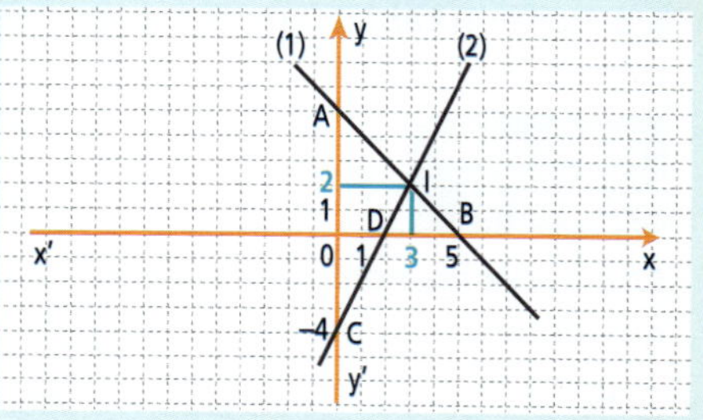

Les coordonnées du point d'intersection I vérifient les deux équations (1) et (2). Les perpendiculaires aux axes passant par I nous permettent donc de lire que le couple : $(x = 3 ; y = 2)$ est solution du système.

MOT CLÉ

Les solutions d'un système d'équations doivent vérifier **chacune** des équations du système.

S'entraîner

★ **1** a. On donne l'équation $2x - 3y = 1$.

Le couple ($x = 2$; $y = 1$) est-il solution de cette équation ?

b. On donne le système $\begin{cases} 2x - 3y = 5 \\ x + y = 4 \end{cases}$

Le couple ($x = 2$; $y = 1$) est-il solution de ce système ?

★ **2** **Vrai ou faux ?** V F

Le système $\begin{cases} 4x + 2y = 6 \\ 3x - 4y = 10 \end{cases}$ admet pour solution le couple :

a. ($x = 1$; $y = 1$) ☐ ☐

b. ($x = 10$; $y = 5$) ☐ ☐

c. ($x = 2$; $y = -1$) ☐ ☐

★ **3** **Vrai ou faux ?** V F

Le couple ($x = -3$; $y = 1$) est solution du système :

a. $\begin{cases} x + 5y = 2 \\ x + 2y = 1 \end{cases}$ ☐ ☐

b. $\begin{cases} y + 2x = -1 \\ x + y = -2 \end{cases}$ ☐ ☐

c. $\begin{cases} y = -x - 2 \\ y = -2x - 5 \end{cases}$ ☐ ☐

d. $\begin{cases} x = -2y - 1 \\ y = \dfrac{x}{2} + \dfrac{5}{2} \end{cases}$ ☐ ☐

★★ **4** **Reliez chaque système à sa solution ($x = \ldots$; $y = \ldots$)**

S_1 $\begin{cases} x - 2y = 5 \\ x + 2y = -3 \end{cases}$ • • (3 ; 2)

S_2 $\begin{cases} -y + x = 1 \\ 4x - 6y = 0 \end{cases}$ • • (1 ; − 2)

S_3 $\begin{cases} x + 2y = 0 \\ -x + y = 6 \end{cases}$ • • (− 4 ; 2)

★★ **5** **Remplacez y par $2x + 3$, puis résolvez l'équation en x :**

$3x - 5y = -x - 12$

Déduisez-en la valeur de y.

★★ **6** **Résolvez chacun des systèmes.**

a. $\begin{cases} 5y - 8 = 3x \\ y = -x + 1 \end{cases}$ b. $\begin{cases} -2x + y = 1 \\ y = \dfrac{x}{2} \end{cases}$

★★ **7** Soit l'équation $\dfrac{x}{2} - \dfrac{y}{3} = 1$.

a. **Exprimez y en fonction de x.**

b. **Résolvez le système** $\begin{cases} \dfrac{x}{2} - \dfrac{y}{3} = 1 \\ x - y = 5 \end{cases}$

★★ **8** a. Les points de la droite d_1 ont des coordonnées (x ; y) qui vérifient $x + y = 6$. A et B sont deux points de d_1.
Complétez les coordonnées de A(… ; 2) et B(0 ; …) et tracez d_1 dans le repère ci-dessous.

b. Les points de la droite d_2 ont des coordonnées qui vérifient $2x - 3y = 2$. C et D sont deux points de d_2.
Complétez les coordonnées de C(… ; 0) et D(− 2 ; …) et tracez d_2.

c. **Résolvez graphiquement le système :**
$\begin{cases} x + y = 6 \\ 2x - 3y = 2 \end{cases}$

d. **Retrouvez par calcul la solution du système.**

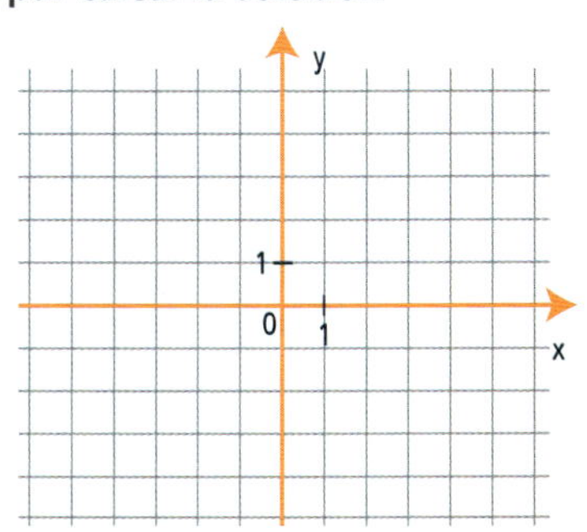

★★ **9** **Trouvez x et y sachant que le périmètre du rectangle est de 20 cm et que celui du trapèze isocèle est de 23 cm.**

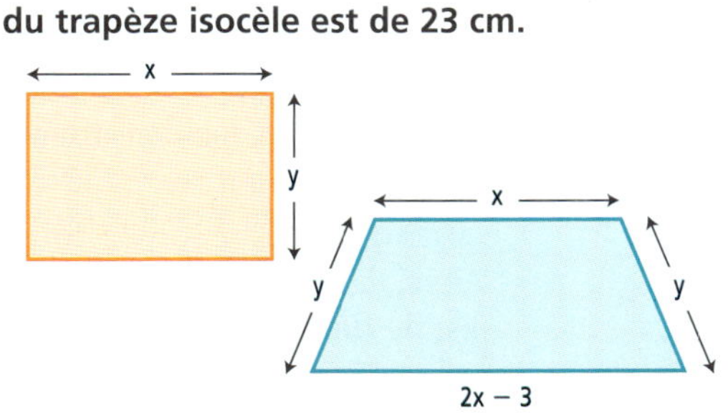

Livret des corrigés p. 11-12

Retenir l'essentiel

Résoudre un problème à l'aide d'un système de deux équations

ÉNONCÉ : un bateau parcourt 30 km dans le sens du courant d'un fleuve en 2 h. Il remonte cette même distance en 3 h.

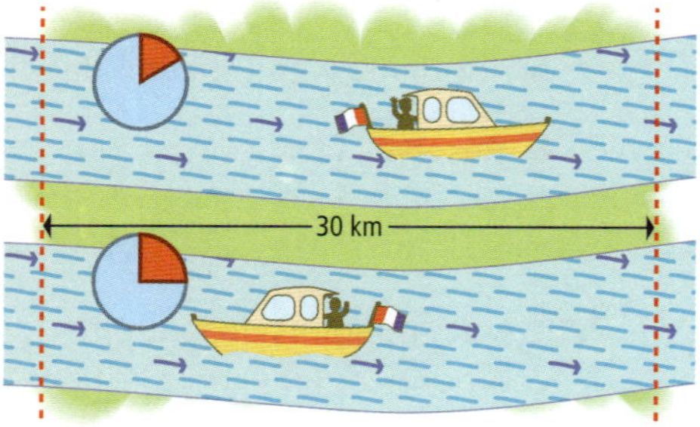

Calculer la vitesse du bateau et celle du courant.

SOLUTION : soit, en km/h, x la vitesse du bateau et y celle du courant.
Dans un tableau :

Direction	Vitesse (en km/h)	Durée (en h)	Distance (en km)
Sens du courant	$x + y$	2	30
Sens contraire	$x - y$	3	30

Sachant que **vitesse** × **durée** = **distance**, il vient que :

$$\begin{cases} 2(x + y) = 30 \\ 3(x - y) = 30 \end{cases}$$

En simplifiant les deux membres de la première équation par 2 et les deux membres de la seconde équation par 3, on obtient :

$$\begin{cases} x + y = 15 & (1) \\ x - y = 10 & (2) \end{cases}$$

En additionnant membre à membre les équations (1) et (2), on obtient :

$$2x = 25. \text{ Soit } \boldsymbol{x} = \frac{25}{2} = \mathbf{12{,}5}.$$

L'équation (1) nous permet alors d'écrire $\boldsymbol{y} = \mathbf{2{,}5}$.

Vérifions si $x = 12{,}5$ et $y = 2{,}5$ sont des réponses convenables.

Le premier système nous donne bien :

$2(12{,}5 + 2{,}5) = 2 \times 15 = 30$

et

$3(12{,}5 - 2{,}5) = 3 \times 10 = 30$.

Les équations étant vérifiées, la vitesse du bateau est 12,5 km/h et celle du courant est 2,5 km/h.

Comprendre comment faire

▶ Pour résoudre un problème à l'aide d'un système de deux équations

Cela revient à suivre quatre étapes. Reprenons l'exemple du bateau ci-dessus.

1. Choisir des inconnues x et y : « soit, en km/h, x la vitesse du bateau et y celle du courant ».
Le tableau a permis l'organisation des données. Cela aide à comprendre le problème, puis à le résoudre.

2. Mettre en équation le problème :

$$\begin{cases} 2(x + y) = 30 \\ 3(x - y) = 30 \end{cases}$$

3. Résoudre le système : $x = 12{,}5$ et $y = 2{,}5$

4. Vérifier si les solutions trouvées sont convenables et répondre à la question posée.
La vitesse du bateau est 12,5 km/h et celle du courant 2,5 km/h.

ATTENTION ! Les réponses doivent toujours être raisonnables.
Voici des exemples de réponses qui ne le sont pas : la vitesse d'un piéton est de 100 km/h, un marchand a vendu 35,4 chemises, la largeur d'un rectangle est − 15 m…

MOT CLÉ
Pour résoudre un problème, il faut en premier **comprendre** son énoncé.

S'entraîner

★ **1** Les âges de trois cousins sont des entiers impairs consécutifs. La somme des âges de l'aîné et du plus jeune est 34.
Leurs âges sont :

- ☐ 16 ; 17 ; 18
- ☐ 14 ; 16 ; 20
- ☐ 15 ; 17 ; 19
- ☐ incalculables

Résoudre à l'aide d'une équation

★★ **2** Stéphanie a quatre fois l'âge de sa sœur Julie. Dans 2 ans, son âge sera le double de celui de Julie.

a. Complétez le tableau des âges de Julie et de Stéphanie.

	Âge actuel	Âge dans 2 ans
Julie	x	....
Stéphanie	....	....

b. Trouvez les âges actuels de Julie et de Stéphanie.

★★ **3** Je pense à un nombre. En le multipliant par 6 et en ajoutant 8, je trouve le même résultat que si j'ajoutais -3 à ce nombre et que je multipliais la somme par 4.
Ce nombre est :

- ☐ 10
- ☐ -10
- ☐ $-\frac{11}{2}$
- ☐ -1

★★ **4** **Calculez l'aire de ce rectangle sachant que son périmètre est de 50 cm.**

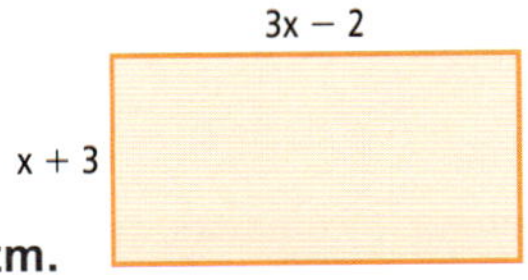

Résoudre à l'aide d'une inéquation

★★ **5** Une association caritative organise une soirée dans le but de récolter des fonds. Les frais de la soirée s'élèvent à 12 500 €.
Combien de billets de 15 € devrait-elle vendre pour assurer au moins un bénéfice de 50 000 € ?

★★ **6** Un élève a eu 6, 9 et 12 à trois devoirs de mathématiques. **Quelle note devrait-il avoir à son quatrième devoir pour que sa moyenne soit au moins de 10 ?**

★★ **7** **a. Exprimez en fonction de x le demi-périmètre P de ce rectangle.**

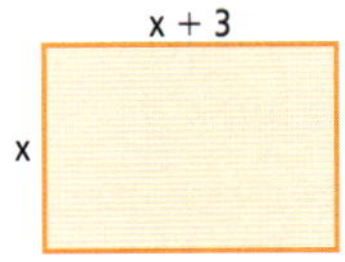

b. Trouvez les valeurs possibles entières de x sachant que le périmètre du rectangle est inférieur à 36 cm.

Résoudre à l'aide d'un système de deux équations

★★ **8** Deux angles sont complémentaires. La mesure de l'un est 36° de plus que le double de l'autre.
Calculez la mesure de chacun des angles.

★★ **9** Vu au brevet
Le périmètre d'un rectangle est égal à 36 cm. Si on triple sa longueur et que l'on double sa largeur, son périmètre augmente de 56 cm.
Déterminez la longueur et la largeur du rectangle.

★★ **10** **Cherchez deux nombres entiers x et y tels que :**

- leur différence $x - y$ soit égale à 206 ;
- lorsqu'on divise x par y, on trouve 4 pour quotient et 29 pour reste.

Résoudre à l'aide d'un PGCD

★★ **11** Vu au brevet
Un collège décide d'organiser une épreuve sportive pour tous les élèves.
Les professeurs constituent le plus grand nombre possible d'équipes. Chaque équipe doit comprendre le même nombre de filles et le même nombre de garçons.
Sachant qu'il y a 294 garçons et 210 filles, quel est le plus grand nombre d'équipes que l'on peut composer ?
Combien y a-t-il de filles et de garçons dans chaque équipe ?

Livret des corrigés p. 12

Retenir l'essentiel

Mesures et précision

Toute mesure comporte une erreur due à l'instrument utilisé et à nos yeux. Généralement, l'erreur maximale est de ± 0,5 unité de mesure (voir exercice 6).

Unités composées

cm × cm ou cm^2, cm × cm × cm ou cm^3,... sont des unités produits.

g/cm^3, kg/m^3, ... sont des unités quotients.

$km \times h^{-1}$ ou km/h est également une unité quotient. 30 km/h signifie 30 kilomètres **par** heure. 30 km/h est une vitesse : c'est la distance parcourue en l'**unité** de temps, heure.

EXEMPLE :

Question : La vitesse moyenne d'un avion est de 576 km/h. Quelle est sa vitesse en m/s ?

Réponse :

1 km = 1 000 m et 1 h = 3 600 s, donc 576 km/h = 576 000 m/3 600 s = **160 m/s**.

REMARQUE :

● $m \times s^{-1}$ ou m/s est l'Unité Internationale de vitesse.

Échelle

La distance Paris-Versailles est de 17 km. Sur un plan, elle est de 17 cm. On dit que l'échelle est de 1 cm à 1 km et on écrit « 1 cm : 1 km » ou « 1 cm/1 km ». Exprimée dans la même unité, soit le centimètre, l'échelle est de 1 cm à 100 000 cm. On écrit 1 à 100 000 ou 1 : 100 000 ou 1/100 000.

EXEMPLE :

Question : L'échelle étant 1 cm : 5 000 m, quelle est la distance d sur un plan de la distance Lyon-Grenoble de 104 km ?

Réponse : 5 000 m = 5 km. À l'aide d'un tableau de proportionnalité :

Sur le plan (cm)	1	d ?
Distance réelle (km)	5	104

Les produits en croix sont égaux, d'où :

$5 \times d = 1 \times 104$, $d = \frac{104}{5}$, $\boxed{d = 20{,}8 \text{ cm}}$.

Distance, vitesse, temps

$\boldsymbol{d = v \times t}$, donc $v = d/t$ ou $t = d/v$.

Un bus parcourt d kilomètres à une vitesse moyenne de 60 km/h. Une voiture parcourt la même distance, d, à 75 km/h. Elle met 20 minutes de moins que le bus.

EXEMPLE :

Question : Quelle est cette distance d ?

Réponse : Dans un tableau :

	Distance (km)	Vitesse (km/h)	Temps (h)
Bus	d	60	$\frac{d}{60}$
Voiture	d	75	$\frac{d}{75}$

20 min = $\frac{20}{60}$ h = $\frac{1}{3}$ h.

La voiture met 20 minutes de moins que le bus, donc

$\frac{d}{60} - \frac{1}{3} = \frac{d}{75}$

$5d - 100 = 4d$ ← (dénominateur commun 300)

$5d - 4d = 100$, donc $\boxed{d = 100 \text{ km}}$.

Comprendre comment faire

▶ Pour peser un objet à l'aide d'un ressort

Cela revient à calculer une quatrième proportionnelle.

EXEMPLE :

L'allongement du ressort est proportionnel à la masse de l'objet. Ci-contre l'allongement d'un ressort est de 15 cm pour un objet de 60 kg.

Question : Quelle est la masse d'un objet si l'allongement du ressort est de 9,5 cm ?

Réponse : À l'aide d'un tableau de proportionnalité :

Allongement (cm)	15	9,5
Masse (kg)	60	x ?

Les produits en croix sont égaux :

$15 \times x = 60 \times 9{,}5$, donc

$x = \frac{60 \times 9{,}5}{15}$; $x = 4 \times 9{,}5$, $x = 38$.

L'objet pèse **38 kg**.

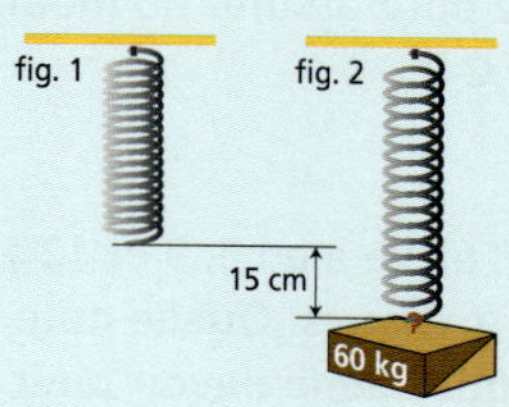

NOTION CLÉ

L'Unité Internationale de mesure de longueur est le mètre (m), de masse le kilogramme (kg) et de temps la seconde (s). La grandeur exacte de ces unités a été définie lors d'une conférence à Paris en 1960.

S'entraîner

Pourcentage

★ **1** **Quel pourcentage de la figure est en rouge ?**

★ **2** P est la population d'une ville. Après une croissance de 2 %, sa nouvelle population est de 465 200 habitants.

Trouvez P.

Réductions successives

★★ **3** En période de soldes, un magasin accorde sur le prix affiché une première réduction de 30 %, puis une seconde de 20 %.

Quel est en définitif le pourcentage de réduction ?

☐ 44 % ☐ 46 % ☐ 50 %

★★ **4** Soldes : – 30 % puis – 25 % puis – 10 %.

Quel est le prix de revient d'un article de 89,99 € ?

☐ 31,50 € ☐ 42,52 € ☐ 44,55 €

Prix en augmentation

★★ **5** Le prix d'une statuette en bronze a augmenté de 8 %, puis de 5 %, et puis de 5 %.

De quel pourcentage le prix de la statuette a-t-il augmenté ?

☐ 15,4 % ☐ 18 % ☐ 19,07 %

Encadrer une aire

★★ **6** **L'erreur de mesure étant de ± 0,5 m, trouvez l'aire minimale et l'aire maximale de l'aire $\mathscr{A}$ d'un champ rectangulaire de 86 m × 48 m.**

Distance, vitesse, temps

★★ **7** **1. Écrivez en heures, minutes et secondes.**

a. 4,7 heures b. 8,09 heures

2. Écrivez en heures sous la forme d'un décimal.

a. 2 h 36 min b. 5 h 2 min 24 s

★★ **8** Le faucon pèlerin est l'oiseau le plus rapide au monde. Sa vitesse est de 180 km/h.

a. **Quelle est sa vitesse en km/min ? en m/s ?**

b. **Quelle durée, en minutes et secondes, met-il pour parcourir 40 km ?**

Unités anglo-saxonnes : mille et nœud

★★ **9** Le « mille » est égal à 1 609 m.
Le « mille marin » (en anglais *nautical mile*), utilisé en navigation maritime et aérienne, est égal à 1 852 m.
Le « nœud » (en anglais *knot*) est une unité de vitesse. 1 nœud = 1 mille marin/h.
En traversant l'Atlantique Nord, un équipage français a parcouru à la voile 795,2 milles en 24 heures.

Quelle a été sa vitesse moyenne en nœuds ? en m/s ?

Masse volumique

★★ **10** 19,3 g/cm^3 est la masse volumique de l'or. 19,3 g/cm^3 signifie 1 cm^3 d'or pèse 19,3 g.

a. **Quelle est la masse volumique de l'or en kg/m^3 ?**

b. 2 m^3 de fer pèsent 15,72 tonnes.
Quelle est la masse volumique du fer en kg/dm^3 ?

Résoudre un problème

★★ **11** Lola a placé 12 000 € à la banque.
Une partie lui rapporte 3 % à l'année et une autre 4 %. Au bout d'un an, la somme placée à 3 % lui a rapporté 115 € de plus que celle qui est placée à 4 %.
Quelle somme a-t-elle placée à 3 % ? à 4 % ?

Livret des corrigés p. 12

Retenir l'essentiel

Coordonnées d'un point

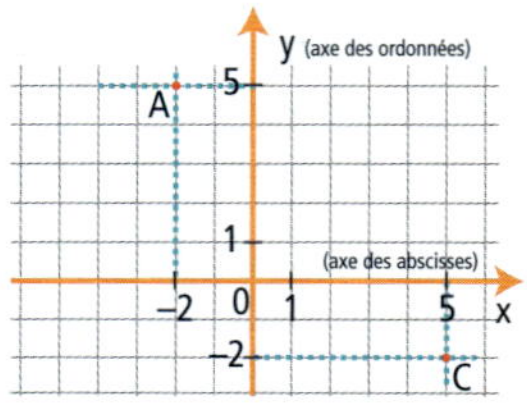

Le couple (– 2 ; 5) définit le point A.
–2 est l'**abscisse** de A, 5 est son **ordonnée.**

ATTENTION ! Le couple (5; – 2) définit un autre point. 5 et – 2 sont les **coordonnées** de C.

Points particuliers

A(0 ; 5) B(4 ; 0)
O(0 ; 0) M(3 ; 3)

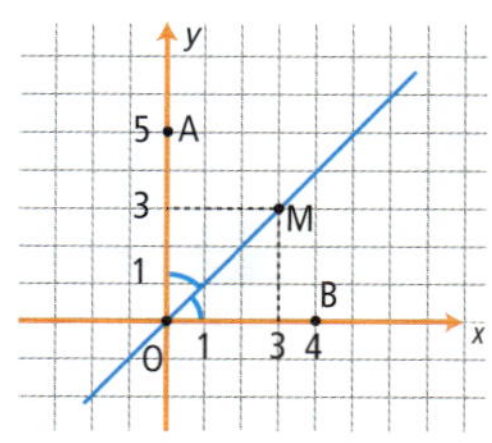

Tous les points de l'axe (O*y*) ont pour abscisses 0.
Tous les points de l'axe (O*x*) ont pour ordonnées 0.

Les coordonnées de M(3 ; 3) sont égales. Le point M est à égale distance de (O*x*) et (O*y*), donc M est un point de la bissectrice de l'angle $\widehat{xOy}$.

Distance de deux points

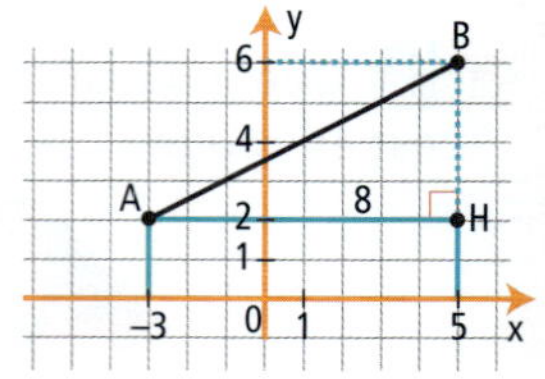

A(– 3 ; 2)
B(5 ; 6)
H(5 ; 2)

$AB^2 = AH^2 + HB^2$
$AB^2 = 8^2 + 4^2$
$AB^2 = 64 + 16$
$AB^2 = 80$
$AB = \sqrt{80} = \sqrt{5 \times 16} = 4\sqrt{5}$

Le théorème de Pythagore nous permet de calculer la distance de deux points $A(x_A ; y_A)$ et $B(x_B ; y_B)$ selon la formule :

$$AB = \sqrt{(x_B - x_A)^2 + (y_B - y_A)^2}$$

Coordonnées du milieu

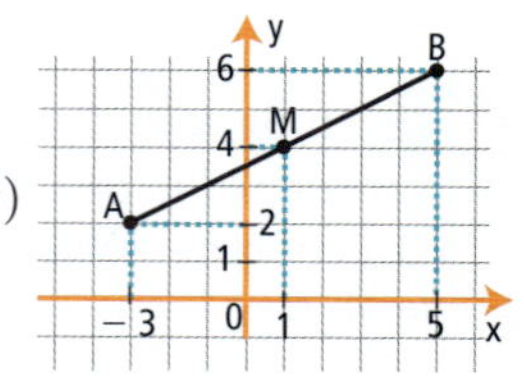

A(– 3 ; 2)
B(5 ; 6)

$M(\frac{-3+5}{2} ; \frac{2+6}{2})$

$M(\frac{2}{2} ; \frac{8}{2})$

M(1 ; 4)

Les coordonnées du milieu $M(x_M ; y_M)$ d'un segment [AB] d'extrémités $A(x_A ; y_A)$ et $B(x_B ; y_B)$ sont données par les formules :

$$x_M = \frac{x_A + x_B}{2} \text{ et } y_M = \frac{y_A + y_B}{2}$$

Comprendre comment faire

► Pour trouver tous les points qui ont une même abscisse

Cela revient à tracer dans un repère orthogonal une perpendiculaire à l'axe des abscisses.

EXEMPLE :

Question : Placer dans un repère les points A(3; 5) et B(3; – 2) et tracer (AB). Quelle remarque peut-on faire ?

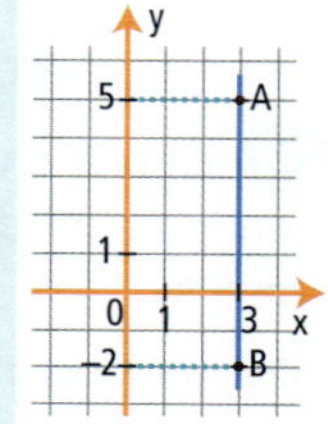

Réponse : Les points A et B ont même abscisse, 3. Ils sont situés sur une même perpendiculaire à l'axe des abscisses (O*x*).

REMARQUE : tous les points de la droite (AB) ont pour abscisse 3.

► Pour trouver tous les points qui ont une même ordonnée

Cela revient à tracer dans un repère orthogonal une perpendiculaire à l'axe des ordonnées.

EXEMPLE :

Question : Placer dans un repère les points C(–2 ; 4) et D(2 ; 4) et tracer (CD). Quelle remarque peut-on faire ?

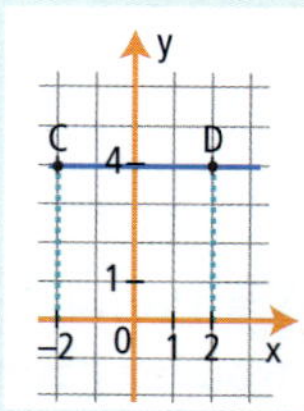

Réponse : Les points C et D ont même ordonnée, 4. Ils sont situés sur une même perpendiculaire à l'axe des ordonnées (O*y*).

REMARQUE : tous les points de la droite (CD) ont pour ordonnée 4.

MOT CLÉ

Dans un plan, le repère permet de **localiser** chacun des points du plan.

S'entraîner

★ **1** **a. Complétez par les coordonnées.**

A(… ; …) B(… ; …)

C(… ; …) O(… ; …)

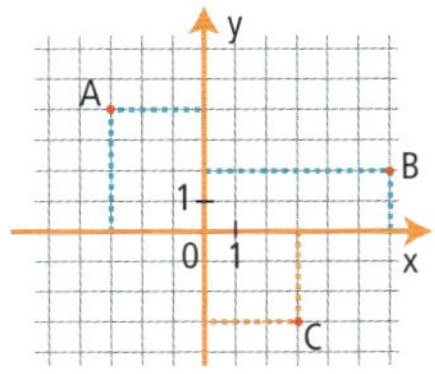

b. Placez les points.

M(– 4 ; 0) D(0 ; 5)

E(– 4 ; 5) F(– 4 ; – 2)

Calculs de longueurs

★★ **2** Les données sont celles de l'exercice 1.

Vrai ou faux ? V F

a. $AB^2 = 9^2 + 2^2$ ☐ ☐

b. $AC^2 = 6^2 + 7^2$ ☐ ☐

c. Le triangle ABC est isocèle. ☐ ☐

★★ **3** **a. Placez dans un repère orthonormé les points** A(– 2 ; 2) ; B(2 ; 4) et C(6 ; – 4).

b. Calculez AB^2 ; BC^2 ; AC^2.
En déduire la nature du triangle ABC.

c. Pourquoi le rayon du cercle circonscrit au triangle ABC est-il égal à 5 ?

★★ **4** **Reliez convenablement.**

Si A(– 4 ; 2) et B(4 ; 17), alors AB = ●	● 10
Si C(5 ; – 1) et D(11 ; 7), alors CD = ●	● $\frac{5}{2}$
Si E(– 2 ; 5) et F(–1/2 ; 3), alors EF = ●	● $\sqrt{34}$
Si G(8 ; 2) et H(5 ; – 3), alors GH = ●	● 17

Aire et périmètre

★★ **5** **1. Placez dans un repère orthonormé d'unité 0,5 cm les points** A(2 ; – 3), B(2 ; 2), C(– 3 ; 2) et D(– 3 ; – 3).

2. Vrai ou faux ? (Justifiez votre choix.) V F

a. A et B ont même abscisse. ☐ ☐

b. B et C ont même abscisse. ☐ ☐

c. A et D ont même ordonnée. ☐ ☐

d. ABCD est un carré. ☐ ☐

3. Calculez le périmètre $\mathcal{P}$ et l'aire $\mathcal{A}$ de ABCD.

Coordonnées du milieu

★★ **6** **Reliez convenablement les coordonnées des extrémités d'un segment à celles de son milieu.**

Extrémités du segment	
S_1 : (4 ; 2), (6 ; 3)	●
S_2 : (19 ; – 3), (11 ; 5)	●
S_3 : (– 6 ; 5), (8 ; 0)	●
S_4 : $(-\frac{3}{4} ; -7)$, (0,75 ; 4)	●

	Milieu
●	M_1 : (15; 1)
●	M_2 : (1; 2,5)
●	M_3 : (5; 2,5)
●	M_4 : (0; – 1,5)

★★ **7** **a. Placez dans un repère orthonormé les points** A(– 3; 4), B(5; 3) et C(– 1; 1).

b. Calculez les coordonnées du milieu M de [AB].

c. Parmi les trois points suivants, **quel est celui qui est symétrique de C par rapport à M ?**

☐ D(–3 ; 6) ☐ E(3 ; 5) ☐ F(3 ; 6)

d. La figure présente-t-elle un parallélogramme ? Si oui, lequel et pourquoi ?

★★★ **8** **1. Vrai ou faux ?** *(Justifiez votre choix.)* V F

a. Si IM = IN, alors I est certainement le milieu de [MN]. ☐ ☐

b. Dans un repère orthonormé, les points M(– 2 ; – 4), I(– 4 ; – 1) et N(– 6 ; 2) sont alignés. ☐ ☐

2. J est le milieu du segment [AB].
A(2 ; 0) et J(1 ; 6).
Trouvez les coordonnées de B.

Coordonnées et relations

★★★ **9** **1.** Dans un repère orthonormé, on a tracé cinq points dont l'abscisse x et l'ordonnée y vérifient l'égalité $3x + 2y = 5$.
Complétez le tableau de leurs coordonnées.

Si x =	…	0	…	1	…
alors y =	…	…	1,5	…	…
et $(x ; y)$ =	(– 1 ; 4)	…	…	…	(… ; 0)

2. Trouvez trois autres points dont les coordonnées x et y sont solutions de l'équation $3x + 2y = 5$.

Livret des corrigés p. 13

Retenir l'essentiel

Fonction linéaire

• Mais que signifie fonction ?

« **Fonction** » signifie associer à un nombre un autre nombre.

Si on note par f cette fonction, alors au nombre x elle associe un autre nombre y, noté $f(x)$. On écrit $f : x \mapsto f(x)$ et on dit que $f(x)$ est **l'image** de x par la fonction f.

EXEMPLE : Associer à un nombre son carré est une fonction f.

$-2 \mapsto (-2)^2$. On écrit : $f(-2) = 4$

$3 \mapsto 3^2$. On écrit : $f(3) = 9$.

Et d'une manière générale : $x \mapsto x^2$ ou encore $f(x) = x^2$.

• Et que signifie linéaire ?

Une fonction f est dite **linéaire** si l'image $f(x)$ d'un nombre x est obtenue en multipliant x par un nombre. Ce nombre est appelé **coefficient** de la fonction linéaire.

EXEMPLE : Considérons la fonction f de coefficient 2. On a :

$-2 \mapsto 2 \times (-2)$. On écrit : $f(-2) = -4$

$3 \mapsto 2 \times 3$. On écrit : $f(3) = 6$.

Et d'une manière générale : $x \mapsto 2x$ ou encore $f(x) = 2x$.

DÉFINITION : si a est un nombre donné, alors la fonction linéaire f de coefficient a est définie par : $x \mapsto ax$ ou encore $f(x) = ax$.

Représentations d'une fonction linéaire

• Dans un tableau

Considérons la fonction linéaire de coefficient 2. Elle est définie par $f(x) = 2x$.

Voici dans un tableau les images $f(x)$, ou y, de certaines valeurs de x.

x	-2	-1	0	1	2,5
y	-4	-2	0	2	5

À RETENIR ! Le tableau relatif à une fonction linéaire est un tableau de **proportionnalité**.

• Dans un repère

Les points ayant pour coordonnées les couples $(-2 ; -4)$, $(-1 ; -2)$, $(0 ; 0)$, $(1 ; 2)$ et $(2,5 ; 5)$ du tableau précédent sont alignés.

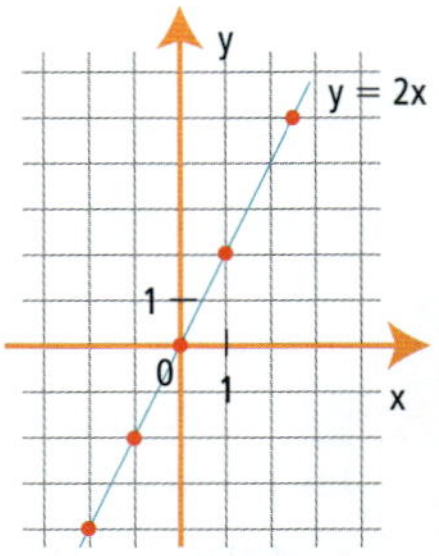

$y = 2x$ est l'équation de la droite qui représente la fonction $f : x \mapsto 2x$ ou encore $f(x) = 2x$.

À RETENIR ! La représentation graphique d'une fonction linéaire est une **droite qui passe par l'origine O du repère.**

Comprendre comment faire

▶ Pour représenter graphiquement une fonction linéaire

Cela revient à représenter un point, A, et à tracer la droite (OA).

EXEMPLE : Question : Tracer la représentation graphique de la fonction f définie par $f(x) = \frac{3}{5}x$.

Réponse : La fonction f est linéaire car elle est de la forme $f(x) = ax$.
Sa représentation est donc une droite qui passe par l'origine O du repère.
Or, pour $x = 5$, $y = 3$, donc sa représentation est la droite (OA) avec A(5 ; 3).

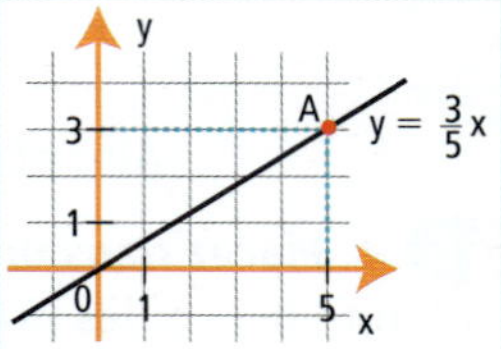

▶ Pour trouver le coefficient a d'une fonction linéaire

Cela revient à faire une division ou à lire graphiquement l'image de 1.

EXEMPLE :

Question : Trouver le coefficient a de la fonction linéaire f sachant que $f(2) = -4$.

Réponse : La fonction f est linéaire, donc elle est de la forme $f(x) = ax$.
Or $f(2) = -4$, donc pour $x = 2$, $ax = -4$, d'où : $a \times 2 = -4$ et $a = -\frac{4}{2} = -2$.

Le coefficient de la fonction f est $a = -\frac{4}{2} = -2$.

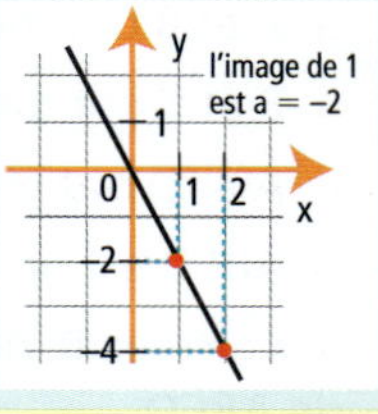

MOT CLÉ

Le mot **linéaire** est associé à une fonction dont la représentation est une droite qui passe par l'origine du repère.

S'entraîner

Définitions

★ **1** f est une fonction linéaire de cœfficient -3.

Complétez convenablement les pointillés.

a. $f(x) = \ldots x$ d. $f(-1) = \ldots\ldots$

b. $f(4) = \ldots\ldots$ e. $f(\ldots\ldots) = 6$

c. $f(0) = \ldots\ldots$ f. $f(\ldots\ldots) = -6$

★ **2** **Reliez chaque couple (x; image de x) à la fonction correspondante.**

$(2\,;-2)$ ●	● $x \mapsto -2x$
$(1\,;\frac{3}{4})$ ●	● $x \mapsto x^2$
$(-2\,;-10)$ ●	● $x \mapsto -x$
$(4\,;-8)$ ●	● $x \mapsto \frac{3}{4}x$
$(-3\,;9)$ ●	● $x \mapsto 5x$

★ **3** **Vrai ou faux ?**

a.

− 7	56	20	3
10,5	− 84	− 31	− 4,5

est un tableau de proportionnalité. V ☐ F ☐

b. $x \mapsto 4x^2$ est une fonction linéaire. V ☐ F ☐

c. La représentation graphique ci-contre est celle d'une fonction linéaire. V ☐ F ☐

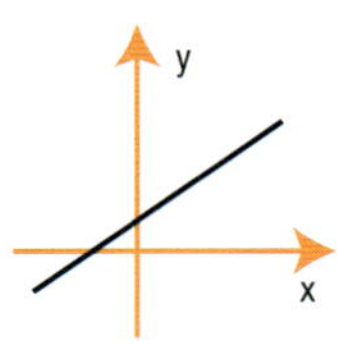

Proportionnalité

★ **4** Une voiture consomme 7 L aux 100 km.

Combien consomme-t-elle pour parcourir 80 km ?

★★ **5** Le quadrilatère A'B'C'D' est un agrandissement de ABCD.

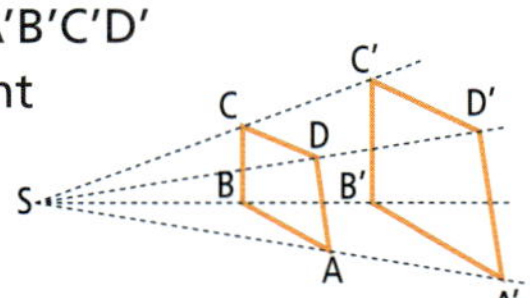

1. Trouvez le facteur d'agrandissement a et complétez le tableau des mesures.

AB = 5,5	BC = 5	CD = ……	DA = 7
A'B' = 8,8	B'C' = ……	C'D' = 7,2	D'A' = ……

2. Vrai ou faux ? V F

a. Périmètre A'B'C'D' = a × Périmètre ABCD. ☐ ☐

b. Aire A'B'C'D' = a × Aire ABCD. ☐ ☐

Fonctions linéaires

★★ **6** **Représentez graphiquement chacune des fonctions linéaires.**

a. $x \mapsto -3x$ c. $x \mapsto -\frac{2}{3}x$

b. $x \mapsto 0{,}75x$ d. $x \mapsto 2{,}5x$

★★ **7** a. **Complétez les pointillés, par lecture graphique ou par calcul, avec le coefficient de la fonction linéaire représentée par la droite.**

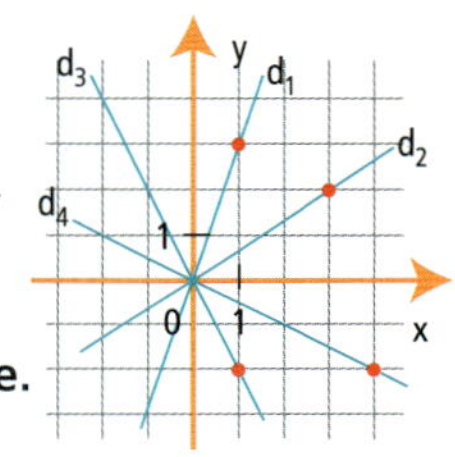

d_1 : …….. d_2 : ……..

d_3 : …….. d_4 : ……..

b. **Complétez l'équation de chacune des droites.**

$d_1 : y = \ldots\ x$ $d_2 : y = \ldots\ x$

$d_3 : y = \ldots\ x$ $d_4 : y = \ldots\ x$

★★ **8** f est une fonction linéaire.

Quelle est l'image de 7 sachant que l'image de 3 est 12 ?

☐ 7/3 ☐ 4 ☐ 21 ☐ 28

★★ **9** f est une fonction linéaire telle que $f(6{,}5) = 10{,}4$. **Calculez son coefficient et en déduire l'image de 2,5.**

★★ **10** a. **Montrez que OA = OB.**

b. **Calculez cos $\widehat{AOH}$ et sin $\widehat{BOI}$.**

En déduire que les droites (OA) et (OB) sont perpendiculaires.

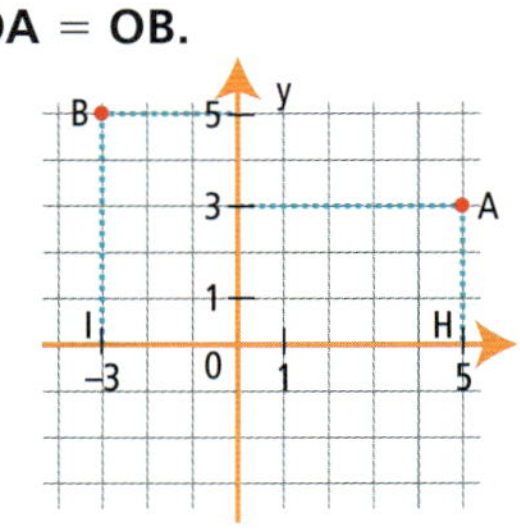

Livret des corrigés p. 13-14

Retenir l'essentiel

Fonction affine

● Définition

Étant donnés deux nombres a et b, la fonction f, qui associe au nombre x le nombre $ax + b$, est dite **fonction affine.**

EXEMPLE : $x \mapsto 3x + 2$ est une fonction affine.
Ici, $a = 3$ et $b = 2$. Pour $x = -4$,
$-4 \mapsto 3 \times (-4) + 2 = -12 + 2 = -10$.
On écrit : $f(-4) = -10$ et on dit que -10 est l'image de -4 par la fonction f. D'une manière générale $f(x)$ ou $3x + 2$ est l'image de x par cette fonction f.

● Cas particuliers

Qu'arrive-t-il si a ou b sont nuls ?

Si $b = 0$, alors la fonction affine f définie par $f(x) = ax + b$ devient :
$f(x) = ax + 0 = ax$.
Dans ce cas, la fonction affine f est également linéaire. Sa représentation graphique est donc une droite qui passe par l'origine O d'un repère (O ; I, J) .

Si $a = 0$, alors la fonction définie par :
$f(x) = ax + b$ devient $f(x) = 0x + b = b$.
Sa représentation est une droite parallèle à (Ox).

Représentations d'une fonction affine

● Dans un tableau

Considérons la fonction affine f définie par $f(x) = 3x + 2$. Voici dans un tableau les images $f(x)$, ou y, pour certaines valeurs de x.

x	-2	-1	0	$\frac{1}{3}$	1
y	-4	-1	2	3	5

ATTENTION ! Le tableau de valeurs d'une fonction affine n'est pas un tableau de proportionnalité.

● Dans un repère

Voici la représentation graphique de la fonction affine f définie par $f(x) = 3x + 2$.

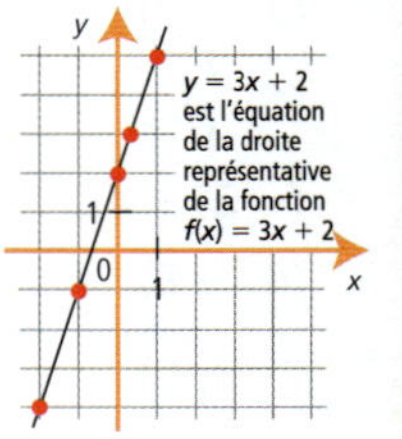

Les couples $(-2 ; -4)$, $(-1 ; -1)$, $(0 ; 2)$, $(\frac{1}{3} ; 3)$ et $(1 ; 5)$ du tableau précédent sont alignés.

La représentation graphique d'une fonction affine est une droite.

Comprendre comment faire

Pour représenter graphiquement une fonction affine

Cela revient à représenter deux points, A et B, et à tracer la droite (AB).

EXEMPLE :
Question : Tracer la représentation graphique de la fonction f définie par $f(x) = -x + 3$.
Réponse : La fonction f est affine car elle est de la forme $f(x) = ax + b$ où $a = -1$ et $b = 3$.
Sa représentation graphique est donc une droite. Or, pour $x = 0$, $y = 3$ et pour $x = 2$, $y = 1$, donc la représentation graphique de f est la droite (AB) avec A(0 ; 3) et B(2 ; 1).

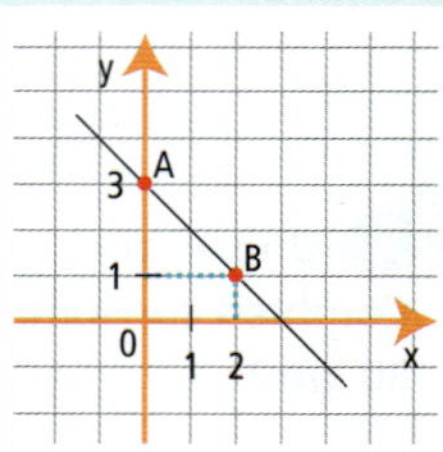

Pour déterminer une fonction affine connaissant deux nombres et leurs images

Cela revient à résoudre un système.

EXEMPLE :
Question : Déterminer la fonction affine f sachant que $f(1) = -1$ et $f(2) = -3$.
Réponse : f étant une fonction affine, elle est de la forme $f(x) = ax + b$.
Or, $f(1) = -1$, donc $a \times 1 + b = -1$ et $f(2) = -3$, donc $a \times 2 + b = -3$.
Par conséquent, a et b sont les solutions du système :
$\begin{cases} a + b = -1 & (1). \\ 2a + b = -3 & (2). \end{cases}$
La résolution de ce système nous donne $a = -2$ et $b = 1$. Par conséquent, la fonction f est définie par $\boxed{f(x) = -2x + 1}$.

MOT CLÉ
Le mot **affine** est associé à une fonction dont la représentation est une droite.

S'entraîner

Autour de la définition

★ **1** *f* est une fonction affine définie par $x \mapsto \frac{x}{2} - 3$.

Complétez les pointillés.

a. $f(0) = \ldots$ d. $f(\ldots) = -2$

b. $f(-2) = \ldots$ e. $f(\ldots) = 0$

c. $f(4) = \ldots$ f. $f(\ldots) = -\frac{5}{2}$

★ **2** *f* est une fonction affine définie par $f(x) = -3x + 2$.

a. Quelle est l'image de − 1 ?

b. Quel est le nombre dont l'image par *f* est 4 ?

★ **3** **Vrai ou faux ?**

	V	F
a. $x \mapsto 3x$ est linéaire	☐	☐
b. $x \mapsto 3x$ est affine	☐	☐
c. $x \mapsto 3x + 1$ est linéaire	☐	☐
d. $x \mapsto x - \frac{x}{2} + 1$ est affine	☐	☐

★ **4** **a. Exprimez le périmètre $\mathscr{P}(x)$ de la figure en fonction de *x* et de π.**

b. Calculez ce périmètre pour $x = 5$ et $\pi = 3{,}14$.

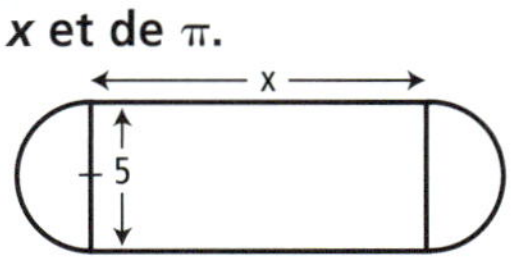

c. Pour quelle valeur de *x* ce périmètre est-il égal à 13π ?

d. Exprimez son aire $a(x)$ en fonction de *x* et de π.

Fonctions affines et représentations

★ **5** **Représentez graphiquement la fonction affine qui à *x* fait correspondre l'image $5 - 4x$.**

★★ **6** *y* désigne l'image de *x* par une fonction *f*. **Sachant que $3x - y = 5(x - 1)$, exprimez *y* en fonction de *x*, puis représentez graphiquement la fonction *f*.**

★★ **7** *f* est une fonction affine définie par $f(x) = \frac{2}{3}x + ?$.

Trouvez le (?) sachant que la représentation graphique de *f* passe par le point A(− 6 ; 0).

★★ **8** **1. Parmi les trois fonctions suivantes, une seule correspond à la droite *d*. Laquelle et pourquoi ?**

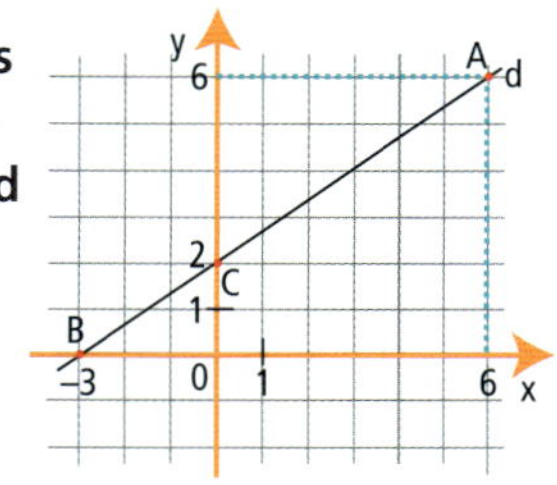

a. $x \mapsto \frac{3}{2}x + 2$

b. $x \mapsto \frac{2}{3}x + 2$ c. $x \mapsto 3x + 2$

2. Tracez les droites représentatives des deux autres fonctions et montrez qu'elles sont concourantes.

★★ **9** Le plan est muni d'un repère orthogonal et on prendra les unités suivantes :
- sur l'axe des abscisses, 2 cm ou 2 carreaux représentent une unité ;
- sur l'axe des ordonnées, 1 cm ou 1 carreau représente une unité.

a. Tracez la droite D représentative de : $x \mapsto -\frac{5}{9}x + 4$.

b. Déterminez graphiquement les coordonnées du point T, intersection de la droite D avec l'axe des abscisses. Vérifiez par le calcul.

★★ **10** **a. Reliez chaque fonction affine à sa représentation graphique.**

$f_1 : x \mapsto -x + 3$ ●	● d_1
$f_2 : x \mapsto 2x + 3$ ●	● d_2
$f_3 : x \mapsto 3$ ●	● d_3
$f_4 : x \mapsto -2x + 3$ ●	● d_4

b. Déterminez la fonction affine *f* sachant que

$f : 2 \mapsto 10$

$\frac{1}{6} \mapsto -1$

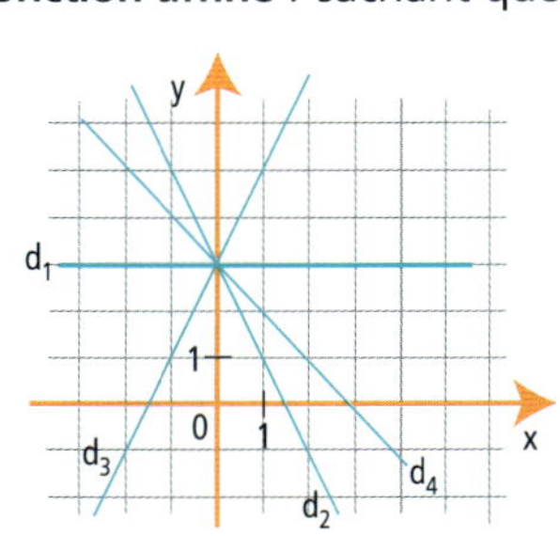

Livret des corrigés p. 14

Retenir l'essentiel

Observer un repère

Voici trois repères **a**, **b** et **c**.

a.

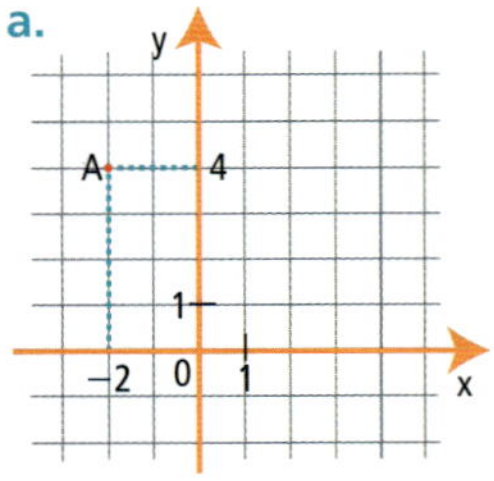

b.

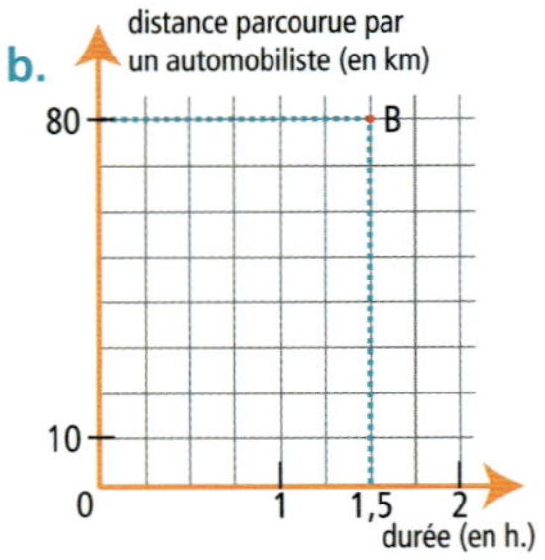

c.

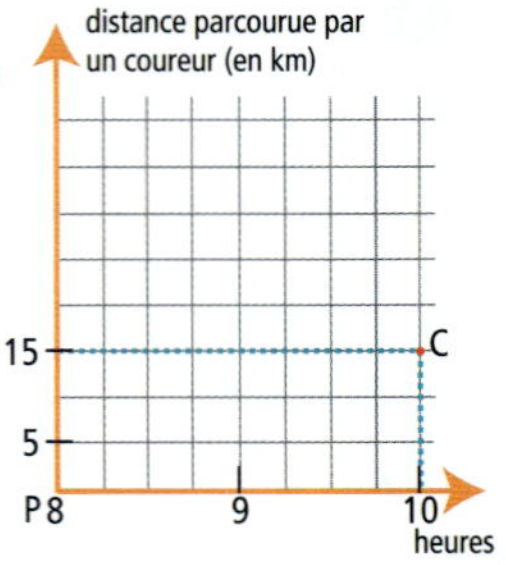

EXEMPLES : Question : Les repères **a**, **b** et **c** sont-ils orthogonaux ? orthonormés ?

Réponse : Les trois repères sont **orthogonaux**, car leurs axes sont perpendiculaires. Mais seul, le repère **a** est **orthonormé**, car pour 1 on a la même longueur sur les deux axes.

Question : Que peut-on lire à l'aide de chacun de ces repères ?

Réponse :

- Dans **a**, on peut lire les coordonnées d'un point. Ces coordonnées peuvent être positives ou négatives. *Exemple :* A(−2 ; 4).
- Dans **b**, les coordonnées sont positives : on lit la distance parcourue en fonction de la durée. *Exemple :* B(1,5 ; 80). Cela signifie qu'en 1 h 30, la distance parcourue est de 80 km.
- Dans **c**, l'origine est P(8 ; 0). Cela signifie que le départ est à 8 heures du point P. Les coordonnées sont positives. *Exemple :* C(10 ; 15) signifie qu'à 10 h, le coureur est à 15 km du point P.

Comprendre comment faire

Pour calculer dans un repère orthonormé un périmètre ou une aire

Cela revient à repérer les sommets puis à appliquer le théorème de Pythagore, des formules,…

EXEMPLE :

Question : Calculer le périmètre $\mathscr{P}$ et l'aire $\mathscr{A}$ du triangle ABC.

Réponse : Nous lisons A(1 ; 5), B(6 ; 6), C(3 ; 1). D'où :

$AB^2 = 5^2 + 1^2 = 26$, $AB = \sqrt{26}$

$BC^2 = 3^2 + 5^2 = 34$, $BC = \sqrt{34}$

$AC^2 = 2^2 + 4^2 = 20$, $AC = \sqrt{20}$

Donc, $\mathscr{P} = \sqrt{26} + \sqrt{34} + \sqrt{20}$

soit à 0,1 près : $\boxed{\mathscr{P} = 15{,}4 \text{ unités}}$.

L'aire $\mathscr{A}$ du triangle est la différence de l'aire du carré BDEF et des aires des triangles BAD, ACE et BCF : $\mathscr{A} = 5^2 - \left(\frac{1 \times 5}{2} + \frac{2 \times 4}{2} + \frac{3 \times 5}{2}\right) = 11$, soit $\boxed{\mathscr{A} = 11 \text{ unités d'aire}}$.

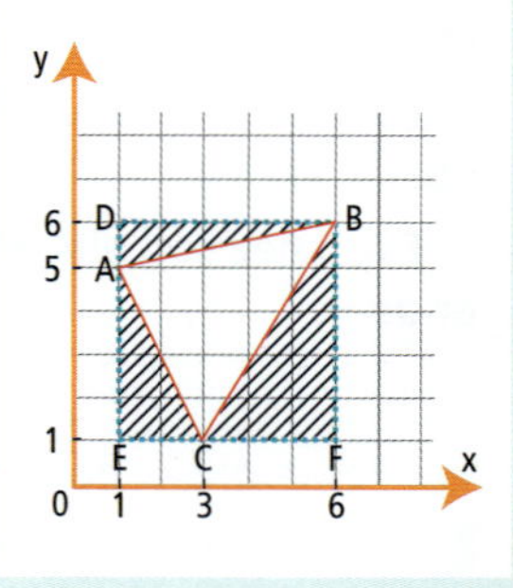

Pour calculer une vitesse

Cela revient à trouver une distance et la durée qui lui correspond, puis à diviser la distance par la durée.

EXEMPLE :

Question : La droite (AB) est la représentation graphique de la distance d parcourue par un motocycliste en fonction du temps t. Calculer sa vitesse v.

Réponse : $x_B - x_A = 13 - 11{,}5 = 1{,}5$.

$y_B - y_A = 80 - 20 = 60$. Donc, le motocycliste a parcouru 60 km en 1,5 h ; par conséquent, sa vitesse v en km/h, est de $\frac{60}{1{,}5}$ donc $v = \boxed{40 \text{ km/h}}$.

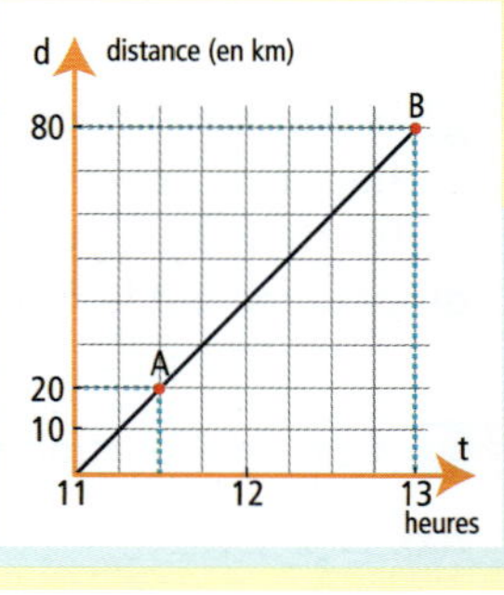

NOTION CLÉ

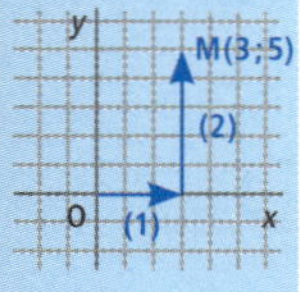

Pour **identifier** les coordonnées d'un point, lire à partir de l'origine et selon les flèches : (1) l'abscisse, (2) l'ordonnée.

S'entraîner

Périmètre et aire

★★ 1 **a. Complétez par les coordonnées de :**

A(.... ; ....),
B(.... ; ....),
C(.... ; ....),
D(.... ; ....).

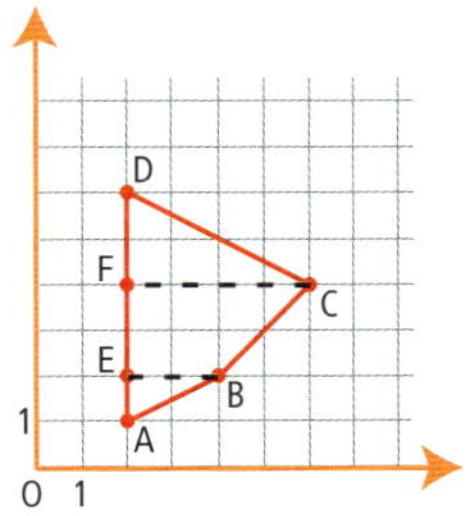

b. Complétez par les longueurs exactes.

AB = ..., BC = ..., CD = ...,

DA = ...

En déduire une valeur approchée du périmètre $\mathscr{P}$ de ABCD.

c. Calculez l'aire $\mathscr{A}$ du quadrilatère ABCD.

Lectures graphiques

★★ 2 Voici la représentation graphique de la distance parcourue par un train en fonction du temps.

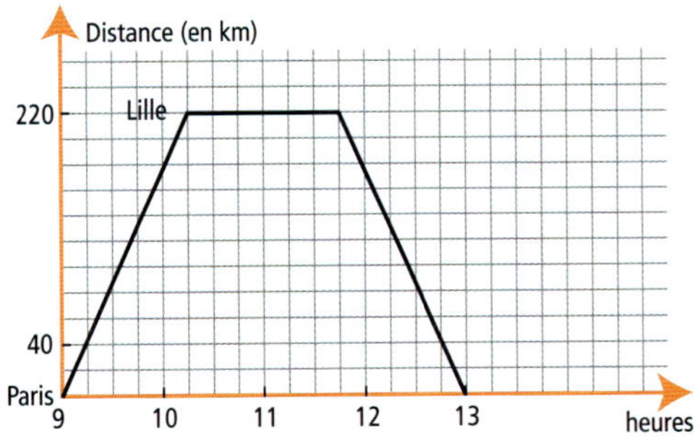

1. Précisez l'heure à laquelle le train est :

a. parti de Paris : ....

b. arrivé à Lille : ....

c. reparti de Lille : ....

d. retourné à Paris : ....

2. A-t-il eu un arrêt à Lille ?

Si oui, de combien ? ....

3. Sa vitesse est de :

☐ 110 km/h à l'aller et au retour.

☐ 200 km/h à l'aller et 180 km/h au retour.

☐ incalculable.

☐ 176 km/h à l'aller et au retour.

4. À 12 h 15, le train était à :

☐ 90 km environ de Lille.

☐ 90 km environ de Paris.

☐ 88 km de Lille.

☐ 132 km de Paris.

Résoudre – Comparer

★★ 3 **a.** Quatre cahiers et deux stylos coûtent 6,50 €. Cinq cahiers et un stylo coûtent 7 €.

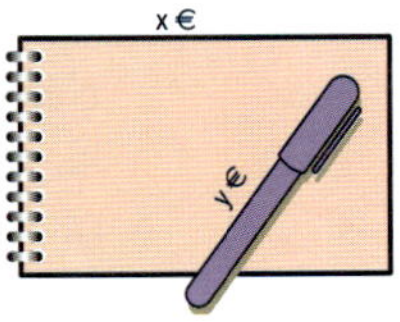

Calculez le prix x d'un cahier et le prix y d'un stylo.

b. Représentez dans un repère orthonormé les fonctions définies par : $x \mapsto -2x + 3{,}25$ et $x \mapsto 7 - 5x$.

On prendra 4 cm, ou 4 carreaux, pour 1 sur les axes des abscisses et des ordonnées.

Retrouvez graphiquement les solutions de la question a.

★★ 4 Les côtés d'un rectangle mesurent x cm et 10 cm. On augmente chacun d'eux de 25 %.

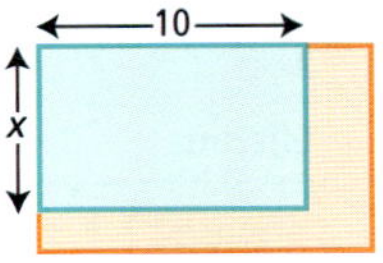

1. Déterminez la fonction p qui à x associe le périmètre du rectangle agrandi. Vérifiez que $p(2) = 30$ et que $p(4) = 35$.

2. Représentez dans un repère orthogonal la fonction p. On prendra 1 carreau pour 1 sur l'axe des abscisses et 1 carreau pour 5 sur l'axe des ordonnées.

3. Résolvez par calcul et graphiquement $p(x) = 45$.

Vous laisserez apparente sur le graphique la justification de la réponse apportée (pointillés, couleur,...).

4. À l'aide du graphique, trouvez pour quelles valeurs de x le périmètre $p(x)$ est :

a. strictement supérieur à 45 ;

b. compris entre 30 et 45.

Livret des corrigés p. 15

17

Statistiques : moyenne et médiane

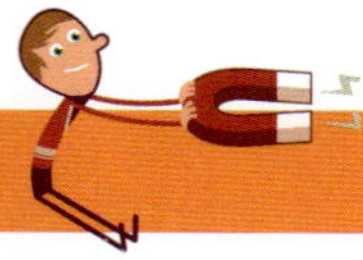

Retenir l'essentiel

Définitions

● **Moyenne** (rappel)

Voici une série de cinq notes d'un élève : 15 ; 6 ; 10 ; 12 ; 15.

Pour trouver la note moyenne, on additionne toutes les notes et on divise par le nombre de ces notes. Ainsi la moyenne est :

$(15 + 6 + 10 + 12 + 15) : 5 = 58 : 5 = \mathbf{11{,}6}$

REMARQUES : La moyenne 11,6 n'est pas une note de la série.

L'élève ayant eu deux fois la note 15, la somme totale des notes est également obtenue en effectuant :

$(2 \times 15) + 6 + 10 + 12$.

● **Médiane**

Voici une série de cinq notes écrites dans l'ordre croissant : 6 ; 10 ; **12** ; 15 ; 15.

La médiane d'une série écrite dans l'ordre est la valeur « milieu » de la série. Elle partage la série en deux groupes de même effectif.

Ainsi, la médiane de la série est 12.

REMARQUE : Si la série a un nombre pair de valeurs, alors la médiane est généralement la moyenne des deux valeurs « milieux ».

EXEMPLE : La médiane de la série des six notes : 6 ; 10 ; **12** ; **15** ; 15 ; 18 est : (12 + 15) : 2 = **13,5**.

Comprendre comment faire

▶ Pour trouver la moyenne et la médiane d'une série à partir d'un tableau

Cela revient en premier à trouver l'effectif total.

EXEMPLE :

Question : Calculer l'âge moyen et la médiane des âges d'un groupe de collégiens donnés dans le tableau :

Âges	12	13	14	15
Effectifs	2	3	5	1

Réponse : 2 + 3 + 5 + 1 = 11. Donc 11 est l'effectif total des collégiens.

● Moyenne = somme des âges / effectif total.

Donc $\dfrac{(2 \times 12) + (3 \times 13) + (5 \times 14) + (1 \times 15)}{11}$

$= \dfrac{148}{11} \approx 13{,}5$.

Pour ces collégiens, l'âge moyen est environ 13 ans et demi.

● L'effectif total 11 est impair, et 11 = 5 + 1 + 5 ; par conséquent la médiane des âges est le 6e âge de la série.

D'après le tableau, voici la liste des âges :

12 ; 12 ; 13 ; 13 ; 13 ; **[14]** ; 14 ; 14 ; 14 ; 14 ; 15

5 + 1 + 5 = 11

La médiane des âges est 14.

REMARQUE : on peut lire directement dans le tableau l'âge, 14, du 6e collégien.

▶ Pour trouver la moyenne et la médiane d'une série regroupée en classes

Cela revient à calculer la moyenne à l'aide du centre de l'intervalle.

EXEMPLE :

Question : Calculer la température moyenne et la médiane des températures repérées en un mois de 30 jours.

Températures (en °C)	$-2 \leq t < 2$	$2 \leq t < 6$	$6 \leq t \leq 10$
Centre de l'intervalle (en °C)	0	4	8
Effectif (jours)	7	6	17

Réponse : $\dfrac{(7 \times 0) + (6 \times 4) + (17 \times 8)}{30}$

$= \dfrac{160}{30} \approx 5{,}3$.

Donc la température moyenne est 5,3 °C.

30 : 2 = 15, donc la médiane correspond à la moyenne des températures des 15e et 16e jours, donc elle appartient à la classe [6 ; 10].

MOTS CLÉS

La **moyenne** et la **médiane** d'une série statistique permettent de décrire sa tendance.

S'entraîner

★ **1** Soit la série des masses :
7 kg, 8 kg, 9 kg, 6 kg, 12 kg.

Vrai ou faux ? — V / F

a. 7 ; 8 ; 9 ; 6 ; 12 sont écrits dans l'ordre croissant. ☐ ☐

b. La masse moyenne de la série est 8,4 kg. ☐ ☐

c. Sa médiane est 9 kg. ☐ ☐

★ **2** **Complétez le tableau.**

Série de valeurs	Moyenne	Médiane
9 m ; 12 m ; 19 m	....	....
− 4° ; 10° ; 14° ; 25°	....	....
20 g ; 25 g ; 35 g ; 45 g	....	....

★ **3** 1. Soit la série 4 ; 4 ; 7 ; 6 ; 2 ; 7 ; 7.

a. **Écrivez la série dans l'ordre croissant.**

b. **Calculez sa moyenne et sa médiane.**

2. On ajoute le nombre 5 à la série.
Calculez la moyenne et la médiane de la nouvelle série.

★★ **4** **Trouvez la valeur de chacune des lettres.**

Série de valeurs	Moyenne	Médiane
21 ; 45 ; x	27	y
12 ; z ; 20	t	19
− 5 ; 0 ; 4 ; r	2,5	s

★★ **5** Ce diagramme en bâtons montre les notes d'une classe de 3e à un devoir de mathématiques.

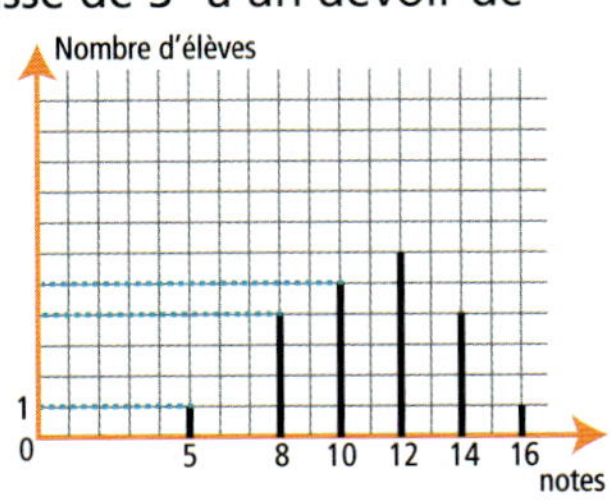

a. **Quel est l'effectif de cette classe ?**
☐ 20 ☐ 21 ☐ 22

b. **Quelle est la moyenne des notes ?**
☐ 10 ☐ 11 ☐ 12

c. **Quelle est la note médiane ?**
☐ 10 ☐ 11 ☐ 12

(Justifiez toutes vos réponses.)

★★ **6** a. La moyenne de cinq nombres est 8,2. **Calculez la somme de ces nombres.**

b. La moyenne de trois autres nombres est 55. **Calculez la somme de ces trois nombres.**

c. **Calculez la moyenne des huit nombres en question.**

★★ **7** Le tableau suivant concerne Monsieur Pêchelac. Il montre le bilan de sa pêche au mois de juillet.

Nombre de poissons pêchés	1	2	4	5	6	9
Nombre de jours où ce nombre de poissons a été pêché	3	8	5	6	5	4

a. **Calculez le nombre moyen de poissons pêchés par jour.**

b. **Trouvez la médiane de cette série.**

★★★ **8** Dans un centre d'examens, après avoir corrigé 600 copies, on a fait le bilan suivant :
- 57 copies ont une note strictement inférieure à 5 ;
- 84 copies ont une note supérieure ou égale à 5 mais strictement inférieure à 10 ;
- 345 copies ont une note supérieure ou égale à 10 mais strictement inférieure à 15 ;
- 114 copies ont une note supérieure ou égale à 15.

a. **Calculez la note moyenne. Précisez à quel intervalle appartient la note médiane.**

b. **Complétez le tableau des fréquences.**

Notes	$n < 5$	$5 \leqslant n < 10$	$10 \leqslant n < 15$	$15 \leqslant n$
Effectif	57	84	345	114
Fréquence	$\frac{57}{600} = 0{,}095$			
Fréquence (%)	9,5			

c. **Complétez le diagramme circulaire donnant la répartition des notes en pourcentages.**

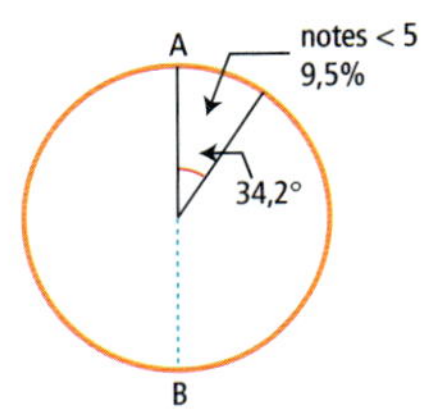

d. **Vrai ou faux ?** — V / F
Le diamètre [AB] donne la position de la médiane de la série des notes. ☐ ☐

Livret des corrigés p. 15

18

Mathématiques

Études statistiques

Retenir l'essentiel

Étendue

Voici une série statistique de températures repérées en une semaine. D : – 3°, L : – 4°, M : 1°, Me : 3°, J : 2°, V : 6°, S : 4°.
Dans l'ordre croissant des températures, elle s'écrit : – 4° ; – 3° ; 1° ; 2° ; 3° ; 4° ; 6°.
DÉFINITION : **l'étendue** d'une série est la différence entre la plus grande et la plus petite valeur de la série.

EXEMPLE : L'étendue de la série ci-dessus est égale à : $6 - (-4) = \mathbf{10}$. Cela signifie que l'écart des deux températures extrêmes est de 10°.

Comparer deux séries. Dispersion

Les séries A et B donnent les salaires en euros dans deux entreprises A et B.
Série A : 1100 ; 1100 ; 1100 ; 1200 ; 1200 ; 1200 ; 1200 ; 1250 ; 1250 ; 1250 ; 1400.
Série B : 600 ; 600 ; 600 ; 1000 ; 1000 ; 1200 ; 1200 ; 1300 ; 1300 ; 1650 ; 2800.

EXEMPLE :
Questions : Introduire les données dans un tableau. Calculer la moyenne, la médiane et l'étendue de chacune des séries statistiques. Conclure.
Réponses :
- **Série A**

Dans un tableau :

Salaires	1 100	1 200	1 250	1 400
Effectifs	3	4	3	1

Effectif, ou nombre total de salariés : 11
Moyenne :
$(3 \times 1100 + 4 \times 1200 + 3 \times 1250 + 1400) : 11 = 1\,204{,}54$
Médiane : valeur du 6e salaire, soit 1 200.
Étendue : $1\,400 - 1\,100 = 300$.
- **Série B**

Dans un tableau :

Salaires	600	1 000	1 200	1 300	1 650	2 800
Effectifs	3	2	2	2	1	1

Effectif, ou nombre total de salariés : 11.
Moyenne :
$(3 \times 600 + 2 \times 1\,000 + 2 \times 1\,200 + 2 \times 1\,300 + 1\,650 + 2\,800) : 11 = 1\,204{,}54$.
Médiane : valeur du 6e salaire, soit 1 200.
Étendue : $2\,800 - 600 = 2\,200$.

CONCLUSION : Les deux entreprises ont le même effectif, 11, un même salaire moyen, 1 204,54 € et, une même médiane, 1 200 €. Cette dernière signifie que cinq salariés gagnent moins de 1 200 € et cinq salariés gagnent plus de 1 200 €. Les étendues étant de 300 et de 2 200, les structures de ces deux entreprises sont très différentes. Dans l'entreprise A, les salaires se resserrent autour de la médiane 1 200 (ou de la moyenne 1 204,54), alors que dans B, plusieurs salaires s'en écartent tels le salaire maximum de 2800 € et le salaire minimum de 600 €.
On dit que la série B est plus **dispersée** que la série A.

Comprendre comment faire

Pour trouver graphiquement la médiane, le quartile ou le décile d'une série statistique

Si N est l'effectif total de la série, cela revient à lire sur un graphique d'effectifs cumulés l'abscisse de $\frac{N}{2}$, de $\frac{N}{4}$ ou de $\frac{N}{10}$.

EXEMPLE :
Le graphique ci-contre montre le polygone des effectifs cumulés des appels téléphoniques reçus entre 9 h et 12 h. Le total des appels est $N = 120$.
Donc : $\frac{N}{2} = 60$; $\frac{N}{4} = 30$ et $\frac{N}{10} = 12$.
- La médiane correspond à l'abscisse des premiers 60 appels, donc à **10 h 40 min.**
- Le premier quartile correspond à l'abscisse des 30 premiers appels, donc à **10 h 10 min.**
- Le premier décile correspond à l'abscisse des 12 premiers appels, donc à **9 h 36 min** (voir exercice 3).

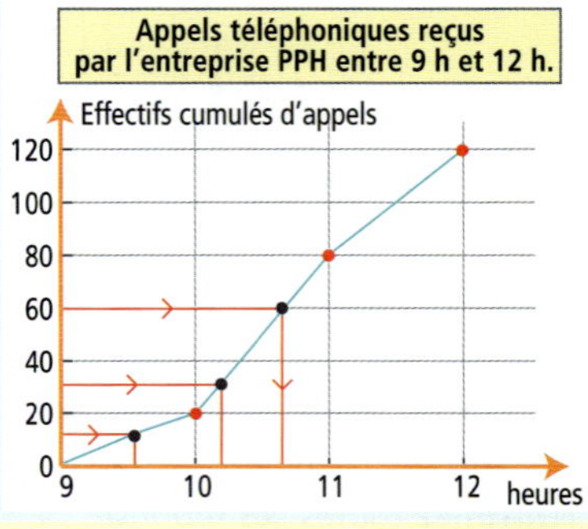

NOTION CLÉ

Les **études statistiques** consistent à analyser des données afin de renseigner et de planifier.

S'entraîner

★ **1** On donne la série de longueurs : 4 m ; 100 cm ; 25 m.

a. En mètres, **l'étendue** de la série est :

☐ 24 ☐ 75 ☐ 96 ☐ 19

b. Sa **médiane** est :

☐ 25 ☐ 100 ☐ 4 ☐ 1

c. Sa **moyenne** est :

☐ 129/3 ☐ 10 ☐ 30 ☐ 13

★★ **2** **Complétez les pointillés.**

Série de valeurs	Étendue	Moyenne	Médiane
– 5 ; 2 ; – 5 ; 6 ; 9	....	....	....
– 3 ; .... ;	13	....	8
0 ; 3 ; 5 ; 0 ; – 1 ; 8 ; 6	....	....	....

★★ **3** Observez la représentation graphique de la page précédente pour répondre aux questions suivantes.

1. a. Que lit-on sur l'axe des abscisses ?

b. Sur l'axe des ordonnées ?

c. Quelle est l'étendue de la série ?

d. Quel est l'effectif total des appels ?

2. Combien d'appels l'entreprise a-t-elle reçu :

a. À la 1re heure ?

b. Aux deux premières heures ?

c. À la 2e heure ?

d. Entre 10 h et 12 h ?

3. Quelle est la fréquence (en %) des appels jusqu'à :

a. 10 h 40 ? **b.** 10 h 10 ? **c.** 9 h 36 ?

4. Vrai ou faux ? V F

a. Sous la forme d'un décimal, 10 h 40 min s'écrit 10,40 h. ☐ ☐

b. 10 h 10 min s'écrit 10,10 h. ☐ ☐

c. 9 h 36 min s'écrit 9,6 h. ☐ ☐

★★ **4** L'histogramme concerne les abonnés d'un club de cyclisme.

1. Que lit-on sur l'axe des abscisses ? sur l'axe des ordonnées ?

2. Que représente la largeur d'une barre ? sa longueur ?

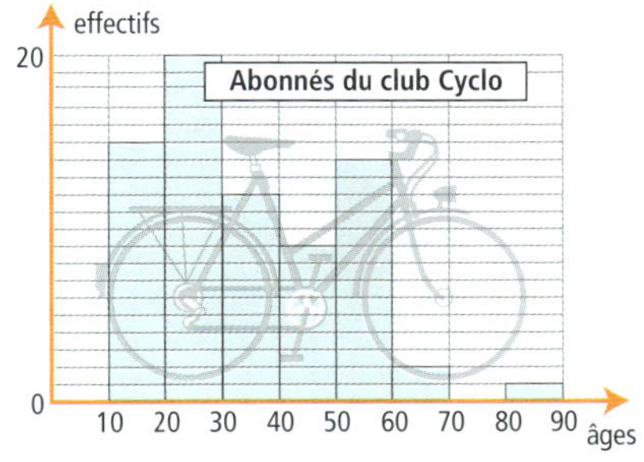

3. Vrai ou faux ? V F

a. L'étendue des âges est 80. ☐ ☐

b. L'effectif total des abonnés est 73. ☐ ☐

c. Les effectifs cumulés sont 15 ; 35 ; 47 ; 56 ; 70 ; 72 ; 1. ☐ ☐

d. La médiane est dans l'intervalle [30 ; 40[. ☐ ☐

e. L'âge moyen des abonnés est 25 ans. ☐ ☐

f. 48 % des abonnés ont moins de 30 ans. ☐ ☐

★★ **5** Le tableau suivant concerne un épicier. Il montre le montant de ses ventes par tranche de 10 € en une journée.

Montant des ventes (en €)	Effectifs (ou nombre de clients	Effectifs cumulés croissants
]0 ; 10[	12	12
[10 ; 20[	25	37
[20 ; 30[	8	
[30 ; 40[	15	
[40 ; 50[	13	
[50 ; 60]	7	

1. Complétez la colonne des effectifs cumulés croissants.

2. Calculez, en euros, le montant moyen d'une vente.

3. Tracez un histogramme portant en abscisses les montants des ventes en euros et en ordonnées les effectifs.

4. Vrai ou faux ? V F

a. 25 % des clients ont dépensé moins de 20 €. ☐ ☐

b. La médiane est dans la tranche [20 ; 30[. ☐ ☐

c. 75 % des clients ont dépensé moins de 40 €. ☐ ☐

Livret des corrigés p. 16

Retenir l'essentiel

Observer et en déduire

EXEMPLES

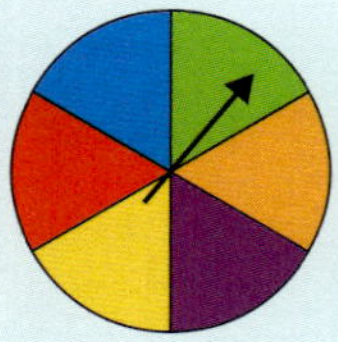

Question : En tournant la roue, les différentes couleurs ont-elles la même chance de sortir ?
Réponse : Oui, car les secteurs correspondants à ces couleurs ont la même mesure.

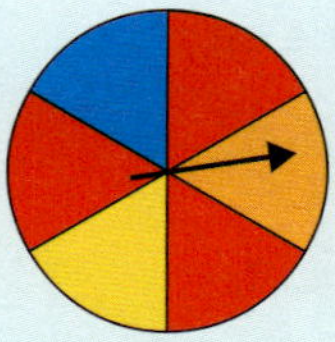

Question : Dans cette roue, les secteurs ont la même mesure, mais les différentes couleurs ont-elles la même chance de sortir ?
Réponse : Non, car trois de ces secteurs sont rouges. Le rouge a plus de chance.

Question : En lançant le dé, le « 6 » a-t-il la même chance de sortie que les 1, 2, 3, 4 et 5 ?
Réponse : Oui, à condition que le dé soit bien équilibré.

Vocabulaire

« Moins de chance, assez de chance, impossible, certain, incertain, il se peut que, je crois, probablement vrai, probablement faux… » font partie de notre vocabulaire de tous les jours, mais aussi de celui des scientifiques au cours de leurs différentes recherches.

Probabilité

La probabilité est la science qui permet de déterminer à l'aide d'un nombre le **succès** d'un **événement.** Ce nombre est compris entre 0 et 1. S'il est impossible, il est égal à 0 ; s'il est certain, il est égal à 1. Il peut être écrit sous la forme d'un décimal (exemple 0,25) ou sous la forme d'une fraction (exemple 1/6), ou bien sous la forme d'un pourcentage (exemple 30 %).

Comprendre comment faire

▶ Pour calculer la probabilité d'un événement

À chance égale, cela revient à compter tous les cas possibles et tous les cas favorables au succès parmi les cas possibles, puis à effectuer une division.

EXEMPLE : En lançant un dé bien équilibré, quelle est la probabilité p d'obtenir 5 **ou** 6 ?

Réponse :

1, 2, 3, 4, 5, 6 ⟵ tous les cas possibles.

5, 6 ⟵ cas favorable au succès

$p = \frac{2}{6}$ ⟵ nombre de cas favorables au succès, / nombre de cas possibles

donc $p = \frac{1}{3}$.

REMARQUE : Si un événement est certain, alors sa probabilité est 1, et si un événement est impossible, alors sa probabilité est 0.

EXEMPLE : En lançant une pièce de monnaie.

1. Quelle est la probabilité p_1 d'obtenir pile **ou** face ?

2. La probabilité p_2 de n'obtenir **ni** pile **ni** face ?

Réponse :

1. pile, face ⟵ tous les cas possibles

pile, face ⟵ cas favorables au succès

$p_1 = \frac{2}{2}$ ⟵ nombre de cas favorables à « pile ou face », / nombre de cas possibles

donc $p_1 = 1$.

2. $p_2 = \frac{0}{2}$ ⟵ nombre de cas favorable à « ni pile, ni face », / nombre de cas possibles

donc $p_2 = 0$.

NOTION CLÉ

La **probabilité** d'un événement peut-elle être supérieure à 1 ? Non, car le nombre de cas favorables ne peut pas être supérieur au nombre de cas possibles.

S'entraîner

Observer une roue

★ **1** **1. Le rouge et le noir ont-ils la même chance de sortir ?**

☐ oui ☐ non

2. La sortie des couleurs suivantes est-elle « possible », « certaine » ou « impossible » ?

a. vert ? ....

b. jaune ? ....

c. rouge, ou noir, ou jaune ? ....

3. Reliez la probabilité *P* d'un événement à sa valeur.

P(noir) • • $\frac{1}{8}$

P(jaune) • • $\frac{3}{8}$

P(rouge) • • 50 %

Certain ou impossible ?

★ **2** **Observez la figure. Quelle est la probabilité d'avoir $\widehat{OAx} = 90°$?**

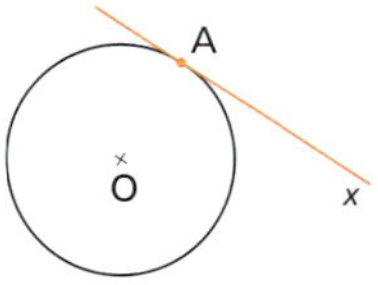

☐ 0 ☐ $\frac{1}{2}$

☐ 1 ☐ incalculable

Calculer une probabilité

★ **3** Une classe de 3e de 14 filles et 16 garçons choisit au hasard un représentant de la classe.
Quelle est la probabilité *P* qu'une fille soit choisie ?

Dans une urne

★★ **4** Une boule est tirée au hasard de l'urne.

Quelle est la probabilité *P* de tirer :

a. une boule jaune ?

b. une boule blanche ?

c. une boule rouge ou bleue ?

d. une boule non rouge ?

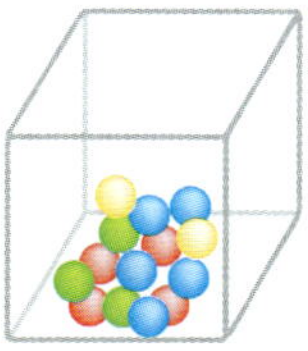

Avec un dé

★★ **5** **Quelle est la probabilité *P* d'obtenir :**

a. 3 ?

b. 1 ou 5 ?

c. un nombre pair ?

d. 7 ?

Jeu de cartes

★★ **6** Une carte est tirée au hasard d'un jeu de 52 cartes.

Quelle est la probabilité *P* de tirer :

a. une dame ?

b. la dame de trèfle ?

c. une carte ni dame ni roi ?

d. un multiple de 3 ?

Possible ou impossible ?

★★ **7** **Observez la figure, puis calculez la probabilité d'avoir MN = 2,5.**

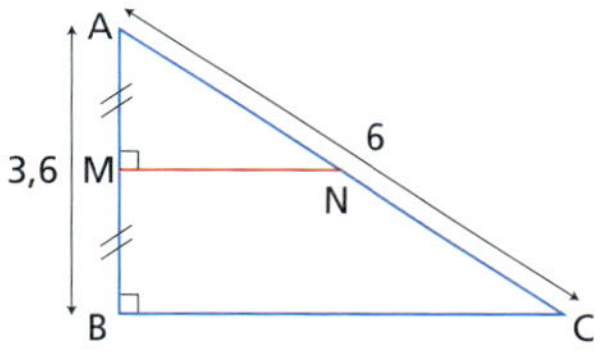

Fréquence et probabilité

★★ **8** Le diagramme suivant montre le choix de 240 élèves d'une cantine.

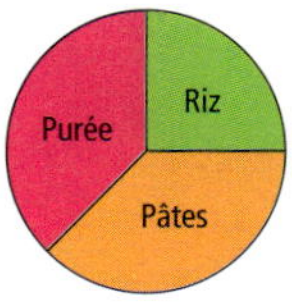

1. 105 élèves préfèrent les pâtes.
Combien d'élèves préfèrent :
a. le riz ? b. la purée ?

2. **Quelle est en pourcentages la fréquence :**
a. du riz ? b. des pâtes ?
c. de la purée ?

3. **En tournant la roue ci-dessous, quelle est la probabilité *P* d'avoir :**
a. du riz ? b. des pâtes ?
c. de la purée ?

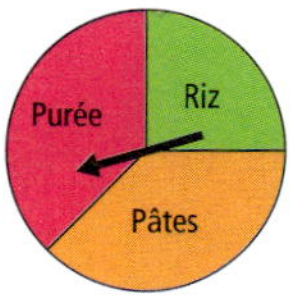

4. **Quelle est la probabilité *P* d'avoir du riz ou de la purée ?**

Livret des corrigés p. 16

Retenir l'essentiel

Les angles

- **Autour d'un point**

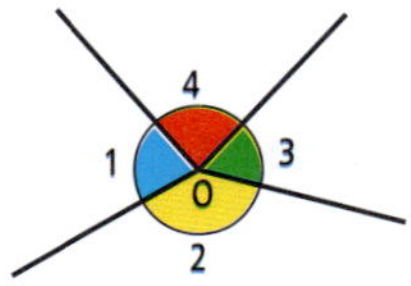

$\widehat{O}_1 + \widehat{O}_2 + \widehat{O}_3 + \widehat{O}_4 = 360°$

- **Adjacents supplémentaires**

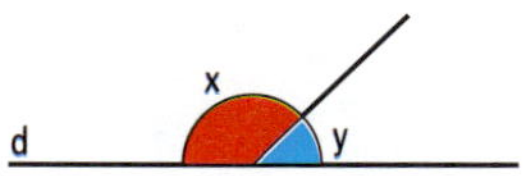

d est une droite.
$x + y = 180°$.

- **Adjacents complémentaires**

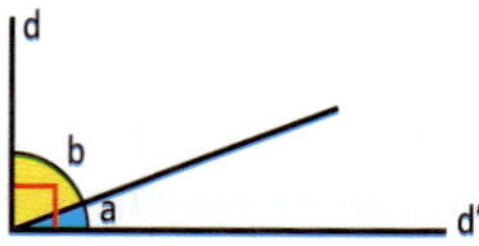

d et *d'* sont perpendiculaires. $a + b = 90°$.

- **Opposés par le sommet**

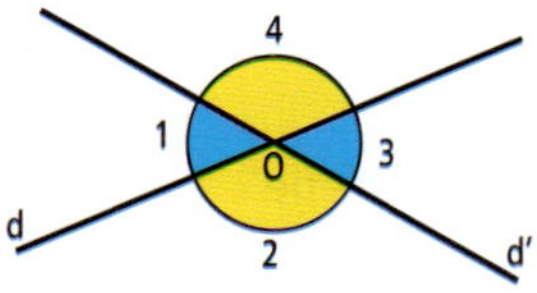

d et *d'* sont deux droites sécantes en O.
$\widehat{O}_1 = \widehat{O}_3$ et $\widehat{O}_2 = \widehat{O}_4$

- **Alternes-internes. Correspondants**

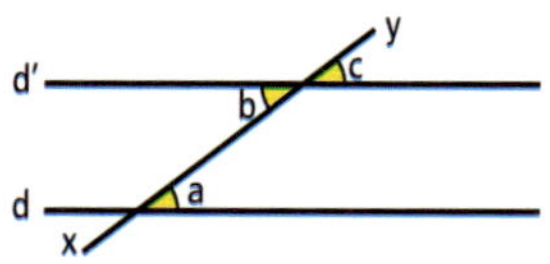

d et *d'* sont parallèles, *xy* est une sécante.
$a = b$ (alternes-internes)
$a = c$ (correspondants)

- **Dans un triangle**

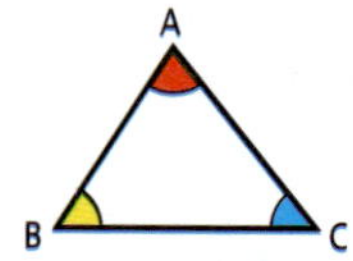

$\widehat{A} + \widehat{B} + \widehat{C} = 180°$

Comprendre comment faire

Pour démontrer qu'une demi-droite est bissectrice d'un angle

Cela revient assez souvent à démontrer qu'elle partage l'angle en deux angles égaux.

EXEMPLES :

Données : O est un point de la droite *xy*.
$\widehat{xOt} = 66°$ et $\widehat{yOz} = 48°$

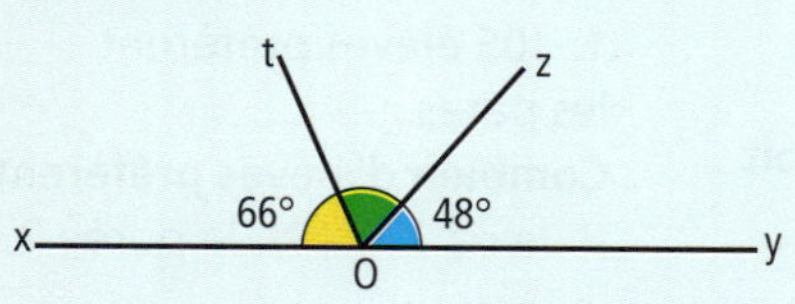

Question : La demi-droite [O*t*) est-elle bissectrice de $\widehat{xOz}$?

Démonstration :
Les angles $\widehat{xOt}$, $\widehat{tOz}$ et $\widehat{zOy}$ sont adjacents supplémentaires ; par conséquent :
$66° + \widehat{tOz} + 48° = 180°$
$\widehat{tOz} + 114° = 180°$
$\widehat{tOz} = 180° - 114° = 66°$.
D'où : $\widehat{tOz} = \widehat{xOt} = 66°$.
$\widehat{tOz} = \widehat{xOt}$, donc la demi-droite [O*t*) est bissectrice de l'angle $\widehat{xOz}$.

Données : (B*t*) et (AC) sont parallèles. $\widehat{ABC} = 50°$

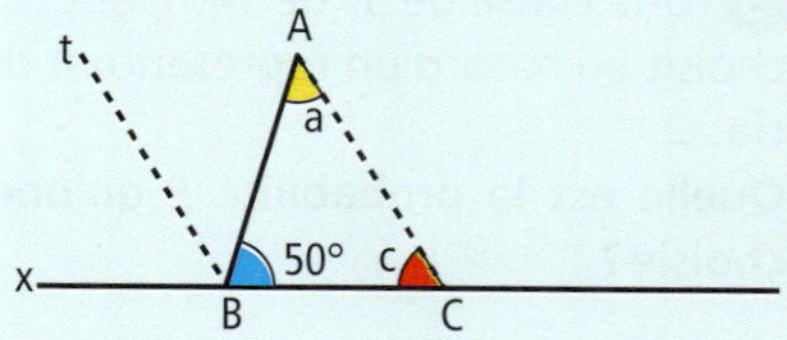

Question :
Pour quelles valeurs de *a* et *c* la demi-droite [B*t*) est-elle bissectrice de l'angle $\widehat{ABx}$?

Démonstration :
[B*t*) est bissectrice de $\widehat{ABx}$ si $\widehat{xBt} = \widehat{tBA}$.
Or, $\widehat{xBt} = \widehat{BCA} = c$ comme correspondants
et $\widehat{tBA} = \widehat{BAC} = a$ comme alternes-internes.
Donc, [B*t*) est bissectrice de $\widehat{xBA}$ si $a = c$.
Or, dans le triangle ABC, $a + c + 50° = 180°$, donc $a + c = 180° - 50° = 130°$. D'où [B*t*) est bissectrice de $\widehat{xBA}$ pour $a = c = \frac{130°}{2} = 65°$.

NOTION CLÉ

Les angles **opposés par le sommet** ne sont pas adjacents. Ils sont formés par deux droites qui se coupent.

S'entraîner

Points alignés

★ **1** **a. Pourquoi les points B, O et C sont-ils alignés ?**

b. Pour quelle valeur de *x* les points A, O et D sont-ils alignés ?

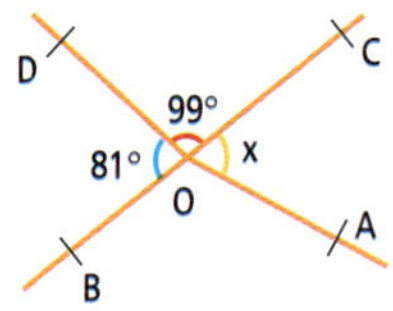

Parallèles ou non ?

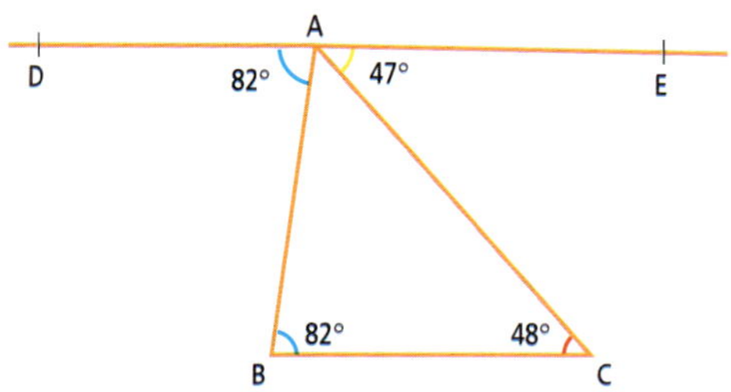

★ **2** **Vrai ou faux ?**

(Justifiez les réponses.)

	V	F
a. [AD) et (BC) sont parallèles.	☐	☐
b. [AE) et (BC) sont parallèles.	☐	☐
c. D, A et E sont alignés.	☐	☐

Angles adjacents et bissectrices

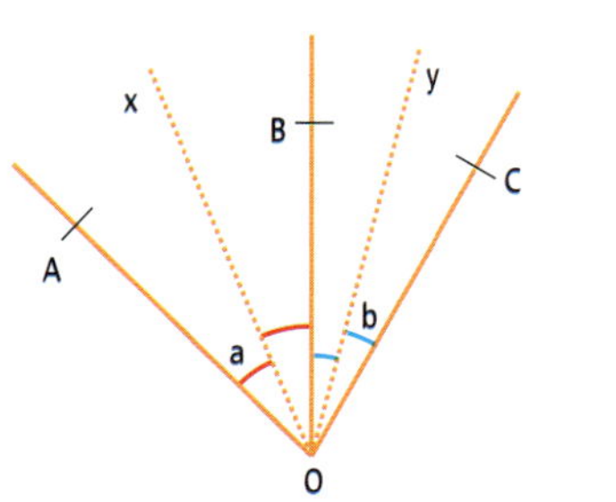

★★ **3** **a. Les angles $\widehat{AOB}$ et $\widehat{BOC}$ sont-ils adjacents ?**

b. [O*x*) et [O*y*) sont les bissectrices des angles $\widehat{AOB}$ et $\widehat{BOC}$ et on donne $a = 23°$.
Pour quelle valeur de *b* les angles $\widehat{AOB}$ et $\widehat{BOC}$ sont-ils complémentaires ? Supplémentaires ?
Que dire dans ce dernier cas des points A, O et C ?
Tracez la figure correspondante.

Calculs d'angles

★★ **4** **a. Pour quelle valeur de *x* la demi-droite [A*y*) est-elle bissectrice de l'angle $\widehat{CAz}$?**

b. Pour quelle valeur de *x* la demi-droite [A*y*) est-elle parallèle au côté [BC] du triangle ABC ?

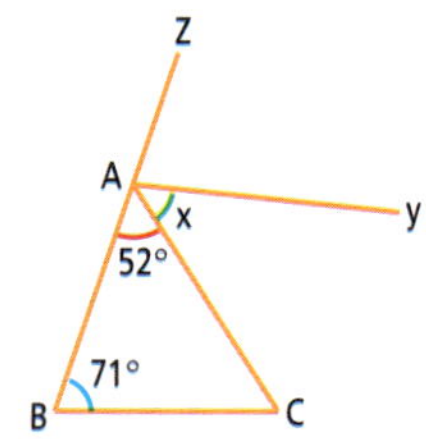

★★ **5** **a. Pourquoi les angles droits de la figure ne sont-ils pas opposés par le sommet ?**

b. Trouvez la valeur de *x*.

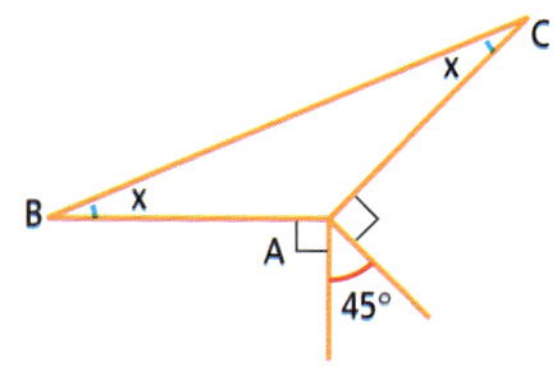

★★ **6** (DE) et (AB) sont parallèles.

a. Trouvez la mesure de chacun des angles du triangle CDE.

b. Quelle est la nature du quadrilatère ABED ?

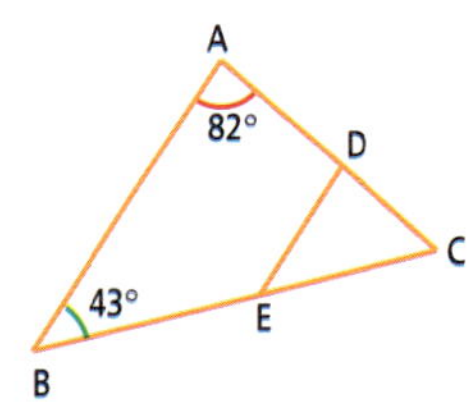

★★★ **7** **Pour quelle valeur de *x* les droites (BC) et (DE) sont-elles parallèles ?**

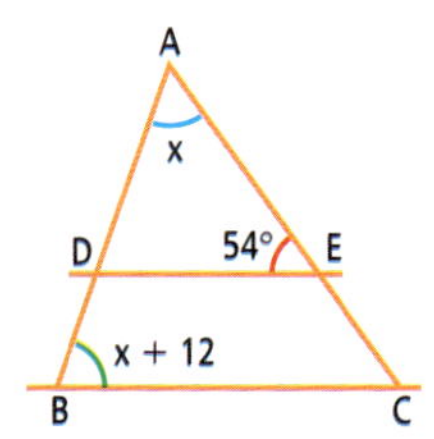

★★★ **8** **a. Pour quelle valeur de *x* le triangle MNP est-il isocèle en M ?**

b. Pour quelle valeur de *x* le triangle MNP est-il isocèle en N ? Quelle est la particularité de [PM] dans ce cas ?

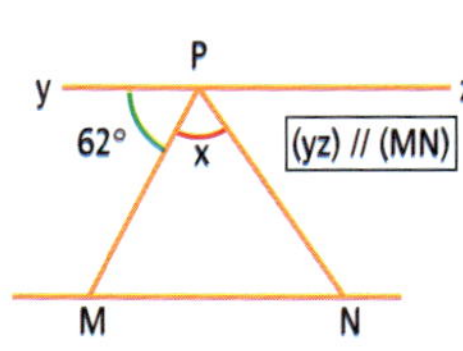

Livret des corrigés p. 17

Retenir l'essentiel

Dans un triangle…

Les **médianes** se rencontrent en un même point, G. G est le **centre de gravité** du triangle. Il est situé aux deux tiers de chaque médiane à partir du sommet.

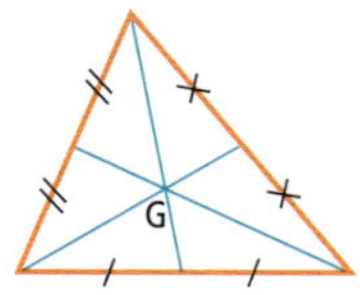

Les **médiatrices** se rencontrent en un même point, O.
O est le **centre du cercle circonscrit** au triangle.

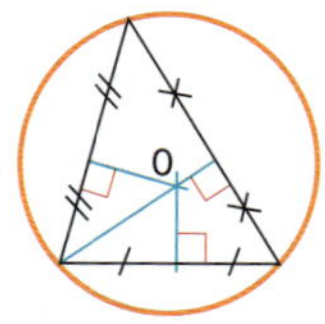

Les **hauteurs** se rencontrent en un même point, H. H est l'**orthocentre** du triangle.

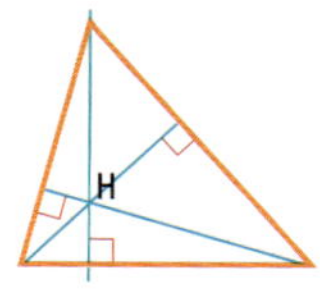

Les **bissectrices** se rencontrent en un même point, I. I est le **centre du cercle inscrit** dans le triangle.

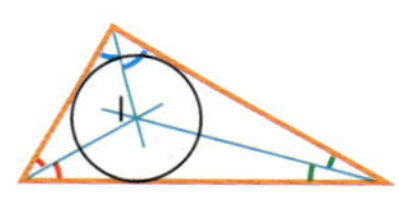

La **somme des angles** d'un triangle est de 180°.

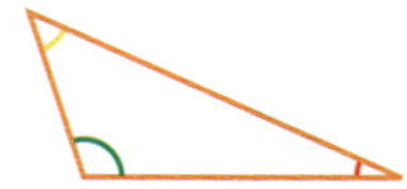

Périmètre :
$\mathcal{P} = a + b + c$

Aire : $\mathcal{A} = \frac{1}{2} \times a \times h$

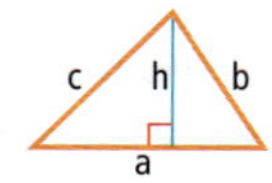

Cas du triangle

- **rectangle**

$a^2 = b^2 + c^2$

$m = \frac{1}{2}\,a$ est le rayon du cercle circonscrit au triangle.

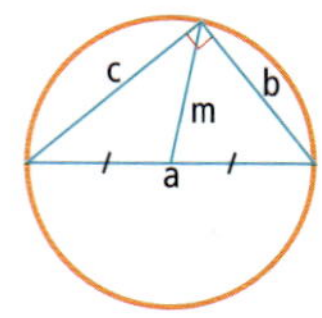

- **isocèle**

La médiatrice de la base est axe de symétrie du triangle.

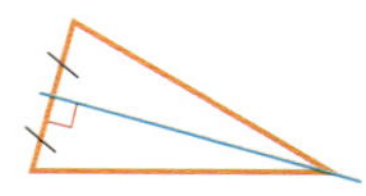

- **équilatéral**

Les trois médiatrices sont des axes de symétrie.

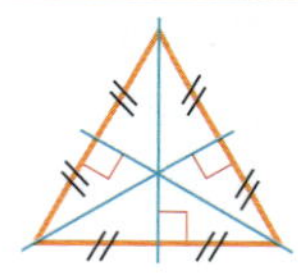

Comprendre comment faire

Pour tracer un triangle rectangle à l'aide d'un compas

Cela revient à tracer un diamètre et un point du demi-cercle.
Le diamètre [BC] est l'hypoténuse du triangle rectangle et A est le sommet de l'angle droit.

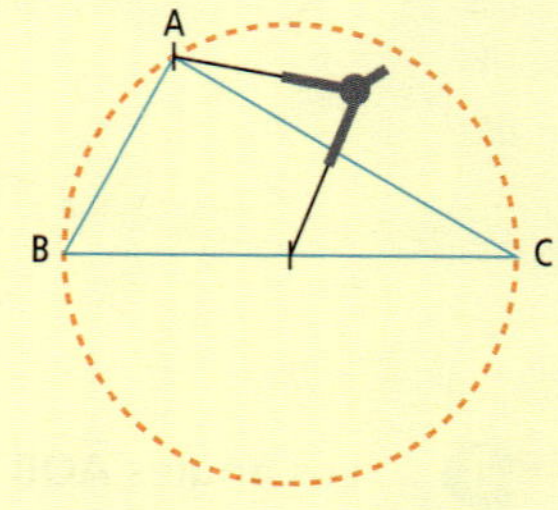

Pour trouver le centre d'un cercle effacé à l'aide d'une équerre

Cela revient à appliquer la propriété : un triangle rectangle est inscrit dans un demi-cercle.
Le centre O du cercle est l'intersection de deux diamètres. Ces diamètres correspondent à deux positions différentes de l'équerre.

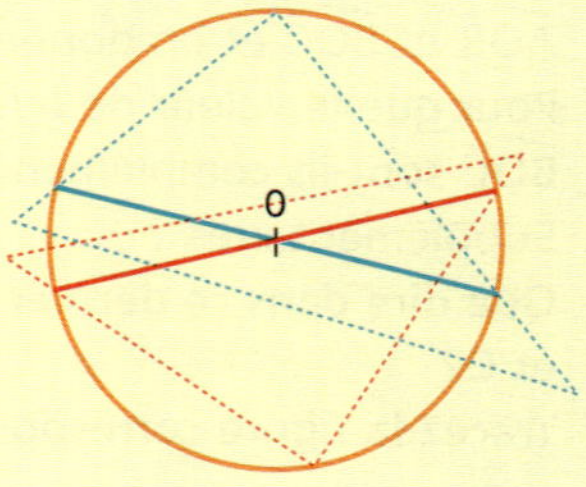

MOT CLÉ

La relation qui relie les trois côtés d'un triangle rectangle porte le nom du mathématicien grec **Pythagore.** Il l'a trouvée au VIe siècle avant J.-C.

S'entraîner

Autour des médianes

★ **1** **a. Que représente le point I pour le côté [AB] ? [AM] pour le triangle ABC ?**

b. Pourquoi les points C, T et I sont-ils alignés ?

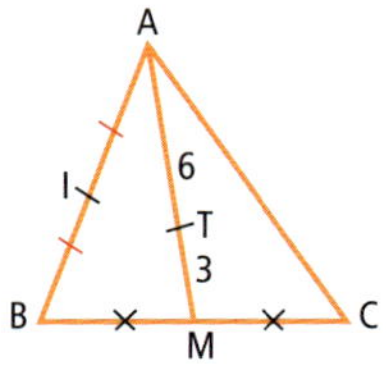

Centre effacé !

★ **2** **Retrouvez à l'aide d'une équerre le centre effacé du cercle ci-contre.**

Triangles particuliers

★★ **3** Le triangle ABC est inscrit dans le cercle de diamètre [BC] et de centre O.

a. Quelle est la nature du triangle ABC ? du triangle ABM ?

b. Vrai ou faux ?

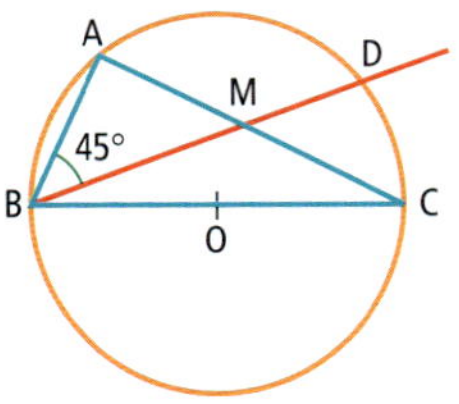

	V	F
Le triangle DMC est rectangle-isocèle.	☐	☐

(Justifiez votre réponse.)

À l'échelle 2 !

★★ **4** Voici un triangle ABC.

a. Quelle est la mesure de l'angle $\widehat{A}$?

b. Reproduisez ce triangle à l'échelle 2.

c. Trouvez à l'aide d'un rapporteur la mesure de chacun des angles du triangle agrandi ? Quelle remarque peut-on faire ?

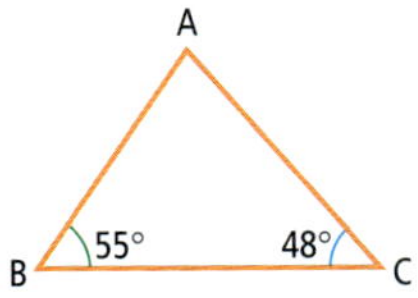

Autour des hauteurs

★★ **5** Voici une figure faite à main levée.

a. Construisez cette figure en vraie grandeur et placez son orthocentre H. (unité : cm)

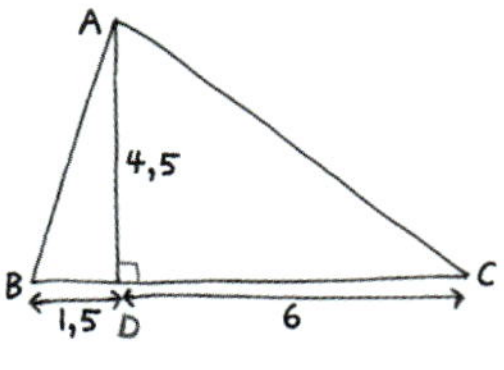

b. Cochez la bonne case en justifiant votre choix.

- La mesure de AC est :

☐ 10,5 ☐ 7,5 ☐ incalculable

- La mesure de la hauteur issue de B est :

☐ 5,4 ☐ 4,5 ☐ incalculable

Symétrie

★★ **6** **a. Observez la figure et en déduire la nature du triangle ATS.**

b. La bissectrice de TAS coupe [TS] en I.

Montrez que AM = AN et que $\widehat{M} = \widehat{N}$.

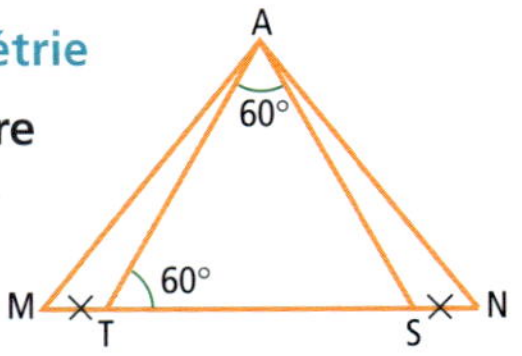

Autour de Pythagore

★★ **7** **Vrai ou faux ?**

	V	F
a. Les droites (LM) et (PQ) sont parallèles.	☐	☐
b. L'aire du quadrilatère PQLM est de 97,2 cm².	☐	☐

(Justifiez vos réponses.)

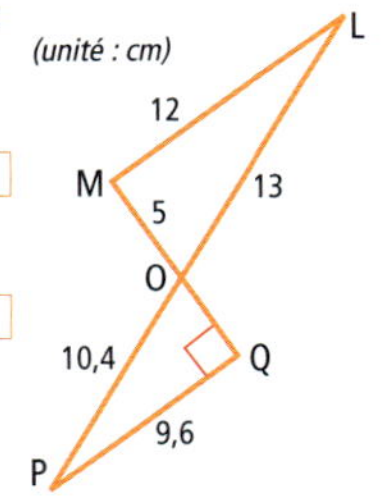

★★ **8** **Vu au brevet**

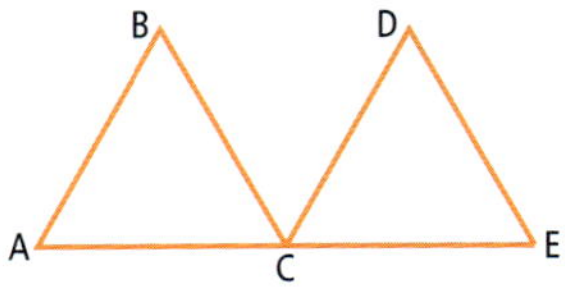

ABC et CDE sont deux triangles équilatéraux de côté 3 cm. A, C et E sont alignés.

a. Faites une figure exacte, en respectant les longueurs données, **et la complétez au fur et à mesure.**

b. Prouvez que les points A, B, D et E sont sur un même cercle ; indiquez le centre et le rayon de ce cercle.

c. Prouvez que ABE est un triangle rectangle.

d. Calculez les mesures des côtés et des angles du triangle ABE.

e. Prouvez que BCD est un triangle équilatéral.

Livret des corrigés p. 17-18

Retenir l'essentiel

Symétrie centrale (rappel)

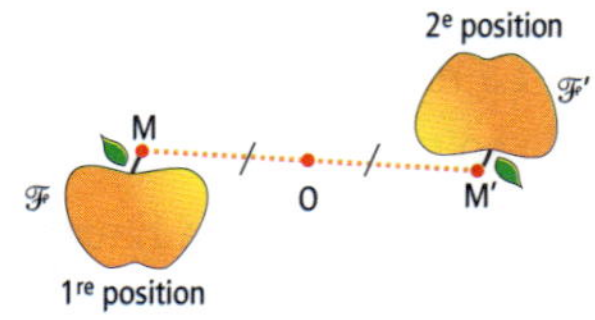

● **M et M' sont symétriques par rapport à O** signifie que O est le milieu du segment [MM'].

● **Les figures 𝓕 et 𝓕' sont symétriques par rapport à O** signifie que 𝓕 et 𝓕' sont superposables par demi-tour autour de O.

Symétrie axiale (rappel)

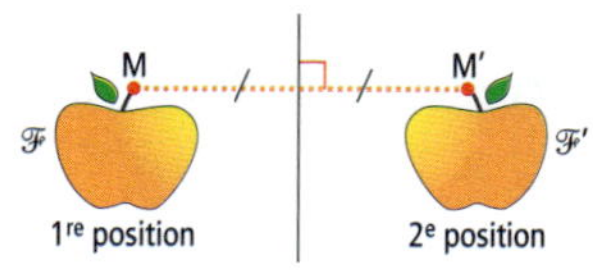

● **M et M' sont symétriques par rapport à Δ** signifie que Δ est la médiatrice du segment [MM'].

● **Les figures 𝓕 et 𝓕' sont symétriques par rapport à Δ** signifie que 𝓕 et 𝓕' sont superposables par pliage le long de Δ.

Symétries successives

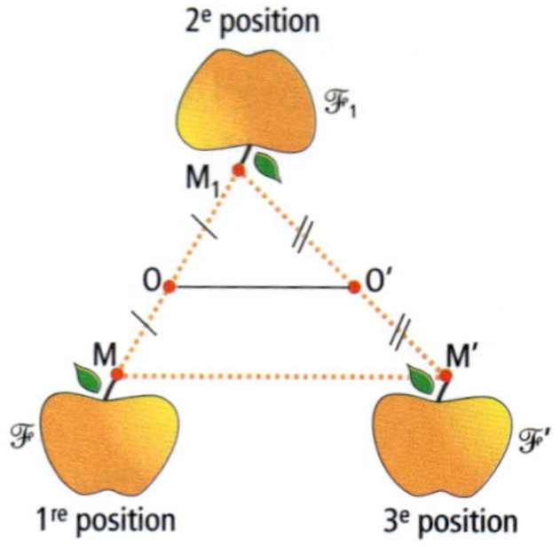

EXEMPLE :

Données : La figure $\mathcal{F}_1$ est symétrique de la figure $\mathcal{F}$ par rapport O, et $\mathcal{F}'$ est symétrique de $\mathcal{F}_1$ par rapport à O'.

Question : Observer la figure, puis comparer MM' à OO'.

Réponse : M et M_1 sont symétriques par rapport à O. M_1 et M' sont symétriques par rapport à O'. Dans le triangle MM_1M', (OO') est la droite des milieux, donc (OO') // (MM') et $OO' = \frac{1}{2}MM'$; soit (MM') // (OO') et MM' = 2OO'.

ATTENTION ! Les figures $\mathcal{F}$ et $\mathcal{F}_1$ sont symétriques, $\mathcal{F}_1$ et $\mathcal{F}'$ sont symétriques, mais $\mathcal{F}$ et $\mathcal{F}'$ ne sont pas symétriques (à voir en classe de 2de).

Comprendre comment faire

Pour trouver les coordonnées d'un point par symétrie

● **centrale** : cela revient, entre autres, à utiliser les coordonnées du milieu d'un segment.

EXEMPLE :

Question : Trouver par lecture les coordonnées de B, symétrique de A par rapport à O et, par calcul, les coordonnées de C symétrique de A par rapport à M. Repère (O ; I, J) ; A(4 ; 3) et M(− 1 ; 4).

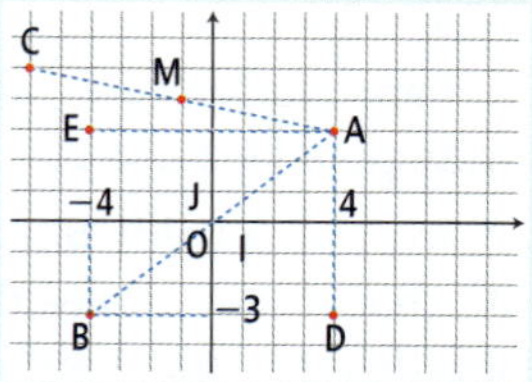

Réponse : Par lecture, l'abscisse de B est − 4 et son ordonnée est − 3. Soit B(− 4 ; − 3). Calcul des coordonnées de C : M est le milieu de [AC], par conséquent

$$x_M = \frac{x_A + x_C}{2} \quad \text{ou} \quad 2x_M = x_A + x_C \quad \text{ou} \quad x_C = 2x_M - x_A$$

$$\text{et } y_M = \frac{y_A + y_C}{2} \qquad 2y_M = y_A + y_C \qquad y_C = 2y_M - y_A$$

Par remplacement, on trouve $x_C = -6$ et $y_C = 5$. Soit C(− 6 ; 5).

● **axiale** : cela dépend de la symétrie axiale considérée.

EXEMPLE : Question : Trouver par lecture les coordonnées de D, symétrique de A par rapport à l'axe des abscisses, et les coordonnées de E, symétrique de A par rapport à l'axe des ordonnées.

Réponse : Les points D et A ont même abscisse et des ordonnées opposées, donc D(4 ; − 3). Les points E et A ont même ordonnée et des abscisses opposées, donc E(− 4 ; 3).

NOTION CLÉ

La symétrie centrale ou axiale est un **« déplacement »** de la figure d'une première position à une deuxième position.

S'entraîner

Symétries – Constructions – Propriétés

★ **1** **a. Dans une symétrie centrale, B est le symétrique de A, K' est le symétrique de K. Tracez K'.**

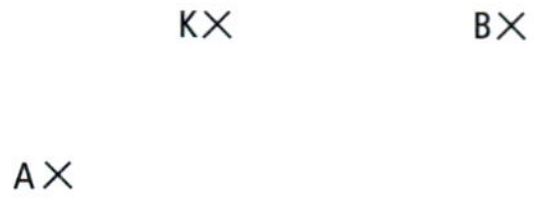

b. Précisez la nature du quadrilatère AKBK'.

★ **2** **a. Dans une symétrie axiale, 𝒞' est le symétrique de 𝒞, A' est le symétrique du point A. Tracez A'.**

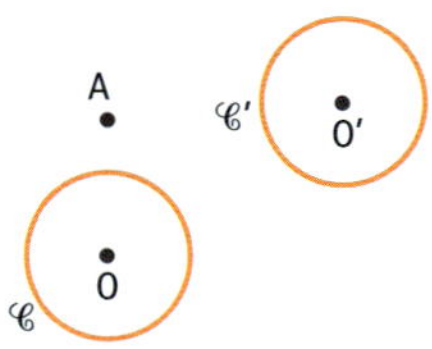

b. Précisez la nature du quadrilatère OAA'O'.

★★ **3** **a. Pourquoi les droites Δ et Δ' sont-elles parallèles ?**

b. Que représente AB pour Δ et Δ' ?

c. Tracez le point D, symétrique du point C, dans la symétrie d'axe Δ, puis E, symétrique de D, dans la symétrie d'axe Δ'.

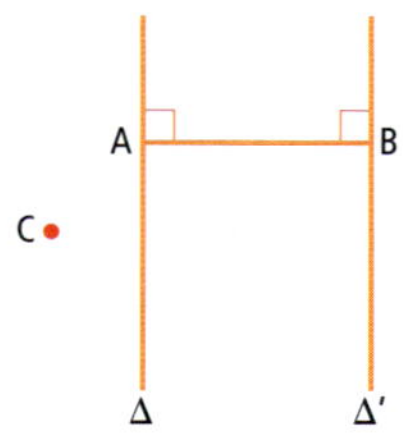

d. Vrai ou faux ? *(Justifiez votre choix)*

	V	F
Les points C, D et E sont alignés.	☐	☐
(CE) // (AB)	☐	☐
CE = 2AB	☐	☐

Parallèles équidistantes et sécantes

★★ **4** **1. Vrai ou faux ?** *(Justifiez votre choix.)*

Données : OA = AB = BC = CD.
Les droites en pointillés sont parallèles.

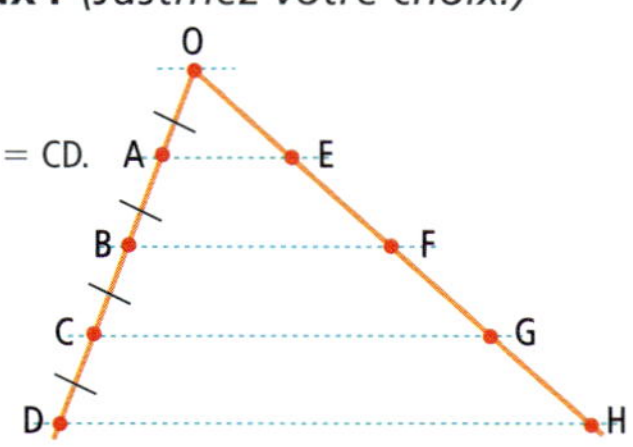

	V	F
a. OE = EF et BF = 2AE	☐	☐
b. BO = BD et FO = FH	☐	☐
c. DH = 2BF	☐	☐
d. (AF) // (BH) et AF = $\frac{1}{2}$BH	☐	☐

2. Quel est le symétrique du point B dans la symétrie de centre A suivie de la symétrie de centre F ?

☐ O ☐ E ☐ F ☐ G ☐ H

Parallélogrammes et symétrie

★★ **5** **ABCD est un parallélogramme de centre I.**

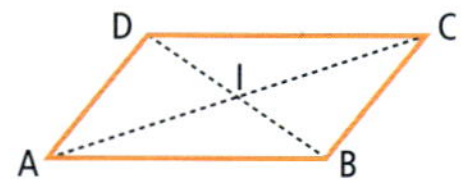

1. DBCE est un parallélogramme de centre J.
Complétez la figure avec E et J.

2. Vrai ou faux ? *(Justifiez votre choix.)*

	V	F
a. Les points A, D et E sont alignés.	☐	☐
b. E est le symétrique de A par rapport à D.	☐	☐
c. IJ = $\frac{1}{4}$AE	☐	☐

3. On considère la symétrie de centre I.

a. Quelle est dans cette symétrie l'image (ou le symétrique) de [CD] ? du triangle BDC ?

....

b. K désigne l'image (ou symétrique) de J. **Quelle position occupe K par rapport à [AB] ?**

....

Symétries et coordonnées

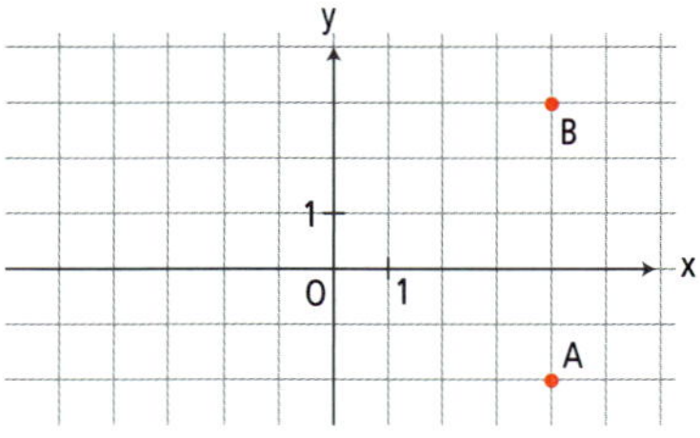

★★ **6** **1. Par lecture graphique, quelles sont les coordonnées des points :**

a. A et B ?

b. des symétriques D et C de A et B par rapport à l'axe (Oy) ?

2. Quelle est la nature du quadrilatère ABCD ? son périmètre 𝒫 ? son aire 𝒜 ? (unité : 0,5 cm).

Livret des corrigés p. 18

Retenir l'essentiel

Théorème de Thalès

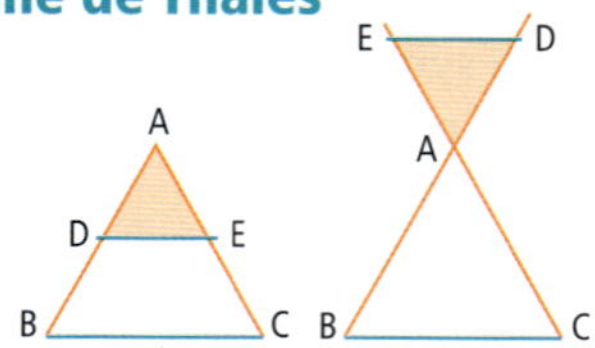

Figure 1 Figure 2

● **Propriété 1 :** Si une droite est parallèle à un côté d'un triangle, alors elle détermine avec les deux autres côtés, ou leurs prolongements, un nouveau triangle dont les côtés sont respectivement proportionnels aux côtés du premier.

Ci-dessus : (DE) // (BC), D est un point de (AB) et E est un point de (AC) ; par conséquent $\frac{AD}{AB} = \frac{AE}{AC} = \frac{DE}{BC}$.

ATTENTION ! Les côtés proportionnels ont soit leurs extrémités alignées, soit ils sont parallèles. Ainsi, considérer :

$\frac{AD}{AB}$ est bon, mais $\frac{AD}{AC}$ serait faux ;

$\frac{DE}{BC}$ est bon, mais $\frac{DE}{AC}$ serait faux.

Réciproque du théorème de Thalès

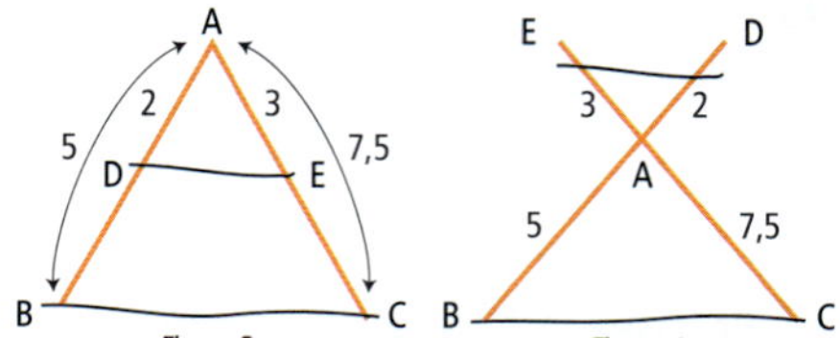

Figure 3 Figure 4

● **Propriété 2 :** Si une droite partage proportionnellement les deux côtés d'un triangle, ou leurs prolongements, alors elle est parallèle au troisième côté.

Ci-dessus : $\frac{AD}{AB} = \frac{2}{5}$ et $\frac{AE}{AC} = \frac{3}{7{,}5} = \frac{30}{75} = \frac{2}{5}$,

donc $\frac{AD}{AB} = \frac{AE}{AC}$; par conséquent, d'après la réciproque du théorème de Thalès, la droite (DE) est parallèle à (BC).

REMARQUE : Selon la figure 3 : $\frac{AD}{DB} = \frac{2}{3}$ et $\frac{AE}{EC} = \frac{3}{4{,}5} = \frac{30}{45} = \frac{2}{3}$, donc $\frac{AD}{DB} = \frac{AE}{EC}$.

Comprendre comment faire

▶ Pour calculer une quatrième proportionnelle

Cela revient à écrire que les produits en croix sont égaux et à résoudre une équation.

EXEMPLE : Question : Calculer x sachant que $\frac{x}{6} = \frac{5}{8}$.

Réponse : $\frac{x}{6} = \frac{5}{8}$, donc $8 \times x = 5 \times 6$, $8x = 30$, $x = \frac{30}{8} = \frac{15}{4} = 3{,}75$.

▶ Pour trouver un côté en appliquant la propriété 1 de Thalès

Cela revient à calculer une quatrième proportionnelle.

EXEMPLE :

Question : (voir figure 1 ci-dessus.) Calculer AD sachant que AB = 10, AE = 8,1 et AC = 13,5.

Réponse : Calcul de AD : (DE) // (BC), donc d'après la propriété 1 de Thalès :

$\frac{AD}{AB} = \frac{AE}{AC}$ ou $\frac{AD}{10} = \frac{8{,}1}{13{,}5}$, $13{,}5 \times AD = 8{,}1 \times 10$,

$AD = \frac{81}{13{,}5} = 6$.

▶ Pour démontrer que deux droites sont parallèles (propriété 2)

Cela revient à écrire convenablement deux quotients et à voir s'ils sont égaux.

▶ Pour construire deux points C et D qui divisent un segment [AB] dans un rapport donné

Cela revient en premier à tracer deux parallèles passant par A et B, et à porter sur ces parallèles des divisions égales (voir exercice 4).

NOTION CLÉ

La propriété de Thalès (624-547 avant J.-C.) permet de mesurer indirectement des distances.

S'entraîner

★ **1 Reliez chaque quatrième proportionnelle à sa valeur.**

Si $\frac{x}{9} = \frac{8}{12}$, alors $x =$ ●	● 30
Si $\frac{8}{y} = \frac{4}{6{,}5}$, alors $y =$ ●	● 6
Si $\frac{12{,}1}{33} = \frac{11}{z}$, alors $z =$ ●	● 13

Le théorème...

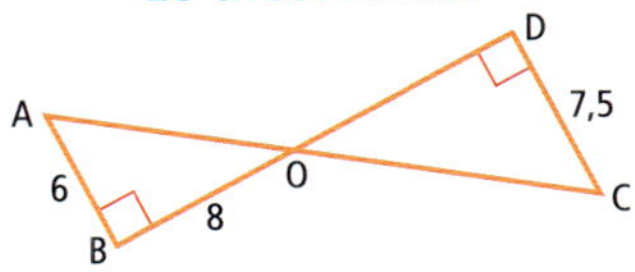

★★ **2 Vrai ou faux ?**

	V	F
a. (AB) // (CD)	☐	☐
b. $\frac{OA}{OC} = \frac{OD}{OB}$	☐	☐
c. OD est incalculable	☐	☐
d. OA = 10	☐	☐
e. OC = 12,5	☐	☐

★★ **3** Données : les cinq divisions de [AB] sont égales et $\widehat{AMN} = \widehat{ABC}$.

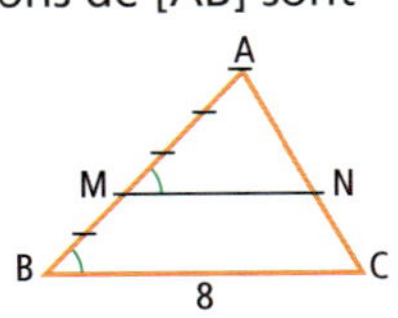

a. Pourquoi les droites (MN) et (BC) sont-elles parallèles ?

b. Pourquoi MN = 4,8 ?

c. Vrai ou faux ?

	V	F
Si AN = 4,2, alors AC = 7.	☐	☐

Constructions

Les divisions sur les parallèles *d* et *d'* sont égales

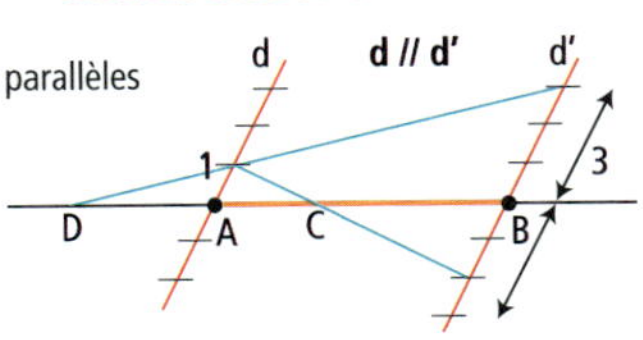

★★ **4 a. Vrai ou faux ?**

	V	F
● $\frac{DA}{DB} = \frac{1}{3}$	☐	☐
● $\frac{CA}{CB} = \frac{1}{3}$	☐	☐

b. Tracez un segment [AB] de 8 cm. Construisez le point C de [AB] tel que $\frac{CA}{CB} = \frac{2}{3}$ et le point D de la droite (AB) tel que $\frac{DA}{DB} = \frac{2}{3}$.

Droite des milieux

★★ **5** Données : OS = 12,6 et OB = 6,3. OA = 4,7 et OM = 9,4.

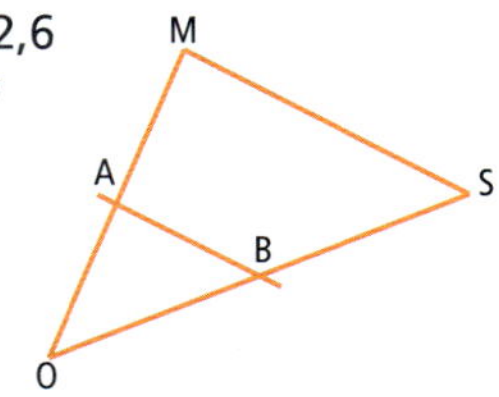

a. Les droites (AB) et (MS) sont-elles parallèles ?

b. Le triangle OAB est-il une réduction du triangle OMS ? Si oui à quelle échelle ?

c. Calculez MS dans le cas où AB = 3,9.

La réciproque...

★★ **6 a. Observez la figure et déduisez-en la nature de chacun des triangles ABC et ADE.**

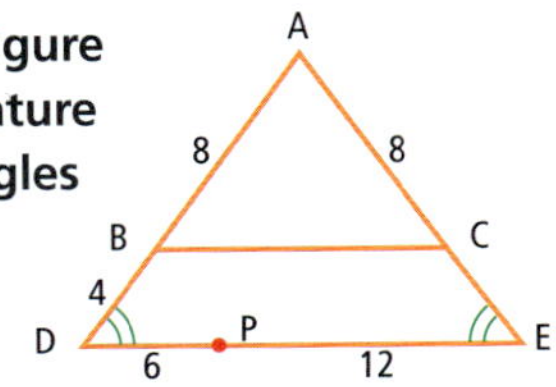

b. Pourquoi les droites (BC) et (DE) sont-elles parallèles ?

c. Les droites (BP) et (AE) sont-elles parallèles ?

d. Précisez la nature du quadrilatère BPEC.

e. Complétez la figure avec les mesures de BC, de CE et de BP.

Le théorème et sa réciproque

★★ **7 a. Placez les points T et S tels que :**

● T est un point de [Oy) et (MT) // (AC) ;

● S est un point de [Oz) et (MS) // (AB).

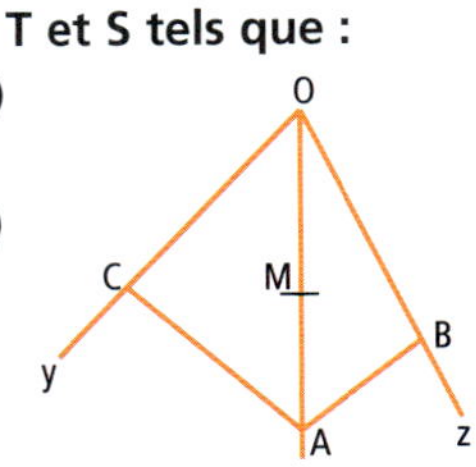

b. Démontrez que $\frac{OT}{OC} = \frac{OS}{OB}$. En déduire que (TS) // (BC).

★★ **8** Dans le quadrilatère ABCD, la droite (MN) est parallèle à la diagonale [BD].

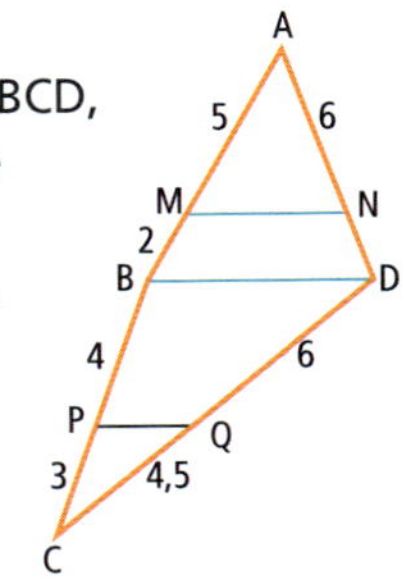

a. Observez la figure pour calculer DN.

b. Montrez que $MN = \frac{5}{7}BD$.

c. Montrez que (PQ) // (MN).

Livret des corrigés p. 19

Retenir l'essentiel

Les lignes trigonométriques d'un angle sont le quotient des mesures de deux côtés d'un **triangle rectangle** ; les mesures étant exprimées dans la même unité. Voici les définitions de trois lignes trigonométriques connues sous le nom de sinus, cosinus et tangente.

Sinus de Â

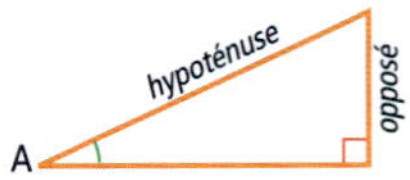

$$\sin \widehat{A} = \frac{\text{côté opposé}}{\text{hypoténuse}}$$

EXEMPLE : $\sin \widehat{A} = \frac{4}{5} = 0,8.$

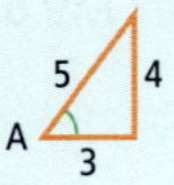

REMARQUE : Le sinus d'un angle aigu est un nombre toujours compris entre 0 et 1.

Cosinus de Â

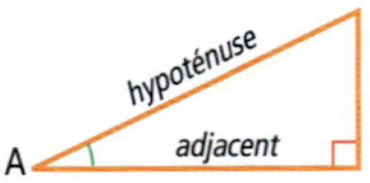

$$\cos \widehat{A} = \frac{\text{côté adjacent}}{\text{hypoténuse}}$$

EXEMPLE : $\cos \widehat{A} = \frac{3}{5} = 0,6$

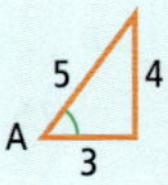

REMARQUE : Le cosinus d'un angle aigu est un nombre toujours compris entre 0 et 1.

Tangente de Â

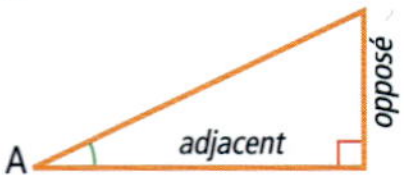

$$\tan \widehat{A} = \frac{\text{côté opposé}}{\text{côté adjacent}}$$

EXEMPLE : $\tan \widehat{A} = \frac{4}{3} \approx 1,333.$

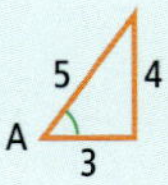

REMARQUE : La tangente d'un angle aigu est un nombre positif qui peut être supérieur à 1.

Voici des relations qui existent entre sinus, cosinus et tangente.

Si $\widehat{A}$ et $\widehat{B}$ sont deux angles complémentaires, alors le sinus de l'un est égal au cosinus de l'autre.

EXEMPLES :
sin 30° = cos 60°
et sin 60° = cos 30°.

$$\tan \widehat{A} = \frac{\sin \widehat{A}}{\cos \widehat{A}}$$

EXEMPLE : ci-dessus,
$\sin \widehat{A} = \frac{4}{5}$ et $\cos \widehat{A} = \frac{3}{5}$,
$\frac{\sin \widehat{A}}{\cos \widehat{A}} = \frac{4}{5} : \frac{3}{5} = \frac{4}{3}$
$\tan \widehat{A} = \frac{4}{3}$,
donc $\tan \widehat{A} = \frac{\sin \widehat{A}}{\cos \widehat{A}}$.

$$(\sin \widehat{A})^2 + (\cos \widehat{A})^2 = 1$$

EXEMPLE : ci-dessus,
$\sin \widehat{A} = \frac{4}{5}$ et $\cos \widehat{A} = \frac{3}{5}$
$(\sin \widehat{A})^2 + (\cos \widehat{A})^2$
$= \left(\frac{4}{5}\right)^2 + \left(\frac{3}{5}\right)^2$
$= \frac{16}{25} + \frac{9}{25}$
$= \frac{25}{25} = 1.$

Comprendre comment faire

▶ À l'aide d'une calculatrice scientifique… pour calculer la ligne trigonométrique d'un angle donné

Cela revient à utiliser, en mode degré, la touche sin, la touche cos ou la touche tan.

EXEMPLE : Pour calculer sin 25° arrondi à 0,001 près.
1re étape → taper [sin] ; 2e étape → rentrer 25 ; 3e étape → taper [=] ou [enter] ou [exe] ;
4e étape → lire [0.4226183] et écrire : **arrondi à 0,001 près, sin 25° = 0,423**.

▶ Pour calculer un angle connaissant sa ligne trigonométrique

Cela revient à utiliser, en mode degré, $\sin^{-1}$, $\cos^{-1}$ ou $\tan^{-1}$, donc généralement à utiliser la touche 2nd ou INV ou SHIFT suivie de la touche sin, cos ou tan.

EXEMPLE : Pour calculer l'angle $\widehat{A}$ au degré près sachant que $\cos \widehat{A} = 0,602$.
1re étape → taper [inv] ou [2nd] ou [SHIFT] ;
2e étape → taper [cos] ; 3e étape → rentrer [0.602] ;
4e étape → lire [52.986728] et écrire : **arrondi au degré près, $\widehat{A} = 53°$.**

NOTION CLÉ

La **trigonométrie** établit des relations entre les côtés et les angles aigus d'un triangle rectangle.

S'entraîner

Autour des définitions

★ **1** **Vrai ou faux ? V F**

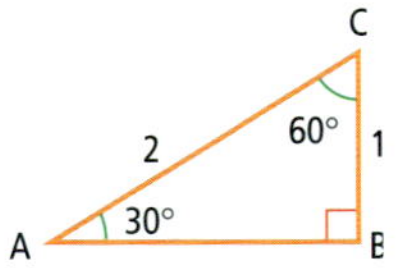

	V	F
a. $\sin 30° = \frac{1}{2}$	☐	☐
b. $\cos 60° = \frac{1}{2}$	☐	☐
c. $\tan 30° = 1$	☐	☐
d. $AB = \sqrt{3}$	☐	☐
e. $\tan 60° = \sqrt{3}$	☐	☐

★★ **2** **Observez la figure et complétez le tableau.**

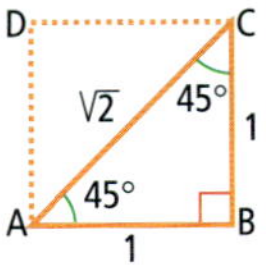

	Valeur exacte	Valeur approchée à 0,001 près
sin 45°		
cos 45°		
tan 45°		

Calculatrice

★★ **3** **Reliez chaque ligne trigonométrique à sa valeur arrondie au millième près.**

tan 34° = ● ● 0,719

sin 81° = ● ● 0,988

cos 44° = ● ● 0,675

tan 75° = ● ● 3,732

★★ **4** **Reliez chaque angle x à sa mesure arrondie au degré près.**

Si $\sin x = 0{,}629$, alors $x =$ ● ● 50°

Si $\cos x = 0{,}866$, alors $x =$ ● ● 39°

Si $\tan x = 1{,}192$, alors $x =$ ● ● 30°

Calcul d'un côté

★★ **5** **Observez la figure et cochez toutes les bonnes cases.**

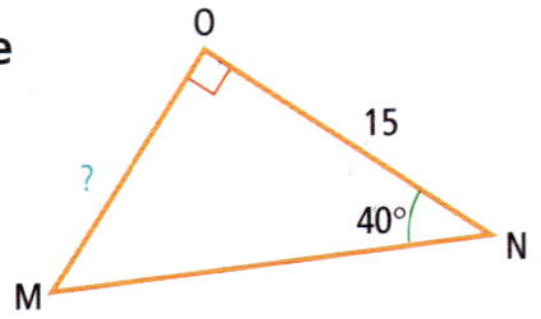

a. OM est un côté :

☐ adjacent à $\widehat{M}$ ☐ opposé à $\widehat{M}$

☐ adjacent à $\widehat{N}$ ☐ opposé à $\widehat{N}$

b. Pour calculer OM, il faudrait utiliser :

☐ tan 40° ☐ sin 40° ☐ cos 40°

c. Arrondie à 0,01 près, OM est égale à :

☐ 9,6 ☐ 11,5 ☐ 12,6

★★ **6** **a. Observez la figure, puis complétez les pointillés.**

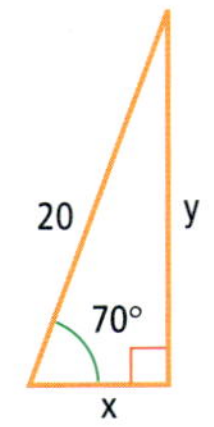

$\sin 70° = \frac{....}{20}$

$\cos 70° = \frac{....}{20}$

b. Complétez à l'aide d'une calculatrice à 0,001 près.

sin 70° = ... cos 70° = ...

c. En déduire les valeurs de x et y à 0,1 près.

Calcul d'un angle et d'un côté

★★ **7** **a. Observez la figure et complétez.**

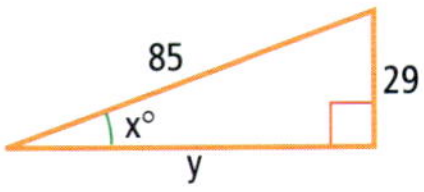

$\sin x = \frac{....}{....}$

$\tan x = \frac{....}{....}$

b. En déduire les valeurs de x et y arrondies à l'unité.

Relations trigonométriques

★★ **8** **Complétez convenablement les pointillés.**

a. sin 65° = ... et cos 25° = ...

b. Si x désigne la mesure d'un angle en degrés, alors $(\sin x)^2 + (........)^2 = 1$ et $\tan x = \frac{........}{........}$.

c. Application : On sait que x désigne la mesure d'un angle aigu en degrés et que $\cos x = \frac{4}{5}$.

Calculez les valeurs exactes de $\sin x$ et $\tan x$.

★★ **9** **Vu au brevet**

Dans le triangle ABC, on donne :

[AH] hauteur issue de A.

AH = 5 cm

AB = 8 cm

$\widehat{ACH} = 51°$

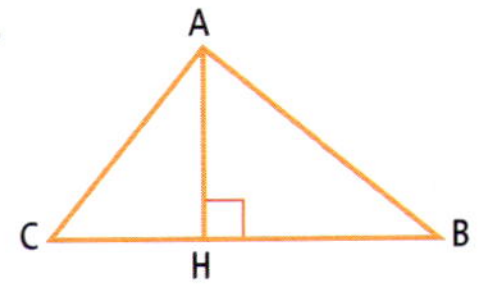

a. Quelle est la mesure de l'angle $\widehat{HBA}$ arrondie au dixième de degré ?

b. Le triangle ABC est-il rectangle en A ?

c. Calculez HB au millième près.

d. Calculez CH au millième près.

e. Déterminez une valeur approchée de l'aire du triangle ABC.

Livret des corrigés p. 20

Retenir l'essentiel

Vocabulaire et propriétés

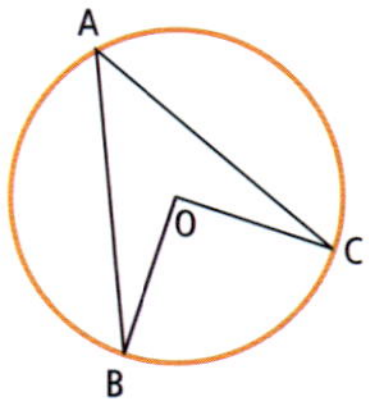

- $\widehat{BOC}$ est un **angle au centre.**
- $\widehat{BAC}$ est un **angle inscrit.**
- $\widehat{BOC}$ et $\widehat{BAC}$ interceptent le même arc $\overset{\frown}{BC}$.
- $\widehat{BAC} = \frac{1}{2}\,\widehat{BOC}$.
- $\widehat{BOC} = 2\,\widehat{BAC}$.

EXEMPLES : Si $\widehat{BOC} = 100°$, alors $\widehat{BAC} = 50°$.
Si $\widehat{BAC} = 40°$, alors $\widehat{BOC} = 80°$.

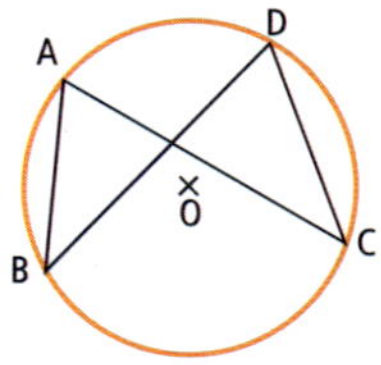

- $\widehat{BAC}$ et $\widehat{BDC}$ sont deux angles inscrits.
- Ils interceptent le même arc BC.
- Ils sont égaux $\widehat{BAC} = \widehat{BDC}$.

EXEMPLE : Si $\widehat{BAC} = 70°$, alors $\widehat{BDC} = 70°$.

Cas particuliers

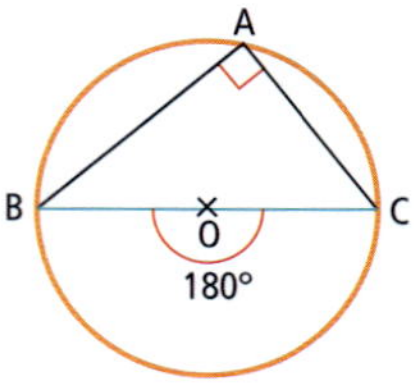

- L'angle $\widehat{BAC}$ est inscrit et les points B et C sont diamétralement opposés.
On dit que **l'angle $\widehat{BAC}$ est inscrit dans un demi-cercle.**

$\widehat{BAC} = \frac{1}{2}\,\widehat{BOC} = $ **90°**.

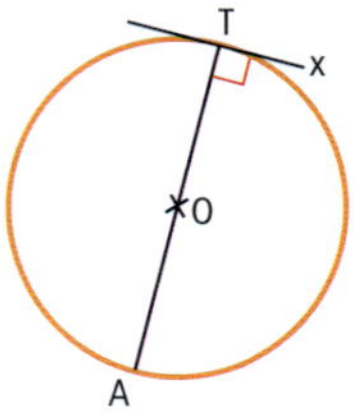

- Le sommet T de l'angle $\widehat{ATx}$ est un point du cercle. Le côté [Tx) est une tangente au cercle et [AT] est le diamètre passant par T.
$\widehat{ATx}$ **= 90°.**

On dit que **le diamètre ou que le rayon aboutissant au point de tangence est perpendiculaire à la tangente.**

Comprendre comment faire

Pour trouver la mesure d'un angle

En la présence d'un cercle, cela revient à préciser en premier la nature de l'angle.

1. • EXEMPLE
[MN] est un diamètre et A est point du cercle, donc l'angle $\widehat{MAN}$ est inscrit dans un demi-cercle ; par conséquent **$\widehat{MAN}$ = 90°.**

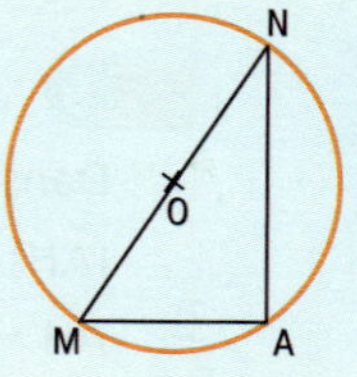

• CONTRE-EXEMPLE
[DE] est un diamètre. Mais $\widehat{DSE}$ n'est pas un angle inscrit, car son sommet S n'est pas sur le cercle, donc l'angle **$\widehat{DSE}$ n'est pas égal à 90°.**

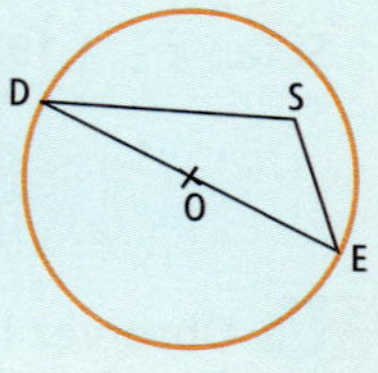

2. • EXEMPLE
Les angles $\widehat{BAC}$ et $\widehat{BDC}$ sont inscrits et interceptent le même arc $\overset{\frown}{BC}$.
Ils sont donc égaux.
$\widehat{BAC} = 55°$,
donc **$\widehat{BDC}$ = 55°.**

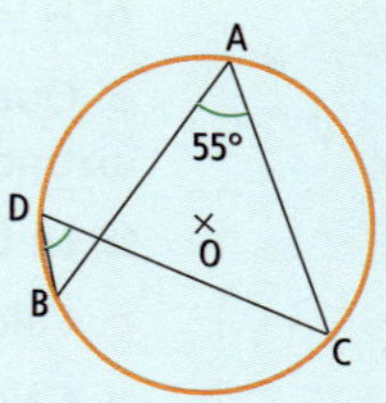

• CONTRE-EXEMPLE
$\widehat{ABC}$ et $\widehat{AMC}$ interceptent le même arc AC.
Mais, **$\widehat{AMC} \neq 60°$**
et **$\widehat{AMC} \neq 120°$,**
car $\widehat{ABC}$ est un angle inscrit et **$\widehat{AMC}$ n'est ni un angle inscrit ni un angle au centre** qui intercepte l'arc AC.

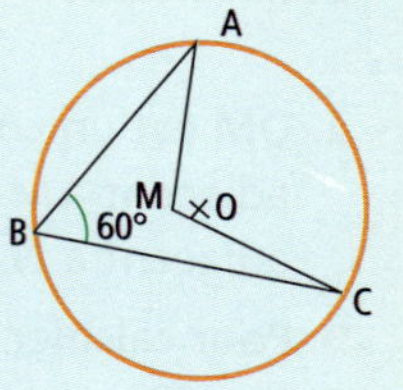

NOTION CLÉ
Un angle inscrit est un angle dont le sommet est un point du cercle et dont les côtés rencontrent le cercle en deux points.

S'entraîner

Vocabulaire

★ **1** **Complétez convenablement les pointillés.**

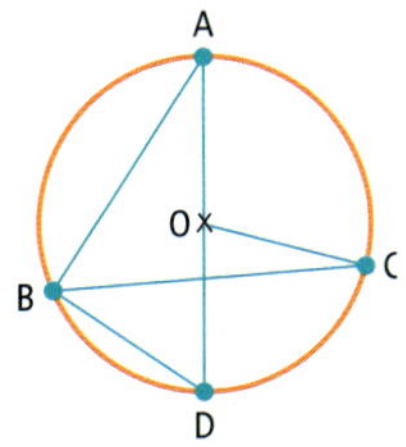

a. Dans le cercle de centre O, [AB] et [BC] sont des .... [OA] et [OC] sont des ....

b. L'angle $\widehat{ABC}$ est un angle .... et l'angle $\widehat{AOC}$ est un angle au ....
$\widehat{ABC}$ et $\widehat{AOC}$ .... le même arc $\overset{\frown}{AC}$.

c. L'angle $\widehat{ABD}$ est .... dans un demi-cercle, car [AD] est un .... Il est égal à ....°.

Alignés ou non ?

★★ **2** Données : $\widehat{ADB} = 90°$, $\widehat{MTx} = 90°$ et (Tx) est tangente au cercle en T.

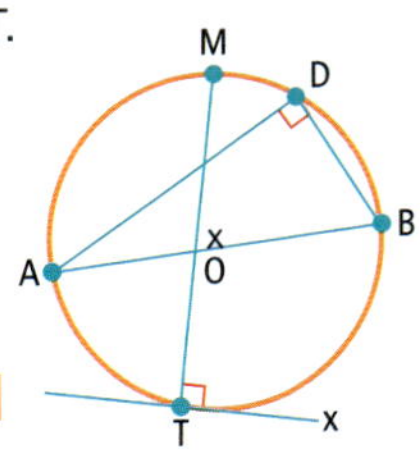

Vrai ou faux ? V F
Deux erreurs se sont glissées dans le tracé de la figure. ☐ ☐
(Justifiez votre choix.)

Mesures d'angles

★★ **3** [AB] est un diamètre et $\widehat{BAM} = 42°$.

Cochez les bonnes cases en justifiant votre choix.

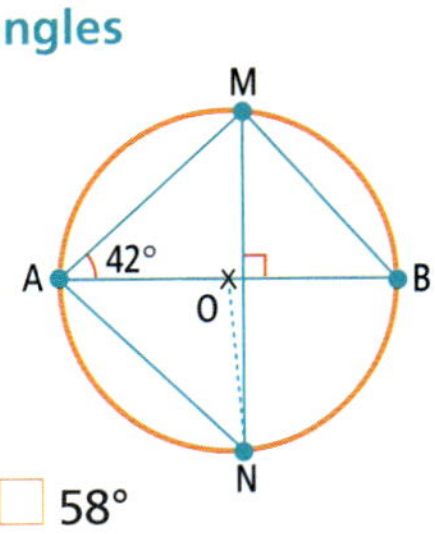

a. L'angle $\widehat{ABM}$ mesure :
☐ 42° ☐ 48° ☐ 58°

b. L'angle $\widehat{ANM}$ est :
☐ de 42° ☐ de 48° ☐ incalculable

c. L'angle $\widehat{AON}$ est :
☐ de 96° ☐ de 84° ☐ incalculable

★★ **4** (AT) est tangente au cercle de centre O en T.
Cochez les bonnes cases en justifiant votre choix.

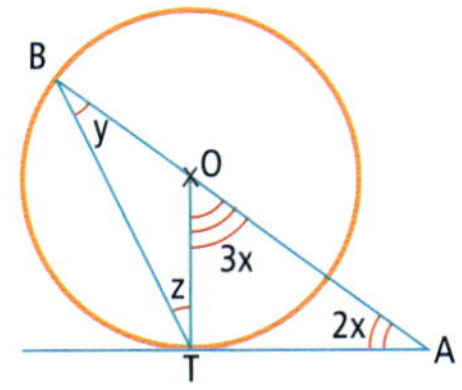

a. x est égal à :
☐ 30° ☐ 20° ☐ 18°

b. Les mesures y et z sont telles que :
☐ $y < z$ ☐ $y = z$ ☐ $y > z$

c. y est égal à :
☐ $\dfrac{\widehat{TOA}}{2}$ ☐ 27° ☐ 36°

★★ **5** Données : (AB) est tangente au cercle de centre O en T. I est un point du cercle.
Trouvez la mesure de l'angle $\widehat{CID}$.

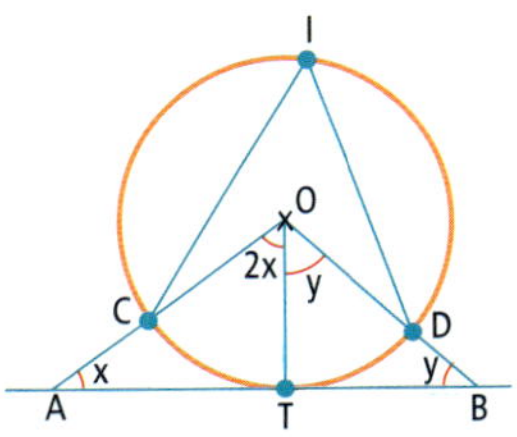

Avec des parallèles

★★ **6** Ci-contre (AB) // (CD).

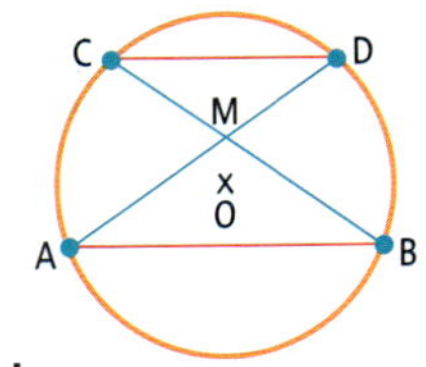

1. Pour quelles raisons :

a. $\widehat{ABC} = \widehat{BCD}$?

b. $\widehat{ABC} = \widehat{ADC}$?

2. Montrez que les triangles MAB et MCD sont isocèles.

★★ **7** **Vu au brevet**

Les longueurs sont exprimées en cm.

a. Construction :

- tracez un cercle C de diamètre [AB] avec AB = 6 ;
- tracez la droite (Δ) perpendiculaire en B à la droite (AB) ;
- placez un point E du cercle qui vérifie AE = 4 ;
- la droite (AE) coupe la droite (Δ) en F.

b. Démontrez que le triangle ABE est un triangle rectangle.

c. Calculez cos $\widehat{BAE}$ et en déduire AF.

Livret des corrigés p. 20

Retenir l'essentiel

Définition

Voici deux polygones. Chacun est formé de cinq côtés. Ce sont des pentagones.

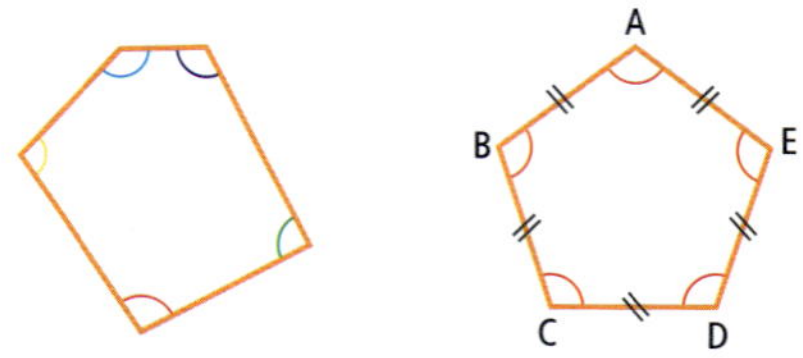

Le premier est quelconque ; le second, ABCDE, est régulier.

Polygone régulier signifie que les côtés du polygone sont de même longueur et que ses angles sont égaux.
Ainsi, AB = BC = CD = DE = EA
et $\widehat{A} = \widehat{B} = \widehat{C} = \widehat{D} = \widehat{E}$

Propriétés

1. Les sommets d'un polygone régulier sont toujours situés sur un même cercle.
2. Les angles au centre définis par le centre du cercle et deux sommets consécutifs du polygone sont égaux.

Voici des polygones réguliers usuels.

- **Triangle équilatéral**

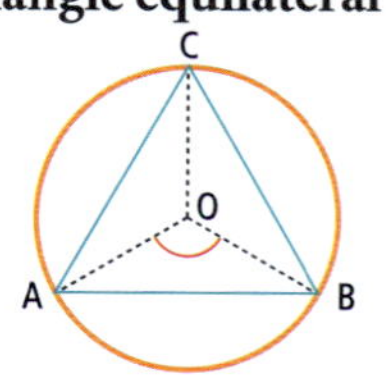

$\widehat{AOB} = \widehat{BOC} = \widehat{CAO} = \dfrac{360°}{3} = 120°$

- **Carré**

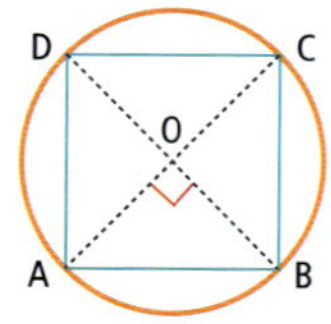

$\widehat{AOB} = \widehat{BOC} = \widehat{COD} = \widehat{DOA} = \dfrac{360°}{4} = 90°$

- **Hexagone régulier**

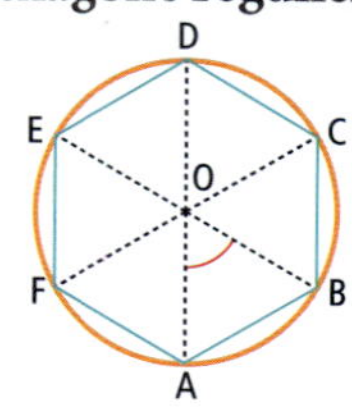

$\widehat{AOB} = \widehat{BOC} = \widehat{COD} = \widehat{DOE} = \widehat{EOF} = \widehat{FOA} = \dfrac{360°}{6} = 60°$

Vocabulaire

Nom du polygone	heptagone	octogone	ennéagone	décagone	hendécagone	dodécagone
Nombre de ses côtés	7	8	9	10	11	12

Comprendre comment faire

Pour tracer un polygone régulier connaissant un sommet A et le centre O du cercle circonscrit

Cela revient en premier à tracer le cercle de centre O et de rayon OA.

1. Hexagone régulier et triangle équilatéral

Données : les points O et A.
Constructions :
1re étape : tracer le cercle de centre O et de rayon OA.
2e étape : porter six fois le rayon à partir du point A en B, C, D, E et F.
3e étape : tracer le polygone ABCDEF. C'est l'hexagone régulier demandé.
Tracer le triangle ACE. Il est le triangle équilatéral demandé.

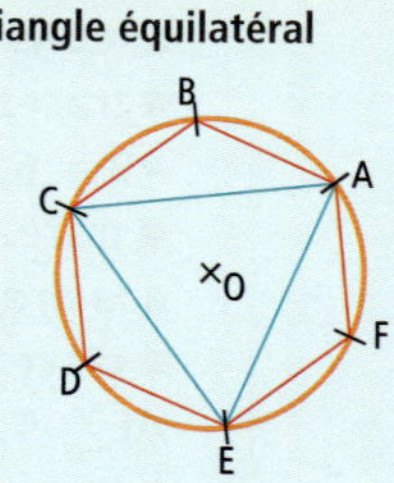

2. Carré et octogone régulier

Données : les points O et A.
Constructions :
1re étape : tracer le cercle de centre O et de rayon OA.
2e étape : tracer deux diamètres perpendiculaires [AB] et [CD]. ACBD est le carré demandé.
3e étape : tracer $\widehat{AOM} = 45°$, puis les diamètres perpendiculaires [MN] et [PQ].
AMCPBNDQ est l'octogone régulier demandé.

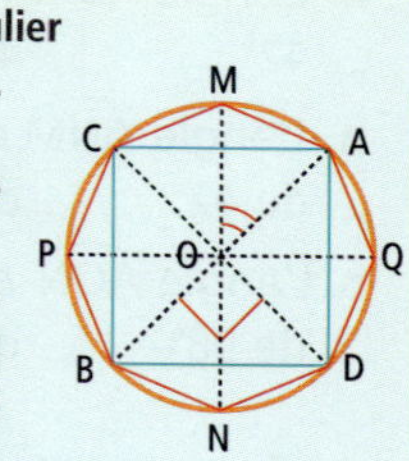

NOTION CLÉ

En mathématiques, on nomme le polygone en listant ses sommets dans l'**ordre consécutif**. Ainsi l'hexagone ci-contre ABCDEF pourrait être nommé DEFABC ; mais pas ACDEBF.

S'entraîner

Autour de l'hexagone régulier

★ **1** **a. Complétez le tracé de l'hexagone régulier ABCDEF.**

b. Pourquoi le triangle AOB est-il équilatéral ?

c. Pourquoi les points A, O et D sont-ils alignés ?

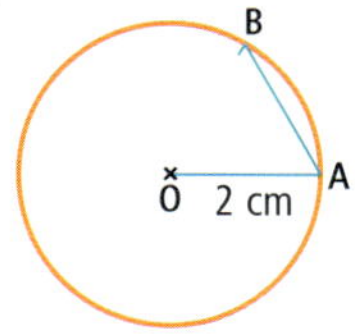

d. Oui ou non ?

	oui	non
La figure compte six axes de symétrie. Si oui, les tracer.	☐	☐

★★ **2** **Tracez la hauteur OH du triangle OAB de la figure ci-dessus.**

Vrai ou faux ?

	V	F
a. $\widehat{AOH} = 30°$.	☐	☐
b. $OH = OA \times \cos 30°$.	☐	☐
c. L'aire du triangle AOB est environ 1,73 cm².	☐	☐
d. L'aire de l'hexagone ABCDEF est 10,4 cm² arrondie à 0,1 près.	☐	☐

★★ **3** On donne les sommets A et D d'un hexagone régulier ABCDEF.

a. Complétez la construction de ABCDEF.

b. Vrai ou faux ?

	V	F
Son périmètre est de 15 cm.	☐	☐
Son aire est de 16 cm² arrondie à l'unité.	☐	☐

Autour du triangle équilatéral

★★ **4** **a. Tracez un triangle équilatéral ABC de centre O.**

b. Pourquoi OBC est-il un triangle isocèle ? $\widehat{BOC} = 120°$?

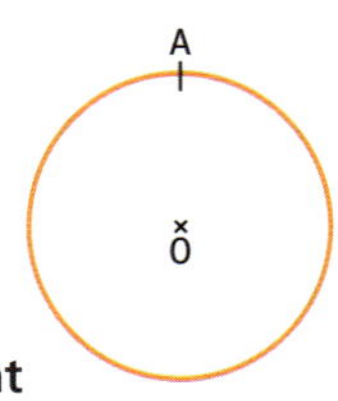

c. Soit [AH] la hauteur du triangle ABC. **Pourquoi le point O appartient-il à [AH] ?**

d. Tracez tous les axes de symétrie de la figure.

★★ **5** **a. Construisez un triangle équilatéral ABC inscrit dans un cercle de centre O et de 5 cm de rayon.**

b. Soit [AH] la hauteur de ce triangle. **Pourquoi AH = 7,5 cm ?**

c. Pourquoi AB = AH/sin60° ?

d. Montrez que l'aire du triangle ABC est 32,5 cm² arrondie à 0,1 près.

Autour du carré

★★ **6** **1. Vrai ou faux ?** *(Justifier votre choix.)*

	V	F
a. Tout losange est un polygone régulier.	☐	☐
b. Tout rectangle est un polygone régulier.	☐	☐
c. Tout carré est un polygone régulier.	☐	☐

2. Quelle est en cm² l'aire d'un carré de 10 cm de diagonale ?

☐ 100 ☐ 50 ☐ 25 ☐ incalculable

★★ **7** **a. Construisez le carré ABCD de centre O.** (Unité : cm.)

b. Placez un point M sur le petit arc CD de son cercle circonscrit. Pourquoi [MB) est-elle bissectrice de $\widehat{AMC}$?

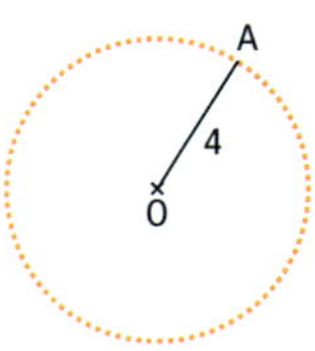

c. Calculez l'aire du carré ABCD et la valeur exacte de son périmètre.

Avec un pentagone

★★ **8** Voici un pentagone régulier de centre O.

a. Quelle est la mesure de $\widehat{AOB}$?

b. Pourquoi les points H, O et D sont-ils alignés ?

c. On donne OH = 5 cm.

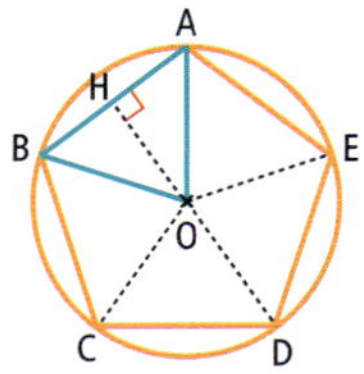

Vrai ou faux ?

	V	F
$\dfrac{OH}{OA} = \cos 36°$.	☐	☐

Trouvez une valeur arrondie à 0,1 près de OA et construisez le pentagone correspondant.

	V	F
d. Vrai ou faux ? $AH = OH \times \tan 36°$.	☐	☐

Trouvez une valeur arrondie à 0,1 près de AH. Déduisez-en le périmètre $\mathcal{P}$ et l'aire $\mathcal{A}$ du pentagone.

Livret des corrigés p. 21

Retenir l'essentiel

Des solides ayant deux bases

• Parallélépipède rectangle

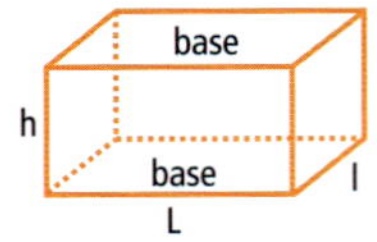

2 bases et 4 faces latérales rectangulaires.
V = B × h
avec B : aire de la base.

• Prisme droit

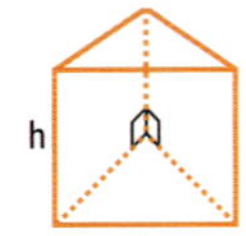

Ici, 2 bases triangulaires et 3 faces latérales rectangulaires.
V = B × h
avec B : aire de la base.

• Cylindre de révolution

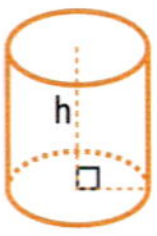

2 bases circulaires et 1 face latérale de patron rectangulaire.
V = B × h
avec B : aire de la base.

Des solides ayant une base et un sommet

• Pyramide

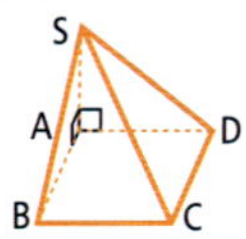

Ici, 1 base carrée et 4 faces latérales triangulaires. SA hauteur de la pyramide.

$V = \frac{1}{3} \times B \times h$

avec B : aire de la base.

• Pyramide régulière

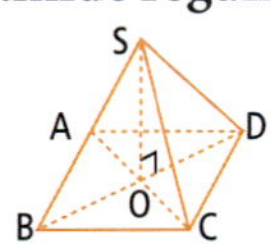

Ici, 1 base carrée et 4 faces latérales formées de 4 triangles isocèles.
SO hauteur de la pyramide.

$V = \frac{1}{3} \times B \times h$

avec B : aire de la base.

• Cône de révolution

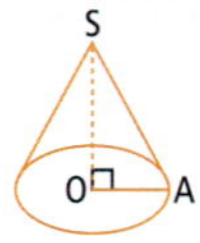

1 base circulaire et une face latérale dont le patron est un secteur circulaire. SO hauteur de la pyramide.

$V = \frac{1}{3} \times B \times h$

avec B : aire de la base.

Comprendre comment faire

▶ Pour trouver la hauteur d'un solide

Cela revient le plus souvent à utiliser la formule donnant le volume, ou à appliquer une propriété du triangle rectangle.

EXEMPLES :

1. Question : Un parallélépipède rectangle a le même volume qu'un cube d'arête 6 cm. Quelle est la hauteur h du parallélépipède sachant que sa longueur est 8 cm et que sa largeur est 5 cm ?

Réponse : Volume du parallélépipède = volume du cube, donc

$8 \times 5 \times h = 6 \times 6 \times 6$

$40 \times h = 216$, d'où en cm,

$h = \frac{216}{40} = 5{,}4$.

2. Question : Quelle est la hauteur h d'une pyramide de volume 40 cm^3 et dont la base est un carré de 5 cm de côté ?

Réponse :

$V = \frac{1}{3}$ Bh, donc :

$40 = \frac{1}{3} \times 25 \times h$, d'où

$h = \frac{40 \times 3}{25}$. Soit h = 4,8.

La hauteur de la pyramide est de 4,8 cm.

3. Question : Quelle est la hauteur SO d'un cône de révolution de rayon de base OA = 6 cm et d'arête latérale SA = 10 cm ?

Réponse : La hauteur [SO] est perpendiculaire à toutes les droites du plan de la base, en particulier à [OA]. Le triangle SOA est donc rectangle en O. D'après le théorème de Pythagore : $SO^2 + OA^2 = SA^2$

$SO^2 + 36 = 100$

$SO^2 = 100 - 36 = 64$ et

SO = 8 cm.

NOTION CLÉ

La face d'un **prisme droit** est toujours un rectangle et celle d'une **pyramide** est toujours un triangle. Leurs bases sont des polygones.

S'entraîner

Calculs de volumes

★ **1** **Complétez les pointillés par le volume de chacun des solides, arrondi au cm³ près.**

a.

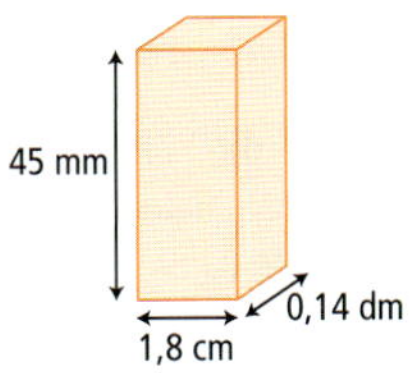

V = ...

b.

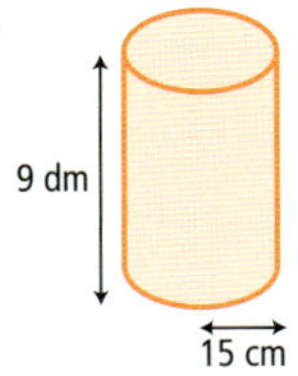

V = ...

★ **2** **Même question.**

a.

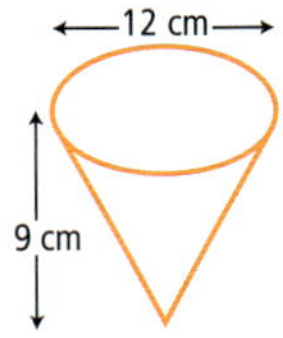

V = ...

b.

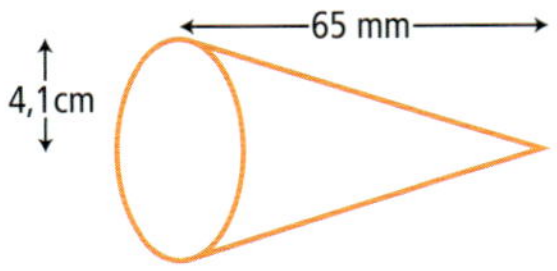

V = ...

★★ **3** **Même question, sachant que l'objet est formé d'un cône et d'un cylindre.**

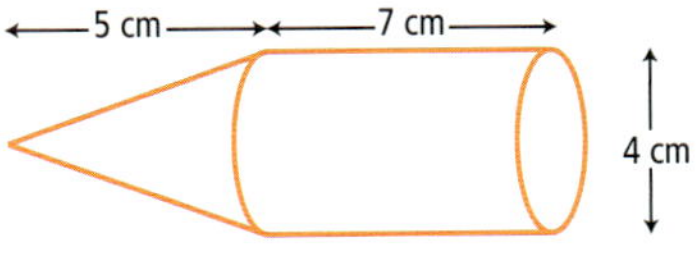

V = ...

★★ **4** **Calculez la hauteur h, puis le volume V de la pyramide SABCD sachant que ABCD est un carré dans chacun des cas.**

a.

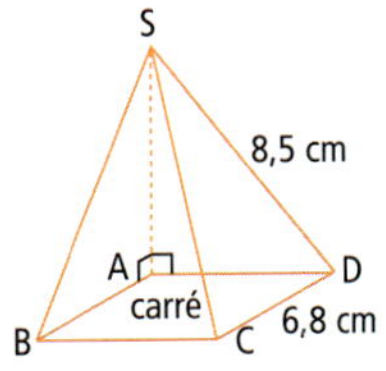

h = ...

V = ...

b.

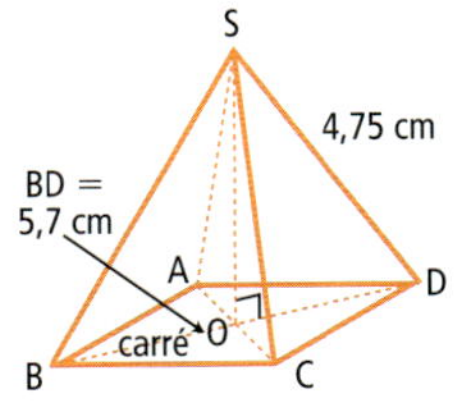

h = ...

V = ...

★★ **5** **Calculez en litres la capacité d'un baril cylindrique de diamètre 80 cm et de hauteur 50 cm. Déduisez-en celle d'un baril conique de même base et de même hauteur.**

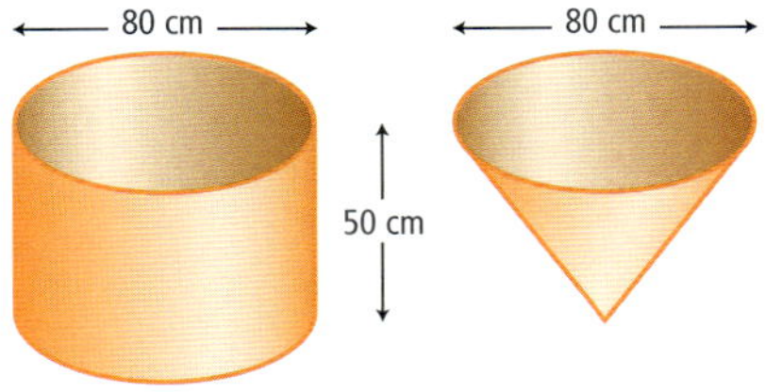

Surfaces latérales

★★ **6** Observez les figures de l'exercice 1. **Complétez à main levée un développement de chaque surface latérale, puis calculez son aire A.**

a.

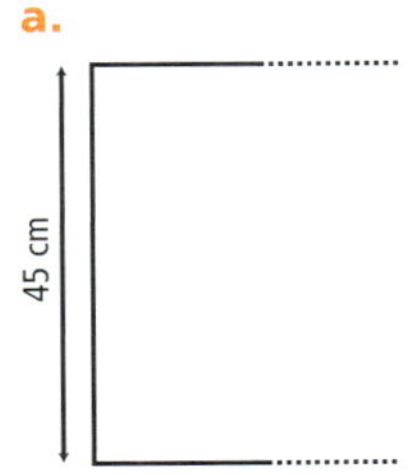

A = ...

b.

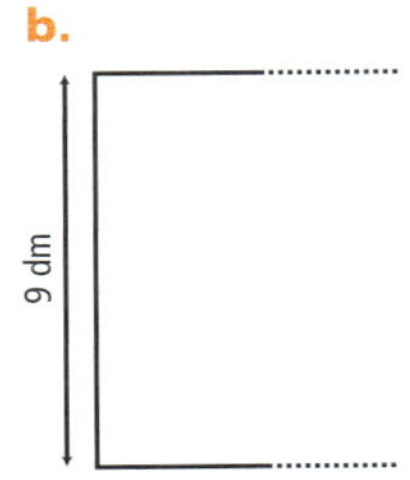

A = ...

★★★ **7** **1. Observez le cône de la figure de l'exercice 2 a.**

Vrai ou faux ? *(Justifiez vos réponses.)*

	V	F
a. L'arête latérale mesure $3\sqrt{13}$ cm.	☐	☐
b. Le périmètre de base est 12π cm.	☐	☐
c. Arrondie à l'unité, l'aire latérale est 204 cm².	☐	☐

2. Calculez une valeur approchée de l'aire latérale du cône de la figure 2 b.

★★★ **8** **Observez la figure de la pyramide régulière de l'exercice 4 b.**

a. Soit I le milieu de [CD]. **Pourquoi le triangle SOI est-il rectangle en O ? Calculez SI.**

b. Que représente SI pour le triangle SCD ? Calculez, à 0,1 près, l'aire du triangle SCD et déduisez-en l'aire latérale de la pyramide.

Livret des corrigés p. 21-22

Retenir l'essentiel

Définition

Une figure F_1 est un **agrandissement** (ou une **réduction**) d'une figure F_2 si les angles de F_1 et F_2 sont égaux et si les côtés homologues de F_1 et F_2 sont dans la même proportion.

EXEMPLE :

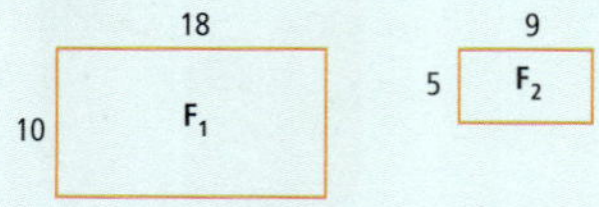

Le rectangle F_1 est un agrandissement du rectangle F_2, car F_1 et F_2 ont leurs angles égaux et leurs côtés homologues dans la même proportion. En effet :

$\frac{\text{longueur de } F_1}{\text{longueur de } F_2} = \frac{18}{9} = \boxed{2}$ et

$\frac{\text{largeur de } F_1}{\text{largeur de } F_2} = \frac{10}{5} = \boxed{2}$.

REMARQUES :

- Si F_1 est un agrandissement de F_2, alors **F_2 est une réduction de F_1**. Ici, le facteur de réduction est :

$\frac{\text{longueur de } F_2}{\text{longueur de } F_1} = \frac{9}{18} = \boxed{0{,}5}$ ou bien

$\frac{\text{largeur de } F_2}{\text{largeur de } F_1} = \frac{5}{10} = \boxed{0{,}5}$.

- Le **facteur** k de réduction est un nombre positif inférieur à 1 ($0 < k < 1$), et le **facteur** k d'agrandissement est supérieur à 1 ($k > 1$).

CONTRE-EXEMPLE :

Le triangle T_1 est-il un agrandissement du triangle T_2 ?

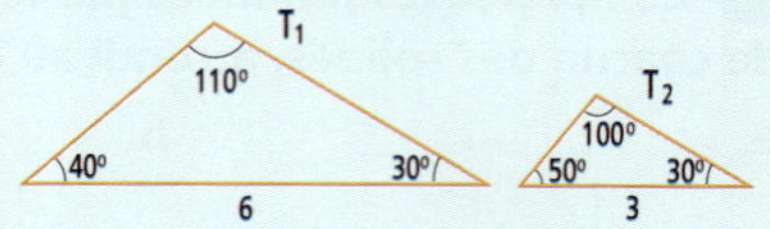

Réponse : Non, car $110° \neq 100°$ et $40° \neq 50°$. Les triangles T_1 et T_2 n'ont pas les angles égaux, donc T_1 n'est pas un agrandissement de T_2.

Périmètres, aires et volumes

PROPRIÉTÉS : Si F_1 est un agrandissement (ou une réduction) de F_2 et k est le facteur d'agrandissement (ou de réduction), alors

$\frac{\mathcal{P}_{F1}}{\mathcal{P}_{F2}} = k$, $\frac{\mathcal{A}_{F1}}{\mathcal{A}_{F2}} = k^2$ et $\frac{\mathcal{V}_{F1}}{\mathcal{V}_{F2}} = k^3$, soit :

$\boxed{\mathcal{P}_{F1} = k \times \mathcal{P}_{F2}}$, $\boxed{\mathcal{A}_{F1} = k^2 \times \mathcal{A}_{F2}}$ et $\boxed{\mathcal{V}_{F1} = k^3 \times \mathcal{V}_{F2}}$.

EXEMPLES : Avec les rectangles F_1 et F_2, le facteur d'agrandissement est $k = 2$.

$\frac{\mathcal{P}_{F1}}{\mathcal{P}_{F2}} = \frac{2(10 + 18)}{2(5 + 9)} = \frac{28}{14} = \boxed{2}$ et

$\frac{\mathcal{A}_{F1}}{\mathcal{A}_{F2}} = \frac{10 \times 18}{5 \times 9} = 4 = \boxed{2^2}$.

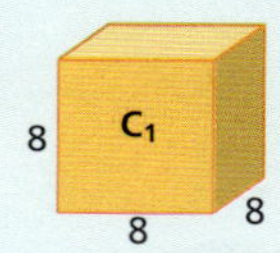

Le cube C_1 est un agrandissement du cube C_2. Le facteur d'agrandissement est $\frac{8}{4} = 2$.

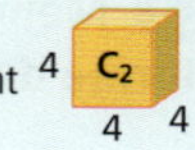

$\frac{\mathcal{V}_{C1}}{\mathcal{V}_{C2}} = \frac{8 \times 8 \times 8}{4 \times 4 \times 4} = 2 \times 2 \times 2 = \boxed{2^3}$.

Comprendre comment faire

Pour trouver des mesures manquantes dans un agrandissement ou une réduction

Cela revient en premier à reconnaître les angles égaux et les côtés homologues, puis à utiliser de préférence un tableau de proportionnalité.

EXEMPLE :

Données : Le triangle ABC est une réduction du triangle DEF (unité : cm).

Question : Quelle est la mesure de AB ? de DF ?

Solution : Dans les triangles ABC et DEF, les côtés homologues (opposés aux angles égaux) sont dans la même proportion. D'où :

Côtés du triangle ABC	AB ?	BC = 10	AC = 8
Côtés homologues	DE = 6	EF = 15	DF ?

Les produits en croix étant égaux,

$15 \times AB = 6 \times 10$, donc $AB = \frac{60}{15}$, $\boxed{AB = 4}$ et

$10 \times DF = 8 \times 15$, donc $DF = \frac{120}{10}$, $\boxed{DF = 12}$.

Remarque : Ici, le facteur de réduction est $\frac{10}{15} = \frac{2}{3}$, et le facteur d'agrandissement est $\frac{15}{10} = \frac{3}{2}$.

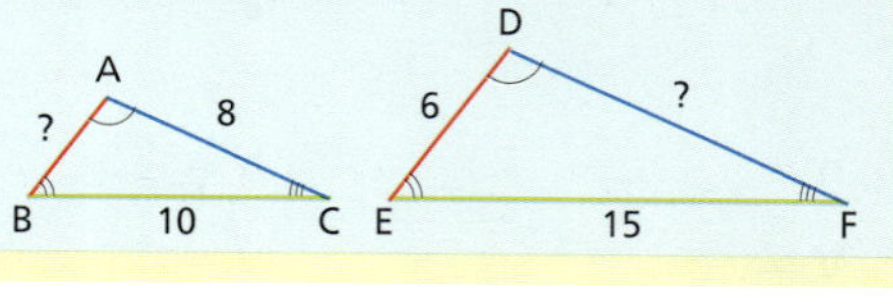

NOTION CLÉ

Réduire ou **agrandir** une figure conserve ses angles et multiplie toutes ses longueurs par un même coefficient positif k. Dans la réduction, $k < 1$, et dans l'agrandissement $k > 1$.

S'entraîner

★ **1** **Le lapin L_2 est-il une réduction du lapin L_1 ?**

★ **2** **Complétez avec $<$ ou $>$.**

a. $\frac{2}{3} \times AB$ ...... AB b. $\frac{5}{4} \times CD$ ...... CD

c. $1{,}25\,x$ ...... x d. 75 % y ...... y

★★ **3** **I et J sont les milieux des côtés AC et BC d'un triangle ABC.**

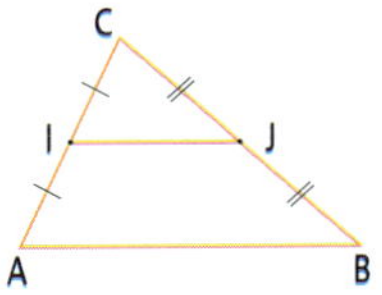

a. **Si IJ = 6, alors AB = ... ?**

b. **Pourquoi le triangle CIJ est-il une réduction du triangle ABC ?**

c. **Vrai ou faux ?**

	V	F
$\mathcal{P}_{CIJ} = \frac{1}{2}\mathcal{P}_{ABC}$	☐	☐
$\mathcal{A}_{CIJ} = \frac{1}{4}\mathcal{A}_{ABC}$	☐	☐

★★ **4** Données : Une figure F_1 est une réduction d'une figure F_2, $\mathcal{A}_{F1} = 49$ cm² et $\mathcal{A}_{F2} = 100$ cm².

Quel est le facteur *k* de réduction ?

☐ 0,49 ☐ 7/10 ☐ 0,7 ☐ 10/7

★★ **5** T_1 est un agrandissement de T_2. Deux côtés homologues ont pour mesure 5 cm et 8 cm.

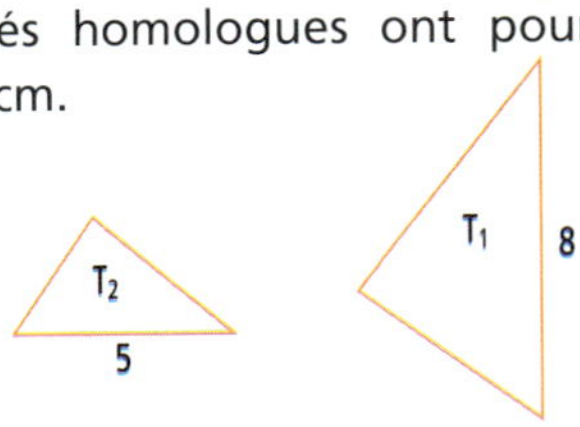

a. **Quel est le facteur d'agrandissement ?**

☐ $\frac{5}{8}$ ☐ $\frac{8}{5}$ ☐ 1,6

b. **Si le périmètre de T_2 est 12 cm, quel est le périmètre de T_1 ?**

☐ $\frac{5}{8} \times 12$ cm ☐ $\frac{8}{5} \times 12$ cm ☐ 19,2 cm

c. **Si l'aire de T_1 est 25 cm², quelle est l'aire de T_2 ?**

☐ $\frac{8}{5} \times 25$ cm² ☐ $\left(\frac{8}{5}\right)^2 \times 25$ cm²

☐ $\left(\frac{5}{8}\right)^2 \times 25$ cm²

★★ **6** Données : Un solide S_1 est un agrandissement d'un solide S_2, $\mathcal{V}_{S1} = 27$ cm³ et $\mathcal{V}_{S2} = 8$ cm³.

Quel est le facteur *k* d'agrandissement ?

☐ $\frac{8}{27}$ ☐ $\frac{27}{8}$ ☐ $\frac{3}{2}$ ☐ 1,5

★★ **7** **Le cône C_1 est-il une réduction du cône C_2 ?**

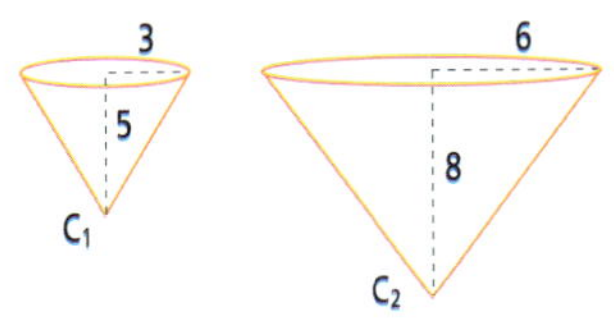

★★ **8** Le cylindre C_1 est une réduction du cylindre C_2 (unité : cm).

a. **Quel est le facteur *k* de réduction ?**

b. **Quelle est la hauteur *h* de C_1 ?**

c. **Trouvez les valeurs exactes des volumes de C_1 et C_2, puis vérifiez que $\frac{\mathcal{V}_{C1}}{\mathcal{V}_{C2}} = \left(\frac{2}{3}\right)^3$.**

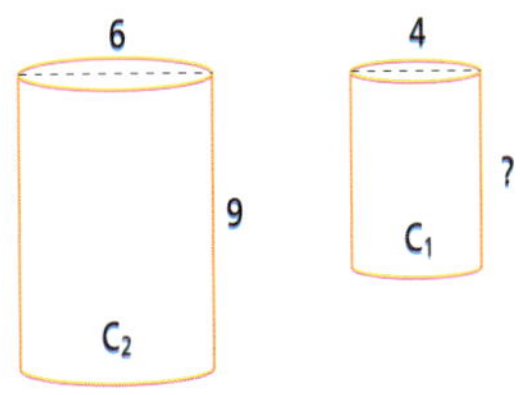

★★★ **9** La longueur de la Seine est de 776 km. Sa largeur varie entre 30 m et 200 m.

Quelle est ci-dessous sa largeur ?

(Unité : m.)

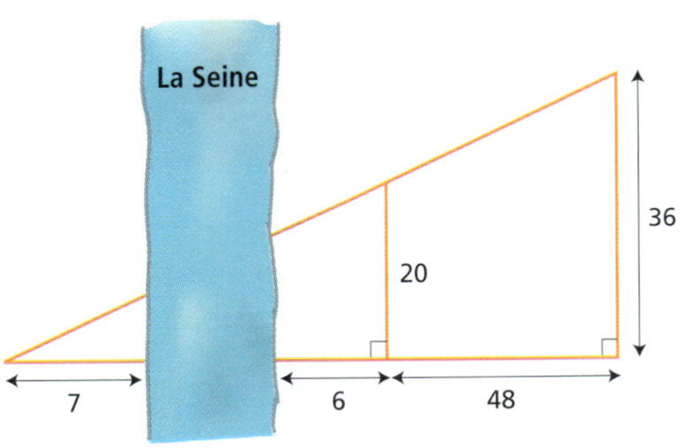

Livret des corrigés p. 22

Retenir l'essentiel

Section d'un solide par un plan P parallèle à sa base ou à une face

- **Parallélépipède rectangle**

Le plan P est parallèle à la base :
la section bleue est un rectangle superposable à la base.

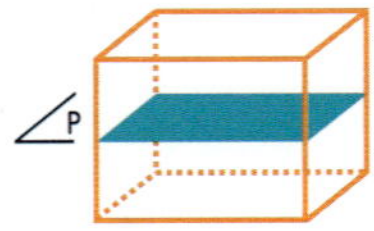

Le plan P est parallèle à une face :
La section bleue est un rectangle superposable à la face.

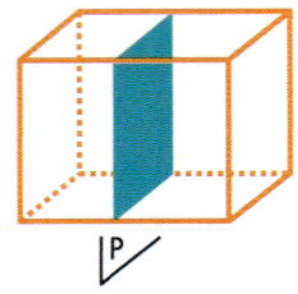

- **Pyramide**

Le plan P est parallèle à la base.
La section bleue est un polygone dont les côtés sont respectivement parallèles à ceux de la base.
C'est également une réduction de la base.
Les pyramides de sommet S sont telles que :

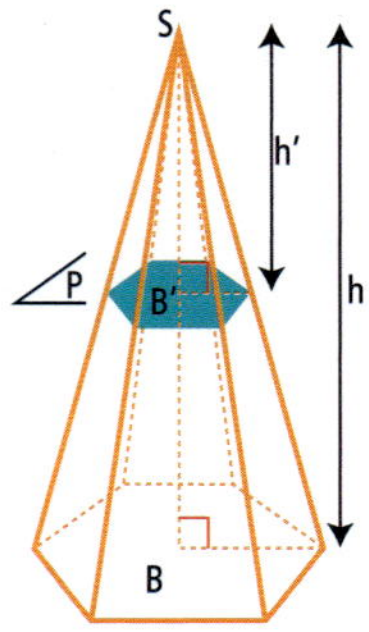

si $\frac{h'}{h} = \frac{1}{2}$, alors $\frac{B'}{B} = \left(\frac{1}{2}\right)^2 = \frac{1}{4}$ et
$\frac{V}{V'} = \left(\frac{1}{2}\right)^3 = \frac{1}{8}$.

- **Cylindre**

Le plan P est parallèle à la base :
La section bleue est un disque superposable à la base.

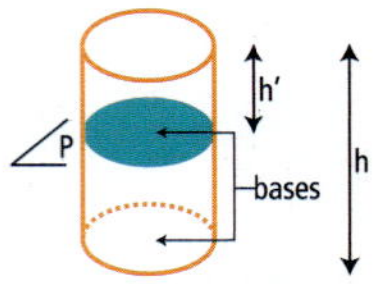

Volume du cylindre de hauteur h′ :
$V' = B \times h'$
Volume du cylindre de hauteur h :
$V = B \times h$ donc $\frac{V}{V'} = \frac{B \times h'}{B \times h} = \frac{h'}{h}$.

EXEMPLE : Si h′ est le quart de h, $\frac{h'}{h} = \frac{1}{4}$,
alors le volume V′ est le quart du volume V, $\frac{V'}{V} = \frac{1}{4}$.

- **Cône de révolution**

Le plan P est parallèle à la base.
La section bleue est un disque de rayon r′, tel que $\frac{r'}{r} = \frac{h'}{h}$.

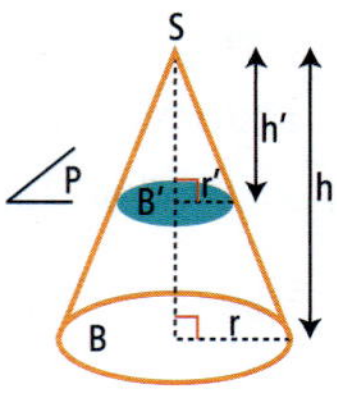

C'est une réduction de la base.
Les cônes de sommet S sont tels que :
si $\frac{h'}{h} = \frac{1}{3}$, alors $\frac{r'}{r} = \frac{1}{3}$
$\frac{B'}{B} = \left(\frac{1}{3}\right)^2 = \frac{1}{9}$ et $\frac{V'}{V} = \left(\frac{1}{3}\right)^3 = \frac{1}{27}$.

Section d'un solide par un plan parallèle à une arête ou à un axe

1. Parallélépipède rectangle
Le plan P est parallèle à l'arête AB.
La section bleue est un rectangle. Deux de ses côtés sont parallèles à l'arête AB.

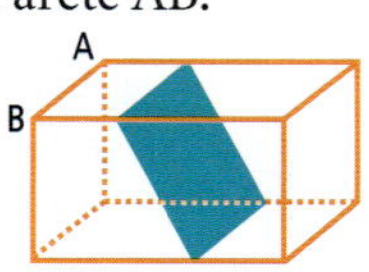

2. Cylindre
Le plan P est parallèle à l'axe OO′ du cylindre.
La section bleue est un rectangle. Deux de ses côtés sont parallèles à l'axe OO′.

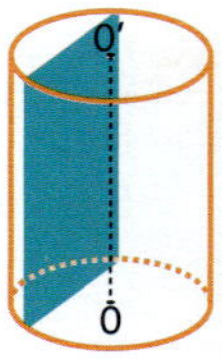

NOTION CLÉ
Si deux plans sont parallèles alors :
– toute droite perpendiculaire à l'un est perpendiculaire à l'autre;
– tout plan qui coupe l'un coupe l'autre et les intersections sont deux droites parallèles.

Comprendre comment faire

▶ Pour représenter en perspective cavalière

Cela revient à respecter le parallélisme des segments et à tracer en traits pleins les parties visibles et en pointillés celles qui ne le sont pas (voir exercice 4).

▶ Pour effectuer des calculs concernant des sections de solides

Cela peut revenir à effectuer des calculs d'échelle ou à appliquer des propriétés de géométrie plane, de Thalès, de Pythagore et de trigonométrie (voir exercice 7).

S'entraîner

★ **1 Le petit cylindre est-il une réduction du grand cylindre ? Pourquoi ?**

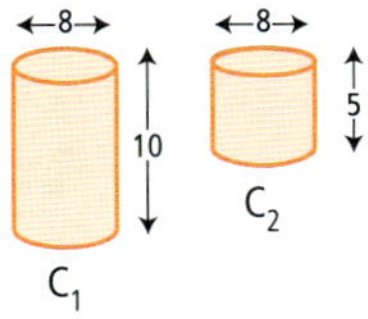

★★ **2** Voici deux pyramides régulières.

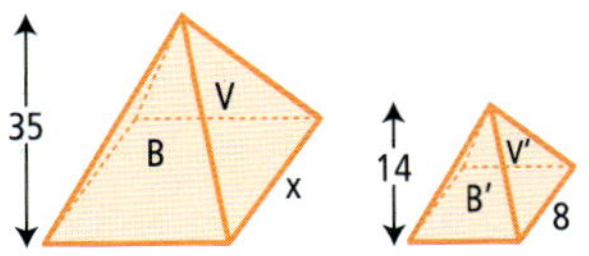

a. **La plus grande est un agrandissement de la plus petite pour x = :**

☐ 20 ☐ 12 ☐ 18

b. **Dans ce cas le rapport $\frac{B}{B'}$ des aires de leurs bases est égal à :**

☐ $\frac{5}{2}$ ☐ $\frac{25}{4}$ ☐ $\frac{2}{5}$

c. **Et le rapport $\frac{V}{V'}$ de leurs volumes est égal à :**

☐ $\frac{5}{2}$ ☐ $\frac{25}{4}$ ☐ $\frac{125}{8}$

★★ **3** Le plan P est parallèle à la base de la pyramide SABCD et coupe [SA] en son milieu A'.

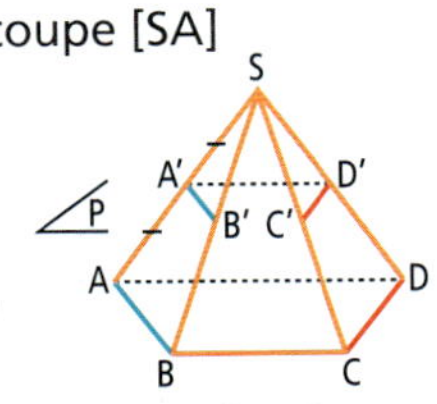

a. **Complétez le tracé de la section A'B'C'D' par le plan P. La pyramide SA'B'C'D' est-elle une réduction de la pyramide SABCD ? Si oui, quel est le facteur de réduction ?**

b. **Calculez l'aire de base et le volume de la pyramide SA'B'C'D'**, sachant que ceux de SABCD sont de 25 cm^2 et 60 cm^3.

c. **Calculez la hauteur de la pyramide SABCD et déduisez-en celle de SA'B'C'D'.**

★★ **4 Vu au brevet**

(SABC) est une pyramide dont la base (ABC) est un triangle rectangle en A. (SA) ⊥ (ABC).

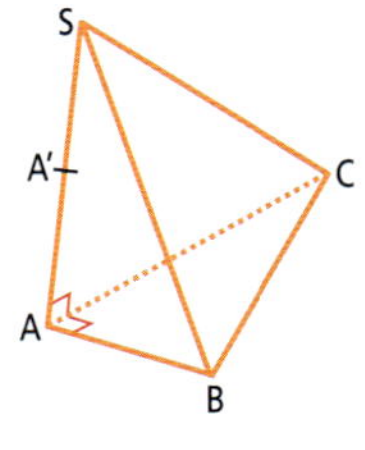

a. **Dessinez en perspective la section de cette pyramide par le plan parallèle à (ABC) passant par A'.**

b. **Quelle est la nature de cette section ?**

c. **Dessinez en perspective la section de cette pyramide par le plan parallèle à (SBC) passant par A'.**

★★ **5 Vu au brevet**

(ABCDEFGH) est un cube d'arête [AB] avec AB = 12 cm.
I est le milieu de [AB],
J est le milieu de [AE],
K est le milieu de [AD].

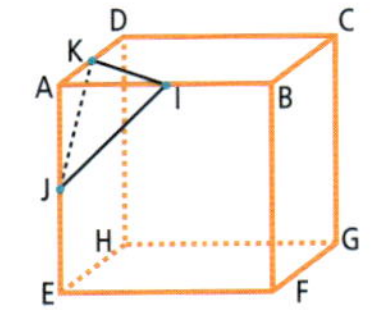

a. **Calculez l'aire du triangle (AKI).**

b. **Quel est le volume de la pyramide (JAKI) de base (AKI) ?**

c. **Dessinez en vraie grandeur le patron de cette pyramide.**

d. **Quelle fraction du volume du cube représente le volume de la pyramide (JAKI) ? Écrivez le résultat sous forme d'une fraction de numérateur 1.**

★★ **6** **a.** **Complétez le tracé de la section ABCD du cylindre par un plan P parallèle à son axe OO'.**

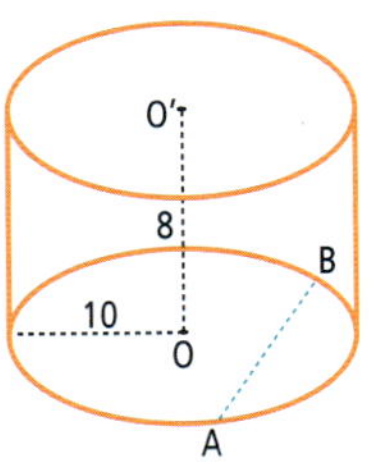

b. **Calculez l'aire exacte de cette section, sachant que $\widehat{AOB}$ = 90°.**

★★ **7** Un verre de forme conique est tel que SO = 9 cm et $\widehat{OSA}$ = 30°.

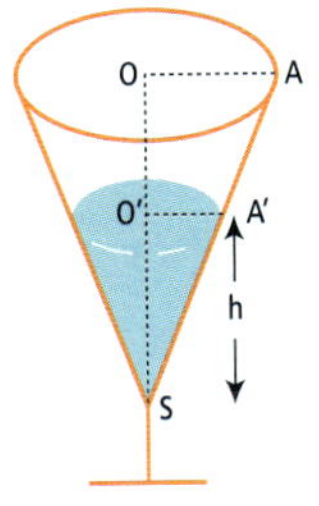

a. **Calculez OA au dixième près.**

b. On remplit ce verre et on désigne par h la hauteur SO' du liquide.
Calculez au centilitre près la capacité maximale de ce verre.

c. **Complétez le tableau donnant le volume V du liquide en fonction de sa hauteur h.**

h (cm)	3	4,5	6
V (cL)			

Livret des corrigés p. 23

Retenir l'essentiel

Définitions : aire et volume

Voici une sphère de centre O et de rayon 5 cm.

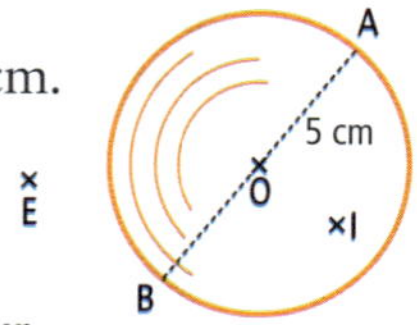

- A est un **point de la sphère** signifie que OA = 5 cm.
- E est un **point extérieur à la sphère** signifie que OE > 5 cm.
- I est un **point intérieur à la sphère** signifie que OI < 5 cm.
- [AB] est un **diamètre de la sphère** signifie que A et B sont deux points de la sphère alignés avec le centre O.
- L'aire $\mathscr{A}$ d'une sphère de rayon r est : $\mathscr{A} = 4\pi r^2$. Ici, en cm^2 : $\mathscr{A} = 4 \times \pi \times 5^2 = 100\,\pi \approx 314$.
- Le volume V d'une boule de rayon r est $V = \frac{4}{3}\pi r^3$. Ici, en cm^3 :

$$V = \frac{4}{3} \times \pi \times 5^3 = \frac{500}{3} \times \pi \approx 523{,}6.$$

Section d'une sphère par un plan

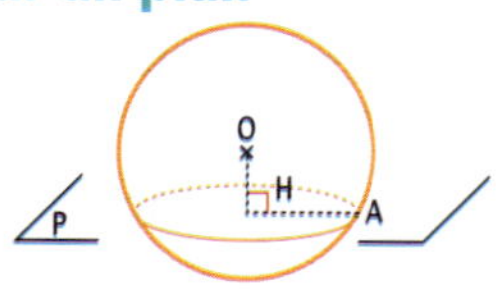

- La section de la sphère par le plan P est un cercle de centre H et de rayon HA. C'est un petit cercle.
- OH est la distance du centre O au plan P. (OH) ⊥ P et (OH) ⊥ (HA).
- OH < r, r étant le rayon de la sphère.

Cas particuliers

Plan diamétral

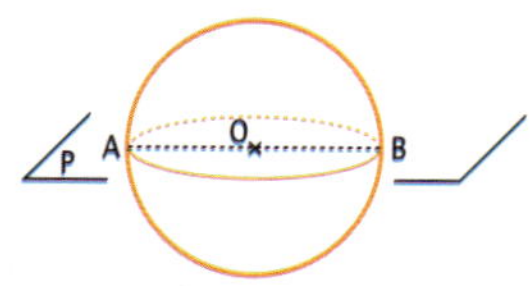

- Le plan P passe par O.
- La section de la sphère par le plan P est le cercle de centre O et de diamètre [AB]. C'est un grand cercle.
- Le plan P partage la sphère en deux demi-sphères.

Plan tangent

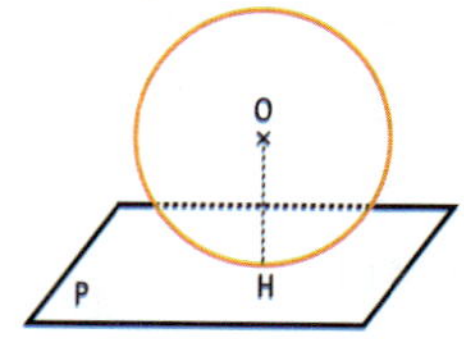

- Le plan P rencontre la sphère en un seul point H. On dit que le plan P est tangent à la sphère en H.
- (OH) ⊥ P et OH = r.

NOTION CLÉ

Le mathématicien et savant grec Archimède (287-212 avant J.-C.) a trouvé l'aire $4\pi r^2$ et le volume $\frac{4}{3}\pi r^3$ de la sphère. En hommage à ses découvertes, les Romains avaient dessiné sur sa tombe une sphère inscrite dans un cylindre. (Voir exercice 3).

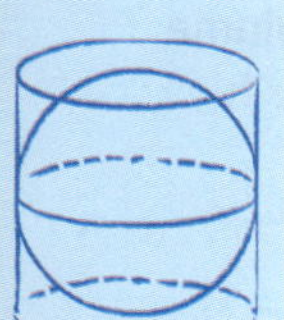

Comprendre comment faire

Pour définir la section d'une sphère par un plan

Cela revient à effectuer des calculs dans un triangle rectangle.

EXEMPLE : Considérons le triangle OAH rectangle en H de la figure ci-dessus :

- D'après le théorème de Pythagore : $OH^2 + HA^2 = OA^2$.
Si OA = 5 et OH = 2, alors $HA^2 = 25 - 4 = 21$ et $HA = \sqrt{21}$.
Donc, la section est un cercle de centre H et de rayon $HA = \sqrt{21} \approx 4{,}6$.
- Si OA = 5 et $\widehat{AOH} = 30°$, alors : $AH = OA\sin 30° = 5 \times 0{,}5 = 2{,}5$.
Donc, la section est un cercle de centre H et de rayon HA = 2,5.

Pour repérer un point sur la Terre

Cela revient à définir l'intersection de deux lignes : un parallèle et un méridien.

EXEMPLE :
Le point M est défini par l'intersection d'un parallèle, « parallèle » à l'équateur, et d'un méridien.
Ces parallèle et méridien sont eux-mêmes définis par des angles par rapport aux parallèle origine, l'équateur, et le méridien origine, celui de Greenwich.

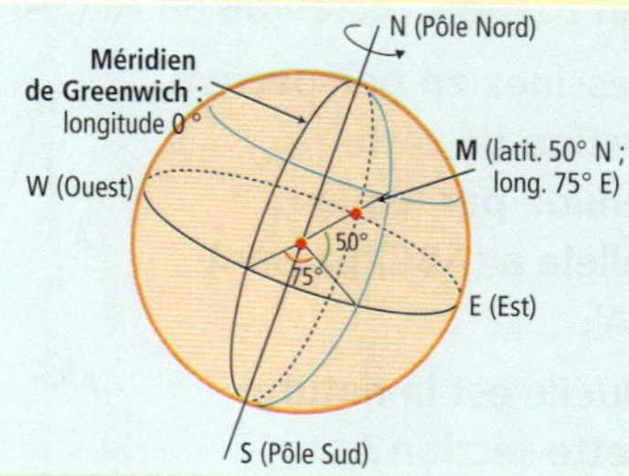

S'entraîner

Calculs d'aires et de volumes

★ 1 a. L'aire totale de la demi-boule de rayon r est donnée par l'expression :

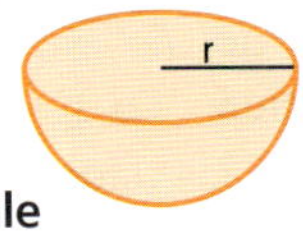

☐ $\pi r^2 + 4\pi r^2$ ☐ $5\pi r^2$

☐ $\pi r^2 + 2\pi r^2$ ☐ $3\pi r^2$

b. Le volume de cette demi-boule est donné par l'expression :

☐ $\frac{4}{3}\pi r^2$ ☐ $\frac{2}{3}\pi r^2$ ☐ $\frac{4}{3}\pi r^3$ ☐ $\frac{2}{3}\pi r^3$

★ 2 Calculez pour r = 5 cm l'aire totale et le volume de la demi-boule ci-dessus. Donnez des résultats arrondis au dixième.

★★ 3 La sphère de rayon R est pleine. On verse tout son contenu dans un cylindre de rayon R et de hauteur 2R.

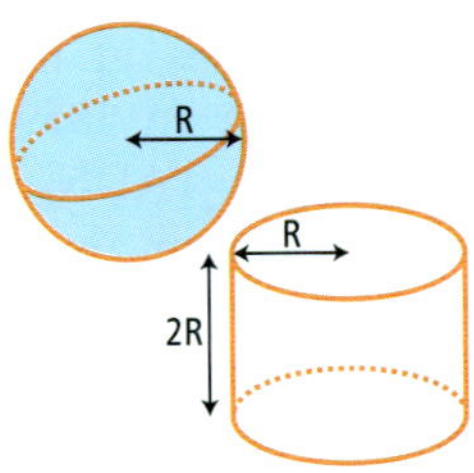

Celui-ci est alors :

☐ plein.

☐ à moitié plein.

☐ rempli aux $\frac{2}{3}$. ☐ rempli au $\frac{1}{3}$.

Sections

★★ 4 Vu au brevet

Un plan coupe une sphère de centre O et de rayon 10 cm selon un cercle (C) de centre H.
La distance OH du centre de la sphère à ce plan vaut 6 cm.

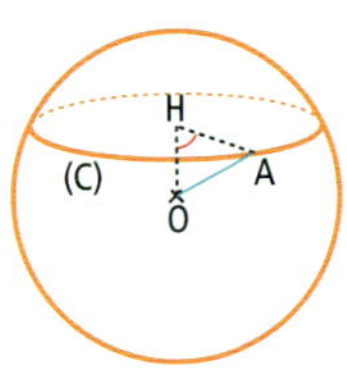

a. En utilisant uniquement les données de l'énoncé, **tracez en vraie grandeur le triangle OHA rectangle en H**. On laissera les traits de construction apparents.

b. Calculez le rayon du cercle (C).

Parallèle

★★ 5 Calculez la longueur du parallèle passant par Paris (49° N ; 2° E).

On prendra R = 6 400 km pour la Terre.

Conseil : observez la figure concernant le repérage d'un point sur la Terre page 124.

★★ 6 Vu au brevet

Dans le parc de la Cité des Sciences se trouve la Géode qui a extérieurement la forme d'une calotte sphérique posée sur le sol, de rayon 18 m.

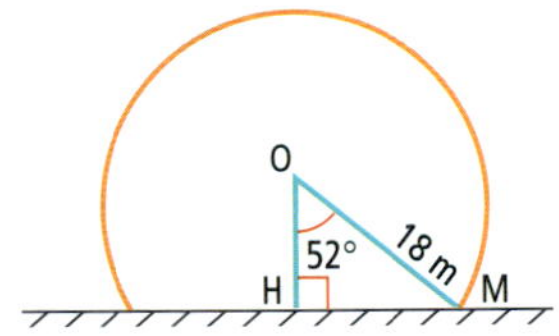

a. Calculez OH (on trouvera 11 m à 1 m près).

b. Calculez HM (résultat arrondi à 1 m près).

c. Calculez la hauteur totale de la Géode.

d. Quelle est la forme de la surface au sol occupée par la Géode ? Calculez l'aire de cette surface (valeur approchée par défaut à 1 m² près).

e. On veut représenter le triangle OHM à l'échelle 1/300.

– **Quelle est la longueur OM sur cette représentation ?**

– **Construisez OHM à cette échelle.**

Terre et planètes

★★ 7 La forme de la Terre est associée à celle d'une boule de rayon 6 400 km.

Vrai ou faux ? V F

a. L'aire de la surface terrestre est environ : $5{,}15 \times 10^8$ km². ☐ ☐

b. La partie émergée de la Terre est environ : $149{,}04 \times 10^6$ km².
Pour la surface terrestre, cela représente environ :

☐ 20 % ☐ 30 % ☐ 50 % ☐ 75 %

★★ 8 Le tableau suivant concerne quatre planètes. **Complétez le rayon et le diamètre au km près, l'aire au million de km² près, et le volume au milliard de km³ près.**
Utilisez la touche π.

Planète	Mercure	Mars	Vénus	Terre
Rayon (km)	2 439			
Diamètre (km)		6 800		12 756
Aire (millions km²)			460	
Volume (milliards km³)				

Livret des corrigés p. 23-24

Retenir l'essentiel

Une accélération des progrès

● Le XXe siècle est marqué par un **nombre très important** de progrès qui bouleversent la vie des populations en très peu de temps. On observe en effet une **diminution du délai entre l'invention** (découverte) et **l'innovation.**

● Les États ont pris conscience de l'importance de la recherche, qui est un élément de puissance économique, culturelle et militaire. Ils consacrent une part croissante de leur budget pour financer la recherche, créent des organismes spécialisés et attirent les chercheurs (***brain-drain*** mis en place par les États-Unis).

Des progrès dans tous les domaines

● Les progrès touchent toutes les sciences et techniques. Parmi les plus spectaculaires, on peut citer la **conquête de l'espace.** Elle devient après 1945 un enjeu entre les deux grandes puissances rivales. Si les débuts sont en faveur de **l'URSS** (Spoutnik en 1956, premier vol habité en 1961), les **États-Unis** marquent un avantage décisif avec les premiers pas sur la Lune (1969). Les vols spatiaux et l'envoi de sondes et de satellites se multiplient, permettant une meilleure connaissance de la Terre, de l'Univers, de la matière.

● Une autre découverte touche la physique à partir des travaux d'Einstein sur la matière, poursuivis par les époux Joliot-Curie qui réalisent la fission de l'atome. Ces découvertes permettent de mettre au point **l'énergie nucléaire,** utilisée à des fins militaires et civiles.

Des progrès dans la médecine

Au XXe siècle sont mis au point de nouveaux **médicaments** (pénicilline en 1928), de nouveaux **vaccins** (contre la poliomyélite en 1953), de nouvelles **techniques chirurgicales et médicales** (transplantation du rein en 1959), des **découvertes** en biologie (l'ADN en 1953). Ces progrès permettent un recul de la mortalité infantile et un **allongement de l'espérance de vie,** surtout dans les pays développés (plus de moyens). Ils engendrent aussi des **débats** : doit-on maintenir en vie à tout prix ? Avoir un enfant est-il un droit absolu ? Peut-on manipuler les gènes d'une personne ?

Comprendre comment faire

Pour traiter le sujet du brevet

1. L'épreuve écrite dure deux heures. Elle est décomposée en trois parties égales : histoire, éducation civique et géographie. Chaque partie a presque le même nombre de points, on doit donc y consacrer à peu près le même temps. Chaque partie de l'épreuve est subdivisée en deux types d'exercices.

2. Le premier type d'exercice est une vérification des connaissances de l'élève avec des questions dont les réponses sont plus ou moins longues. Il s'agit d'abord de connaître certains repères en histoire (date de certains événements vus depuis la 6e) et en géographie (placer sur une carte différents éléments, compléter une légende). Ensuite, l'élève est interrogé sur le programme de l'année (faits, acteurs, notions).

3. Le deuxième type d'exercice est une analyse de documents de nature variée (textes, cartes, tableaux, photos, graphiques…) avec des questions pour constater si l'élève comprend le document et les éléments de synthèse qu'il peut en tirer. Ce sont les documents importants du programme, dont certains auront déjà été vus au cours de l'année avec le professeur.

POINT ACTU

La NASA a expédié en novembre 2011 un robot d'exploration (Curiosity-MSL) qui doit rechercher des molécules et des traces de vie fossile sur Mars.

DÉFINITION

▸ **Innovation** : application d'une découverte à grande échelle.

S'entraîner

★ 1 À partir de la photo et du texte, répondez aux questions.

«La fusée Ariane a finalement décollé mercredi 16 février à 18h50 heure locale (22h50 à Paris) du centre spatial guyanais de Kourou, avec à son bord le deuxième cargo automatique européen, l'ATV Johannes Kepler, destiné à ravitailler la Station spatiale internationale (ISS). Il s'agit du 200e lancement effectué par une fusée Ariane, tous modèles confondus, plus de trente ans après le premier vol d'une Ariane 1 en décembre 1979. […]»

■ Site Lemonde.fr

a. D'où décolle la fusée?

b. Comment s'appelle cette fusée et par qui a-t-elle été conçue?

c. Quand a-t-elle été lancée pour la 1re fois?

d. Quelle est la mission de cette fusée?

★★ 2 Étudiez les données sur les prix Nobel, faites des recherches et répondez aux questions.

Origine des prix Nobel de chimie, physique et médecine depuis 1901 (déterminée en fonction de l'endroit où les lauréats ont effectué leur travail)

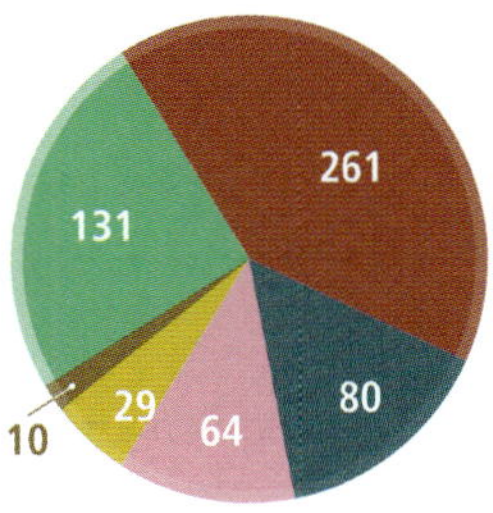

■ Site Nobelprize.org

a. Dans quels domaines sont décernés les prix Nobel?

b. Qu'est-ce qui montre la supériorité des États-Unis dans la recherche scientifique?

c. Qu'est-ce qui peut expliquer cette domination américaine?

d. Complétez le tableau avec les découvertes qui ont valu le prix Nobel aux Français.

Année	Domaine	Nom	Travail scientifique
1911	Chimie	Marie Curie	
1935	Chimie	Irène Joliot-Curie Frédéric Joliot	
1991	Physique	Pierre-Gilles de Gennes	
2008	Médecine	Françoise Barré-Sinoussi, Luc Montagnier Harald zur Hausen	

★★ 3 Lisez le texte pour répondre.

Une interrogation d'un chercheur

« Mesdames et Messieurs les géniteurs, la FIVETE* va bientôt vous offrir des œufs à la carte avec sexe et conformité aux normes garanties par le laboratoire. Encore un peu de progrès et vos petits seront choisis comme au chenil, couleur du poil et longueur des pattes, aptitude à la santé et forme des oreilles.

Alors la FIVETE ne sera plus seulement une recette contre la stérilité mais un mode privilégié d'accéder dès la conception à l'identité de l'enfant […]. Ce n'est pas le sacrifice d'œufs éventuellement innombrables qui me tracasse : plutôt cette perspective folle de l'enfant «clés en main» dont la venue sera nécessairement occasion de déception. […] Je crois que le moment est venu de faire une pause, c'est le moment d'autolimitation du chercheur. […] Moi chercheur en procréation assistée, j'ai décidé d'arrêter. »

* FIVETE : Fécondation In Vitro Et Transfert d'Embryon. La fécondation d'un spermatozoïde et d'un ovule se fait en dehors du corps féminin et l'œuf fécondé est implanté quelques jours plus tard dans l'utérus de la mère. Cette technique a été mise au point en France par Jacques Testart et son équipe et le premier «bébé éprouvette» est né en 1982.

■ Jacques Testart, *L'Œuf transparent*, 1986, cité par M. Letté, *Documentation photographique* n° 8046, 2005.

a. Qui est l'auteur de ce texte?

b. Qu'a-t-il inventé? En quelle année?

c. À quoi sert sa découverte? Que craint-il?

d. Que décide-t-il de faire?

e. Qui doit intervenir face aux enjeux d'une telle découverte? De quelle manière?

Livret des corrigés p. 24

Retenir l'essentiel

Évolution dans la manière de produire

- Avec **l'industrialisation** du XIXe siècle, la force des machines remplace celle des hommes dans les usines. Elles permettent de **produire plus, plus vite et moins cher.** Elles se perfectionnent dans les années 1970, se généralisent avec l'informatique, l'électronique et **l'automatisation.**

- Au début du XXe siècle, Henry Ford impose le **taylorisme** avec le **travail à la chaîne.** Les ouvriers effectuent une tâche simple et répétitive et doivent respecter une cadence imposée pour accroître la productivité. Dans les années 1970, se répand le **toyotisme** (ouvriers polyvalents, production à la commande et souci de la qualité).

Évolution des grandes entreprises

- Le recours aux machines nécessite un **capital** important. Les industriels empruntent de l'argent ou émettent des **actions.** Les familles perdent le contrôle de leurs entreprises qui deviennent des **sociétés anonymes** dirigées par des managers.

- La taille des grandes entreprises augmente pour faire face à la concurrence. Soit l'entreprise se développe seule, soit elle rachète d'autres entreprises. Dans la 2e moitié du XXe siècle, les **FTN** dominent l'économie mondiale.

Conséquences sociales

- La répartition de la **population active** se modifie : chute du nombre de paysans, hausse des actifs dans l'industrie (puis baisse après les difficultés économiques des années 1970) et forte augmentation des emplois dans les services.

- Les **migrations liées au travail** augmentent au XXe siècle et s'orientent surtout des pays pauvres vers les pays riches. Les migrants fuient des conditions de vie difficiles pour espérer en trouver de meilleures.

Comprendre comment faire

Pour étudier une frise chronologique

L'origine des migrants en France depuis 1850

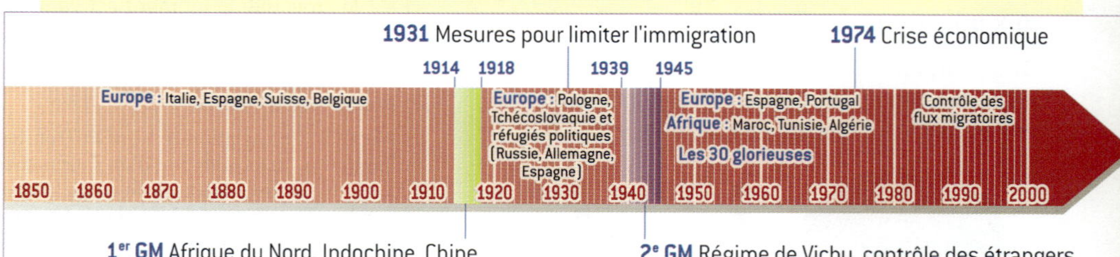

1. Je lis le titre. Cette frise chronologique montre les pays dont sont originaires les migrants depuis l'industrialisation en France.

2. J'étudie le document. On peut distinguer deux grandes périodes. Jusqu'en 1945, les migrants sont originaires d'Europe (pays voisins jusqu'en 1914, puis plus lointains ensuite). Après 1945, les travailleurs étrangers viennent d'Europe mais aussi des pays du Maghreb devenus indépendants.

3. Je conclus. Les migrations accompagnent les périodes de croissance économique. La faible natalité française entraîne un manque de main-d'œuvre et donc un recours aux travailleurs étrangers. Dans les périodes de difficultés économiques (1931, 1973), la France cherche à limiter les flux migratoires.

POINT ACTU

Aujourd'hui les migrations du travail concernent environ 200 millions de personnes.

DÉFINITION

- **FTN :** firmes transnationales.

S'entraîner

★ 1 Étudiez le graphique et répondez aux questions.

La croissance du PIB en France

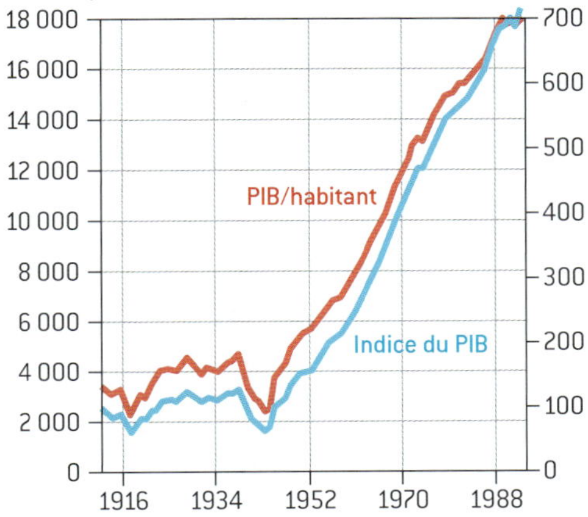

a. Que sont le PIB et le PIB/hab. ?

b. À combien s'élève le PIB/hab. en 1913 ? en 1994 ?

c. Par combien a été multiplié le PIB de la France entre 1913 et 1914 ?

d. Quelles sont les deux phases que l'on distingue dans la croissance du PIB ?

e. Faites une recherche pour trouver comment on surnomme la phase 1946-1973 en France.

★★ 2 Étudiez le tableau et répondez aux questions.

La fin des paysans, le triomphe de l'or vert

	1954	1974
Actifs agricoles	5 100 000	2 357 000
Rendements du blé (quintaux par hectare)	23	42
Exportations de produits agricoles (en milliards de nouveaux francs courants)	2,35	39
Porc (en milliers de tonne)	950	1 510
Tracteurs	250 000	1 330 000 (en 1973)

■ D'après *Documentation photographique* n° 8081, p. 43.

a. À combien s'élevait le nombre d'agriculteurs en France en 1954 ?

b. Comment a évolué le nombre d'actifs agricoles entre 1954 et 1974 ?

c. Dans le même temps, comment ont évolué les rendements ?

d. Quel élément du tableau peut expliquer l'augmentation des rendements ?

e. À partir des réponses aux questions précédentes, expliquez le titre du tableau.

★★ 3 Étudiez la photo et faites des recherches pour répondre aux questions.

histoire des arts

■ Extrait du film *Les Temps modernes*, Charlie Chaplin, 1936.

a. Quand a été tourné le film dont la scène photographiée est extraite ?

b. Dans quel cadre a lieu cette scène ?

c. Quelle forme de travail illustre-t-elle ?

d. Faites une recherche pour connaître le scénario du film et les messages que Chaplin a voulu faire passer.

e. Faites une recherche pour connaître d'autres films tournés par Chaplin. Lequel montre que Chaplin est un cinéaste engagé ?

f. Quels autres exemples d'artistes engagés au XXe siècle pouvez-vous citer ? Précisez le titre de l'une de leurs œuvres.

Livret des corrigés p. 24

Retenir l'essentiel

Les phases de la guerre

La guerre débute en août 1914, opposant la **Triple Entente** (France, Royaume-Uni, Russie) aux **empires centraux** (Allemagne et Autriche-Hongrie). Elle se déroule en **trois phases** : une guerre de mouvement, une **guerre de position** (ou de tranchées) entre 1915 et 1917, avec un front stabilisé, puis la reprise d'une guerre de mouvement en 1918, après l'entrée en guerre des États-Unis en 1917.

Une guerre totale et brutale

- Fin 1914, les pays prennent conscience que le conflit va être long et utilisent tous les moyens pour **soutenir l'effort de guerre.** Tandis que les **hommes** des métropoles et des colonies partent au front, à l'arrière les **femmes** les remplacent dans les champs et les usines. **Vivres et matières premières** sont réquisitionnées pour l'armée et les industries qui fabriquent du matériel de guerre. Les États **s'endettent** pour financer le conflit.
- La guerre atteint un degré de **violence très intense.** Les soldats vivent l'enfer dans les tranchées et les armes sont de plus en plus meurtrières (obus, gaz…). En 1916, la **bataille de Verdun** fait 700 000 morts. Dans les régions occupées ou proches du front, les **populations civiles** sont brutalisées, déportées, soumises au travail forcé. Dans l'Empire ottoman, les Arméniens accusés de trahison subissent un **génocide.**

Les conséquences de la guerre

- Les pays européens sont affaiblis et les populations épuisées. Cela favorise des **révolutions** en Russie puis dans le reste de l'Europe (Allemagne, Hongrie…). Mais ces tentatives échouent sauf en Russie où **Lénine** et les bolcheviks prennent le pouvoir par un coup d'État en octobre 1917.
- La guerre se termine par la défaite de l'Allemagne et **l'armistice** signé le 11 novembre 1918. Les bilans humain et matériel sont lourds. Les **traités de paix** modifient les frontières de l'Europe et créent de nouvelles tensions.

Comprendre comment faire

Pour étudier une carte historique

1. Je lis le titre. Il renseigne sur le thème, l'espace et la période représentés : les frontières et les États européens au début des années 1920.

2. J'étudie la carte et sa légende. Elles évoquent les pays vainqueurs et vaincus, les frontières d'avant 1914 et celles d'après les traités, les territoires gagnés et les nouveaux États.

3. Je conclus. Les pays vaincus perdent des territoires qui servent à agrandir ceux des vainqueurs et à créer des États à l'Est de l'Europe. Ceux-ci répondent à un triple objectif : donner un pays aux minorités nationales, créer une zone tampon avec la Russie devenue communiste et prendre à revers l'Allemagne en cas de nouveau conflit. Ce redécoupage de l'Europe mécontente de nombreux pays (territoires contestés, Allemagne humiliée).

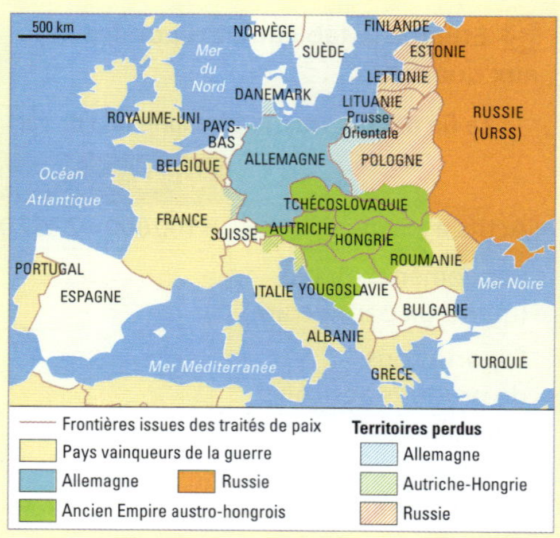

L'Europe au lendemain des traités (vers 1923)

POINT ACTU

Toutes les communes de France possèdent un monument aux morts érigé après 1918, pour commémorer la disparition des soldats.

DÉFINITIONS

- **Génocide :** volonté de détruire un peuple ou un groupe religieux.
- **Armistice :** texte qui met fin aux combats.

S'entraîner

★ **1 Indiquez les années lors desquelles se sont produits les événements suivants.**

a. Début de la Première Guerre mondiale : ....

b. Bataille de Verdun : ....

c. Entrée en guerre des États-Unis : ....

d. Révolution russe : ....

e. Fin de la Première Guerre mondiale : ....

★★ **2 Étudiez le document et répondez aux questions.**

Le bilan humain de la Première Guerre mondiale

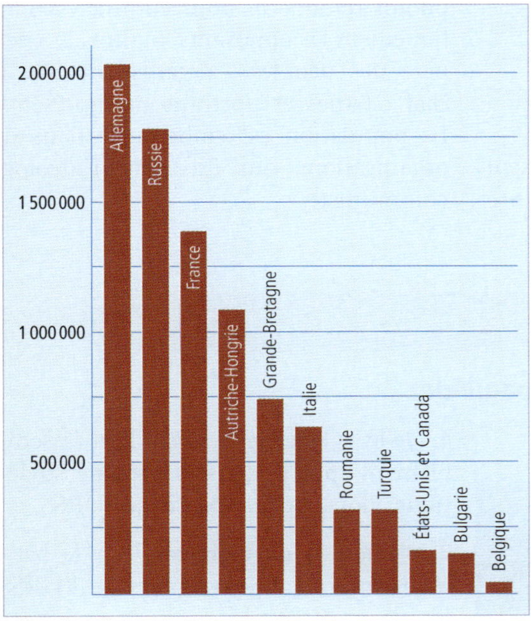

a. Comment s'appelle ce type de document ?

b. Combien la France compte-t-elle de victimes à la fin de la guerre ?

c. Quels sont les trois pays qui ont le plus souffert ?

d. Comment expliquez-vous le relatif faible nombre de victimes américaines ?

e. Expliquez pourquoi la Première Guerre mondiale a été beaucoup plus meurtrière que les guerres précédentes.

★★ **3 Lisez le texte pour répondre aux questions.**

« Verdun, 15 juillet 1916, 4 heures, soir
Mes chers parents
Je suis encore vivant et en bonne santé, pas même blessé, alors que tous mes camarades sont tombés morts, ou blessés aux mains des Boches qui nous ont fait souffrir les mille horreurs, liquides enflammés, gaz lacrymogènes – gaz suffocants – asphyxiants, attaques…
Je suis redescendu de première ligne ce matin. Je ne suis qu'un bloc de boue […]. J'ai eu soif… pas faim… J'ai connu l'horreur de l'attente de la mort sous un tir de barrage inouï… Je tombe de fatigue. […]
J'ai sommeil, je suis plein de poux, je pue la charogne des macchabées.
Je vous écrirai dès que je vais pouvoir. Soyez donc tranquilles. J'espère que le gros coup pour nous a été donné. Bonne santé, et je vous embrasse bien affectueusement.
Georges »

■ *Paroles de Poilus, Lettres et carnets du front 1914-1918*, J.-P. Guéno et Y. Laplume (dir.), Librio, 1998.

a. De quel type de texte s'agit-il ?

b. Durant quelle phase de la guerre et quelle bataille a-t-il été écrit ?

c. Quel surnom est donné aux Allemands ? Et aux soldats français ?

d. Soulignez en rouge les armes utilisées.

e. Soulignez en jaune les passages qui montrent que les conditions de vie sont difficiles.

★★ **4 Testez vos connaissances.**

	V	F
a. La guerre se déroule en deux phases.	☐	☐
b. La bataille de Verdun fait 70 000 morts.	☐	☐
c. Les femmes participent indirectement au conflit.	☐	☐
d. Les États-Unis entrent en guerre en 1917.	☐	☐
e. Les Arméniens sont victimes d'un génocide.	☐	☐
f. L'armistice est signé le 11 septembre 1918.	☐	☐

 Livret des corrigés p. 25

Retenir l'essentiel

Lénine au pouvoir (1917-1924)

• Après la Révolution de 1917, Lénine veut créer un régime communiste, **sans propriété privée et sans classe sociale**. Dans un contexte de guerre civile, il instaure une **dictature** (parti unique, suppression des libertés, concentration des pouvoirs).

• La **police politique** contrôle et terrorise la population. Dans le domaine économique, les grandes propriétés sont confisquées et un contrôle ouvrier s'opère dans les usines. En 1922, **l'URSS est créée**, intégrant la Russie.

• Pour exporter la révolution russe, Lénine crée la **IIIe Internationale communiste** (Komintern) en 1919. Cette organisation basée à Moscou regroupe les partis communistes européens et veut favoriser une révolution mondiale.

Staline au pouvoir (1924-1953)

• Staline succède à Lénine et s'impose seul au pouvoir en 1928. Il renforce la dictature et prend le contrôle de l'économie par des **plans quinquennaux impératifs** qui prévoient d'industrialiser l'URSS et de collectiviser les terres (création des **kolkhozes**).

• La violence du régime s'accentue : les paysans qui refusent d'intégrer les **kolkhozes** sont arrêtés, déportés ou massacrés (2 millions entre 1930 et 1932). En 1937-1938, des procès fictifs ont lieu contre des dirigeants communistes tandis que 750 000 opposants, réels ou supposés, sont exécutés et 800 000 envoyés au goulag : c'est la **« grande terreur »**.

• Pour faire adhérer la population, Staline utilise une intense **propagande** (affiches et grands rassemblements). Les statistiques officielles sont truquées et les photos retouchées pour éliminer symboliquement les opposants. Staline, le « petit père des peuples », organise le **culte du chef** (statues et portraits omniprésents). La population est embrigadée dans des organisations qui diffusent l'idéologie communiste.

Comprendre comment faire

▶ Pour étudier un moyen de propagande

■ Grande parade sportive sur la place Rouge, Moscou, 13 juillet 1935.

1. Je lis la légende. Il s'agit d'un rassemblement sportif dans la capitale soviétique, alors que Staline dirige l'URSS.

2. J'étudie la photographie. Sur le bâtiment figurent des symboles de l'URSS (étoile, CCCP) et les portraits de Lénine (à gauche) et Staline (à droite) avec un slogan « Vive le guide du grand parti communiste, le meilleur ami des gymnastes, le camarade Staline ». Au pied du bâtiment, de nombreux sportifs défilent et forment des figures géométriques (étoile, faucille et marteau, symboles du communisme).

3. Je conclus. Ce rassemblement fait passer deux messages : rassemblement du peuple et culte du chef. La société soviétique, disciplinée et soudée par la pratique du sport, rend hommage à son chef Staline qui se présente comme l'héritier de Lénine.

POINT ACTU

Plusieurs pays se réclament encore de l'idéologie communiste, comme la Chine, Cuba ou la Corée du Nord.

DÉFINITIONS

- **Kolkhoze :** exploitation agricole collective
- **Goulag :** camp de travail forcé.

S'entraîner

★ **1 Relisez le cours et complétez le tableau suivant.**

État totalitaire	En URSS
Buts de l'État totalitaire :	
– Faire adhérer la population à des idées – Uniformiser la société	– Idéologie .... – Suppression des ....
Moyens de l'État totalitaire :	
• Dictature avec : – parti unique – suppression des libertés – un chef qui concentre les pouvoirs	– Parti .... – .... puis ....
• Contrôle de l'économie	– Plans ....
• Soumission de la population	– Par la .... (police politique, ...) – Par la .... (affiches, culte du chef…) – Par ....

★★ **2 Lisez le texte pour répondre aux questions.**

> « Camarades
> Le soulèvement koulak dans vos cinq cantons doit être écrasé sans pitié. Les intérêts de la révolution tout entière l'exigent, car partout la lutte finale avec les koulaks est désormais engagée. Il faut
> 1) Pendre (et je dis pendre de façon que les gens le voient) pas moins de cent koulaks, richards, vampires connus.
> 2) Publier leurs noms.
> 3) S'emparer de tout leur grain.
> Télégraphiez que vous avez reçu et mis à exécution des instructions.
> Votre Lénine.
> PS : Trouvez des gens plus durs. »
>
> ■ Télégramme envoyé par Lénine le 11 août 1918 à trois dirigeants bolcheviks de la région de Penza, cité dans *L'Histoire* n° 324, octobre 2007.

a. Qui est l'auteur de ce télégramme ? De quand à quand dirige-t-il l'URSS ?

b. Qui sont les ennemis désignés dans ce télégramme ?

c. Quelles sont les deux mesures envisagées contre ces ennemis ?

d. Que révèle ce document à propos du régime soviétique ?

★★ **3 Lisez la légende et étudiez la photographie.** histoire des arts

■ *L'ouvrier et la kolkhozienne*, sculpture de Vera MOUKHINA pour décorer le pavillon de l'URSS à l'exposition universelle de Paris en 1937. Cette sculpture est un exemple du réalisme socialiste, c'est-à-dire le courant artistique défini par l'État, seul autorisé en URSS, et souvent utilisé à des fins de propagande. Les artistes doivent représenter fidèlement la réalité, donner une vision de l'histoire et faire passer l'idéologie communiste.

a. Qui sont les deux personnages représentés sur cette sculpture ?

b. Que tiennent-ils dans la main ?

c. Quelle est leur attitude ?

d. À quel courant artistique peut-on relier cette sculpture ?

e. Quels messages veut faire passer l'artiste ?

f. Qu'est-ce qui montre que le régime soviétique est un État totalitaire ?

Livret des corrigés p. 25

Retenir l'essentiel

Un État totalitaire

● Nommé **chancelier en 1933**, Hitler accède légalement au pouvoir. Il met rapidement en place une **dictature** (suppression des libertés, parti unique, concentration des pouvoirs). L'État oriente **l'économie vers la guerre**, s'endettant pour réaliser des grands travaux, assurer l'autarcie de l'Allemagne et réarmer le pays.

● La population est soumise par la **terreur et la propagande**. La police politique (Gestapo) et les **SS** font régner la violence et traquent les opposants, envoyés dans des camps de concentration. L'idéologie et le **culte du chef** sont diffusés par les affiches, la presse, la radio, les rassemblements… Des **organisations nazies** encadrent la population (Jeunesses hitlériennes).

Une idéologie raciste, expansionniste

● Hitler et le parti national-socialiste (nazi) s'appuient sur une **idéologie raciste** (« race » allemande supérieure aux autres), **antisémite** (juifs considérés comme des parasites), **nationaliste** (l'Allemagne doit s'imposer face aux autres nations) et **expansionniste** (conquérir un espace vital indispensable à la « race » allemande).

● Dès 1933, les magasins juifs sont boycottés et des professions sont interdites aux Juifs. En 1935, les **lois de Nuremberg** excluent les Juifs de la nation allemande et interdisent les relations sexuelles entre personnes juives et allemandes pour « préserver la pureté de la race ». Puis, les persécutions s'accentuent comme lors de la **Nuit de cristal** (1938).

● Dès 1936, Hitler prépare la guerre. Il viole le traité de Versailles qui limitait la puissance militaire de l'Allemagne et remet une armée sur pied. Il veut regrouper tous les gens de « race » allemande dans un même État (Reich) et pratique **une série d'annexions** (Autriche, Sudètes, Bohême-Moravie), testant la capacité de réaction des alliés franco-anglais.

Comprendre comment faire

Pour étudier un document de propagande

■ Carte postale réalisée après l'annexion de l'Autriche, le 13 mars 1938, par les autorités nazies.

1. Je lis la légende. La propagande sert à transmettre des idées à la population. Cette carte postale, destinée à être diffusée à toute la population du Reich, est réalisée par les nazis en 1938, après l'annexion de l'Autriche à l'Allemagne.

2. Je décris le document. Le slogan donne trois idées : un peuple (Volk), un État (Reich) et un chef (Führer). L'aigle, emblème du Reich, surmonte une croix gammée (symbole des nazis). Le portrait d'Hitler, tourné vers l'Est en direction des futures conquêtes, figure sur un fond de carte (le Reich ayant intégré l'Autriche).

3. Je conclus. Le document illustre les aspects raciste et expansionniste de l'idéologie nazie : regrouper toutes les populations de « race » allemande (dont les Autrichiens) dans un même État et faire des conquêtes afin de lui assurer un espace pour s'épanouir (espace vital). Ce peuple est soumis à l'obéissance absolue de son chef, le Führer Adolf Hitler.

POINT ACTU

Les scientifiques ne reconnaissent pas de « races » chez les hommes, il n'y a qu'une seule espèce humaine.

DÉFINITION

▸ **SS** : (*Schutzstaffel*, « escadron de protection »), sorte de milice du parti nazi qui regroupe les éléments les plus fanatiques.

S'entraîner

★ **1 Complétez le tableau en vous aidant du cours.**

État totalitaire	En Allemagne
Buts de l'État totalitaire :	
– Faire adhérer la population à des idées – Uniformiser la société	– Idéologie .... – Suppression des ....
Moyens de l'État totalitaire :	
Dictature avec : – Parti unique – Suppression des libertés – Un chef qui concentre les pouvoirs	– Parti .... – ....
Contrôle de l'économie	– Orientée vers ....
Soumission de la population	– Par la .... (police politique, ...) – Par la .... (affiches, culte du chef…) – Par ....

★★ **2 Étudiez la photographie et répondez aux questions.**

■ Magasin de chaussures saccagé lors de la « Nuit de Cristal ». Vienne, Autriche, 10 novembre 1938.

a. En quelle année et après quel événement a été prise cette photographie ?

b. Pourquoi ce magasin a-t-il été saccagé ?

c. Quel aspect de l'idéologie nazie illustre cette photographie ?

d. Comment expliquer que cet événement ait eu lieu à Vienne ?

★★ **3 Étudiez l'affiche pour répondre aux questions.**

■ Affiche faisant la promotion des autoroutes allemandes, années 1930.

a. Comment peut-on identifier qu'il s'agit d'une affiche allemande ?

b. Quel intérêt économique peut représenter une autoroute ?

c. Quel intérêt stratégique peut représenter une autoroute ?

★★ **4 Écrivez un petit paragraphe dans lequel vous montrerez les différences et les points communs entre le régime soviétique et le régime nazi.**

Pour vous aider, les différences concernent surtout l'idéologie (les buts de l'État totalitaire) et les points communs se retrouvent dans les moyens mis en œuvre par l'État totalitaire pour appliquer et diffuser cette idéologie.

Livret des corrigés p. 25

Retenir l'essentiel

Les deux grandes phases

● **1939-1941 : l'Axe** (Allemagne, Italie, Japon) remporte des victoires rapides. En 1941, Hitler envahit l'URSS et le Japon agresse les États-Unis. La guerre mondiale se déroule sur deux théâtres d'opération : océan Pacifique et Europe/Afrique du Nord.

● **1942-1945** : l'avancée de l'Axe est stoppée. **À partir de 1943**, les défaites s'enchaînent. Les Alliés occidentaux libèrent l'Europe de l'Ouest. Après la **bataille de Stalingrad**, l'URSS progresse en Europe de l'Est. Dans l'océan Pacifique, la guerre tourne à l'avantage des États-Unis. L'Allemagne capitule le 8 mai 1945 et le Japon le 2 septembre.

Une guerre d'anéantissement

● Chaque pays mobilise toutes **ses ressources humaines, matérielles, économiques et financières** pour soutenir l'effort de guerre.

● Des **moyens de destruction massifs** sont employés, qui visent les populations civiles. Les États-Unis mettent au point la **bombe atomique** (destructions au Japon d'Hiroshima et de Nagasaki en août 1945).

● Chaque pays mobilise sa population autour **d'enjeux idéologiques** forts. Les États-Unis et le Royaume-Uni combattent au nom de la **démocratie et de la défense de la liberté**. En URSS, Staline mène une **guerre patriotique** contre l'Allemagne. Hitler veut agrandir le Reich et éliminer les Juifs et les communistes d'Europe.

Le génocide des Juifs et des Tziganes

● Juifs et Tziganes, considérés comme « races inférieures » par les nazis, sont **fusillés en plein air** par des commandos SS (*Einsatzgruppen*) en URSS dès 1941. À partir de 1942, ils sont déportés vers les **camps d'extermination**. Au total, près de 5,5 millions de Juifs et 250 000 Tziganes sont assassinés.

Comprendre comment faire

Pour étudier un texte

« L'unité Einsatz pénétrait dans un village ou dans une ville et donnait l'ordre aux citoyens juifs de marque de rassembler tous les Juifs afin de les « réinstaller ».
On les invitait à mettre tous leurs objets de valeur et, peu avant leur exécution, on leur ordonnait de retirer leurs vêtements de dessus.
On les transportait en camion jusqu'au lieu de l'exécution – en général un fossé antichar. [...]
Puis les pelotons d'exécution les fusillaient à genoux ou debout [...] et on jetait les cadavres dans le fossé. [...] J'ai toujours ordonné que plusieurs hommes tirent en même temps, ceci afin d'éviter toute responsabilité personnelle directe. »

■ Interrogatoire d'Otto Olhendorf, commandant l'*Einsatzgruppe* D de juin 1941 à juin 1942 en Ukraine (URSS), par le lieutenant-commander Witney Harris de l'état-major américain chargé de l'accusation dans le cadre du procès de Nuremberg, 1946.

1. Je présente le texte. C'est le témoignage du commandant d'un commando SS lors des interrogatoires préparant le procès de Nuremberg, organisé par les Alliés après la guerre, pour juger les criminels nazis.

2. Je repère les idées essentielles. Il décrit, en trois parties chronologiques (regroupement, transport, exécution), les massacres des Juifs par les *Einsatzgruppen* lors de l'invasion de l'URSS.

3. Je conclus. Les SS agissent avec méthode et se servent de leurs victimes. Avant de les exécuter, ils les dépouillent et les font fusiller à ciel ouvert par les soldats qu'on essaie de déculpabiliser (« plusieurs hommes tirent en même temps »). Au total, près de 1,3 million de Juifs sont exécutés par les *Einsatzgruppen*.

POINT ACTU

Le 8 mai est un jour férié (jour de fête civile) en France pour commémorer la fin de la Seconde Guerre mondiale en Europe.

DÉFINITION

▸ **Tziganes :** populations nomades qui se sont installées dans le centre et l'Est de l'Europe (Hongrie, Roumanie).

S'entraîner

★ **1 Reliez chaque événement à sa date.**

Événement	Date
Fin de la bataille de Stalingrad ●	● 8 mai 1945
Début de la guerre ●	● Août 1945
Capitulation de l'Allemagne ●	● 1943
Bombardement atomique d'Hiroshima ●	● 1941
Entrée en guerre des États-Unis ●	● 1939

★★ **3 Observez la photographie, lisez la légende et répondez aux questions.**

histoire des arts

■ Photographie d'Evgueni Khaldeï, 2 mai 1945, Berlin.

a. Quand et où a été prise cette photographie ?

b. Quelle est la nationalité du soldat au premier plan ?

c. Quel élément le prouve ?

d. Comment apparaît la ville en arrière-plan ?

e. Quel événement se produit quelques jours plus tard ?

Histoire

★★ **2 Étudiez le planisphère pour répondre aux questions.**

Le monde en 1942

a. Quelles sont les deux parties du monde où se déroule la guerre ?

b. Quels sont les trois pays de l'Axe ?

c. Citez trois pays qui font partie des Alliés.

d. Quelles sont les deux batailles qui stoppent l'avancée des Allemands ?

e. Que représente l'année 1942 dans le cours de la Deuxième Guerre mondiale ?

Livret des corrigés p. 25

Retenir l'essentiel

La naissance de l'ONU

Les États vainqueurs créent en **1945 l'Organisation des Nations unies** (ONU). Elle regroupe au départ **51 pays** et répond à un **triple objectif** : éviter les guerres en favorisant le dialogue entre les pays et en prévoyant des sanctions contre ceux qui menaceraient la paix; promouvoir les droits de l'homme dans le monde; favoriser le développement économique et social.

Les crises d'un monde bipolaire

- Les **États-Unis et l'URSS** s'opposent après 1945, s'accusant mutuellement de vouloir dominer le monde. Le monde, l'Europe, l'Allemagne et Berlin sont divisés en deux : **le bloc occidental** dirigé par les États-Unis avec les pays d'Amérique et d'Europe de l'Ouest; **le bloc oriental** ou communiste, dirigé par l'URSS avec les pays d'Europe de l'Est et la Chine.

- C'est la **Guerre froide.** Les deux superpuissances se tiennent en respect par la **dissuasion nucléaire** et s'affrontent indirectement à plusieurs reprises :
  - la **guerre de Corée** (1950-1953) : la Corée du Nord communiste, soutenue par l'URSS et la Chine, contre la Corée du Sud, soutenue par les États-Unis;
  - les **crises à Berlin** : blocus de Berlin par l'URSS pour récupérer toute la ville (1948-1949), construction du Mur de Berlin (1961) par l'URSS pour empêcher la fuite des Allemands de l'Est vers l'Ouest;
  - la **crise de Cuba** (1962) : bras de fer entre les États-Unis et l'URSS qui projette d'installer des missiles nucléaires sur l'île.

Effondrement du bloc communiste

- À partir des années 1980, l'URSS a de graves difficultés économiques. En 1985, son nouveau dirigeant Gorbatchev instaure **plus de libertés** et annonce que l'URSS ne soutiendra plus ses alliés.

- En Europe de l'Est, les communistes perdent les élections libres à partir de 1989. En Allemagne, le **Mur de Berlin tombe en novembre 1989** et le pays se réunifie en 1990. **L'URSS implose en 1991**, chaque République reprenant son indépendance.

Comprendre comment faire

Pour étudier une caricature

■ Fritz Behrendt, octobre 1962, « Par précaution… ».

1. Je lis la légende. Une caricature est un dessin humoristique qui exagère un événement ou les traits d'une personne pour dénoncer une situation. Cette caricature a été réalisée en 1962, au moment de la crise des missiles de Cuba. La légende « Par précaution… » montre que l'on s'attend au pire.

2. J'étudie le dessin en repérant les plans, les personnages et les symboles. Il représente l'arche de Noé en arrière-plan dans laquelle embarquent les animaux. Au premier plan, le président américain Kennedy et le dirigeant soviétique Khrouchtchev tirent chacun un missile nucléaire (l'étoile symbolise le communisme).

3. J'interprète les informations. Ce dessin humoristique se moque de la crise de Cuba pouvant déboucher sur un conflit nucléaire entre États-Unis et URSS, avec comme conséquence la destruction de la planète.

POINT ACTU

L'ONU compte aujourd'hui la quasi-totalité des pays de la planète, soit 193 États.

DÉFINITION

▸ **Guerre froide :** période de fortes tensions entre les États-Unis et leurs alliés et l'URSS et ses alliés, entre 1947 et 1989.

S'entraîner

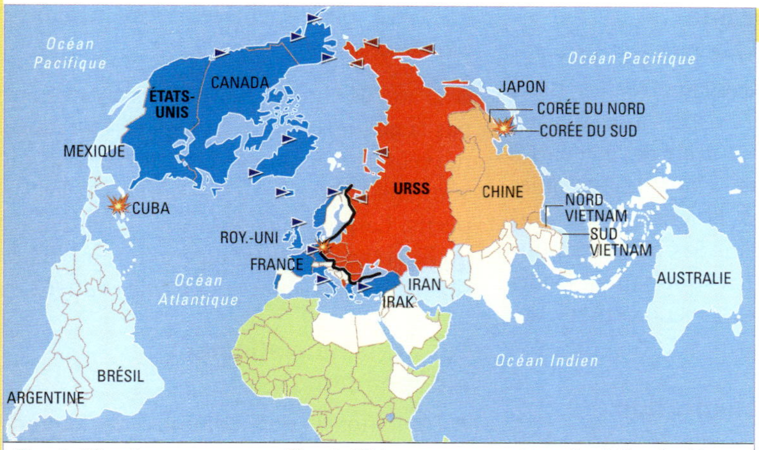

Bloc de l'Ouest
- Pays membres de l'OTAN
- Autres alliés des États-Unis
- Colonies ou pays sous tutelle de l'ONU
- Principales bases américaines ou de l'OTAN

Bloc de l'Est
- Pays membres du Pacte de Varsovie
- Autres alliés de l'URSS
- Principales bases soviétiques

La confrontation des blocs
- Rideau de fer
- Premiers conflits de la Guerre froide

Le monde bipolaire et les crises de la Guerre froide

★ **1 Observez la carte ci-contre pour répondre.**

a. Citez deux alliés de l'URSS.

b. Qu'est-ce que le rideau de fer ?

c. Quelle est la situation de l'Allemagne et de Berlin ?

d. Citez deux crises de la Guerre froide et leurs dates.

e. Comment s'appellent les alliances militaires mises en place par les États-Unis et l'URSS ?

★★ **2 Relisez le cours et étudiez la photo.**

■ *Mauerfall* (chute du Mur), Berlin, 1989.

a. Quand a été construit le Mur de Berlin ? Pour quelle raison ?

b. Quel monument figure à l'arrière-plan de la photographie ?

c. Qu'est-ce qui prouve sur la photographie que le Mur est tombé ?

d. Pourquoi la chute du Mur symbolise-t-elle la fin de la Guerre froide ?

★★ **3 Lisez attentivement le texte.**

Nous, peuples des Nations unies résolus,
– à préserver les générations futures du fléau de la guerre qui deux fois […] a infligé à l'humanité d'indicibles souffrances ;
– à proclamer à nouveau notre foi dans les droits fondamentaux de l'homme, dans la dignité et la valeur de la personne humaine […], ainsi que des nations, grandes et petites ;
– à créer les conditions nécessaires au maintien de la justice […] ;
– à favoriser le progrès social et instaurer de meilleures conditions de vie dans une liberté plus grande. […]

Avons décidé d'associer nos efforts pour réaliser ces desseins

En conséquence, nos gouvernements respectifs, […] ont adopté la présente Charte et établissent par les présentes une organisation internationale qui prendra le nom de Nations unies.

■ Préambule de la Charte des Nations unies signée le 26 juin 1945, à San Francisco par 51 États*.

a. À quelle organisation donne naissance cette Charte ? Où et quand est-elle été signée ?

b. Soulignez en rouge le passage qui évoque les atrocités des deux guerres mondiales.

c. Entre qui le principe d'égalité doit-il s'établir ?

d. Relevez les autres principes qui sont à la base de cette organisation.

Livret des corrigés p. 25

Histoire

Retenir l'essentiel

Un contexte favorable

En 1945, les métropoles européennes sortent affaiblies de la guerre, les deux superpuissances sont hostiles aux colonies et l'ONU proclame le **droit des peuples à disposer d'eux-mêmes**. Dans les colonies qui ont pris part à la guerre, certains mouvements réclament des **réformes** pour obtenir **l'égalité**, d'autres souhaitent **l'indépendance**. Face à ces revendications, les métropoles réagissent.

Les types de décolonisation

- Certaines décolonisations sont **négociées** entre la métropole et la colonie. C'est le cas de **l'Inde** à qui le Royaume-Uni accorde l'indépendance en 1947 après des négociations avec les **nationalistes** hindous (Gandhi, Nehru) et musulmans (Jinnah). L'indépendance débouche sur une division de l'Inde en deux, des déplacements de population et des territoires contestés. La quasi-totalité des **colonies françaises d'Afrique subsaharienne**, en 1960, obtiennent leur indépendance par **concertation**.
- D'autres indépendances s'obtiennent par la **guerre**, comme en **Algérie**. La France ne veut pas renoncer à cette colonie où sont installés près d'un million d'Européens. La guerre débute par des attentats du FLN (nationalistes algériens) en 1954 et se termine par les **accords d'Évian en 1962**.

Les États nouvellement indépendants

- La plupart des colonies deviennent indépendantes de 1947 à 1962. Ces nouveaux États partagent des **caractéristiques communes** : généralement des pays peuplés avec un faible développement économique et social. On crée le terme de « **tiers monde** » pour les désigner.
- Ces pays veulent **faire entendre leur voix**. Ils utilisent l'ONU comme tribune et se retrouvent lors de **conférences**, comme à **Bandung** (Indonésie) en 1955. Ils affirment la nécessité de s'entraider et de ne pas prendre parti dans la Guerre froide.

Comprendre comment faire

Pour étudier une photographie

Les négociations pour l'indépendance de l'Inde, 1947.

1. Je lis le titre. La photographie, prise en 1947, montre les discussions en cours pour accorder l'indépendance à l'Inde, colonie britannique depuis le XIXe siècle.

2. J'étudie la photographie. À gauche, Nehru représente les nationalistes hindous, au centre, Mountbatten négocie au nom du gouvernement britannique et à droite, Jinnah est le chef des nationalistes musulmans. À l'arrière-plan, figure une carte du sous-continent indien tandis que sur la table, les papiers évoquent la concertation entre les différentes parties.

3. Je conclus. Le Royaume-Uni ne peut s'opposer à l'indépendance de ses colonies mais il garde avec elles des liens économiques. L'Inde est partagée en deux États correspondant aux deux religions majoritaires qui participent aux discussions.

POINT ACTU

Le mahatma (« la grande âme ») Gandhi reste une figure marquante du combat non-violent pour une cause.

DÉFINITIONS

- **Métropole** : pays qui possède des colonies.
- **Nationaliste** : celui qui réclame un pays pour son peuple, sa nation.

S'entraîner

★ 1 Étudiez la carte et répondez aux questions.

Les étapes de la décolonisation

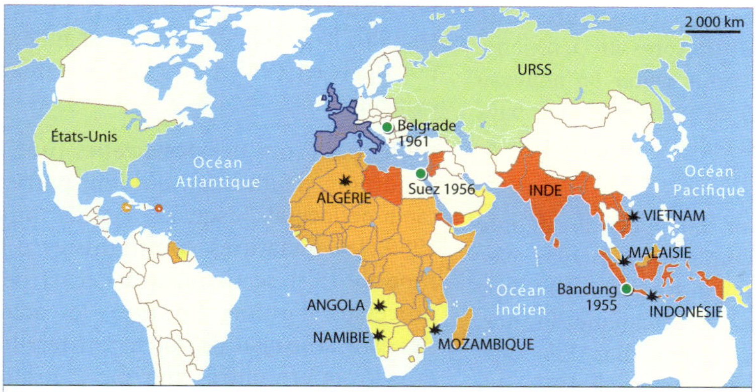

Environnement international
- Grande puissance coloniale
- Puissance hostile au colonialisme

La décolonisation
- De 1945 à 1955
- De 1956 à 1965
- De 1966 à 1990
- ✱ Guerre d'indépendance

Émergence du tiers monde
- ● Conférence ou événement fondateur du tiers monde

a. Quand l'Inde devient-elle indépendante ? De quelle manière ?

b. Quand l'Algérie devient-elle indépendante ? De quelle manière ?

c. Durant quelle période a lieu la grande vague de décolonisation ?

d. Dans quel pays se situe Bandung ?

e. Pourquoi cette ville est-elle importante ?

★★ 2 Avec le cours et le document ci-dessous, répondez aux questions.

■ Timbre de 1961 commémorant l'indépendance du Sénégal obtenue en 1960.

a. Où se situe le Sénégal ?

b. Quand obtient-il son indépendance ? De quelle manière ?

c. Qui est évoqué par le personnage au centre du timbre ?

d. Quels autres éléments du timbre montrent que c'était une colonie française ?

e. Faites une recherche pour savoir qui fut le premier président du Sénégal.

★★ 3 Lisez le cours et le texte puis répondez aux questions.

La naissance du « tiers monde »

« Nous parlons volontiers des deux mondes en présence, de leur guerre possible, de leur coexistence, etc., oubliant trop souvent qu'il en existe un troisième, le plus important et en somme, le premier dans la chronologie. C'est l'ensemble de ceux que l'on appelle, en style Nations unies, les pays sous-développés. […] Ce qui importe à chacun des deux mondes, c'est de conquérir le troisième ou du moins de l'avoir de son côté. […] Ce tiers monde ignoré, exploité, méprisé comme le tiers état, veut lui aussi être quelque chose. »

■ Alfred Sauvy, *L'Observateur*, 17 août 1952.

a. Qui est l'auteur du texte qui invente la notion de « tiers monde » ?

b. Quels sont « les deux mondes en présence » évoqués par l'auteur ?

c. Quel autre nom donne-t-on à l'époque aux pays du tiers monde ?

d. Comment a été créé ce terme de tiers monde ?

e. Quelles sont les caractéristiques des pays du tiers monde ?

f. Que font-ils pour marquer leur solidarité ?

Livret des corrigés p. 25

Retenir l'essentiel

La naissance de la construction européenne

● L'idée ancienne de construire une Europe unie ressurgit après la Deuxième Guerre mondiale pour **éviter un nouveau conflit** et restaurer la puissance des pays européens face aux deux Grands (États-Unis et URSS).

● La construction européenne débute par le domaine économique en 1951 avec la **CECA** qui regroupe six pays d'Europe de l'Ouest : Allemagne, Belgique, France, Italie, Luxembourg et Pays-Bas. Elle s'approfondit avec la signature, en 1957, des traités de Rome qui créent :
– la **CEE** : mise en place de politique économique commune et un **marché commun** avec libre circulation des marchandises entre les États membres ;
– la **CEEA**, ou Euratom, qui doit développer une industrie nucléaire européenne.

De plus en plus d'États

● Fondée sur des bases économiques, la **construction européenne s'élargit** à de nouveaux pays qui souhaitent tirer parti du marché commun : en 1973, le Royaume-Uni, le Danemark et l'Irlande ; en 1981, la Grèce ; en 1986, l'Espagne et le Portugal ; en 1995, l'Autriche, la Finlande et la Suède.

● Ces pays sont des **démocraties** (une des conditions d'adhésion) qui font partie du **camp occidental**. Jusqu'à la fin des années 1980, les dictatures communistes d'Europe de l'Est se tiennent à l'écart de ce processus d'union. En 1985, les **accords** signés à **Schengen** prévoient un territoire sans frontière entre cinq pays. Jusqu'en 2004, onze autres pays (dont certains ne font pas partie de l'UE) rejoignent cet espace de libre circulation des personnes.

De la CEE à l'Union européenne (UE)

● En 1992, les douze pays membres de la CEE signent le traité de Maastricht qui fonde **l'UE**. En plus d'aspects économiques (création d'une **monnaie commune**, l'euro qui entre en vigueur en 2002), l'UE introduit des aspects politiques (création de la **PESC**) et civiques (création d'une citoyenneté européenne).

Comprendre comment faire

Pour étudier une pièce de monnaie

1. Je lis le titre. La monnaie est une pièce de 2 € frappée en France et remplaçant la monnaie nationale, le franc, créée à la Révolution française.

■ Pièce française de 2 €.

2. J'observe les deux faces de la monnaie. Sur le droit (face noble), chaque pays a choisi un emblème national entouré des douze étoiles, symboles de l'UE. Pour la pièce de 2 € française, il s'agit d'un arbre (symbole de vie et de prospérité), inscrit dans un hexagone (symbole de la France) et entouré de la devise républicaine. Sur le revers (à gauche), commun à tous les pays membres, apparaît l'Europe (symbole d'unité) avec la valeur de la pièce.

3. Je conclus. Une monnaie est à la fois un objet économique mais c'est aussi un symbole. Les États ont mis en commun une de leur prérogative très ancienne, fabriquer la monnaie, et désormais, la plupart des citoyens européens utilisent quotidiennement les mêmes pièces et billets, objets concrets de la construction européenne.

POINT ACTU

Le 9 mai, jour anniversaire de la déclaration fondatrice de la construction européenne, est la journée de l'Europe.

DÉFINITIONS

▸ **CECA** : Communauté européenne du charbon et de l'acier.

▸ **CEE** : Communauté économique européenne.

S'entraîner

★ 1 Reliez les différents éléments du tableau.

Nom de l'organisation	Compétences	Date de création
CEEA ●	● Unification des productions de charbon et d'acier ●	● 1992
CECA ●	● Mise en place d'un marché commun ●	● 1957
UE ●	● Création d'une industrie nucléaire européenne ●	● 1951
CEE ●	● Création de l'euro et de la PESC ●	● 1957

★★ 2 Étudiez la carte pour répondre.

L'Union européenne en 2002

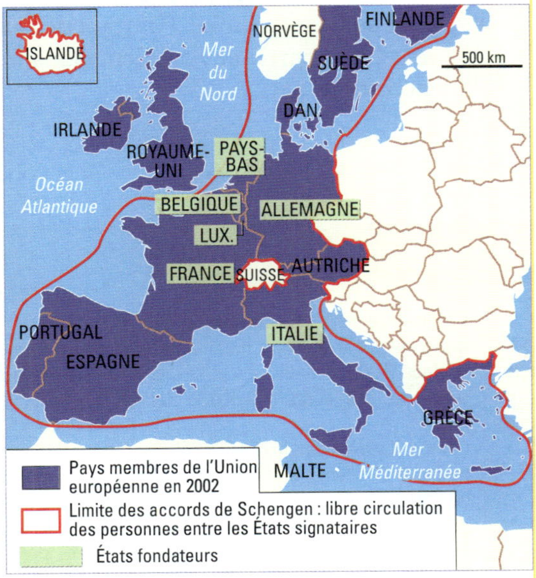

a. Quels sont les six pays à l'origine de la construction européenne ?

b. Combien l'UE a-t-elle de membres en 2002 ?

c. Quels pays européens mais non membres de l'UE ont signé les accords Schengen ?

d. Quels pays membres de l'UE n'ont pas adopté l'euro comme monnaie commune ?

e. Quels pays membres de l'UE n'ont pas signé les accords Schengen ?

f. Pourquoi peut-on parler d'une UE à plusieurs vitesses ?

★★★ 3 Lisez ce texte pour répondre aux questions.

« La paix mondiale ne saurait être sauvegardée sans des efforts créateurs à la mesure des dangers qui la menacent.
L'Europe n'a pas été faite, nous avons eu la guerre. L'Europe ne se fera pas d'un coup, ni dans une construction d'ensemble : elle se fera par des réalisations concrètes créant d'abord un solidarité de fait. Le rassemblement des nations européennes exige que l'opposition séculaire de la France et de l'Allemagne soit éliminée. L'action entreprise doit toucher au premier chef la France et l'Allemagne. [...]
Le gouvernement français propose de placer l'ensemble de la production franco-allemande de charbon et d'acier sous une Haute Autorité commune, dans une organisation ouverte à la participation des autres pays d'Europe. La mise en commun des productions de charbon et d'acier assurera immédiatement l'établissement de bases communes de développement économique, première étape de la Fédération européenne, et changera le destin de ces régions longtemps vouées à la fabrication des armes de guerre dont elles ont été les plus constantes victimes.
La solidarité de production qui sera ainsi nouée manifestera que toute guerre entre la France et l'Allemagne devient non seulement impensable, mais matériellement impossible. L'établissement de cette unité puissante de production ouverte à tous les pays qui voudront y participer, aboutissant à fournir à tous les pays qu'elle rassemblera les éléments fondamentaux de la production industrielle aux mêmes conditions, jettera les fondements réels de leur unification économique. [...] »

■ Extraits de la déclaration de Robert Schuman (ministre des Affaires étrangères), le 9 mai 1950.

a. Quand a été faite cette déclaration ?

b. Par qui a été faite cette déclaration ?

c. Quel est le but d'une Europe unie, selon l'auteur ?

d. Quels sont les deux produits au départ de la construction européenne ?

e. Pourquoi la guerre devient-elle « matériellement impossible » entre la France et l'Allemagne ?

f. Quelle organisation est créée à la suite de cette déclaration ? Quels pays en font partie ?

Livret des corrigés p. 26

Retenir l'essentiel

La superpuissance américaine

- Après 1991, les États-Unis demeurent la seule grande puissance dans un monde devenu **unipolaire.** Ils essaient d'imposer un « nouvel ordre mondial » dont il fixe les règles et jouent le rôle de « **gendarme du monde** ». À ce titre, ils interviennent en 1991 à la tête d'une coalition internationale pour forcer l'Irak à évacuer le Koweït.

- Dans les années 2000, d'autres puissances cherchent à jouer un rôle sur la scène internationale (**monde multipolaire**) : La Chine, la Russie ou certains États européens **s'opposent parfois à la politique américaine** (la France refuse de s'engager dans la 2e guerre en Irak en 2003) ou **agissent seuls** (la France assurant la présidence de l'UE intervient comme médiateur dans le conflit russo-géorgien en 2008).

Une superpuissance contestée

- Depuis longtemps, les États-Unis sont accusés d'imposer leur modèle politique, culturel et économique : on parle **d'impérialisme.** La puissance américaine est **critiquée** en Amérique du Sud, dans les pays musulmans, dans les derniers pays communistes (Cuba) et par une partie de l'opinion publique des pays occidentaux. Avec les **attentats du 11 septembre 2001**, les États-Unis, touchés sur leur territoire, ripostent en Afghanistan considérée comme le camp de base des terroristes.

Toujours des guerres

Malgré la création de l'ONU et la volonté de préserver la paix, les relations internationales restent marqués par des **conflits interétatiques** (entre États) ou **intra étatiques** (à l'intérieur des États). L'un des plus anciens concerne le **Proche-Orient** et l'affrontement **entre Palestiniens musulmans et Israéliens juifs**, chacun estimant être sur son territoire. Pourtant de chaque côté, une partie de l'opinion souhaite des accords de paix.

Comprendre comment faire

Pour lire un article de presse

1. Je lis le titre et présente le document. Cet article, extrait du site de *Libération* paru le 11 septembre 2011, décrit la cérémonie commémorative des attentats de 2001.

2. Je repère les informations essentielles. Je les souligne et les classe en grands thèmes : le déroulement des attentats (rouge), les personnes présentes à la cérémonie (vert), les projets de réhabilitation du site (jaune).

3. Je conclus. Les attentats du 11 septembre ont marqué les États-Unis, touchés au cœur de leur puissance, et le monde. Ils ont révélé l'intensité de la menace terroriste et la contestation de la superpuissance américaine.

Cérémonie du 11 septembre 2011

Une cérémonie a rendu hommage dimanche à New York aux quelque 3 000 victimes des attentats du 11-Septembre, en présence des présidents américains Barack Obama et George W. Bush.

Comme il y a dix ans, le ciel était bleu sur Manhattan, alors qu'un moment de silence a été respecté à 08 h 46, au moment même de l'attentat contre la première tour du World Trade Center. Près du site actuellement en pleine reconstruction, les familles ont ensuite commencé la longue lecture des noms des 2 983 personnes tuées à New York, Washington et Shanksville le 11 septembre 2001. [...] Un nouveau moment de silence a été respecté à 9 h 03, heure de la deuxième attaque.

Un immense drapeau est déployé sur le site, un autre a été hissé le long de la tour 1WTC en construction, destinée à devenir la plus haute tour des États-Unis. Les familles des victimes participent à cette cérémonie, ainsi que le maire de New York Michael Bloomberg, l'ancien maire de la ville Rudy Guiliani, et les gouverneurs de New York et du New Jersey. [...]

Les familles découvrent dimanche pour la première fois le mémorial du 11-Septembre, espace paysagé de trois hectares construit sur le site même des anciennes tours jumelles du World Trade Center. Deux immenses bassins avec des cascades intérieures portent le nom des 3 000 victimes, dans un agencement rassemblant les proches ou les amis.

■ D'après le site Liberation.fr, 11.09.2011.

POINT ACTU

En mai 2011, Ben Laden, chef d'Al Qaïda, est mort au Pakistan après l'intervention d'un commando américain.

DÉFINITIONS

- **Monde unipolaire :** monde dominé par une puissance.
- **Monde multipolaire :** monde dominé par plusieurs puissances.

S'entraîner

★ 1 Étudiez la carte pour répondre.

L'arme nucléaire dans le monde

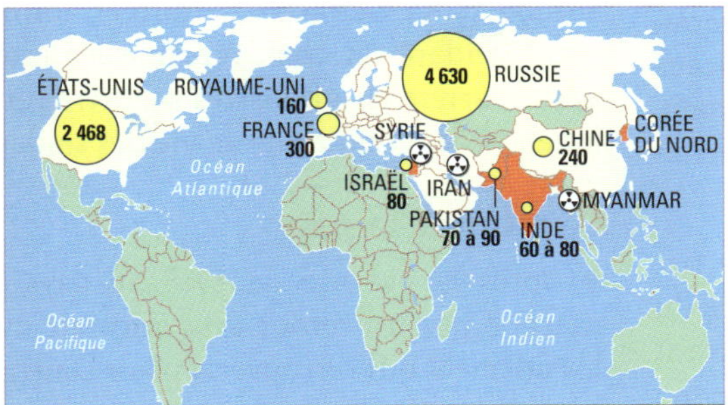

- (cercle jaune) États possédant des systèmes d'armes nucléaires (estimation du nombre de têtes nucléaires en 2010)
- (orange) États non signataires du traité de non prolifération des armes nucléaires (TNP, 1968)
- (symbole) États soupçonnés de mener un programme nucléaire
- (vert) Zones exemptes d'armes nucléaires (par traité)

Source : *Questions internationales* n°49, 2011.

a. Quels sont les cinq pays qui possèdent le plus d'armes nucléaires ?

b. Quels sont les autres pays qui possèdent l'arme nucléaire ?

c. Quels sont les pays soupçonnés de vouloir se doter de l'arme nucléaire ?

d. Quel risque représente une prolifération de l'arme nucléaire ?

★★ 2 Observez la photo, lisez le texte et le cours pour répondre aux questions.

histoire des arts

■ Irak, septembre 1980.

« C'était le 2e jour de la guerre entre l'Irak et l'Iran, en septembre 1980. J'étais du côté irakien. Il y avait cet incendie dans le fond et je vois passer un chauffeur militaire. Je lui dis de se retourner. Peu importe qu'il soit irakien ou iranien. Je voulais montrer la guerre du pétrole, c'est tout. Ça a duré quelques secondes. Je savais que l'image serait forte. Elle n'avait pas besoin d'une grosse légende. Le photojournalisme c'est de l'écriture. Raconter une situation en une image. Ce n'est pas facile. On m'a accusé d'avoir « monté » cette photo. Comme si c'était moi qui avait allumé l'incendie ! »

■ Propos d'Henri Bureau rapporté par Michel Guerrin, *Profession photoreporter*, DR.

a. Où, quand, par qui est prise la photo ?

b. Quels pays sont alors en guerre ?

c. Décrivez les trois plans de la photo.

d. Quel est le but d'une photo selon l'auteur ?

e. Quel symbole le photojournaliste a-t-il voulu faire passer à travers cette photo ?

★★ 3 Lisez le texte et le cours avant de répondre aux questions.

Entretien avec Hubert Védrine, ministre français des Affaires étrangères en 2001, à propos du 11 septembre 2001

Oui ce fut, bien sûr, un pic de tension extrême et spectaculaire, conçu pour cela par ses instigateurs, entre « l'Islam » et « l'Occident », mais je ne mettrais pas cette tragédie sur le même plan que la fin de la Seconde Guerre mondiale, le début de la Guerre froide ou la disparition de l'URSS à la fin 1991, dates charnières des relations internationales.

L'événement majeur de l'époque – la fin du monopole occidental de la puissance et la montée des pays émergents (Chine, Inde, Indonésie, Brésil, Afrique du Sud et une quarantaine d'autres pays) – avait commencé bien avant le 11-Septembre et s'est poursuivie et amplifiée depuis. Répliquer en Afghanistan, abattre le régime taliban qui avait abrité Al-Qaida était justifié et indispensable.

Et surtout, c'était une erreur tragique de proclamer, comme l'a fait George W. Bush, la *« guerre contre le terrorisme »* […] comme le problème numéro un du monde, et de tout articuler de façon binaire autour de cette seule question.

■ D'après Lemonde.fr, 09-09-2011.

a. De quel événement est-il question dans ce texte ? Quand a-t-il eu lieu ?

b. Quels sont les autres événements majeurs du XXe siècle cités par l'auteur ?

c. Au nom de quel motif le président Bush a-t-il décidé la guerre en Afghanistan ?

Histoire

Livret des corrigés p. 26

11 La République de l'entre-deux-guerres (1) : 1917-1920

Retenir l'essentiel

La fin de l'union sacrée

- **L'union sacrée** se met en place en 1914 : toutes les tendances politiques, des **socialistes** à gauche en passant par les **radicaux** au centre et jusqu'aux partis de **droite**, soutiennent au Parlement les gouvernements qui conduisent la guerre.

- À partir de 1917, l'union sacrée se fissure parce que la population est lassée du conflit meurtrier et épuisant. Le courant **pacifiste** (qui souhaite la paix) progresse : socialistes et radicaux réclament la fin de la guerre.

Le gouvernement de Clemenceau

- Georges Clemenceau devient **président du Conseil** (chef du gouvernement) en novembre 1917. Déterminé à poursuivre la guerre jusqu'à la victoire; il met en place un **pouvoir fort** qui ne respecte pas toujours les institutions de la IIIe République (rétablissement du délit d'opinion, pas de consultation du Parlement).

- Clemenceau fait cesser les troubles tandis que dans l'armée, le **général Pétain,** auréolé de sa victoire à Verdun et nommé commandant en chef, réprime les mutineries, arrête les offensives meurtrières et améliore les conditions de vie des soldats.

Le retour à la paix

- Après la victoire de 1918, le pays est marqué par un retour à la normale avec le **Parlement** qui retrouve sa place centrale, avec des **affrontements politiques** et des **troubles sociaux** (nombreuses grèves).

- En s'alliant au sein du **Bloc national,** les partis de droite et certains radicaux remportent les élections législatives de 1919 en jouant sur la division des partis de gauche et la peur du bolchevisme (communisme). Les gouvernements répriment les grèves.

- À gauche, le parti socialiste se divise entre **Parti communiste et SFIO,** au congrès de Tours en 1920, au sujet de l'adhésion à la IIIe Internationale.

POINT ACTU

En 1971, la SFIO est devenue le parti socialiste, aujourd'hui le principal parti politique de gauche en France.

DÉFINITION

SFIO : Section française de l'internationale ouvrière, créée en 1905 et regroupant les tendances socialistes. En 1917, le parti est divisé entre modérés et révolutionnaires. En 1920, la SFIO se scinde en deux.

Comprendre comment faire

Pour étudier un organigramme

Les institutions de la IIIe République

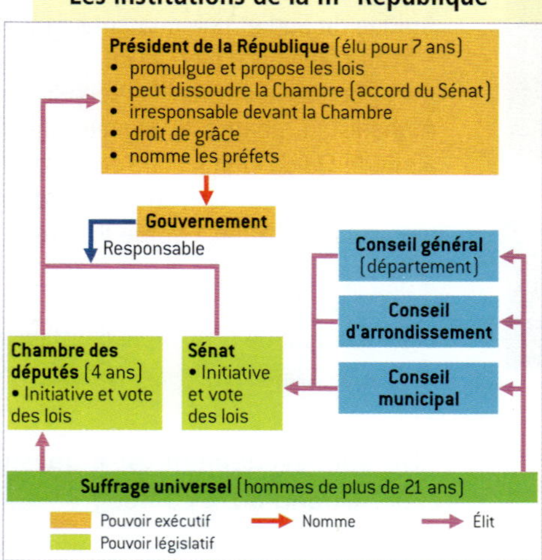

1. Je lis le titre. Cet organigramme rend compte du fonctionnement des institutions de la IIIe République, régime politique de la France de 1870 à 1940.

2. J'étudie le schéma. Il montre les pouvoirs de chacun, les relations entre les institutions et leur mode de désignation. Président de la République (élu au suffrage indirect) et gouvernement exercent le pouvoir exécutif; Chambre des députés (élue au suffrage universel direct) et Sénat ont le pouvoir législatif. Les députés peuvent renverser le gouvernement.

3. Je conclus. La IIIe République est un régime parlementaire : le gouvernement a besoin d'une majorité de députés qui le soutiennent. Le Parlement (Chambre des députés et Sénat) est au centre de la vie politique alors que le président de la République occupe une fonction surtout honorifique.

S'entraîner

★★ 1 Relisez le cours et étudiez le document pour répondre aux questions.

■ Affiche de 1919, Adrien BARRIÈRE (1877-1931), 1919. Musée d'histoire contemporaine/BDIC, Paris.

a. En quelle année et à quelle occasion a été réalisée cette affiche ?

b. Qu'est-ce que le bolchevisme ?

c. Comment est représenté le bolchevik ?

d. Par qui a été réalisée cette affiche ?

e. Quel est son but ?

★★ 2 Étudiez cette affiche pour répondre aux questions.

■ « La journée de huit heures », affiche de l'Union de Syndicats ouvriers de la Seine réalisée par la CGT en 1919.

a. Quand et par qui a été réalisée cette affiche ?

b. À qui s'adresse cette affiche ?

c. Qu'est-ce qui est représenté en arrière-plan ?

d. Qui sont les deux groupes de personnages et que font-ils ?

e. Quel est le message de l'affiche ?

★★ 3 Complétez la biographie de Clemenceau avec les mots suivants :

Président du Conseil, président de la République, Parlement, Dreyfus, Zola, Versailles, Tigre, radical, pacifiste.

■ Portrait de Clemenceau vers 1919.

Georges Clemenceau (1841-1929) est un homme politique français. Il est élu député .... en 1871 mais battu en 1893, il devient journaliste à *l'Aurore* où il prend la défense de .... en publiant le *J'accuse* de ....

Il revient sur la scène politique comme député et chef du gouvernement. En 1917, le président de la République le nomme .... Alors que le pays est fatigué de la guerre, et que le courant .... se développe, il réprime les grèves et exerce un pouvoir fort ne consultant pas le .... pour atteindre son objectif : la victoire.

Surnommé le « .... » puis le « Père la victoire », il négocie le traité de .... Toutefois, il n'est pas élu .... en 1920, ce qui témoigne d'un retour à une vie politique normale.

Livret des corrigés p. 26

Retenir l'essentiel

Une crise économique, sociale et politique

● La crise économique, partie des États-Unis en 1929, provoque en France une forte **baisse de la production.** Elle entraîne une **chute des revenus** et une **hausse du chômage.** La crise sociale débouche sur une crise politique.

● Les partis politiques sont nombreux et très divisés. Cela entraîne une forte **instabilité ministérielle.** Dans ces conditions, les gouvernements n'arrivent pas à enrayer la crise économique et certains partis (parti communiste à gauche, ligues d'extrême droite) remettent en cause la République parlementaire.

La victoire du Front populaire

● Après une **manifestation des ligues** le 6 février 1934 qui dégénère en émeute, la gauche dénonce une tentative de coup d'État. Pour contrer la menace d'extrême droite, elle décide de s'unir au sein d'un **Front populaire** (communistes, SFIO et radicaux) avec le slogan « pain, paix, liberté ».

● Le Front populaire remporte les élections législatives de 1936. Léon Blum, chef de la SFIO, nommé président du Conseil, forme un gouvernement. Alors que des **grèves** et des **occupations d'usines** se multiplient dans le pays, Blum annonce sa volonté de faire des réformes.

Les réformes sous le Front populaire

● Le gouvernement Blum favorise des négociations entre syndicats de patrons et d'ouvriers. Elles débouchent sur les **accords de Matignon le 7 juin 1936,** qui prévoient une augmentation de salaire, une meilleure reconnaissance syndicale et des droits des salariés en échange d'une reprise du travail par les ouvriers.

● Le gouvernement Blum fait voter des **lois sociales** qui améliorent les conditions de vie des catégories les plus modestes : 15 jours de congés payés sont accordés et la semaine de travail passe de 48 à 40 heures.

Comprendre comment faire

Pour étudier un diagramme semi-circulaire

Résultats des élections législatives de 1936

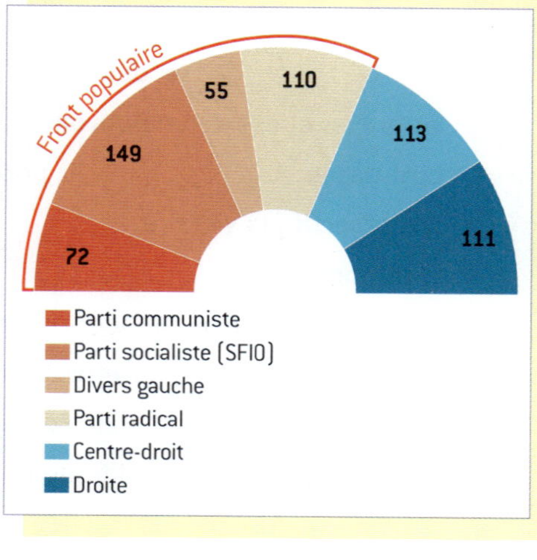

1. Je lis le titre. Ce diagramme montre le résultat des élections des députés en 1936. Sa forme rappelle l'hémicycle dans lequel siègent les députés avec à gauche, les partis de gauche et à droite, les partis de droite.

2. J'étudie le document. Il indique pour chaque parti politique le nombre de sièges donc de députés élus. Il précise par une flèche les partis alliés au sein du Front populaire.

3. Je conclus. Le Front populaire a une majorité absolue de députés et peut donc soutenir un gouvernement et faire voter ses lois. La SFIO est arrivée en tête et c'est donc son dirigeant, Léon Blum, qui est nommé chef du gouvernement par le président de la République.

POINT ACTU

Aujourd'hui, la durée des congés payés s'élève à 5 semaines par an et la durée légale du travail est de 35 heures hebdomadaires.

DÉFINITION

Instabilité ministérielle : changements fréquents de gouvernements qui perdent leur majorité au Parlement.

S'entraîner

★ 1 Étudiez l'affiche et répondez aux questions.

■ Affiche de 1936, Raoul CABROL (1895-1956), 1936. Sur le manche du couteau figurent les insignes des ligues d'extrême droite.

a. Quand et par qui a été réalisée cette affiche ?

b. À quelle alliance appartient ce parti politique ?

c. Qui est le personnage représenté au centre de l'affiche ?

d. Quels symboles pouvez-vous identifier ?

e. Que rappelle cette affiche ? (cf. chapitre 11)

f. Quel est le but de cette affiche ?

★★ 2 Étudiez la photo pour répondre.

histoire des arts

■ Dimanche sur les bords de Marne, Henri CARTIER-BRESSON, 1938.

a. Quelles lois sociales ont été votées peu avant cette photographie ?

b. À quelle catégorie sociale appartiennent les personnages représentés au premier plan ?

c. Quels éléments de la photographie évoquent la liberté ?

d. Faites une recherche sur Henri Cartier-Bresson pour savoir quelle agence il a fondée et avec quels grands photographes il a travaillé.

★★ 3 Relisez le cours et étudiez le texte pour répondre aux questions.

De nouveaux droits du travail

Les délégués de la Confédération générale du patronat français (CGPF) et de la Confédération générale du travail (CGT) se sont réunis sous la présidence de Monsieur le président du Conseil [Léon Blum] et ont conclu l'accord ci-après. [...]

Art. 3. Les employeurs reconnaissent la liberté d'opinion ainsi que les droits pour les travailleurs d'adhérer librement et d'appartenir à un syndicat. Ils s'engagent à ne pas prendre en considération le fait d'appartenir ou non à un syndicat pour décider de l'embauche, de la répartition du travail, de la discipline ou du licenciement.

Art. 4. Les salaires seront réajustés à 15 % pour les salaires moins élevés [...], à 7 % pour les salaires les plus élevés.

Art. 5. Dans chaque établissement comprenant dix ouvriers, il sera institué deux ou plusieurs délégués ouvriers suivant l'importance de l'établissement. Ces délégués ont qualité pour présenter à la direction les réclamations visant l'application du Code du travail, les salaires et les mesures d'hygiène et de sécurité. »

■ Extraits des accords Matignon, signés le 7 juin 1936.

a. Où ces accords ont-ils été signés ?

b. Entre qui ces accords ont-ils été signés ?

c. Que prévoit l'article 4 ?

d. Quel est le rôle des délégués ouvriers dans l'entreprise ?

e. Quel article montre que les ouvriers syndiqués étaient parfois mal considérés par les patrons ?

f. Pourquoi les employeurs font-ils d'importantes concessions ?

Livret des corrigés p. 26

Retenir l'essentiel

L'effondrement de la République

● La France entre en guerre en **septembre 1939**. À partir de mai 1940, les armées allemandes déferlent sur la France qui est rapidement vaincue. Le **maréchal Pétain**, nommé président du Conseil le 17 juin 1940, annonce l'**armistice** signé le 22 juin. Les conditions sont très dures : deux tiers Nord de la France occupés, l'Alsace et une partie de la Lorraine annexées, prisonniers emmenés en Allemagne.

● Dans ce contexte, la **IIIe République est renversée.** Les députés et les sénateurs votent un texte à Vichy, où le gouvernement s'est établi, et qui accorde au maréchal Pétain les pleins pouvoirs pour rédiger une constitution.

Un nouveau régime

● Pétain instaure « **l'État français** », surnommé régime de Vichy, régime dictatorial. Il concentre tous les pouvoirs, restreint les libertés, et supprime les partis politiques. Une vaste propagande s'organise autour du maréchal présenté comme le sauveur et le protecteur de la France.

● Ce régime est aussi **antisémite.** Dès le 3 octobre 1940, il promulgue un **statut des Juifs** dans lequel l'égalité n'est pas respectée et qui interdit aux Juifs d'exercer des fonctions ou professions qui leur donnent un pouvoir ou une influence (enseignement, radio, cinéma, fonction élective, fonction publique...). En 1941, les Juifs doivent se faire recenser et leurs entreprises sont confisquées.

Un régime qui collabore

Le 24 octobre 1940, Pétain rencontre Hitler à Montoire et choisit de **collaborer avec l'Allemagne** : l'administration française travaille pour l'occupant, une grande partie de l'économie française est mise au service de l'Allemagne, Vichy apporte un soutien logistique à l'armée allemande en Afrique du Nord et aide l'Allemagne dans sa politique de persécution des Juifs. Lors de la **rafle du Vel d'Hiv** (16 et 17 juillet 1942), la police française fournit aux Allemands les fichiers recensant les adresses des familles juives à Paris, puis participe à leur arrestation.

POINT ACTU

En 1995, le président de la République Jacques Chirac reconnaît officiellement la responsabilité de l'État français dans la déportation des Juifs durant l'Occupation.

DÉFINITION

▸ **Rafle du Vel d'Hiv** : près de 13 000 juifs sont arrêtés et parqués au Vel d'Hiv. Ils sont pour la plupart déportés à Auschwitz où ils seront tués.

Comprendre comment faire

▸ Pour étudier un chant

[2e couplet]
Tu as lutté sans cesse
Pour le salut commun
On parle avec tendresse
Du héros de Verdun
En nous donnant ta vie
Ton génie et ta foi
Tu sauves la Patrie
Une seconde fois

[Refrain]
Maréchal nous voilà !
Devant toi, le sauveur de la France
Nous jurons, nous, tes gars
De servir et de suivre tes pas
Maréchal nous voilà !
Tu nous as redonné l'espérance
La Patrie renaîtra !
Maréchal, Maréchal, nous voilà !

■ Chanson créée en France en 1941.

1. Je présente le document. C'est une chanson écrite sous le régime de Vichy à la gloire du maréchal Pétain.

2. J'étudie le document. La chanson adresse un serment de fidélité au maréchal qui est présenté se sacrifiant pour sauver la France. Le 2e couplet fait référence à son passé militaire et à sa victoire à Verdun en 1917. Le chant fait de nombreuses fois référence à la Patrie.

3. Je conclus. Ce chant devient l'hymne officieux du régime de Vichy. Il montre que dans toutes les périodes, et principalement en temps de guerre, la musique peut devenir un moyen de propagande mis au service d'une idéologie et d'un homme.

S'entraîner

★ **1 Relisez le cours et observez la photographie pour répondre aux questions.**

■ L'entrevue de Montoire (Loir-et-Cher) en zone occupée, 24 octobre 1940.

a. Quand est signé l'armistice entre la France et l'Allemagne ?

b. Qui sont les deux personnages au centre et quels pays représentent-ils ?

c. Que symbolise cette poignée de main ?

d. Donnez un exemple concret de cette politique.

e. Quelles sont les deux autres caractéristiques du régime de Vichy ?

★★ **2 Étudiez ce document et répondez aux questions.**

■ Image réalisée par les Services de l'Information et de la Propagande du régime de Vichy, 1941.

a. Quelle est la nouvelle devise du régime de Vichy ?

b. Quelle devise remplace-t-elle ?

c. Qui est le personnage au centre du document ?

d. Quelles activités économiques sont représentées ?

e. Comment appelle-t-on ce type de document ? Quel est son but ?

★★★ **3 Lisez le texte et répondez aux questions.**

Le renforcement de la collaboration

[…] « Ma présence au gouvernement a une signification qui n'échappe à personne, ni en France, ni à l'étranger. J'ai la volonté de rétablir avec l'Allemagne et avec l'Italie des relations normales et confiantes. »

« De cette guerre surgira inévitablement une nouvelle Europe. […] Pour moi, Français, je voudrais que demain nous puissions aimer une Europe dans laquelle la France aura une place qui sera digne d'elle. Pour construire cette Europe, l'Allemagne est en train de livrer des combats gigantesques. […] Je souhaite la victoire de l'Allemagne, parce que, sans elle, le bolchevisme, demain, s'installerait partout. »

[…] « […] Quand je vous dis que cette politique est la seule qui puisse assurer le salut de la France et garantir son développement dans la paix future, vous devez me croire et me suivre […]. »

« […] Ouvriers de France ! C'est pour la libération des prisonniers que vous allez travailler en Allemagne. C'est pour notre pays que vous irez en grand nombre. C'est pour permettre à la France de retrouver sa place dans la nouvelle Europe que vous répondrez à mon appel. »

■ Pierre LAVAL, discours du 22 juin 1942.

a. Présentez le document.

b. Quelle fonction exerce Pierre Laval en juin 1942 ?

c. Qu'est-ce que le bolchevisme ?

d. Comment appelle-t-on le type de relation que l'auteur veut entretenir avec l'Allemagne ?

e. D'après l'auteur, quelles sont les trois raisons qui justifient ce type de politique ?

Livret des corrigés p. 26

Histoire Géographie

14 Résistance et refondation républicaine (1940-1946)

Retenir l'essentiel

La naissance de la Résistance

L'appel du général de Gaulle lancé depuis Londres le 18 juin 1940 est l'acte fondateur de la résistance contre l'occupant allemand. Il y a deux formes de résistance qui progressivement s'amplifient et s'organisent :

– **résistance extérieure** : De Gaulle forme une sorte de gouvernement en exil sous le nom de « **France libre** » qui dispose d'une armée (les **FFL**), constituée des soldats et des régiments des colonies qui se sont placées sous les ordres du général de Gaulle. Les FFL (2e Division blindée, dite DB du général Leclerc) combattent aux côtés des Alliés en Afrique puis en Europe ;

– **résistance intérieure** : plusieurs **réseaux** qui combattent en France (attentats, sabotages). Ils organisent aussi des filières d'évasion et une presse clandestine pour contrer la propagande vichyste ou allemande. Ils deviennent les **FFI** en 1944.

L'unification de la Résistance

● À partir de 1943, **Jean Moulin**, envoyé par le général de Gaulle, regroupe les différents mouvements résistants au sein du **CNR**. Celui-ci élabore un **programme** en 1944, qui décrit les actions immédiates pour libérer la France, et envisage les mesures à prendre après la Libération : rétablissement de la démocratie, de la République et mise en place de droits sociaux.

● La Résistance (FFL et FFI) joue un rôle dans la Libération de la France aux côtés des Alliés à partir des débarquements de Normandie (juin 1944) puis de Provence (août 1944), permettant à la France d'être dans le camp des vainqueurs.

Le rétablissement de la République

À partir de la **Libération**, le régime de Vichy s'effondre et la France est dirigée par le général de Gaulle à la tête du Gouvernement provisoire de la République française. Appliquant le programme du CNR, des réformes importantes sont prises comme le **droit de vote des femmes** ou la création de la **Sécurité sociale**. Une nouvelle constitution, adoptée par référendum en 1946, établit la **IVe République**, régime démocratique et parlementaire où l'Assemblée nationale joue un rôle essentiel.

Comprendre comment faire

Pour étudier un texte

1. Je lis le titre. Ce texte a été affiché clandestinement par des résistants en 1944 dans le Vercors, région montagneuse proche de Grenoble, qui servait de lieu de refuge pour un grand nombre de résistants.

2. J'étudie le texte. Le texte insiste sur deux points : la restauration du régime républicain et démocratique, comme le rappelle la devise après la période autoritaire de l'État français, et la lutte contre l'occupant allemand après le débarquement de Normandie (juin 1944).

3. Je conclus. Ce texte montre que les résistants ont joué un rôle dans la libération de la France aux côtés des forces militaires alliées. C'est la Résistance (intérieure et extérieure) qui a permis à la France d'être dans le camp des vainqueurs.

Affiche placardée dans le Vercors en juillet 1944

> **« République française,**
> **Liberté-Égalité-Fraternité**
>
> Le 3 juillet 1944, la République française a été officiellement restaurée dans le Vercors. À dater de ce jour, les décrets de Vichy sont abolis et toutes les lois républicaines remises en vigueur. [...] Notre région est en état de siège. Le Comité de Libération nationale demande donc à la population de faire l'impossible, comme il le fera lui-même, pour mettre à la disposition du Commandement militaire qui a la charge écrasante de nous protéger contre un ennemi toujours aussi barbare, tous les moyens dont il dispose. »

POINT ACTU

Le Vercors, ayant abrité l'un des plus grands maquis de France, est considéré comme un haut lieu de la Résistance.

DÉFINITIONS

- **CNR** : Conseil National de la Résistance.
- **FFL** : Forces Françaises Libres.
- **FFI** : Forces Françaises de l'Intérieur.

S'entraîner

★ **1** **Lisez les paroles de ce chant et répondez aux questions.**

histoire des arts

Ami, entends-tu le vol noir des corbeaux
sur nos plaines ?
Ami, entends-tu les cris sourds du pays
qu'on enchaîne ?
Ohé, partisans, ouvriers et paysans, c'est l'alarme.
Ce soir l'ennemi connaîtra le prix du sang
et les larmes.

Montez de la mine, descendez des collines,
camarades !
Sortez de la paille les fusils, la mitraille,
les grenades.
Ohé, les tueurs à la balle et au couteau, tuez vite !
Ohé, saboteur, attention à ton fardeau :
dynamite…

■ Deux premières strophes du *Chant des partisans* composé en 1943 à Londres.

Diffusé sur la BBC (radio anglaise) et par tracts en France, ce chant devient en quelque sorte l'hymne de la Résistance.

a. Où et quand a été composé ce chant ?

b. Que signifie le « vol noir des corbeaux » ?

c. Qui est l'ennemi de la 1re strophe ?

d. À qui s'adresse ce chant ?

e. Soulignez les passages qui montrent que ce chant appelle au combat.

f. Faites une recherche pour savoir qui a rédigé les paroles de ce chant.

★★ **2** **Lisez le cours et le texte pour répondre aux questions.**

Programme du CNR

Née de la volonté ardente des Français de refuser la défaite, la Résistance n'a pas d'autre raison d'être que la lutte quotidienne sans cesse intensifiée.
Cette mission de combat ne doit pas prendre fin à la Libération. Ce n'est, en effet, qu'en regroupant toutes ses forces autour des aspirations quasi unanimes de la Nation, que la France retrouvera son équilibre moral et social et redonnera au monde l'image de sa grandeur et la preuve de son unité.
Aussi les représentants des organisations de la Résistance, des centrales syndicales et des partis ou tendances politiques groupés au sein du CNR, délibérant en assemblée plénière le 15 mars 1944, ont-ils décidé de s'unir sur le programme suivant, qui comporte à la fois un plan d'action immédiate contre l'oppresseur et les mesures destinées à instaurer, dès la Libération du territoire, un ordre social plus juste.

■ D'après le Programme du Conseil National de la Résistance, 15 mars 1944.

a. Par qui a été constitué le CNR ?

b. Que regroupe-t-il ?

c. Quand a été rédigé le programme du CNR ?

d. Qui est « l'oppresseur » cité dans le texte ?

e. Quel est le double but de ce programme ?

★★ **3** **Étudiez la photographie et répondez aux questions.**

■ Charles de Gaulle descend les Champs-Élysées accompagné des membres du Conseil National de la Résistance, du Gouvernement provisoire de la République française et des chefs militaires de la 2e DB.

a. Où et à quelle période a été prise cette photographie ?

b. Entourez le général de Gaulle sur la photo.

c. Quelle fonction occupe-t-il alors ?

d. À quel régime a-t-il mis fin ?

e. Qui commandait la 2e DB ?

f. Faites une recherche pour savoir quelle est la 1re unité à entrer dans Paris en 1944.

g. Quelles grandes réformes politique et sociale sont prises peu après ?

Livret des corrigés p. 26

15 De Gaulle et le nouveau système républicain (1958-1969)

Retenir l'essentiel

La fin de la IVe République

● La IVe République est marquée par une **domination du Parlement**, de nombreux partis politiques et une forte instabilité ministérielle. Les gouvernements confrontés au problème de la décolonisation n'arrivent pas à résoudre la **crise algérienne** (cf. chap. 8).

● Le 13 mai 1958 à Alger, **des Français d'Algérie manifestent** pour rappeler au pouvoir le général de Gaulle, retiré depuis 1946. Pour éviter d'aggraver la crise, le président de la République charge De Gaulle de former un gouvernement. Il accepte et **rédige une nouvelle Constitution.**

La présidence du général de Gaulle

● De Gaulle fait adopter par référendum la nouvelle Constitution qui crée la **Ve République.** Le régime reste parlementaire avec un **rééquilibrage du pouvoir** en faveur du président de la République : propositions de **référendums**, dissolution de l'Assemblée nationale et pouvoirs spéciaux en cas de crise. La légitimité du Président est renforcée avec son élection au suffrage universel direct après un référendum en 1962.

● La politique de De Gaulle **réaffirme la puissance française** dans le monde. Il se démarque des États-Unis et rend la France indépendante en la dotant de l'arme nucléaire. Dans le domaine économique, de grands projets industriels sont favorisés (le Concorde).

Des volontés de changement

Sous de Gaulle, une partie de la population aspire à **plus de libertés et une plus juste répartition des revenus** de la croissance économique. Elle critique la rigidité des mœurs et la façon dont de Gaulle exerce le pouvoir. Ces mécontentements s'expriment lors de **la crise de mai 1968.** En 1969, le général de Gaulle démissionne après un référendum perdu.

Comprendre comment faire

Pour étudier un discours

Françaises, Français !
Le 28 octobre, ce que vous allez répondre à ce que je vous demande engagera le destin de la France. […]
Si votre réponse est : « Non » ! comme le voudraient tous les anciens partis afin de rétablir leur régime de malheur, […] ou même si la majorité des « Oui » ! est faible, médiocre, aléatoire, il est bien évident que ma tâche sera terminée aussitôt et sans retour. Car, que pourrais-je faire, ensuite, sans la confiance chaleureuse de la Nation ?
Mais si, comme je l'espère, comme je le crois, comme j'en suis sûr, vous me répondez « Oui » ! une fois de plus et en masse, alors me voilà confirmé par vous toutes et par vous tous dans la charge que je porte ! Voilà le pays fixé, la République assurée et l'horizon dégagé ! Voilà le monde décidément certain du grand avenir de la France !
Vive la République ! Vive la France !

■ Discours radiotélévisé du général de Gaulle sur l'élection du Président au suffrage universel, 18 octobre 1962.

1. Je présente le document. C'est un discours du Président de la République adressé à la population française par la radio et la télévision. Il propose en 1962 un référendum pour que le chef de l'État soit élu au suffrage universel direct.

2. Je lis le discours. Il mentionne que tous les autres partis politiques sont contre cette réforme, qui accentue le pouvoir du Président par rapport au Parlement. Il indique qu'il démissionnera si la réponse est négative ou que le « oui » l'emporte faiblement.

3. Je conclus. Avec la Ve République, De Gaulle renforce les liens directs entre le Président et la population par des discours télévisés fréquents, des référendums et une élection au suffrage universel. Cela fait de lui le représentant de tous les citoyens et lui confère une plus grande place politique.

POINT ACTU

De Gaulle reste le seul président de la République à avoir démissionné. L'intérim est alors exercé par le président du Sénat.

DÉFINITION

▸ **Référendum** : vote sous forme de question à laquelle les citoyens répondent oui ou non sur un sujet donné.

S'entraîner

★ **1 Relisez les chapitres précédents et le cours puis reliez les dates aux événements correspondants. Numérotez ensuite les événements dans l'ordre.**

Événements	Dates
Fin de la présidence du général de Gaulle ●	● 1940
Fin de la IIIe République ●	● 1946
Manifestation à Alger ●	● 1958
Début de la IVe République ●	● 1962
Référendum sur l'élection du Président au suffrage universel ●	● 1968
Fin de la Ve République ●	● 1969
Manifestations et grèves contestant le régime ●	● ?

★★ **2 Étudiez le document et répondez aux questions.**

La Ve République sous De Gaulle

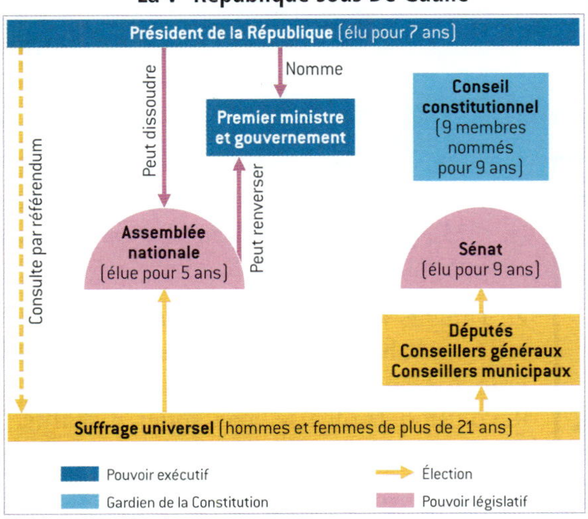

a. Comment s'appelle ce type de document ?

b. À partir de quel texte est-il réalisé ?

c. Quelle est la durée du mandat présidentiel ?

d. De quels pouvoirs dispose le Président ?

e. Qu'est-ce qui prouve que la Ve République est toujours parlementaire ?

★★ **3 Étudiez l'affiche et le texte et répondez aux questions.**

■ Affiche étudiante, mai 1968.

Mai 1968 en France

La crise de mai 1968 commence par une révolte étudiante, se poursuit par un mouvement ouvrier avec des grèves qui paralysent le pays et débouche sur une crise politique qui remet en cause le général de Gaulle, sa manière d'exercer le pouvoir et son gouvernement.

Pour résoudre la crise, le général de Gaulle s'adresse au pays et annonce la dissolution de l'Assemblée nationale. Aux élections législatives, une large majorité gaulliste l'emporte et De Gaulle reste au pouvoir jusqu'à son échec sur le référendum de 1969.

a. En 1968, depuis combien de temps le général de Gaulle est-il président ?

b. Par quoi débute la crise de mai 1968 ?

c. Qui est le personnage caricaturé au second plan de l'affiche

d. Qui a réalisé cette affiche ? Que critiquent-ils ?

e. Comment se termine la crise de mai 1968 ?

Livret des corrigés p. 27

Retenir l'essentiel

La Vᵉ République jusqu'en 1981

G. Pompidou et **V. Giscard d'Estaing**, poursuivent la politique de De Gaulle. Ils cherchent à répondre aux demandes de la population : Pompidou crée le **SMIC** pour mieux partager les fruits de la croissance ; Giscard fait abaisser la majorité légale à 18 ans et voter la loi qui autorise **l'IVG**.

Alternances et cohabitations (1981-2007)

- L'alternance c'est le changement de majorité politique à la tête du pays. En 1981, pour la première fois sous la Vᵉ République, est élu un président de gauche, **F. Mitterrand**. Il prend des **mesures sociales** importantes : 5ᵉ semaine de congés payés, semaine de travail à 39 heures, retraite à 60 ans. À Mitterrand, réélu en 1988, succède **J. Chirac** (droite) en 1995 : c'est une nouvelle alternance.

- En 1986, lors des élections législatives, une majorité de députés de droite est élue. C'est la première cohabitation. Le Président de gauche doit gouverner avec un Premier ministre de droite. Le Président s'occupe de la **défense** et des **relations internationales** et le gouvernement définit la politique intérieure du pays. De 1997 à 2002, le président Chirac cohabite avec son Premier ministre, Lionel Jospin. En 2000, la durée du mandat présidentiel est abaissée à **5 ans**, rendant difficile une nouvelle cohabitation.

Clivages et débats politiques

Sous la Vᵉ République, la peine de mort restait la sanction judiciaire réservée aux crimes les plus graves. La **droite** y était majoritairement favorable alors que la **gauche** se prononçait largement pour la supprimer. Mitterrand fait voter son **abolition** à l'Assemblée nationale par tous les députés de gauche mais aussi un grand nombre de députés de droite et le Sénat. En 2007, Chirac fait modifier la **Constitution** par le Parlement en y inscrivant l'abolition de la peine de mort. Aujourd'hui, seul le Front national réclame son rétablissement.

POINT ACTU

Selon l'ONG Amnesty International, plus des deux tiers des pays du monde ont aboli la peine de mort dans leur législation ou en pratique.

DÉFINITIONS

- **SMIC** : salaire minimum interprofessionnel de croissance. C'est le salaire minimum garanti par la loi et qui augmente au rythme de la croissance économique.
- **IVG** : interruption volontaire de grossesse.

Comprendre comment faire

Pour étudier la « Une » d'un journal

Libération

Pas d'aide militaire pour le Tchad

Reçu à l'Elysée aujourd'hui, Goukouni, le chef de l'Etat tchadien, souhaite l'appui de la France. Lire page 19.

L'abolition devant le parlement

PEINE DE MORT POUR LA GUILLOTINE

C'est à 15 heures aujourd'hui que s'ouvre

■ La « Une » de *Libération*, 19 septembre 1981.

1. Je lis le titre. Il s'agit de la première page, d'un journal intitulé *Libération* (créé en 1973), proche de la gauche, qui est paru le 19 septembre 1981.

2. J'étudie la « Une ». La principale nouvelle est l'abolition de la peine de mort en France. Le gros titre rappelle que, depuis la Révolution française, par souci d'égalité, tous les condamnés à mort étaient guillotinés.

3. Je conclus. Lors de la campagne électorale de 1981, l'abolition de la peine de mort est l'une des 110 propositions du candidat socialiste François Mitterrand. Une fois élu, il charge son ministre de la Justice, Robert Badinter, de la proposer à l'Assemblée nationale. Celle-ci est votée à une grande majorité par 369 députés de toutes les tendances. Le débat sur la peine de mort a donc dépassé les oppositions politiques traditionnelles.

S'entraîner

★ 1 Étudiez le tableau et répondez aux questions.

La gauche et la droite de 1981 à 2007

	ÉLYSÉE Président de la République	MATIGNON Premier ministre	PALAIS BOURBON Assemblée nationale
2002–2007	Jacques CHIRAC	Dominique de Villepin Jean-Pierre Raffarin	Majorité de droite
1997–2002	Jacques CHIRAC	Lionel JOSPIN	Majorité de gauche
1995–1997	Jacques CHIRAC	Alain JUPPÉ	Majorité de droite
1993–1995	François MITTERRAND	Édouard BALLADUR	Majorité de droite
1988–1993	François MITTERRAND	Pierre BÉRÉGOVOY Édith CRESSON Michel ROCARD	Majorité de gauche
1986–1988	François MITTERRAND	Jacques CHIRAC	Majorité de droite
1981–1986	François MITTERRAND	Laurent FABIUS Pierre MAUROY	Majorité de gauche

Gauche / Droite

a. De quand à quand François Mitterrand est-il président de la République ?

b. De quand à quand Jacques Chirac est-il président de la République ?

c. Quelle est la tendance politique des deux hommes ?

d. Quelles sont les trois périodes de cohabitation ?

e. Quand est entré en vigueur le mandat présidentiel de 5 ans ? Pourquoi rend-il la cohabitation difficile ?

★★ 2 Lisez le texte pour répondre.

Mesdames et Messieurs, [...]

Les Français avaient déjà choisi en 1981 l'alternance politique. Ils viennent en majorité de marquer à nouveau, mais en sens contraire, leur volonté de changement. [...]

Mais nos institutions sont à l'épreuve des faits. Depuis 1958 et jusqu'à ce jour, le Président de la République a pu remplir sa mission en s'appuyant sur une majorité et un gouvernement qui se réclamaient des mêmes options que lui. [...]

Pour la première fois la majorité parlementaire relève de tendances politiques différentes de celles qui s'étaient rassemblées lors de l'élection présidentielle, ce que la composition du gouvernement exprime, comme il se doit. [...]

Les circonstances qui ont accompagné la naissance de la Ve République, la réforme de 1962 sur l'élection du chef de l'État au suffrage universel et une durable identité de vues entre la majorité parlementaire et le Président de la République ont créé et développé des usages qui, au-delà des textes, ont accru le rôle de ce dernier dans les affaires publiques. La novation qui vient de se produire requiert de part et d'autre une pratique nouvelle. [...]

Vive la République ! Vive la France !

■ Message de François Mitterrand au Parlement, 8 avril 1986.

a. Quelle est la fonction de l'auteur du texte ? Quand a-t-il été élu et à quelle famille politique appartient-il ?

b. Qu'est-ce que l'alternance politique ?

c. Soulignez en rouge le passage qui montre qu'il y a une cohabitation en 1986.

d. D'après le cours, qui dirige le gouvernement qui vient d'être nommé ?

e. D'après le cours, comment s'effectue le partage des pouvoirs entre Président et Premier ministre durant une cohabitation ?

★★ 3 Testez vos connaissances sur la Ve République ! Vrai ou Faux ?

	V	F
a. La Ve République a été créée en 1962.	☐	☐
b. Un référendum c'est une loi sur une question économique.	☐	☐
c. Le président de la République exerce plus de pouvoir sous la Ve République que sous la IVe.	☐	☐
d. Le Premier ministre est élu par les députés.	☐	☐
e. La Ve République est un régime parlementaire.	☐	☐
f. Il n'y a eu qu'un Président de gauche sous la Ve République.	☐	☐
g. La peine de mort est abolie en 1986.	☐	☐

Livret des corrigés p. 27

Retenir l'essentiel

Les adhésions à l'Union européenne

Cette carte permet de voir que la construction européenne est un processus long, débuté en 1951 et qui aujourd'hui n'est pas encore terminé puisque des pays sont candidats pour adhérer (la Croatie devrait intégrer l'UE en 2013). De plus, la carte montre que la construction européenne s'ancre à l'ouest, là où se trouvent les capitales européennes. Elle a en effet débuté dans les démocraties alliées des États-Unis. Il faut attendre 1989 et la fin de la Guerre froide pour que le continent européen se réunifie. Ce n'est qu'en 2004, que d'anciennes « démocraties populaires » peuvent intégrer l'UE. Les demandes d'adhésion concernent maintenant les pays de l'ex-Yougoslavie, l'Islande et la Turquie.

Carte 1

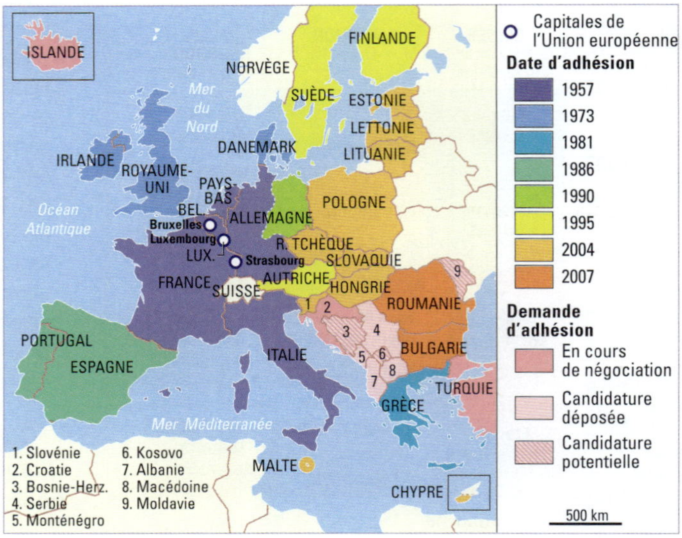

Le PIB de l'Union européenne

Le PIB mesure les richesses produites par les entreprises d'un pays en une année. Il rend donc compte des performances économiques du pays. Cette carte indique le PIB/hab. des régions des États membres de l'UE. En rouge et orange, les régions sont plus riches que la moyenne européenne (indice 100). En vert, elles le sont moins. Cette carte montre que les régions périphériques du Sud (Grèce, Sud de l'Italie et de l'Espagne, Portugal) et de l'Est (depuis l'Estonie jusqu'à la Roumanie et la Bulgarie) sont moins riches que les régions de l'Ouest. La mégalopole européenne (de l'Angleterre au Nord de l'Italie) est l'espace qui concentre les plus forts PIB.

Carte 2

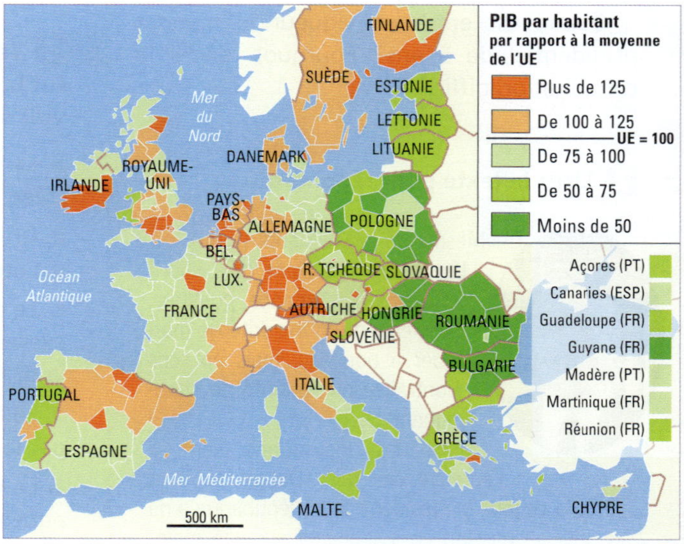

Les pays de la zone euro et l'espace Schengen

Tous les pays membres n'ont pas adopté l'euro, entré en vigueur en 2002 et géré par la Banque Centrale Européenne (BCE). Certains ont refusé cette monnaie commune (Royaume-Uni) tandis que d'autres n'ont pas encore atteint les critères économiques nécessaires (Roumanie). D'autre part, tous les pays de l'UE (Irlande) n'ont pas signé les accords de Schengen qui mettent en place un espace de libre circulation en Europe, sans contrôle systématique aux frontières. Cet espace concerne aujourd'hui 26 pays (dont 4 qui ne sont pas dans l'UE) et près de 400 millions de personnes. À partir de ces deux critères (euro et espace Schengen), on peut évoquer une UE à plusieurs vitesses.

Carte 3

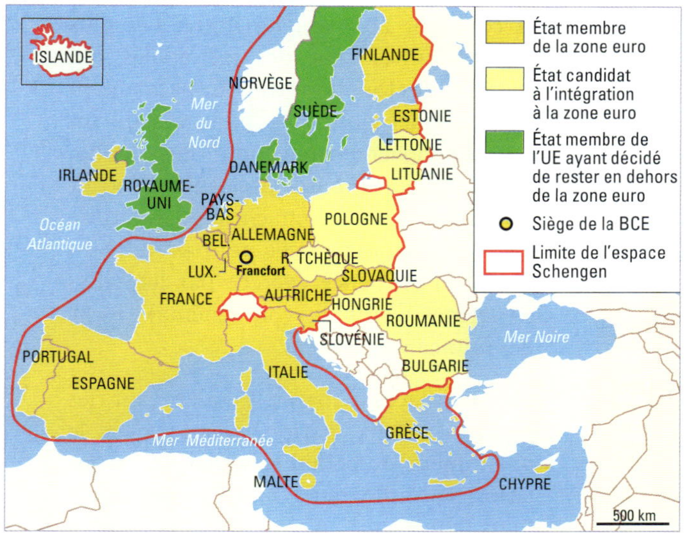

Les aires urbaines en France

Une aire urbaine est formée d'un pôle urbain (ville d'au moins 2 000 habitants avec au moins 5 000 emplois) et d'une couronne périurbaine constituée d'unités urbaines ou de communes rurales dont une grande partie des habitants travaille dans le pôle urbain. Paris (Île-de-France) est de loin la première aire urbaine de France. Les autres grandes aires urbaines comme Lyon (Rhône-Alpes), Marseille (Provence-Alpes-Côte d'Azur) ou Lille (Nord-Pas-de-Calais) se situent plutôt à la périphérie du territoire. Les espaces à dominante rurale se situent dans les montagnes et dans une diagonale depuis Champagne-Ardenne au Nord-Est jusqu'à Midi-Pyrénées au Sud-Ouest, en passant par les régions du Massif Central (Auvergne, Limousin). La Corse est aussi très rurale.

Carte 4

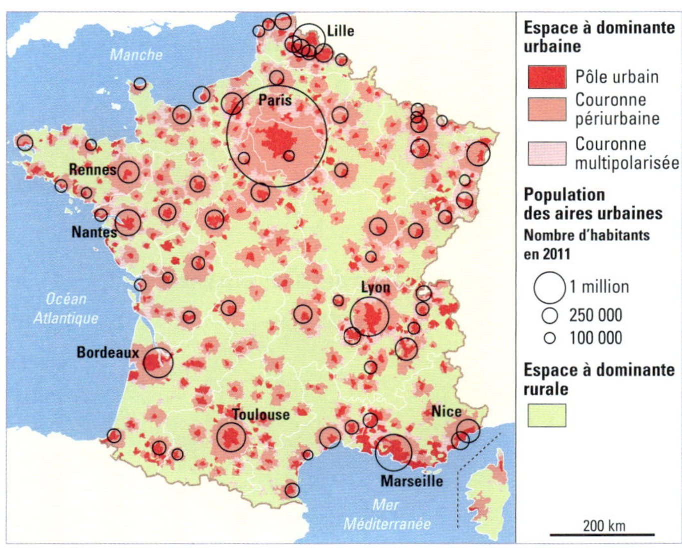

Retenir l'essentiel

Des espaces urbains qui s'étendent

- Les villes, ou **unités urbaines**, regroupent plus de 77 % de la population française et couvrent 22 % du territoire. Les plus grandes villes sont des **métropoles** qui exercent des fonctions de commandement économique, politique, culturel sur un espace **périphérique** plus ou moins étendu. La population urbaine et la surface occupée par les villes sont en augmentation. **L'aire urbaine** a été créée pour prendre en compte l'influence exercée par les villes en termes d'emploi (voir schéma) : 85 % des Français y habitent.

- Les espaces urbains s'étalent sur les espaces ruraux périphériques : c'est le phénomène de **périurbanisation.** La population travaille dans la ville principale mais habite en banlieue ou dans **l'espace périurbain** (rural proche) parce que les logements sont moins chers et plus grands.

Les conséquences de la périurbanisation

Ce phénomène engendre des **migrations pendulaires** (domicile-travail), qui créent des temps de déplacement importants, des problèmes de circulation et de pollution. Il provoque aussi des **conflits d'usage** entre les nouveaux habitants, pour qui les espaces périurbains sont des lieux de vie, de loisirs et de détente, et les anciens habitants, parfois agriculteurs, pour qui ils sont un lieu de travail. Par exemple, l'eau doit-elle servir en priorité à remplir les piscines ou à irriguer les cultures agricoles ?

Favoriser le développement durable (DD)

- À la ville comme à la campagne, les pouvoirs publics tentent de favoriser un DD. Dans les villes, les projets de réhabilitation ou de construction intègrent les **aspects sociaux** (maintenir une mixité sociale…) et **environnementaux** (réduire les consommations d'énergie, mettre des espaces verts…). Des réflexions sont menées sur les **réseaux de transports** et pour développer les transports en commun.

- Dans les zones rurales, **9 parcs naturels nationaux, 46 parcs naturels régionaux** ont été créés pour préserver la faune, la flore et la biodiversité mais également promouvoir un tourisme durable et sensibiliser la population au patrimoine culturel et à l'environnement.

Comprendre comment faire

Pour lire un schéma

L'organisation des aires urbaines

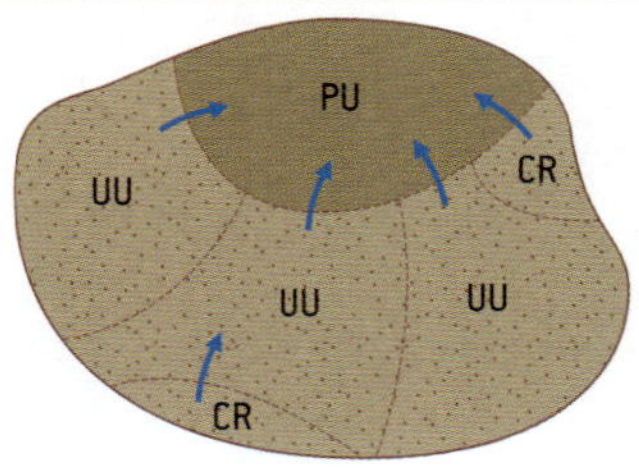

PU Pôle urbain (2 000 h. minimum, 5 000 emplois minimum)
UU Unité urbaine (2 000 h. minimum)
CR Commune rurale (moins de 2 000 h.)
→ 40 % au moins des personnes vont travailler dans ce lieu
Couronne périurbaine

1. Je lis le titre. Ce schéma explique l'organisation des aires urbaines.

2. J'étudie le schéma. Deux éléments principaux : un pôle urbain (grande ville) et une couronne périurbaine (autour de la ville). La couronne est constituée des unités urbaines (villes banlieues) et des communes rurales (villages) et 40 % de ses habitants travaillent dans le pôle.

3. Je conclus. L'aire urbaine combine des espaces urbains et ruraux. Le lien se fait par les habitants de la couronne qui travaillent dans le pôle. C'est la périurbanisation.

POINT ACTU

L'Insee est l'organisme qui effectue les recensements et publie tous les chiffres sur la population et l'économie françaises.

DÉFINITION

Unité urbaine : une commune qui compte plus de 2000 habitants.

S'entraîner

★ **1 Relisez le cours et étudiez la carte pour répondre aux questions.**

Les parcs naturels régionaux en France

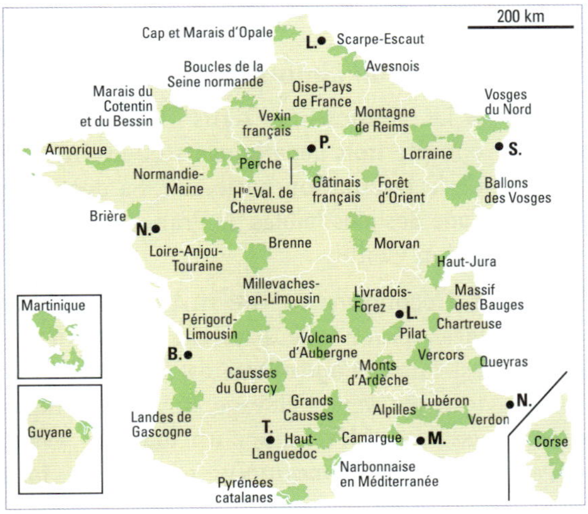

a. Combien y a-t-il de parcs naturels régionaux en France ?

b. Citez deux parcs naturels littoraux.

c. Quel est le but des parcs régionaux ?

d. Faites une recherche pour savoir où se situent les neuf parcs naturels nationaux.

★★ **2 Étudiez les chiffres du tableau ci-dessous.**

a. Qu'est-ce qu'une aire urbaine ?

b. Quelle est la plus grande aire urbaine française ? Combien a-t-elle d'habitants ?

c. Comment évolue la population des aires urbaines depuis 1999 ?

★★★ **3 Lisez le texte et répondez aux questions.**

Réhabilitation d'un quartier de Grenoble

« Sur 8,5 hectares, la ZAC*, lancée en 2002 sur le terrain d'une ancienne caserne située au sud du centre-ville de Grenoble, associe différentes fonctions : résidentielle (850 logements dont 35 % de logements sociaux, résidence étudiante et établissement pour personnes âgées), tertiaire (espaces de bureaux et école élémentaire), commerciale (centre commercial), récréative (cinéma d'art et d'essai). Cette pluralité permet de répondre aux exigences de durabilité sur les plans sociaux et économiques. La protection de l'environnement est aussi prise en compte. Les espaces verts y occupent plus de 5 hectares. De plus, la ZAC bénéficie du programme européen Concerto visant à réduire la consommation énergétique du secteur du bâtiment : toutes les constructions doivent respecter des normes strictes en termes de consommation d'énergie et d'isolation thermique […]. Ce projet, […] a reçu le grand prix national éco quartier en 2009. »

■ F. Smits, *Géographie de la France*, Hatier, 2011.

*ZAC : Zone d'aménagement concertée, c'est un projet d'aménagement d'un quartier défini par la commune.

a. Situez Grenoble sur une carte.

b. Quel ancien site devait être réhabilité ?

c. Soulignez les différentes fonctions de ce nouveau quartier.

d. Quels sont les éléments qui prouvent que l'aspect environnemental est pris en compte ?

e. Pourquoi peut-on parler de développement durable pour ce quartier ?

Les 10 premières aires urbaines

Rang en 2007	Aire urbaine	Population au 1er janvier 2007	Évolution annuelle moyenne (en %)	
			1999-2007	1990-1999
1	Paris	11 836 970	0,7	0,3
2	Lyon	1 757 180	0,8	0,7
3	Marseille-Aix-en-Provence	1 618 369	0,8	0,5
4	Lille	1 163 934	0,2	0,3
5	Toulouse	1 118 472	1,9	1,5
6	Bordeaux	1 009 313	1,1	0,7
7	Nice	999 678	0,9	0,5
8	Nantes	768 305	1,0	1,1
9	Strasbourg	641 853	0,6	0,8
10	Toulon	600 740	0,8	0,7

■ Source : Insee.

Géographie

Livret des corrigés p. 27

Retenir l'essentiel

Rhône-Alpes, région dynamique

• La vaste région Rhône-Alpes compte **huit départements** du Sud-Est de la France. C'est la **deuxième région** en termes de population (environ 10 % de la population française) et de richesse (PIB/hab.) derrière l'Île-de-France. La région s'organise autour de **quatre grands pôles urbains** : Lyon, Grenoble, Annemasse-Genève et Saint-Étienne. Sa population augmente avec des taux de natalité élevés et un solde migratoire positif montrant son attractivité.

• La région possède des industries anciennes, qui connaissent parfois des difficultés, et modernes en pleine essor, qui s'appuient sur des **pôles de compétitivité.** C'est la première région française de **production d'énergie** (hydroélectricité, nucléaire). Son économie repose aussi sur le **tourisme** grâce à des atouts naturels : parcs nationaux et régionaux, montagnes pour les sports d'hiver.

• La région a une **position de carrefour** en France et en Europe : nombreux **travailleurs transfrontaliers** et liaison TGV Lyon-Turin en construction. Le **réseau de communication** s'organise autour d'un axe majeur (vallée du Rhône).

La région Limousin plutôt rurale

• Le Limousin, dans le Sud-Ouest, compte **trois départements** et environ 1 % de la population nationale. Sa **densité est l'une des plus faibles** de France et sa population vieillit.

• L'économie repose surtout sur les **services** parce que l'activité industrielle y est faible. **L'agriculture** est essentiellement tournée vers l'élevage bovin. La région essaie de développer un **tourisme « vert ».** L'activité économique souffre du **faible réseau de transport** qui fait du Limousin une région encore enclavée.

• On observe un **déséquilibre dans l'organisation régionale** : l'Ouest (Limoges, Brive-la-Gaillarde, Tulle) concentre la majeure partie de la population et des activités ; l'Est (Guéret, Ussel) apparaît moins peuplé et plus rural.

Comprendre comment faire

Pour étudier un croquis

1. Je lis le titre. Un croquis est la représentation simplifiée d'un espace pour mettre en valeur les éléments essentiels. Celui-ci représente la région Rhône-Alpes.

2. J'étudie le croquis et sa légende. Il a la forme d'un quadrilatère. Les points représentent les pôles plus ou moins importants, les couleurs renvoient aux différents types d'espaces et les flèches symbolisent les flux et les axes.

3. Je conclus. La région s'organise autour de quatre pôles qui concentrent la population et les activités importantes. L'Ouest connaît des difficultés tandis que l'Est est plutôt en essor, gagne des habitants et accueille des activités dynamiques et un important tourisme de montagne. La région est bien reliée au reste du territoire et à ses voisins européens.

Croquis de la région Rhône-Alpes

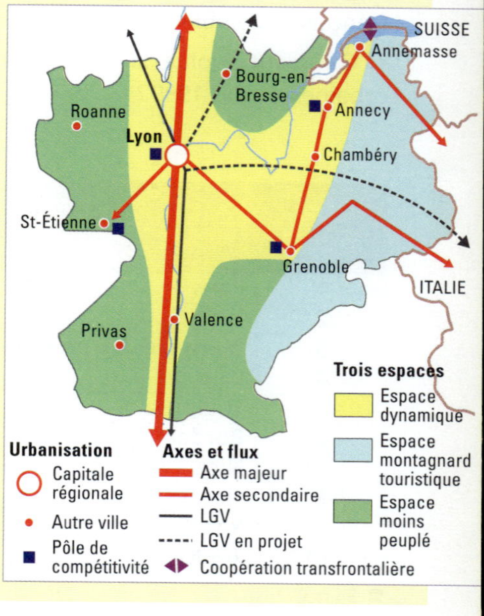

POINT ACTU

La France est découpée en 27 régions : 22 en métropole et 5 outre-mer (Guadeloupe, Guyane, Martinique, Mayotte et Réunion).

DÉFINITION

▸ **Pôle de compétitivité** : espace qui regroupe des industries, des centres de recherche et des universités pour favoriser l'innovation et diminuer le temps entre invention et production.

S'entraîner

★ **1 À l'aide d'un atlas, complétez le tableau sur les régions françaises.**

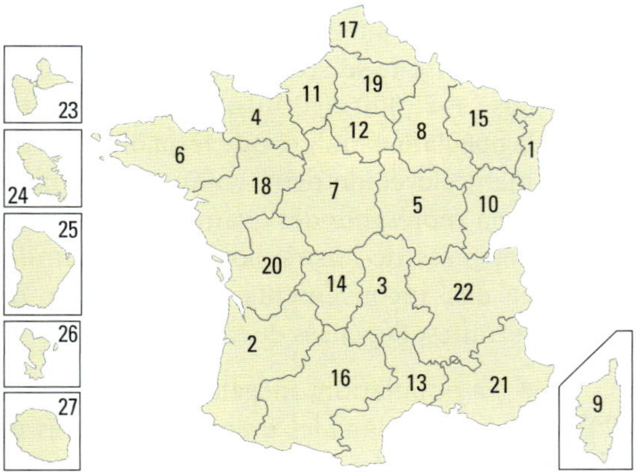

Numéro	Région (capitale régionale)	Numéro	Région (capitale régionale)
1	Alsace (Strasbourg)	15	
2		16	
3		17	
4		18	
5		19	
6		20	
7		21	
8		22	
9		23	
10		24	
11		25	
12		26	
13		27	
14			

★★ **2 Étudiez la carte du Limousin.**

a. Quelles sont les départements voisins du Limousin ?

b. Quels sont les trois départements qui composent le Limousin ?

c. Quelle est la capitale régionale du Limousin ?

d. Quels sont les deux axes de transport importants qui traversent le Limousin ? Surlignez-les.

e. Sur la carte, faites apparaître le pôle majeur et les pôles secondaires. Hachurez la partie la moins dynamique du Limousin et légendez.

★★ **3 Lisez attentivement le texte.**

Rhône-Alpes élabore trois grands projets en matière de transport en veillant à leur complémentarité mutuelle. Avec comme objectifs principaux de faciliter les déplacements bien sûr, mais aussi s'ouvrir à l'international et développer le fret ferroviaire.

Les trois grands projets actuels ont des objectifs communs : désengorger le goulot d'étranglement qu'est devenue la région lyonnaise et développer les échanges avec nos voisins européens. La liaison européenne à grande vitesse Lyon-Turin en est révélatrice : relier les deux villes en moins de 2 heures (au lieu de 4 heures aujourd'hui) et y développer le fret ferroviaire.

La SNCF a inauguré son premier centre de maintenance des TGV implanté hors de l'Île-de-France. Cette réalisation spectaculaire de 247 M€ a pu voir le jour grâce à l'apport de plus de 100 M€ des collectivités locales : 54 M€ pour le Grand Lyon, 23 M€ pour la région Rhône-Alpes et 19 M€ pour le département du Rhône. Ce petit bijou de technologie de pointe représente la création de 300 emplois dès le démarrage du site et à terme de 500 emplois directs et indirects.

■ D'après le site du Conseil régional Rhône-Alpes.

a. Quels sont les buts des projets de transport ?

b. Quel sera le temps de trajet entre Lyon et Turin après la réalisation du projet ?

c. À combien s'élève le financement de la région pour le technocentre ?

d. Quel intérêt représente le technocentre pour la région ?

Livret des corrigés p. 27

Retenir l'essentiel

Des contraintes réduites

● **Le territoire métropolitain** se situe à l'Ouest de l'Europe et possède **quatre façades maritimes.** Il présente **peu de contraintes** : forte majorité de plaines et de plateaux, faibles risques naturels et très peu d'excès climatiques.

● Les **territoires ultramarins** se situent essentiellement dans le domaine tropical et sont soumis aux risques sismiques, volcaniques et cycloniques.

Des atouts importants

Les **ressources françaises exploitées sont importantes** : l'eau (consommation, agriculture, industrie) ; les forêts (bois et loisirs) ; la mer (pêche, minerais, hydrocarbures) grâce à une vaste ZEE ; les fleuves et montagnes (production d'énergie nucléaire ou hydroélectrique). La **variété des milieux naturels et des paysages** permet une diversification des productions agricoles et des formes de tourisme.

65 millions de Français

● La France présente les caractéristiques des pays riches : **faible croissance démographique** due surtout à l'accroissement naturel, puisque le solde migratoire est assez bas (+ 75 000 en 2010), et **vieillissement de la population** malgré une **fécondité** relativement élevée de deux enfants par femme. Cela représente des avantages (bénévolat, dépenses de loisirs, soutien à la famille) et des inconvénients (financement des retraites, dépenses de santé).

● La population, inégalement répartie, se concentre dans les **grandes villes, près des littoraux et des vallées fluviales.** Les régions les plus peuplées sont celles qui proposent le plus d'activités économiques : Île-de-France, Rhône-Alpes, Nord-Pas-de-Calais et Provence-Alpes-Côte d'Azur. On observe une « **diagonale du vide** » de Champagne-Ardenne à Midi-Pyrénées. Les régions du Nord et du Nord-Est perdent des habitants alors que celles de **l'Ouest et du Sud en gagnent.**

POINT ACTU

La France possède une superficie de 633 000 km² (dont 544 000 pour la métropole).

DÉFINITIONS

- **Croissance démographique** : augmentation de la population.
- **Fécondité** : nombre moyen d'enfants par femme en âge de procréer.

Comprendre comment faire

Pour lire une pyramide des âges

Population de la France (1er janvier 2011)

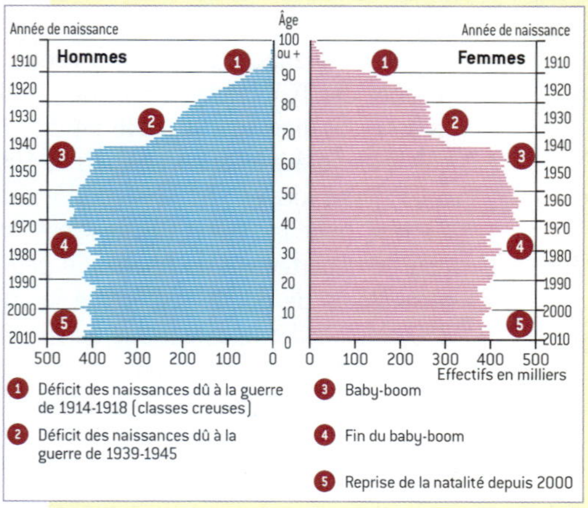

■ Source : INED.

1. Je lis le titre. Une pyramide des âges est une représentation de la population d'un pays à un moment donné, avec les effectifs (axe horizontal) classés par âge (axe vertical) et par sexe. Cette pyramide représente la population française en 2011.

2. J'étudie la forme de la pyramide. Elle a des creux (faible natalité) et des bosses (forte natalité). Le bas de la pyramide donne les indications les plus récentes (natalité en 2010) et le haut renseigne sur des événements passés (natalité faible pendant les deux guerres mondiales).

3. Je conclus. La population vieillit car l'espérance de vie est forte (part importante des plus de 70 ans) et les enfants du baby-boom (période de forte natalité, 1945-1975) arrivent à l'âge de la retraite. Toutefois, depuis quelques années, on note une reprise de la natalité (élargissement de la pyramide vers le bas) qui reste peu élevée. Ce type de pyramide est en feuille de chêne.

S'entraîner

★ **1 Étudiez le planisphère, relisez le cours et répondez aux questions.**

a. Quelle est la superficie totale de la France ?

b. Qu'est-ce qu'un DROM ?

c. Quels sont les cinq DROM ?

d. Précisez pour chacun des DROM dans quel océan il se trouve.

e. À quel ensemble appartiennent les territoires non habités en permanence ? À quoi servent-ils ?

Les territoires ultra-marins

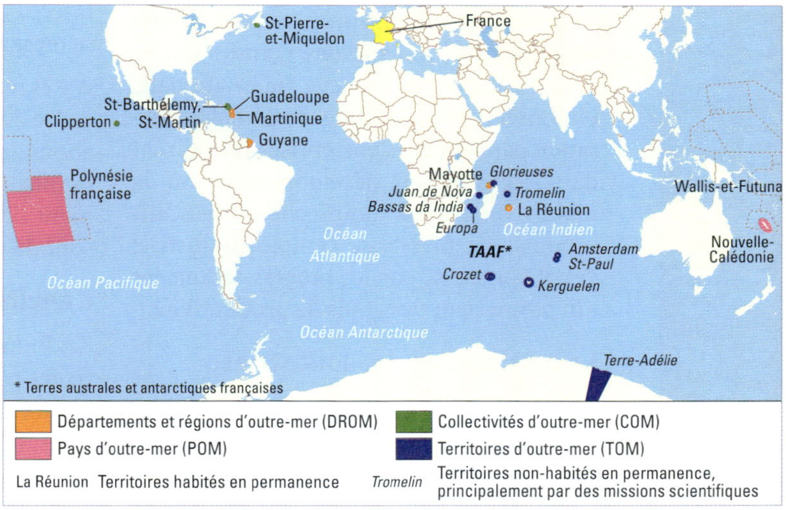

★★ **2 Étudiez et complétez le croquis pour répondre aux questions.**

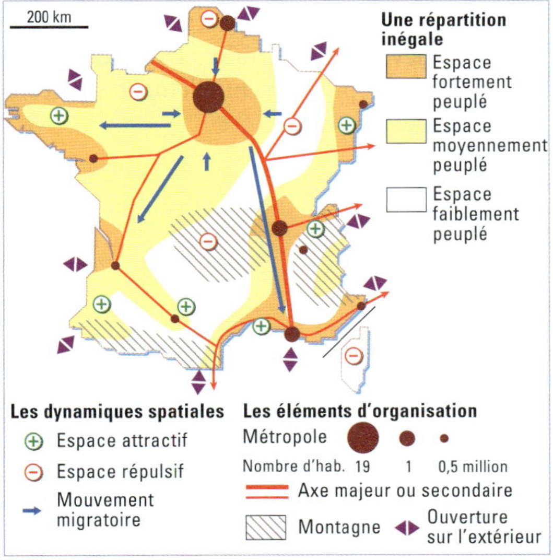

a. Rappelez ce qu'est un croquis.

b. Coloriez en rouge les espaces les plus peuplés.

c. Inscrivez le nom des métropoles, des mers et des océans.

d. Quelles parties du territoire sont les plus peuplées ?

e. Qu'appelle-t-on la « diagonale du vide » ? Comment apparaît-elle sur le croquis ?

f. Trouvez un titre à ce croquis.

★★ **3 Vrai ou faux : cochez la bonne réponse et justifiez votre choix.**

	V	F
a. La France est le pays le plus peuplé de l'UE.	☐	☐
b. La France est présente sur toute la planète.	☐	☐
c. La France métropolitaine compte quatre façades maritimes.	☐	☐
d. La France est divisée en 25 régions.	☐	☐
e. La région la plus peuplée est le Limousin.	☐	☐
f. La population française vit surtout en ville.	☐	☐
g. La France métropolitaine possède six grands massifs montagneux.	☐	☐
h. La France connaît une période de baby-boom.	☐	☐
i. La population française vieillit.	☐	☐

★★ **4 À quelle forme correspond la pyramide des âges française ?**

a b c

Livret des corrigés p. 27

Géographie

Retenir l'essentiel

Un secteur en recomposition

Avec la construction européenne et la **mondialisation**, la stratégie des grandes entreprises s'élabore à l'échelle internationale. On observe un processus de **désindustrialisation** parce que les entreprises produisent dans les pays en développement où la main-d'œuvre est moins chère (délocalisations). La baisse de l'emploi industriel s'explique aussi par les **progrès techniques** qui permettent des gains de productivité.

La localisation des industries

- Les **métropoles** (Paris, Lyon, Marseille) concentrent une grande partie des industries, notamment les **hautes technologies.** L'industrie (plutôt lourde) se concentre aussi sur les littoraux dans les **ZIP** (Le Havre, Saint-Nazaire, Fos-sur-Mer) et fonctionne grâce à l'importation de matières premières (pétrole) et l'exportation par conteneurs des marchandises fabriquées.
- Longtemps, les **régions du Nord et de l'Est** ont joué un grand rôle – les usines installées à proximité des matières premières (charbon, fer) – mais elles ont dû se **reconvertir** avec la crise des années 1970.
- Les **régions du Sud et de l'Ouest** offrent un cadre de vie agréable et une main-d'œuvre abondante qui attirent les industries de pointe et les usines. Avec le développement des **réseaux de transport**, ces régions sont de mieux en mieux desservies.

L'environnement

Les industries doivent respecter des normes fixées par l'État ou l'UE pour réduire leur **impact négatif sur l'environnement** : pollutions, déchets et consommation d'énergie. Les entreprises construisent des bâtiments adaptés, mettent en œuvre le recyclage, cherchent à diminuer leur consommation d'énergie et à utiliser des énergies moins polluantes. Les énergies renouvelables connaissent une croissance mais restent minoritaires et la part de l'électricité tend à devenir majoritaire. La **production électrique** repose essentiellement sur les centrales nucléaires.

POINT ACTU

En France, l'industrie emploie environ 15 % de la population active (28,3 millions de personnes dont 25,7 qui ont un emploi et 2,6 qui en cherchent un) et la construction 7 %.

DÉFINITION

▸ **Industrie** : ensemble des activités qui produisent en grande série des biens consommables à partir de ressources naturelles.

Comprendre comment faire

Pour lire un graphique

Production brute d'électricité en Twh

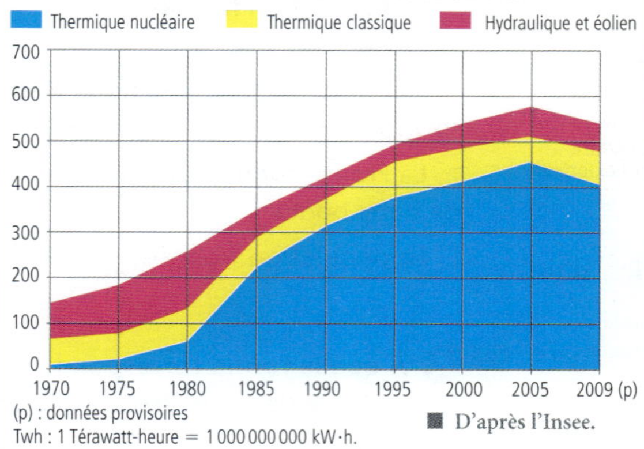

(p) : données provisoires
Twh : 1 Térawatt-heure = 1 000 000 000 kW·h.
■ D'après l'Insee.

1. Je lis le titre. Ce graphique montre l'évolution depuis 1970 des différentes manières de produire de l'électricité en France, source principale d'énergie pour l'industrie et la population.

2. J'étudie les données. En 1970, le nucléaire fournit environ 10 TwH, l'hydraulique et l'éolien environ 50 et le thermique environ 100. En 2009, le nucléaire est passé à 400 TwH, l'hydraulique et l'éolien à environ 70 et le thermique à environ 60.

3. Je conclus. D'une part, la production électrique a plus que triplé en France de 1970 à 2009, passant de 160 à 530 Twh. D'autre part, la production d'électricité nucléaire est devenue prépondérante (80 % de l'énergie électrique) tandis que l'électricité renouvelable progresse légèrement et le thermique baisse.

S'entraîner

★ **1 Étudiez le graphique.**

La consommation d'énergie en France (en %)

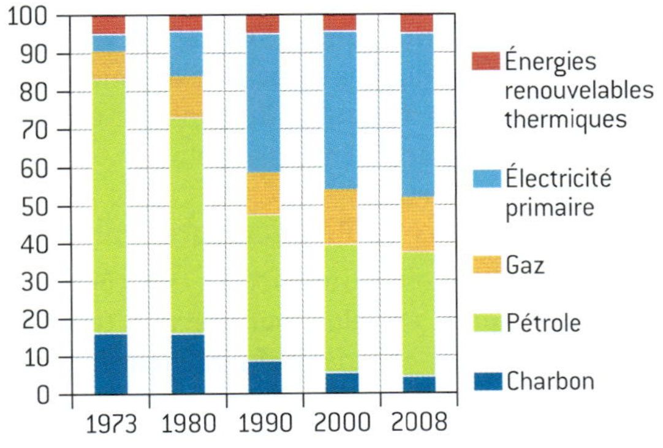

L'électricité primaire est l'électricité d'origine nucléaire, hydraulique, éolienne, solaire, photovoltaïque et géothermique.
Énergies renouvelables thermiques : bois, incinération des déchets urbains, biocarburants.

a. 1973 : quel pourcentage le charbon représentait-il dans la consommation d'énergie ?

b. Comment a évolué la part du pétrole dans la consommation d'énergie depuis 1973 ?

c. Quels sont les différents types d'énergie électrique ?

d. Comment a évolué la part de l'électricité dans la consommation d'énergie depuis 1973 ?

e. D'après le graphique p. 166, comment est produite la majeure partie de l'électricité française ?

★★ **2 Lisez attentivement le texte.**

Développer la recherche pour offrir des solutions innovantes

Pour pouvoir offrir à ses clients, dès aujourd'hui, une gamme de voitures peu gourmande en carburant et peu émettrice de gaz à effet de serre et de gaz polluants, les ingénieurs de Renault continuent de progresser sur les véhicules à énergie fossile […]

Les perspectives d'avenir…

L'essence, le diesel et les biocarburants restent des énergies d'avenir, mais les enjeux environnementaux reposent sur une véritable rupture dans la recherche. Demain, l'offre automobile devra se diversifier.

Ainsi, l'alliance Renault Nissan, travaille depuis de nombreuses années sur les énergies nouvelles :
- Le véhicule électrique […]
- La pile à combustible

À plus long terme, l'Alliance travaille sur un prototype de véhicule électrique à pile à combustible, permettant un gain sensible d'autonomie, mais plus complexe à fabriquer et à commercialiser à grande échelle.

■ D'après le site de Renault, constructeur automobile français, DR.

a. Dans quel secteur industriel travaille l'entreprise Renault ?

b. Qu'est-ce que l'énergie fossile ?

c. Comment l'entreprise cherche-t-elle à améliorer les véhicules à énergie fossile ?

d. Quel autre type de véhicules l'entreprise veut-elle développer ?

e. Quel est l'avantage de la pile à combustible ? Quel est son inconvénient ?

★★ **3 Relisez le cours et étudiez la carte.**

Les espaces industriels

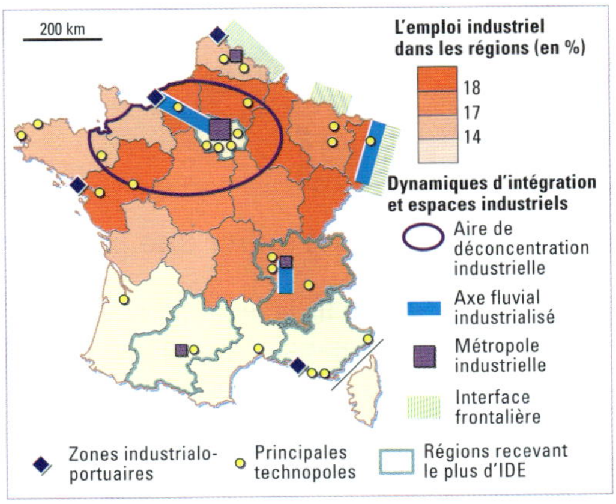

a. D'après le cours, quels sont les principaux facteurs de localisation d'une industrie ?

b. Quelles sont les deux premières régions industrielles françaises ?

c. Quelles sont les régions qui ont été très tôt industrialisées ?

d. Quelles sont les régions qui se développent en attirant des IDE ?

e. Citez les quatre grandes ZIP françaises ? Quel type d'activité industrielle accueillent-elles surtout ?

Livret des corrigés p. 28

22 Les espaces de production à dominante agricole

Retenir l'essentiel

Une puissance agricole

● La France est le **premier pays agricole de l'UE** même si cette activité économique représente une **faible part du PIB** et de la population active du pays (environ 3 %). Grâce aux aides financières de l'UE, l'agriculture française s'est **modernisée** et elle est devenue **intensive et mécanisée.**

● **Le système agroalimentaire** plus vaste permet d'encourager les productions agricoles. En amont, les banques prêtent de l'argent pour acheter le matériel fabriqué par les usines et en aval, les industries agroalimentaires transforment les produits agricoles en aliments, les vendent…

Les régions agricoles

● Les espaces agricoles se situent dans les **zones plus favorables** : climat adapté, relief plat, sols fertiles, présence de moyens d'irrigation et proximité des marchés de consommation ou lieux d'exportation. La **variété des sols et des climats** permet une diversification des productions agricoles.

● L'agriculture moderne et spécialisée se concentre dans **trois grandes régions** : le Bassin parisien et le Nord (céréaliculture), la Bretagne et l'Ouest (élevage hors-sol), les plaines et vallées du Sud (vigne, fruits…). Les autres régions ont une agriculture moins intensive.

Les défis de l'agriculture française

● Elle doit faire face à des **concurrents de plus en plus puissants** (États-Unis, Brésil…) et à des **défis environnementaux.** Longtemps, la PAC a favorisé la modernisation de l'agriculture avec l'utilisation de gros engins agricoles et de produits chimiques, entraînant une pollution des sols, de l'air et des nappes phréatiques.

● Depuis quelques années, les États et l'UE favorisent une **agriculture plus durable** (avec moins d'engrais et d'eau mais qui assure un niveau de vie correct aux agriculteurs). Les consommateurs effrayés par les risques sanitaires de l'agriculture intensive (vache folle, OGM) sont sensibles aux produits « bio » et labels de qualité.

POINT ACTU

L'agriculture française occupe plus de la moitié de la superficie du territoire français.

DÉFINITION

▸ **Système agroalimentaire** : ensemble des activités liées à l'agriculture avec en amont les banques, assurances, produits chimiques, matériels agricoles et en aval, les industries agroalimentaires, les transports, les commerces…

Comprendre comment faire

▶ Pour étudier une photographie

1. Je lis la légende. Cette photographie représente un paysage rural de la Beauce dans le Bassin parisien. Il est essentiellement occupé par des cultures, c'est un espace agricole.

2. Je décris la photographie. Le paysage présente un relief plat. Au 1er plan, on distingue de grandes parcelles agricoles, géométriques, sans haies qui les séparent. Au milieu des champs, il y a une exploitation agricole. À l'arrière-plan, figurent des restes de forêts qui ont échappé aux défrichements. Des routes desservent les parcelles et la ferme.

■ Un espace agricole en Beauce (Île-de-France)

3. Je conclus. C'est un paysage agricole typique du Bassin parisien, espace d'openfields (champs ouverts) voués à la céréaliculture. Ces grandes exploitations sont très rentables, cultivant d'importantes surfaces avec des moyens modernes (irrigation, engins agricoles, produits chimiques, plantes sélectionnées). Les rendements sont élevés et la production est exportée ou achetée par l'industrie agroalimentaire.

S'entraîner

★ 1 Complétez le croquis de la photographie précédente et répondez aux questions.

a. Situez le paysage sur la carte de l'exercice 2 en précisant à quelle région et à quel type d'espace agricole il appartient.

b. Complétez la légende avec les propositions suivantes : parcelles cultivées, exploitation agricole, routes, restes de forêt.

c. Donnez un titre au croquis.

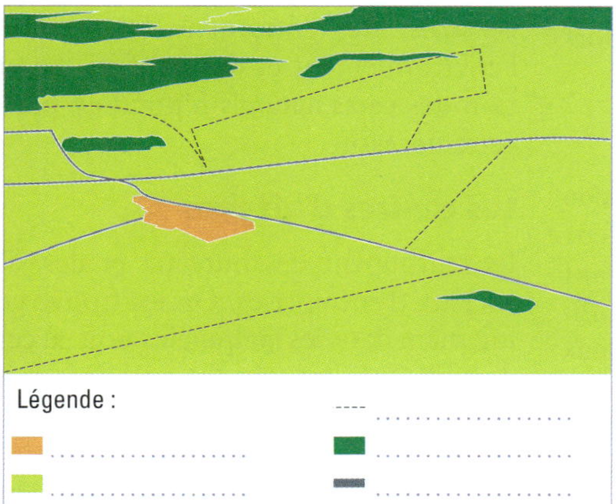

★★ 2 Étudiez la carte pour répondre.

Les espaces agricoles français

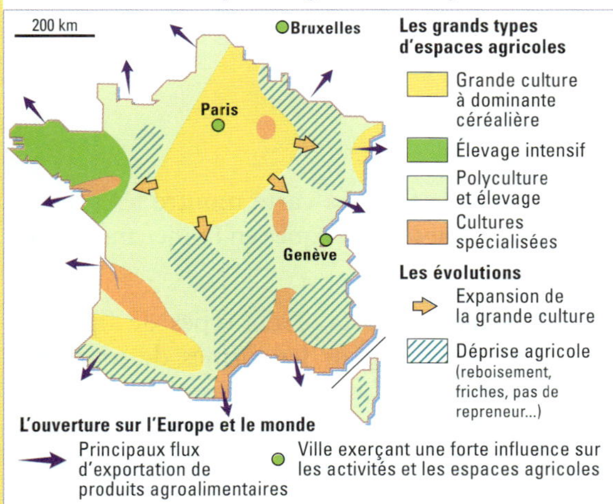

a. Quelle est l'activité agricole dominante dans l'Ouest de la France ?

b. Dans quelles parties de la France trouve-t-on des cultures spécialisées ?

c. Citez une région qui pratique la polyculture.

d. Quel type d'espaces a tendance à voir reculer l'activité agricole ?

★★★ 3 Étudiez le graphique et lisez le texte pour répondre aux questions.

La taille des exploitations agricoles en France (2010)

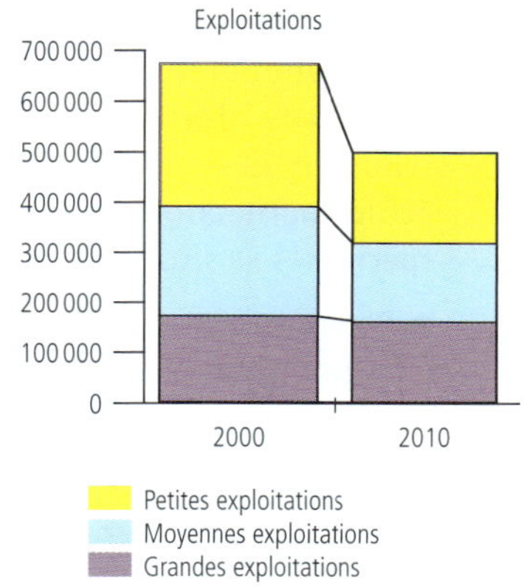

Des petites et moyennes exploitations agricoles, souvent sous statut individuel, aux grandes exploitations en formes sociétaires, la France rassemble une diversité d'exploitations agricoles. Un quart des exploitations a une surface de moins de 6 ha*, un quart en a plus de 82. Une exploitation sur trois est une grande exploitation. Depuis 2000, les exploitations se sont agrandies. La taille des exploitations est passée de 42 ha en moyenne à 55 ha en moyenne. En parallèle, le mouvement de baisse du nombre d'exploitations s'est ralenti : les exploitations agricoles ont diminué de 26 % entre 2000 et 2010, alors que leur nombre avait diminué de 35 % entre 1988 et 2000.

■ Source : ministère de l'Agriculture.

* ha : un hectare = 10 000 m².

a. Combien y a-t-il d'exploitations agricoles en France en 2010 ?

b. Comment a évolué le nombre d'exploitations agricoles depuis 2000 ?

c. Comment a évolué le nombre de grandes exploitations depuis 2000 ?

d. D'après les réponses aux questions **b.** et **c.** expliquez comment a évolué la part des grandes exploitations.

e. Quel pourcentage représentent les grandes exploitations ?

f. Comment a évolué la taille des exploitations agricoles depuis 2010 ?

g. Quelles sont les trois idées importantes à retenir de ces documents ?

Livret des corrigés p. 28

23 Les espaces productifs de service

Retenir l'essentiel

Localisation des services

● Depuis 1945, les services connaissent une **forte croissance**. Aujourd'hui ils représentent la plus **grosse part du PIB** national et emploie près des trois quarts des actifs. Dans les zones rurales, se trouvent des **services de base** (médecin, école, petit commerce), les **services plus spécialisés** se situent dans les villes.

● **Paris** concentre ainsi les centres de décision politique et économique, les lieux de recherche, les grands réseaux de transport et les sites privilégiés de la culture.

Les espaces touristiques

● La France est la **première destination touristique mondiale**. C'est donc un secteur important pour l'économie représentant 2 millions d'emplois et plus de 6 % du PIB. Ce succès s'explique par de **nombreux facteurs** : richesse des patrimoines naturel et culturel, mise en valeur des patrimoines et infrastructures développées.

● Outre **Paris**, 1er lieu touristique en France, **les littoraux et certaines montagnes** sont bien équipées pour accueillir des touristes. Dans les années 1960, des **stations balnéaires** ont été construites sur la côte languedocienne pour diversifier l'activité de la région. De même, des **stations de ski** ont été créées dans les Alpes pour bénéficier de « l'or blanc » et mettre en valeur des espaces délaissés.

● L'un des enjeux actuels est de concilier tourisme de masse et **développement durable**. Les fréquentations excessives de certains sites entraînent des atteintes à l'environnement et des conflits. La création des **parcs naturels** répond en partie à cette nécessité.

Les centres d'affaires

Ils regroupent des bureaux et des sièges sociaux d'entreprises. On les trouve généralement dans les **métropoles**, soit au centre des villes, soit dans des quartiers créés à la périphérie (voir exercices 1 et 2). Bien desservis par les transports, ces quartiers sont constitués de **grandes tours** qui ont un aspect pratique (abriter un grand nombre de bureaux) et symbolique (montrer la puissance de l'entreprise).

POINT ACTU

En 2009, la France a accueilli près de 77 millions de touristes étrangers (dont les trois quarts originaires d'un pays de l'UE).

DÉFINITION

▸ **Services** : vaste secteur économique qui regroupe des services non marchands (éducation, santé, administration...) et des services marchands (finance, commerce, transport, immobilier...).

Comprendre comment faire

Pour analyser une carte

Les espaces touristiques en France

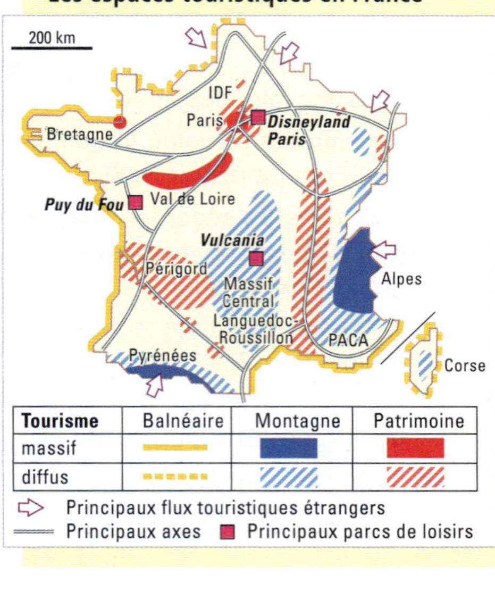

1. Je lis le titre. La carte montre les principales zones touristiques en France métropolitaine.

2. J'étudie la carte. Trois types de figurés : des couleurs pour les formes de tourisme (baignade, ski, culturel) plus ou moins foncées pour montrer l'intensité du phénomène, des figurés ponctuels (carrés pour les parcs d'attraction) et des lignes (traits pour les axes et flèches pour les flux).

3. Je conclus. Le tourisme se localise dans les villes mais peut aussi concerner des espaces peu habités (montagnes). Les zones les plus touristiques sont la région parisienne, les littoraux méditerranéens et atlantiques, les Alpes et les Pyrénées.

S'entraîner

★ **1 Relisez le cours et étudiez la photo pour répondre aux questions.**

■ Le quartier d'affaires de La Défense à l'Ouest de Paris.

a. Où se situe ce quartier ?

b. Quel type de quartier est-ce ? Qu'y trouve-t-on ?

c. Quel type de bâtiments domine dans ce quartier ?

d. Quelles fonctions ont ces bâtiments ?

e. Dans quelle autre partie des villes peut-on trouver ce type de quartier ?

★★ **2 Lisez le texte, répondez aux questions.**

Les 8 millions de touristes à La Défense

Parmi eux, ils sont 6 millions de touristes d'agréments, dont 2 millions viennent de province ou de l'étranger. 2,4 millions sont des touristes d'affaires dont 1 million vient de province ou de l'étranger. Les visiteurs venant de Paris ou de l'Île-de-France sont considérés comme des touristes de proximité. L'enquête s'est donc faite aux sorties de stations de métro et de RER de La Défense après des centaines d'interviews individuelles. N'ont donc pas été comptabilisées : les publics venant des villes limitrophes de La Défense, les publics venant faire leur course en voiture (que l'on ne peut considérer comme des touristes ni de excursionnistes), les publics arrivant à leur hôtel en taxi, et les groupes en autocar que l'on peut estimer entre 250 000 et 300 000 personnes par an.
[…] Car si cette enquête était quantitative, elle était aussi qualitative pour disposer d'un portrait robot du visiteur en même temps que l'analyse de son comportement. 51 % disent venir pour le shopping même si 20 % allient cela à la découverte du site […].
Une fréquentation qui ne peut que s'élargir après l'ouverture dominicale du centre des Quatre Temps et du CNIT depuis le 25 octobre dernier. À moyen terme, dotée de nouveaux hôtels, des tours mixtes de grande hauteur (bureaux, logement, hôtellerie, commerce et loisirs), c'est l'activité de soirée qui peut apporter à La Défense le must de demain. C'est le quartier à la mode qu'il faut avoir vu !
Le fait d'être à la fois le premier quartier d'affaires européen, le plus grand centre commercial d'Europe, le 2e Palais des Congrès de France, le 4e cinéma, et un avenir architectural de premier plan, fera de La Défense un vrai lieu de vie, de travail et de loisirs.

■ D'après le site de l'EPAD.

a. Combien de touristes fréquentent chaque année le quartier de La Défense ?

b. Quelles sont les différentes catégories de touristes et laquelle est la plus nombreuse ?

c. Qu'est-ce qui attire majoritairement les touristes ?

d. Quelles sont les différentes fonctions du quartier de La Défense ?

e. Soulignez le passage qui montre que le quartier a une importance internationale.

★★★ **3 Testez vos connaissances sur les espaces productifs. Cochez la bonne réponse.**

	V	F
a. L'industrie emploie plus de monde que les services.	☐	☐
b. Les industries s'installent désormais de plus en plus dans les régions du Sud et de l'Ouest de la France.	☐ ☐	☐ ☐
c. La Bretagne est surtout spécialisée dans la grande céréaliculture.	☐	☐
d. L'agriculture française est source d'importantes pollutions.	☐	☐
e. La France est un grand pays touristique.	☐	☐
f. Les services spécialisés se situent sur tout le territoire.	☐	☐
g. Les services représentent la plus grosse part du PIB.	☐	☐

Géographie

Livret des corrigés p. 28

Retenir l'essentiel

Renforcement des métropoles

- Les métropoles attirent et concentrent les hommes et les activités : la **métropolisation.** Avec les **progrès des infrastructures de communication** et la **croissance du commerce international**, les **centres de décision**, de recherche, de gestion des entreprises se localisent dans les grandes villes. Elles disposent d'un dense réseau de transport, de nombreux services (souvent spécialisés) et d'une main-d'œuvre importante.

- Toutefois, il s'opère une **hiérarchie entre ces métropoles. Paris**, avec une influence internationale, domine le territoire tandis que les autres métropoles se développent à la **périphérie** (Lyon, Marseille, Lille…). Certaines essaient de s'affirmer à l'échelle européenne (Lyon, Strasbourg). **Toutes** entretiennent des **liens entre elles.**

Renforcement des périphéries

- La construction européenne a permis la disparition du risque de guerre aux frontières et la libre circulation des marchandises et des hommes. Elle a provoqué un renforcement des **régions frontalières** du Nord et de l'Est de la France qui bénéficient aussi de la proximité de la mégalopole européenne (aides de l'UE et investissements étrangers). Ces régions abritent aussi des travailleurs frontaliers.

- Le tourisme et la mondialisation des échanges ont entraîné **l'essor des régions littorales** de l'Ouest et du Sud et des DROM. Cet essor se manifeste par une **croissance démographique** et un **développement des activités** (services, industries de haute technologie, transports maritimes, tourisme…). Ces espaces sont de mieux en mieux intégrés au territoire.

Les espaces moins dynamiques

Certaines régions ont un **faible poids démographique et économique. Enclavées** et mal reliées aux grands réseaux de communication, elles n'ont pas de métropole active : par exemple, au **centre de la France** (Limousin, Morvan) ou dans des **zones de montagne** restées à l'écart du tourisme.

Comprendre comment faire

Pour étudier un plan

1. Je lis le titre. Ce plan représente la ville de Paris et ses fonctions.

2. J'étudie le plan et sa légende. Il y a quatre fonctions : politique (ministères), économique (quartier d'affaires), touristique et culturelle (universités, musées). Paris abrite deux organisations internationales (OCDE et Unesco). Les fonctions de commandement se localisent plutôt à l'Ouest.

3. Je conclus. La ville abrite des fonctions de commandement dans tous les domaines et son rayonnement s'exerce à l'échelle nationale et internationale. Donc, Paris est une métropole mondiale.

Les fonctions métropolitaines de Paris

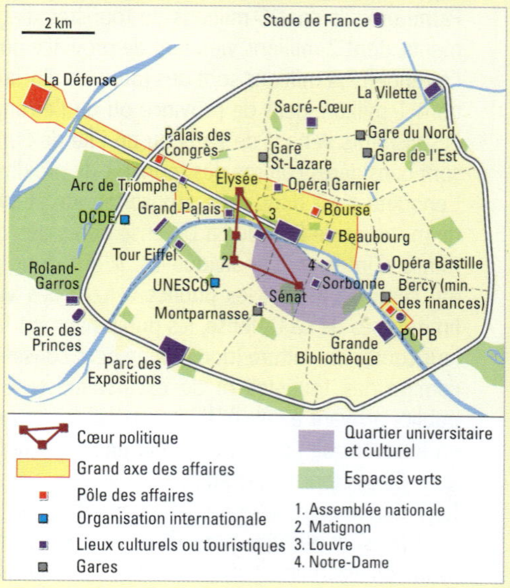

POINT ACTU

L'Île-de-France réalise plus d'un tiers du PIB national (1 900 milliards d'euros).

DÉFINITION

Métropole : ville importante, exerçant des fonctions de commandement, et donc une influence sur un territoire plus ou moins étendu (région, pays, continent, monde).

S'entraîner

★ **1 Relisez le cours, répondez aux questions et complétez le croquis.**

a. Qu'est-ce qu'un croquis ?

b. Quels sont les éléments qui montrent qu'un espace est dynamique ?

c. Complétez le nom des métropoles figurant sur le croquis.

d. Quels sont les trois grands types d'espaces dynamiques en France ?

e. Citez un exemple d'un espace peu dynamique en France.

f. Complétez la légende du croquis et donnez-lui un titre.

Organisation du territoire français

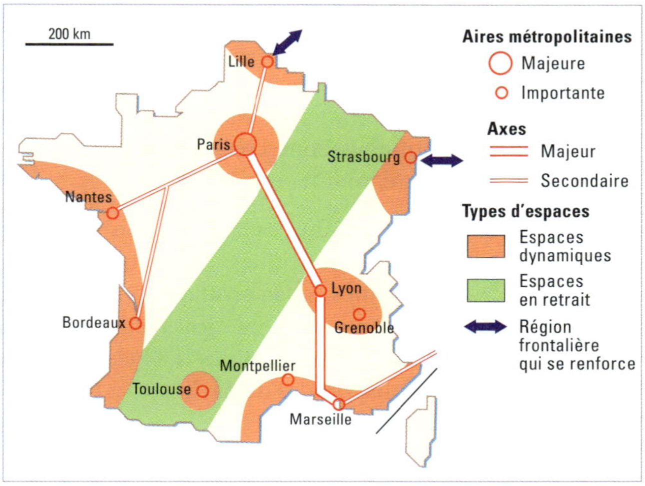

★★ **2 Lisez le texte pour répondre.**

« [...] Paris, environ 11 millions d'habitants, est la seule métropole française de dimension mondiale : elle joue un rôle d'interface entre la France et le reste du monde. Sur le plan politique, elle abrite les pouvoirs exécutif, législatif et judiciaire français ainsi que des sièges d'institutions internationales [...]. Elle concentre en son sein la quasi-totalité des emplois de l'information et des arts. Elle offre de surcroît un patrimoine unique : le Louvre [...], deux opéras [...] et quantité de théâtres. Sur les plans financier et économique, Paris se situe au 20e rang des places financières mondiales, mais accueille la moitié des sièges sociaux des filiales étrangères implantées en France [...]. Elle est le 1er centre mondial pour l'accueil des congrès internationaux. Elle constitue la 2e plate-forme aéroportuaire d'Europe [...] ce qui est un des éléments de son insertion dans les réseaux et les flux qui caractérisent la mondialisation. [...] »

■ F. Smits, *Géographie de la France*, 2011, p. 59.

a. Soulignez en bleu les fonctions de commandement politique, en rouge les fonctions de commandement économique et en vert les fonctions de commandement culturel.

b. Relevez les éléments qui montrent que Paris à une influence mondiale.

c. À partir de vos réponses, rédigez un petit paragraphe qui montre que Paris est une métropole mondiale.

★★ **3 À l'aide des définitions, complétez la grille sur les notions de géographie.**

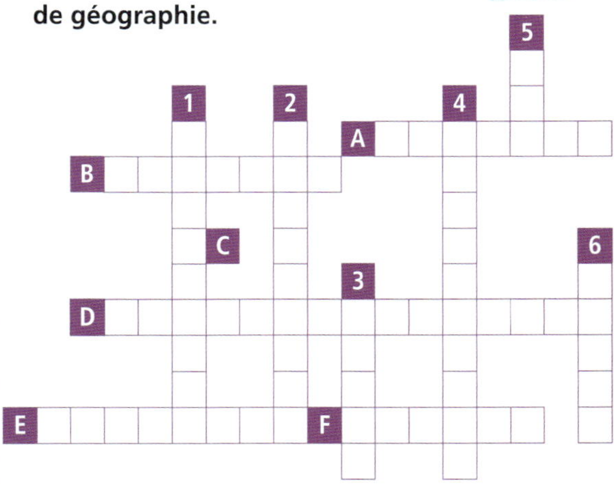

VERTICALEMENT

1. Ensemble des activités qui produisent des biens.

2. Ville qui exerce une influence.

3. Fleuve français.

4. 2e région française.

5. Indicateur qui mesure la richesse.

6. Organisme qui fournit des chiffres sur la population et l'économie françaises.

HORIZONTALEMENT

A. Type de développement qui permet de répondre aux besoins des générations futures.

B. Quartier d'affaire (à l'envers).

C. La France en compte 5 en dehors de la métropole.

D. Concentration des hommes et activités dans les grandes villes.

E. Type d'élevage sur de grands espaces (à l'envers).

F. Permet de relier.

Livret des corrigés p. 28

Retenir l'essentiel

L'UE, une union d'États

● L'UE, créée en 1992 par le **traité de Maastricht**, regroupe aujourd'hui **27 États**, de superficie et de population variées. Dans certains domaines, des politiques communes sont crées : commerce, agriculture, monnaie et **PESC**.

● L'UE est un espace en **paix** avec des régimes politiques (républiques ou monarchies) **démocratiques.** C'est une association de pays **riches** et **développés** avec des PIB/hab. et des IDH élevés même si on observe des disparités.

Le fonctionnement de l'UE

Il repose sur trois institutions principales : les **Conseils** décident et défendent les intérêts de chaque pays, le **Parlement** représente les citoyens et participe à la décision et la **Commission européenne** promeut l'intérêt général. De plus, la **Cour de justice** contrôle l'application des lois européennes et tranche des litiges entre États membres.

Depuis 2009, un **Haut représentant de la politique étrangère européenne** s'occupe des relations de l'UE avec les autres pays et un **Président du conseil européen** facilite la prise de décision.

Une Union à plusieurs vitesses

● Certains pays jouent un **rôle moteur** (Allemagne, France) et souhaitent une **union poussée.** D'autres (Royaume-Uni) ne veulent pas que l'UE s'immisce dans les affaires intérieures des pays. Plus le nombre de pays membres augmente, plus les **décisions deviennent difficiles à prendre.**

● Certains pays de l'UE ne font pas partie de **l'espace Schengen.** Le Royaume-Uni et l'Irlande, par exemple, continuent de contrôler les frontières. De même, dix pays n'ont pas adopté la **monnaie commune :** trois l'ont refusée (comme le Royaume-Uni) et sept n'ont pas encore les critères économiques nécessaires (Roumanie, Hongrie…). Aujourd'hui, cinq pays sont officiellement **candidats** pour intégrer l'UE (voir chap. 29).

Comprendre comment faire

▶ Comprendre comment est prise une décision européenne

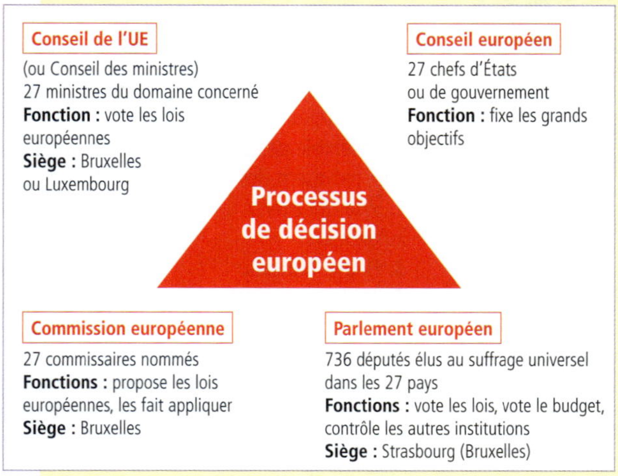

1. L'impulsion est donnée par le Conseil européen qui trace les grandes orientations. Il se réunit tous les six mois dans le pays qui exerce la présidence tournante. Les débats sont menés par le Président du Conseil européen. La Commission européenne élabore une proposition de loi qu'elle transmet au Conseil de l'UE et au Parlement.

2. La décision est prise après négociation par les ministres issus des 27 gouvernements.

3. L'application : chaque pays membre doit transposer la loi européenne en loi nationale. La Commission y veille et la Cour de justice peut condamner à des amendes l'État qui ne l'appliquerait pas.

POINT ACTU

José Manuel Barroso est président de la Commission européenne jusqu'en 2014.

DÉFINITIONS

- **PESC :** Politique étrangère et de sécurité commune.
- **L'espace Schengen :** espace de libre circulation des personnes.

S'entraîner

★ **1 Étudiez les cartes 1 et 2 p. 158 et relisez le cours pour répondre aux questions.**

a. Que mesure le PIB/hab. ?

b. Où se situent les régions européennes qui ont le plus faible PIB/hab. ?

c. Quel espace concentre les régions avec le plus fort PIB/hab. ?

d. Quels pays de l'UE n'ont pas adopté l'euro ? Pour quelles raisons ?

e. Quelles villes accueillent les institutions européennes ?

★★ **2 Lisez le cours et le texte pour répondre aux questions.**

Qui désigne le président de la Commission ?
Le président de la Commission est désigné par les gouvernements des États membres ; sa désignation est ensuite approuvée par le Parlement européen. [...].

Quelles sont les missions du président ?
Le président doit s'efforcer d'insuffler une dynamique à l'Union européenne et de donner des orientations aux autres membres de la Commission, ainsi qu'à celle-ci dans son ensemble. [...] Il convoque et préside les réunions des membres de la Commission, qu'il peut charger d'activités spécifiques. Il peut aussi créer des groupes de travail. Enfin, il représente la Commission. En tant que représentant de celle-ci, il prend part aux réunions du Conseil européen et du groupe des sept pays les plus industrialisés et de la Russie (G8), ainsi qu'aux grands débats du Parlement européen et du Conseil des ministres de l'Union européenne. [...]

Quelle est la durée du mandat du président ?
Le président de la Commission est désigné pour un mandat de cinq ans. Le traité de Maastricht a étroitement aligné les mandats du Parlement européen et de la Commission : le collège est renouvelé tous les cinq ans et entre en fonction six mois après l'élection du Parlement. Celle-ci a lieu à échéance fixe, en juin de chaque année se terminant par un quatre ou par un neuf.

■ D'après le site Europa.eu

a. Qui est l'actuel président de la Commission européenne ?

b. Par qui a-t-il été choisi ? Par qui a-t-il été approuvé ?

c. Quelle est la durée du mandat du président de la Commission ?

d. Quel est le rôle de la Commission européenne ? Où siège-t-elle ?

e. Soulignez dans le texte le rôle du président de la Commission européenne.

★★ **3 Testez vos connaissances sur l'UE : cochez la ou les bonne(s) réponse(s).**

a. L'UE a été créée en :
☐ 1951 ☐ 1957 ☐ 1992 ☐ 2002

b. Les décisions européennes sont prises par :
☐ la Commission européenne ☐ le Parlement européen
☐ le Conseil de l'UE ☐ la Cour de justice

c. L'espace Schengen est un espace de :
☐ libre circulation des personnes, ☐ libre circulation des marchandises
☐ contrôle renforcé aux frontières ☐ monnaie unique

d. Tous les pays européens sont des :
☐ dictatures ☐ démocraties
☐ républiques ☐ monarchies

e. L'UE compte aujourd'hui :
☐ 23 membres ☐ 25 membres
☐ 27 membres ☐ 30 membres

f. La PESC concerne le domaine :
☐ du commerce ☐ de l'agriculture
☐ de la finance ☐ de la politique étrangère

Géographie

Livret des corrigés p. 28-29

26 L'Union européenne : Les contrastes territoriaux

Retenir l'essentiel

Les espaces dynamiques

- La **mégalopole européenne** constitue le cœur de l'UE appelé aussi dorsale européenne. Elle s'étend de Londres à Rome en passant par le Nord-est de la France, la Belgique, les Pays-Bas et l'Ouest de l'Allemagne. C'est la zone **la plus peuplée, la mieux équipée et la plus riche de l'Europe** où se concentrent la production industrielle, l'agriculture la plus moderne et les sièges des entreprises transnationales. Une **première périphérie** est assez développée et bien rattachée à la mégalopole : une grande partie de l'Europe de l'Ouest.
- Ces espaces sont intégrés depuis longtemps dans l'UE et bien insérés dans l'économie mondiale. Les régions plus développées sont plus innovantes, avec de meilleurs niveaux de formation et infrastructures.

Les espaces en retard

Les **régions périphériques du Sud de l'UE** (Portugal, Sud de l'Espagne, de l'Italie, Grèce, Malte, Chypre) connaissent un retard de développement. **Les pays de l'Est** (Estonie, Lettonie, Lituanie, Pologne...) sont d'anciennes dictatures communistes, ce qui pendant 50 ans a désorganisé leurs économies. Entrés tardivement dans l'UE (2004), ils subissent un retard économique par rapport aux pays d'Europe de l'Ouest. Leur PIB/hab. et leur IDH sont moins élevés et ces territoires sont moins bien reliés au reste de l'Europe et du monde. Toutefois, comme le coût du travail y est plus faible, on observe des **délocalisations** vers ces pays.

Corriger les inégalités

Fondés sur le principe de solidarité, les traités prévoient que l'UE doit chercher à **réduire les écarts de développement** entre les différentes régions européennes. Pour cela, un **Fonds de cohésion** aide les pays en retard et des **Fonds structurels** (FEDER et FSE) financent des programmes dans les régions en difficulté. La politique d'aide régionale représente le 2e budget de l'UE (derrière la PAC). Cette politique a cependant permis de réduire les inégalités entre les régions et entre les pays en Europe.

POINT ACTU

La politique d'aide régionale de l'UE s'élève à plus de 300 milliards d'euros pour la période 2007-2013.

DÉFINITIONS

- **Mégalopole :** vaste espace urbanisé avec de très nombreuses agglomérations qui s'étendent et finissent par se relier.
- **Délocalisation :** transfert d'activités, notamment de production (usine) vers un pays plus avantageux.

Comprendre comment faire

Pour lire un graphique en barres

Le PIB/hab. dans l'UE

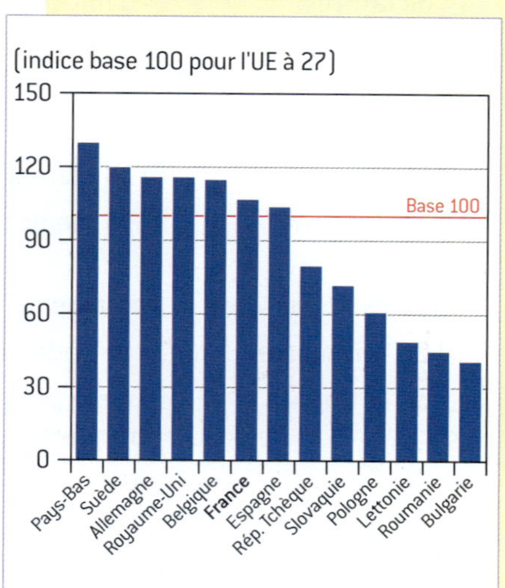

1. Je lis le titre et la légende. Ce graphique nous renseigne sur la richesse des pays avec comme indicateur le PIB/hab. Il s'agit d'une comparaison avec la moyenne de l'UE à laquelle on a donné une base 100.

2. J'étudie les données. À gauche du graphique, tous les pays au-dessus de 100 sont plus riches que la moyenne. À droite, tous les pays en dessous sont moins riches que la moyenne.

3. Je conclus. Les pays les moins riches sont ceux d'Europe de l'Est qui n'ont intégré l'UE qu'à partir de 2004. Bulgarie et Roumanie, entrées en 2007, se classent au dernier rang. L'UE fournit des aides financières à ces pays et à leurs régions les plus en difficulté pour qu'ils comblent leur retard.

S'entraîner

★ **1 Étudiez la carte et répondez aux questions.**

Espérance de vie à la naissance des hommes

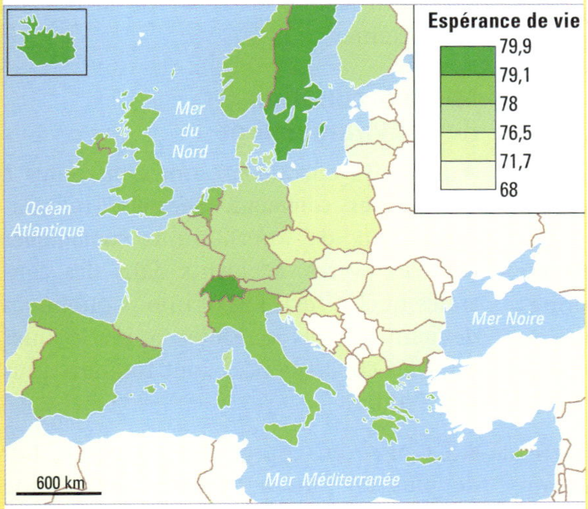

a. Rappelez ce qu'est l'espérance de vie.

b. Quel indicateur prend en compte l'espérance de vie ?

c. Mettez une croix dans les pays qui n'appartiennent pas à l'UE.

d. Citez deux pays avec une forte espérance de vie (> 78 ans) et deux pays avec une faible espérance de vie (< 71 ans).

e. Que peut-on en conclure ?

★★ **2 Lisez le texte pour répondre.**

Les disparités entre les régions européennes

Il existe de grandes disparités entre les 271 régions de l'Union. Un habitant londonien dispose ainsi de 89 300 euros par an, tandis qu'un Bulgare de la région de Severozapaden doit vivre avec 2 300 euros par an, soit près de 40 fois moins ! Avec une moyenne de 23 600 euros par an par habitant, les 271 régions [...] de l'UE 27 font montre de disparités importantes en termes de richesse par habitant.

Richesse de Londres…

Parmi les régions les plus riches, on trouve ainsi le centre de Londres (Inner London), qui culmine à 336 % de la moyenne européenne.
Suivent le Grand-Duché de Luxembourg (267 % de la moyenne européenne), Bruxelles (233 %) et Hambourg en Allemagne (200 %). 41 régions dépassent ainsi le seuil de 125 % dont 8 en Allemagne, 6 au Royaume-Uni, 5 aux Pays-Bas, 4 en Autriche, [...].

… pauvreté des régions

Enfin, les 20 régions ayant le plus faible PIB par habitant se situent toutes, en 2006, en Bulgarie, en Hongrie, en Pologne et en Roumanie, [...].
Ainsi, parmi les 68 régions disposant d'un PIB par habitant inférieur à 75 % de la moyenne, 15 régions se situent en Pologne, 7 en Roumanie et en République tchèque, 6 en Bulgarie, en Grèce et en Hongrie [...].

■ D'après un communiqué du 20 février 2009, site : touteleurope.eu

a. Combien y a-t-il de régions dans l'UE ?

b. Quel pays abrite la région la plus riche ?

c. Dans quelle partie de l'UE se situent les pays qui ont les régions les plus riches ?

d. Dans quelle partie de l'UE se situent les régions les plus pauvres ?

e. D'après l'exercice 1, à quelles échelles se situent les inégalités dans l'UE ?

★★ **3 Complétez le croquis et répondez aux questions.**

Les types d'espaces de l'UE

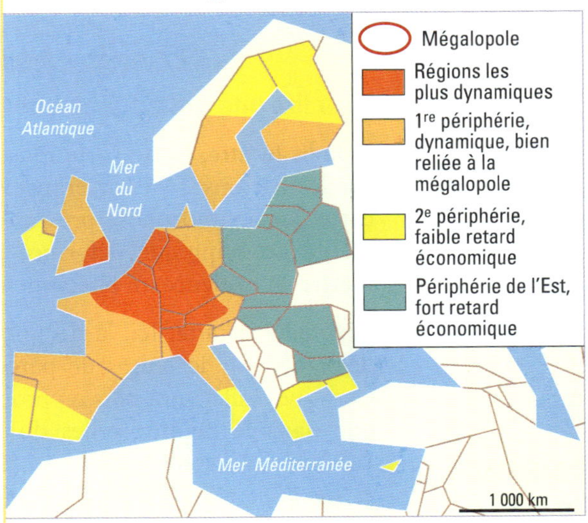

a. Entourez en rouge la mégalopole.

b. Complétez la légende du croquis.

c. Quel est l'espace le plus dynamique de l'UE ?

d. Quels sont les éléments qui prouvent qu'il s'agit du plus dynamique ?

Livret des corrigés p. 29

Retenir l'essentiel

Les mutations du réseau de transport

● La France a un réseau de transports routier et ferré assez **dense et moderne** qui réduit les temps de parcours et facilite le déplacement des hommes et des marchandises. Il s'est construit en étoile autour de Paris. Les pouvoirs publics ont ensuite développé les liaisons transversales créant désormais un **réseau en toile d'araignée** qui privilégie la mise en relation des métropoles. L'**axe Paris-Lyon-Marseille** est l'axe majeur du pays. Certains territoires restent à l'écart des principaux réseaux ou ne sont que traversés par les flux : on parle « d'**effet tunnel** ».

● La France occupe une position de carrefour en Europe. Avec la **construction européenne**, le réseau français s'est ouvert aux voisins européens, même si c'est encore de manière inégale et imparfaite. Cette connexion repose sur des **aménagements importants** : tunnels sous la Manche ou sous les Alpes, **LGV** vers le Royaume-Uni ou la Belgique. Des projets prévoient de relier Paris à l'Allemagne (via Strasbourg), Lyon à Turin en Italie, et de créer un axe Rhin-Rhône au cœur de la dorsale européenne.

La préoccupation de l'environnement

● Les pays européens sont confrontés à des **risques communs**, **naturels** (inondations, feux de forêt), ou **technologiques** (marées noires, accidents dans des centrales nucléaires). Les opinions publiques deviennent très sensibles à ces risques dont les conséquences sont toujours plus alarmantes.

● La prise en charge des risques se fait de plus en plus à l'échelle européenne puisqu'ils dépassent le cadre des frontières nationales. La **Direction de l'environnement de l'UE** impulse des actions de prévention en partageant les informations et gère les catastrophes en coordonnant l'action des secours. Elle a aussi créé un **fonds de solidarité** qui accorde des aides financières aux régions gravement touchées.

Comprendre comment faire

▶ Pour lire une carte par anamorphose

1. Je lis le titre. Cette carte renseigne sur les liaisons TGV en France. Une carte par anamorphose présente une réalité géographique déformée pour mettre en évidence un phénomène.

2. J'étudie la carte. Ici, la distance est déformée par le temps de parcours. Certaines villes sont plus rapprochées que dans la réalité : celles du Sud-Est (Lyon, Marseille), du Nord (Lille) et de l'Est (Metz, Nancy) profitent de liaisons TGV qui les raccordent à Paris.

Les liaisons TGV

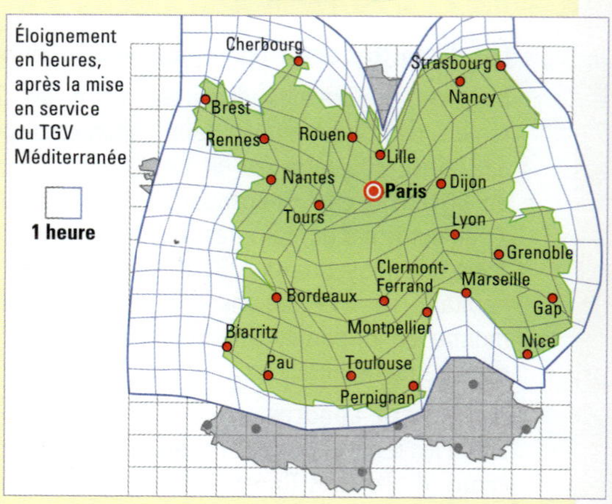

3. Je conclus. Le TGV est révélateur de la métropolisation puisqu'il ne relie que des grandes villes. Cette carte montre aussi que certaines parties du territoire sont moins bien reliées que d'autres comme le centre et le Sud-Ouest de la France. Enfin, Paris domine le réseau ferroviaire et reste le centre des LGV.

POINT ACTU

Avec la LGV Est, Strasbourg, siège du Parlement européen, sera à 1h50 de Paris et 1h25 de Luxembourg, siège de la Cour de justice des Communautés européennes.

DÉFINITION

▶ **LGV** : Ligne à Grande Vitesse, ligne ferroviaire qui permet la circulation des trains à plus de 200 km/h.

S'entraîner

★ **1 Étudiez le tableau pour répondre aux questions.**

a. Quels sont les trois grands modes de transport terrestre ?

b. Parmi ces trois types, quel est le réseau le plus dense ?

c. Combien de km couvrent les LGV ?

d. Quels réseaux de transport sont en augmentation ?

e. Quels modes de transport ne figurent pas dans ce tableau ?

■ Site du ministère de l'Écologie, du Développement durable, des Transports et du Logement.

Réseaux de transports terrestres en métropole (en km)

Routes et autoroutes	**2008**	**2009**
Réseau autoroutier national	11 042	11 163
Réseau routier national	9 765	9 768
Réseau routier départemental	377 984	377 986
Réseau routier communal	629 000	642 256
Ferroviaire	**2008**	**2009**
Réseau ferré national : total des lignes exploitées ouvertes à la circulation commerciale	29 473	29 473
dont LGV	1 881	1 881
Fluvial	**2008**	**2009**
Ensemble du réseau navigable	8 501	8 501

★★ **2 Étudiez attentivement la carte.**

Les réseaux ferrés à grande vitesse en Europe

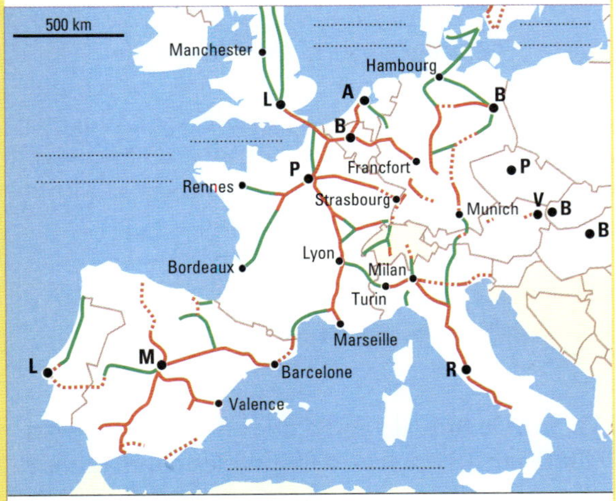

Les lignes où les trains circulent à :
- 310-320 km/h
- 270-300 km/h
- en construction

a. Complétez le nom des mers et océans.

b. Coloriez en bleu les pays de l'UE et complétez le nom des capitales.

c. En France, quelles sont les lignes où les TGV peuvent circuler à plus de 250 km/h ?

d. Autour de quelle ville sont centrées les LGV en France ?

e. Quels sont les pays européens auxquels la France est la mieux reliée par LGV ?

f. Quelle partie de l'Europe est peu desservie par les LGV ?

★★★ **3 À l'aide de la carte et du texte, répondez aux questions.**

LGV Rhin-Rhône : une ligne nouvelle au cœur de l'Europe

Composée de 3 branches complémentaires, la Ligne à Grande Vitesse (LGV) Rhin-Rhône est reconnue comme liaison prioritaire au titre des réseaux de transports européens.
Cette LGV permettra d'assurer le lien entre le Nord et le Sud du continent, entre le Benelux*, l'Allemagne, la Suisse et l'Espagne.
Première étape de la LGV, la Branche Est reliera Dijon à Mulhouse, via Besançon, avec 190 km de ligne nouvelle. Soutenue par 20 co-financeurs (UE, Suisse, France, collectivités territoriales, Réseau Ferré de France), la première phase de travaux de 140 km est actuellement en cours de réalisation, pour une mise en service prévue fin 2011. ■ Site de RFF.

* Benelux : Belgique, Luxembourg et Pays-Bas.

La LGV Rhin-Rhône Branche Est en chiffres

- 140 km de ligne nouvelle
- 2 gares nouvelles
- 160 ponts
- 13 viaducs
- 1 tunnel
- 2,312 milliards d'euros
- 6 000 emplois liés au chantier
- 30 millions de m^3 de déblais

a. À quelles villes allemandes Lyon sera-t-elle reliée grâce à la nouvelle LGV ?

b. Soulignez dans le texte l'objectif de la LGV Rhin-Rhône à l'échelle européenne.

c. Combien doit coûter la réalisation de la LGV Dijon-Mulhouse ?

d. Quels acteurs interviennent dans le financement ?

Livret des corrigés p. 29

Géographie

Histoire Géographie

28 La France, une influence mondiale

Retenir l'essentiel

L'influence avec l'Outre-mer

La France possède en dehors de l'Europe des **territoires ultramarins.** Ils sont de quatre grands types : les **DROM** administrés comme des départements métropolitains, les **COM** aux statuts particuliers en fonction de leurs caractéristiques (la Polynésie jouit d'une grande autonomie), les **TAAF** gérées par l'État (mais avec une autonomie administrative et financière) et la **Nouvelle-Calédonie** au statut proche de l'indépendance. Avec ses territoires ultramarins, la France est présente **partout dans le monde.** Ces espaces ont une superficie faible mais ils déterminent une **vaste ZEE** (2e du monde avec près de 10 millions de km²), contrôlée par la France. Ils représentent donc un **intérêt stratégique** important.

L'influence avec la langue

La langue française permet de **transmettre la culture, les idées et les valeurs** de la France dans le monde. Près de **200 millions de personnes** parlent le français, une langue internationale, aujourd'hui fortement concurrencée par l'anglais. Le français reste très utilisé dans les anciennes colonies d'Afrique (parfois la langue officielle), d'Asie ou au Canada (Québec). La France soutient sa langue avec des institutions comme **l'OIF** qui regroupe 75 pays. Elle promeut **l'apprentissage du français** à travers l'AEFE (Agence pour l'Enseignement du Français à l'Étranger) qui gère 480 établissements scolaires dans 130 pays. Des **médias internationaux** diffusent de l'information par des chaînes de télévision ou la radio partout dans le monde.

L'influence avec les Français de l'étranger

La culture et la langue françaises sont aussi véhiculées par près de **deux millions de Français** qui vivent et/ou travaillent à l'étranger (50 % en Europe de l'Ouest, 20 % en Amérique et 15 % en Afrique). Le nombre de ces **expatriés** est en augmentation depuis une dizaine d'années avec une forte croissance aux Proche et Moyen-Orient et en Asie-Océanie.

POINT ACTU

La Nouvelle-Calédonie devrait choisir en 2014 entre l'indépendance et le gouvernement autonome.

DÉFINITIONS

- **DROM :** Département-Région d'Outre-Mer.
- **COM :** Collectivité d'Outre-Mer.
- **TAAF :** Terres Australes et Antarctiques Françaises.
- **ZEE :** zone économique exclusive.
- **OIF :** Organisation Internationale de la Francophonie.

Comprendre comment faire

Pour étudier une affiche

1. Je lis le titre. Il s'agit d'une affiche réalisée par l'OIF en 2011 pour sensibiliser les populations à la journée internationale de la francophonie.

2. J'étudie l'affiche. Il s'agit d'une carte incomplète du monde avec des points qui évoquent les régions où une forte proportion d'habitants comprennent et parlent le français. Le texte précise les chiffres clés de la langue française dans le monde et indique les domaines dans lesquels elle joue un rôle important : culture, démocratie, éducation et développement.

3. Je conclus. Le français est parlé partout dans le monde et cette langue permet de transmettre la culture et les principes de la démocratie française. Face à l'expansion de l'anglais, l'OIF permet de promouvoir le français et d'appuyer son enseignement dans le monde.

S'entraîner

★ **1 À l'aide du cours et du planisphère p. 165, répondez aux questions.**

a. Quelle est la superficie des territoires ultramarins ?

b. Rappelez quels sont les cinq DROM.

c. Dressez la liste des COM.

d. Quel rôle jouent les territoires ultramarins dans l'influence mondiale de la France ?

★★ **2 Lisez le texte et répondez aux questions.**

FRANCE 24
L'ACTUALITE INTERNATIONALE 24H/24
INTERNATIONAL NEWS 24/7
قناة 24 ساعة للأخبار الدولية

Lancée en décembre 2006, FRANCE 24 est la chaîne française d'information internationale 24h/24. Sa mission est de couvrir l'actualité avec un regard français et de véhiculer partout dans le monde les valeurs et les perspectives françaises.

FRANCE 24 est une véritable plateforme d'information diffusant ses programmes à l'antenne et sur Internet en français, en anglais et en arabe.
FRANCE 24 porte sur l'actualité internationale un regard français fait de diversité des opinions, de débats contradictoires et de confrontation des points de vue.
Elle propose un décryptage approfondi de l'actualité et traite avec une attention particulière la culture.

■ Site internet de France 24.

a. Qu'est-ce que France 24 ?

b. Soulignez dans le texte le double objectif de France 24.

c. Quelles sont les langues de diffusion de France 24 ?

d. Pourquoi y a-t-il plusieurs langues ?

e. De quelle grande chaîne d'informations continues américaine France 24 s'inspire-t-elle ?

★★★ **3 Étudiez la carte, lisez le cours et le texte pour répondre aux questions.**

L'OIF dans le monde

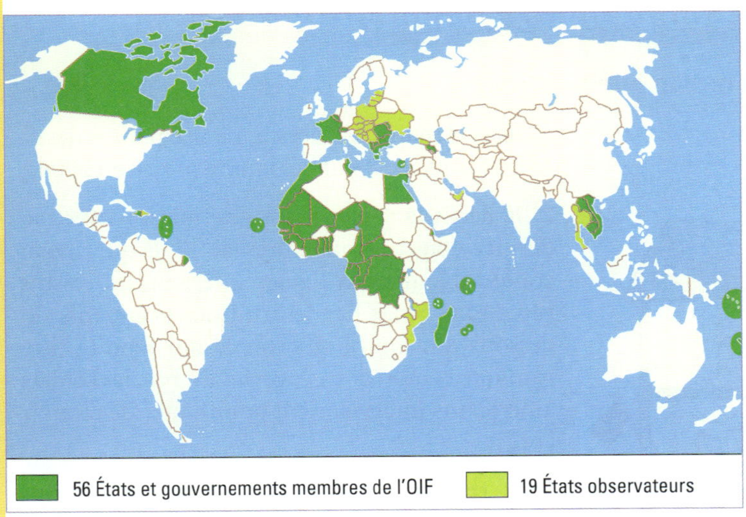

a. Qu'est-ce que l'OIF ?

b. Quelles sont les missions de cette organisation ?

c. Combien de pays regroupe cette organisation ?

d. Sur quel continent se situe la majorité des pays membres de l'organisation ? Citez des exemples.

e. Pourquoi ces pays sont-ils francophones ?

Missions

Les missions de la Francophonie sont définies dans un cadre stratégique de dix ans adopté par le Sommet des chefs d'État et de gouvernement en 2004 à Ouagadougou (Burkina Faso) pour la période 2005-2014 :
– Promouvoir la langue française et la diversité culturelle et linguistique ;
– Promouvoir la paix, la démocratie et les droits de l'Homme ;
– Appuyer l'éducation, la formation, l'enseignement supérieur et la recherche ;
Développer la coopération au service du développement durable.
Une attention particulière est accordée aux jeunes et aux femmes, ainsi qu'à l'accès aux technologies de l'information et de la communication.

■ D'après le site de l'OIF.

Géographie

Livret des corrigés p. 29

29 Réalités et limites de la puissance de l'UE

Retenir l'essentiel

Une puissance économique

L'UE est l'un des pôles de la **Triade** avec les États-Unis et le Japon. **Espace majeur de productions agricole et industrielle**, première **puissance commerciale** du monde grâce aux échanges intracommunautaires et avec les autres pôles de la Triade, l'UE est aussi une **puissance financière** grâce à l'euro et l'intense activité des bourses comme Londres.

Un rôle encore limité

- Le **traité de Maastricht** en 1992 et celui de **Lisbonne** en 2009 confèrent à l'UE un rôle sur la scène internationale. Toutefois, les pays membres **n'arrivent pas à adopter des positions communes** face aux grandes crises internationales, chacun gardant sa politique étrangère. Par exemple, en 2003, la France et l'Allemagne refusent d'intervenir militairement en Irak.

- L'UE n'a pas d'armée véritable. La défense de chaque pays repose sur ses propres moyens militaires et sur ses alliances (OTAN). Toutefois, avec la PESC, des **opérations de gestion de crises, de maintien et de rétablissement de la paix** peuvent être assurées. L'UE conduit ainsi une opération militaire maritime contre la piraterie en Somalie.

Le rayonnement de l'UE

- L'UE souhaite entretenir des **liens étroits avec ses voisins immédiats**. À partir de 2004, elle a mis en place une **Politique européenne de voisinage** (PEV) pour favoriser l'approfondissement de la démocratie et des droits de l'homme, concourir au développement économique et assurer la paix et la sécurité aux frontières de l'UE. L'UE et ses États membres sont aussi le **premier fournisseur d'aides au développement** pour 160 pays pour appliquer les **OMD**.

- Enfin, cinq pays (Turquie, Croatie, Macédoine, Islande, Monténégro) sont officiellement **candidats pour adhérer à l'UE** ce qui montre l'attractivité de cet espace riche, démocratique et en paix.

POINT ACTU

En 2009, l'UE et ses États membres avaient accordé 49 milliards d'euros (soit 55 % de l'aide publique) au développement dans le monde.

DÉFINITIONS

- **Triade** : les trois pôles économiques les plus puissants.
- **OMD** : Objectifs du Millénaire pour le Développement, définis par l'ONU pour éradiquer la pauvreté dans le monde.

Comprendre comment faire

Pour étudier un dessin humoristique

■ *Home, sweet home*, dessin d'Izel Rozental, 4 octobre 2006.

1. Je lis la source. Ce dessin, réalisé par un dessinateur turc, a été publié dans la presse en 2006.

2. Je décris le dessin. C'est une maison avec, au dernier étage, les membres de l'UE qui vivent confortablement. À l'étage inférieur, les voisins turcs sont gênés par le bruit des occupants du dessous qui font la guerre, ce qui rend le titre ironique (« mon doux foyer »). En bas, les soldats américains interviennent pour tenter de rétablir l'ordre.

3. Je conclus. La Turquie, depuis longtemps candidate, veut intégrer l'UE, espace de prospérité et de paix. La Turquie et l'UE peuvent stabiliser la région du Proche et Moyen-Orient en se substituant aux États-Unis.

S'entraîner

★ **1 Lisez le cours et étudiez le graphique pour répondre aux questions.**

Le PIB dans le monde

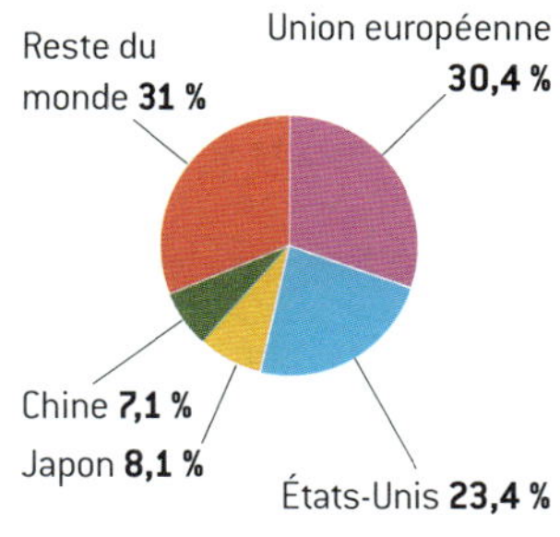

a. Que mesure le PIB ?

b. Quelle est la part du PIB de l'UE dans le monde ?

c. Quelle est la part du PIB des deux autres pôles de la Triade ?

d. Quel type de puissance cela montre-t-il pour l'UE ?

e. Quels sont les domaines dans lesquels l'UE a encore une puissance limitée ?

★★ **2 Relisez le cours, étudiez la carte et le texte avant de répondre aux questions.**

La Politique européenne de voisinage (PEV)

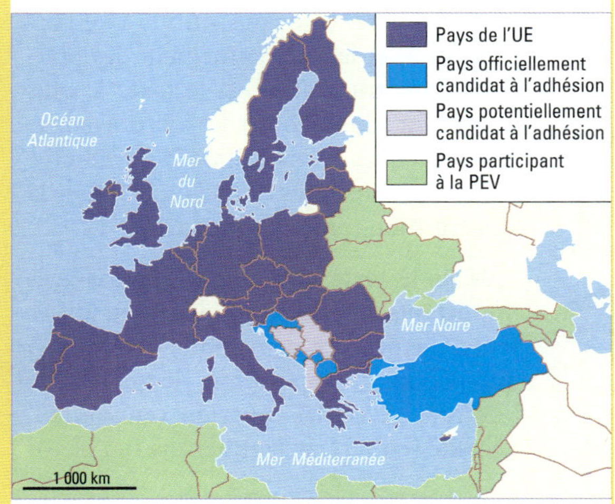

Les pays partenaires de la PEV s'engagent à mettre en place des programmes de réformes politiques et économiques définis en collaboration avec l'UE. L'UE fournit des aides (12 milliards d'euros pour la période 2007-2013) aux pays partenaires. Elle finance aussi des prêts (700 millions d'euros pour 2007-2013) pour des projets portant sur l'environnement, les transports et l'énergie.

a. Sur la carte, placez les mers et océans et les pays suivants : Allemagne, Pologne, Suède, Hongrie, Roumanie et Malte.

b. Combien de pays sont partenaires de l'UE dans le cadre de la PEV ?

c. D'après le cours, quel est le but de la PEV ?

d. Quels sont les moyens pour l'atteindre ?

★★ **3 Lisez le texte pour répondre.**

L'UE ouvre ses portes à la Croatie

L'UE donne son feu vert, vendredi, à l'adhésion de la Croatie à l'horizon de l'été 2013. Un cadeau qui arrive le jour du 20e anniversaire de la proclamation de l'indépendance du pays.

Les dirigeants européens ont approuvé la clôture des négociations préparatoires menées depuis 2005 avec Zagreb. […]

Après la signature du traité attendue mi-décembre, un référendum sera organisé en Croatie avant que les 27 de l'UE se prononcent à leur tour sur l'adhésion de Zagreb par voie parlementaire ou référendaire. Les négociations d'adhésion de la Croatie à l'UE ont commencé en 2005, couvrant 35 domaines. Elles ont longtemps buté sur le chapitre concernant la justice, l'UE exigeant des progrès en matière de lutte contre la corruption, de poursuites contre les criminels de guerre et de coopération avec le Tribunal pénal pour l'ex-Yougoslavie de La Haye ainsi qu'une réforme de la justice assurant l'indépendance des juges.

Les dirigeants européens vont également donner vendredi un signe d'encouragement à la Serbie qui aspire aussi à rejoindre l'UE.

■ D'après le site liberation.fr, 24/06/2011.

a. Combien l'UE compte-t-elle de membres actuellement ?

b. Quand la Croatie devrait-elle intégrer l'UE ?

c. Quand les négociations ont-elles commencé avec la Croatie pour préparer l'adhésion ?

d. Soulignez le passage du texte qui montre sur quel domaine les négociations ont porté.

e. Quels sont les autres pays candidats à l'adhésion ?

Livret des corrigés p. 29

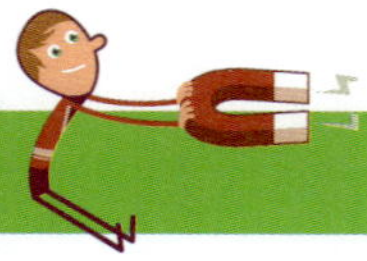

Retenir l'essentiel

Création de la République

En France, la République est associée à la démocratie car les deux sont apparues au moment de la Révolution de **1789.** La Ire République a été établie en **1792** puis les autres se succèdent, au cours des XIXe et XXe siècles, entrecoupées de régimes monarchiques. La **conquête des libertés et des droits politiques** entamée avec la **DDHC** est progressive : suffrage universel masculin en 1848, liberté d'association en 1901, suffrage universel en 1945…).

Les principes républicains

La Constitution de la **Ve République** française (RF) rappelle les quatre principes sur lesquels ce régime politique repose. La RF est **démocratique** (le pouvoir appartient aux citoyens qui élisent des représentants), **laïque** (l'État n'intervient pas dans les affaires religieuses), **indivisible** (aucune portion du territoire français ne peut s'en détacher, les lois et la langue nationale sont les mêmes pour tous) et **sociale** (la collectivité vient en aide aux personnes en difficulté). Chacun de ces principes renvoie aux valeurs fondamentales résumées dans la devise : « Liberté, Égalité, Fraternité ».

Les symboles républicains

Les symboles servent à concrétiser les valeurs de la RF. La plupart d'entre eux datent de la Révolution même s'ils sont devenus officiels sous la IIIe République (1870-1940) : **Marianne** figure la République et la liberté ; la ***Marseillaise***, hymne national, illustre le combat pour la défense de la liberté et de la patrie ; la **devise républicaine** rappelle les fondements de la RF ; le **drapeau tricolore** marque la fin de la monarchie absolue. Tous ces symboles sont visibles sur les bâtiments publics, les monuments, lors des manifestations officielles ou des **fêtes nationales** (14 juillet : prise de la Bastille).

Comprendre comment faire

► Pour étudier un extrait de la Constitution

Extrait de la Constitution de la Ve République (1958)

PRÉAMBULE

Le peuple français proclame solennellement son attachement aux Droits de l'homme et aux principes de la souveraineté nationale tels qu'ils ont été définis par la Déclaration de 1789, confirmée et complétée par le préambule de la Constitution de 1946, ainsi qu'aux droits et devoirs définis dans la Charte de l'environnement de 2004.

En vertu de ces principes et de celui de la libre détermination des peuples, la République offre aux territoires d'outre-mer, qui manifestent la volonté d'y adhérer, des institutions nouvelles fondées sur l'idéal commun de liberté, d'égalité et de fraternité et conçues en vue de leur évolution démocratique.

ARTICLE PREMIER

La France est une République indivisible, laïque, démocratique et sociale. Elle assure l'égalité devant la loi de tous les citoyens sans distinction d'origine, de race ou de religion. Elle respecte toutes les croyances. Son organisation est décentralisée.

La loi favorise l'égal accès des femmes et des hommes aux mandats électoraux et fonctions électives, ainsi qu'aux responsabilités professionnelles et sociales.

1. Je lis le titre. Une constitution fixe l'organisation et le fonctionnement des pouvoirs dans un État. C'est le texte le plus important auquel toutes les lois doivent se conformer. La Constitution de 1958 crée la Ve République. Il s'agit ici du début de la Constitution (préambule et article 1).

2. Je lis le texte et souligne les passages importants. Je classe les idées en différents thèmes : la démocratie (en rouge) qui nécessite l'application des droits de l'homme avec les libertés (en jaune), l'égalité (en vert) et la fraternité (en bleu).

3. Je conclus. La Constitution définit les droits des citoyens et les grands principes d'un pays. Chaque changement de constitution entraîne un changement de régime politique.

POINT ACTU

La dernière révision constitutionnelle (changement d'une partie de la Constitution) a eu lieu en 2008 pour renforcer le rôle du Parlement.

DÉFINITION

► **DDHC** : Déclaration des Droits de l'Homme et du Citoyen votée le 26 août 1789.

S'entraîner

★ 1 Étudiez le tableau et le texte.

histoire des arts

■ Claude Monet (1840-1926), *La Rue Montorgueil à Paris. Fête du 30 juin 1878*, 1878, musée d'Orsay, Paris.

La Rue Montorgueil, comme sa jumelle *La Rue Saint-Denis*, (Rouen, musée des Beaux-arts), est souvent vue comme une célébration du 14 juillet. En fait, elle est exécutée le 30 juin 1878 à l'occasion de la fête célébrant « la paix et le travail », décrétée cette année-là par le gouvernement. Cet événement fait partie des festivités organisées à l'occasion de la troisième Exposition universelle parisienne, ouverte depuis quelques semaines, qui se veut le symbole du redressement de la France après la débâcle de 1870. Manifestation d'enthousiasme national, le 30 juin 1878 est aussi l'occasion de renforcer le régime républicain en place, encore fragile quelques mois seulement après les grands affrontements de 1876-1877 entre ses partisans et les conservateurs. Ce n'est que deux ans plus tard, en 1880, que le 14 juillet devient le jour de la fête nationale française.

■ D'après le site du musée d'Orsay.

a. Présentez ce document.

b. Sous quel régime politique a-t-il été réalisé ? Quelle fête représente-t-il ?

c. Qu'est-ce qui montre qu'il s'agit d'une « manifestation d'enthousiasme national » ?

d. Quand le 14 juillet devient-il fête nationale ?

e. À quel courant artistique appartiennent ce tableau et Claude Monet ?

★★ 2 Lisez le texte et répondez aux questions à l'aide du cours.

Port de signes ou de tenues manifestant une appartenance religieuse dans les écoles, collèges et lycées publics

La loi du 15 mars 2004 est prise en application du principe constitutionnel de laïcité qui est un des fondements de l'école publique. Ce principe, fruit d'une longue histoire, repose sur le respect de la liberté de conscience et sur l'affirmation de valeurs communes qui fondent l'unité nationale par-delà les appartenances particulières.

L'école a pour mission de transmettre les valeurs de la République parmi lesquelles l'égale dignité de tous les êtres humains, l'égalité entre les hommes et les femmes et la liberté de chacun y compris dans le choix de son mode de vie. Il appartient à l'école de faire vivre ces valeurs, de développer et de conforter le libre arbitre de chacun [...]. En protégeant l'école des revendications communautaires, la loi conforte son rôle en faveur d'un vouloir-vivre-ensemble. [...]

Les signes et tenues interdits sont ceux dont le port conduit à se faire immédiatement reconnaître par son appartenance religieuse tels que le voile islamique, quel que soit le nom qu'on lui donne, la kippa ou une croix de dimension manifestement excessive. La loi est rédigée de manière à pouvoir s'appliquer à toutes les religions et de manière à répondre à l'apparition de nouveaux signes, voire à d'éventuelles tentatives de contournement de la loi.

La loi ne remet pas en cause le droit des élèves de porter des signes religieux discrets.

Elle n'interdit pas les accessoires et les tenues qui sont portés communément par des élèves en dehors de toute signification religieuse. En revanche, la loi interdit à un élève de se prévaloir du caractère religieux qu'il y attacherait, par exemple, pour refuser de se conformer aux règles applicables à la tenue des élèves dans l'établissement.

■ *BOEN* n° 21 du 27 mai 2004.

a. Qu'interdit la loi du 15 mars 2004 ?

b. Qu'autorise-t-elle ?

c. Quels sont les trois signes religieux figurant dans le texte ? À quelle religion renvoie chacun d'entre eux ?

d. Soulignez en rouge les valeurs de la RF dans le texte.

e. Quel principe de la RF veut-elle préserver ?

Éducation civique

Livret des corrigés p. 29

Retenir l'essentiel

Avoir la nationalité française

● La nationalité française s'obtient selon des modalités différentes :
– si un des deux parents est **français**, l'enfant naît français (droit du sang) ;
– si les deux parents sont étrangers, mais que l'enfant est **né en France** et y réside, alors il devient français à 18 ans, ou avant s'il le demande (droit du sol) ;
– si les deux parents sont étrangers et l'enfant n'est pas né en France, il peut devenir français en se **mariant** avec un(e) Français(e), en étant **adopté** par un(e) Français(e), en **s'engageant** dans l'armée française ou en étant **naturalisé.**

● Les conditions d'acquisition de la nationalité sont **fixées par la loi.** Elles sont relativement larges en France, **pays d'intégration** par tradition, dont la population s'est constituée par apport successif de migrants.

Droits du citoyen français

● L'ensemble des citoyens forme la **nation.** Celui qui a la nationalité d'un pays est un citoyen de ce pays avec des droits. Parmi ces droits, les plus anciens sont les **droits civils** (libertés, d'expression, de religion, de déplacement...) et **politiques** (droit de vote ou d'éligibilité) contenus dans la DDHC.

● Plus tard sont apparus des **droits économiques et sociaux** qui figurent dans la Constitution et sont à ce titre garantis par l'État (droit de se syndiquer ou de faire grève, droits à l'éducation, à des moyens convenables d'existence, à la protection de la santé...).

Être citoyen européen

Le **traité de Maastricht** (1992) définit une citoyenneté européenne qui s'ajoute à la citoyenneté nationale et concerne tous les citoyens des 27 pays membres de l'UE. Cette citoyenneté accorde des **droits supplémentaires** : droit de voter ou de se présenter aux élections municipales et européennes dans un des 27 pays; droit à la protection diplomatique par l'un des 27 pays; droit de circuler et séjourner librement dans un des 27 pays.

Comprendre comment faire

► Pour étudier un texte de loi

Loi n° 98-170 du 16 mars 1998
relative à la nationalité
Article 6

L'enfant mineur né en France de parents étrangers peut à partir de l'âge de seize ans réclamer la nationalité française par déclaration, dans les conditions prévues aux articles 26 et suivants si, au moment de sa déclaration, il a en France sa résidence et s'il a eu sa résidence habituelle en France pendant une période continue ou discontinue d›au moins cinq ans, depuis l'âge de onze ans. Dans les mêmes conditions, la nationalité française peut être réclamée, au nom de l'enfant mineur né en France de parents étrangers, à partir de l'âge de treize ans et avec son consentement personnel, la condition de résidence habituelle en France devant alors être remplie à partir de l'âge de huit ans.

1. **Je lis le titre.** La loi est votée en France par le Parlement (députés et sénateurs) et s'impose à tous. Cette loi, promulguée en 1998, concerne les modalités d'acquisition de la nationalité française.

2. **Je lis le texte** et souligne les passages importants. Cet article fixe pour un enfant né en France de parents étrangers (rouge) les conditions d'âge (jaune) et de résidence (vert) pour obtenir la nationalité française.

3. **Je conclus.** Un enfant né en France de parents étrangers a la nationalité française automatiquement à 18 ans. Il peut l'acquérir à partir de 13 ans si ses parents le demandent ou à 16 ans à sa propre demande s'il habite en France et s'il y a habité au moins 5 ans depuis sa naissance.

POINT ACTU

La gauche est favorable au droit de vote des étrangers aux élections locales alors que la droite s'y oppose.

DÉFINITION

► **Naturalisation** : un des moyens pour avoir la nationalité française par une décision du gouvernement.

S'entraîner

★ **1 Étudiez le document et relisez le cours pour répondre aux questions.**

■ Couverture d'un passeport.

a. Quelle est la nationalité de la personne possédant ce passeport ?

b. Qu'est-ce qui montre que cette personne a aussi la citoyenneté européenne ?

c. Citez deux droits que lui donne cette citoyenneté européenne.

d. Quel traité a créé cette citoyenneté européenne ?

e. Parmi les pays suivants, barrez ceux dont les citoyens ne sont pas citoyens européens : France, Norvège, Finlande, Suisse, Slovaquie, Lituanie, Ukraine, Malte, Irlande, Hongrie, Croatie, Slovénie, Suède, Belgique, Macédoine.

★★ **2 Lisez le texte et répondez aux questions.**

Le Revenu de solidarité active (RSA)

Il est versé à des personnes qui travaillent déjà et dont les revenus sont limités. Son montant dépend à la fois de la situation familiale et des revenus du travail. Il peut être soumis à l'obligation d'entreprendre des actions favorisant une meilleure insertion professionnelle et sociale.

Michel, 42 ans, est cariste à temps plein dans un entrepôt.

Payé au Smic[1], il vit avec Brigitte, sa femme, qui garde leurs deux enfants à la maison. À quatre sur le salaire de Michel, ce n'est pas facile. Grâce au RSA, il bénéficie d'un complément de revenus de 301 euros par mois. […]

Mila, 32 ans, travaille comme caissière

Mila gagne 800 euros par mois et touche 87 euros d'allocation de soutien familial pour sa fille de deux ans, qu'elle élève seule. Elle perçoit désormais le RSA et bénéficie d'un complément de revenus supplémentaire de 278 euros par mois. […]

Philippe, 35 ans, est au RMI[2] depuis quinze mois. Il habite en zone rurale et il n'a pas le permis de conduire.

Philippe touche le RSA pour un montant équivalent à celui qu'il percevait au RMI. Il est en contact régulier avec son conseiller personnel de Pôle Emploi[3]. Grâce à lui, Philippe a, notamment, bénéficié d'une aide pour passer le permis.

■ Site du ministère des Solidarités et de la Cohésion sociale.

1. SMIC : salaire minimum fixé par la loi, environ 1 100 € net par mois.
2. RMI : Revenu minimum d'insertion. Somme minimum donnée par l'État à ceux qui n'ont aucun revenu, remplacée par le RSA.
3. Pôle Emploi : Organisme créé et financé par l'État pour aider les gens à trouver un travail.

a. Qu'est-ce que le RSA et qui en bénéficie ?

b. De quoi dépend le montant du RSA ?

c. À combien s'élève le RSA pour Michel ?

d. Pourquoi Michel et sa famille bénéficient-ils du RSA ?

e. À quel type de droit du citoyen peut-on rattacher le RSA ?

f. Qu'est-ce qui montre que la République française est sociale ?

★★ **3 Pour chaque cas, indiquez si la personne a ou n'a pas la nationalité française et justifiez.**

Cas 1 : Jean est né en France d'une mère et d'un père belges. Il a 23 ans, habite Grenoble et cherche un travail.

Cas 2 : Abdel est né au Maroc d'un père et d'une mère français. Il a 36 ans, habite le Maroc et travaille dans un commerce.

Cas 3 : Mariam est née au Gabon d'une mère française et d'un père sénégalais. Elle a 18 ans, habite Créteil et fait ses études en France.

Cas 4 : Margot est née au Mali d'un père et d'une mère maliens. Elle a 22 ans, habite Paris et fait des études d'infirmière.

Cas 5 : Anouk est née en Suisse de parents suisses. Elle a 31 ans, habite Paris et s'est mariée à Pierre-Louis de nationalité française. Elle est médecin.

Livret des corrigés p. 29

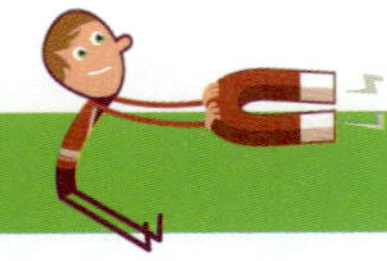

Retenir l'essentiel

Une lente acquisition

Le droit de vote est obtenu en France en **1789.** La **DDHC** précise que les citoyens ont le pouvoir et le délèguent à des représentants élus. Au départ, le suffrage est **censitaire** (choix des dirigeants fait par des gens « éduqués ») mais après la Révolution de **1848**, la IIe République instaure le **suffrage universel** pour tous les hommes de plus de 21 ans. En **1945**, les **femmes** peuvent voter en France. En **1974,** la majorité est abaissée à **18 ans**.

Modalités du droit de vote

- Le droit de vote appartient à tous les **citoyens de nationalité française ayant au moins 18 ans et inscrits sur les listes électorales.** Il est **personnel, égal et secret.** Dans le **bureau de vote**, les électeurs prennent plusieurs bulletins, passent dans l'isoloir pour en insérer un dans l'enveloppe qu'ils déposent dans une urne transparente, et signent, sur la liste, en face de leur nom.

- Tout électeur en France est éligible mais les conditions d'éligibilité varient selon les élections : elles dépendent de **l'âge** (23 ans pour les élections présidentielles ou législatives) et du lieu de **résidence** (habiter la commune où l'on se présente pour les élections municipales). On peut être **privé de l'exercice de ses droits civiques** par une décision de justice spécifique.

Droit de vote des étrangers

- La **gauche** est favorable au droit de vote aux élections locales pour les citoyens étrangers non membres de l'UE et résidant en France. Elle estime que ceux qui vivent, travaillent et paient des impôts en France doivent pouvoir voter pour ce qui les concernent le plus. La **droite** s'y oppose : pour elle, le droit de vote doit rester attaché à la citoyenneté et les étrangers peuvent demander la nationalité française. Les **citoyens européens** habitant en France peuvent voter à certaines élections (municipales et européennes).

Comprendre comment faire

Pour étudier un article de presse

Droit de vote des étrangers, éternel chiffon rouge

En 1981, François Mitterrand avait inscrit, parmi ses 110 propositions aux Français, l'attribution aux résidents étrangers du droit de vote aux élections municipales. Durant ses deux septennats élyséens, il s'était bien gardé d'honorer cette promesse, sans se priver toutefois de l'agiter de temps à autre comme un chiffon rouge devant les électeurs de la droite et du Front national.
Jeudi 8 décembre, le Sénat, désormais à gauche, va débattre d'une proposition de loi socialiste quasi identique à la proposition de 1981. Entre temps, ce droit de vote local a été accordé aux étrangers membres de l'UE. En 2000, l'Assemblée nationale, alors dominée par la gauche, avait voté une proposition de loi en ce sens. Mais le Premier ministre de l'époque, Lionel Jospin, avait renoncé à la transférer au Sénat, où la droite, majoritaire, l'aurait retoquée. De même, en 2005, Nicolas Sarkozy avait pris tout le monde à contre-pied en expliquant « qu'il ne serait pas anormal qu'un étranger en situation régulière, qui travaille, paie des impôts et réside depuis au moins dix ans en France puisse voter aux élections municipales ». Or il vient de juger « hasardeuse » l'actuelle proposition socialiste, et le Premier ministre, François Fillon, entend s'y opposer « de toutes ses forces ».

■ Éditorial du *Monde*, 8 décembre 2011.

1. **Je lis le titre** de l'éditorial du *Monde*. Il traite du débat sur le droit de vote des étrangers en France. Un éditorial est un article qui reflète la position de l'ensemble des journalistes.

2. **Je repère l'organisation de l'article.** L'organisation est chronologique, (un paragraphe renvoie à une période). Je souligne ensuite les passages importants et les regroupe par thème : la chronologie (jaune), les tendances politiques avec la gauche (rouge) et la droite (bleu).

3. **Je conclus.** Depuis 30 ans, le débat sur le droit de vote des étrangers anime la vie politique.

POINT ACTU

En décembre 2011, le Sénat a adopté une proposition de loi pour le vote des étrangers aux élections municipales en France.

DÉFINITIONS

- **Suffrage censitaire** : droit de vote confié aux gens les plus riches payant un certain montant d'impôt (cens).
- **Éligibilité** : possibilité de se présenter à une élection.

S'entraîner

★ **1 Complétez le tableau suivant sur les élections en France puis répondez aux questions.**

Élections	Personnes élues	Âges d'éligibilité
présidentielles	Président de la République	
législatives		
sénatoriales		24 ans
municipales		18 ans
cantonales	Conseillers généraux	18 ans
	Conseillers régionaux	18 ans
européennes		23 ans

a. Qu'est-ce que l'éligibilité ?
b. Quelle est l'élection où l'âge d'éligibilité est le plus élevé ?
c. Quelles sont les élections où tous les électeurs peuvent être éligibles (sauf conditions de résidence) ?
d. Soulignez en rouge ceux qui font les lois.
e. Qui peut voter en France pour élire les conseillers municipaux ?

★★ **2 Étudiez la photo pour répondre.**

■ Un bureau de vote à Paris, 1er tour de l'élection présidentielle, 22 avril 2007, Lemonde.fr.

a. Où et à quelle occasion a été prise cette photo ?
b. Que voit-on au premier plan au centre ?
c. Que voit-on au premier plan à droite ?
d. Que tient la personne, entouré dans sa main ?
e. Que garantissent les isoloirs ?

★★ **3 Cochez la bonne réponse.**

a. Quel est l'intrus ?
- un buste de Marianne ☐
- le drapeau bleu-blanc-rouge ☐
- douze étoiles ☐
- *La Marseillaise* ☐

b. La RF est démocratique, laïque, indivisible et :
- égalitaire ☐
- sociale ☐
- fratricide ☐
- centralisée ☐

c. La Constitution de 1958 crée :
- la IIIe République ☐
- la IVe République ☐
- la Ve République ☐
- la VIe République ☐

d. Le suffrage devient universel pour les hommes en :
- 1789 ☐ – 1815 ☐
- 1848 ☐ – 1870 ☐

e. Quelle condition n'est pas obligatoire pour voter à l'élection présidentielle ?
- habiter en France ☐
- être inscrit sur les listes électorales ☐
- être de nationalité française ☐
- avoir au moins 18 ans ☐

f. En France, le droit de vote des étrangers est possible :
- aux élections municipales ☐
- à toutes les élections ☐
- contre le paiement d'une taxe ☐
- à certaines élections pour les citoyens européens ☐

Livret des corrigés p. 30

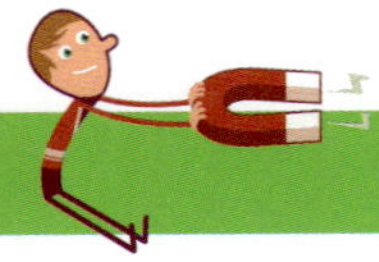

Retenir l'essentiel

Fonctionnement de la République

- La France est une **République démocratique** dont les pouvoirs sont séparés. C'est un régime **parlementaire.** Le **Conseil constitutionnel** vérifie que les lois respectent la Constitution et veille au bon déroulement des élections. Les décisions politiques sont aussi prises au niveau européen.

- La France est un **État décentralisé** : des pouvoirs politiques ont été confiés par l'État aux collectivités territoriales : plus de 36 000 **communes** dirigées par un Conseil municipal, 101 **départements** dirigés par un Conseil général et 27 **régions** dirigées par un Conseil régional.

Rôle des partis politiques

- Un parti politique est une association de citoyens partageant les mêmes opinions. Il y a en France un **pluralisme politique** avec deux grandes tendances : la **gauche** (NPA, Parti Communiste, Parti Socialiste, EELV), et la **droite** (Nouveau Centre, UMP, FN)…

- Les partis sont des **acteurs de la démocratie.** Ils animent le débat politique en montrant les grands enjeux, élaborent des programmes et présentent des candidats aux élections. Le parti majoritaire gouverne le pays tandis que le(s) parti(s) vaincu(s) forme(nt) l'opposition.

Participation des citoyens

La démocratie repose sur l'implication des citoyens. Ils ont le **devoir de voter** et peuvent se **présenter aux élections.** Ils peuvent aussi **soutenir un parti** politique et y adhérer. Depuis la **loi de 2004**, le citoyen dispose également de plus de **droits au niveau local** : possibilité de participer à un référendum local ou de faire une pétition pour faire figurer une question à l'ordre du jour d'une assemblée d'une collectivité territoriale.

Comprendre comment faire

Pour étudier un organigramme

1. Je lis le titre. Ce schéma montre l'organisation des pouvoirs sous la Vᵉ République. Il a été établi d'après la Constitution de 1958.

2. J'étudie le schéma. Les couleurs montrent les différents pouvoirs et institutions tandis que les flèches indiquent les relations entre eux.

3. Je conclus. La France est une République démocratique. Les citoyens élisent leurs représentants au suffrage universel et les pouvoirs sont séparés. C'est un régime parlementaire : le Parlement peut renverser le gouvernement par un vote.

Les institutions de la Vᵉ République

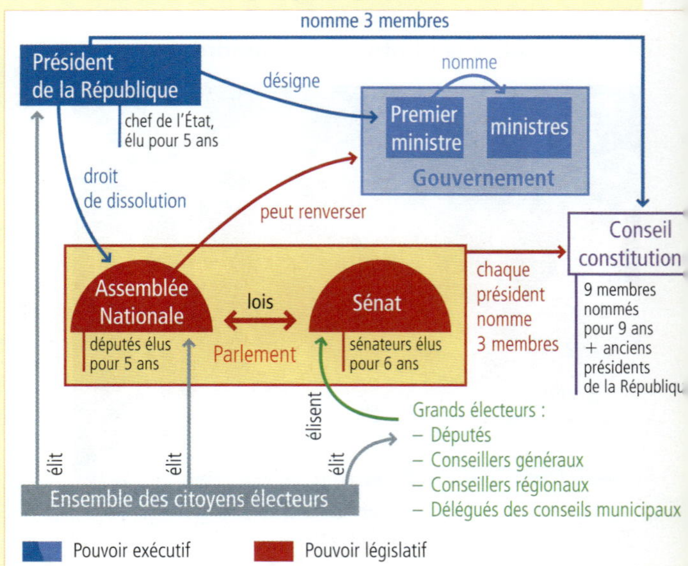

POINT ACTU

Une réforme des collectivités territoriales votée en 2010 prévoit de créer des conseillers territoriaux siégeant à la fois au Conseil général et au Conseil régional.

DÉFINITIONS

- **NPA :** Nouveau Parti Anticapitaliste.
- **EELV :** Europe-Écologie-Les-Verts.
- **UMP :** Union pour un Mouvement Populaire.

S'entraîner

★ **1 Faites des recherches sur les partis politiques et répondez aux questions.**

a. Donnez les noms complets de ces partis : FN, LCR, Modem, NC, EELV, PS, UMP, NPA, PRG.

b. Classez ces partis dans le tableau :

Gauche	Centre	Droite

c. Quel est le rôle des partis politiques ?

d. Qu'est-ce qui montre que les partis politiques peuvent s'exprimer librement ?

e. Quel élément prouve que la France est une démocratie ?

★★ **2 Étudiez la photo et relisez le cours pour répondre aux questions.**

a. Quel est le rôle de l'Assemblée nationale ?

b. Comment sont élus les députés ?

c. Que forment l'Assemblée nationale et le Sénat ?

d. Où se trouvent les députés du PS et ceux de l'UMP dans l'Assemblée ?

e. Comment est surnommée la tribune du président de l'Assemblée ?

★★ **3 Lisez le texte pour répondre.**

Loi du 13 août 2004, relative aux libertés et responsabilités locales

Le texte voté liste les différents transferts de compétence vers les collectivités locales (régions, départements et groupements de communes) résultant de la réforme constitutionnelle relative à l'organisation décentralisée de la République adoptée par le **Parlement** le 17 mars 2003. […]

Les principales compétences transférées concernent :

– les aides économiques individuelles aux entreprises ;

– la gestion et le pilotage du RMI, ainsi que la gestion de plusieurs fonds sociaux comme le fonds de solidarité logement (FSL) ;

– l'essentiel du réseau routier national transféré aux départements, l'État ne conservant que la responsabilité des grands itinéraires nationaux ;

– les ports et aéroports transférés aux collectivités locales, à l'exception des plus grands. En Île-de-France, la région devient majoritaire dans le **syndicat** des transports ;

– le logement social pour l'essentiel dévolu à la compétence des départements ;

– les programmes régionaux de santé publique établis par les régions en complément des plans de l'État ;

– la gestion des personnels techniques, ouvriers et de service de l'Éducation nationale ;

– la gestion du patrimoine culturel.

■ D'après le site vie-publique.fr

a. Qu'est-ce qu'une réforme constitutionnelle ?

b. Que prévoit la réforme constitutionnelle de 2003 ?

c. Quelles sont les différentes collectivités locales ?

d. Que prévoit la loi de 2004 ? Par qui a-t-elle été votée ?

e. Soulignez en rouge deux compétences données aux collectivités locales dans le domaine des transports.

Éducation civique

Livret des corrigés p. 30

Retenir l'essentiel

Le rôle des syndicats

- Dans leur vie professionnelle, les citoyens peuvent s'investir dans un syndicat. C'est une organisation dont le but est d'**améliorer les conditions de travail** (horaires, rémunération, sécurité) et de défendre l'application du **droit du travail**. La liberté syndicale est reconnue par une **loi de 1884** et elle est garantie par la Constitution depuis 1946.

- Il existe de nombreux syndicats représentants les **employés** (CGT, CFDT…) ou les **employeurs** (Medef, CGPME…). Ils participent à des **négociations** avec le gouvernement sur les conditions de travail. S'ils estiment que les droits de travailleurs sont menacés, les syndicats peuvent organiser des **grèves** ou des **manifestations** pour faire entendre leurs revendications.

Les représentants des personnels

Dans la fonction publique et dans chaque entreprise, il existe des représentants du personnel qui sont élus par les salariés (délégués du personnel), ou désignés par le syndicat (délégués syndicaux). Les délégués du personnel discutent avec les employeurs, relaient les réclamations de leurs collègues, participent aux négociations au sein de l'entreprise et siègent dans **différents comités** (Comité d'entreprise, Comité d'hygiène et de sécurité, des conditions de travail…) qui participent à la gestion de l'entreprise. Les élections ont lieu régulièrement : les employés votent pour désigner leurs représentants.

Les associations

- Les citoyens peuvent s'impliquer dans des associations reconnues par la **loi de 1901**. Elles n'ont pas pour objet de faire des bénéfices et interviennent dans des **domaines divers** : culturel, sportif, humanitaire, caritatif. Elles fonctionnent grâce aux dons, aux subventions et au bénévolat.

- Certaines associations ont un rôle considérable. Les ***Restos du Cœur***, fondés par Coluche, agissent grâce à 60 000 bénévoles, et ont distribué 109 millions de repas en 2010-2011. Coluche a obtenu que le Parlement vote une **loi incitant les gens à faire des dons** (déductibles de leurs impôts).

POINT ACTU

L'État reconnaît officiellement cinq grands syndicats qui peuvent conclure des accords dans tous les secteurs : CGT, CFTC, FO, CFDT et CGC.

DÉFINITION

Droit du travail : ensemble des lois qui fixent les règles du monde professionnel (durée du temps de travail, salaire minimum…).

Comprendre comment faire

▶ Pour étudier un logo

■ Logo du Secours populaire français.

1. Je lis le titre. Un logo est une représentation graphique qui sert à identifier visuellement et rapidement un organisme (entreprise, ministère, syndicat…). Ce logo est celui d'une association caritative nommée Secours populaire français, fondée en 1945.

2. J'étudie l'image. Il s'agit d'une main tendue qui évoque la solidarité avec des couleurs bleu-blanc-rouge rappelant la nationalité de cette association. Les ailes symbolisent le soutien des bénévoles. Cette association vient particulièrement en aide aux gens qui souffrent d'exclusion et aide les familles à accéder à un logement, à la santé, à des loisirs…

3. Je conclus. Les associations fonctionnent grâce à l'implication des citoyens et permettent de mettre en œuvre les grands principes de la République française qui est sociale et fraternelle.

S'entraîner

★ **1 Lisez ces articles de loi et répondez aux questions.**

Loi du 21 mars 1884, relative à la création des syndicats professionnels

Article 2

Les syndicats ou associations professionnelles, même de plus de vingt personnes exerçant la même profession, des métiers similaires, ou des professions connexes concourant à l'établissement de produits déterminés, pourront se constituer librement sans l'autorisation du Gouvernement.

Article 3

Les syndicats professionnels ont exclusivement pour objet l'étude et la défense des intérêts économiques, industriels, commerciaux et agricoles.

a. Quand a été adoptée cette loi ?
b. Qu'autorise-t-elle ?
c. Soulignez en rouge les buts d'un syndicat.
d. En relisant le cours, citez des exemples de syndicats actuels en France.
e. Quels sont leurs moyens d'action possibles ?

★★ **2 Observez la photo et lisez le texte.**

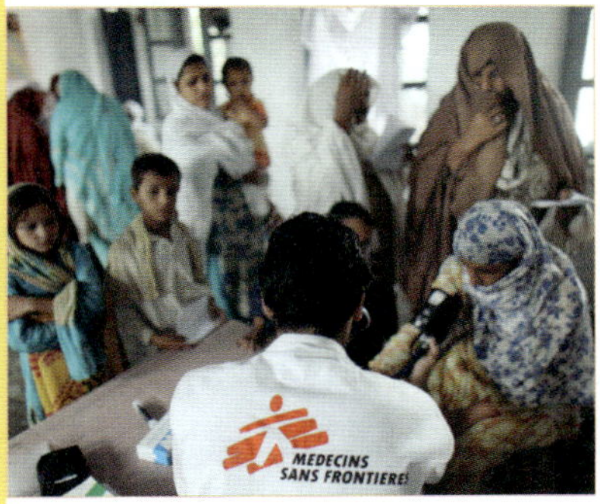

■ Médecins Sans Frontières (MSF) a vingt ans, sous le signe des urgences.

Guerre contre l'Irak, exode dramatique des Kurdes, choléra en Amérique latine, guerre en Somalie, cyclone au Bangladesh… Depuis le début de cette année 1991, entre les catastrophes naturelles, les désastres causés par les hommes et les conflits qui s'éternisent, le monde semble être entré dans un tourbillon de tragédies.

■ Site de MSF.

a. Comment s'appelle cette association ?
b. Quand a-t-elle été fondée ?
c. Dans quels pays est-elle intervenue en 1991 ? Dans quel but ?
d. Comment est-elle financée ?

★★★ **3 Lisez le texte pour répondre.**

Les fonctionnaires ont voté jeudi 20 octobre pour élire leurs représentants lors d'un scrutin professionnel inédit. Les syndicats attendent désormais de connaître leur sort face au couperet de la représentativité.

Environ deux millions d'agents de la fonction publique d'État et un million de la fonction publique hospitalière étaient appelés à participer à ce scrutin à un tour qui vise à désigner les membres des organes de concertation chargés de les représenter au sein des ministères, des administrations, des organismes et des entreprises publiques. […]

PARTICIPATION TRÈS VARIABLE, SELON LES MINISTÈRES

Ces élections professionnelles de jeudi se sont traduites par une participation très variable en fonction des ministères, allant de 30 % à 80 %, a annoncé vendredi 21 octobre le ministère de la Fonction publique. […]

À LA POSTE, LA CGT SE TROUVE EN TÊTE MAIS PERD 4 POINTS

Jeudi soir, vers 22 heures, les premiers résultats dans les trois fonctions publiques donnait la CGT en tête (23,5 %), devant FO (17, 6 %), la CFDT (16,8 %), la FSU (11,6 %), l'Unsa (11,6 %), Solidaires (7,5 %), la CFTC (3,4 %) et la CGC (2,8 %). […]

À La Poste, la CGT se trouve en tête. Elle conserve sa place de première organisation syndicale avec 28,78 % des voix, malgré une perte de quatre points, suivie par SUD à 22,41 %, la CFDT et FO restant au coude à coude avec respectivement 18,52 % et 18,36 %. Suivent la CGC-Unsa 5,71 %, CFTC 4,58 % […].

Le taux de participation définitif à ces élections s'élève à 76,05 % contre 81 % en 2007, selon la direction de La Poste. […]

■ Site Lemonde.fr, 21 octobre 2011.

a. Quand ont eu lieu les dernières élections professionnelles dans la fonction publique ?
b. Combien de fonctionnaires étaient appelés à voter ?
c. Quel était le taux de participation à ces élections ?
d. Quel syndicat est arrivé en tête de ces élections ?
e. Soulignez en rouge les résultats des élections professionnelles à La Poste.
f. Comment a évolué le taux de participation à La Poste ?

Éducation civique

Livret des corrigés p. 30

Retenir l'essentiel

Le rôle des médias

- La liberté de la presse est reconnue par la **DDHC** de 1789. Au XIXe siècle, la place des journaux ne cesse de grandir avec l'alphabétisation de la population et la loi sur la liberté de la presse de **1881**. Au XXe siècle, les médias se diversifient avec la radio, la télévision puis internet.

- Les médias diffusent les **informations** et sont un moyen **d'expression** pour les citoyens. Ils jouent un rôle essentiel car ils peuvent expliquer les enjeux et les grandes décisions politiques et critiquer les mesures du gouvernement : on parle parfois de « **4e pouvoir** ». L'activité des médias est **encadrée par la loi** qui interdit la diffamation et l'atteinte à la vie privée, règlemente le droit à l'image.

Les sondages d'opinion

- Les médias, le gouvernement et différentes organisations (partis, entreprises…) organisent des sondages. Réalisés par des **instituts spécialisés**, ils doivent respecter des règles pour être fiables (nombre de sondés, échantillon représentatif, questions posées…).

- Dans une démocratie, les sondages permettent d'avoir une idée de **l'opinion publique**. Toutefois, ils peuvent représenter un **danger** : mal réalisés ou mal interprétés, ils donnent des indications fausses et, en période électorale, influencent parfois les électeurs ou les dirigeants politiques. La démocratie ne repose pas sur des sondages favorables mais sur des élections.

Le rôle d'internet

- Internet combine les avantages des médias traditionnels (information instantanée, analyse…) Il permet de **dialoguer et de communiquer**. Chaque citoyen devient commentateur ou acteur de l'événement.

- Sur Internet, la loi s'applique comme pour les autres moyens d'expression. On ne peut pas publier sur internet la photo de quelqu'un sans son autorisation. La **CNIL** tente de veiller au respect des règles.

POINT ACTU

L'article 19 de la DUDH reconnaît le droit de chercher, de recevoir et de répandre les informations sans considérations de frontières.

DÉFINITIONS

- **Opinion publique** : ensemble des idées de la population d'un pays.
- **CNIL** : Commission Nationale de l'Informatique et des Libertés.

Comprendre comment faire

Pour étudier un graphique

1. Je lis le titre. C'est un graphique en barres qui permet de voir les investissements publicitaires effectués par les entreprises dans les différents médias. Les médias ont besoin d'argent qu'ils reçoivent des ventes ou des recettes publicitaires. Ces dernières témoignent de l'audience des médias (plus elle est élevée, plus l'investissement est fort).

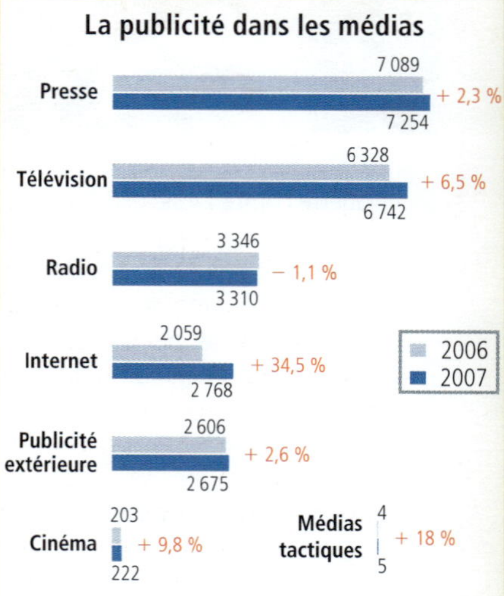

2. J'étudie le graphique. Ce graphique montre le montant des investissements et leur évolution entre 2006 et 2007. La presse écrite reçoit le plus d'investissements, juste devant la télévision. Toutefois, Internet enregistre la plus forte hausse.

3. Je conclus. Ce graphique montre la diversité des médias en France et indique qu'Internet est l'un des médias les plus attractifs du moment et qu'il connaît un fort développement de son utilisation et de son poids.

S'entraîner

★ **1** **Étudiez la carte pour répondre.**

La liberté de la presse dans le monde en 2012

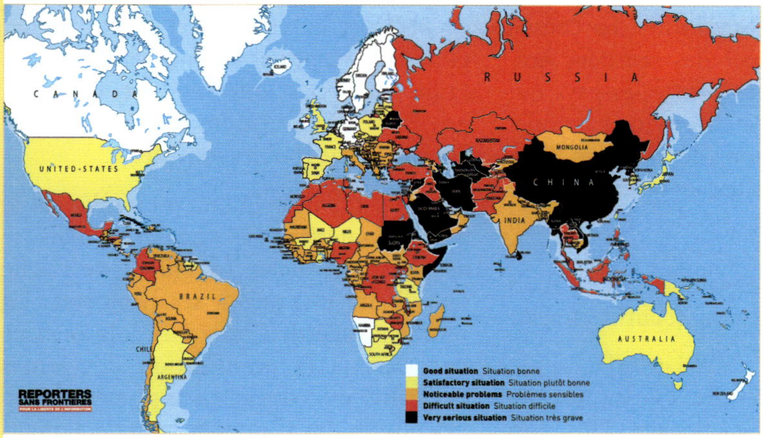

■ Site de Reporters Sans Frontières (RSF).

a. Citez deux pays où la situation de la liberté de la presse est bonne et deux où elle est très grave.

b. Dans quelles parties du monde est-elle difficile ou très grave ?

c. D'après ce classement, la liberté de la presse est-elle toujours bonne ou plutôt bonne dans les démocraties ? Justifiez votre réponse avec des exemples.

★★ **2** **Lisez le texte et répondez aux questions.**

a. Présentez le document.

b. Quel est le nom de l'institut de sondage ?

c. Que lui reproche-t-on ?

d. Soulignez en rouge les arguments des deux sénateurs.

e. Soulignez en bleu l'argument du directeur de l'institut.

f. Rédigez un petit paragraphe pour expliquer votre proposition en argumentant.

La fiabilité des sondages en ligne fait débat

[…] Le sondage réalisé en ligne par Harris interactive qui donnait dimanche Marine Le Pen en tête après le 1er tour de la prochaine présidentielle est-il crédible ? Le site *Mediapart* révèle que les sondés ont été incités financièrement à répondre aux questions qui leur étaient posées. […]

L'incitation « choquante sur le plan éthique »

[…] Un rapport d'information du Sénat sur « les sondages en matière électorale » rendu public en octobre le rappelait déjà. « Les observateurs de la vie politique pointent du doigt la multiplication des sondages en ligne qui reposent sur un "panel d'internautes" qui se déclarent volontaires pour répondre régulièrement à des sondages, attirés qu'ils sont par des gratifications diverses », écrivait le groupe de travail. Et le sénateur socialiste Jean-Pierre Sueur, co-rapporteur, de préciser pendant son audition qu'« il est clair que de telles pratiques faussent totalement l'échantillon ». Quand à Hughes Portelli, le deuxième co-rapporteur, il confie à *Mediapart* que l'incitation est « choquante sur le plan éthique ». « Quand on vote, on n'est pas payé », soutient-il.
Le co-directeur d'Harris interactive France, Patrick Van Bloeme, rejette cette vision des choses. « Nous avons testé nos méthodes pendant les élections de 2007. L'enquête en ligne s'est révélée plus fiable ». L'absence d'interlocuteur physique libèrerait la parole selon lui. Les coefficients de redressement employés pour corriger les intentions de vote de l'extrême droite seraient pour cette raison plus petits que d'ordinaire.

■ Tristan Vey, Lefigaro.fr, 9 mars 2011.

★★ **3** **Cochez la bonne réponse.**

a. La loi garantissant la liberté de la presse a été adoptée en :
– 1789 ☐ – 1881 ☐ – 1901 ☐

b. La loi garantissant la liberté syndicale a été adoptée en :
– 1789 ☐ – 1881 ☐ – 1901 ☐

c. Quand l'État donne des pouvoirs aux collectivités locales, c'est la :
– déconcentration ☐ – concentration ☐
– décentralisation ☐ – centralisation ☐

d. Quel est l'intrus ?
– CGT ☐ – UMP ☐ – NPA ☐

Éducation civique

Livret des corrigés p. 30

Retenir l'essentiel

Préserver la paix

- Depuis 1945, **l'ONU** a pour but de prévenir et de régler les conflits. Le **Conseil de Sécurité** peut voter des **sanctions économiques ou militaires** contre les pays qui ne respectent pas le droit international et décider des missions de maintien de la paix avec l'envoi de **Casques bleus.** Paralysé durant la Guerre froide, le Conseil a retrouvé un certain rôle depuis 1991 (contre l'Irak qui a envahi le Koweït) mais reste parfois impuissant (conflit israélo-palestinien, Darfour…).

- Le Conseil de Sécurité a aussi créé des **Tribunaux pénaux internationaux** (TPI), afin de juger des responsables politiques ou militaires soupçonnés d'avoir commis des **crimes contre la paix ou contre l'humanité.** Un TPI a été mis en place après les massacres des Tutsis par les Hutus ayant entraîné la mort de 800 000 Rwandais en 1994. À partir de 2002, une **Cour pénale internationale** a été instaurée mais elle ne dépend pas de l'ONU.

Assurer sa défense

- **Les missions** de la Défense nationale sont de protéger le territoire et la population et de faire respecter les engagements de la France (alliance, interventions à l'étranger, PESC). Ces missions sont assurées par l'armée et par tous les ministères.

- La défense de la France est fondée sur la **dissuasion nucléaire** et sur **l'OTAN** mais les **menaces ont évolué.** La France ne risque plus d'être attaquée à ses frontières. En revanche, elle doit faire face à la menace terroriste, à la prolifération des armes nucléaires ou à des actes de piraterie. Avec l'évolution des risques et le perfectionnement du matériel militaire, la France est passée à une **armée professionnelle.**

- Pour garder un lien entre l'armée et la nation, il existe un **parcours du citoyen** avec trois étapes : l'enseignement de la défense à l'école, le recensement à la mairie à 16 ans et la Journée Défense et Citoyenneté (JDC) entre 17 et 18 ans.

Comprendre comment faire

Préserver la paix

1. Je lis le titre. Cette carte mentionne toutes les opérations de maintien de la paix organisée par l'ONU en 2011.

2. J'étudie la carte. Il y a 16 opérations de maintien de la paix dispersées sur tous les continents, essentiellement en Afrique et en Asie. Elles consistent la plupart du temps en un envoi de Casques bleus pour protéger les populations civiles ou vérifier qu'un accord est respecté. Certaines de ses opérations sont anciennes.

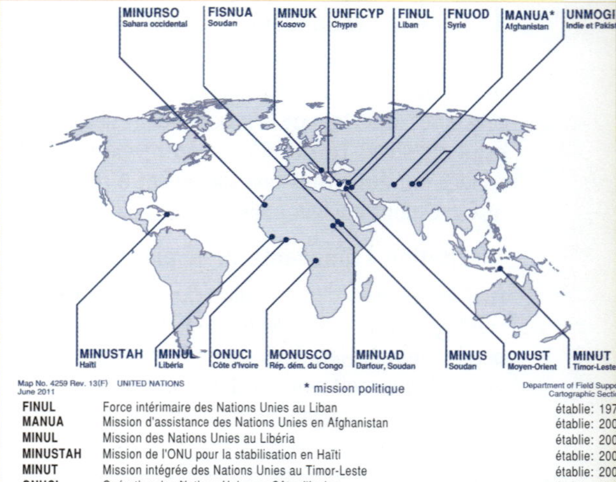

3. Je conclus. Ces opérations décidées par le Conseil de Sécurité de l'ONU sont considérables. Elles mobilisent près de 120 000 personnes (dont 100 000 militaires) et coûtent environ 7 milliards de dollars par an.

POINT ACTU

Le Conseil de Sécurité est composé de 15 membres, dont 5 permanents qui disposent d'un droit de veto.

DÉFINITION

- **Casques bleus** : soldats agissant pour l'ONU et prêtés par les États membres. Ils forment la force de maintien de la paix.

S'entraîner

★ **1 Lisez les articles de la Constitution puis répondez aux questions.**

Extraits de la Constitution de la Vᵉ République

ARTICLE 5. Le Président de la République veille au respect de la Constitution.
Il est le garant de l'indépendance nationale, de l'intégrité du territoire et du respect des traités.

ARTICLE 15. Le Président de la République est le chef des armées. Il préside les conseils et les comités supérieurs de la Défense nationale.

ARTICLE 35. La déclaration de guerre est autorisée par le Parlement. Le Gouvernement informe le Parlement de sa décision de faire intervenir les forces armées à l'étranger. Cette information peut donner lieu à un débat qui n'est suivi d'aucun vote. Lorsque la durée de l'intervention excède quatre mois, le Gouvernement soumet sa prolongation à l'autorisation du Parlement.

a. Qu'est-ce qu'une Constitution ?
b. Soulignez la responsabilité du Président de la République dans la Défense nationale.
c. Le Président de la République peut-il décider de faire la guerre ? Justifiez.
d. Citez un exemple de conflit dans lequel la France est engagée depuis 2001.

★★ **2 À l'aide des deux documents et du cours, répondez aux questions.**

« Les pouvoirs publics et les forces armées agissent chaque jour pour que la liberté puisse exister, sur notre territoire, mais également en Europe et sur d'autres continents. La JDC est une journée qui permet de rappeler à chacun que cette liberté a un prix. C'est aussi une occasion unique de contact direct avec la communauté militaire, et de découverte des multiples métiers et spécialités, civiles et militaires qu'offre aujourd'hui aux jeunes, la Défense. […] En fin de journée, un **certificat de participation** est remis. Il est **obligatoire** pour l'inscription aux **examens** et **concours** soumis au contrôle de l'autorité publique. »

■ Site du ministère de la Défense.

a. Que signifie JDC ?
b. Qui est concerné par la JDC ?
c. Que fait-on lors de la JDC ?
d. Quelles sont les deux précédentes étapes du parcours du citoyen ?
e. Pourquoi le certificat de participation est-il obligatoire ?

★★ **3 Lisez l'article et le cours pour répondre.**

L'ONU autorise le recours à la force en Libye

Les Nations unies ont autorisé jeudi soir le recours à la force contre l'armée de Mouammar Kadhafi, ouvrant la voie à des frappes aériennes en Libye. Des opérations militaires pourraient être lancées « en quelques heures », notamment être menées par la France, le Royaume-Uni, les États-Unis et plusieurs pays arabes. Par dix voix pour et cinq abstentions, dont celle de la Chine, de la Russie et de l'Allemagne, le Conseil de Sécurité des Nations unies s'est prononcé pour l'instauration d'une zone d'exclusion dans le ciel libyen.
Le Conseil a également autorisé des actions militaires pour assurer la protection des populations civiles face à l'armée de Mouammar Kadhafi.
Le texte de résolution prévoit également un renforcement des sanctions existantes : embargo sur les armes, gel des avoirs du N° 1 libyen et de ses proches, ouverture d'une procédure devant la Cour pénale internationale (CPI) contre les responsables de crimes contre l'humanité.

■ Site lexpress.fr, 18 mars 2011.

a. Qui dirigeait la Libye avant l'intervention de l'ONU ?
b. Quelle institution a autorisé l'intervention militaire contre la Libye ?
c. Dans quel but est décidée cette intervention ?
d. Quelles sont les autres sanctions contre la Libye et ses dirigeants ?

Éducation civique

Livret des corrigés p. 30

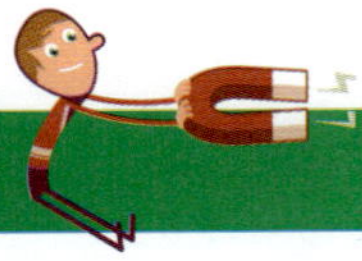

Retenir l'essentiel

- Le **noyau** de la cellule contient des **chromosomes** facilement observables au moment de la division cellulaire. Les chromosomes portent le **programme génétique** qui déjà dans la cellule-œuf, **détermine la construction de l'organisme.**

- Tout individu à la naissance possède les caractères de l'espèce et ceux qui lui sont propres. Ces caractères sont le résultat de l'expression du programme génétique et des modifications liées au mode de vie.

- Au sein d'une même famille, les caractères transmis des parents aux enfants au long des générations sont les **caractères héréditaires.**

Certains **caractères modifiés par l'environnement (mode de vie :** développement de la masse musculaire par la pratique sportive par exemple) **ne sont pas héréditaires.**

- **À l'exception des gamètes, toutes les cellules humaines portent 23 paires de chromosomes.** La 23e paire constitue les chromosomes sexuels (XX chez la femme, XY chez l'homme). Tous les autres chromosomes sont identiques deux à deux.

- Lorsque le **nombre de chromosomes** est **différent de 46,** cela peut parfois empêcher le développement de l'embryon ou entraîner des **anomalies physiques et/ou mentales** plus ou moins graves.

Comprendre ce qui se passe

► Le programme génétique détermine les caractères d'un individu

- Les manipulations suivantes ont été réalisées en laboratoire à l'INRA.

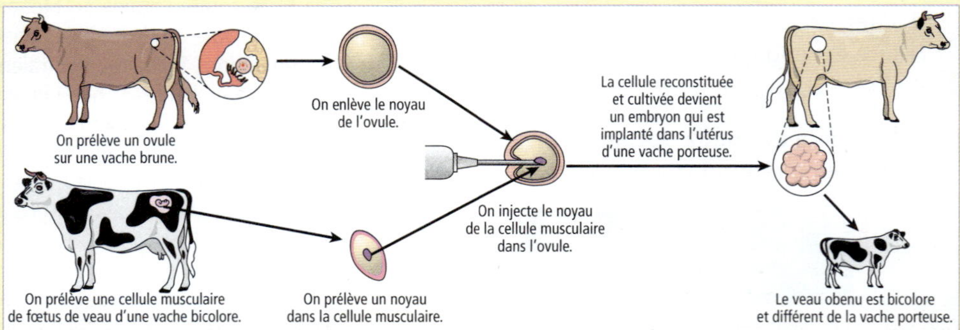

- On obtient un veau femelle bicolore différent de la vache porteuse.
Le **programme génétique**, responsable de la construction de l'organisme et de ses caractères, provient donc du noyau de la cellule musculaire du fœtus de veau de la vache bicolore.

► Les chromosomes : facilement observables lors de la division cellulaire

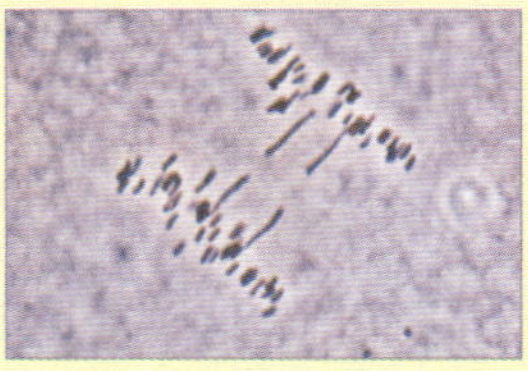

■ Chromosomes humains au cours de la division cellulaire.

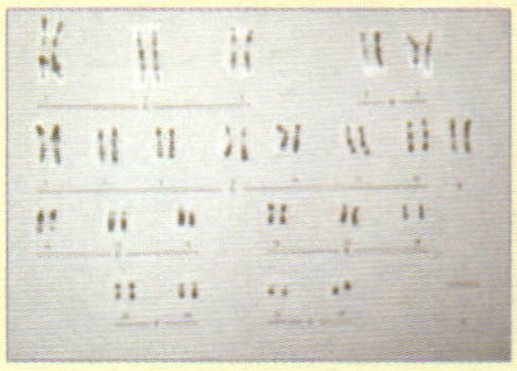

■ Un caryotype humain (femme) : ensemble de 23 paires classées de chromosomes.

DÉFINITION

Un caryotype est l'ensemble représentant les chromosomes d'une espèce et dans lequel les chromosomes sont classés par paires et par ordre de taille décroissante.

► Des anomalies chromosomiques provoquent des malformations

La présence d'un chromosome 21 supplémentaire, par exemple, provoque l'apparition d'anomalies : visage aplati, repli de la paupière, petite taille, muscles peu développés, doigts courts, sensibilité à certaines maladies, parfois retard mental.

S'entraîner

★ **1 Donnez la définition des mots et expressions suivants.**

a. caractère héréditaire

b. caryotype

c. chromosome

d. programme génétique

e. anomalie chromosomique

★ **2 Répondez rapidement aux questions suivantes.**

a. Indiquez le support de l'information génétique. ....

b. Notez le nombre de paires de chromosomes présents dans les cellules humaines.

....

c. Indiquez si toutes les paires de chromosomes sont identiques. ....

d. Donnez un exemple d'anomalie chromosomique ; expliquez son origine. ....

★ **3 Soulignez dans chaque suite de mots ceux qui ont un rapport avec le mot en italique.**

a. *Homme* : 23 paires de chromosomes – chromosomes sexuels XX – chromosomes sexuels XY.

b. *Chromosomes* : programme génétique – noyau de la cellule – conditions de vie.

c. *Caryotype* : chromosomes classés par paires – 23 paires de chromosomes – chromosomes sexuels – transfert de noyau.

d. *Anomalie chromosomique* : trisomie 21 – chromosomes 21 – sexe.

★★ **4 Utilisez le caryotype ci-dessous pour :**

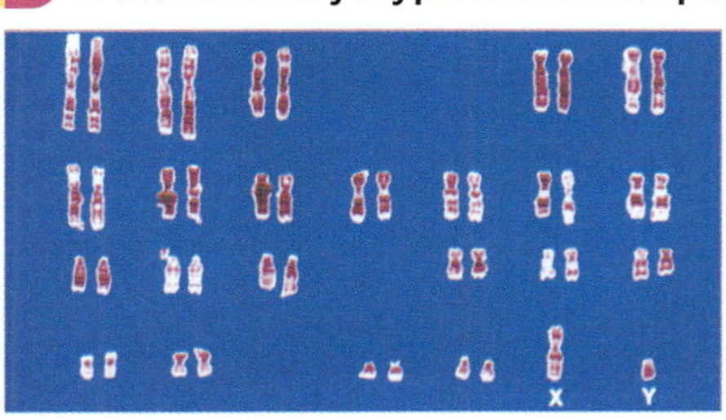

a. préciser le nombre de chromosomes contenus dans une cellule humaine ;

b. préciser les particularités des 22 premières paires ;

c. indiquer pourquoi la 23e paire de chromosomes permet de différencier les sexes.

★★ **5** Les documents ci-dessous montrent les chromosomes classés de deux individus.

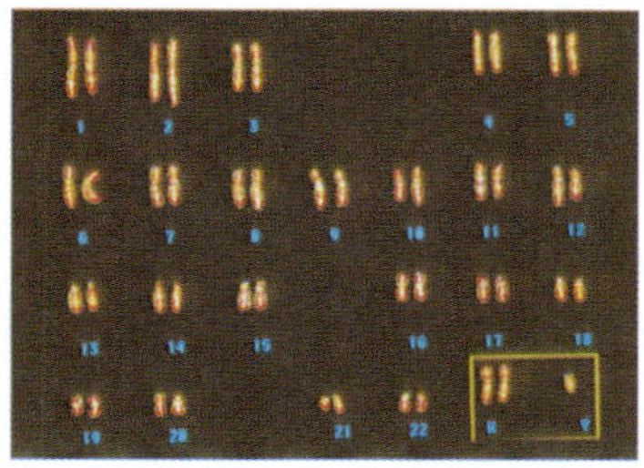

■ Caryotype d'un individu atteint d'un syndrome de Kinefelter.

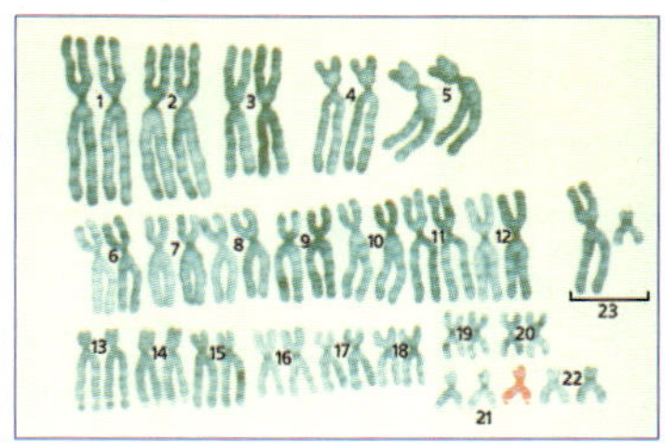

■ Caryotype d'un enfant atteint de trisomie.

a. Précisez pour chacun des deux caryotypes l'anomalie chromosomique constatée.

b. Indiquez les conséquences de ces anomalies chromosomiques.

★★ **6** Certaines grossesses « à risque » sont particulièrement surveillées.

a. Quelle technique utilise-t-on pour ce suivi ?

b. L'interprétation d'un examen de ce type sur deux fœtus différents est représentée ci-dessous. **Quel diagnostic peut-on envisager dans le cas B ?**

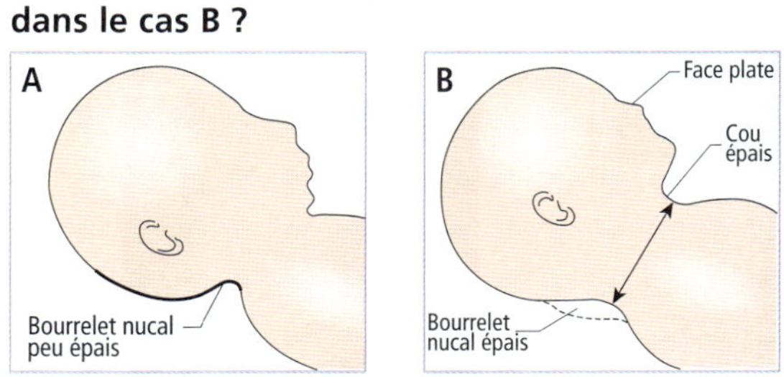

c. Par quelle méthode peut-on confirmer ce diagnostic prénatal ? Expliquez.

Livret des corrigés p. 31

Retenir l'essentiel

- **Le programme génétique** contenu dans la cellule-œuf est **transmis à l'identique de cellule à cellule.**
- Au cours des divisions cellulaires successives permettant la construction de l'organisme, **toutes les cellules** (sauf les gamètes) contiennent **les mêmes chromosomes répartis en 23 paires.**
- Avant la division cellulaire, au cours de l'interphase, chacun des 46 chromosomes est dupliqué (2 chromatides). Lors de la division cellulaire, les chromatides se séparent et chacune des deux nouvelles cellules reçoit 23 paires de chromosomes semblables à ceux de la cellule initiale.
- Chaque chromosome est constitué d'ADN, molécule pelotonnée au moment de la division cellulaire, ce qui le rend invisible au microscope. **Les gènes, unités d'information génétique,** portés par les chromosomes, déterminent l'expression des caractères héréditaires.
- Un gène précis occupe la même place déterminée sur chacun des chromosomes d'une paire (chromosomes homologues).
- La totalité du programme génétique de l'individu se trouve dans chaque cellule. Seule une partie des informations s'exprime.

Comprendre ce qui se passe

Transmission des chromosomes au cours de la division cellulaire

- Les documents ci-dessous montrent différentes phases de la division d'une cellule animale. Les chromosomes ont été colorés en bleu. À la fin de la division, chaque cellule a reconstitué un stock de chromosomes à une **chromatide**, identique à celui de la cellule d'origine.
- De même dans l'espèce humaine, chacune des deux cellules-fille reçoit un lot de 23 paires de chromosomes à une chromatide.

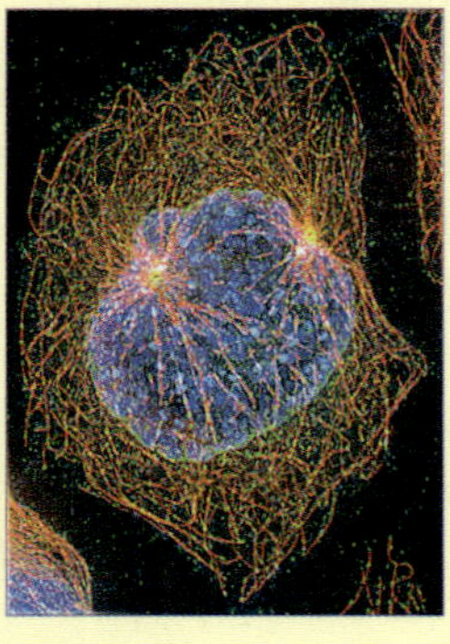

■ Prophase : les chromosomes deviennent visibles par condensation de la chromatine.

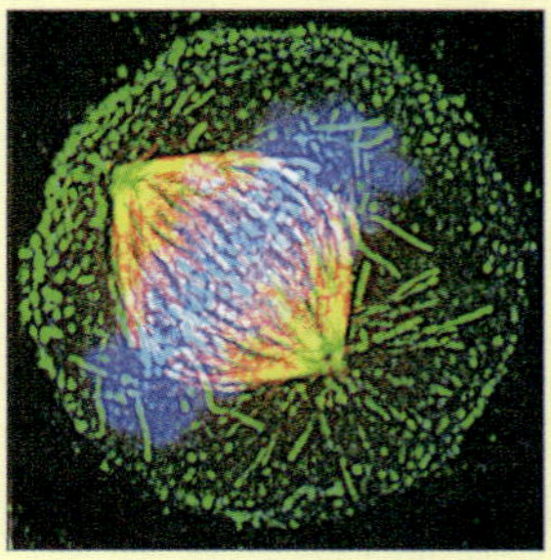

■ Métaphase : les chromosomes s'alignent et forment la plaque équatoriale.

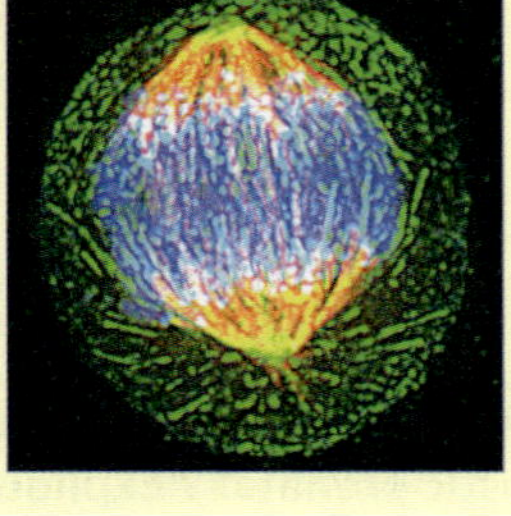

■ Anaphase : chaque chromatide migre vers un pôle de la cellule.

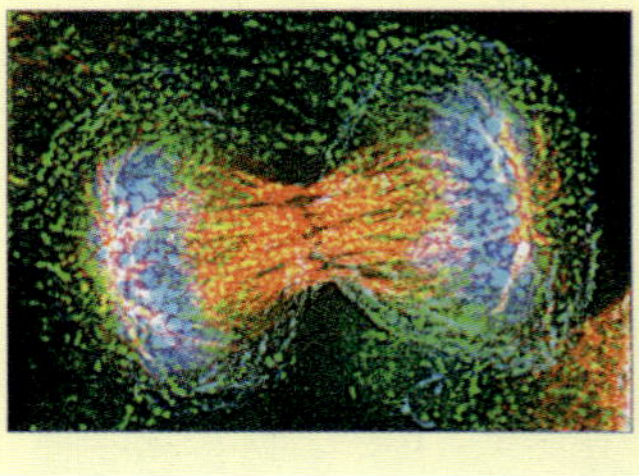

■ Télophase : reformation des noyaux et retour des chromosomes à l'état de chromatine.

DÉFINITION

Une chromatide est un élément formé d'ADN et de protéines, constituant un chromosome.

S'entraîner

★ **1** **Donnez une définition des mots suivants :**

a. duplication

b. gène

c. allèle

★ **2** Le document ci-dessous représente un ensemble de cellules animales observé en microscopie optique.

Certaines cellules sont en division, d'autres sont au repos.

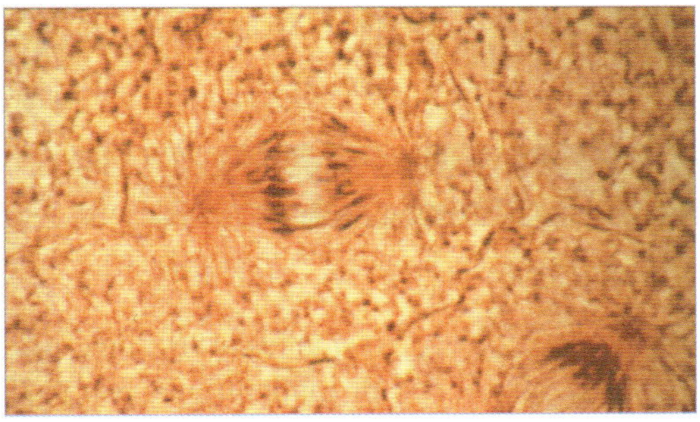

Quelles sont les informations visibles sur le document qui permettent d'affirmer cela ?

★★ **3** Le schéma ci-dessous représente la duplication d'un chromosome au cours de la division cellulaire.

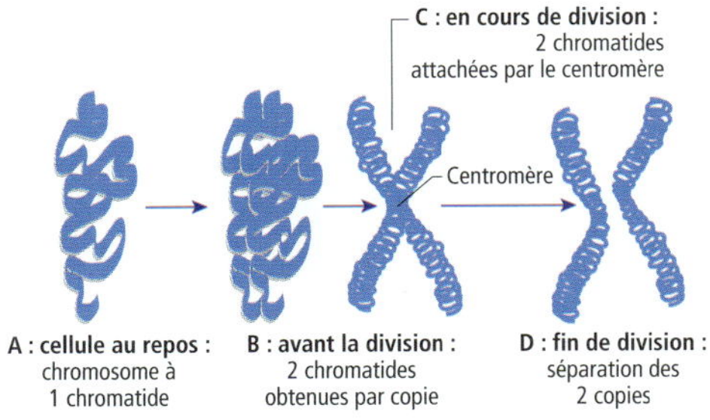

Retrouvez dans la double page de ce chapitre une photo de la division cellulaire correspondant à chacun des schémas ci-dessus.

★★ **4** **a. Expliquez comment évolue le matériel cellulaire au cours de la division cellulaire.**

b. Précisez ce qui assure la transmission conforme de l'information génétique.

★★ **5** On a illustré ci-dessous une expérience de transplantation de noyaux chez le crapaud.

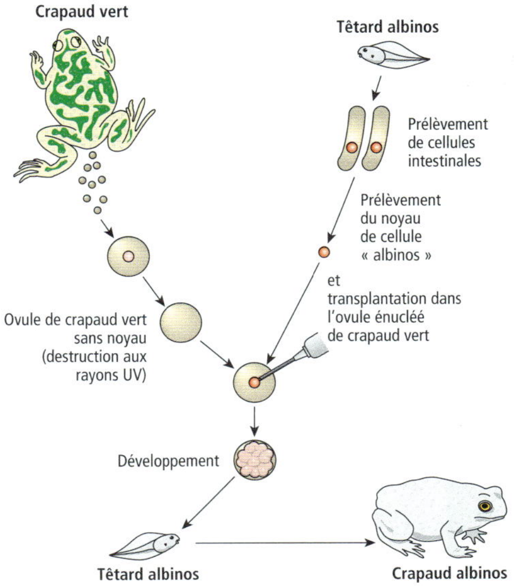

a. Précisez le caractère qui différencie le têtard albinos du crapaud vert.

b. Comment a-t-on obtenu la cellule qui s'est développée ?

c. Que contient le noyau de cette cellule ?

d. Expliquez pourquoi le crapaud obtenu à la fin de l'expérience est albinos.

e. Précisez ce que contenaient les cellules intestinales du têtard.

★★ **6** Le caractère qui détermine le groupe sanguin est donné par un gène contenant trois allèles A, B et O.

Groupe A	Groupe B	Groupe AB
A A	B B	A B
ou A O	ou B O	**Groupe O**
		O O

On appelle allèle dominant celui qui s'exprime dans une association et allèle récessif celui qui ne s'exprime pas.

Le schéma ci-dessus donne, pour chaque groupe sanguin, les associations d'allèles possibles sur les chromosomes homologues.

Donnez les allèles dominants et récessifs du gène : groupe sanguin ABO.

SVT

Livret des corrigés p. 31

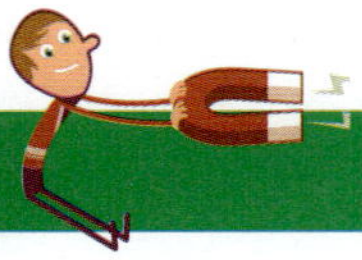

Retenir l'essentiel

● **Les gamètes** mâles et femelles possèdent **23 chromosomes** car ils ont reçu au hasard, au cours de leur formation, un chromosome de chaque paire.
Chaque individu produit des gamètes génétiquement différents.

● **Au cours de la formation de la cellule-œuf**, au moment de la fécondation, pour chaque paire de chromosomes et chaque **gène**, un **exemplaire est d'origine maternelle et l'autre d'origine paternelle.** En réunissant, au hasard, les chromosomes d'origine paternelle et les chromosomes d'origine maternelle, **la fécondation rétablit le nombre de chromosomes caractéristiques de l'espèce.** Elle détermine un nouveau **brassage de l'information génétique**, conduisant à un nouveau programme génétique à l'origine d'un individu nouveau et unique.

● Lors de la formation des gamètes, une mauvaise répartition des chromosomes d'une même paire peut, au moment de la fécondation, être à l'origine d'une cellule-œuf porteuse d'une anomalie chromosomique.

Comprendre ce qui se passe

► Les gamètes ne possèdent qu'un seul chromosome de chaque paire

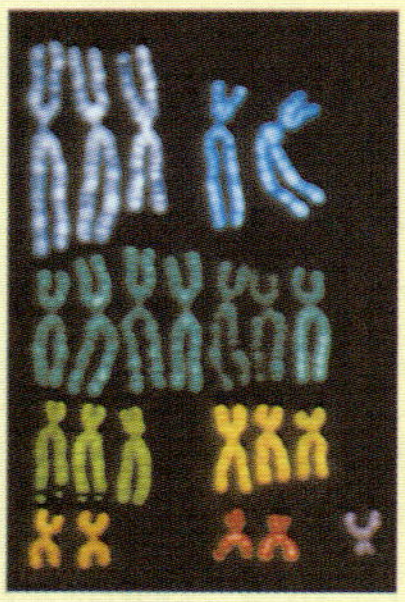

■ Caryotype de spermatozoïde humain. (A)

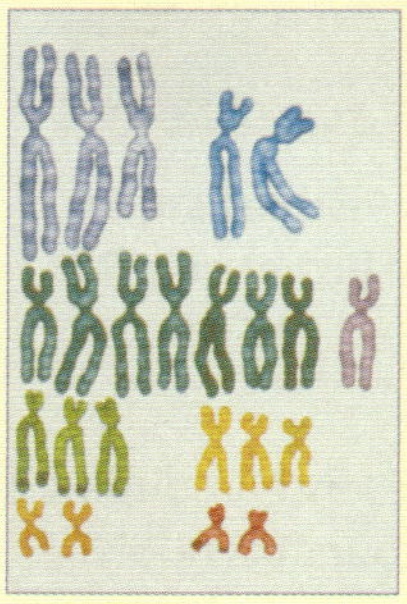

■ Caryotype d'ovocyte humain. (B)

Alors que le caryotype d'une cellule quelconque (voir p. 199) compte 46 chromosomes, soit 23 paires, dans les caryotypes A et B, on compte 23 chromosomes. Au cours de leur formation, les gamètes reçoivent la moitié du nombre de chromosomes caractéristiques de l'espèce.

► Un individu produit des gamètes génétiquement différents

Comme la distribution des chromosomes dans les gamètes se fait au hasard, de multiples combinaisons chromosomiques sont possibles. Les gamètes ainsi formés ne contiennent qu'une partie des gènes paternels ou maternels.

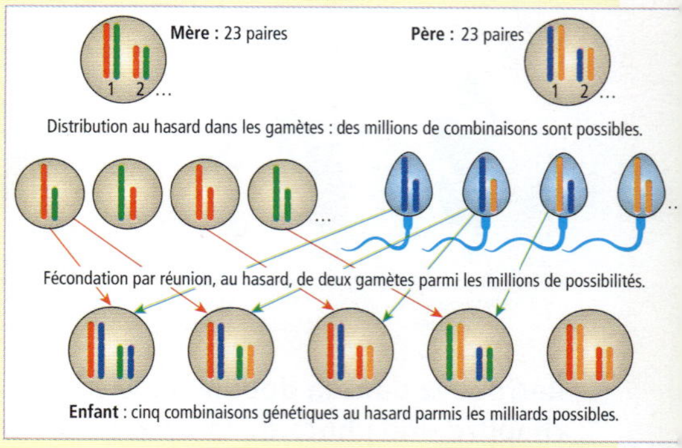

DÉFINITION

Un gamète est une cellule sexuelle qui permet la reproduction. Le gamète mâle est un spermatozoïde, le gamète femelle est un ovule.

► La fécondation rétablit le nombre de chromosomes caractéristique de l'espèce et crée au hasard un nouveau programme génétique

À la fécondation, les 23 chromosomes paternels et les 23 chromosomes maternels sont réunis et constituent les 46 chromosomes de la **cellule-œuf.** Dans la cellule-œuf, se retrouvent au hasard les programmes génétiques de deux gamètes parmi les millions de gamètes différents possibles. Il va se former un nouveau programme génétique qui sera à l'origine d'un individu unique.

S'entraîner

★ **1** **Soulignez les affirmations exactes, complétez-les si nécessaire et corrigez les affirmations inexactes.**
Vrai ou faux ? **V F**

a. Les gamètes d'un individu portent tous les mêmes informations génétiques. ☐ ☐

b. Ce sont les chromosomes sexuels masculins qui déterminent le sexe de l'enfant. ☐ ☐

c. La fécondation rétablit le nombre de chromosomes caractéristique de l'espèce. ☐ ☐

d. Un gamète mâle ou un gamète femelle possède autant de chromosomes que les autres cellules de l'organisme. ☐ ☐

e. La cellule-œuf contient 23 chromosomes provenant uniquement de la mère. ☐ ☐

f. Chaque gamète possède un chromosome sexuel. ☐ ☐

g. La fécondation est l'union de deux gamètes réunissant au hasard des chromosomes dans la cellule-œuf. ☐ ☐

★★ **2** **a.** Un individu peut former des gamètes présentant deux caryotypes différents dont A. Ses chromosomes sexuels sont représentés en B. **Précisez s'il s'agit d'un spermatozoïde ou d'un ovule. Justifiez votre réponse.**

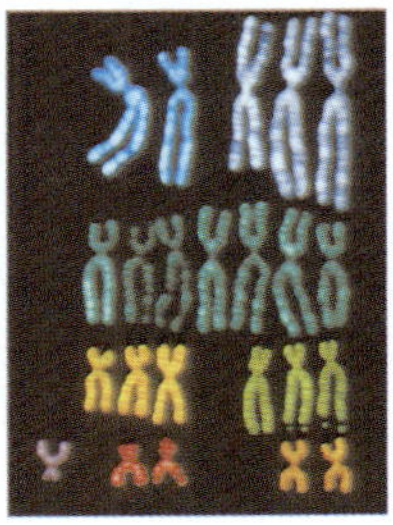

■ A : Caryotype de gamète.

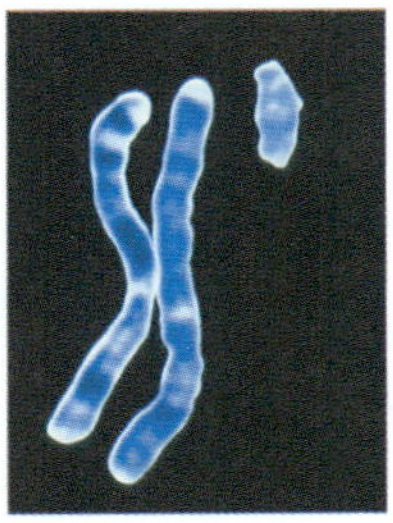

■ B : Chromosomes sexuels.

b. Indiquez le nombre de chromosomes que chacun des gamètes apporte dans la cellule-œuf.

c. Si un gamète de cet individu fécondait un autre gamète normal, indiquez quels seraient les résultats à l'issue du développement de la cellule-œuf.

d. Expliquez pourquoi il naît à peu près autant de garçons que de filles.

★★ **3** Dans certaines familles à risques, il est nécessaire de déceler à temps les anomalies chromosomiques possibles. Le document ci-dessous représente un détail des caryotypes du père, de la mère et du fœtus.
On a représenté seulement les chromosomes des paires 11 et 21.

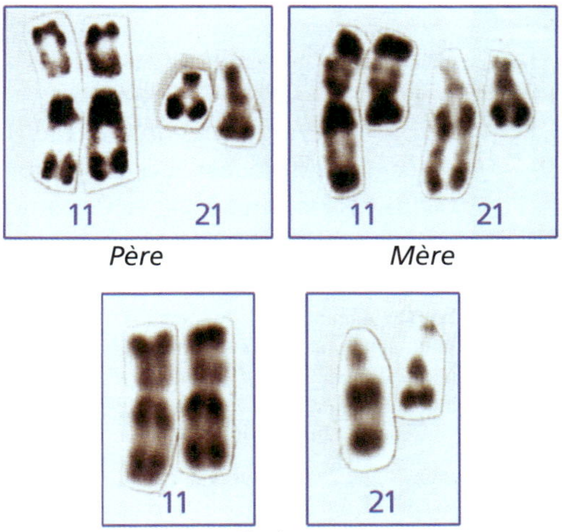

Père *Mère*

Fœtus

a. Observez attentivement les paires 11 et 21 de la mère et notez toute remarque.

b. Observez attentivement les paires 11 et 21 du fœtus et notez toute remarque.

c. Utilisez vos connaissances pour expliquer la formation de la paire 21 chez le fœtus.

d. Indiquez les conséquences de la présence de cette paire 21 pour le fœtus.

★★ **4** L'arbre généalogique ci-dessous présente les groupes sanguins des parents et des grands–parents maternels et paternels de Julien. Alors que son père et sa mère sont du groupe A, Julien est du groupe O.

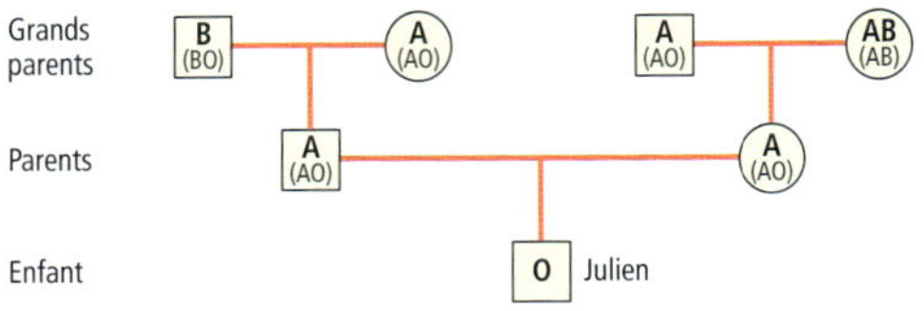

a. En vous reportant à l'exercice 6 p. 201 et au schéma, expliquez pourquoi Julien est du groupe O.

b. Si Julien avait un petit frère ou une petite sœur, aurait-il/elle le même groupe que lui ?

SVT

Livret des corrigés p. 31

Retenir l'essentiel

- Les roches sédimentaires constituent des **archives géologiques** où on peut observer la succession et le renouvellement des groupes et des espèces au cours du temps.
- Depuis plus de trois milliards d'années, des **groupes d'organismes vivants** sont **progressivement apparus**, se sont développés, ont régressé, puis ont disparu au fil des périodes.
- On en conclut qu'il existe une **filiation entre les groupes.** Les espèces se sont formées les unes à partir des autres. C'est la **théorie de l'évolution**.
- L'évolution a été réalisée par à coups à l'issue des grandes crises de la diversité.
- En effet, des périodes d'« **explosions** » **évolutives** et des **périodes de diversifications rapides** ont succédé aux périodes d'extinctions en masse.
- Au cours des temps géologiques, les espèces sont apparues et ont disparu. Le fait de les comparer nous conduit à l'idée d'une **parenté** qui s'explique par l'**évolution**.

Comprendre ce qui se passe

Les êtres vivants fossiles et actuels ont des liens de parenté

- Un **arbre généalogique** représente les relations de parenté entre les espèces et les groupes ayant peuplé la Terre au cours des temps.
- L'abre généalogique montre aussi l'apparition des espèces les unes à partir des autres avec les bactéries comme ancêtre commun.

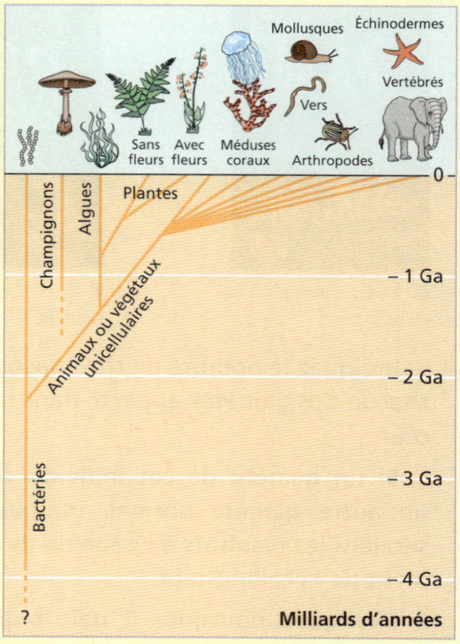

■ Arbre généalogique simplifié du monde vivant.

DÉFINITION

La théorie de l'évolution explique la formation des espèces les unes à partir des autres et selon la filiation existant entre les groupes.

S'entraîner

★ 1 Donnez la définition des mots et expressions suivants.

a. théorie de l'évolution ; b. extinction de masse ; c. archives géologiques.

★ 2 Classez dans l'ordre chronologique les groupes de vertébrés suivants.

Mammifères, Poissons, Amphibiens, Reptiles.

★★ 3 Observez les documents suivants, puis répondez aux questions.

Des fossiles d'animaux et de végétaux ont été retrouvés dans les strates de roches schisteuses d'un bassin houiller situé dans le nord-est du Massif central. Un travail de reconstitution a été fait par des paléontologues à partir des fossiles retrouvés.

Le dessin ci-contre montre la faune et la flore existant dans cette région, il y a environ 300 Ma.

a. Donnez le nom du groupe animal le plus représenté dans ce milieu.

b. Indiquez le régime alimentaire des grands groupes d'animaux.

c. Précisez le nom des animaux qui ont colonisé le milieu terrestre.

d. Notez le nom du groupe végétal prédominant à cette époque.

★★ 4 L'Arbre d'évolution des vertébrés

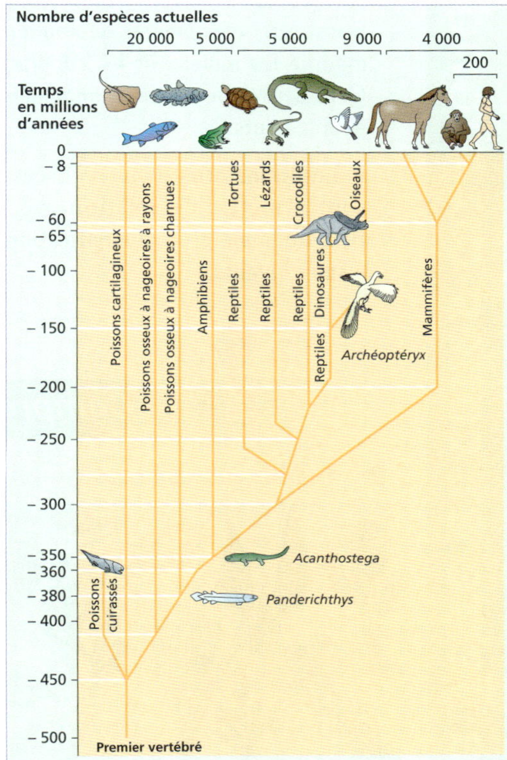

a. Précisez l'ancêtre commun aux Amphibiens, Reptiles, Oiseaux et Mammifères.

b. Précisez s'il y a eu des formes intermédiaires entre – 350 et – 200 Ma.

Livret des corrigés p. 31

SVT

Retenir l'essentiel

● Depuis 4,6 Ga (milliards d'années), la surface de la Terre a été affectée par de nombreux **événements géologiques** qui ont **modifié les milieux** et les **conditions de vie.** Cela a provoqué un **changement dans les peuplements.**

● Les **transformations** réalisées **sur Terre** sont à mettre en relation avec l'apparition de la **vie** et la **diversification des organismes vivants.**

● L'évolution de la vie a aussi été influencée par l'**évolution** des **conditions géographiques** et **environnementales.**

● On a utilisé la succession des formes vivantes et des transformations géologiques pour **subdiviser les temps géologiques en ères** et en périodes de durée variable.

Comprendre ce qui se passe

Toutes les espèces qui vivaient au Cambrien étaient marines

● Un gisement de fossiles d'animaux a été mis à jour dans les montagnes rocheuses canadiennes datant de 525 Ma. Parmi les empreintes de plus de 120 espèces d'invertébrés marins retrouvés, on peut reconnaître des éponges (1), des animaux ressemblant à des crustacés (2), des Échinodermes, des Trilobites, des Mollusques et des espèces totalement disparues aujourd'hui.

● Il existait au Cambrien (il y a 500 MA) de nombreux groupes d'invertébrés dont certains ont aujourd'hui disparu. Ces organismes se nourrissaient probablement de particules microscopiques, c'étaient des **microphages**. Les premières **Algues vertes** avaient commencé leur développement.

Au cours du Carbonifère, les êtres vivants ont conquis tous les milieux

● Au Carbonifère (il y a environ 300 MA), les êtres vivants sont **abondants dans les eaux du littoral.** Des espèces appartenant aux **Amphibiens** sont **sorties des eaux** et se sont installées sur la terre ferme. Certaines espèces d'un groupe comme les **Arthropodes** se diversifient et colonisent le **milieu aérien** (ex. insectes).

Des événements géologiques modifient le climat et l'environnement

■ Cratère d'une météorite près de Yakoutsk en Sibérie. Le plus grand connu à ce jour est au Mexique (180 km de diamètre).

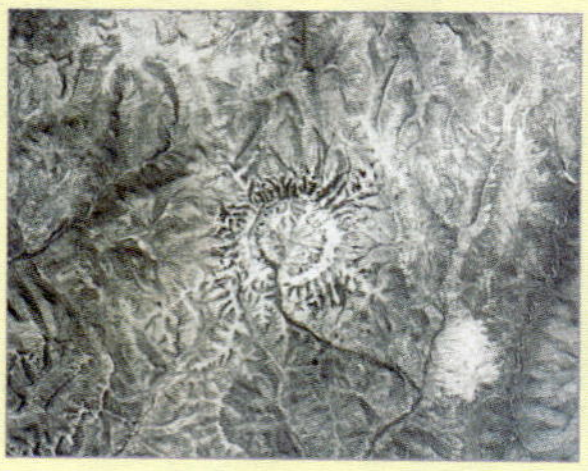

■ Coulées de lave très épaisses (plusieurs centaines de mètres) aux Canaries.

● Ce type de catastrophes, en produisant énormément de poussière, de cendres ou de dioxyde de carbone, a entraîné des **modifications importantes du climat** ainsi que de **profonds changements dans la faune et la flore** présentes à la surface du globe terrestre.

DÉFINITION

Une ère géologique est une division chronologique de l'histoire géologique.

S'entraîner

★ **1 Indiquez :**

a. l'âge du système solaire ;

b. l'âge de la Terre ;

c. la date de l'apparition des premières formes de vie sur Terre ;

d. le nom des deux catastrophes géologiques survenues il y a 65 Ma ;

e. le nom d'un groupe d'animaux ayant disparu à la fin de l'ère secondaire.

★ **2 Précisez les conditions indispensables à la vie sur Terre.**

★★ **3** Il y a 65 Ma, la Terre a été frappée par une crise biologique très importante.

Les grands animaux terrestres tétrapodes volants et marins sont, parmi les Vertébrés, les principales espèces affectées par la crise Crétacé-Paléocène.

Aucune espèce dont le poids excède 25 kg n'a survécu à cette crise biologique, tous les dinosaures, quelle que soit leur taille, meurent. Aucun milieu n'a été épargné. Qu'il s'agisse des ptérosaures, dinosaures ailés, des plésiosaures, ou des mosasaures (formes lézards), géants marins, tous disparaissent.

Cependant, quelques groupes ont survécu. Parmi eux, on trouve les Mammifères alors que les Marsupiaux furent frappés par cette crise majeure.

Les Vertébérés qui ont survécu à la crise sont ceux de petite taille qui évoluaient dans les eaux douces. Parmi eux, on trouve des crocodiles, des tortues, des amphibiens.

Il faut cependant noter que des crocodiles de taille importante ont survécu à la crise Crétacé-Paléocène.

a. Indiquez les principales victimes de la crise et le nom des groupes qui ont survécu.

b. Proposez deux hypothèses pour expliquer la survie de quelques groupes.

★★ **4 Utilisez toutes les informations fournies par les documents suivants pour :**

a. expliquer la violence du choc causé par la météorite ;

b. indiquer les causes de la destruction de toute vie dans un rayon de 500 km autour du point d'impact.

Notre planète fut percutée à Rochechouart près de Limoges par une météorite géante, il y a environ 200 Ma. La météorite, animée d'une vitesse de plus de 70 000 km/h, s'est vaporisée au moment de l'impact.
Les roches du sous-sol ont été broyées, fondues et ont formé des brèches ou impactites observables sur le terrain.
La région fut dévastée dans un rayon de plus de 200 km du point d'impact. L'effet de souffle, l'émission de vapeurs toxiques, les nuées ardentes, les séismes, tous ces phénomènes sont à l'origine de la destruction de toute vie dans un rayon de 500 km du point d'impact.

Conséquences d'un impact de météorite

Quelques chiffres

- **Diamètre de la météorite** : 1,5 km.
- **Masse** : 6 milliards de tonnes.
- **Énergie libérée au moment du choc** : 14 millions de fois la bombe d'Hiroshima ou un séisme de magnitude 11.
- **Cratère :** 20 km de diamètre, 6 km de profondeur.
- **Volume du socle vaporisé** : 13 km^3.
- **Volume du socle fondu** : 66 km^3.

■ D'après « Les structures d'impacts météoritiques », Claude Marchat, *Les Impactites de Rochechouart* © Éditions Geste, 2009.

Impactites de Rochechouart
On nomme impactites les roches qui ont été créées ou modifiées par l'onde de choc due à l'impact de la météorite.

Livret des corrigés p. 31-32

6 L'homme confronté à un environnement pathogène

Retenir l'essentiel

- L'organisme évolue dans un **environnement** contenant de **nombreux micro-organismes** (bactéries et virus) qui, lorsque la peau ou les muqueuses sont lésées, **peuvent pénétrer** dans l'organisme et être à **l'origine d'infections.**

- Les microbes se transmettent d'un individu contaminé à l'autre, par l'air, l'eau, les insectes, les objets, le sang, ou lors de rapports sexuels. Ils franchissent la peau ou les muqueuses. C'est la **contamination.**

- Certains microbes, **les bactéries**, se multiplient dans le **milieu extracellulaire** et envahissent l'organisme. C'est **l'infection.**

- D'autres, **les virus**, ne peuvent se multiplier que dans les **cellules-hôtes.** Certains microbes libèrent des toxines dispersées par le sang.

- **Les antiseptiques** permettent de détruire les **micro-organismes** au niveau d'**une plaie.** Le médecin prescrit des **antibiotiques** pour **détruire les bactéries dans l'organisme.**

- Le préservatif constitue l'unique moyen pour prévenir les infections sexuellement transmissibles (IST), notamment celle du sida.

Comprendre ce qui se passe

▶ De nombreux microbes sont présents dans notre environnement

Les microbes (bactéries ou virus) qui se multiplient dans notre environnement, sont en permanence en contact avec notre organisme. Ils se trouvent à la surface de notre peau et dans nos muqueuses. Ils ne sont pas tous pathogènes et peuvent dans certains cas cohabiter avec notre organisme.

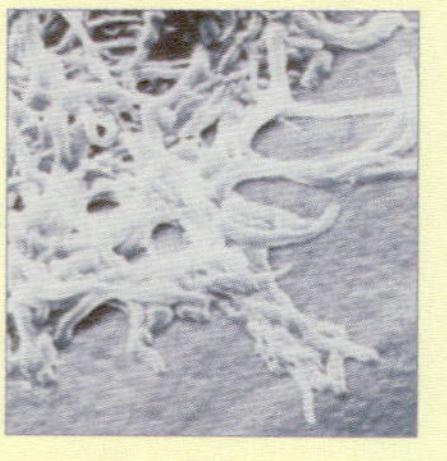

■ Colonie de micro-organismes à la surface de l'émail dentaire (× 4000).

▶ La peau et les muqueuses constituent une frontière parfois franchie par les micro-organismes

Lorsque la peau est lésée (ex. : épine), les micro-organismes, présents à la surface de la peau ou apportés par le corps étranger responsable de la lésion, pénètrent dans l'organisme et y prolifèrent rapidement.

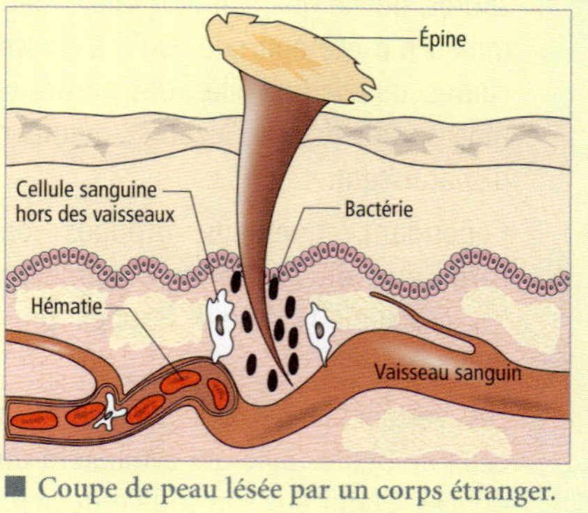

■ Coupe de peau lésée par un corps étranger.

▶ Les antibiotiques combattent les maladies d'origine bactérienne et sont sans effet sur les virus

Les antibiotiques découverts il y a plus de 60 ans permettent de traiter de nombreuses infections bactériennes. En 1942, Fleming guérit une méningite provoquée par une bactérie, le méningocoque, par injection de pénicilline.

DÉFINITION

Un environnement pathogène est un milieu de vie contenant des micro-organismes (bactéries et virus) pouvant provoquer des infections et des maladies.

S'entraîner

★ **1 Donnez la définition des mots suivants :**

a. micro-organisme ; b. toxine ; c. pathogène ; d. muqueuse ; e. M.S.T.

★ **2 Entourez les affirmations exactes parmi les propositions suivantes.**

a. La grippe est provoquée par une bactérie pathogène.
La grippe est provoquée par un virus.
b. L'air et l'eau ne contiennent pas de microbes.
L'air et l'eau contiennent des microbes.
c. Les virus sont détruits par les antibiotiques.
Les virus ne sont pas détruits par les antibiotiques.
d. Les antibiotiques détruisent les bactéries.
Les antibiotiques ne détruisent pas les bactéries.
e. Toutes les bactéries sont pathogènes.
Toutes les bactéries ne sont pas pathogènes.

★★ **3 En faisant des recherches si c'est nécessaire, indiquez les agents infectieux responsables des maladies suivantes :**

a. méningite ; b. grippe ; c. tuberculose ; d. tétanos ; e. choléra ; f. rubéole ; g. grippe intestinale.

★★ **4 Lisez le texte ci-dessous et répondez.**

Les recommandations de Pasteur en 1918

« Si j'avais l'honneur d'être chirurgien, non seulement, je ne me servirais que d'instruments d'une propreté parfaite, mais après avoir nettoyé mes mains avec le plus grand soin [...] je n'emploierais que des bandelettes, des éponges préalablement exposées dans un air porté à la température de 130 à 150 °C, je n'emploirais qu'une eau qui aurait subi la température de 110 à 120 °C. »

a. **Pourquoi est-il nécessaire d'« utiliser des instruments d'une propreté parfaite » et de « se laver les mains avec le plus grand soin » ?**

b. **Quel est le rôle de la température dans le cadre de ces recommandations ?**

★★ **5** On injecte en laboratoire des virus provoquant le rhume et la conjonctivite à des cellules vivantes en culture. On étudie la croissance de la quantité de virus pendant 25 heures.

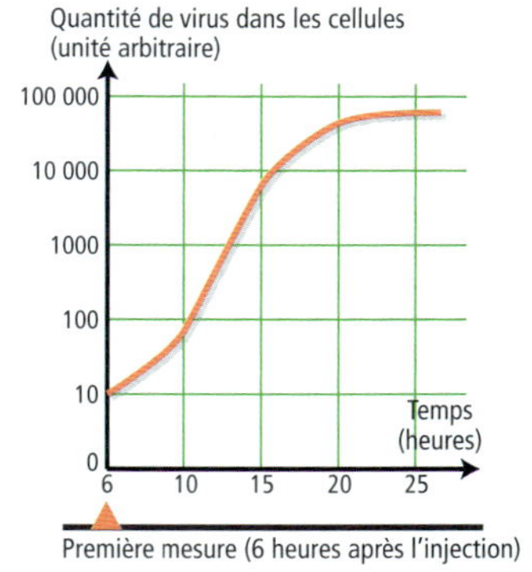

a. **Donnez en trois phrases les résultats de cette expérience.**

b. **Utilisez vos connaissances pour expliquer comment les virus peuvent infecter rapidement un organisme vivant.**

★★ **6** Un antibiogramme est un test ayant pour but de tester l'efficacité d'un antibiotique sur une bactérie pathogène. Son efficacité est proportionnelle à la largeur de l'auréole sans bactérie formée autour du lieu de dépôt de pastilles imprégnées d'antibiotiques différents.

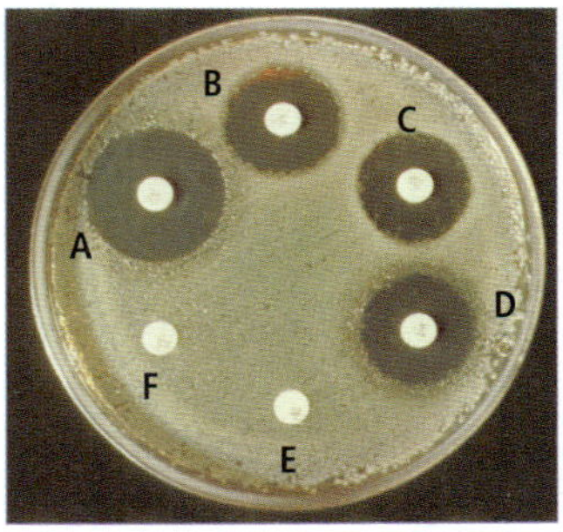

Pour déterminer l'antibiotique le plus efficace contre une bactérie responsable d'une maladie urinaire, on réalise un antibiogramme. On ensemence une boîte de pétri contenant un milieu nutritif gélosé avec cette bactérie et on répartit 6 antibiotiques différents (A, B, C, D, E, F). Les antibiotiques diffusent dans la gélose.

a. **Observez attentivement l'antibiogramme et indiquez l'antibiotique le plus efficace.**

Justifiez votre réponse.

b. **Précisez comment agissent les antibiotiques E et F et concluez.**

Livret des corrigés p. 32

SVT

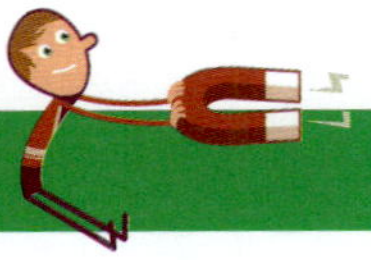

Retenir l'essentiel

- Le **système immunitaire** est constitué par l'ensemble des organes lymphoïdes (ex. moelle rouge des os...) permettant de reconnaître et de réagir en permanence à la présence de différents éléments étrangers.
- La réaction immédiate consiste en l'élimination des éléments infectieux par les leucocytes ou les cellules phagocytaires. **C'est une réaction non spécifique** qui permet le plus souvent de stopper l'infection.
- Lorsqu'un antigène d'un micro-organisme (molécule étrangère) est reconnu, les lymphocytes B se concentrent et sécrètent des anticorps qui neutralisent les antigènes. **C'est une réaction spécifique.**
- Par la **vaccination**, l'organisme peut acquérir de manière **préventive** et **durable** la mémoire immunitaire (par certains lymphocytes) spécifique d'un micro-organisme précis.
- La **sérothérapie** ou **immunothérapie** procure une **immunité immédiate** mais **peu durable** car elle fournit des anticorps produits par un autre organisme.

Comprendre ce qui se passe

► Les lymphocytes T (leucocytes) détruisent par contact les cellules infectées par un virus

Parmi les lymphocytes, certains constituent le support de la mémoire immunitaire vis-à-vis d'un antigène. C'est pourquoi, en cas de contact ultérieur avec l'antigène, les réactions spécifiques sont plus rapides et plus efficaces.

► Les lymphocytes B produisent des anticorps spécifiques d'un antigène

Après avoir reconnu l'antigène comme élément étranger, certains lymphocytes, les lymphocytes B, se transforment en cellules sécrétrices d'anticorps spécifiques, **les immunoglobulines.** Ces immunoglobulines circulent dans le sang et la lymphe pour neutraliser les antigènes en formant des **complexes antigènes-anticorps.**

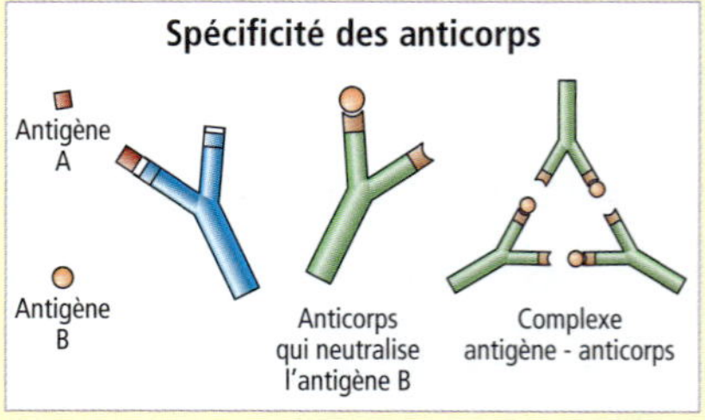

► Immunothérapie et vaccinothérapie

1. L'immunothérapie consiste à injecter à une personne mise en présence d'un micro-organisme pathogène (bacille du tétanos par exemple) des gammaglobulines (anticorps) pour la guérir rapidement. **C'est une méthode curative.**

2. La vaccinothérapie consiste à injecter des antigènes à virulence atténuée qui provoquent l'apparition d'anticorps. Cette mémoire immunitaire protège durablement contre l'antigène. **C'est une méthode préventive.**

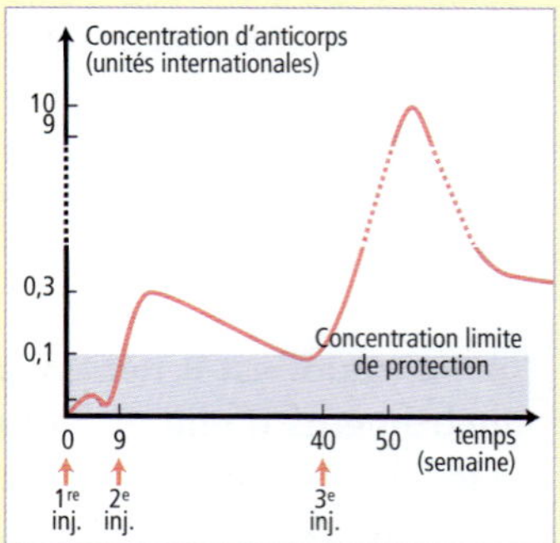

■ Le principe du vaccin.

DÉFINITION

Les lymphocytes sont une variété de globules blancs du sang. Ce sont des cellules spécifiques de l'immunité.

S'entraîner

★ **1** **Associez chaque définition au mot juste de la liste et recopiez l'ensemble.**

a. antigène ; **b.** phagocytose ; **c.** sérum ; **d.** sérothérapie ; **e.** immunisé ; **f.** spécifique ; **g.** moelle osseuse ; **h.** lymphocytes ; **i.** anticorps.

1. Se dit d'un anticorps qui ne reconnaît qu'un seul type d'antigène.

2. Protéine du sang, produite par un lymphocyte B capable de se lier spécifiquement à un antigène.

3. Mécanisme par lequel certaines cellules enveloppent un élément étranger et le dégradent progressivement.

4. Partie liquide du sang contenant des anticorps donnés.

5. Protégé d'une infection.

6. Lieu de naissance des cellules du sang.

7. Soin curatif permettant de renforcer rapidement les défenses immunitaires.

8. Molécule étrangère entraînant la formation d'anticorps.

9. Cellule spécifique de l'immunité.

★ **2** **Complétez le texte suivant à l'aide des mots appropriés : *leucocytes, phagocytose, spécifique, bactéries.***

Au cours de la ...., les .... capturent, digèrent et éliminent des .... sans distinction d'identité : C'est une réaction non ....

★★ **3** Voici quatre étapes de la phagocytose.

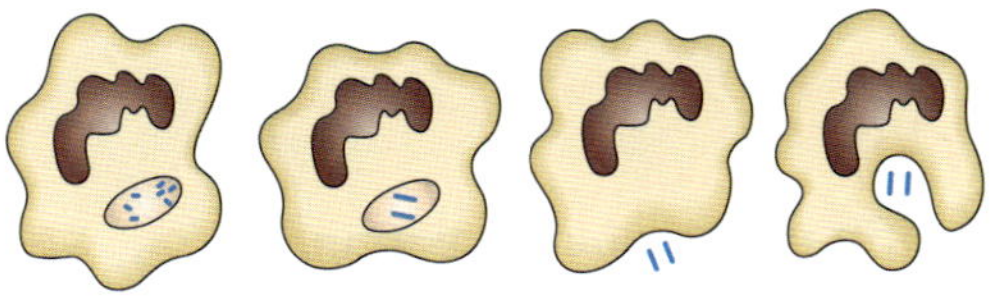

a. **Classez-les dans l'ordre chronologique en utilisant les lettres indiquées.**

b. **Faites une phrase pour décrire chacune des quatre étapes.**

★★ **4** Dans le modèle représenté ci-dessous, A, B, C représentent trois bactéries.

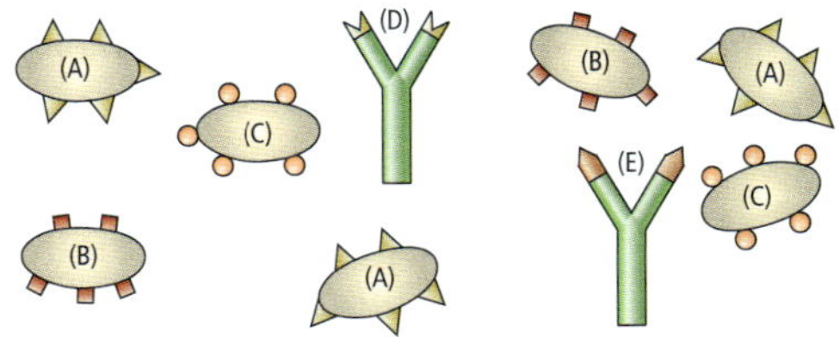

a. **Indiquez leurs particularités.**

b. **Donnez le nom et précisez le rôle de la molécule très importante dans la réaction immunitaire et représentée en (D).**

c. **Quel rôle pourraient jouer les molécules (D) et (E) dans le modèle représenté ? Justifiez votre réponse.**

d. **Nommez la propriété de cette molécule ainsi mise en évidence.**

★★★ **5** Un chercheur injecte des antigènes A et B à un cobaye pour mettre en évidence les propriétés du système immunitaire.
Les résultats sont présentés dans le graphique ci-dessous.

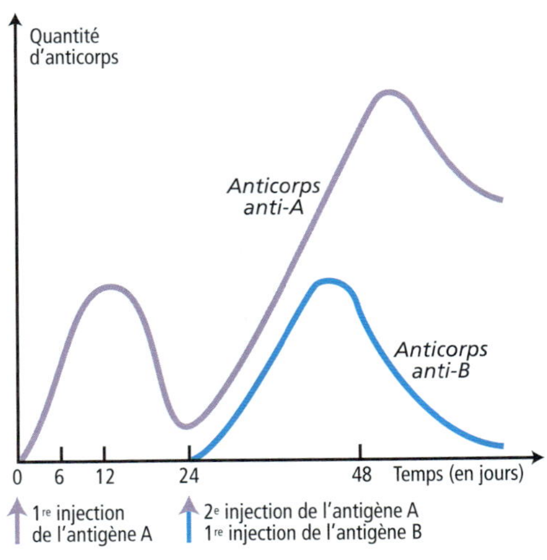

a. **Expliquez pourquoi la quantité d'anticorps anti-A est supérieure à la quantité d'anticorps anti-B au 48e jour.**

b. **Utilisez les réponses à la question précédente pour préciser les propriétés du système immunitaire.**

SVT

Livret des corrigés p. 32

Retenir l'essentiel

- Le virus du **sida, syndrome de l'immunodéficience acquise**, parasite certains lymphocytes, s'y multiplie et provoque leur destruction. Il affaiblit donc le système immunitaire.

- Par le **test de séropositivité**, on peut savoir si une personne est contaminée par le **VIH** (virus de l'immunodéficience humaine).

- Toute déficience du système immunitaire peut être la cause de troubles graves et être à l'origine de **maladies opportunistes** qui peuvent se développer rapidement.

- Lorsque le système immunitaire fonctionne de façon excessive, cela provoque des **allergies**.

Comprendre ce qui se passe

▶ L'infection par le VIH

- Une personne infectée par le VIH, maladie sexuellement transmissible (MST) ou infection sexuellement transmissible (IST), est bien portante pendant souvent de longs mois ou de longues années, mais peut contaminer à son insu ses partenaires sexuels (hétérosexuels ou homosexuels) si elle a des rapports sexuels non protégés.

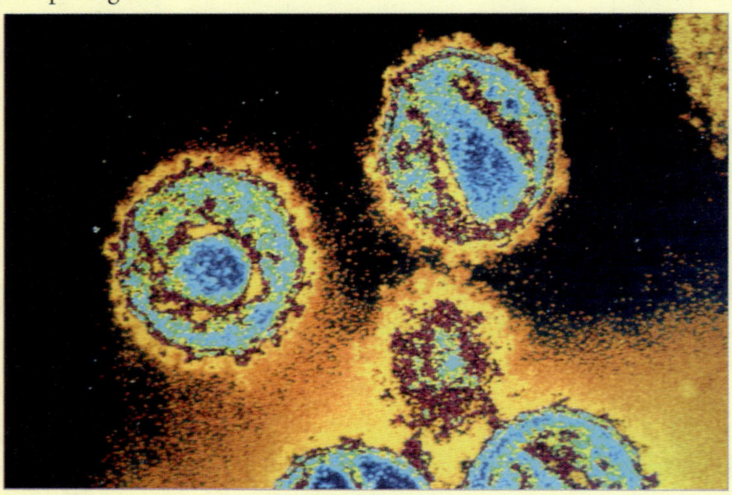

■ Virus VIH.

▶ Risques de contamination par le VIH

- Un seul rapport sexuel non protégé suffit parfois pour contaminer son partenaire. Si les partenaires sont nombreux, le risque de contamination par le sida est augmenté.

- Il existe d'autres voies de transmission du sida : le sang (au cours de transfusions sanguines ou lors d'injections chez des drogués, chez le personnel soignant lors d'accident d'exposition au sang de malades atteints du sida), la transmission du virus d'une mère infectée à son enfant.

DÉFINITION

Une maladie opportuniste est occasionnée par des troubles graves résultant de toute déficience du système immunitaire.

S'entraîner

★ **1** **Utilisez vos connaissances pour préciser si chacune des affirmations ci-dessous est vraie ou fausse.**

a. Le VIH est le virus du sida.
b. Lorsque le virus entre dans la cellule, il ne laisse aucune trace de son passage.
c. Un individu possédant le virus du sida est dit séronégatif au VIH.
d. La meilleure protection contre la contamination au VIH est la pilule.
e. Le dépistage anonyme et gratuit doit être fait impérativement après une conduite à risques une seule fois et cela très rapidement.
f. Le traitement palliatif du sida est la trithérapie.
g. Une personne atteinte du sida meurt rarement prématurément.
h. Une mère atteinte du sida peut allaiter son bébé.
i. Les instruments utilisés par le dentiste peuvent transmettre le sida.

★★ **2** On a observé que les malades atteints du sida ne meurent pas du sida mais très souvent de maladies banales.

a. Donnez deux exemples de maladies banales.

b. Utilisez vos connaissances pour expliquer ce phénomène.

★★ **3** L'organisme vit dans un environnement contenant des micro-organismes pathogènes. Pour maintenir son intégrité, l'organisme dispose d'éléments spécialisés pouvant détruire tout ce qui lui est étranger.

a. Expliquez ce qu'est un micro-organisme pathogène. Donnez deux exemples.

b. Proposez une hypothèse pour expliquer comment on pourrait aider l'organisme à combattre les éléments étrangers.

★★ **4** Des vaccins ont été mis au point contre différents virus.

Dans le cas du virus du sida, il s'agit de trouver un vaccin contre un virus qui n'est pas élimé par les défenses immunitaires naturelles. Comme le virus du sida est l'objet de mutations constantes, les chercheurs sont confrontés à une difficulté pour mettre au point ce vaccin.

En effet, il s'agit d'identifier une protéine non sujette à des variations et accessible à la surface du virus.

a. Rappelez le principe d'action d'un vaccin.

b. Indiquez sur quelle notion fondamentale reposent les travaux des chercheurs.

c. Expliquez pourquoi le virus du sida est l'objet de mutations constantes.

★★ **5** Le schéma représente des cellules sécrétrices de la glande mammaire en activité.

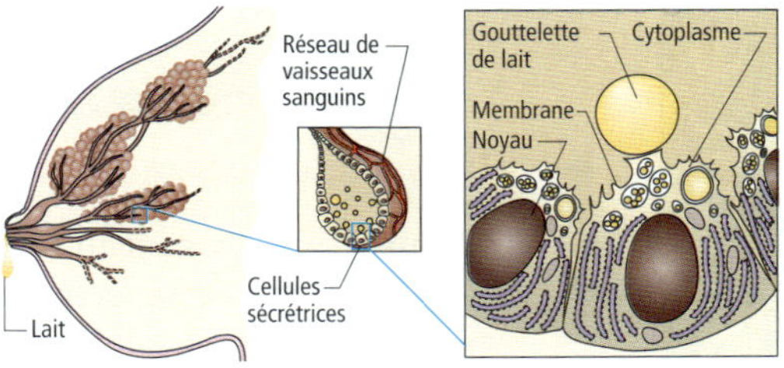

a. Indiquez ce qu'apporte le réseau de vaisseaux sanguins aux cellules de la glande mammaire.

b. Utilisez les informations apportées par le document pour préciser pourquoi une mère atteinte du sida ne peut pas allaiter son bébé.

c. Précisez aussi à quels moments une mère atteinte par le VIH peut transmettre le virus à son enfant.

★★ **6** Il arrive de manière très rare et exceptionnelle que certaines personnes dont l'organisme a été en contact avec le VIH ne développent pas la maladie.

Proposez des hypothèses pour expliquer ce fait.

....
....
....
....
....

Livret des corrigés p. 32-33

Retenir l'essentiel

- Un couple stérile peut donner naissance à un enfant par les méthodes de procréation médicalement assistée ou **PMA**.
- L'insémination de spermatozoïdes et la fécondation in vitro avec transfert d'embryon (**FIVETE**) constituent les méthodes de procréation médicalement assistée.
- Une **grossesse** peut être **évitée** par des **méthodes contraceptives** et **contragestives**, et par **IVG** (interruption volontaire de grossesse).
- Lorsque des individus présentent des situations pathologiques d'hémorragies, on procède à des **transfusions sanguines** qui se font entre individus ayant le même groupe sanguin et qui permettent de sauver des vies humaines.
- Des **greffes** de cellules ou de tissus (greffe de moelle osseuse) et la **transplantation d'organes** constituent aussi des moyens pour **sauver** des **vies humaines.**
- **La responsabilité individuelle et/ou collective** est engagée à l'égard de la maîtrise de la reproduction et des habitudes de vie.

Comprendre ce qui se passe

Choisir une contraception en fonction de chaque situation

Un seul rapport sexuel au moment de l'ovulation (période où l'ovaire expulse un ovocyte) peut être fécondant.
Après examen médical, le gynécologue prescrit souvent à l'adolescente un contraceptif oral (ex. : pilule) associé au préservatif masculin.

Transmettre la vie par des techniques de procréation médicalement assistée (PMA)

Par l'insémination artificielle et FIVETE (fécondation in vitro et transfert d'embryon) (schéma ci-contre), des couples stériles peuvent transmettre la vie.

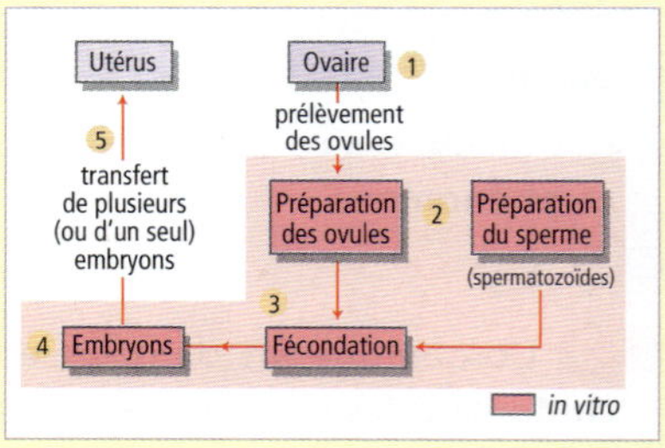

Morale de responsabilité individuelle

- Les modifications culturelles dues à la science et aux techniques nouvelles en matière de maîtrise de la reproduction nécessitent un développement accru de la responsabilité individuelle.
- Selon une morale de responsabilité individuelle, la procréation est un acte libre, et l'interruption volontaire de grossesse (IVG), un ultime recours.
- En vertu d'exigences éthiques et de la clause de conscience pour les médecins, il est important de substituer la notion de situation de détresse à celle d'indication dans le cas de l'interruption volontaire de grossesse en prévoyant un dispositif d'accueil.

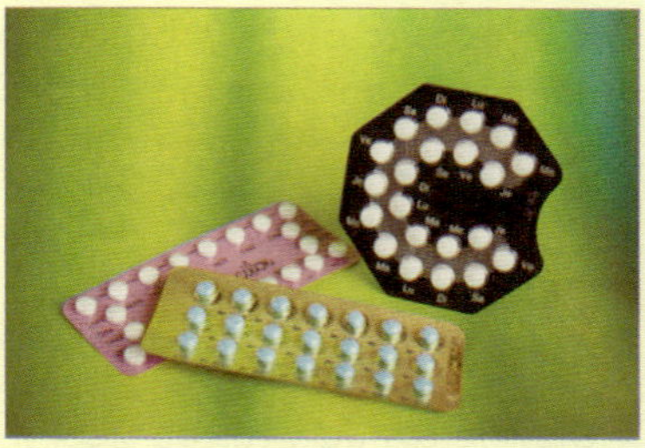
■ Plaquettes de pilules.

DÉFINITION
La contraception est un moyen employé pour empêcher la fécondation lors d'un rapport sexuel.

S'entraîner

★ **1** Aujourd'hui, des méthodes contraceptives variées permettent au couple de choisir le moment d'avoir un enfant. Le document ci-dessous donne un aperçu des différentes méthodes contraceptives.

Présentez sous la forme d'un tableau l'efficacité, les avantages et les inconvénients de chacune des méthodes présentées.

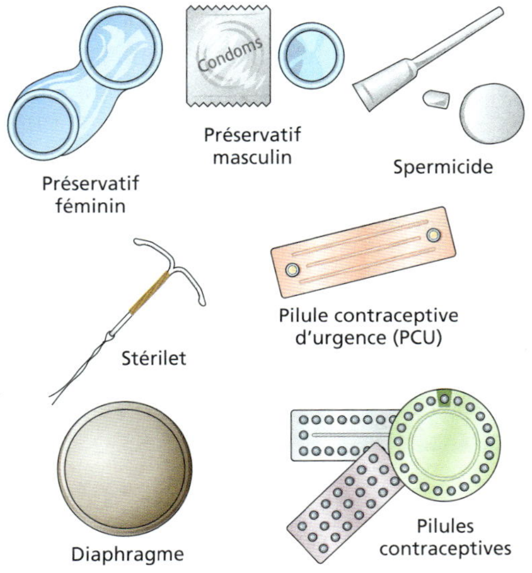

★★ **2** Les PMA et la loi.

Extraits de la loi du 29 juillet 1994 qui réglemente les procréations médicalement assistées (PMA)

– « L'assistance médicale à la procréation est destinée à répondre à la demande parentale d'un couple. »
– « Elle a pour objet de remédier à la stérilité. »
– « L'homme et la femme formant le couple doivent être vivants, en âge de procréer. »
– « L'assistance médicale à la procréation avec tiers donneur ne peut être pratiquée que comme ultime indication lorsque la procréation médicalement assistée à l'intérieur du couple ne peut aboutir. »
– « Le don des gamètes consiste en l'apport par un tiers de spermatozoïdes ou d'ovules. »
– «Le donneur doit faire partie d'un couple ayant procréé. Le consentement du donneur et celui de l'autre membre du couple sont recueillis par écrit. Il en est de même du consentement des deux membres du couple receveur. »
– « Aucun lien de filiation ne peut être établi entre l'auteur du don et l'enfant issu de la procréation. »

a. Quel est l'objet de l'assistance médicale à la procréation ?

b. D'après la loi, dans quel cas a lieu l'assistance médicale à la procréation avec tiers donneur ?

c. Pourquoi cette loi est-elle importante ?

★★ **3** Sauver des vies par les dons du sang et d'organes.

Un donneur de sang volontaire doit subir un entretien, au cours duquel on fait appel à sa responsabilité individuelle, complété d'examens médicaux.
Avant une transplantation d'organe, on consulte la famille du donneur dont la mort a été constatée, puis on compare les antigènes avec ceux du donneur.

Dans chacun des cas, expliquez :

a. l'importance des entretiens préalables ;

b. la nécessité des vérifications médicales effectuées.

★★ **4**

« Une jeune femme canadienne de 36 ans, mère d'une fillette de 7 ans, atteinte du syndrome de Turner, vient de faire congeler ses ovules pour les donner ensuite à sa fille. La technique utilisée est celle de la vitrification qui permet une conservation pendant environ 20 ans. Pour les parents de la petite fille, la décision a été mûrement mûrie et c'est ensuite à leur fille que le choix d'utiliser ou non ces ovules reviendra. »

■ *Le Quotidien du médecin*, Renée Carton, 23 avril 2007.

Sachant que le syndrome de Turner est le résultat visible du manque chez la fille d'un chromosome sexuel X, proposez des arguments pour motiver le choix de leur fille de ne pas utiliser les ovules de sa mère.

Livret des corrigés p. 33

Retenir l'essentiel

- **L'apparition de maladies** peut être le résultat de **changements** dans nos **habitudes de vie.**
- Le mode de vie (**sédentarisation**), l'augmentation régulière de la **consommation** de **matières grasses**, de **sel** et de **sucre** peuvent favoriser l'apparition de l'obésité, sévère surcharge pondérale et de **maladies nutritionnelles** (par exemple, maladies cardio-vasculaires : athérosclérose).
- Les **rayons UV**, reçus par l'épiderme au cours de l'exposition au soleil, peuvent être à l'origine de l'augmentation du **cancer** de la peau.
- Par le passé, on pensait que le cancer était dû essentiellement à l'alcool et au tabac. Maintenant, on sait que les **facteurs environnementaux** jouent un **rôle majeur** dans **l'apparition** du **cancer.**
- Un virus, le **Papillomavirus Humain**, est dans 99,7 % des cas à l'origine du **cancer de l'utérus** car il infecte les cellules de la muqueuse du col de l'utérus. Ces cellules, transformées en cellules anormales, évolueront pour un faible nombre de cas en cellules cancéreuses au bout de 10 ans. Ce virus est transmis par contact intime génital. Une **vaccination** des jeunes filles avant leur premier rapport sexuel les **protège de sa contamination.**

Comprendre ce qui se passe

Rapport bénéfices – risques

- Même si les fruits et légumes sont contaminés par les pesticides, il est conseillé d'en manger régulièrement car les antioxydants qu'ils possèdent assurent un rôle protecteur contre le cancer.
- Même si le lait maternel est contaminé, allaiter son enfant est bénéfique pour la santé. Il est donc inutile de remplacer le lait maternel par le lait de vache qui est lui aussi contaminé. Pour avoir une meilleure santé, il est conseillé de consommer des aliments issus de l'agriculture biologique.

Nouveaux risques environnementaux

- Dioxine, amiante, émissions dans l'air de particules diesels des véhicules, substances chimiques polluant l'eau et le sol, expositions professionnelles aux agents cancérigènes, mutagènes, tous ces facteurs constituent des risques environnementaux en cause dans les cancers.
- Le risque environnemental accroît l'apparition des cancers du poumon, du foie, du cerveau, du pancréas, de la plèvre, de l'hémopathie maligne des adultes.
- L'individu obèse ou en surpoids est exposé à un plus grand risque de mutations à l'origine de développement de cancers. L'obésité est aussi un facteur de risques du diabète non insulinodépendant, de coronaropathies, d'hypertensions, d'accidents cardio-vasculaires, de troubles biliaires et psychosociaux.

■ Évolution d'une athérosclérose.

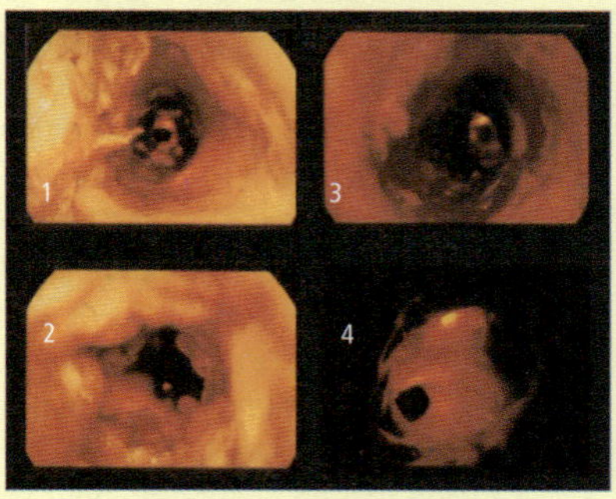

DÉFINITION

Le cancer est une maladie qui touche les cellules d'un organisme.

S'entraîner

★ **1 Donnez la définition des expressions suivantes :**

a. équilibre alimentaire ;
b. maladies cardio-vasculaires.

★★ **2 Parmi les aliments cités ci-dessous, certains sont potentiellement protecteurs et d'autres sont potentiellement nocifs. Classez-les dans chaque groupe.**

Fruits et légumes, viandes rouges en excès (bœuf, veau, porc, agneau), féculents (pâtes, semoules, pommes de terre), charcuteries, produits à base de grains entiers (ex. : pain complet, baguette avec graines de céréales), céréales (riz, maïs...), sel, aliments conservés par salaison, légumineuses (pois, lentilles), fruits secs (noix, amandes), produits riches en graisses et sucres.

★★ **3** On conseille de ne pas dépasser un gain de poids supérieur à 5 kg au cours de la vie adulte. Lorsque l'indice de masse corporelle (IMC) est maintenu entre 18,5 et 25 kg/m^2, le risque de cancer est très faible.

a. Indiquez à quoi correspond un IMC compris entre 18,5 et 25 kg/m^2.

b. Définissez l'obésité.

c. Précisez comment on mesure l'obésité.

d. Expliquez le lien entre obésité et cancer.

e. Indiquez ce qu'il faut faire pour lutter contre l'obésité.

★★ **4** Voici deux possibilités de répartition moyenne, exprimée en pourcentage, des grands groupes de substances organiques dans l'alimentation.

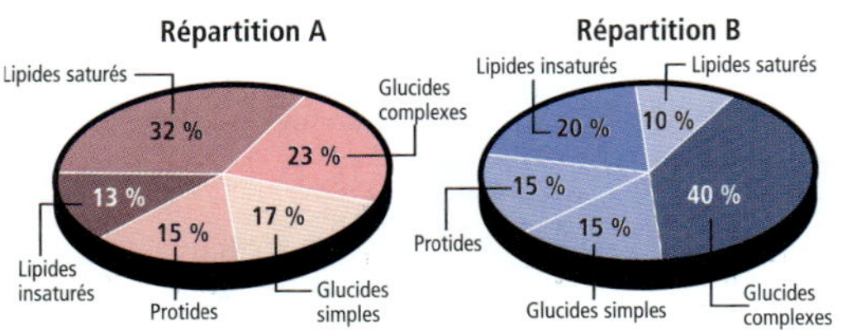

Indiquez la répartition la plus équilibrée, justifiez votre réponse.

★★ **5**

« En dépit des efforts réalisés dans la recherche sur le cancer depuis plusieurs décennies, le nombre de cancers et la mortalité n'ont pas baissé au même rythme que d'autres pathologies, indique l'Institut national de la santé et de la recherche médicale (Inserm) dans un dossier de presse paru début avril 2005. En 2000, les cancers représentent la 1re cause de mortalité des hommes en France ; la 2e cause chez les femmes (après les maladies cardiovasculaires). »
S'il existe de multiples facteurs susceptibles d'intervenir dans la survenue d'un cancer, l'Inserm s'intéresse ici au facteur environnemental. Reste alors à le définir.

■ Extrait de l'Inserm, DR.

a. Indiquez quels sont les multiples facteurs qui peuvent être envisagés.

....

....

b. Précisez comment une infection virale peut constituer un facteur déclencheur du cancer.

....

....

★★ **6** Chez la femme jeune de moins de 45 ans, le cancer du col de l'utérus correspond aujourd'hui à la deuxième cause de décès par tumeur cancéreuse. Environ 3 000 cas de cancers du col de l'utérus sont identifiés chaque année en France, soit environ 10 cas par jour.

a. Précisez la cause des cancers du col de l'utérus.

....

b. Indiquez comment ce cancer peut être détecté.

....

c. Expliquez comment se transmet ce virus.

....

d. Précisez s'il existe des moyens de prévention.

....

Livret des corrigés p. 33-34

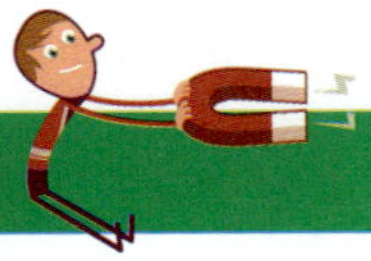

Retenir l'essentiel

- À l'issue du **rejet** des **gaz** dans la **basse atmosphère** lors d'activités humaines individuelles ou collectives, domestiques ou industrielles, notre **environnement** est **pollué.**
- Cette pollution progressive de notre environnement affecte la qualité de l'air et a provoqué **l'apparition ou l'aggravation de maladies respiratoires** chez l'homme (allergies respiratoires).
- Si l'homme déverse en trop grande quantité des substances chimiques ou organiques dans le sol et/ou l'eau, cela détermine **l'apparition** de **pollutions agricoles, industrielles** ou **domestiques.**
- L'exploitation de données statistiques a permis d'établir un **lien** entre la **qualité** des **sols** et de **l'eau**, et une **augmentation** du **risque d'apparition de maladies** chez l'homme.
- Pour associer le **développement économique** au respect de **l'environnement** et à la **santé publique**, il est nécessaire d'associer au développement de **nouvelles technologies** des comportements raisonnés et le développement d'une **agriculture raisonnée.**

Comprendre ce qui se passe

Technologies nouvelles pour capter les rejets de CO_2

- Le captage du dioxyde de carbone (CO_2) est devenu une technologie industrielle utilisée aujourd'hui pour le traitement du gaz naturel. Les panaches de fumées contiennent du dioxygène, du dioxyde de carbone, de la vapeur d'eau et de l'azote. La faible concentration de CO_2 dans les fumées constitue le principal problème. Des méthodes de séparation sont indispensables pour capter exclusivement le CO_2.
- Il existe trois catégories de procédés industriels pour capter le CO_2 : captage par **postcombustion**, par **oxycombustion** ou par **précombustion**.

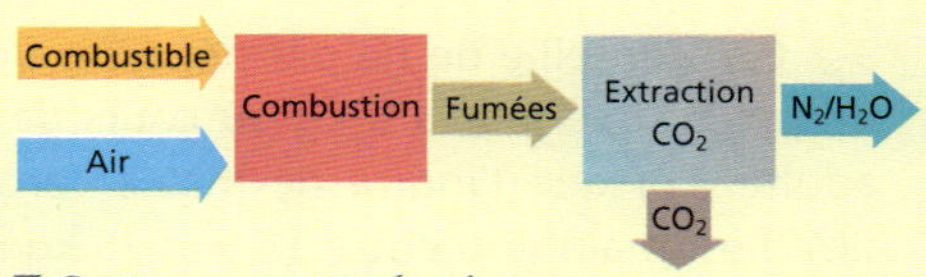

■ Captage par postcombustion.

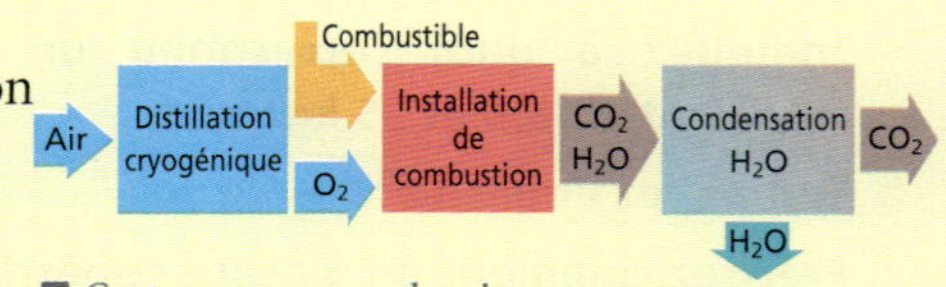

■ Captage par oxycombustion.

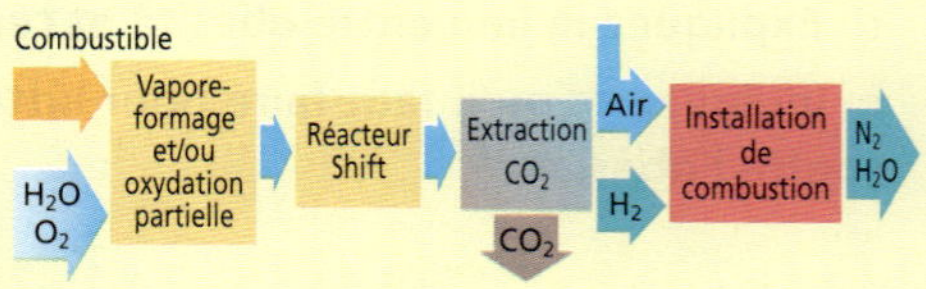

■ Captage par précombustion.

Technologie pour limiter ou dépolluer l'eau et les sols

- La **nappe phréatique** contaminée est pompée, puis traitée par des voies biologiques ou physico-chimiques avant que l'eau ne soit rejetée.
- Pour protéger les sols, il est nécessaire de favoriser la prévention et la réhabilitation des sites industriels. Lorsqu'un site parvient en fin d'exploitation, il est nécessaire d'évaluer son impact potentiel sur l'environnement et éventuellement de le réhabiliter, en mobilisant les techniques de dépollution les mieux adaptées.

■ Principe d'une dépollution par pompage d'un polluant surnageant sur la nappe phréatique.

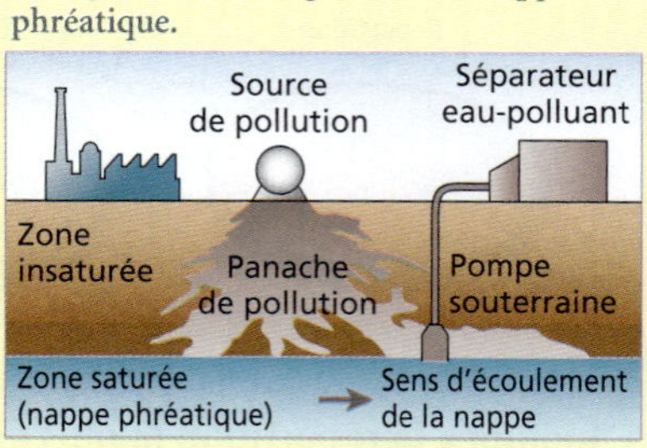

DÉFINITION

La nappe phréatique correspond à la couche peu profonde du réservoir naturel souterrain d'eau douce.

S'entraîner

★ **1** Le sol constitue un milieu complexe, fragile et mal connu. C'est aussi une zone d'interface où se développe la vie. Elle est fréquemment menacée par les activités humaines.

Les sources de pollution des sols sont diverses et variées.

a. Indiquez ce qu'est un site pollué.

b. Donnez quatre sources de pollution.

c. Précisez les conséquences de ces pollutions sur la santé.

★★ **2** Il existe de nombreuses technologies de traitement des sites pollués. Les technologies biologiques sont souvent utilisées :

– la **biodégradation :** comme dans la plupart des traitements biologiques, on utilise la capacité de certains micro-organismes à dégrader des polluants organiques (en particulier les hydrocarbures légers) : ils s'en nourrissent et les transforment en eau et en dioxyde de carbone ;

– le **bio-venting** : c'est l'association de l'aspiration des gaz du sol (« venting ») et du traitement biologique. Les micro-organismes sont stimulés par la circulation d'air, et les molécules qu'ils dégradent en molécules plus petites sont alors aspirées avec les gaz du sol ;

– la **phytoremédiation** : dans le cas de pollution métallique, on plante sur le site des végétaux sélectionnés pour leur capacité à fixer dans leurs racines ou leurs parties aériennes les métaux lourds. Les plantes sont ensuite arrachées et incinérées ;

– l'**atténuation naturelle contrôlée** : la dangerosité de certains polluants décroît naturellement dans le temps. L'atténuation naturelle contrôlée consiste à contrôler et à vérifier que les conditions de cette évolution sont réunies et continuent à exister tout au long de la dépollution.

a. Indiquez le nom des technologies biologiques utilisées.

b. Indiquez les points communs des technologies de biodégradation et bio-venting.

c. Indiquez les conséquences de l'absorption d'aliments contenant des métaux lourds.

★★ **3** Alors que la profondeur moyenne des océans est de 3800 m, la majeure partie de la masse vivante de la mer se trouve dans les 200 mètres. Au-delà de ces 200 premiers mètres, comme il n'y a pas de lumière, la photosynthèse ne peut pas avoir lieu et le phytoplancton ne peut pas produire de matière organique.
Du mazout a été déversé en mer et des eaux superficielles ont été fortement polluées.
Le schéma ci-dessous représente une chaîne alimentaire en milieu marin.
Indiquez les conséquences de cette pollution sur la production des 2,5 kg de poissons carnivores appréciés par l'homme.

Chaîne alimentaire en milieu marin

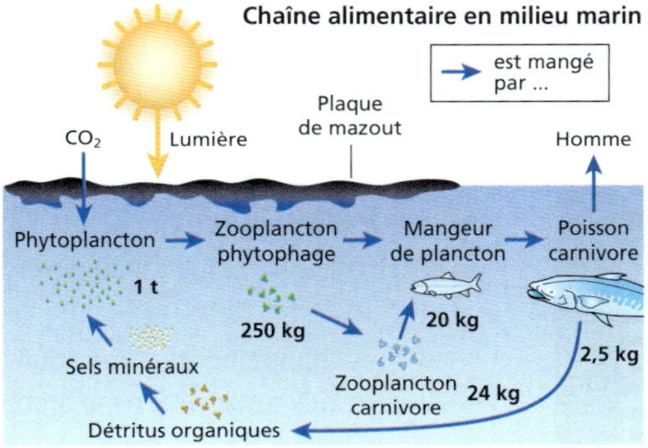

★★ **4** La connaissance des effets des polluants sur la faune et la flore des eaux douces permet de protéger ces eaux de manière efficace. Les « rivières pilotes » constituent des outils de recherche pour tester les effets des produits sur les écosystèmes.

a. Sachant qu'en fonction de certaines substances les réponses des biomarqueurs sont évaluées de manière quantitative, indiquez l'intérêt de ces « rivières pilotes ».

b. Précisez en quoi cet équipement est nécessaire à la protection de l'environnement.

Livret des corrigés p. 34

Retenir l'essentiel

- Les choix alimentaires exclusifs et fréquents déterminent la modification des milieux de vie.
- L'équilibre entre les espèces et la biodiversité à la surface de la planète dépend de la **modification des milieux de vie.**
- Par l'exploitation de données statistiques, on a pu mettre en évidence la **disparition** de **certaines espèces** à la **surface** de la **planète** et des **déséquilibres** au **sein des écosystèmes.**
- Pour respecter les enjeux économiques, culturels, sociaux et environnementaux associés à la biodiversité, un certain nombre de mesures ont été prises.
- Ces mesures sont l'adoption de comportements individuels et collectifs, de la prise de décisions politiques et de leur application au niveau de l'aménagement du territoire, de la **sauvegarde** des **milieux** et de la **gestion** des **ressources** de la planète.
- Ces mesures ont favorisé le **maintien de certaines espèces** et la **poursuite de l'évolution de la vie sur la planète.**

Comprendre ce qui se passe

Modification des milieux de vie

- La **surexploitation** (pèche intensive en milieu marin...), la **pollution** d'origine anthropique (engrais, pesticides) sont à l'origine du fort déclin des oiseaux inféodés aux milieux agricoles.
- Les **changements climatiques** (destruction de la couche d'ozone) ont déclenché le déclin des amphibiens affectés par le rayonnement UV.

Déséquilibre au sein des écosystèmes

- Par le développement des échanges commerciaux, des espèces allochtones ont été introduites dans les écosystèmes (par exemple, l'introduction de lapins en Australie, la prolifération de la Jacinthe d'eau dans certains milieux d'eau douce et l'algue *Caulerpa taxifolia* en Méditerranée) et ont souvent été la source de perturbations.

■ *Caulerpa taxifolia.*

- Une plante très compétitive, un parasite ou un super prédateur peuvent avoir des influences sur la densité des espèces autochtones, être à l'origine de l'extinction d'une espèce ou d'une cascade d'extinctions.
- La conservation et la gestion de la diversité des écosystèmes passent par la conservation de zones appelées « hotspots » et considérées comme représentatives de la biodiversité.

DÉFINITION

L'écosystème est l'association formée par une biocénose (communauté d'êtres vivants) et le milieu de vie ou biotope.

S'entraîner

★ **1 Analyse d'un extrait d'article scientifique.**

« L'Homme a pendant longtemps jeté ses déchets en mer, sans risque – pensait-il – en raison des capacités de ce milieu à les diluer et à les dégrader par des réactions chimiques, par l'action de bactéries et de la lumière. La première catastrophe écologique fut révélée en 1953 dans la baie japonaise de Minamata. De 1932 à 1968, une usine y a déversé du mercure, tuant ainsi plus de cent personnes.
Nous savons depuis lors que nos rejets peuvent avoir de graves conséquences sur les êtres marins comme sur nous-mêmes. On connaît relativement bien les problèmes dus aux déversements de pétrole, de métaux lourds ou de nitrates qui asphyxient les milieux côtiers par prolifération d'algues.
On en sait moins sur les effets possibles des quelques 100 000 molécules organiques inventées à ce jour par l'Homme. Les plus dangereuses d'entre elles s'accumulent dans les organismes, sont peu dégradables et toxiques, pouvant provoquer des cancers, des mutations génétiques, ou altérer la reproduction sexuée. Plusieurs centaines de molécules industrielles sont aujourd'hui suspectées d'être des « perturbateurs endocriniens », qui dérèglent l'action d'hormones sur le développement et la reproduction des êtres vivants. Ainsi, ces produits augmentent la proportion de mâles chez certains poissons ou, comme le tributylétain (tBt) des peintures antifouling (qui empêchent des organismes de se fixer sur la coque des navires), provoquent l'apparition d'un pénis chez les bigorneaux femelles et les rendent stériles.
Ils constituent donc une menace pour la diversité des espèces.
Jusqu'à présent, nos études n'ont pas mis en évidence beaucoup d'effets néfastes de ces molécules sur la santé humaine, mais sans précautions ni moyens d'investigation plus importants, de mauvaises surprises sont à redouter. »

■ D'après Jean-Claude Amiard, SMAB, écotoxicologue, directeur de recherche au CNRS, DR.

a. Utilisez les informations de ce texte pour montrer l'impact des activités humaines sur la reproduction des espèces.

....

b. Indiquez les conséquences sur la biodiversité.

....

★★ **2** Pour éradiquer la *Caulerpa taxifolia*, on a mis en place un procédé utilisant une électrolyse aux ions cuivre, sachant que contrairement aux autres algues, la Caulerpe est particulièrement sensible à ce type d'ions. Des scientifiques ont pu déterminer avec précision l'impact de ce procédé sur le milieu et, en particulier, déterminer si les taux de cuivre dans les sédiments ne dépassaient pas les normes en vigueur.

a. Indiquez les résultats prévisibles des ions cuivre sur le développement de la Caulerpe.

....

b. Précisez quelles peuvent être les conséquences des ions cuivre sur l'écosystème.

....

★★ **3** L'aquaculture consomme plus de poissons qu'elle n'en produit. Les pollutions et les variations climatiques limitent les rendements de l'aquaculture. Saumons, loups et daurades sont carnivores. Ce sont nos poissons favoris. Pour les élever, on utilise des aliments à base de farine et d'huiles de poissons sauvages tels que l'anchois du Pérou.

a. Sachant qu'il faut 2 à 3 kg de poissons sauvages pour produire 1 kg de poissons d'élevage, indiquez les conséquences de l'aquaculture sur la biodiversité marine.

On définit l'halieutique comme la science de l'exploitation des ressources vivantes aquatiques.

b. Précisez comment on peut remédier à l'impact de l'aquaculture sur les ressources halieutiques.

Ces dernières années, nous avons de meilleures connaissances scientifiques sur les écosystèmes marins. Le centre nantais de l'Ifremer a aussi élaboré de nouveaux modèles mathématiques.

c. Indiquez comment ces outils peuvent participer à la protection des ressources halieutiques.

d. Citez les conséquences à court terme et à long terme de la non-protection des ressources halieutiques.

Livret des corrigés p. 34

13 Énergies fossiles et énergies renouvelables

Retenir l'essentiel

- **Le gaz naturel, le pétrole et le charbon** sont des énergies constituées et stockées dans le sous-sol il y a des millions d'années. On parle d'**énergies fossiles.** Elles sont utilisées par l'homme depuis l'époque de la révolution industrielle.

- Les matériaux stockés dans le sous-sol diminuent au fur et à mesure de leur utilisation par l'homme.
Ce sont des **ressources non renouvelables à l'échelle des temps humains.**

- À long terme, l'épuisement de ces ressources et les conséquences de leur utilisation sur l'environnement ont conduit à la recherche et ont favorisé l'émergence **d'autres sources d'énergies renouvelables** (**énergie éolienne, énergie solaire...**).

- Les **caractéristiques** du **gisement**, la teneur en substance utile, le contexte économique national et mondial, et les possibilités technologiques déterminent les **modalités** de **l'exploitation des ressources du sous-sol.**

Comprendre ce qui se passe

L'énergie solaire

Le Soleil constitue la principale origine des énergies renouvelables.

- L'énergie solaire est disponible à la surface de toute la planète, elle n'est pas polluante, gratuite, en dehors de l'installation et de l'entretien des panneaux solaires, et facile à transformer.

- Les avancées dans la technologie de l'énergie photovoltaïque sont devenues une exigence actuelle et participent à une génération d'énergies renouvelables à partir du rayonnement solaire.

■ Capteur d'énergie solaire.

Les éoliennes

- Elles rentabilisent l'énergie produite par le vent et constituent une source d'énergie non polluante pour l'environnement, bon marché et facile à installer.

- Leur puissance varie entre 300 Watts et 250 kW.

- Elles sont constituées d'un mât de 50 à 110 m de haut.
À son sommet, se trouve une nacelle équipée d'un rotor à axe horizontal et formé de trois pales que le vent met en rotation en balayant un cercle de diamètre compris entre 40 m et 120 m. La rotation des pales par le vent varie environ entre 10 et 25 tours par minute. Une génératrice placée dans la nacelle transforme l'énergie mécanique produite en énergie électrique. L'énergie électrique produite est fonction de la surface balayée.

■ Éolienne.

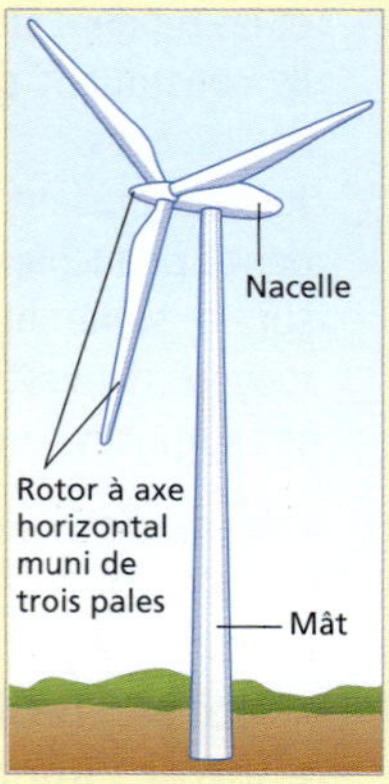

L'énergie géothermique

- Elle est obtenue par désintégration naturelle des roches du manteau terrestre.

- Le principe de la géothermie repose sur l'extraction de l'énergie contenue dans le sol pour l'utiliser sous forme d'électricité ou de chauffage. Il existe quatre types de géothermie : la très basse, basse, moyenne et haute énergie.

DÉFINITION

L'énergie fossile est l'énergie constituée et stockée dans le sous-sol il y a des millions d'années.

S'entraîner

★ **1** La planète produit en abondance des énergies naturelles qui constituent des ressources gratuites.

a. Précisez quelles sont ces ressources.

Pendant de longues décennies, l'homme a utilisé pour ses besoins l'énergie fossile.

b. Définissez l'expression énergie fossile.

c. Citez les matières regroupées sous le vocable d'énergie fossile.

d. Indiquez l'intérêt des ressources naturelles par rapport aux ressources fossiles.

★★ **2** Dans le contexte énergétique français, les ressources fossiles diminuent au profit de l'électricité nucléaire. Suite à la relance des efforts de maîtrise de l'énergie et des engagements internationaux pour la réduction des émissions de gaz à effet de serre, l'utilisation des énergies renouvelables est en plein essor.

a. Dressez un tableau récapitulant les avantages et les inconvénients de l'énergie nucléaire.

b. Précisez l'intérêt d'utiliser ces énergies renouvelables.

c. Indiquez en quoi les projets éoliens participent au développement durable.

★★ **3** La combustion des matériaux d'origine fossile rejette dans l'atmosphère une grande quantité de CO_2 et participe à sa pollution. Suite aux accords de Kyoto, l'Allemagne est parvenue à elle seule à économiser quelques 50 millions de tonnes de CO_2. C'est aussi en Allemagne que 135 000 nouveaux emplois sont issus des énergies renouvelables.

a. Indiquez les conséquences de la combustion de ces matériaux d'origine fossile.

b. Précisez les risques présentés par l'utilisation du pétrole, du gaz et des énergies radioactives.

c. Expliquez en quoi l'utilisation des énergies renouvelables constitue une étape majeure pour les pays en voie de développement.

d. Présentez les hypothèses qui permettent d'expliquer l'économie de quelques 50 millions de tonnes de CO_2 pour l'Allemagne.

★★ **4** Le sol, l'air et l'eau souterraine stockent une grande quantité d'énergie. La pompe à chaleur prélève la chaleur présente dans l'environnement (l'air, l'eau, le sol) et la transfère à un niveau de température plus élevé dans un logement par exemple, afin de le chauffer. Certaines pompes à chaleur prélèvent l'énergie à partir de la chaleur de l'air, d'autres utilisent la chaleur du sol.

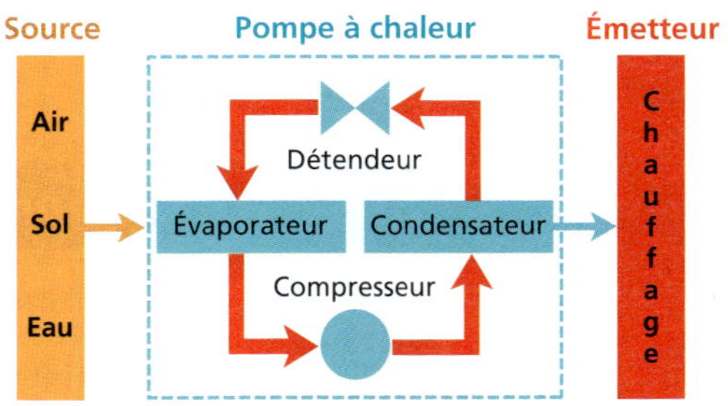

■ Schéma du cycle de fonctionnement d'une pompe à chaleur.

a. Définissez l'énergie géothermique.

b. Indiquez le principe de la géothermie.

c. Indiquez la différence entre pompe à chaleur aérothermique et pompe à chaleur géothermique.

d. Précisez l'intérêt de la pompe à chaleur.

e. Précisez comment est renouvelée l'énergie emmagasinée dans l'air, dans l'eau souterraine et dans le sol.

Livret des corrigés p. 34

Retenir l'essentiel

Les matériaux

■ Viaduc de Millau : ouvrage en béton avec les haubans en acier.

● Pour fabriquer les « **objets** », l'homme utilise différents **matériaux** qui se distinguent par leurs propriétés chimiques et physiques.

● On distingue quelques familles de matériaux comme les métaux, les matières plastiques (organiques), les verres et les matériaux composites (association de plusieurs matériaux).

Les métaux

● Les métaux les plus couramment utilisés sont le fer, le zinc, l'aluminium, le cuivre, l'argent et l'or. Les métaux sont extraits de minerais. Le mercure est liquide à température ambiante (20 °C).

● Les métaux ne sont pas biodégradables par les micro-organismes, il faut donc les recycler.

Les propriétés des métaux

● Tous les métaux sont **conducteurs** d'électricité et de chaleur.

● Les métaux usuels (fer, cuivre…) sont **plus denses que l'eau** et coulent dans celle-ci.

● Les métaux **s'oxydent** en réagissant à froid avec le dioxygène et perdent leur éclat : c'est la corrosion. Ils s'oxydent aussi à chaud à l'état divisé (en poudre) : c'est la combustion.

● Les **propriétés mécaniques** des métaux sont : **résistance aux chocs et malléabilité**. Pour améliorer leurs propriétés mécaniques et chimiques, on ne les utilise jamais purs mais combinés à d'autres substances comme le carbone (acier) ou d'autres métaux sous forme d'alliages (inox).

Comprendre ce qui se passe

▶ Reconnaître certains métaux usuels

On prend 5 plaques identiques en fer, cuivre, zinc, aluminium et argent.

1. Il n'y a que le fer (Fe) qui est attiré par un aimant. Le cuivre (Cu) est reconnaissable à sa couleur « rouge ».

2. L'aluminium (Al) se distingue par sa légèreté.

3. Pour distinguer le zinc (Zn) et l'argent (Ag), on utilise de l'acide chlorhydrique : le zinc réagit mais pas l'argent.

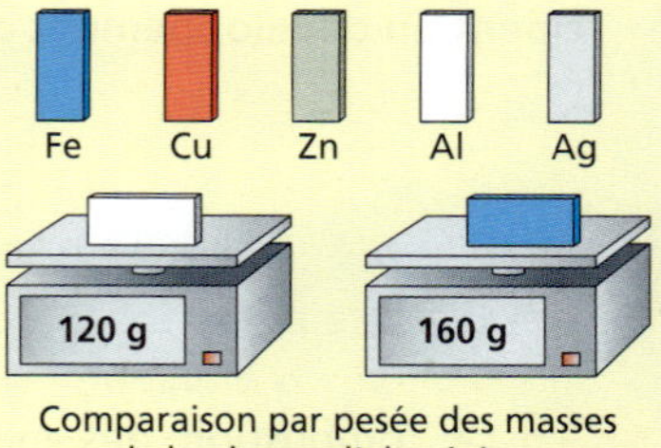

Comparaison par pesée des masses de la plaque d'aluminium et des autres plaques.

▶ Comparer le caractère conducteur de différents solides

On réalise un circuit électrique simple à l'aide d'une pile, d'une lampe et de fils conducteurs. On place entre A et B :

1. les plaques de fer, de cuivre, d'aluminium ou de zinc : la lampe s'allume ;

2. un bécher contenant des cristaux de sel, du sucre ou du sulfate de cuivre : la lampe reste éteinte.

Les métaux conduisent le courant électrique (pas les cristaux).

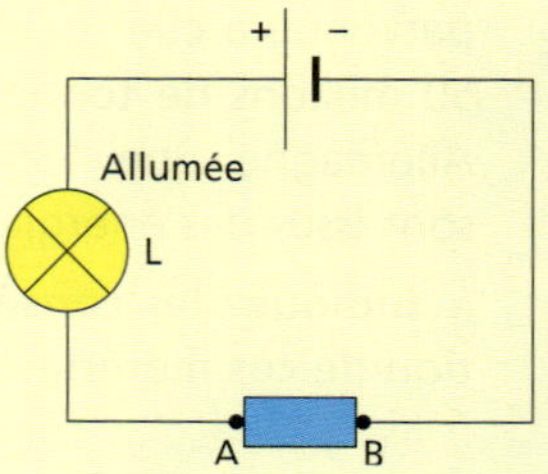

NOTION CLÉ

Les métaux conduisent l'électricité à cause de leur **tendance à perdre des électrons,** particules chargées comprises dans la structure atomique des métaux.

S'entraîner

★ **1** **Citez trois propriétés des métaux.**

★ **2** **a. Pourquoi est-il difficile d'utiliser des métaux purs pour la construction d'objets usuels ?**

b. Pourquoi fabrique-t-on des couverts en acier « inox » et non pas en fer pur ?

★★ **3** **Rayez le mot qui ne convient pas.**

a. Un fer à repasser est en *fer* / *acier*.

b. L'acier inoxydable est un alliage de fer, de carbone et de *chrome* / *oxygène*.

c. Il est impossible de distinguer une plaque de zinc d'une plaque d'*aluminium* / *argent* de même taille sans recourir à une réaction avec l'acide chlorhydrique.

★★ **4** **Vrai ou faux ? Corrigez la phrase si elle est fausse.**

	V	F
a. Un alliage métallique est un matériau composite.	☐	☐
b. Il n'existe pas d'emballage métallique sans danger pour des aliments.	☐	☐
c. Un métal est attiré par un aimant.	☐	☐
d. Le béton armé est constitué de béton et d'acier.	☐	☐
e. Si un solide conduit le courant, c'est un métal.	☐	☐
f. Pour séparer des objets en aluminium de ceux en fer, on peut utiliser un tri magnétique.	☐	☐

★★ **5** **Quelles sont les propriétés qui justifient l'utilisation :**

a. du tungstène dans le filament des lampes à incandescence ?

b. du cuivre dans les fils électriques ?

c. de l'acier dans les ressorts ?

d. de l'aluminium dans les avions ?

★★ **6** La Terre a une masse de $5{,}98.10^{24}$ kg. Elle est constituée, entre autres, de 50 % d'oxygène, de 26 % de silicium, de 8 % d'aluminium et de 5 % de fer. Ce sont les éléments les plus abondants de cette planète.

a. De ces quatre éléments, lesquels sont des métaux ?

b. Calculez la masse d'aluminium présent sur Terre.

★★ **7** Les ustensiles de cuisine en acier inoxydable sont constitués de fer, d'au moins 10,5 % de chrome, jusqu'à 1,2 % de carbone et, parfois, d'autres métaux comme le nickel, le molybdène ou le palladium. Une marmite de 800 g est constituée d'un alliage contenant du fer, 104 g de chrome et 8 g de carbone.

a. Peut-on affirmer que cette marmite est en acier inoxydable ? Justifiez.

b. Calculez le pourcentage en fer de l'alliage constituant cette marmite.

c. Calculez la masse de fer de cet alliage de la marmite.

d. Pourquoi l'acier utilisé pour la fabrication de la marmite doit-il être « inoxydable » ?

Livret des corrigés p. 35

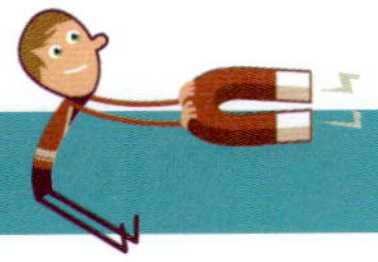

Retenir l'essentiel

Les solutions et la conduction du courant électrique

Certaines solutions aqueuses (contenant de l'eau) conduisent le courant électrique. Ce dernier est constitué de porteurs de charges électriques. Les solutions qui conduisent le courant contiennent des particules chargées : les **ions**.

Les atomes

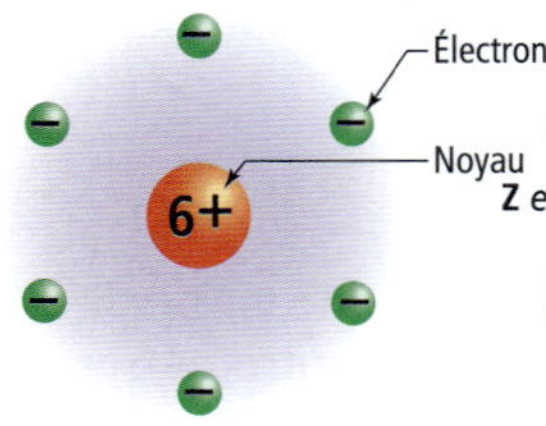

Modèle d'un atome de carbone ***Z* = 6**
Z *est le numéro atomique de l'atome. Il porte donc six charges positives dans son noyau et six électrons dans son cortège électronique.*

- Un atome est constitué d'un **noyau** et d'**électrons** qui lui tournent autour. Le noyau est électriquement positif et l'électron négatif. Les noyaux des différents atomes sont différents. **Un atome est électriquement neutre.** Le nombre de charges positives, noté Z, dans le noyau atomique est égal au nombre d'électrons de l'atome.

- Le noyau atomique est 100 000 fois plus petit que l'atome dont les dimensions sont de l'ordre de 10^{-10} m.

Les ions

Il existe deux types d'ions.

- Les **cations** : atomes ou groupement d'atomes ayant perdu un ou plusieurs électrons. Les cations portent une **charge électrique positive.**
Exemple : l'ion fer III, noté Fe^{3+}, est un atome de fer qui a perdu 3 électrons ; il porte 3 charges positives.

- Les **anions** : atomes ou groupement d'atomes ayant gagné un ou plusieurs électrons. Les anions portent une **charge électrique négative.**
Exemple : l'ion chlorure, noté Cl^-, est un atome de chlore qui a gagné un électron ; il est chargé négativement.

Les solutions ioniques

Les solutions qui conduisent le courant sont des **solutions ioniques.** Elles sont électriquement neutres : les charges positives des cations compensent exactement les charges négatives des anions. Ainsi, une solution de chlorure de fer III contient trois fois plus d'ions chlorure que d'ions fer III. On la note : (Fe^{3+} + **3** Cl^-).

La conduction du courant électrique est due au déplacement d'ions dans une solution.

Remarque : dans les métaux, le courant électrique est dû au déplacement d'électrons.

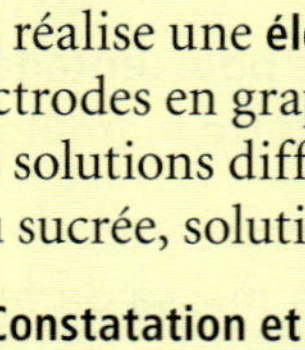

Comprendre ce qui se passe

► Comment se déplacent les ions dans une solution aqueuse ?

1. Électrolyse
On réalise une **électrolyse** en plongeant deux électrodes en graphite dans un bécher contenant des solutions différentes : eau distillée, eau salée, eau sucrée, solution de sulfate de cuivre, etc.

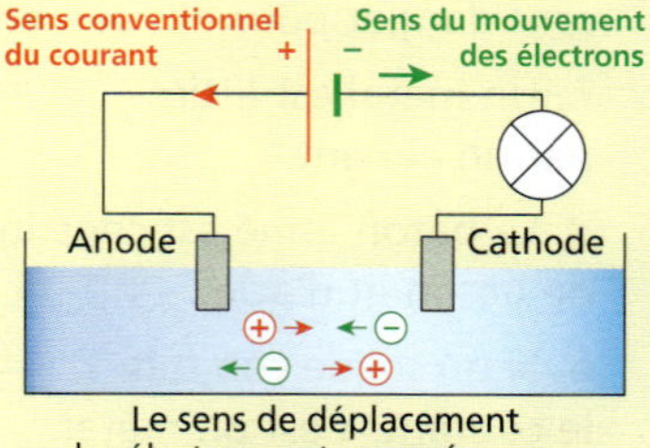

Le sens de déplacement des électrons est opposé au sens conventionnel du courant

2. Constatation et interprétation
La lampe s'allume lorsque la solution contient des ions. C'est le cas pour l'eau salée et la solution de sulfate de cuivre.
Le courant électrique est dû au déplacement des ions : les cations ⊕ se dirigent vers la cathode et les anions ⊖ vers l'anode.

NOTION CLÉ

Le courant électrique est dû au déplacement des **porteurs de charges**.
Ces porteurs de charges sont :
– des ions dans une solution,
– des électrons dans un solide.

S'entraîner

★ **1** **Citez les constituants d'un atome et donnez le signe de la charge de chacun.**

★ **2** **Complétez les phrases.**

a. Un atome est électriquement ....

b. La conduction du courant électrique dans un métal est due au ....

c. Il existe deux sortes d'ions : les .... et les ....

d. Un atome qui a gagné des électrons porte une charge électrique. C'est un ....

e. La cathode est l'électrode liée à la borne .... du générateur.

★★ **3** **Vrai ou faux ? Corrigez la phrase si elle est fausse.**

	V	F
a. L'atome contient autant de noyaux que d'électrons.	☐	☐
b. Les porteurs de charges dans une solution aqueuse sont des ions.	☐	☐
c. Une solution ionique contient autant de cations que d'anions.	☐	☐
d. Dans une électrolyse, les ions positifs se dirigent vers l'anode.	☐	☐
e. Un cation est un atome qui a perdu des électrons.	☐	☐

★★ **4** Une solution de sulfate de fer II contient des ions sulfates SO_4^{2-} et des ions fer II.

a. L'ion fer II ne peut être qu'un cation. Pourquoi ? Donnez sa formule.

....

b. Combien d'atomes constituent l'ion sulfate ? A-t-il gagné ou perdu des électrons ? Combien ?

....

c. Donnez la formule de la solution ionique.

....

....

★★ **5** Le numéro atomique de l'atome de cuivre est Z = 29.

a. Combien d'électrons possède cet atome ? Pourquoi ?

b. Combien de charges positives et d'électrons possède l'ion cuivre II, noté Cu^{2+} ?

★★ **6** On réalise le montage ci-dessous.

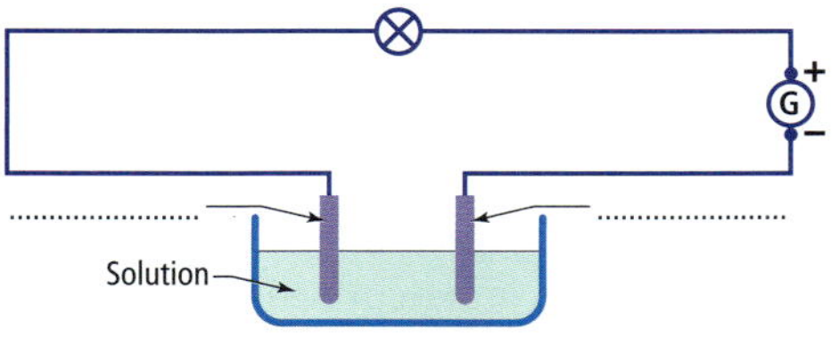

a. Que peut-on dire de la solution si la lampe s'allume ?

b. Ajoutez la légende : anode ; cathode.

c. Indiquez par une flèche rouge le sens de déplacement des anions dans la solution et par une flèche verte celui des cations.

d. Indiquez le sens de déplacement des électrons dans les fils.

★★★ **7** On réalise l'électrolyse d'une solution de chlorure de cuivre II. La lampe s'allume.

a. Complétez le schéma en y indiquant les bornes de la pile, le sens conventionnel du courant, ainsi que l'anode et la cathode.

b. Donnez les formules des deux ions qui se trouvent dans la solution. Lequel est le cation et lequel est l'anion ?

c. Placez les cations et les anions, entourés de cercles, dans la solution et indiquez par des flèches le sens de leurs mouvements.

d. Donnez la formule de la solution.

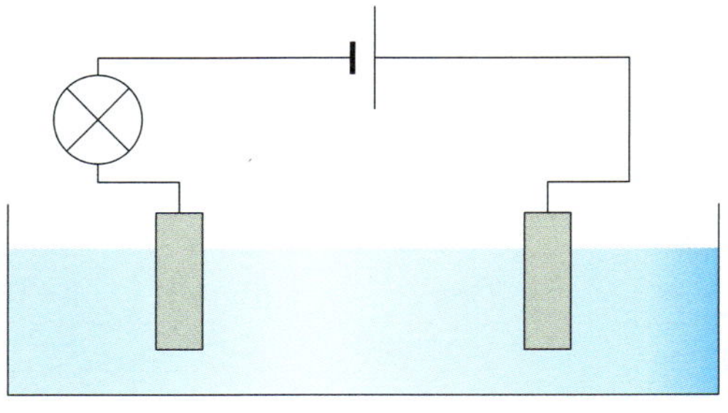

Chimie

Livret des corrigés p. 35

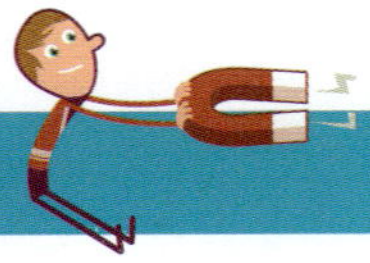

Retenir l'essentiel

Ions et solutions

Les ions sont responsables du **goût** des eaux minérales et sont également à l'origine de l'**acidité** ou la **basicité** des solutions aqueuses. La présence d'un ion dans une solution peut être mise en évidence par un **test**.

pH d'une solution aqueuse

- On peut mesurer l'acidité ou la basicité d'une solution aqueuse, à l'aide d'un **papier pH** ou un **pH-mètre.** Le **pH** est une grandeur sans unité, comprise entre 0 et 14.

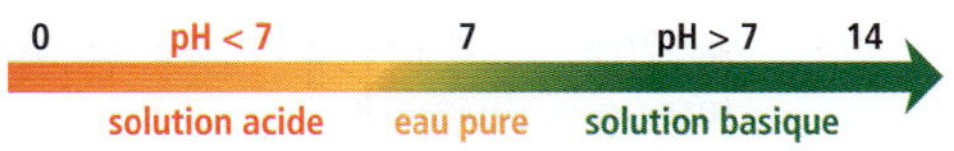

Le jus de citron, le vinaigre, le vin et l'acide chlorhydrique sont des solutions acides. Les savons et la soude sont basiques.

- **Les solutions aqueuses contiennent des ions hydrogène H^+ et des ions hydroxyde HO^-.**
- **L'eau pure est neutre : elle contient autant d'ions H^+ que d'ions HO^-.**
- **Une solution acide contient plus d'ions H^+ que d'ions HO^-.**
- **Dans une solution basique, les ions H^+ sont minoritaires.**

pH et concentration des solutions

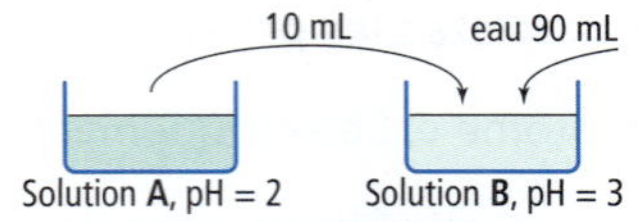

Pour diluer la solution A, on prélève un peu de cette solution que l'on ajoute à de l'eau. La solution B ainsi obtenue est moins concentrée que A en ions H^+, elle est donc moins acide.

Une solution acide est d'autant plus acide qu'elle est plus concentrée (en ions H^+).
En diluant une solution acide, le pH augmente et se rapproche de la valeur 7. De même, en diluant une solution basique, le pH diminue et se rapproche de 7. La dilution a pour effet de rendre une solution moins acide ou moins basique.

Attention !

- Acides et bases concentrés sont très corrosifs et dangereux.

- Ne jamais verser de l'eau sur une solution acide ou basique concentrée : risques de projection.

Comprendre ce qui se passe

Identifier certains ions

- **Test de l'ion chlorure**

On verse quelques gouttes d'une solution de **nitrate d'argent** dans un tube à essai contenant 2 mL d'une solution de chlorure de sodium ($Cl^- + Na^+$). Il se forme un **précipité** (solide dans un liquide) blanc qui noircit à la lumière. Ce précipité caractérise les ions chlorure Cl^-.

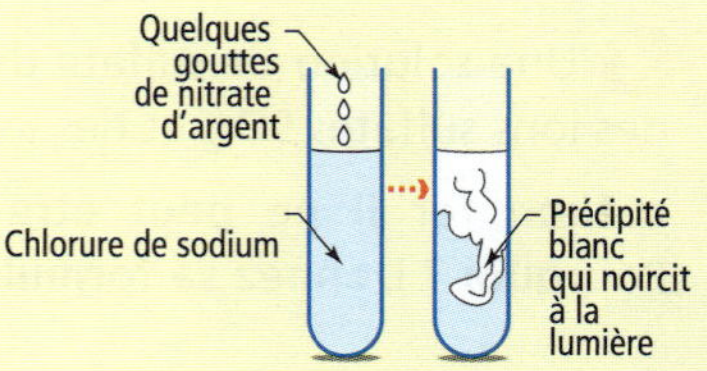

- **Tests de quelques ions métalliques**

On verse un peu de solution à étudier dans un tube à essai et on ajoute quelques gouttes de **soude.** Il se forme un précipité dont la couleur caractérise chaque ion.

Précipité	bleu	vert	orangé
Ion	cuivre II	fer II	fer III
Formule	Cu^{2+}	Fe^{2+}	Fe^{3+}

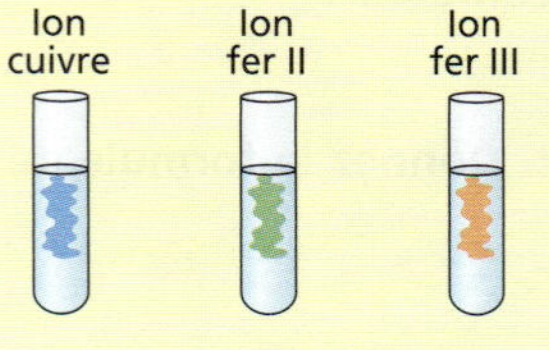

MOT CLÉ

Précipité : formation d'un solide dans un liquide. Ce solide est neutre et se forme à partir d'anions et de cations qui se lient entre eux.

S'entraîner

★ **1 Comment peut-on mesurer le pH d'une solution ?** ....

★ **2 Complétez le texte.**

Le pH est une grandeur sans ....

La valeur du pH varie entre ... et .... D'après la valeur de leurs pH, on classe les solutions en trois catégories :

– si pH < 7, la solution est .... ;

– si pH.................., la solution est basique ;

– si pH = 7, la solution est ....

Pour l'eau pure, pH = ...

★ **3** La soude est une solution d'hydroxyde de sodium.

a. Quels sont le nom et la formule du cation présent dans la soude ?

....

b. Quels sont le nom et la formule de l'anion présent dans la soude ?

....

c. Quelle est la formule de la solution ?

....

★ **4 Vrai ou faux ? Corrigez les phrases si nécessaire.**

	V	F
a. Une solution de chlorure de sodium donne un précipité bleu qui noircit à la lumière en présence de nitrate d'argent.	☐	☐
b. Lorsque l'on dilue une solution acide, son pH augmente.	☐	☐
c. Les ions H+ sont majoritaires dans une solution acide.	☐	☐
d. Le pH d'une solution est 10. Si on la dilue, son pH augmente.	☐	☐

★★ **5** On place un pH-mètre dans une solution aqueuse. On ajoute de l'eau, le pH diminue.

La solution est-elle acide ou basique ?

★★ **6** Le pH d'une solution est 2. On verse 1 cm^3 de cette solution dans 9 cm^3 d'eau.

a. La solution obtenue est-elle acide ou basique ? ....

b. Comment évolue le pH de la solution ?

....

c. Comment évolue la concentration en ions H^+ ? ....

★★ **7** Le tableau suivant présente quelques valeurs de pH.

Solution	A	B	C	D
pH	2,5	8,4	7	6

Solution	E	F	G	H
pH	3,4	1	12,5	13,3

a. Coloriez en bleu les solutions basiques.

b. Coloriez en rouge les solutions acides.

c. Entourez la solution acide la plus concentrée.

d. Soulignez la solution basique la plus diluée.

★★ **8** On désire étudier deux solutions dans des flacons numérotés 1 et 2. On verse 5 mL de chaque solution dans deux tubes à essai dans lesquels on ajoute quelques gouttes de nitrate d'argent. Il apparaît un précipité blanc dans les deux cas.

a. Que peut-on déduire de ce test ?

On prélève à nouveau 5 mL de chaque solution dans lesquels on verse cette fois de la soude. Il apparaît un précipité rouge dans l'échantillon venant du flacon 1 et un précipité vert dans celui venant du flacon 2.

b. Quels sont les ions métalliques présents dans chaque flacon ? Donnez la formule de chacun.

c. Donnez le nom et la formule de la solution du flacon 1.

d. Donnez le nom et la formule de la solution du flacon 2.

Chimie

Livret des corrigés p. 35

Retenir l'essentiel

Réaction d'un acide avec un métal

Les métaux comme le fer et le zinc **réagissent** avec **l'acide chlorhydrique**, mais l'or, l'argent ou le cuivre ne réagissent pas avec cet acide.

L'action de l'acide chlorhydrique sur le fer

Le fer réagit avec l'acide chlorhydrique à froid : une **réaction chimique** se produit. Il apparaît un gaz (le dihydrogène) et des ions fer II (Fe^{2+}).
L'ion fer II provient de la transformation du métal fer et le dihydrogène gazeux de celle des ions hydrogène H^+ de l'acide.

Une transformation chimique

● On mesure le pH de la solution d'acide chlorhydrique avant et après la réaction : la solution finale est **moins** (ou n'est plus) **acide.** De même, lorsque l'acide est initialement concentré, tout le **métal** peut **disparaître.** Il y a une **transformation** chimique. Les **réactifs** de cette transformation sont l'acide et le fer. Le dihydrogène et les ions fer II sont des **produits** de la transformation.

● **Lors d'une transformation chimique, les réactifs disparaissent et les produits apparaissent.**
Une transformation est modélisée par une **équation-bilan.**

Transformation	réactifs	→	produits
Noms	fer + acide chlorhydrique	→	ions fer II + dihydrogène

Comprendre ce qui se passe

► Mise en évidence des réactifs et des produits d'une réaction

On étudie l'action de l'acide chlorhydrique sur le fer.

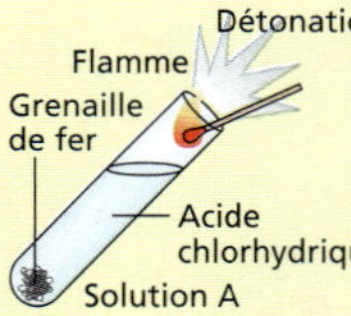

1. Avant la réaction
● On approche un aimant des grenailles de fer. Elles sont attirées et donc constituées de métal **fer** : Fe.
On verse du nitrate d'argent sur l'acide chlorhydrique. Il apparaît un précipité blanc qui noircit à la lumière. L'acide contient des **ions chlorure** : Cl^-.
● On verse une goutte d'acide sur un papier pH qui devient rouge. L'acide contient des **ions** H^+.

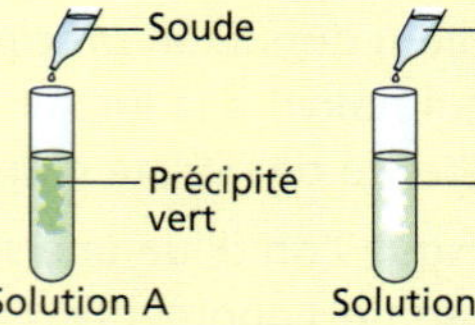

2. Après la réaction
On verse 5 mL d'acide chlorhydrique sur une grenaille de fer. Un gaz se forme et le métal disparaît. On nomme « solution A » la solution restante.
● On approche une flamme de l'ouverture du tube.
Une petite détonation se produit. Le gaz formé est le **dihydrogène** H_2.
● On verse une goutte de solution A sur un papier pH. On constate que le pH a augmenté. Les ions H^+ ont réagi et **disparu.**
● On verse quelques gouttes de soude sur la moitié de la solution restante. Un précipité vert apparaît. Des ions Fe^{2+} sont apparus lors de la réaction. Un aimant n'a aucun effet sur la solution. Le fer a disparu.
● Un précipité blanc apparaît après l'ajout de nitrate d'argent dans la moitié restante de la solution : les ions Cl^- n'ont pas réagi.
Les réactifs (H^+ et Fe) ont disparu, les produits (H_2 et Fe^{2+}) sont apparus.

NOTION CLÉ
Conservation de la matière : lors de la réaction chimique entre l'acide chlorhydrique et le fer, les réactifs disparaissent mais l'hydrogène (H) et le fer (Fe) se trouvent encore dans les produits de la transformation. On dit que les **éléments se conservent.**

S'entraîner

★ **1 Rayez le mot qui ne convient pas.**

a. L'acide chlorhydrique *réagit / ne réagit pas* avec l'argent.

b. Le gaz formé lors de la réaction entre l'acide chlorhydrique et le fer est le *dihydrogène / dioxygène*.

c. Les solutions acides *réagissent / ne réagissent pas* avec le verre.

d. Le pH de l'acide chlorhydrique est *inférieur / supérieur* à 7.

★ **2 Vrai ou faux ? Corrigez les phrases si nécessaire.**

	V	F
a. Les ions fer II réagissent avec la soude pour donner un précipité blanc qui noircit à la lumière.	☐	☐
b. Ce sont les ions chlorures de l'acide chlorhydrique qui attaquent le fer.	☐	☐
c. Après la réaction entre l'acide chlorhydrique et le fer, le pH de l'acide diminue.	☐	☐
d. L'acide chlorhydrique n'attaque pas tous les métaux.	☐	☐

★★ **3 Lorsque l'on met en contact l'acide chlorhydrique et le fer, s'agit-il d'une réaction chimique ou d'un changement d'état ? Pourquoi ?**

....

★★ **4** On s'intéresse aux réactifs et aux produits de la réaction fer-acide chlorhydrique.

a. Quels sont les ions présents dans l'acide chlorhydrique ?

....

b. Des ions présents dans cet acide, lequel réagit avec le métal fer ?

....

c. Que faut-il démontrer pour justifier la « transformation chimique » ?

....

d. Expliquez pourquoi le pH de l'acide augmente après la transformation.

....

★★ **5** On réalise l'expérience schématisée ci-dessous où l'on recueille un gaz.

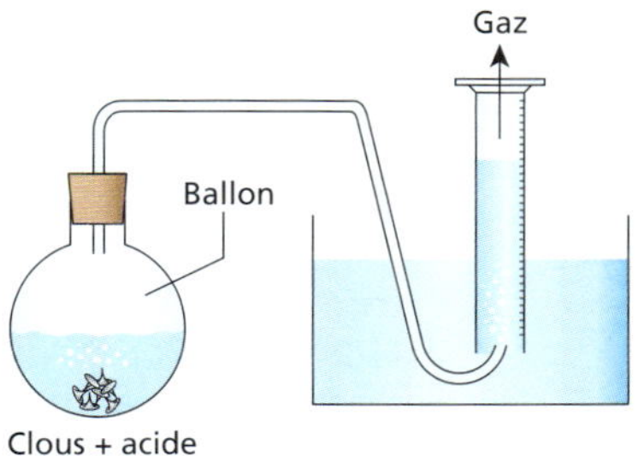

Lorsqu'il n'y a plus de bulles dans l'éprouvette, on peut encore observer les restes du clou en fer dans le ballon.

a. Quel est le gaz recueilli dans l'éprouvette ? Comment pouvez-vous le prouver ?

b. Comment prouver la disparition des ions H^+ dans le ballon ?

c. Citez les noms et les formules chimiques des réactifs, puis des produits formés au cours de la transformation.

d. Écrivez, en toutes lettres, l'équation-bilan de la transformation qui a eu lieu.

★★ **6** Après l'action de l'acide chlorhydrique (pH = 2) sur la limaille de fer dans un bécher, on obtient une solution de chlorure de fer II. À la fin de la réaction, tout le fer a disparu et le pH de la solution est 4.

a. La solution finale contient-elle encore des ions hydrogène ? Justifiez.

b. Donnez la formule de chaque ion présent dans la solution finale, après la réaction, et dire d'où provient chacun de ces ions.

c. Combien y a-t-il d'ions chlorure pour chaque ion fer II dans la solution finale ?

d. Quelle est la formule de cette solution ?

e. Quel est l'ion que l'on peut qualifier de « spectateur » dans cette transformation ? Pourquoi ?

Chimie

Livret des corrigés p. 35

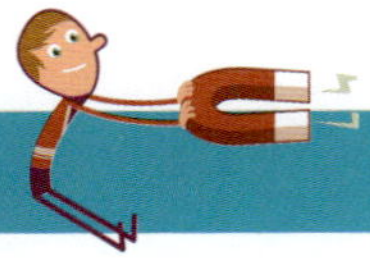

Retenir l'essentiel

Transformation chimique et énergie

Dans une réaction chimique, les réactifs se transforment en produits. Les réactifs peuvent libérer de l'**énergie** en réagissant ensemble. C'est de l'**énergie chimique.**
Exemple : Certaines transformations sont accompagnées d'un dégagement de chaleur. L'énergie chimique est à l'origine de la chaleur apparue.

La pile électrochimique

● Dans une **pile électrochimique**, la mise en œuvre des réactions chimiques permet d'**utiliser l'énergie.**

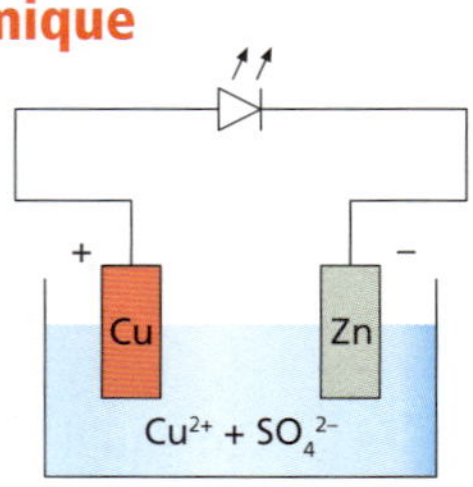

L'électrode en cuivre constitue la borne +.

● Une pile électrochimique simple est constituée de deux **électrodes** métalliques plongées dans une solution ionique (l'électrolyte). **Des ions se déplacent** dans l'**électrolyte** lorsque la pile fonctionne et une tension s'établit entre les deux électrodes. Une DEL placée entre les électrodes de la pile s'allume, indiquant que des **électrons circulent** dans les **fils de connexion** entre les bornes positive et négative de la pile.

● La consommation des réactifs mis en jeu dans une pile entraîne « l'usure » de celle-ci : la pile cesse de fonctionner.
Les piles électrochimiques convertissent l'énergie chimique en énergie électrique.

Différentes sortes de piles

Parmi les piles usuelles, on trouve :
1. Piles **salines** ou piles sèches. Elles contiennent des composés ioniques : « **sels** ».
2. Piles **alcalines.** Elles contiennent de la potasse. Potassium : métal « **alcalin** ».
3. Piles à **combustible.** Elles utilisent le **dihydrogène** et le **dioxygène** de l'air. Ces piles sont « propres » et rechargeables.
4. **Accumulateurs,** dispositifs qui **stockent** l'énergie électrique : batteries de voiture.

Comprendre ce qui se passe

▶ Mise en évidence de la chaleur dégagée au cours d'une transformation

1. Expérience
On verse de la poudre de zinc dans une solution de sulfate de cuivre II bleue. On y plonge un thermomètre.

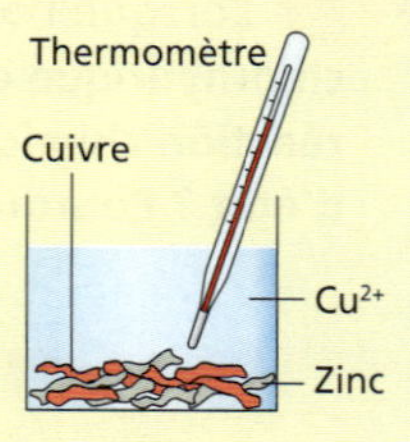

2. Constatations
La poudre noircit, puis se couvre peu à peu d'un métal roux. La solution devient de plus en plus claire et sa température augmente.
3. Interprétation
Les ions Cu^{2+} bleus se transforment en métal cuivre qui couvre le zinc. L'énergie chimique s'est transformée en chaleur (énergie thermique).

▶ Réaliser une pile électrochimique simple

1. Expérience
On plonge une lame de zinc et une lame de cuivre dans un bécher contenant une solution de sulfate de cuivre II.

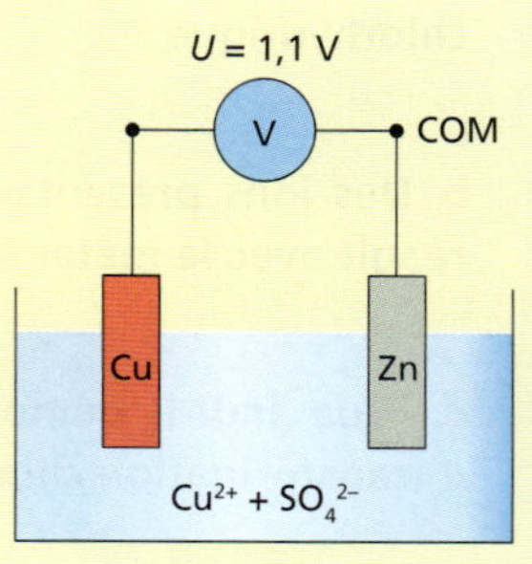

2. Constatations
Un voltmètre relié aux deux plaques indique une tension positive si son entrée est au contact de la plaque de cuivre : celle-ci constitue donc la borne positive.
L'énergie chimique se transforme en énergie électrique.

NOTION CLÉ
Brancher un **multimètre en voltmètre** : branché en dérivation, un multimètre mesure une tension électrique si on place le curseur de son calibre sur V ou mV.

S'entraîner

★ **1 Complétez les phrases suivantes.**

a. Lors d'une transformation chimique, les ………… se transforment en …………

b. Une pile convertit l'énergie ………… en énergie …………

c. Une pile s'use lorsque les ………… qu'elle utilise sont épuisés.

d. La réaction entre le zinc et une solution de sulfate de cuivre dégage ……………………

★ **2 Vrai ou faux ? Corrigez les phrases si nécessaire.**

	V	F
a. Une pile électrochimique simple est constituée de deux lames de zinc plongées dans une solution de sulfate de cuivre II.	☐	☐
b. Certaines réactions chimiques libèrent de l'énergie.	☐	☐
c. Un accumulateur stocke de la chaleur.	☐	☐
d. Les piles salines et alcalines utilisent les mêmes réactifs.	☐	☐

★★ **3** On verse de la poudre de zinc dans une solution de sulfate de cuivre.

a. Que constate-t-on ?

b. Comment peut-on expliquer la transformation de l'ion Cu^{2+} en cuivre métal Cu ?

c. Qu'arrive-t-il au zinc, sachant que des ions Zn^{2+} apparaissent dans la solution, au fur et à mesure du déroulement de la transformation ?

d. Écrivez l'équation-bilan de la réaction en toutes lettres.

★★ **4** On considère une pile électrochimique simple. Ses électrodes sont l'une en cuivre et l'autre en zinc.

a. Quelle est l'électrode en cuivre, sachant que le voltmètre indique − 1,1 V ? Justifiez.

b. Complétez le schéma en y indiquant la nature de chaque électrode ainsi que les bornes + et − de la pile.

c. Expliquez pourquoi la solution s'éclaircit peu à peu.

d. Quels sont les réactifs et les produits de la transformation ayant lieu dans cette pile, sachant que des ions Zn^{2+} apparaissent ?

e. Écrivez l'équation-bilan de cette transformation en toutes lettres.

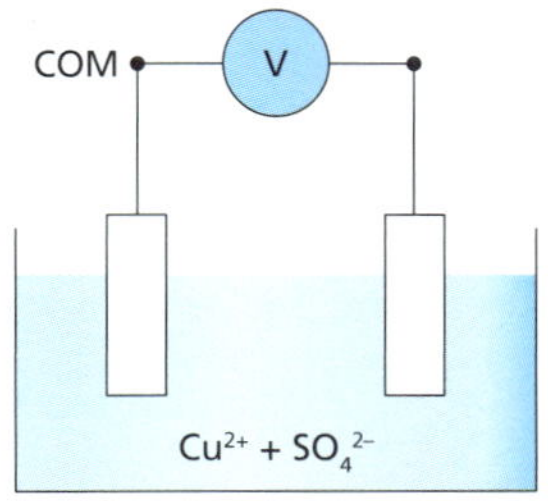

★★ **5** La pile Leclanché : une pile saline.

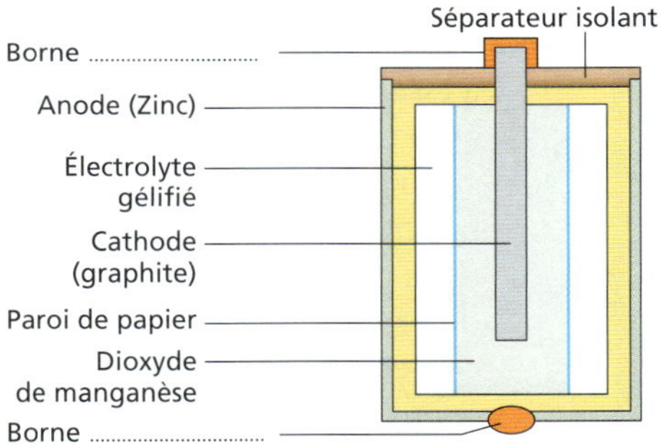

Cette pile, inventée par Georges Leclanché en 1867, est schématisée ci-dessus. Elle contient un électrolyte sous forme d'une solution gélifiée d'un « sel » : le chlorure d'ammonium. L'anode, en zinc, et la cathode, en graphite, sont au contact de cet électrolyte. Ce sont les deux électrodes de cette pile.

a. Pourquoi faut-il un séparateur isolant entre les deux électrodes ?

b. Quelle est l'électrode qui constitue la borne positive de la pile Leclanché sachant que son fonctionnement est analogue à celui d'une pile électrochimique simple ?

c. Indiquez les bornes de la pile sur le schéma.

d. Pourquoi faut-il un électrolyte entre les deux électrodes ?

e. Pourquoi l'électrolyte est-il gélifié ?

Livret des corrigés p. 35

Retenir l'essentiel

Pourquoi synthétiser une espèce chimique ?

Synthétiser une espèce chimique consiste à la fabriquer en usine ou en laboratoire par **transformation chimique.** On synthétise pour deux raisons :
- on synthétise une espèce chimique existant déjà dans la nature pour répondre aux besoins de consommation ;
- on synthétise également des espèces chimiques n'existant pas dans la nature.

Comment procéder à une synthèse ?

● Effectuer une synthèse en classe est une démarche extrêmement exigeante. Il faut impérativement :
- respecter les **consignes de sécurité** ;
- **suivre très exactement le protocole expérimental de la synthèse** ;
- reconnaître, choisir et utiliser pertinemment la verrerie en chimie.

● Les synthèses exigent très souvent des montages à reflux utilisant un **chauffage.** On utilise aussi des espèces chimiques aromatiques et donc volatiles qui doivent être manipulées sous une **hotte.**

Comprendre ce qui se passe

► Synthèse de l'arôme de banane

1. Protocole*

Sous une hotte, prélevez 5 mL d'alcool isoamylique et versez le contenu dans un tube à essai. 5 mL d'acide acétique, puis demandez au professeur d'y verser 5 gouttes d'acide sulfurique concentré. Fermez le tube avec un bouchon muni d'un tube en verre et placez-le dans un bain-marie à 70 °C (sur la paillasse du professeur). Après 20 minutes, versez le contenu du tube à essai dans un verre à pied contenant de l'eau salée (opération dite de **relargage**). Mélangez avec un agitateur.

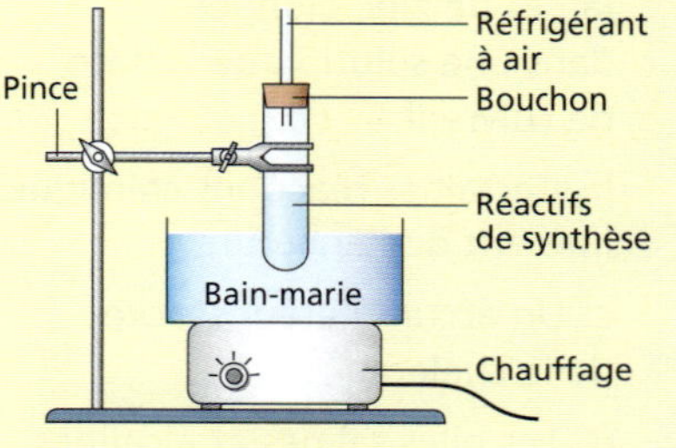

Chauffage à reflux avec condenseur à air : condense les vapeurs et les renvoie dans le tube pour éviter leur perte.

2. Observation

Le contenu du verre est hétérogène ; l'acétate d'isoamyle (l'arôme de synthèse de banane) surnage l'eau salée.
Identifiez l'odeur du produit formé sans mettre votre nez au-dessus du verre.

► Synthèse d'un savon

1. Protocole* d'une saponification

Versez 15 g d'huile végétale, 15 mL de soude concentrée et 15 mL d'éthanol à 95 % dans un ballon contenant quelques pierres ponce, que l'on chauffe à reflux pendant 30 minutes. À la fin du chauffage, on procède au relargage.

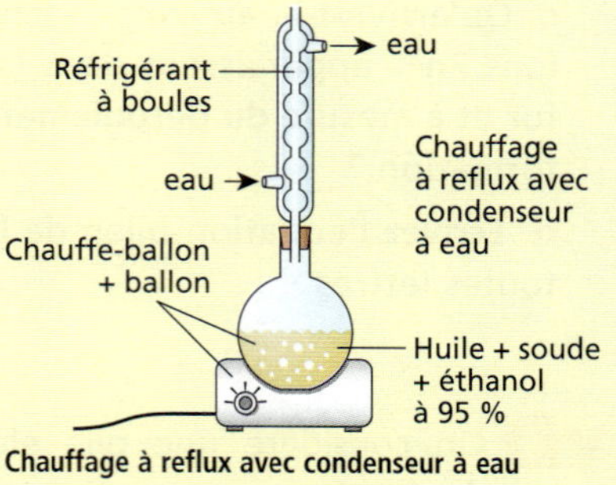

Chauffage à reflux avec condenseur à eau

2. Observation

On constate que le contenu du bécher est un mélange hétérogène d'eau salée et d'un précipité blanc. On filtre ce mélange sous vide pour récupérer le savon.

*** Il faut impérativement respecter les consignes de sécurité dans les parties soulignées des protocoles.**

NOTION CLÉ

À la base d'une **synthèse** il y a toujours une **transformation chimique**. L'espèce chimique synthétisée est le produit de cette transformation.

S'entraîner

★ **1 Complétez les phrases.**

a. Une espèce chimique synthétique est fabriquée dans un laboratoire par ....

b. Pour effectuer une synthèse, il faut bien respecter .... et suivre exactement ....

c. Lorsque l'on utilise un produit chimique « nocif » dans une expérience en classe, il faut manipuler sous une ....

d. On verse un produit de synthèse dans de l'eau salée, c'est l'opération de ....

e. Dans un chauffage à reflux avec condenseur à eau, on utilise un ....

★ **2 Quel est le rôle d'un réfrigérant à boules dans un montage à reflux ?**

....

★ **3 Donnez une définition du mot « synthèse » en utilisant les mots : transformation chimique, réactifs et produits.**

....

★★ **4** On réalise le montage suivant pour synthétiser un savon. On place de l'huile d'olive, de l'alcool et de la soude concentrée dans le ballon que l'on fait bouillir pendant 40 minutes.

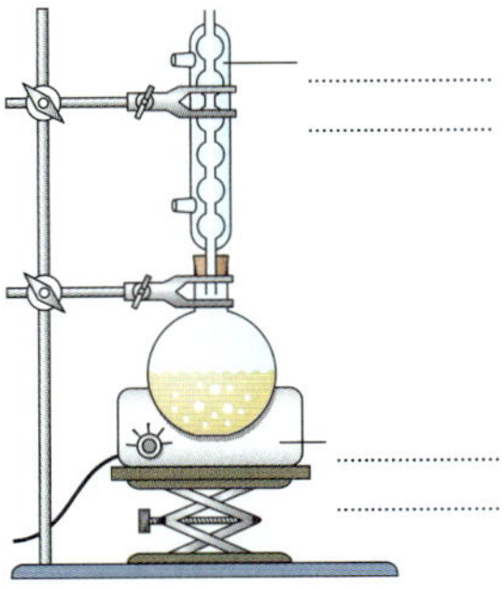

On laisse refroidir le ballon pour récupérer, dans un bécher, un mélange contenant un précipité blanc dans un liquide.

a. Indiquez, sur le schéma, où sont placés les réactifs de synthèse.

b. Indiquez, par deux flèches, l'entrée et la sortie de l'eau de refroidissement du réfrigérant et les légendes manquantes.

c. Quel est le nom du changement d'état ayant lieu dans le réfrigérant ?

....

d. Il faut verser les réactifs dans le ballon sous une hotte, principalement à cause de l'un d'entre eux. Lequel ? Pourquoi ?

....

e. Quel est l'aspect du mélange final ?

....

f. Comment faut-il procéder pour isoler le savon ?

....

★★ **5** La synthèse de l'acétate de linalyle s'effectue sous une hotte, et le port des gants et des lunettes est obligatoire. Sans chauffage, cette réaction d'estérification aurait nécessité plusieurs jours. Le protocole est le suivant :

Dans un ballon de 250 mL, introduire 2,5 mL de linalol. Ajouter 5 mL d'anhydride acétique ainsi que 3 grains de pierre ponce pour réguler l'ébullition. Agiter et chauffer à reflux pendant 45 minutes. Préparer 25 mL d'eau dans un bécher de 100 mL. Arrêter le chauffage. Laisser refroidir le ballon, puis verser doucement l'eau du bécher par le sommet du réfrigérant dans le ballon. Cette eau transforme l'anhydride acétique, restant et non transformé, en acide acétique très soluble dans l'eau. Tout le linalol a disparu. Une odeur de fleurs de lavande est perceptible : c'est l'acétate de linalyle. Verser le contenu du ballon dans une éprouvette.

a. Schématisez le montage à reflux.

b. Indiquez le rôle du chauffage.

c. Indiquez le rôle des pierres ponce.

d. Pourquoi le réfrigérant doit-il rester ouvert à son extrémité supérieure ?

e. Le contenu de l'éprouvette, à la fin de la synthèse est un mélange hétérogène. Citez les trois espèces chimiques qu'elle contient.

f. Écrivez en toutes lettres l'équation-bilan de la réaction de synthèse.

g. Quelles sont les consignes de sécurité à respecter lors de cette manipulation ?

Chimie

Livret des corrigés p. 36

7

Production d'électricité dans une centrale

Physique Chimie

Retenir l'essentiel

Production d'électricité

● Les centrales électriques **produisent de l'énergie électrique** issue d'une transformation : une énergie mécanique s'est transformée en énergie électrique. Toutes les centrales produisent de l'énergie électrique à l'aide d'un **alternateur.**

● **L'alternateur est un convertisseur d'énergie.**
Les éléments indispensables à la production de l'électricité dans une centrale sont :
– une turbine en mouvement de rotation ;
– un alternateur entraîné par la turbine.

Diagramme d'énergie

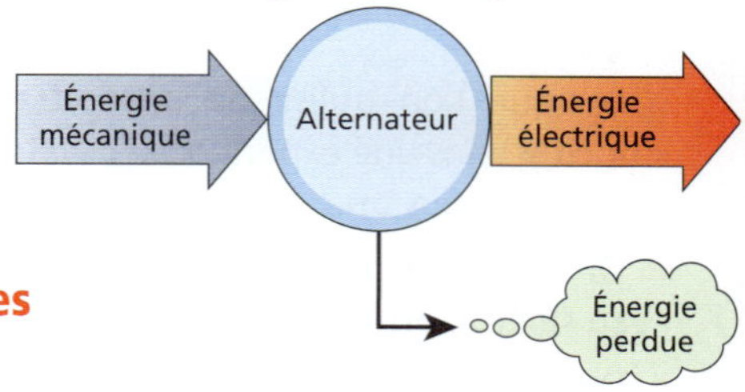

Différents types de centrales électriques

● Le fonctionnement de l'alternateur nécessite une source d'énergie, appelée **source primaire** qui diffère selon le type de centrale.

1. Dans une **centrale thermique à flamme**, la combustion de charbon, de fioul ou de gaz naturel produit de l'énergie mécanique.

2. Dans une **centrale thermique nucléaire**, l'énergie mécanique provient d'une réaction nucléaire (la fission).

3. Une **centrale hydroélectrique** utilise l'énergie mécanique de l'eau en mouvement. Cette eau peut provenir également des marées.

4. Une **centrale à éoliennes** utilise l'énergie mécanique fournie par le vent.

● Les sources primaires en énergie fossile (pétrole, gaz naturel et charbon) ne sont pas renouvelables à l'échelle humaine. En revanche, les énergies hydraulique et éolienne constituent des sources d'**énergie renouvelables** (inépuisables).

Centrale thermique

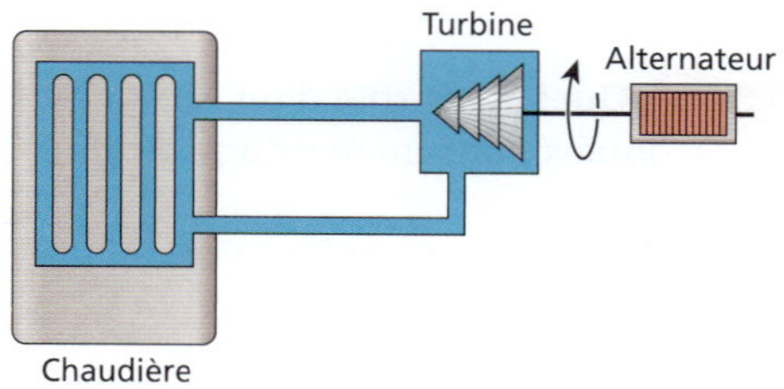

Centrale hydroélectrique

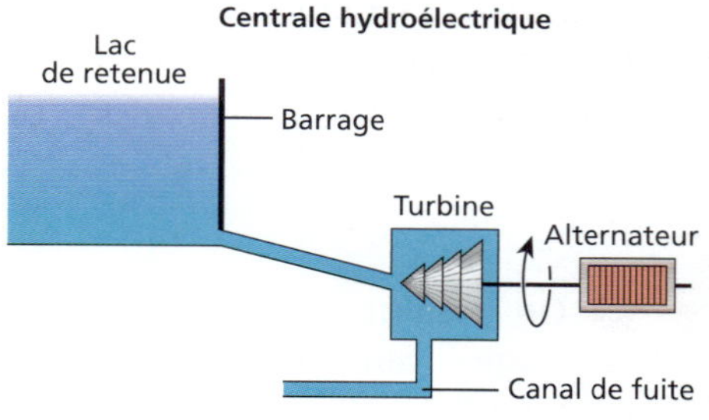

Comprendre ce qui se passe

Alternateur et production d'électricité

1. Observation
Dans une dynamo de bicyclette, l'entraînement du galet 1 par la roue anime l'aimant 3 d'un mouvement de rotation à l'intérieur de la bobine 4.

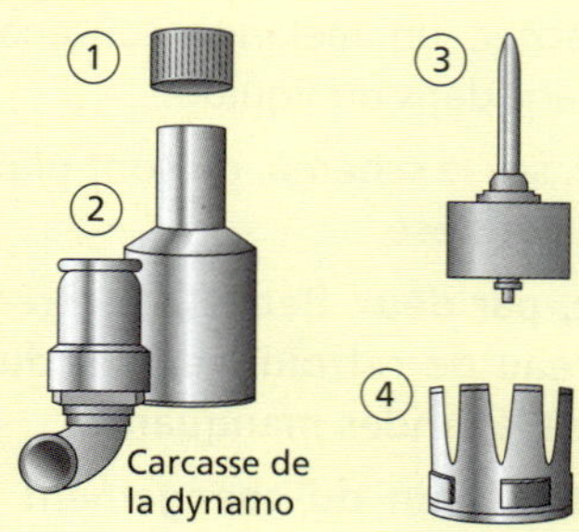

2. Manipulation
Si on fait tourner le galet d'un alternateur par l'action d'une chute d'eau, on peut allumer une lampe reliée à ses bornes. **Un alternateur sert à produire de l'électricité.**

NOTION CLÉ

Toutes les centrales électriques sont des **convertisseurs d'énergie.** Elles convertissent différents types d'énergies en énergie électrique.

S'entraîner

★ **1 Complétez les phrases suivantes.**

a. Un alternateur est un .... d'énergie.

b. Les sources d'énergie fossile comme .... et .... sont des sources primaires ....

c. Les éléments indispensables à la production de l'électricité dans une centrale sont .... et ....

d. Dans une centrale thermique nucléaire, l'énergie nécessaire à l'alternateur provient d'une ....

★ **2 Pourquoi les énergies hydraulique et éolienne sont-elles considérées comme « renouvelables » ?**

....

★ **3 Citez les différents types de centrales et donnez la source primaire de chacune des centrales.**

....

★★ **4** Le schéma ci-dessous représente la chaîne énergétique d'une centrale thermique à flamme consommant du fioul. Les puissances sont données en mégawatts (1 MW = 10^6 W).

a. Quels convertisseurs d'énergie sont représentés sur le schéma ?

b. Donnez les énergies converties pour chacun des convertisseurs cités en a.

c. Calculez les puissances perdues P_1 et P_2.

d. Les puissances perdues P_1 et P_2 sont à l'origine de l'énergie perdue par les convertisseurs et transmise à l'environnement. Sous quelle forme se manifeste cette énergie ?

e. Quelle est la source primaire d'énergie utilisée dans cette centrale ?
Est-elle renouvelable ?

★★ **5** Un convertisseur reçoit une énergie qu'il transforme. On considère le rendement d'un tel système, sachant qu'il existe toujours des pertes d'énergie dans les convertisseurs.
On définit le rendement r d'un convertisseur par :

$$r = \frac{\text{Puissance électrique fournie par le convertisseur}}{\text{Puissance reçue par le convertisseur}}.$$

Calculez le rendement de chacun des convertisseurs de la centrale thermique considérée dans l'exercice 4 et donnez le résultat en pourcentage.

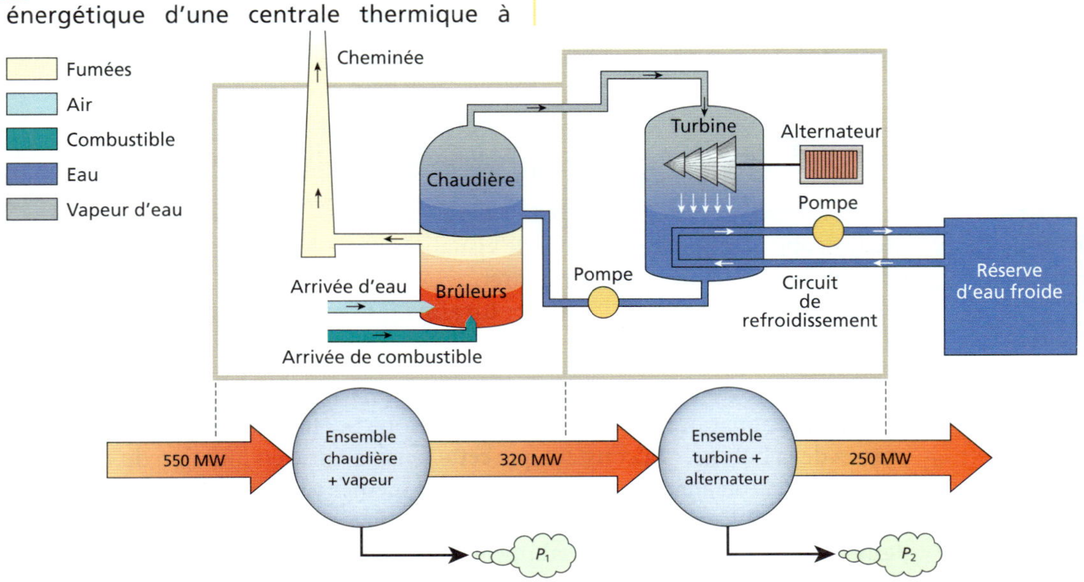

Livret des corrigés p. 36

Retenir l'essentiel

Description

● L'alternateur est un appareil destiné à **produire une tension variable** (alternative sinusoïdale). Son fonctionnement est proche de celui d'une génératrice de bicyclette.

● Les alternateurs sont couplés à la turbine dans les centrales thermiques (à flamme ou nucléaire) et dans les centrales hydrauliques. Dans le cas d'une éolienne, l'hélice entraîne l'alternateur par l'intermédiaire d'un système d'engrenages.

■ Rotor basse pression d'un réacteur thermique, centrale nucléaire du Blayais à Braud-et-Saint-Louis, 2006.

■ Un ouvrier en train d'installer des bobines sur un stator, Dresde, 2002.

● Un alternateur est constitué principalement de deux parties :
– un **aimant** ou un électro-aimant (**rotor** : partie en rotation) ;
– une **bobine** (**stator** : partie fixe).

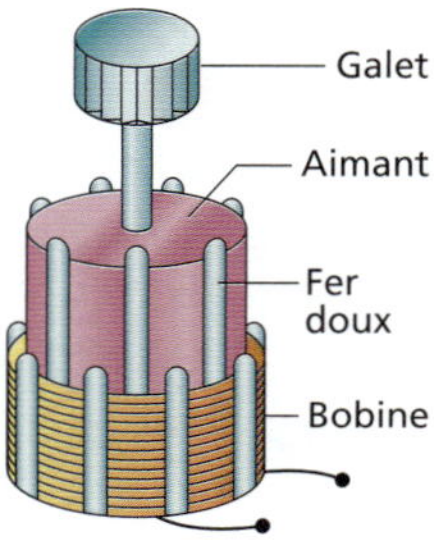

● Un galet permet l'entraînement du rotor. Cette fonction est assurée par la turbine dans une centrale électrique.

Fonctionnement

● La bobine d'un alternateur est constituée d'un fil en cuivre entouré autour de lui-même. Elle est constituée de **spires**.
Lorsque l'on fait tourner (par énergie mécanique) l'aimant de l'alternateur à l'intérieur de la bobine fixe, il apparaît une tension variable (énergie électrique) aux bornes de cette dernière.
Un alternateur convertit l'énergie mécanique en énergie électrique.

● L'ensemble galet-alternateur transforme du mouvement en électricité, c'est un convertisseur.

Comprendre ce qui se passe

Fonctionnement d'un alternateur

1. Montage
On branche les deux bornes d'une bobine de laboratoire sur l'entrée et la masse d'un oscilloscope. Cet appareil permet de visualiser une tension électrique et de la mesurer.
À l'aide d'un moteur, on fait tourner un aimant à proximité de la bobine.

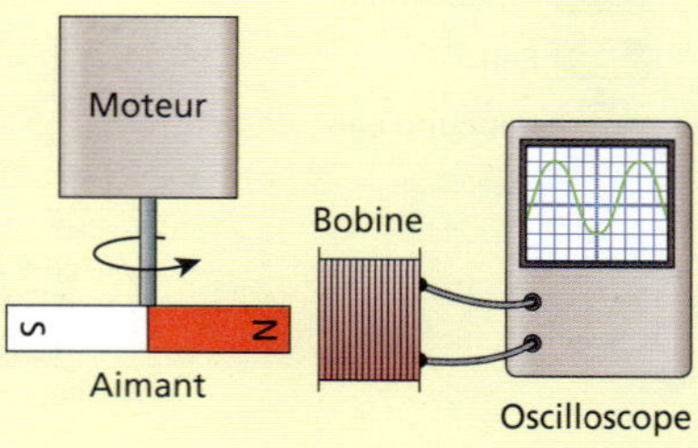

2. Constatations et interprétation
Une courbe apparaît sur l'écran de l'oscilloscope : c'est la forme de la tension aux bornes de la bobine. On constate que cette tension varie en fonction du temps.
C'est une tension **alternative** : elle reprend les mêmes valeurs alternativement.
L'aimant possède un champ magnétique qui **induit** un courant (une tension) dans la bobine. Ce phénomène s'appelle l'**induction.**

MOT CLÉ

Induction : un aimant en mouvement à proximité d'une bobine induit un courant électrique dans celle-ci. Ce courant est alternatif, c'est-à-dire qu'il change de sens.

S'entraîner

★ **1** **Complétez les phrases.**

a. .... d'une centrale électrique joue le rôle du galet d'un alternateur.

b. La tension qui apparaît aux bornes d'un alternateur est ....

c. Lorsque l'on .... un aimant près d'une bobine, il .... une tension dans cette dernière : c'est le phénomène de ....

d. Un alternateur est constitué de deux éléments principaux : .... et .... Le premier élément fixe est .... et le second élément ....

★ **2** **a. Qu'est-ce que le phénomène de l'induction ?**

....

b. Lequel des deux éléments principaux d'un alternateur joue-t-il le rôle d'un « inducteur » ?

....

★★ **3** Certains alternateurs sont constitués de deux bobines : l'une jouant son propre rôle et l'autre celui d'un aimant. En effet, si on relie les bornes d'une bobine à celles d'une pile, la bobine se transforme à son tour en un aimant appelé « électro-aimant ».

a. Quel est l'intérêt d'utiliser un électro-aimant au lieu d'un aimant dans un alternateur ?

b. Proposez une expérience qui permet de vérifier qu'une bobine parcourue par un courant électrique se transforme en aimant.

c. Peut-on confirmer que, lors d'une induction, les électrons se mettent en mouvement dans un fil conducteur lorsqu'ils sont placés dans un champ magnétique ?

d. Expliquez en terme d'électron et de champ magnétique, le phénomène de transformation d'une bobine en aimant lorsqu'elle est traversée par un courant électrique.

★★ **4** On peut schématiser le bilan énergétique en terme de puissance dans une centrale électrique. On considère le bilan énergétique d'une centrale hydroélectrique. Ce bilan montre qu'une partie seulement de l'énergie apportée par l'eau du barrage est transformée en énergie électrique fournie par cette centrale hydroélectrique.

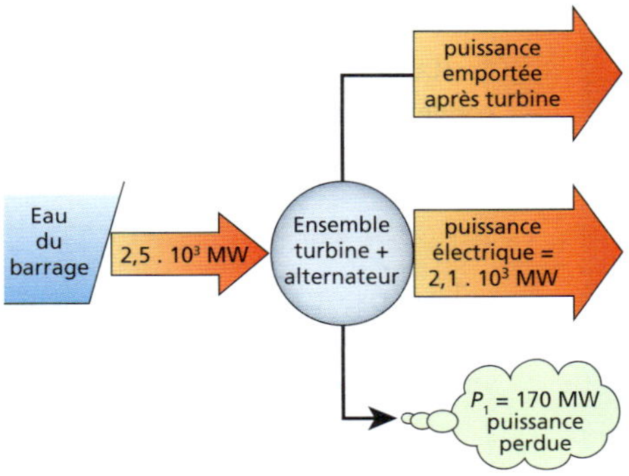

a. Quelle est la source primaire de cette centrale ? Est-elle renouvelable ?

....

....

b. Calculez la puissance qui est à l'origine de l'énergie mécanique emportée par l'eau à la sortie de la turbine.

....

....

c. Combien de convertisseurs existe-t-il dans cette centrale ? Le(s) nommer.

....

....

d. On définit le rendement r d'un convertisseur par :

$$r = \frac{\text{Puissance électrique fournie par le convertisseur}}{\text{Puissance reçue par le convertisseur}}.$$

Calculez le rendement de la centrale hydroélectrique, puis donnez le résultat en pourcentage.

....

....

....

....

Livret des corrigés p. 36

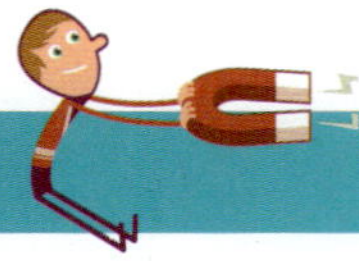

Retenir l'essentiel

Tension continue

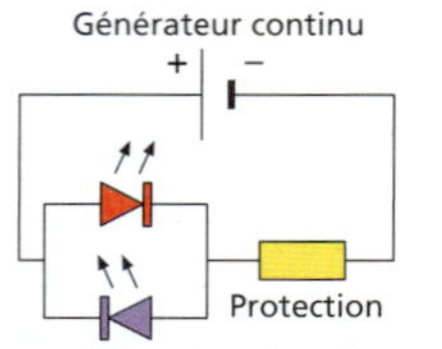

En régime continu, la DEL (diode électroluminescente, voir lexique p. 311) montée en sens inverse est éteinte.

● La tension délivrée par un générateur 6V-12V **continu** garde la **même valeur** au cours du temps. Cette tension est **constante.**

● Rappel : Le **courant continu** a un sens **conventionnel** dans un circuit du + vers le –.

Tension variable

● La tension du secteur (celle délivrée par les prises de courant) est une tension qui varie au cours du temps.

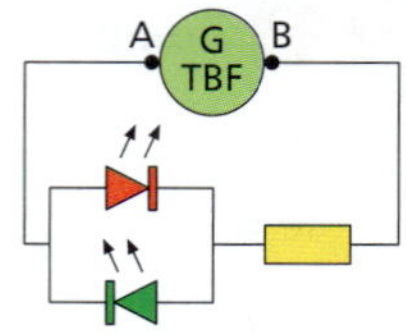

Les deux DEL clignotent alternativement.

● Lorsqu'une tension **varie** régulièrement au cours du temps et prend successivement des valeurs **positives** et **négatives**, elle est **alternative.**

Le **courant alternatif** change régulièrement de **sens.** C'est pourquoi les deux DEL clignotent dans le montage ci-dessus.

La période

Une tension alternative est dite **périodique** si elle se **répète** de manière identique et pendant des intervalles de temps égaux : périodes. La **période**, notée ***T***, s'exprime en seconde.

Comprendre ce qui se passe

► Identifier une tension continue

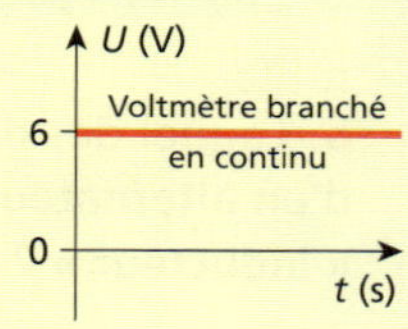

1. Expérience

On mesure la tension d'un générateur de 6 V **continu**, avec un voltmètre branché en parallèle, toutes les 10 secondes.

2. Courbe et constatation

Le graphique de la tension mesurée *U* en fonction du temps *t*, est une droite.

Cette tension ne varie pas au cours du temps.

► Déterminer les variations d'une tension alternative et sa période

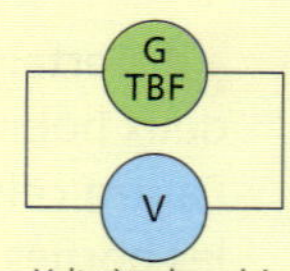

Voltmètre branché en continu

1. Expérience

On branche un voltmètre aux bornes d'un générateur TBF (Très basse fréquence, voir lexique p. 311) réglé sur 10^{-2} Hz. On relève les valeurs de *U* toutes les 10 secondes.

temps	0	10	20	30	40	50	60
tension	0	6,2	9,8	9,8	6	0	– 5,6

70	80	90	100	110	120	130	140	150
– 9,5	– 9,2	– 5,2	0	6,7	9,9	9,6	5,2	0

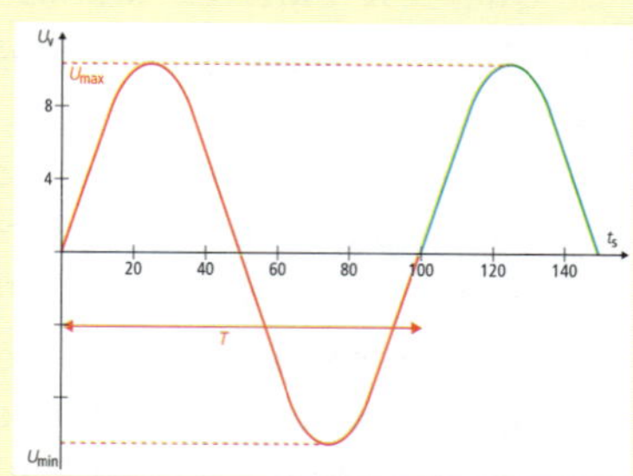

2. Courbe et constatation

On trace le graphique de *U* en fonction du temps *t*. La tension prend alternativement des valeurs positives et négatives, et un « motif élémentaire » (en rouge) se répète périodiquement.

La durée correspondant à ce motif élémentaire est la période. Ici $T \approx 100$ s.

La valeur $U_{max} \approx 10$ V est « l'amplitude ».

NOTION CLÉ

Les piles et les accumulateurs fournissent des **tensions continues.** Le générateur 6V-12V de classe peut délivrer une tension continue ou **alternative.** Il suffit pour cela de commuter le curseur correspondant.

S'entraîner

★ **1 Complétez les phrases.**

a. Une tension est continue lorsque sa .... reste .... au cours du temps.

b. L'amplitude d'une tension alternative est notée .... Elle représente la .... de cette tension.

c. Une tension alternative est .... si elle se répète identiquement à elle-même, au bout d'intervalles de temps égaux appelés ....

d. La période d'une tension alternative est notée .... C'est la durée correspondant à un .... de cette tension qui se répète.

e. Une tension alternative est une tension .... qui prend des valeurs .... et .... successivement.

★ **2 Coloriez les lampes et les DEL lorsqu'elles sont allumées.**

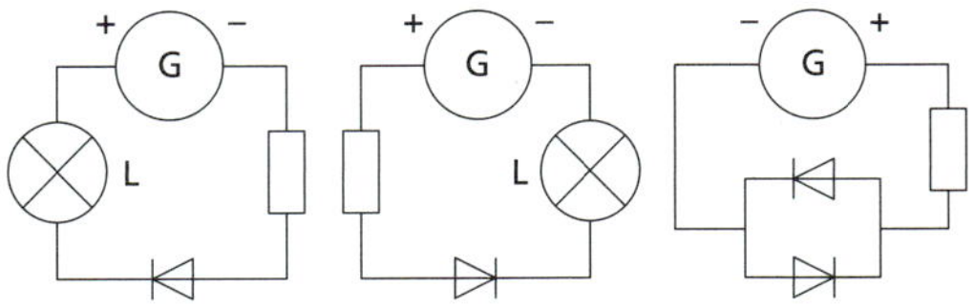

★★ **3 Faites correspondre les mots « alternative », « périodique » et « continue » aux tensions suivantes.**

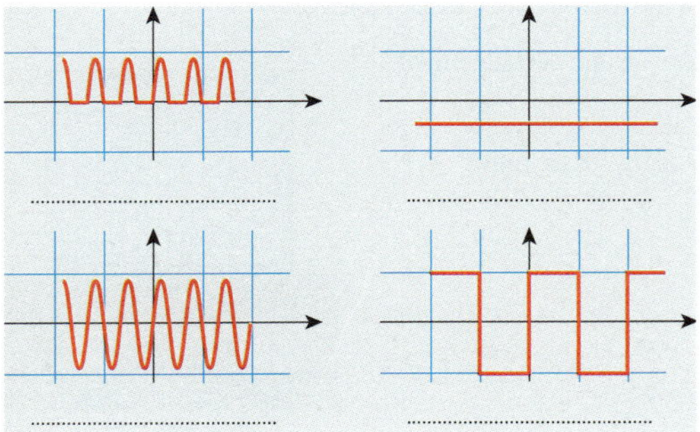

★★ **4** On étudie le graphique représentant une tension variable.

a. Est-ce une tension alternative ? Justifiez.

....

b. Est-ce une tension périodique ? Justifiez.

....

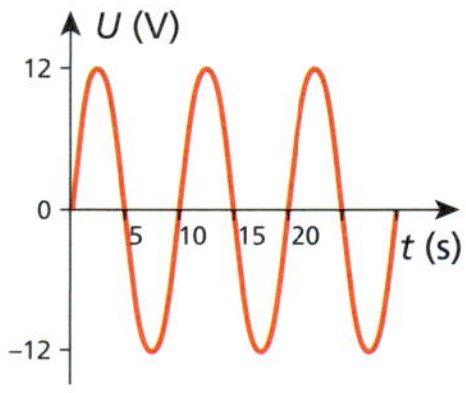

c. Quelle est l'amplitude de cette tension ?

....

d. Surlignez en bleu le motif élémentaire de cette tension et donnez sa période.

....

★★ **5** On relève les valeurs d'une tension au cours du temps.

U (V)	0	-6	-6	-6	0	6	6	6	0	-6	-6	-6	0	6	6	6
t (ms)	0	2	4	6	8	10	12	14	16	18	20	22	24	26	28	30

a. Tracez le graphique de la tension en fonction du temps.
Échelle : (2 cm ↔ 3 V) et (1 cm ↔ 2 ms).

b. Est-ce une tension continue ? Justifiez.

....

c. Donnez son amplitude et sa période en seconde.

....

★★ **6** La tension du secteur est une tension alternative et périodique. Sa forme est celle de la tension schématisée dans l'exercice 4. Son maximum est de 325 V et sa période de 20 ms.

a. Réalisez le graphique des variations de la tension en fonction du temps, en prenant pour échelle 1 cm ↔ 2 ms et 1 cm ↔ 50 V.

b. Combien de fois la tension d'une lampe branchée sur le secteur s'annule-t-elle par seconde ?

....

c. Peut-on voir la lampe clignoter ?

....

Physique

Livret des corrigés p. 36

Retenir l'essentiel

Visualisation d'une tension à l'oscilloscope

Un **oscilloscope** est un appareil de **mesure** et de **visualisation** de la tension. Il permet également de **mesurer sa période *T***.

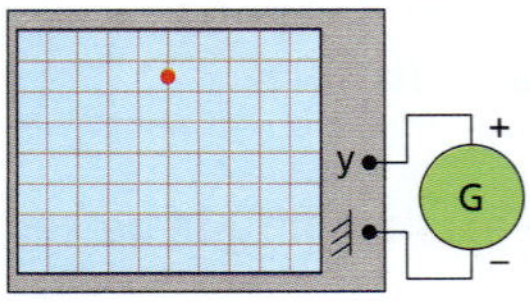

Le point rouge, appelé spot, se déplace du centre vers le haut de l'écran. Son déplacement est proportionnel à la valeur de la tension visualisée.

● **Bornes de l'oscilloscope**
Pour visualiser la tension d'un générateur, on branche sa borne + sur l'« entrée » Y d'un oscilloscope et sa borne – sur la « masse ». Le **spot** de l'oscilloscope monte.

● **Balayage**
La touche « **balayage** » de l'oscilloscope permet de visualiser les **variations** d'une tension alternative **au cours du temps.**

	Tension continue	Tension alternative
Sans balayage	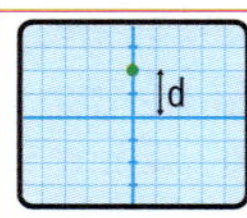	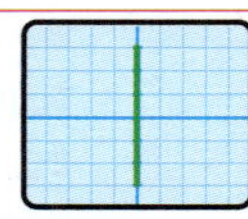
Avec balayage	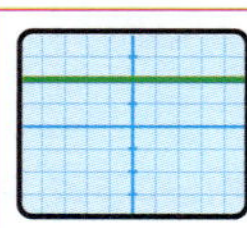	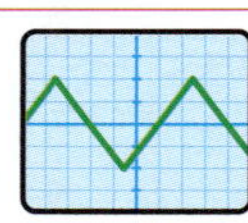

La valeur de la **période *T*** est donnée par : $T = \text{B} \times$ nombre de divisions que couvre un motif élémentaire (B est la valeur indiquée par la touche « balayage »).

● **Mesure de tension**
La touche « **volts/division** » de l'oscilloscope permet de déterminer l'**amplitude U_{max}** d'une tension alternative.

$$U_{max} = \text{C} \times \text{nombre de divisions dont monte le spot}$$

(C est la valeur indiquée par la touche « volts/division » en V/division).

Caractéristiques d'une tension

Une tension alternative est caractérisée par son **amplitude U_{max}** et sa **période *T***, mais également par sa **fréquence *f*** et sa **valeur efficace U_{eff}**.

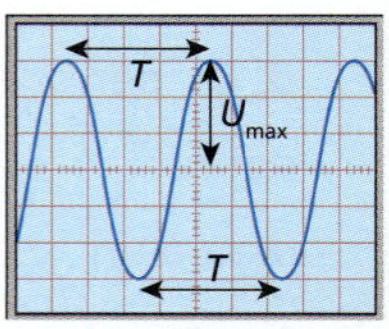

L'oscillogramme d'une tension « alternative et sinusoïdale » comme celle du secteur.

● **Voltmètre**
Un voltmètre fonctionnant en mode alternatif mesure la valeur efficace U_{eff} d'une tension alternative :

$$U_{eff} = \frac{U_{max}}{\sqrt{2}}$$

● **Fréquencemètre**
Un fréquencemètre mesure la fréquence *f* d'une tension alternative. **La fréquence est le nombre de périodes par seconde** et s'exprime en hertz (symbole Hz) :

$$f = \frac{1}{T} \text{ (avec } T \text{ en seconde).}$$

Comprendre ce qui se passe

▶ Mesurer U_{max} et *T* avec un oscilloscope, et calculer *f*

On branche l'oscilloscope sur un GBF (générateur basse fréquence) et on visualise la tension délivrée. On calcule alors l'amplitude et la période :

$U_{max} = \text{C} \times 3 = 2 \times 3 = 6$ V (la tension s'étend verticalement sur 3 divisions) ;

$T = \text{B} \times 5 = 0{,}5 \times 4 = 2{,}0 \text{ ms} = 2{,}0 \cdot 10^{-3}$ s (le motif élémentaire s'étend sur 5 divisions).

La fréquence *f* est donnée par :

$$f = \frac{1}{T} = \frac{1}{2{,}0.10^{-3}} = 500 \text{ Hz.}$$

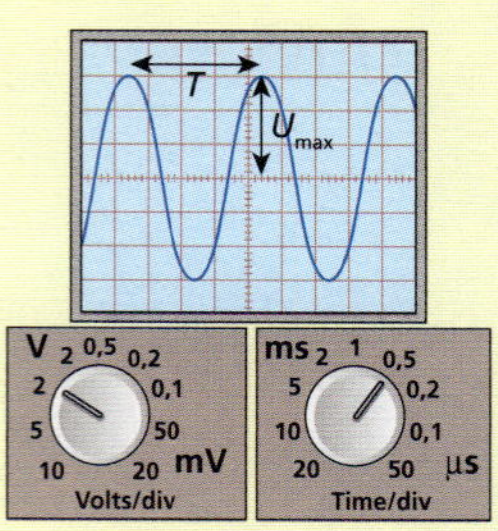

MOTS CLÉS

Il est possible d'exprimer la période d'une tension en millisecondes. Par contre, la période doit obligatoirement être convertie en **secondes** pour calculer une fréquence en **hertz**.

S'entraîner

★ **1** **Donnez les unités des grandeurs physiques suivantes :**

a. **tension efficace :** ....

b. **fréquence :** ....

c. **période :** ....

d. **tension maximale :** ....

★ **2** **Reliez par un trait l'appareil de mesure et la grandeur qu'il peut mesurer.**

Oscilloscope ●	● Tension efficace
Voltmètre ●	● Fréquence
Fréquencemètre ●	● Période
Ampèremètre ●	● Tension maximale

★★ **3** **Convertissez.**

a. 1 500 Hz = ... kHz

b. 30 ms = ... s

c. 400 mV = ... V

d. 50 µs = ... s

e. 500 000 Hz = ... MHz

f. 0,064 s = ... ms

g. 800 V = ... kV

★★ **4** **Corrigez les formules erronées.**

a. $T = 1/f$

b. $U_{max} = U_{eff} / \sqrt{2}$

c. $f \times T = 1$

d. $f \times 1 = T$

e. $U_{eff} \times U_{max} = \sqrt{2}$

★★ **5** **a.** **Parmi les oscillogrammes suivants, lequel représente une tension alternative et sinusoïdale ?**

....

....

....

b. **Dessinez l'oscillogramme obtenu pour chaque tension lorsque le balayage ne fonctionne pas.**

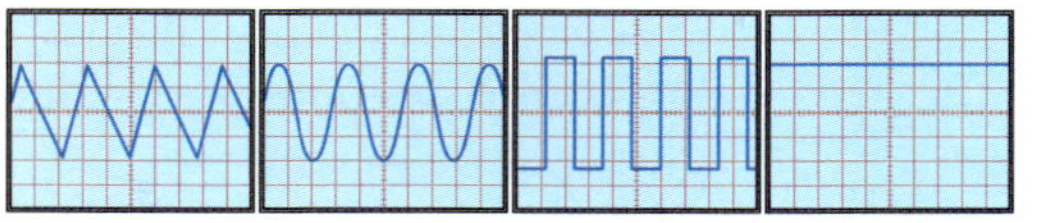

① ② ③ ④

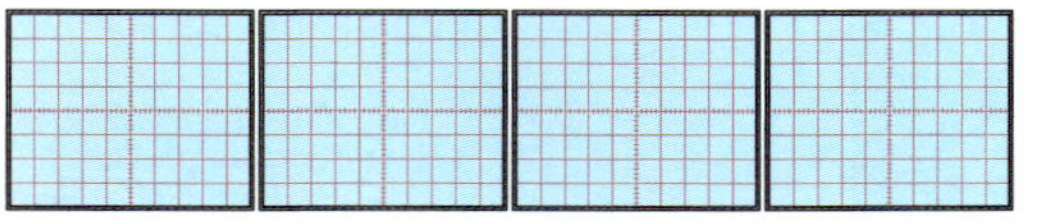

★★ **6** **a.** **Calculez la fréquence d'une tension dont la période est de 50 µs. Donnez la réponse en kHz.**

b. **Calculez la période d'une tension dont la fréquence est de 40 Hz.**

c. **Calculez la tension efficace d'une tension dont l'amplitude est 24 V.**

d. **Calculez l'amplitude d'une tension dont la valeur efficace est de 12 V.**

e. **Calculez la fréquence de la tension du secteur dont la période est de 20 ms.**

★★ **7** On considère la tension ci-dessous mesurée par un oscilloscope et un voltmètre.

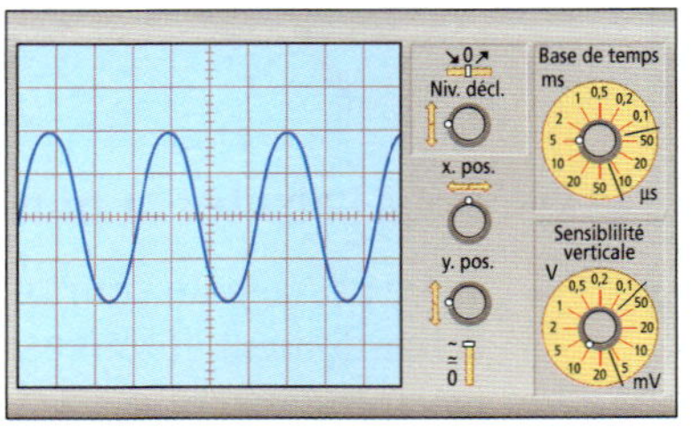

a. **Quelle est l'amplitude de cette tension ?**

b. **Est-ce une tension alternative ? Pourquoi ?**

c. **Est-ce une tension périodique ? Pourquoi ?**

d. **Quelle est la période de la tension visualisée ?**

e. **Calculez sa fréquence.**

f. **Quelle est l'indication du voltmètre ?**

g. **Que verra-t-on sur l'écran de l'oscilloscope si on choisit C = 20 V/division ?**

Livret des corrigés p. 37

Retenir l'essentiel

Puissance reçue par un appareil

● En courant continu

La puissance électrique P consommée par un appareil est égale au produit de la tension U entre ses bornes par l'intensité I du courant qui la traverse :

$P = U \times I$ — P en watts (W), U en volts (V), I en ampères (A)

Les appareils électriques se distinguent par leurs caractéristiques nominales :
– 6 V est la tension nominale de cette lampe (c'est-à-dire la tension nécessaire pour qu'elle fonctionne normalement) ;
– 12 W est sa puissance nominale (c'est-à-dire la puissance qu'elle reçoit lors d'un fonctionnement normal).

● En courant alternatif

La relation devient $P = U_{eff} \times I_{eff}$.
Elle est applicable aux appareils ne comportant que des résistances (pas de moteur).

Puissance reçue par une installation

La puissance reçue par une installation est égale à la somme des puissances reçues par chaque appareil en fonctionnement.

L'énergie électrique

L'énergie électrique E reçue par un appareil est égale au produit de la puissance P et de la durée t de son fonctionnement :

$$E = P \times t$$

Remarque

P en watts (W)	P en watts (W)	P en kilowatts (kW)
t en secondes (s) **ou**	t en heures (h) **ou**	t en heures(h)
E en joules (J)	E en wattheures (Wh)	E en kilowattheures (kWh)

Que devient l'énergie électrique reçue par un appareil ?

Un appareil électrique reçoit de l'énergie électrique qu'il transforme en d'autres formes d'énergie : énergie mécanique (moteur), énergie thermique (grille-pain), énergie rayonnante (lampe).

Dans une installation, c'est le **compteur électrique** qui mesure l'énergie reçue et détermine ainsi le montant de la facture d'électricité.

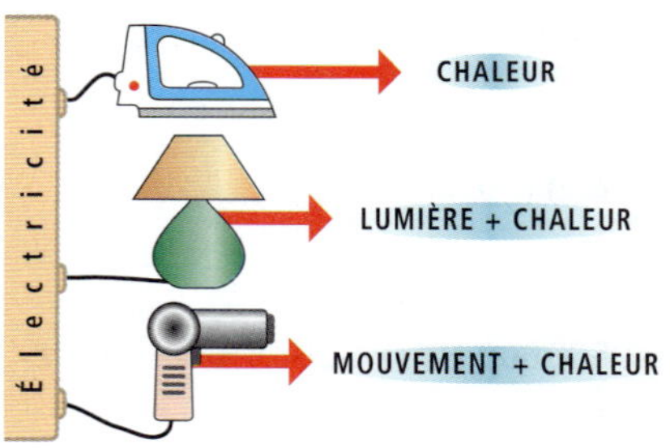

Comprendre ce qui se passe

▶ Pour calculer la puissance maximale admissible dans un circuit

1. Le passage du courant dans un fil conducteur provoque toujours un échauffement et tout échauffement excessif peut être dangereux (fusion des gaines isolantes, incendie…). Dans ce cas, un **disjoncteur** coupe le circuit.

2. Le tableau ci-dessous donne, en fonction des sections des fils couramment utilisées dans les installations domestiques, les intensités maximales permises par les **règles de sécurité**.

Section des fils	1,5 mm^2	2,5 mm^2	4 mm^2	6 mm^2
Intensité maximale	10 A	20 A	25 A	32 A

La tension du secteur étant de 230 V, la puissance maximale admise peut se calculer ainsi : $P_{max} = U \times I_{max}$ soit $P_{max} = 230 \times I_{max}$.
Ainsi, un fil de 1,5 mm^2 de section ne conviendra pas pour alimenter un appareil de chauffage dont la puissance serait supérieure à 230 × 10, soit 2 300 W.

NOTION CLÉ

Effet Joule : lorsqu'un appareil électrique transforme l'énergie électrique en une autre forme d'énergie, une partie de l'énergie électrique est toujours convertie en chaleur.

S'entraîner

★ **1** Le culot d'une lampe porte les indications suivantes : 6 V – 1,8 W.

Que représentent ces deux valeurs ?

....

★ **2** **a. Précisez la signification de chaque lettre dans la relation *P* = *U* × *I*.**

....

b. Quelles sont les unités correspondantes ?

....

c. Cette formule est-elle toujours valable en courant continu ? et en courant alternatif ?

....

★★ **3** Un radiateur électrique fonctionne sous la tension du secteur ($U = 230$ V). La valeur efficace de l'intensité qui le traverse est 6,5 A. **Calculez sa puissance électrique.**

....

★★ **4** Un fer à repasser porte les indications suivantes : 230 V – 1 500 W. Il est branché sur une prise du secteur. **Quelle est l'intensité du courant qui le traverse ?**

....

★★ **5** Voici le schéma d'une installation électrique simplifiée. Entre phase et neutre, $U = 230$ V.

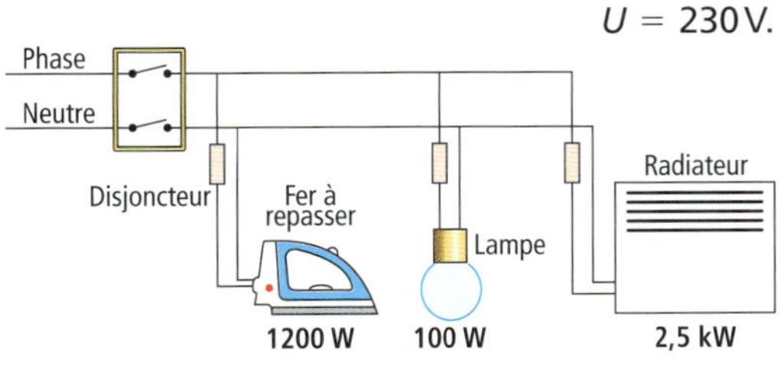

a. Quelle est la puissance reçue par l'installation quand les trois appareils sont en fonctionnement ?

....

b. Quelle est l'intensité efficace du courant qui traverse le disjoncteur ?

....

★★ **6** **a. Quelle relation permet de calculer l'énergie électrique *E* consommée par un appareil dont on connaît la puissance *P* quand il fonctionne pendant une durée *t* ?**

....

b. Quelle est l'unité de l'énergie :

– si *P* est exprimé en kilowatts et *t* en heures ?

– si *P* est exprimé en watts et *t* en secondes ?

★★ **7** Une lampe halogène de 500 W reste allumée pendant 3 h.

a. Calculez l'énergie électrique qu'elle a consommée en wattheures, en kilowattheures et en joules.

b. Que devient cette énergie lors du fonctionnement ?

★★ **8** **a. Quel appareil mesure l'énergie électrique consommée dans une installation ?**

b. Calculez l'énergie électrique consommée par l'installation schématisée dans l'exercice 5 quand les trois appareils fonctionnent pendant 1,5 h. Exprimez le résultat en joules, puis en kilowattheures.

c. Quel est le coût de ce fonctionnement ? (Donnée : 1 kWh vaut 0,10 euro)

★★ **9** **Quelle doit être la section minimale des fils qui alimentent les appareils ci-dessous lorsqu'ils fonctionnent sous la tension du secteur (230 V) ? Utilisez les données de la page précédente et complètez le tableau.**

Appareil	Fer à repasser	Four	Plaque de cuisson
Puissance	2 000	2 800	5 500
Section des fils			

★★ **10** Un fer à repasser branché sur le secteur reste allumé toute une nuit : 10 h. Il est traversé par $I = 4{,}35$ A. **Quel est le coût engendré par cet oubli si 1 kWh vaut 0,10 € ?**

Livret des corrigés p. 37

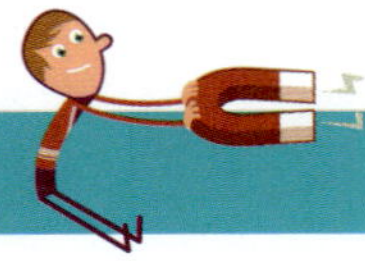

Retenir l'essentiel

Interaction

Le système solaire est constitué d'une étoile, de huit planètes, de leurs satellites et d'astéroïdes. En étudiant le mouvement de ces objets stellaires, on constate que les planètes tournent autour du Soleil et que les satellites effectuent le même mouvement autour des planètes. On dit que ces objets sont en **interaction gravitationnelle**.

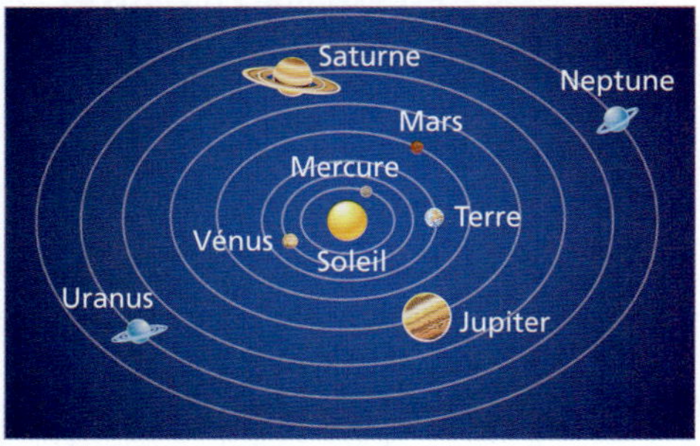

Propriétés

- **Aspect attractif**

Les planètes gravitent autour du Soleil et ne quittent pas leurs orbites. On peut donc déduire que l'interaction entre ce dernier et les planètes est **attractive.** La gravitation est une interaction attractive entre deux objets stellaires.

- **Aspect universel**

Cette interaction n'est due qu'au seul fait que ces objets ont une masse. Ce raisonnement s'applique à tous les objets possédant une masse. Il existe une interaction gravitationnelle entre la Terre et le Soleil, entre la Terre et la Lune, mais aussi entre vous et une chaise.

L'interaction gravitationnelle régit l'univers entier : elle est **universelle.**

L'interaction gravitationnelle se manifeste par des forces attractives entre deux objets.

Sur Terre, le seul objet avec lequel nous interagissons (du point de vue gravitationnel) de manière non négligeable est cette même planète car sa masse est grande. Le poids est la manifestation de cette interaction.

Comprendre ce qui se passe

Une interaction et ses caractéristiques

1. L'interaction
On prend un petit aimant et une bille en fer. On les suspend par des fils et on rapproche les supports. La bille et l'aimant s'attirent. Ces deux objets sont en **interaction.** Pour interagir, l'aimant et la bille n'ont pas besoin d'être en contact : c'est une **interaction à distance.**

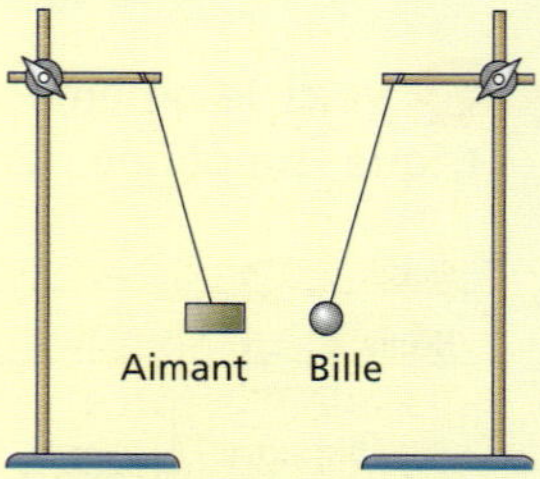

La bille attire l'aimant avec une force F_1. L'aimant attire la bille avec une force F_2. Les deux forces sont égales : $F_1 = F_2$.

2. La distance
L'aimant et la bille ne se déplacent pas l'un vers l'autre lorsqu'ils sont trop éloignés. Ils s'attirent d'autant plus fortement qu'ils sont proches l'un de l'autre.
L'interaction gravitationnelle **dépend de la distance** entre les corps.

3. La masse
L'interaction gravitationnelle est trop faible pour être détectable entre les objets qui ont une masse faible comme nous et les objets qui nous entourent. Elle est en revanche importante entre les corps massifs tels les astres. Cette interaction **dépend de la masse** des corps également.

NOTION CLÉ

L'interaction gravitationnelle entre la Terre et le Soleil est modélisée par deux forces égales : $F_{T/S} = F_{S/T}$. Il ne faut donc pas oublier que la Terre attire le Soleil avec la même force que le Soleil l'attire. De même un individu attire la Terre avec la même force que la Terre l'attire.

S'entraîner

★ **1** **Citez deux exemples d'interactions gravitationnelles que vous connaissez.**

....

★ **2** **Complétez les phrases suivantes.**

a. Deux objets sont en .... gravitationnelle du simple fait qu'ils possèdent une masse.

b. Deux objets de masses différentes exercent l'un sur l'autre des forces ....

c. L'interaction gravitationnelle diminue lorsque la distance entre deux corps ....

d. L'interaction gravitationnelle se manifeste par des ....

e. L'interaction gravitationnelle entre deux corps n'est pas négligeable que si leurs masses sont ....

★ **3** **Vrai ou Faux ?**

	V	F
a. La Lune attire la Terre.	☐	☐
b. Un aimant attire un clou en fer mais le clou n'attire pas l'aimant.	☐	☐
c. La Terre nous attire et nous attirons la Terre.	☐	☐
d. La masse de la Terre est plus faible que celle du Soleil, la force d'attraction qu'elle exerce alors sur celui-ci est plus faible que celle exercée par le Soleil sur la Terre.	☐	☐
e. On peut assimiler l'interaction gravitationnelle à l'interaction qui existe entre deux aimants.	☐	☐

★★ **4** **Deux objets peuvent-ils être en interaction autre que gravitationnelle ? Expliquez et donnez un exemple.**

....

★★ **5** **Cochez s'il existe une interaction gravitationnelle non négligeable.**

☐ **a.** Entre un enfant et un jouet en forme de voiture qu'il tire par l'intermédiaire d'un fil.

☐ **b.** Entre la fusée Ariane qui s'éloigne de la Terre et cette même planète.

☐ **c.** Entre une pomme qui tombe d'une branche et la Terre.

☐ **d.** Entre un fruit accroché sur la branche d'un arbre et la Terre.

☐ **e.** Entre un homme et la voiture qu'il conduit.

★★★ **6** On considère deux cubes 1 et 2 de masses respectives m_1 = 1 kg et m_2 = 3 kg.

1. Ces cubes sont placés à une distance de 20 cm l'un de l'autre.

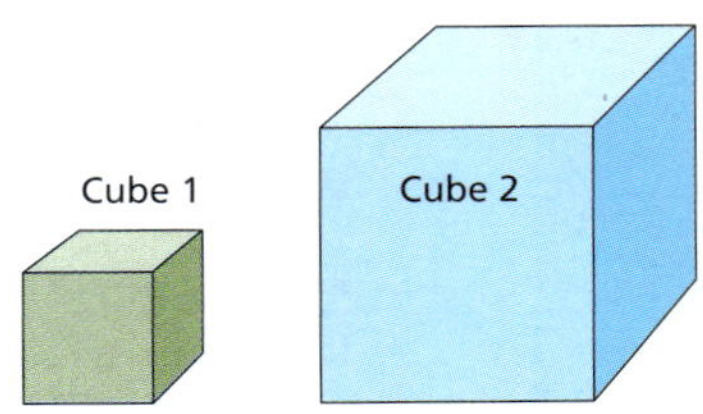

Quelle est la relation qui lie les forces attractives F_1 et F_2 appliquées par chacun de ces cubes sur l'autre ?

....

2. On pose le cube 1 sur le cube 2.

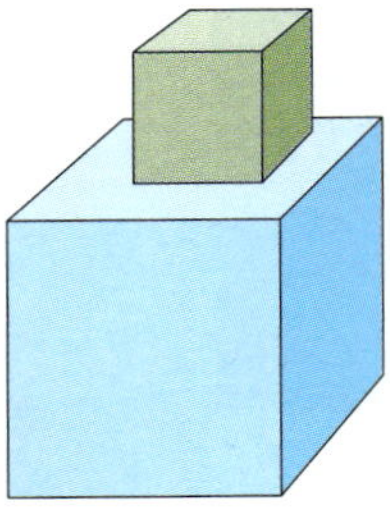

a. Existe-t-il encore une interaction gravitationnelle entre ces deux objets ? Pourquoi ?

....

b. Existe-t-il encore une interaction gravitationnelle entre le cube 1 et la Terre ? Pourquoi ?

....

c. Existe-t-il une autre interaction entre ces cubes ? Si oui, est-elle à distance ?

....

....

Livret des corrigés p. 37

Retenir l'essentiel

Le poids

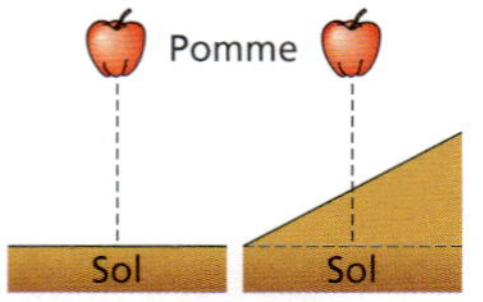

L'action à distance de la Terre sur la pomme se traduit par une force P qui l'attire verticalement vers le sol.

- Le **poids** d'un objet est la **force d'attraction** que la Terre exerce sur celui-ci.
- Le poids est une **action à distance** : il n'est pas nécessaire d'être au contact du sol pour subir cette force. Le poids est une force **verticale** et dirigée vers le bas.
- Le poids **P** se mesure avec un dynamomètre et son unité de mesure est le **newton** (N). P diminue lorsqu'on s'éloigne de la Terre et finit par s'annuler dans l'espace : c'est l'apesanteur.

La masse

La **masse** d'un objet est la **quantité de matière** qui le constitue. La masse **m** se mesure avec une balance et son unité est le **kilogramme** (kg). La masse reste constante quel que soit l'endroit où on se trouve sur différentes planètes ou dans l'espace.

Relation entre la masse et le poids

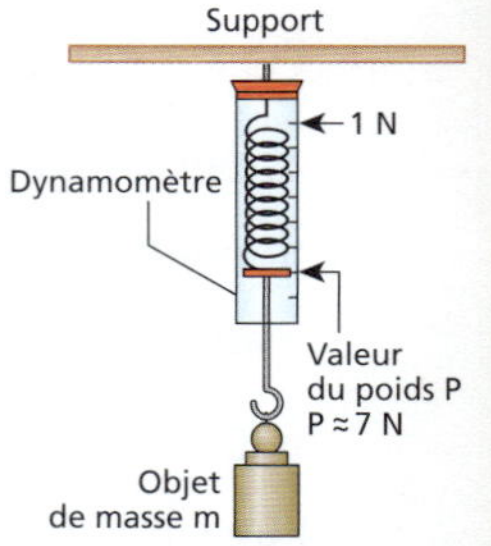

On mesure le poids de la masse m = 700 g sur le dynamomètre. On peut l'obtenir par calcul : P = m.g = 0,7 × 9,8 = 6,9 N.

Il ne faut pas confondre le poids et la masse. Ils ne s'expriment pas dans une même unité. Ils sont liés par la relation :

$$P = m \cdot g$$

P(N) et m(kg).

g est **l'intensité de la pesanteur** exprimée en N/kg ou $N \cdot kg^{-1}$. Sur Terre, $g \approx 9{,}8$ N/kg.

Le poids d'un objet est différent sur d'autres planètes mais sa masse reste la même.

Comprendre ce qui se passe

▶ Vérifier la verticalité du poids

- On suspend un objet plat par un fil à plomb tenu par un support comme l'indique le schéma. On trace la direction du fil sur l'objet. Cette direction est verticale (perpendiculaire au sol) et indique celle du poids de l'objet.
- On pose le support sur une pente. On constate que la direction du poids reste verticale et non perpendiculaire à celle de la pente.

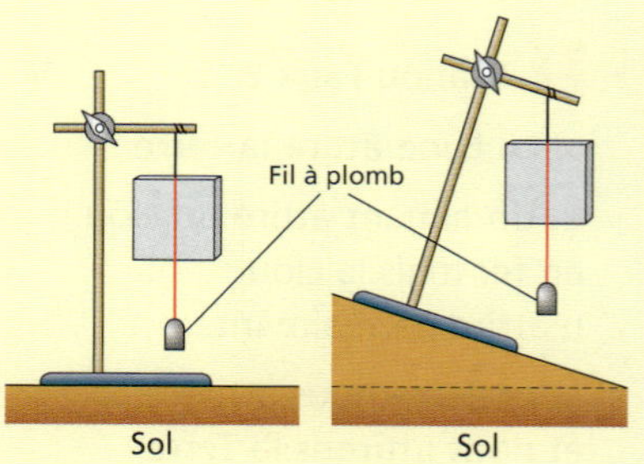

▶ Vérifier expérimentalement la relation entre le poids et la masse

1. Expérience

On mesure à l'aide d'une balance la masse de différents objets. Puis on mesure un à un leur poids avec un dynamomètre. On note les résultats dans un tableau.

2. Exploitation des résultats

On calcule P/m et on complète le tableau.

m (kg)	0,020	0,05	0,08	0,1	0,12	0,15
P (N)	0,21	0,52	0,79	0,98	1,17	1,46
P /m (N/kg)	10,5	10,4	9,88	9,8	9,75	9,73

On constate que P/m = 9,8 = g. On obtient P × 1 = m × g.

Le poids et la masse sont liés par la relation P = m × g avec g = 9,8 N/kg sur Terre.

NOTION CLÉ

Le poids résulte de **l'interaction gravitationnelle** entre une planète et un objet qui se trouve à proximité de celle-ci.

S'entraîner

★ **1 Complétez les phrases suivantes.**

a. .... d'un objet se mesure avec une balance. Cette grandeur physique .... si on change d'endroit.

b. Le poids d'un objet se mesure avec .... Il s'exprime en ....

c. Le poids et la masse d'un objet sont liés par la relation .... où g est ....

d. Le poids d'une personne sur la Lune .... tandis que sa .... garde la même valeur que sur la Terre.

★ **2 a. Parmi les formules suivantes, corrigez celle qui est fausse :**

- $m = g / P$ ● $P = m.g$ ● $g = P / m$

b. Donnez l'unité de P.

c. Donnez l'unité de m.

d. Que représente g ? Donnez son unité.

★★ **3** Un astronaute marchant sur le sol lunaire porte un équipement dont la masse mesurée sur Terre vaut 80 kg.

a. Quelle est la masse de cet équipement sur la Lune ?

b. Calculez le poids P_T de l'équipement sur la Terre, puis le poids P_L sur la Lune.

Données : $g_{Terre} = 9{,}8$ N/kg ; $g_{Lune} = 1{,}6$ N/kg.

★★ **4 Cochez la(les) phrase(s) juste(s).**

Une personne se trouvant en Australie, hémisphère sud, peut-elle dire :

a. ☐ **Je suis attirée vers le haut.**

b. ☐ **Je suis attirée vers le bas.**

c. ☐ **Je suis attirée vers le centre de la Terre.**

d. ☐ **Mon poids change de valeur par rapport à l'hémisphère nord.**

★★ **5** Un paquet de bonbons est accroché par un fil à un dynamomètre. L'appareil indique 4,2 N.

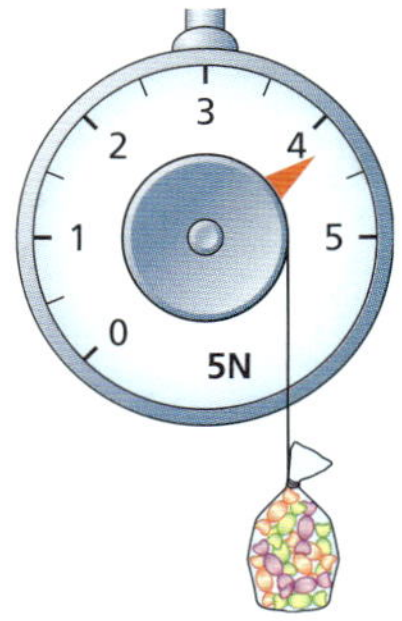

a. Dessinez sur le schéma la direction du poids.

b. Calculez la masse du paquet de bonbons.

c. Exprimez cette masse en grammes.

Donnée : g = 10 N/ kg.

★★ **6** Un voyage est programmé sur l'une des planètes du système solaire. Une sonde est envoyée sur la surface de la planète pour effectuer les premières mesures. Le poids de cette sonde est de $P_T = 1176$ N sur Terre.

a. Calculez la masse de la sonde sur Terre, sachant que $g_{Terre} = 9{,}8$ N/ kg .

b. Quelle est sa masse sur la planète de destination ? Justifiez.

c. Quel est son poids à mi-chemin entre la Terre et la planète de destination ? Justifiez.

d. Lorsque la sonde se pose sur la surface de la planète, les ordinateurs de bord indiquent que son poids est alors P = 444 N. Quelle est la planète de destination ? Justifiez par calcul, puis utilisez le tableau suivant.

Astre	Terre	Lune	Mercure	Vénus	Mars	Jupiter	Saturne
g (N/kg)	9,8	1,6	3,6	8,9	3,7	25	10,6

★★ **7** La mesure de l'intensité de la pesanteur g à différentes altitudes h donne les résultats suivants :

h (km)	0	100	500	1000	2000	3000	5000	7000	10000
g (N.kg–1)	9,8	9,5	8,4	7,3	5,7	4,5	3,1	2,2	1,5

a. Représentez graphiquement les variations de g en fonction de h. Prendre comme échelle : 1 cm pour 1 $N.kg^{-1}$ en ordonnées et 1 cm pour 1000 km en abscisses.

b. Déterminez graphiquement la valeur de g à 250 km d'altitude.

Physique

Livret des corrigés p. 37-38

Retenir l'essentiel

Pourquoi les objets tombent-ils ?

● La Terre exerce une **action mécanique** ou une force sur les objets pour les attirer vers elle : les objets tombent.

Les objets tombent en chute libre vers la Terre sous l'effet de leur poids.

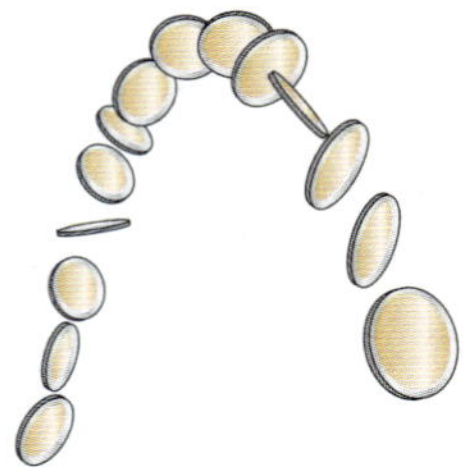

Une pièce jetée en l'air, décélère, puis accélère au cours de sa chute.

● L'action mécanique exercée (par exemple par la Terre) sur un objet peut :
- le mettre en mouvement (un objet tombe ou glisse le long d'une pente) ;
- modifier sa vitesse (un objet accélère) ;
- modifier sa trajectoire (un objet jeté vers le haut retombe).

L'énergie de mouvement

Un objet de masse m, qui se déplace à la vitesse V, possède une énergie : c'est l'**énergie de mouvement ou cinétique E_c**. Elle dépend de la **masse** du mobile et de sa **vitesse.**

L'énergie du mouvement d'un objet de masse m se déplaçant à la vitesse V est proportionnelle à sa masse et au carré de sa vitesse :

$$E_c = \frac{1}{2} . m . V^2$$

E_c en joule (J), m en kg et V en $m.s^{-1}$.

L'énergie de position

● Un objet placé à une hauteur h possède de l'énergie proportionnelle à sa **masse** m et à sa **position** : plus h est grand, plus l'**énergie de position** E_P (en joule) sera grande.

● Les objets en **chute libre** possèdent donc de l'**énergie de mouvement** et de **position.** La somme de ces deux énergies est l'**énergie mécanique E_m** (en joule). En étudiant la chute d'une bille, on constate que l'énergie de position (maximale au début) se transforme en énergie de mouvement (maximale à la fin), mais $E_m = E_c + E_P$ = constant.

● Cette propriété est utilisée dans les barrages hydrauliques : l'eau retenue par le barrage à une hauteur h possède de l'énergie de position qui diminue lors de sa chute. L'eau acquiert de l'énergie de mouvement. Cette dernière est utilisée pour faire tourner un alternateur par l'intermédiaire d'une turbine. L'énergie de mouvement est transformée en énergie électrique.

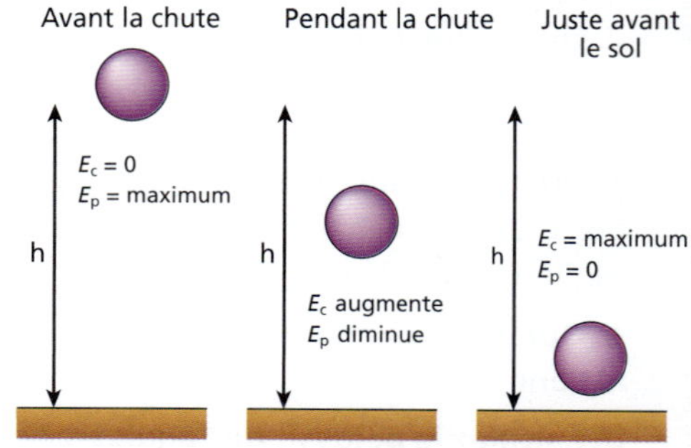

Comprendre ce qui se passe

▶ Comprendre les consignes de sécurité grâce à l'énergie cinétique

● L'énergie cinétique d'une voiture de masse m se déplaçant à une vitesse $V = 30\ km.h^{-1}$ est $E_c = ½ . m. V^2$.

● Si la voiture double sa vitesse, $V' = 60\ km.h^{-1} = 2\ V$ et son énergie de mouvement sera :

Distance de freinage en fonction de la vitesse

Vitesses	Distances
30 km/h	4,4 m
60 km/h	18 m
90 km/h	39 m

$$E_c' = ½.m.\ V'^2 = ½.m.(2\ V)^2 = ½.m.\ 4.\ V^2 = 4.\ ½.m.\ V^2 = 4\ E_c$$

Si la vitesse d'une voiture **double**, son **énergie de mouvement** se **multiplie par 4.** La distance de freinage est proportionnelle à V^2 et se multiplie par 4.

NOTION CLÉ

L'énergie de position dépend de la masse et de la position de l'objet, mais aussi de l'intensité de la pesanteur g. On l'appelle **l'énergie potentielle de pesanteur.**

S'entraîner

★ **1** **Dans quelle unité s'exprime la somme $E_c + E_P$?**

★ **2** **a. Donnez la formule de l'énergie cinétique.**

....

b. Que représente chaque lettre dans cette formule ?

....

c. Précisez l'unité de chaque grandeur physique de cette formule.

....

★ **3** **a. Complétez la phrase.**

L'énergie de position d'un objet est l'énergie qu'il possède lorsqu'il est placé à une .... par rapport au sol. Elle dépend de .... de cet objet et de ....

b. L'énergie de position d'un objet que l'on soulève au-dessus du sol augmente-t-elle ou diminue-t-elle ?

....

★★ **4** **Entourez les formules exactes.**

a. $E_c = 1 / 2 .m^2 . V$ **b.** $E_c = m. V^2 / 2$

c. $E_c = 2 m. V^2$ **d.** $2. E_c = m . V^2$

★★ **5** **Cochez les affirmations exactes.**

Un objet en chute libre :

a. est projeté vers le bas. ☐

b. se déplace en ligne droite. ☐

c. voit son énergie de position diminuer. ☐

d. garde une vitesse constante. ☐

e. accélère. ☐

★★ **6** Une balle est lancée horizontalement du haut d'une table, comme l'indique le schéma.

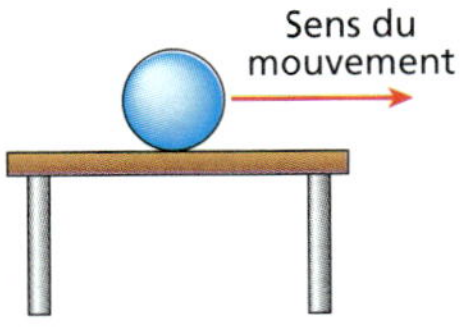

a. Pourquoi ne continue-t-elle pas sa trajectoire rectiligne ?

b. Avec quel objet est-elle en interaction ?

c. Complétez le schéma en dessinant sa trajectoire.

d. Comment varie l'énergie de position de la balle sur la table, puis à partir du moment où elle quitte la table ?

★★ **7** **Quelle est la vitesse d'une balle de 15 g possédant une énergie cinétique de 600 J ?**

....

★★ **8** Une voiture de 1,2 tonne se déplace à une vitesse constante de 100 km.h^{-1}.

a. Rappelez la formule de la vitesse V en fonction de la distance *d* et du temps *t*. Calculez la distance parcourue, en mètres, par cette voiture pendant 5 minutes.

b. Calculez l'énergie cinétique de la voiture.

c. Quelle est la vitesse d'un camion de 10 tonnes qui possède la même énergie cinétique ? Donnez cette vitesse en km.h^{-1}.

★★ **9** La distance d'arrêt D_A d'un véhicule pour éviter un obstacle est $D_A = D_R + D_F$. D_F (distance de freinage) est la distance parcourue à partir du moment où le conducteur freine et D_R (distance de réaction) est la distance parcourue pendant le temps nécessaire au conducteur pour réagir et commencer à freiner. Le temps de réaction est d'une seconde pour un conducteur reposé qui n'a pas consommé d'alcool. Une voiture se déplace à $V_1 = 45$ km.h^{-1} en ville et à $V_2 = 90$ km.h^{-1} sur une route nationale.

a. Convertissez V_1 et V_2 en m.s^{-1}

b. Quelles sont les distances de réactions D_{R1} et D_{R2} en mètres ?

c. La distance de freinage est-elle proportionnelle à V ou à V^2 ?

d. D_{F1} = 13 m pour cette voiture en ville. Calculez D_{F2}.

e. Calculez les distances d'arrêt pour cette voiture en ville et sur la route nationale.

Physique

Livret des corrigés p. 38

Retenir l'essentiel

Le présent simple

- À la **troisième personne du singulier**, la terminaison est *-s*, ou *-es* pour les verbes terminés par ***-ss***, ***-ch***, ***-sh*** et ***-o***.
Goes, watches, kisses

- *Do* et *does* (à la 3e personne) aux formes négative et interrogative.
You read./Do you read?/You do not (don't) read.
He reads./Does he read?/He does not (doesn't) read.

- Le présent simple sert à **exprimer** :
– des **vérités générales** ;
Water boils at 100°C.
– des **actions habituelles ou fréquentes** ;
He never speaks to her.
I take the bus every morning.
– **une situation permanente** ;
They live in Tokyo.

- Les verbes exprimant la pensée et le goût *to agree*, *to believe*, *to want*, *to remember*, *to love*, *to hate*, *to like*, etc., ne s'emploient qu'à la forme simple.
He likes French cheese.
They remember his name.

Le présent continu

- *be* **au présent** + **base verbale** + *-ing*
You are driving./Are you driving?/You are not (aren't) driving.

- Le présent continu sert à **exprimer** :
– une **action en cours** ; *He is singing.*
– une **action prévue dans un futur proche** ;
He's coming tomorrow morning.

- Il s'emploie avec les **verbes de position**.
She's lying, he's standing.

La comparaison

- **Le comparatif**

	Adjectif court	Adjectif long
Comp. de sup.	adj. + *-er* + *than* *Pat is taller than Erick.*	*more* + adj. + *than* *Susan is more careful than her sister.*
Comp. d'égalité	*as* + adj. (court ou long) + *as* *My bag is as heavy as yours.*	
Comp. d'inf.	*less* + adj. (court ou long) + *than* *Helen is less tall than Jane.*	

- Le **double comparatif** sert à exprimer **une progression.**
Taxi fares are more and more expensive.
Her children are nicer and nicer.

- **Le superlatif**

Adjectif court	Adjectif long
the + adj. + *-est* *The Eiffel Tower is the highest monument in Paris.*	*the most* + adj. *The Rolls Royce is the most expensive car here.*

- **Comparatifs et superlatifs irréguliers**

Adjectif	Comparatif	Superlatif
good	*better*	*the best*
bad	*worse*	*the worst*
far	*farther*	*the farthest*
little	*less*	*the least*

Les pronoms personnels

- **Sujets** : *I, you, he, she, it, we, you, they.*

- **Compléments** : *me, you, him, her, it, us, you, them.* Il doit se placer **après le verbe.**
He likes them. Il les aime.

Comprendre comment faire

► Pour exprimer la probabilité

- *He may be angry.*
- *He might be angry.*
- *Perhaps he is in London.*
- *He's likely to be angry.*
- *It's quite probable, possible.*
- *It's likely that he is at home.*
- *He can be on time.*
- *He could be on time.*
- *She must have called you.*
- *She has probably called you.*
- *I suppose…*

MINI DICO
- *Be likely to (to)* : être probable que

S'entraîner

★ **1** **Mettez les phrases suivantes au présent simple ou au présent continu.**

a. Jessie always .... (*enjoy*) travelling.

b. The passengers .... (*board*) now.

c. He .... (*know*) how to get cheap tickets.

d. Ben often .... (*drive*) his Mom's car.

e. Look! the old man .... (*cross*) without looking.

f. Pat .... (*work*) for 8 hours every day.

★ **2** **Complétez les phrases avec *do, does, is, are*.**

a. What time ..... he get up in the morning?

b. The plane ..... leaving at 12.

c. ..... your neighbours make a lot of noise?

d. ..... he doing his homework?

e. ..... your neighbours making noise today?

★★ **3** **Remplacez le comparatif d'égalité par le comparatif de supériorité (sans changer l'ordre des mots).**

a. Your apple pie is as good as mine.

b. Susan's bike is as expensive as Tom's.

c. Allison is as pretty as Jessica.

★★ **4** **Mettez les adjectifs au superlatif.**

a. This is ...... (*expensive*) restaurant in town.

b. This is ...... (*long*) film I have ever seen.

c. Cameron is .... (*popular, nice*) little baby at the nursery.

d. Paul Simon is .... (*good*) pianist in the school.

★★ **5** **Remplacez les mots soulignés par un pronom.**

a. Paul is helping Jane.

b. Our neighbours will come with their best friends.

c. Your cousin will live with you and me.

★★ **6** **The saleswoman is trying to persuade the fat woman that the dress suits her well. How does she persuade her?**

Vocabulaire

★ **7** **Enrichissez votre vocabulaire.**

Education / *L'éducation (Études)*

headmaster, headmistress / the principal ▸ directeur, directrice
boarding-school ▸ pensionnat
degree, diploma ▸ diplôme
higher education ▸ éducation supérieure
timetable ▸ emploi du temps
to graduate ▸ obtenir son diplôme
to have a degree in ▸ avoir un diplôme
to mark ▸ noter
to take an exam ▸ passer un examen
to succeed, to pass ▸ réussir
to fail ▸ rater
educated ▸ cultivé
good at/bad at ▸ bon en, mauvais en

★★ **8** **Complétez les phrases suivantes avec les mots pris dans la liste.**

a. His parents are proud of him; he .... from Oxford last year.

b. Jennifer is .... today, she has worked a lot, I hope she'll pass it.

c. Unfortunately she didn't pass it, she ....

d. Mr Board specialised in English litterature, he is very ....

e. I'm good at languages but I .... economics.

Livret des corrigés p. 38

Retenir l'essentiel

La phrase interrogative

● Lorsque l'on pose une question, l'ordre des mots est :
mot interrogatif + auxiliaire + sujet + verbe ?

WH- questions

● Le mot interrogatif **interroge sur…**

…l'objet, l'activité	*what*	*What is this?* *What do you do?*
la personne	*who*	*Who called Jim?* (sujet) *Who did he kiss?* (complément)
le possesseur	*whose*	*Whose dog is it?*
le lieu	*where*	*Where will you travel?*
la raison	*why*	*Why did you lie?*
le moment	*when*	*When are they leaving?*
le choix	*which*	*Which painting will you buy?*
le but	*what… for*	*What do you study for?*
l'aspect	*what… like*	*What's the weather like in Rome?*

● **Attention**

– Lorsque *who* ou *what* est complément, l'ordre des mots est celui habituel de la phrase interrogative.
Who does he call at night? (complément)
Qui appelle-t-il le soir ?
Mais *Who helped you?* (sujet) Qui t'a aidé ?

– Ne pas oublier de rejeter la préposition en fin de question si elle accompagne le pronom interrogatif.
What does he write with?
Avec quoi écrit-il?
Who is she looking for?
Qui cherche-t-elle ?
Who are you waiting for?
Qui attendez-vous ?
What does it depend on?
De quoi cela dépend-il ?

Questions avec *how*

● *How* sert à interroger sur **la manière.**
How did you repair the chair?
Comment avez-vous réparé la chaise ?

● *How* peut être **combiné à des adjectifs ou à des adverbes.**
How poor are these people?
How well did he read?
How difficult is the exercise?
How wide is the street?
Alors ***how*** peut interroger sur…

…la quantité (+ indénombrables) **le prix**	*how much*	*How much bread do you eat?* *How much is the plane ticket?*
la quantité + dénombrables	*how many*	*How many drinks did you have?*
la distance	*how far*	*How far is the bus station?*
l'âge	*how old*	*How old is Jane?*
la fréquence	*how often*	*How often do you travel?*
la durée **la longueur**	*how long*	*How long will it take to visit it?* *How long is the line?*

● **Questions indirectes** *(voir p. 268)*

Comprendre comment faire

▶ Pour exprimer la colère

- *I'm so angry at him!*
- *How could he do that to me!*
- *I'll never forgive him!*
- *It's the worst show I've ever seen!*
- *How disgusting!*
- *How dare you do this to me!*

▶ Pour exprimer l'admiration

- *It's wonderful, great, terrific, amazing!*
- *It was so great!*
- *What a great composer!*
- *It was such a fantastic film!*
- *Isn't it wonderful?*
- *Brian was so talented!*

Anglais

MINI DICO
▸ *Anger* : colère

S'entraîner

★ **1 Posez des questions sur les mots soulignés.**

a. I saw "The Sixth Sense" last year.
b. I go to London three times a year.
c. The river is 25 kms long.
d. We put 10 eggs in this omelette.
e. This car is Paul's.
f. I 'll take a taxi to get there on time.

★★ **2 Complétez avec un mot interrogatif.**

a. .... needs help? John.
b. .... do you go dancing? Once a month.
c. .... is the station? 5 miles.
d. .... one will you buy? The blue one.
e. .... will it take you to translate this document? 3 days.

★★ **3 À partir de l'amorce, écrivez des phrases interrogatives indirectes.**

a. What time is it? I don't know ....
b. Where did she go? I wonder ....
c. Why are you so sad? Tell me ....
d. How much will you spend? Tell us ....

★★ **4 Traduisez les phrases suivantes.**

a. Sur quoi est-il assis ?
b. De quoi cela dépend-il ?
c. À qui parle-t-il ?
d. Qu'attend-il ?
e. Avec qui travailles-tu ?
f. Avec quoi écrit-elle ?

★★ **5 Mrs and Mr Blake are coming back from a short trip. They are very angry at their two teenaged sons because their house is really messy. How do they express their anger?**

Vocabulaire

★ **6 Enrichissez votre vocabulaire.**

Health / *La santé*
to live/life ▸ vivre, la vie
to be alive ▸ être vivant
to die/death ▸ mourir, la mort
healthy ▸ en bonne santé
sore, painful ▸ douloureux
disabled ▸ handicapé
deaf ▸ sourd
disease, sickness ▸ maladie
sick, ill ▸ malade
prescription ▸ ordonnance
to catch a cold ▸ attraper froid
to cough ▸ tousser
to have the flu ▸ avoir la grippe
to have a headache, a toothache, a stomachache ▸ avoir mal à la tête, aux dents, à l'estomac

★★ **7 Complétez cette grille.**

to live	....	....
....	death	....
....	sickness	....
....	....	painful
....	disability	....

Livret des corrigés p. 38

Retenir l'essentiel

Le prétérit

1. Le prétérit simple

- **Formation** : pour les verbes réguliers **V** + *-ed* à toutes les personnes. *lived*, *stayed*. Verbes irréguliers à apprendre par cœur.

- Le prétérit sert à **raconter des faits passés sans lien avec le présent. Le moment du passé est précisé :** ***ago***, ***last***..., ***in*** + **date passée** ou ***when*** + **passé**.
He fell in love when he saw her.
They didn't sign the letter last month.

2. Le prétérit continu (ou progressif)

- **Formation** : ***was*** ou ***were*** + **V** + ***-ing***.
She was carrying a big umbrella.

- Il exprime qu'une **action était en cours** à un certain moment du passé.
I was cooking.

- Il exprime qu'une **action se déroulait quand quelque chose s'est produit.**
I was driving when a man stopped me.

3. Used to

- ***Used to*** décrit une **action que l'on avait coutume de faire autrefois** et que l'on ne fait plus à présent. *Did you use to go to clubs?*
I used to smoke when I was 18.

Le present perfect

- **Formation** : ***have***/***has*** + **participe passé.**
– Verbes **réguliers** : **V** + ***-ed***.
– Verbes **irréguliers** à apprendre par cœur.

- Il **exprime la conséquence, le résultat dans le présent d'une action passée.**
She has worked too much. She is tired.

- Il s'utilise avec les **adverbes** : ***already*** (déjà), ***not...yet*** (pas encore) ***ever***, ***never***.
I have already seen this play.

- Il sert à **parler d'une action qui a démarré dans le passé et qui continue dans le présent.** Il sera alors utilisé avec ***for*** et ***since***.
– *for* + durée. *for 10 years / for 5 minutes / for a long time.*
– *since* + date (point de départ de l'action).
since April 30th / since 10 o'clock.
They lived here since 1999.
Ils habitent ici depuis 1999.

- ***How long*** **questionne sur la durée.**
How long have you been married?
Depuis combien de temps es-tu marié ?

- **Present perfect continu** : ***have***/***has*** + ***been*** + **verbe** + ***-ing***. Sert à **faire le bilan d'une activité récente.**
He has been driving.

Comprendre comment faire

► Pour décrire une image

1. Décrire le document

- *I can see a photograph, a painting, an advertisement* (une publicité), *a cartoon* (un dessin humoristique), *a comic strip* (une bande dessinée).
- *There are captions* (légendes), *frames* (vignettes), *a punch line* (chute).
- *The characters* (personnages) *are sad, cheerful* (enjoués), *old, expressionless.*
- *The colours are bright, blurred* (floues), *light, dark.*
- *In the left-hand corner / in the right-hand corner.*
- *At the top / at the bottom ; on the left / on the right ; in the upper / lower part.*
- *In the distance / in the background / in the foreground.*
- *In the middle / at the centre / center*

2. Analyser le document

- *The photographer, artist..., suggests / conveys a message* (transmet).
- *His aim, goal, purpose* (but) *is... The slogan suggests, underlines* (souligne)...

3. Donner son opinion (voir p. 268)

- *The artist has / hasn't reached his goal. He has succeeded in...*

MINI DICO

► *Be used to (to)* : être habitué à

S'entraîner

★ **1 Mettez les verbes au prétérit simple ou au prétérit continu.**

a. I .... (*go*) to China two years ago but I .... (*not see*) the Great Wall.

b. When he .... (*call*) me I .... (*cook*) dinner.

c. When I visited them my mum .... (*play the piano*) while my dad .... (*plant*) roses.

d. Yesterday night Simon .... (*not can*) drive us home, he .... (*be*) so tired.

e. They .... (*build*) this museum in 1989.

f. Brittney .... (*sleep*) when her dog .... (*jump*) on her bed and .... (*scare*) her.

★ **2 Voici ce qu'a fait Amanda hier. Complétez les phrases données en disant ce qu'elle faisait à cette heure précise.**

1. 8–8.30: shower.
2. 8.30–9: breakfast.
3. 9–9.45: drive to work.
4. 10–5.30: work.
5. 6.30–7.30: dinner.

a. At 8.15 she was having a shower.

b. At 8.45 ....?

c. At 9.10 ....?

d. At 2.30 ....?

e. At 6.45..........?

★★ **3 Que faisaient ces gens avant de vivre sur cette île paradisiaque ? Regardez les bulles et construisez des phrases en utilisant *used to*.**

a. Cameron : I used to be a ....

b. Cynthia : I ....

c. Chris : I ....

★★ **4 Describe this famous painting by Van Gogh.**

Vocabulaire

★ **5 Enrichissez votre vocabulaire.**

Trade and finance / *Commerce et finances*

investor ▸ investisseur
turnover ▸ chiffre d'affaires
profitable ▸ rentable
merger ▸ fusion
to manage, to run ▸ diriger
management ▸ la direction
competition ▸ concurrence
wholesale ▸ grossiste
retailer ▸ détaillant
stock Exchange ▸ la Bourse
currency ▸ monnaie, devise

★★ **6 Reliez les dessins aux mots donnés.**

banknotes (bill:US)

coins

cheque (check:US)

credit card

cash

Livret des corrigés p. 38

4 L'expression du futur

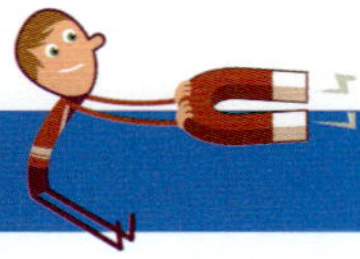

Retenir l'essentiel

Le futur s'exprime de différentes manières :

- ***Be going to*** + **verbe**

Cette structure sert à exprimer une **action qui va se dérouler dans un futur proche.**

He's going to take the bus. Il va prendre l'autobus.

It's going to rain. Il va pleuvoir.

- Avec le **présent continu,** l'**action est prévue et décidée à l'avance.** La phrase doit contenir un **adverbe** ou un **complément qui place l'action dans le futur** (***tomorrow***, ***next***, ***at five***). Le **sujet** est un **être animé.**

I'm taking the train tomorrow morning. Je prends le train demain matin.

- Avec le **présent simple**

Le sujet est **inanimé.** L'action future est précisée par **un horaire.**

The film starts at 8. Le film commence à 8 h.

The train leaves at 10. Le train part à 10 h.

- ***Will*** + **verbe**

Il sert à **prédire un événement, faire une projection dans l'avenir, exprimer la décision du sujet.** C'est le futur le plus employé.

Prédiction : *She will certainly visit them.* Elle ira sûrement les voir.

Volonté : *They will type it.* Ils le taperont.

À la forme négative : ***will not*** = ***won't***.

- Dans les **subordonnées temporelles** introduites par les **conjonctions** ***when***, ***as soon as***, ***while***, ***until***, dépendant d'une principale au futur, le **verbe** est au **présent** (alors qu'il est au futur en français).

I'll do it when I have more time. Je le ferai quand j'aurai plus de temps.

I'll call you as soon as she comes back. Je vous appellerai dès qu'elle reviendra.

- Le **futur continu**

Sa forme ***will be*** + **verbe** + ***-ing*** sert à dire qu'une **action sera en train de se dérouler à un moment du futur.**

Tomorrow this time I'll be driving home.

- ***Shall*** + **verbe à la forme interrogative.** Cette structure sert à suggérer, à **proposer son aide.**

Shall we go to the swimming pool?
Si on allait à la piscine ?

Shall I help you?
Puis-je vous aider ?

Comprendre comment faire

▶ Pour exprimer le regret

- *I regret signing the form.*
- *I am sorry I told her a lie.*
- *I wish I hadn't lied to her.*
- *I shouldn't have come here.*
- *If I had seen him before I would have told him the truth.*
- *How stupid of me to have told him!*

▶ Pour exprimer le reproche

- *Why did you do that?*
- *If only you hadn't done it!*
- *You shouldn't have seen her.*
- *Couldn't you tell it before?*
- *What a stupid thing to do!*
- *How stupid of you!*

Anglais

MINI DICO

▸ *Lie (to)* : mentir

S'entraîner

★ 1 Mettez les verbes entre parenthèses au présent simple ou au présent continu.

a. Our plane .... *(take off)* at 11.

b. Brian .... *(take)* us to a new musical next Sunday.

c. My American penfriend .... *(come)* to Paris tomorrow.

d. The restaurant .... *(open)* at 7, we're too early.

★ 2 Mettez les verbes au présent ou au futur.

a. I ...... (*tell*) him when I ...... (*see*) him.

b. When we .... (*have*) more time, we .... (*paint*) the gate.

c. He .... (*call*) him back as soon as he .... (*finish*) his homework.

★★ 3 Choisissez le verbe qui convient.

a. Do you think Peter will call/is calling us tonight.

b. I'm sure he'll do/is doing it for you.

c. We won't see Monica on Thursday; she's travelling/she will work.

★★ 4 Lisez attentivement les situations suivantes. Faites des propositions en utilisant *shall I*.

a. Jane has a temperature, she needs to see a doctor.

b. Mum is too tired to make dinner.

c. You're trying a new dress on; you ask your friend if you can buy it.

★★ 5 This old lady expresses regrets about not being married and not having children.

Vocabulaire

★ 6 Enrichissez votre vocabulaire.

Environment / *L'environnement*

environmentalist / ecologist ▸ écologiste
environmental conservation ▸ défense de l'environnement
ozone layer ▸ couche d'ozone
household rubbish ▸ ordures ménagères
nuclear fallout ▸ retombées nucléaires
oil slick ▸ nappe de pétrole
endangered species ▸ espèces en voie de disparition
global warming ▸ réchauffement de la terre
rain forest ▸ forêt tropicale
unleaded ▸ sans plomb
to pollute ▸ polluer
to waste ▸ gaspiller
to damage ▸ endommager

★★ 7 Complétez avec un des mots suivants.

oil slick – global warming – unleaded – nuclear fallout – endangered species – deforestation – ozone layer.

a. .... petrol can reduce pollution.

b. Look the .... is escaping from the tanker.

c. The rain forests suffer huge ....

d. Environmentalists try to save .... such as pandas and gorillas.

Livret des corrigés p. 38

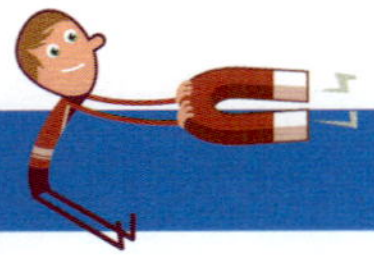

Retenir l'essentiel

Would + verbe

● ***Would*** permet d'exprimer qu'une action est liée à une condition.
If she loved her she would stay with him.
Si elle l'aimait, elle resterait avec lui.

● ***Would*** sert également à **exprimer le souhait, le désir.**
I would like to work in London.
J'aimerais travailler à Londres.

● **Forme contractée :** *'d.*
I'd love to travel with them.

Concordance des temps avec *if*

● ***If* + présent......** (dans la subordonnée) **+ *will* + verbe** (dans la principale)

If exprime alors une **hypothèse réalisable.**
If it stops raining we'll go for a picnic. S'il s'arrête de pleuvoir, nous irons pique-niquer.
If you wake up earlier you'll come with us. Si tu te réveilles plus tôt, tu viendras avec nous.

● ***If* + preterit......** (dans la subordonnée) **+ *would* + verbe** (dans la principale)

If exprime alors une **situation imaginaire, non réelle, hypothétique.**
Le **prétérit** ici n'exprime pas le passé mais le **non-réel.**
If he called me I would tell him the truth.
S'il m'appelait, je lui dirais la vérité.
If I had a new car I wouldn't lend it.
Si j'avais une voiture neuve, je ne la prêterais pas.
If I were rich I would work less.
Si j'étais riche, je travaillerais moins.

I wish + prétérit

I wish exprime **le souhait ou le regret.**
I wish Paul invited me.
Si seulement Paul m'invitait !

Would rather

Would rather + verbe exprime **la préférence.** Il est suivi de l'infinitif sans *to.*
I'd rather *swim.* Je préférerais nager.

Comprendre comment faire

▶ Pour exprimer le refus

- *He refused to come.*
- *I have no intention to meet him.*
- *I won't help you.*
- *She is unwilling to invite Mary.*
- *He will never agree to drive you there.*
- *No way!* (Pas question !)
- *It's out of the question!* (C'est hors de question !)

▶ Pour exprimer le doute

- *I'm not quite sure but...*
- *There is some doubt about her visiting us.*
- *There is an element of doubt about it.*
- *I find it difficult to believe.*
- *He may see you.*
- *He might see you.*
- *It's not at all certain that...*
- *It's difficult to say for certain but...*

MINI DICO

▸ *Personal manager* : assistante, secrétaire

S'entraîner

★ **1 Mettez les verbes entre parenthèses au temps qui convient.**

a. I wouldn't do this job if I .... (*can*) find another one.

b. .... she (*succeed*) her exam if she studies more?

c. I will tell her if I .... (*see*) her.

d. If I .... (*be*) you I would give the money back.

★★ **2 Construisez des phrases avec *if* en imaginant des situations différentes.**

a. You sleep too late. You can't wake up in the morning.
b. She feels sad. She eats chocolate all day.
c. Paul has no money for a taxi. He must take the bus.

★★ **3 Traduisez les phrases suivantes en utilisant *I wish*.**

a. Si seulement j'avais plus de temps !

....

b. Si seulement je n'habitais pas en ville !

....

c. Si seulement je pouvais dormir chez Pamela !

....

★★ **4 Que souhaite Angela ? Les règles chez elle sont trop strictes. Écrivez des phrases commençant par *I wish*…**

a. I can't see my friends at night.
b. My parents watch me (*me surveillent*) all the time.
c. I am not allowed to watch TV after 9.
d. I can't wear make up.

★★ **5 Regardez ces dessins. Que préféreraient faire ces personnages ? Faites-les parler en utilisant *I'd rather*!**

a. **b.** **c.**

★★ **6 The manager wants his personal assistant to work overtime on Friday night, she refuses. How does she express her refusal?**

Vocabulaire

★ **7 Enrichissez votre vocabulaire.**

Travels and tourism / *Voyages et tourisme*

cancelled ▸ annulé
delayed ▸ retardé
return ticket, round ticket ▸ aller-retour
single ticket, one-way ticket ▸ aller simple
timetable ▸ horaire
voyage ▸ traversée (par mer)
trip ▸ voyage
half-fare ▸ demi-tarif
arrival ▸ arrivée
departure ▸ départ
to confirm ▸ confirmer
to be late ▸ être en retard

to be early ▸ être en avance
to book ▸ réserver
to go abroad ▸ aller à l'étranger

★ **8 Donnez le contraire, l'opposé des mots et expressions suivantes.**

to be early : ....

return ticket : ....

departure : ....

cancel : ....

Livret des corrigés p. 38-39

Retenir l'essentiel

Formation et fonction

- Le **gérondif** se forme avec le suffixe *-ing* ajouté à la **base verbale.**

Il peut être complément ou sujet (il peut se traduire en français par un infinitif ou par un nom).

I love reading. J'aime lire.

Reading is a good exercise. La lecture est un bon exercice.

Les emplois

- Le gérondif s'emploie **après les prépositions** ***about***, ***after***, ***before***, ***by***, ***from***, ***of***, ***without***, ***for***, ***in to*** (sauf ***to*** de l'infinitif).

Ring the doorbell before entering.
Sonnez avant d'entrer.

I'm looking forward to receiving the answer. J'ai hâte de recevoir la réponse.

I'm not used to speaking to strangers. Je n'ai pas l'habitude de parler à des étrangers.

He's interested in hiking.
Il s'interesse à la randonnée.

I gave up eating chocolate.
J'ai arrêté de manger du chocolat.

- Les verbes exprimant **les goûts** (ce que l'on aime ou pas) sont **suivis du gérondif** : ***love***, ***like***, ***dislike***, ***enjoy***, ***hate***, ***prefer***…

I love having guests at home.
I hate waiting for hours.
I enjoy discovering new places.

- Les verbes ***to start******, ***to begin******, ***to stop***, ***to go on***, ***to keep on to******, ***to finish*** qui sont **suivis du gérondif.**

Stan started playing.
Stan commença à jouer.
Stop drinking. Arrête de boire.
He kept on driving.
Il continua à conduire.

*Ces verbes peuvent être **suivis d'un infinitif.**

- Le gérondif s'utilise **après les expressions suivantes.**

My friends ***can't stand / can't bear*** *drinking beer.* Mes amis ne supportent pas de boire de la bière.

It's ***no use*** *telling him.*
Ça ne sert à rien de lui dire.

What about / how about *going there?*
Et si on y allait ?

I ***don't mind*** *repeating.*
Ça ne me dérange pas de répéter.

They ***can't help*** *speaking loud.*
Ils ne peuvent s'empêcher de parler fort.

It's ***worth*** *meeting her.*
Ça vaut la peine de la rencontrer.

- Les verbes exprimant **le motif** et **la cause** sont **suivis de** ***for*** + **gérondif** : ***to apologize***, ***to congratulate***, ***to forgive***, ***to punish***, ***to thank…***

He thanked me for helping him.
Il me remercia de l'avoir aidé.

I apologized for being late.
Je m'excusai pour mon retard.

Comprendre comment faire

► Pour exprimer la supposition

- *Paul may bring the cake.*
- *I might go with you.*
- *Perhaps he'll visit us.*
- *Maybe he'll do it.*
- *They can come tonight.*
- *They could do it on time.*
- *Sharon must have bought it.*
- *She has probably bought it.*
- *They are likely to come.* Il est probable qu'ils viennent.
- *He isn't likely to invite your friend.* Il est peu probable qu'il invite ton ami.
- *I suppose / think / guess / believe they are out.*

MINI DICO

▸ *Forgive (to)* : pardonner

S'entraîner

★ **1 Mettez les verbes entre parenthèses à l'infinitif ou au gérondif.**

a. Do you mind .... (*come*) with us?

b. Would you like .... (*come*) with us?

c. She can't bear .... (*stay*) alone.

d. She doesn' want .... (*stay*) alone.

e. What about .... (*go*) to the stadium?

f. He'd like us .... (*go*) to the stadium.

★ **2 Réécrivez les phrases en utilisant les amorces données.**

a. He didn't visit London. He went to Porthmouth.

Instead of ....

b. Sam left at 8. He called his wife earlier.

Before ....

c. Jessica is an excellent swimmer.

She is good at ....

d. The boys left school and then went home.

After ....

e. I worked 5 hours. I didn't take a break.

I worked without ....

★ **3 Reliez les phrases de la première colonne à celles de la seconde.**

a. Living in London	**1.** stop smoking so much.
b. If you don't want to be sick	**2.** feeling happy.
c. George is fed up	**3.** for being late.
d. I was angry at her	**4.** she is used to driving on the left.
e. When I see Allison, I can't help	**5.** with driving in the traffic.

★★ **4 Comment diriez-vous que :**

a. Cela vaut la peine d'essayer.

b. Cela ne sert à rien de partir trop tôt.

c. Tim ne peut s'empêcher de mentir (*to lie*).

d. Ta sœur ne supporte plus de sortir le chien tous les soirs.

★★ **5 Tanya hasn't heard from her best friend Sarah for a long time. What may have happened? Make suppositions.**

Vocabulaire

★ **6 Enrichissez votre vocabulaire.**

Art and literature / *Art et littérature*

author, writer ▸ auteur, écrivain
playwright ▸ auteur dramatique
poetry ▸ poésie
short story ▸ nouvelle
fairy tale ▸ conte de fées
masterpiece ▸ chef-d'œuvre
fine arts ▸ beaux arts
exhibition ▸ exposition
preview ▸ vernissage, avant-première
painting ▸ tableau
visual arts ▸ arts plastiques
watercolour ▸ aquarelle

★★ **7 Reliez les définitions aux mots donnés.**

a. author of novels, books, etc.	**1.** playwright
b. he writes plays	**2.** fairy tales
c. poems	**3.** short story
d. piece of writing shorter than a novel	**4.** poetry
e. stories for children about imaginary magical creatures	**5.** writer

Livret des corrigés p. 39

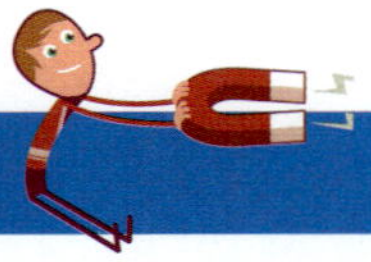

Retenir l'essentiel

Les auxiliaires modaux accompagnent le verbe et servent à exprimer des notions telles que la probabilité, la permission, la capacité, la déduction…

Auxiliaire modal	Notion	Exemples
can / could	– permission – capacité – demande polie – demande très polie – déduction	*Can I go out with you?* *I can repair the plug.* *Can you call them?* *Could you repeat, please?* *They can be out.*
can't	– interdiction – impossibilité – incapacité	*We can't picnic here.* *He can't be a singer.* *I can't read it.*
must	– obligation – déduction	*You must call him before 9.* *You must be sick.*
mustn't	– interdiction	*You mustn't sleep here.*
may / might	– probabilité – permission	*He may visit us.* *May I open the box?*
needn't = don't have to	– absence d'obligation	*You needn't wash it (don't have to), I did it.*
should / ought to	– conseil	*You should / ought to eat less.*
shall	– suggestion	*Shall we eat out?*
will	– futur – invitation	*I'll meet him next Monday.* *Will you speak to him?*

Règles générales

● Ils ont la **même forme à toutes les personnes** (pas de « s » à la 3e pers. du présent) et n'ont **pas d'infinitif**.

● Ils sont **suivis de la base verbale** et se **conjuguent sans auxiliaire**.

● Ils ne peuvent **pas se conjuguer à tous les temps** ; ils ont donc des **équivalents**.

- ***Can** = **be able to***
Could (passé)– *will be able to* (futur) – *have / has been able to* (present perfect).
- ***Must** = **have to***
will have to (futur) – *had to* (passé).

● Les auxiliaires modaux peuvent être **associés à l'infinitif passé : *have* + p.p.**

– ***Could have*** + ***p.p.*** exprime la **possibilité dans le passé**. *They could have left earlier.*

– ***Should have*** + ***p.p.*** exprime le **reproche**. *I should have told you the truth.*

La probabilité au futur

● ***be allowed to***

You will be allowed to go out at the age of 15.

● **Futur** + ***probably***, ***possibly***, ***certainly***, ***maybe***, ***perhaps***.

She'll probably work here next year.

● **Présent** + ***likely to***

He is likely (unlikely) to come.

Comprendre comment faire

▶ Pour exprimer la capacité

- *She can type her letters.*
- *They managed to buy tickets.*
- *He knows how to use the Internet.*
- *He succeeded in getting an autograph.*

▶ Pour exprimer l'incapacité

- *He can't ride a bike.*
- *It's too difficult for them to repair it.*
- *She isn't able / is unable to lie.*
- *It's impossible for me to do it.*

▶ Pour exprimer l'obligation

- *You must fill out the form now.*
- *He has been forced / obliged to pay.*
- *She has to do it before Monday.*
- *They made me send the letter.*
- *I've got to refuse it.*
- *It's necessary / urgent for him to…*

MINI DICO

▸ *Salesman* : vendeur

S'entraîner

★ **1 Remplacez ces phrases par une phrase contenant un modal.**

a. It is impossible that you love her.
b. Perhaps he will come earlier.
c. I'm sure he is John's cousin.
d. They have probably left the bag in the car.
e. I'm quite certain he didn't do it.

★ **2 Construisez des phrases avec *must have* ou *can't have*.**

a. When I got there the lights were on. You .... (forget) to switch them off.
b. The policeman stopped him. He .... (see) the red light.
c. Pat didn't answer the phone. She .... (go) out.
d. He dialled a wrong number. He .... (hear) what I told him.

★★ **3 Traduisez les phrases suivantes.**

a. Il se peut qu'elle soit tombée.
b. Il n'a pas pu dépenser tout son argent.
c. Ils ont dû lui dire la vérité.

★★ **4 Qu'indiquent les modaux dans les phrases suivantes ? Placez la lettre correspondante dans le carré.**

a. obligation – **b.** interdiction – **c.** absence d'obligation – **d.** forte probabilité, quasi certitude – **e.** permission.

1. You don't have to do it; I already did it. ☐
2. You needn't hurry, we have plenty of time. ☐
3. I must be at the airport at 6. ☐
4. They're late; they must have missed the train. ☐
5. Susan can come back any time. ☐

★★ **5 This man has just bought a new robot. The salesman is telling him what it can or can't do. Imagine.**

Vocabulaire

★ **6 Enrichissez votre vocabulaire.**

Violence / *La violence*

theft ▸ vol
thief ▸ voleur
armed robbery ▸ vol à main armée
assault and battery ▸ coups et blessures
bribery ▸ corruption
burglar ▸ cambrioleur
burglary ▸ cambriolage
shoplifting ▸ vol à l'étalage
mugging ▸ agression
forgery ▸ contrefaçon
to blackmail ▸ faire chanter
to rape ▸ violer
to break into a house ▸ entrer par effraction
to rob ▸ voler quelque chose à quelqu'un
to steal ▸ voler

★★ **7 Complétez le tableau suivant.**

Nom	Verbe	Personne
rape	to rape	rapist
burglary	....	....
mugging	....	....
theft	....	....
blackmail	....	....
forgery	....	....

Anglais

Livret des corrigés p. 39

Retenir l'essentiel

Formation

● Le passif se forme avec **be** suivi du **participe passé.**

The road ***was widened*** *last year.*
La route a été élargie l'année dernière.

● Il peut se construire à **tous les temps** : c'est **be** qui change de forme.

Présent simple	*The bridge is built.*
Présent continu	*The bridge is being built.*
Prétérit simple	*The bridge was built.*
Present perfect	*The bridge has been built.*
Futur	*The bridge will be built.*
Avec un modal	*The bridge must be built.*

Le complément d'agent

● Il est **introduit par** ***by.***

The gate has been painted by Christopher.
Le portail a été peint par Christopher.

● Il peut **ne pas être exprimé**, si on **ne le connaît pas** ou s'il n'a **pas d'importance** (souvent traduit par « on » en français).

The room was cleaned.
On a nettoyé la pièce.
She was found in New-York.
Elle a été / on l'a trouvée à New-York.

● Lorsqu'un verbe est **suivi d'une particule**, celle-ci doit être **conservée au passif.**

The dog was run over.
Le chien a été écrasé.
The new teacher is laughed at.
On se moque du nouveau professeur.

Les verbes à doubles compléments

● Les verbes **suivis de deux compléments (direct et indirect)** ont **deux constructions passives** possibles.

To give, to tell, to lend, to teach, to tell, to ask, to send, to show…

He showed <u>me</u> <u>the photographs</u>
1 2

1. *I was showed the photographs.*
2. *The photographs were showed to me.*

Emploi

● Le passif correspond souvent au « **on** » français.

An airport is being built.
On construit un aéroport.
English is spoken here.
On parle anglais ici.

● La **phrase passive** sert à **mettre l'accent sur celui qui subit l'action** et non sur l'action elle-même ou sur celui qui agit.

Dickens wrote the "Great Expectations". (actif)
The "Great Expectations» was written by Dickens. (passif)
Christopher Colombus discovered America.
America was discovered by Christopher Colombus.

Comprendre comment faire

► Pour exprimer la préférence

- *I prefer swimming* ***to*** *riding a bike.*
- *I like swimming better* ***than*** *riding a bike.*
- *I'd rather swim than ride a bike.*
- *I'd prefer swimming* ***rather than*** *riding a bike.*
- *I like it better.*
- *I like it best.*

Anglais

MINI DICO
▸ *Newspaper* : journal

S'entraîner

★ **1** **Observez cette rue aujourd'hui et la même il y a 50 ans. Dites ce qui a changé. Utilisez les verbes *destroy*, *build*, *change into* (changer en), *add* (ajouter), *widen* (élargir).**

★ **2** **Mettez ces phrases à la forme active.**

a. He was arrested by the police.
b. The bridge is being built.
c. The window has been broken by Ken.
d. The door will be painted soon.
e. Helen was given flowers by Ben.

★★ **3** **Traduisez ces phrases.**

a. On sert le dîner à 7 h.
b. On vous écrira.
c. On m'a donné votre numéro de téléphone.
d. On l'appelle Jimmy.

★★ **4** **Observez le dessin et dites ce qu'on a offert à chacun pour Noël. Utilisez les verbes *give*, *offer*, *buy*. Donnez les deux constructions possibles.**

★★ **5** **Express your preference.**
Your friend asks you to go to the theatre with her. You'd rather go to a disco. Tell her.

Vocabulaire

★ **6** **Enrichissez votre vocabulaire.**

Cinema and Advertising / *Cinéma et publicité*

musical ▸ comédie musicale
cartoon ▸ dessin animé
blockbuster ▸ film à gros succès
close-up ▸ gros plan
director ▸ réalisateur
credits ▸ générique d'un film
screenplay, script ▸ scénario
soundtrack ▸ bande sonore
stuntman ▸ cascadeur
dubbing ▸ doublage
subtitles ▸ sous-titres
advertisement, ad ▸ publicité, annonce
commercial ▸ spot publicitaire
target ▸ cible

★★ **7** **Complétez les phrases suivantes avec un des mots de la liste ci-contre.**

a. I'm looking for a new job; I'll look at the .... in the newspaper.

b. I usually read the French .... when I watch a film in original version.

c. TV .... on alcohol and cigarettes are forbidden now.

d. "Hair" is my favourite American ....

e. The aim of .... is to create needs.

Anglais

Livret des corrigés p. 39

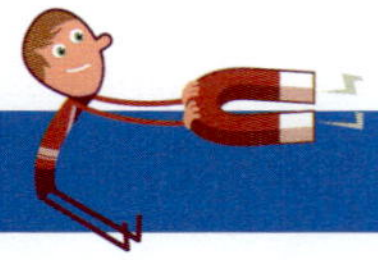

Retenir l'essentiel

Discours direct et indirect

- Si on rapporte les paroles de quelqu'un en les citant intégralement (entre guillemets à l'écrit), le discours est alors appellé **discourt direct.**

He says: "I advise you to take your car."
Il a dit : « Je vous conseille de prendre votre voiture. »

- Ces **paroles** peuvent être **rapportées au discours indirect.**

He says he advises us to take our car.
Il dit qu'il nous conseille de prendre notre voiture.

Les verbes d'introduction

Les verbes qui introduisent les paroles rapportées exprimant :
– la déclaration (*to tell, to say, to think*…) ;
– l'interrogation (*to ask, to exclaim, to wonder*…) ;
– l'ordre ou le conseil (*to suggest, to order, to advise*).

La concordance des temps

Le **temps des paroles rapportées est transformé** si elles sont introduites par un **verbe au prétérit.** Attention, si le verbe d'introduction est **au présent,** le temps **ne change pas.** *Ben: "I live with Johanna."*
Ben said he lived with Johanna.
Ben says he lives with Johanna.

Discours direct	Discours indirect
Présent → *He said: "I work with your Dad."*	**Prétérit** → *He said he worked with my Dad.*
Présent continu → *He said: "I am working with your Dad."*	**Preterit continu** → *He said he was working with my Dad.*
Prétérit → *He said: "I worked with your Dad."*	**Pluperfect** → *He said he had worked with my Dad.*
Prétérit continu → *He said: "I was working with your Dad. "*	**Prétérit continu** → *He said he was working with my Dad.*
Present perfect → *He said: "I have worked with your Dad."*	**Pluperfect** → *He said he had worked with my Dad.*
Futur → *He said: "I'll work with your Dad."*	**Conditionnel** → *He said he would work with my Dad.*
Conditionnel → *He said: "I would work with your Dad."*	**Conditionnel** → *He said he would work with my Dad.*

Les questions

Au style indirect, la question est construite comme une **phrase affirmative.** Il n'y a **ni auxiliaire ni point d'interrogation.**

- Si c'est une ***wh-*** **question,** le **mot interrogatif reste.** *He asked: "Where did he go?"*

He asked where you had gone.

- Si c'est une question **sans mot interrogatif,** il faut utiliser ***if*** ou ***whether.***

He asked: "Do you like the hotel?"
He asked if (whether) I liked the hotel.

Indications de lieu et de temps

Discours direct	Discours indirect
here	*there*
today	*that day*
yesterday	*the day before*
tomorrow	*the day after, the next day*
next week	*the following week*
last week	*the week before*
a week ago	*a week before*

Comprendre comment faire

▶ Pour exprimer son opinion

- *In my opinion../ in my view…*
- *To my mind…*
- *I have the feeling that…*
- *As far as I am concerned…* (en ce qui me concerne)
- *It seems to me that…*
- *My opinion is that…*
- *As for me* (quant à moi)
- *speaking for myself…*
- *As I see it…*
- *I feel / I consider / I believe / think that…*
- *I'm convinced that…*
- *I'm in favour of…*

MINI DICO
▸ *Experiment* : expérience (scientifique)

S'entraîner

★ **1 Pour un sondage, Jeffrey interroge Stéphanie. Lisez les questions et les réponses, puis rapportez-les au discours indirect.**

JEFFREY. —Are you English?
STEPHANIE. —Yes, I am.
J. —How old are you?
S. —I'm 22.
J. —What do you do?
S. —I'm a student.
J. —What do you study?
S. —I study history.
J. —Do you often travel?
S. —Yes, I was in Turkey last week.
J. —Have you ever been to Asia?
S. —No, but I'd love to.
J. —Thanks for answering these questions.
S. —You're welcome.

Jeffrey asked if she was English. Stephanie said (that) she was…

★★ **2 Que deviennent ces mots au discours indirect ? Complétez ce tableau.**

this	that	these	....
here	....	now	....
today	....	yesterday	....
tomorrow	....	this week	....
last year	....	next	....

★★ **3 L'assistante de Mr. Ward Dales a pris ses messages pendant son absence. Lisez-les et rapportez-les au discours indirect.**

★★ **4 Banning *(interdire)* mobile phones in public places. What do you think? Give your opinion.**

I think ....

I believe .... In my opinion ....

As far as I am concerned ....

Vocabulaire

★★ **5 Enrichissez votre vocabulaire.**

Science and technology / *Science et technologie*

Scientist ▸ un savant, un scientifique
Researcher ▸ chercheur
Breakthrough ▸ percée, découverte
Physics ▸ sciences physiques
Chemistry ▸ chimie
Computer ▸ ordinateur
Database ▸ base de données
Hardware ▸ matériel (équipement)
Software ▸ logiciel
Computerized ▸ informatisé
Netsurfer ▸ internaute
Mobile, cellular phone ▸ portable
To carry out an experiment ▸ faire une expérience

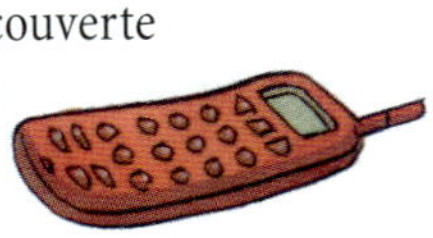

★★ **6 Reliez chaque mot à sa définition.**

a. The scientific study of matter and energy and the relationships between them*.
b. Person who does research usually as a job*.
c. An electronic machine that is used for calculations ,for storing and providing information*.
d. The study of substances, their composition and how they react*.
e. A test that is done in order to see what happens to somebody or something in particular conditions*.

experiment
computer
chemistry
researcher
physics

* English dictionary-Larousse

Livret des corrigés p. 39

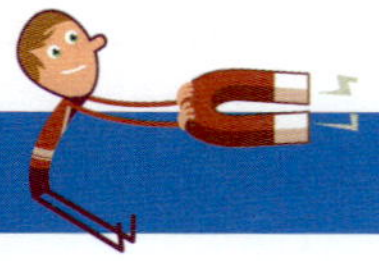

Retenir l'essentiel

Les propositions relatives

● La proposition **relative est reliée à la proposition principale par un pronom relatif.**
Le choix de ce pronom dépend de **l'antécédent** (le mot qu'il représente) et de sa **fonction** (sujet ou complément). *The man drives a Rolls Royce. He is the Managing Director.*
The man who drives a Rolls Royce is the Managing Director.

Fonction du pronom relatif	Antécédent animé	Antécédent inanimé
Sujet	*Who: The boy who is shouting is my cousin.* *That: The boy that is shouting is my cousin.*	*Which: I bought a camera which takes excellent pictures.* *That: I bought a camera that takes excellent pictures.*
Complément d'objet direct	*Who(m): The man who(m) you married was my best friend.* *That: The man that you married was my best friend.* **Ø (Omission):** *The man Ø you married was my best friend.*	*Which: The present which I bought was expensive.* *That: The present that I bought was expensive.* **Ø (Omission)**: *The present Ø I bought was expensive.*
Complément de nom (dont)	*Whose: I spoke to a man whose wife* was my teacher.*	*Whose: The room whose wallpaper* is pink is mine.*

*Attention : après *whose* **pas d'article.**

● Si le **complément** est **introduit par une préposition**, elle est rejetée **en fin de proposition.**
The bed (which/that) you are lying on is comfortable.
The man (whom/that) I am looking at Jo.

● ***What / which*** (ce qui, ce que)
– *What* annonce quelque chose.
What I like is dancing. Ce que j'aime c'est danser.
– *Which* reprend ce qui a été annoncé.
He danced, which was surprising.

Les verbes à particules

● Les particules associées à un verbe permettent de former des **verbes composés.** La particule fait partie intégrante du verbe et n'est **pas forcément suivie d'un complément.**

● Si le verbe est **suivi d'un complément**, il peut se placer **avant ou après la particule.**
Take off your shoes. Take your shoes off.
Si c'est **un pronom**, il doit se placer **avant la particule.** *Take them off.*

● Un verbe peut avoir des **sens différents selon la particule** qui le suit. *To take:* prendre
to take away: retirer
to take down: noter par écrit
to take off: décoller/retirer, ôter
to take up: aborder une question

Comprendre comment faire

▶ Pour parler d'un auteur et de son œuvre

- *The author / writer / novelist / playwright* (auteur dramatique) */ poet...*
- *The author examines/considers / insists on* (insiste sur) */ describes / questions* (remet en question) */ mentions / denounces / highlights a problem* (met en lumière)...
- *He is concerned with... – The author is biased* (partial) */ unbiased* (inpartial)...
- *The text is a passage from / an excerpt from... – It is taken from* (tiré de)...
- *It can be a dialogue / a newspaper report / a speech / an interview / a poem...*
- *The text deals with* (traite de), *it's about..., it aims at* (a pour but)...
- *The text is interesting / fascinating / provocative / captivating...*

MINI DICO
▸ *Playwright* : auteur dramatique

S'entraîner

★ **1 Complétez les phrases avec *what, who, whose, which*, Ø (le pronom relatif est omis).**

a. Do you recognize Jonathan .... helped you last year?

b. I know someone .... brother is a pilot.

c. Would you like to see .... I painted?

d. They spoke Chinese, ... surprised me.

e. It's the most beautiful music .... I have ever listened to.

★★ **2 Choisissez le bon *look* pour compléter ces phrases.**
look around – look at – look back – look for – look forward to – look up – look after.

a. Can you .... these words in the text?

b. Tania is the new baby sitter, she .... Cameron.

c. He didn't recognize the place he ....

d. I can't find my passport I must .... it.

e. I am .... seeing you in London.

f. She's sad, she's always .... to her past.

g. .... him, don't you recognize him?

★★ **3 Complétez les phrases avec les verbes à particules suivants.** *throw away – fall off – take off – speak up – fill in – get on – give up.*

a. I want to keep these old magazines; don't .... them ....

b. I need some practise I .... the horse the first minute.

c. To register here you must .... this registration form.

d. Look! The plane is ....

e. I can't hear you, please ....

f. .... the bus!

g. He .... smoking 6 months ago.

★★ **4 About William Shakespeare. Present the writer, playwright and poet. Present his work.**

Vocabulaire

★ **5 Enrichissez votre vocabulaire.**

Politics / *Politique*

(prime) minister ► (premier) ministre
party leader ► dirigeant d'un parti
head of state ► chef d'État
member of Parliament (MP) ► Député
spokesman / spokesperson ► porte-parole
opinion poll ► sondage d'opinion
resignation ► démission
citizen ► citoyen
measures ► mesures
demonstration ► manifestation
to run for president ► se présenter comme candidat à la présidence
to stand for election ► se présenter aux élections
to draw a bill ► rédiger un projet de loi
to resign ► démissionner

★★ **6 Complétez ces phrases avec un mot du vocabulaire donné dans l'exercice 5.**

a. Nixon .... after the Watergate scandal.

b. Before passing a bill the MPs must .... it.

c. Mc Cain .... in the USA in 2008.

d. The workers held a massive .... against the new project.

e. The .... showed people's opinions on the elections.

Anglais

Livret des corrigés p. 39

Retenir l'essentiel

Une **proposition subordonnée circonstancielle** est **rattachée à une proposition principale** par une **conjonction de subordination.** Elle peut exprimer la **cause**, le **temps**, le **but**, l'**opposition**, la **conséquence**…

Les subordonnées de temps

- Elles sont introduites par les **conjonctions** ***when*** (quand), ***while*** (pendant que), ***as soon as*** (dès que), ***as*** (comme, pendant que), ***before*** (avant que), ***after*** (après que), ***since*** (depuis), ***till***, ***until*** (jusqu'à ce que).

She called her sister before leaving.
Elle appela sa sœur avant de partir.
As I was walking down the street I met George. Alors que je descendais la rue, j'ai rencontré Georges.

- Attention, dans les **subordonnées de temps de sens futur**, le **verbe** est au **présent** (il est au futur en français).

I'll give him the text when I see him. Je lui donnerai le texte quand je le verrai.
We'll repair the roof as soon as we have some money. Nous réparerons le toit dès que nous aurons de l'argent.

Les subordonnées de but et de conséquence

- Le **but** et la **conséquence** s'expriment à l'aide de la **conjonction** ***so that*** (afin que, afin de, pour que).

I took a taxi so that I could get there on time.
Give her some sweets so that she won't cry.

- Le **but** peut s'exprimer avec ***to***, ***in order to*** ou ***so as to*** (pour). Dans ce cas, le **verbe de la subordonnée** est **à l'infinitif.**

He bought a dictionary to translate his text. Il acheta un dictionnaire pour traduire son texte.
He went to Spain in order to study Spanish. Il est allé en Espagne pour étudier l'espagnol.
The meeting started earlier so as to finish before 5. La réunion débuta plus tôt pour se terminer avant 5 heures.

Les subordonnées de contraste et d'opposition

Le **contraste** et **l'opposition** sont exprimés par les **conjonctions** ***though***, ***although*** (bien que), ***whereas*** (alors que, tandis que), ***while*** (alors que, bien que).

Although he lives in Berlin he can't speak German. Bien qu'il habite Berlin il ne parle pas l'allemand.
Sarah lives in New-York whereas her parents live in London. Sarah habite à New-York alors que ses parents habitent à Londres.

Les subordonnées de cause

La cause est **exprimée par** ***because*** (parce que), ***for*** (car), ***since*** (puisque), ***as*** (alors que, comme).

Since you can't drive we'll take the train. Puisque vous ne savez pas conduire, nous prendrons le train.
As she is always late I'd rather pick her up. Comme elle est toujours en retard, je préfère aller la chercher.

Comprendre comment faire

▶ Pour exprimer la cause

- *She cried because she was sad.*
- *As it was raining she cancelled the party.*
- *Since it's late, let's take a taxi.*
- *Owing to the strike the traffic was stopped.*
- *That's why she was crying.*
- *That's the reason why I don't want to see him.*

▶ Pour exprimer la conséquence

- *Paul is too young as a consequence / as a result / consequently he can't vote.*
- *He got a winning ticket so that he was able to buy a new car.*
- *Following the accident many people were taken to hospital.*
- *It means / It implies she is alone.*

MINI DICO
▸ *Owing to* : à cause de

S'entraîner

★ **1 Complétez ces phrases avec *while, as, after, as soon as, since, as long as.***

a. I'll come .... I finish my homework.

b. .... I had signed the contract, I met the chairman.

c. .... she was swimming it started to rain.

d. She has been sad .... her cat died.

e. Her baby fell asleep .... she was driving.

f. You can stay here .... you keep quiet.

★ **2 Construisez phrases en reliant les éléments de la colonne A à ceux de la colonne B.**

A	B
a. I travel 3 times a year…	**1.** so as to let me go out.
b. I'll go out with you tonight…	**2.** while my Mum was busy cooking.
c. My Dad was reading…	**3.** even if I feel a bit tired.
d. He opened the door…	**4.** whereas Jim never leaves the country.

★★ **3 Traduisez les phrases suivantes.**

a. Il adore les animaux alors que son frère en a très peur.

b. Bien que je sois plus jeune que Pamela, je me sens plus responsable.

c. Pendant que Mary dormait, Jane jouait avec le chien.

d. Il partit plus tôt afin d'aider son amie Jennifer.

e. Allons au cinéma même si nous sommes fatigués.

f. Il me prêta de l'argent afin que j'aille étudier à Londres.

★★ **4 The plane can't take off. Express the consequences for the passengers.**

Vocabulaire

★ **5 Enrichissez votre vocabulaire.**

Moral Behaviour / *Attitudes morales*

harmful, harmless ▸ nuisible, inoffensif
ruthless ▸ impitoyable
thankful, thankless ▸ reconnaissant, ingrat
grateful ▸ reconnaissant
selfish, unselfish ▸ égoïste, altruiste
reliable, unreliable ▸ digne de confiance, pas digne de confiance
self-assured, self-confident ▸ sûr de lui
self-conscious ▸ complexé, intimidé
scorn ▸ mépris
disdain ▸ dédain
proud, pride ▸ fier, fierté
to boast ▸ se vanter
to misbehave ▸ se comporter mal
to behave ▸ se comporter

★★ **6 Donnez le contraire des adjectifs suivants.**

harmful ....

thankless ....

reliable ....

self-assured ....

selfish ....

ungrateful ....

considerate ....

irresponsible ....

pretentious ....

reasonable ....

unfaithful ....

Anglais

Livret des corrigés p. 39-40

Retenir l'essentiel

Certains **verbes** ont des **constructions particulières**. Voici les principaux.

V + *someone* + *to* + V

On utilise cette formation **après les verbes** tels que ***to want***, ***would like***, ***to ask***, ***to expect***, ***to force***, ***to order***, ***to tell***, ***to promise***, ***to persuade***… et lorsque **le sujet du second verbe** est **différent de celui du premier**.

The teachers want me to work more.
Les professeurs veulent que je travaille plus.
I would like Tim to drive me to the airport.
J'aimerais que Tim m'accompagne à l'aéroport.
Bill asked John to carry the box.
Bill a demandé à John de porter le paquet.

Faire faire

Make + **nom** + **base verbale**

This film made all my pupils cry.
Ce film a fait pleurer tous mes élèves.
The teacher will make us work more.
Le professeur nous fera travailler plus.

Need

- ***Need*** est suivi de la **base verbale** + *-ing* pour **indiquer un sens passif**.

The grass needs cutting.
Le gazon a besoin d'être coupé.
The gate needs painting.
Le portail a besoin d'être peint.

- Si ***need*** n'a pas un sens passif, il est suivi du verbe à l'infinitif.

Jane needs to buy a new car.
Jane a besoin d'acheter une nouvelle voiture.

Remember

- Lorsque ***remember*** signifie « **se remémorer** » (action antérieure à « se souvenir »), la stucture est : ***remember*** + **base verbale** + ***-ing***.

I remember calling her.
Je me souviens de l'avoir appelée.

- Lorsque ***remember*** signifie « ne pas oublier », la structure est : ***remember*** + **infinitif.**

Remember to call the doctor.
N'oublie pas d'appeler le médecin.
I remembered to sign the document.
Je me suis souvenu de signer le document.

Stop

- ***Stop*** + **base verbale** + ***-ing*** signifie « **arrêter de faire quelque chose** »

He stopped smoking.
Il a arrêté de fumer.

- ***Stop*** + **infinitif** signifie « **pour faire quelque chose** ».

He stopped to smoke.
Il s'est arrêté pour fumer.

Comprendre comment faire

▶ Pour exprimer la contrainte

- *You must do it now.*
- *You have to call him immediately.*
- *I've got to stop him.*
- *He obliged them to give the money.*
- *He forced them to call the police.*
- *Helen made her brother clean his room.*
- *I'll have them go to the supermarket.*
- *You are to study more if you want to succeed (to be to).*

MINI DICO
▸ *Confident* : confiant

S'entraîner

★ **1 Observez ces dessins et faites des phrases avec *need + ing*.**

a.  **b.** 

c.  **d.** 

★★ **2 Voici les tâches que le patron du restaurant demande à sa serveuse de faire. Construisez cinq phrases avec *want, ask, tell, order, expect*.**

- clean the restaurant
- set up the tables
- wash the dishes
- peel the vegetables
- answer the phone

★★ **3 Traduisez les phrases suivantes**

a. Il veut que je l'aide.

b. Est-ce que tu veux que je vienne plus tôt ?

c. Elle veut voyager toute seule.

★★ **4 Mettez le verbe à l'infinitif ou à la forme en *-ing*.**

a. He used to smoke a lot. He stopped .... 6 months ago (*smoke*).

b. He needed a cigarette. He stopped .... (*smoke*).

c. The gate needs .... (*repair*).

d. I need .... the TV set (*repair*).

★★ **5 Factory regulations: Look at the grid and express obligation.**

Vocabulary: *to clock in – to clock out – to put out a cigarette – to wear an overall.*

Vocabulaire

★ **6 Enrichissez votre vocabulaire.**

Anglais britannique et américain

Anglais britannique	Anglais américain	Français
banknote	bill	*billet de banque*
bill	check	*addition, facture*
cinema	movie theater	*cinéma (lieu)*
Christian name	first name	*prénom*
holiday	vacation	*vacances*
lorry	truck	*camion*
petrol	gas	*essence*
return ticket	round trip ticket	*billet aller-retour*
rubbish	garbage / trash	*ordures*
single ticket	one way ticket	*billet aller simple*
surname	last name	*nom de famille*
taxi	cab	*taxi*
trousers	pants	*pantalon*
underground, tube	subway	*métro*

★★ **7 Mettez ce texte en anglais américain. Combien de mots pouvez-vous changer ?**

"It was 8.00. I knew I was late to the cinema, I decided to hail a taxi. It was getting late. Finally a lorry stopped and picked me up. The driver was quite nice. It was my first day of holiday, I was very relaxed and confident. But when we got there he asked me to give him some banknotes to buy some petrol… I wish I had taken the tube instead!"

Anglais

Livret des corrigés p. 40

Sujet 1 de Français

UNE RENCONTRE DÉCISIVE – Alexandre Dumas, *Le Comte de Monte Cristo*, 1844

Edmond Dantès, injustement emprisonné pendant de longues années, rompt avec la solitude. L'homme de la cellule voisine vient de creuser un trou pour lui parler. Ils sont interrompus par le geôlier.

« Le soir, le geôlier[1] vint ; Dantès était sur son lit ; de là, il lui semblait qu'il gardait mieux l'ouverture inachevée ; sans doute il regarda le visiteur importun d'un œil étrange, car celui-ci lui dit :

« Voyons, allez-vous redevenir encore fou ? »

Dantès ne répondit rien, il craignait que l'émotion de sa voix ne le trahît.

Le geôlier se retira en secouant la tête.

La nuit arrivée, Dantès crut que son voisin profiterait du silence de l'obscurité pour renouer la conversation avec lui, mais il se trompait ; la nuit s'écoula sans qu'aucun bruit répondît à sa fiévreuse attente.

Mais le lendemain, après la visite du matin et comme il venait d'écarter son lit de la muraille, il entendit frapper trois coups à intervalles égaux ; il se précipita à genoux.

« Est-ce vous ? dit-il, me voilà !

– Votre geôlier est-il parti ? demanda la voix.

– Oui, répondit Dantès, il ne reviendra que ce soir ; nous avons douze heures de liberté.

– Je puis donc agir ? dit la voix.

– Oh ! oui, oui, sans retard, à l'instant même, je vous en supplie ! »

Aussitôt la portion de terre sur laquelle Dantès, à moitié perdu dans l'ouverture, appuyait ses deux mains, lui sembla céder sous lui ; il se rejeta en arrière, tandis qu'une masse de terre et de pierres détachées se précipitait dans un trou qui venait de s'ouvrir au-dessous de l'ouverture que lui-même avait faite ; alors, au fond de ce trou sombre et dont il ne pouvait mesurer la profondeur, il vit paraître une tête, des épaules et enfin un homme tout entier qui sortit avec assez d'agilité de l'excavation[2] pratiquée. »

1. **Geôlier :** gardien de prison.
2. **Excavation :** trou creusé dans le sol.

Questions (15 points)

Lisez le texte et répondez aux questions.

I. Le narrateur

1. Lignes 1 à 5 : *Le soir… celui-ci lui dit.*

a. Quel est le pronom personnel sujet utilisé ? À quelle personne la narration est-elle faite ? *(1 point)*

b. Nommez les deux temps employés dans cette phrase et expliquez leur emploi. *(2 points)*

2. Lignes 3-4 : *sans doute il regarda le visiteur importun d'un œil étrange.*
Dans cette proposition, relevez les expressions associées au thème du regard. *(1 point)*

3. Dans le reste du texte, cherchez une expression qui sollicite un autre sens que la vue. *(1 point)*

II. Le rythme du récit

4. Cochez les affirmations qui conviennent. *(1,5 point).*

– Lignes 1 à 18, il s'écoule :
☐ une heure. ☐ une nuit. ☐ une minute.

– Le procédé de rythme qui commence avec le dialogue est :
☐ une scène. ☐ un sommaire. ☐ un ellipse.

– Le rythme du récit est :
☐ rapide. ☐ lent.
☐ rapide au début, plus lent à la fin.

5. À partir de vos observations, dites dans quel ordre la narration présente les faits. *(0,5 point)*

6. Lignes 19 à 23, observez les trois phrases interrogatives. En quoi la construction de la troisième est-elle différente des deux premières ? *(1 point)*

7. Quelle décision est prise par les deux personnages à l'issue du dialogue ? *(1 point)*

8. Selon vous, qu'apporte l'insertion d'un dialogue à cet endroit du récit ? *(1 point)*

III. Les personnages

9. Donnez un verbe de la même famille qu'*importun* (ligne 4). Quelle est la signification de cet adjectif ? *(1 point)*

10. Expliquez pourquoi Dantès trouve le geôlier *importun*. *(1 point)*

11. Que représente pour Dantès la présence d'un compagnon ? Expliquez dans quel état d'esprit il se trouve. Justifiez votre réponse en vous appuyant sur le texte (vocabulaire, types de phrase, etc.). *(3 points)*

Réécriture (5 points)

« Il se rejeta en arrière, tandis qu'une masse de terre et de pierres détachées se précipitait dans un trou qui venait de s'ouvrir au-dessous de l'ouverture que lui-même avait faite ; alors, au fond de ce trou sombre et dont il ne pouvait mesurer la profondeur, il vit paraître une tête. »

■ Alexandre Dumas, *Le Comte de Monte-Cristo*, 1844.

■ Réécrivez le passage de cet extrait en adoptant une narration à la première personne du singulier.
Faites les changements nécessaires.

Dictée (5 points)

« C'était un personnage de petite taille, aux cheveux blanchis par la peine plutôt que par l'âge, à l'œil pénétrant caché sous d'épais sourcils qui grisonnaient, à la barbe encore noire et descendant jusque sur sa poitrine : la maigreur de son visage creusé par des rides profondes, la ligne hardie de ses traits caractéristiques révélaient un homme plus habitué à exercer ses facultés morales que ses forces physiques. Le front du nouveau venu était couvert de sueur.
Quant à son vêtement, il était impossible d'en distinguer la forme primitive, car il tombait en lambeaux.
Il paraissait avoir soixante-cinq ans au moins [...]. »

■ Alexandre Dumas, *Le Comte de Monte-Cristo*, 1844.

Rédaction (15 points)

Sujet 1 (sujet d'imagination)

■ Rédigez un récit proposant une suite immédiate à cette scène qui racontera l'évasion de Dantès et de son compagnon.

Sujet 2 (sujet de réflexion)

Sans être en prison, comme Edmond Dantès, on peut être très seul. Au collège, vous faites la connaissance d'un adolescent qui vit dans une grande solitude : il ne participe à aucune activité et n'a aucun ami. Vous décidez de lui écrire une lettre afin de le convaincre de sortir de son isolement et de s'ouvrir aux autres.

Consignes

■ **Sujet 1.** Votre texte devra comporter des passages narratifs, descriptifs et des dialogues.

■ **Sujet 2.** Vous respecterez les codes d'écriture de la lettre.
Vous présenterez au moins trois arguments convaincants pour appuyer votre thèse.

Démarrons ensemble

■ **Sujet 1.** Utilisez les renseignements donnés (Dantès est impatient, le prisonnier voisin est âgé...), et faites attention aux anachronismes : votre histoire se situe au XIXe siècle (fonctionnement moderne de la prison et armes sophistiquées à bannir).

■ **Sujet 2.** Même si la lettre est écrite par un adolescent à un autre adolescent, ne multipliez pas les tournures trop familières et éviter les incorrections.

Livret des corrigés p. 40

Sujet 2 de Français

L'ÉCOLE DE LA VIE, Bertrand Godbille, *Los Montes*, 2005

Au lendemain de la Seconde Guerre mondiale, François, douze ans, part pour le Chili avec sa mère; son père est mort au front en 1940. François devient alors pensionnaire dans un collège de Valparaiso.

« Le premier trimestre s'écoula dans le calme. Je m'habituais à cette nouvelle vie en dehors du cadre familial. Je me débrouillais à présent en espagnol, celui qui s'apprend dans les livres et celui des cours de récréation. Je m'étais fait de nouveaux amis, y compris parmi les Sud-Américains dont j'avais acquis la considération à la suite du match de football qui avait opposé l'équipe du collège à celle des jésuites de Santiago. Il s'agissait d'une rencontre de prestige qui se déroulait chaque année en avril, et, cette année-là, sur le terrain de nos adversaires, où nous n'avions jamais gagné, dans la banlieue résidentielle de Santiago, près du Polo. Je comprends aujourd'hui, à la manière un rien condescendante dont nous avions été reçus dès la descente du car, que ce match dépassait le cadre sportif pour opposer deux systèmes d'éducation. L'un, celui des jésuites[1], reposait sur la discipline. Les élèves portaient l'uniforme, les cheveux courts coupés en brosse, et encourageaient les leurs en scandant des slogans connus d'eux seuls, probablement à la gloire de leur institution. Il était primordial pour leurs éducateurs que la victoire ne revienne pas à notre groupe disparate, qui descendit du car en sifflotant, encadré de professeurs débonnaires[2]. Je marquai le but victorieux, à la dernière minute, un peu par hasard.

Le retour en autocar se fit dans l'allégresse, et l'arrivée à San Marco, avec la coupe qui passait de main en main, fut un véritable triomphe. Je gagnai ce jour-là mes titres de noblesse, et j'aurais pu devenir l'un des meneurs de la division si j'en avais eu le caractère. »

1. **Jésuites :** ordre religieux catholique.
2. **Débonnaires :** bienveillants.

Questions (15 points)

Lisez le texte et répondez aux questions.

1. Qui est le personnage principal ? Quel âge a-t-il ? Où se trouve-t-il ? *(1,5 point)*

2. À quels changements le personnage principal a-t-il dû s'adapter ? *(1 point)*

3. « Je me débrouillais à présent en espagnol, celui qui s'apprend dans les livres et celui des cours de récréation. » Expliquez la distinction faite par le personnage. *(1 point)*

4. À qui le pronom *nous* renvoie-t-il précisément dans le texte ? *(0,5 point)*

5. De quels collèges viennent les deux équipes qui vont s'affronter ? *(1 point)*

6. Relevez quatre expressions montrant l'opposition entre les deux collèges. *(1 point)*

7. À votre avis, quelle opinion le narrateur a-t-il de l'éducation jésuite ? Justifiez votre réponse en vous appuyant précisément sur le texte. *(2 points)*

8. Ligne 26 : « Il était primordial pour leurs éducateurs que la victoire ne revienne pas à notre groupe disparate. » Que signifient les mots suivants ? Cochez les bonnes réponses. *(1 point)*

– *primordial* : ☐ essentiel ☐ secondaire
– *disparate* : ☐ harmonieux ☐ diversifié

9. Pourquoi ce match est-il si important ? *(1 point)*

10. Quelle différence établissez-vous entre le *je* de « Je m'habituais » (ligne 2) et le *je* de « Je comprends » (ligne 16) ? Expliquez le changement de temps. *(2 points)*

11. Lignes 36-37 : « J'aurais pu devenir l'un des meneurs de la division. »
À quel temps et à quel mode est conjugué le verbe *pouvoir* ? Quelle est sa valeur ? *(1 point)*

12. Après la lecture de ce texte, que sait-on du caractère du personnage ? Expliquez votre réponse par des renvois précis au texte. *(2 points)*

Réécriture (5 points)

■ Réécrivez les lignes 2 à 11 de : « Je m'habituais » ...... jusqu'à « jésuites de Santiago » en remplaçant le pronom *je* par le pronom *nous* et l'imparfait par le présent. Faites tous les changements nécessaires.

Dictée (5 points)

« Papa était mort au cours des premières semaines de l'offensive allemande mais je n'avais pas fait le lien entre la guerre et sa disparition. Il faut dire que, du fait de sa profession – représentant de commerce –, il n'était pas souvent à la maison. Il partait en général le lundi matin et prenait le train en gare du Nord pour des tournées en Belgique. J'ai dû l'accompagner avec maman un jour d'hiver – c'était sûrement pendant les vacances de Noël – jusqu'à la gare. Je le revois à la fenêtre du train, le col de son pardessus relevé, nous faisant signe de la main. Cette scène est mon premier souvenir d'enfance car je n'ai pu rêver la pression des bras de ma mère qui me serrait contre elle pendant que le train disparaissait au loin dans la vapeur et le brouillard. Cette étreinte, je la ressens encore. »

■ Bertrand GODBILLE, *Los Montes*, © Anne Carrière, 2005.

Rédaction (15 points)

Sujet (sujet d'imagination)

Enfant, vous avez vécu un événement marquant. Racontez cet événement, à la première personne du singulier, en montrant en quoi cela a participé à votre apprentissage de la vie.

Sujet 2 (sujet de réflexion)

Dans certains collèges, les élèves sont obligés de porter un uniforme. Quels sont, d'après vous, les avantages et les inconvénients du port de l'uniforme ?

Consignes

■ **Sujet 1.** Vous écrirez un texte d'au moins trente lignes.

■ **Sujet 2.** Votre devoir comportera une introduction et une conclusion.

Démarrons ensemble

■ **Sujet 1.** Racontez cet événement marquant, heureux ou malheureux, dans un premier paragraphe. Pensez ensuite à bien détailler, dans un second paragraphe, les conséquences que vous avez tirées de cet événement.

■ **Sujet 2.** Vous présenterez au moins trois arguments convaincants pour appuyer votre thèse.

Livret des corrigés p. 41

Sujet 1 de Mathématiques

Exercice 1 (5 points)

Calculs divers

Cet exercice est un questionnaire à choix multiples (QCM).
Aucune justification n'est demandée, et la calculatrice est autorisée.
Pour chacune des questions, trois réponses sont proposées, mais une seule réponse est exacte.

Question	Réponse A	Réponse B	Réponse C
a. $\frac{4}{3} - \frac{1}{3} \times \left(3 + \frac{1}{2}\right)$ est égal à	$\frac{7}{2}$	$\frac{2}{3}$	$\frac{1}{6}$
b. Quelle est l'écriture en notation scientifique de $\frac{6 \times 10^{-2} \times 15 \times 10^{7}}{8 \times 10^{2}}$?	$1{,}025 \times 10^{3}$	10 250	$1{,}125 \times 10^{4}$
c. À quoi est égal cos Â ? 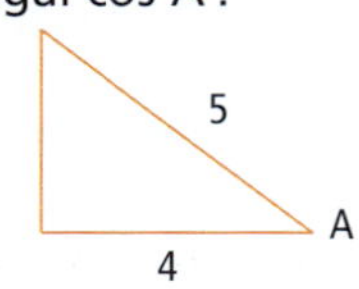	incalculable	$\frac{4}{5}$	$\frac{5}{4}$
d. Si un prix augmente de 5 % alors son prix initial est multipliée par	1,5	1,05	0,5
e. Quel est l'arrondi au centième du nombre $\frac{\frac{37}{28} - \frac{29}{42}}{\frac{15}{33}}$?	1,39	−0,20	1,27

Exercice 2 (4 points)

Inéquations

1. Quelle est la représentation graphique sur une droite graduée des solutions de l'inéquation $4x + 1 > -2x - 5$? Choisissez a, b ou c en justifiant votre choix.

a.

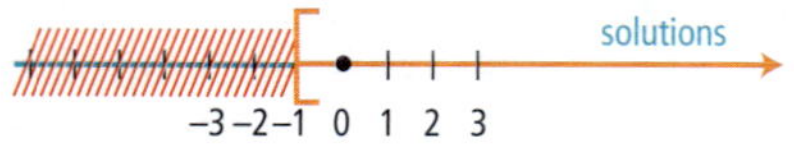

b.

c.

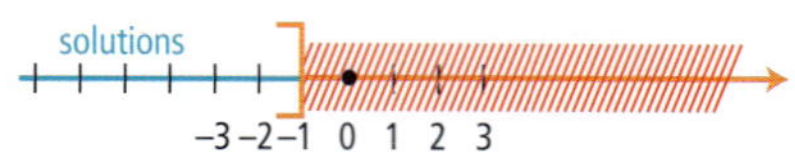

2. Pour quelles valeurs de x, l'inéquation $(x - 3)^2 > 0$ est-elle vérifiée ?

3. Résoudre l'inéquation $7 - 4x < -25$.

Exercice 3 (4 points)

Calcul littéral

On considère l'expression :
$E = (3x + 4)^2 - (5 - 2x)(3x + 4)$.

a. Développez et réduisez l'expression E.

b. Calculez la valeur de E pour $x = -1$.

c. Factorisez E.

d. Résolvez l'équation $(3x + 4)(5s - 1) = 0$.
Les solutions de cette équation sont-elles des nombres décimaux ?

Exercice 4 (4 points)

Statistiques

Le groupe des onze latinistes de la 3e B du collège a obtenu les notes suivantes à un devoir :
7 ; 9 ; 9,5; 9,5 ; 10 ; 10 ; 12 ; 14 ; 16 ; 16 ; 19.

a. Calculez la moyenne du groupe

b. Déterminez la médiane de cette série.

c. Calculez la fréquence, arrondie à 0,01 près, des notes supérieures ou égales à 10. Exprimez cette fréquence en pourcentage.

Exercice 5 (6 points)

Propriétés de Pythagore et Thalès

Les points E, M, A, B sont alignés dans cet ordre; les points F, P, A, C sont alignés dans cet ordre.
Les droites (EF) et (MP) sont parallèles.
AM = 6 ; MP = 4,8 ; AP = 3,6 ;
EF = 6 ; AC = 4,5 ; AB = 7,5.

a. Montrez que le triangle AMP est rectangle en P.

b. Montrez que AE = 7,5, et en déduire la longueur ME (on justifiera les calculs).

c. Pourquoi les droites (MP) et (BC) sont-elles parallèles ?

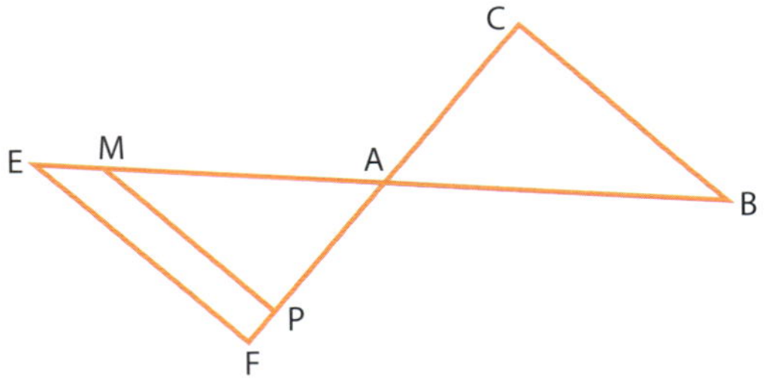

Exercice 6 (4 points)

Trigonométrie

La figure ci-contre n'est pas à refaire.

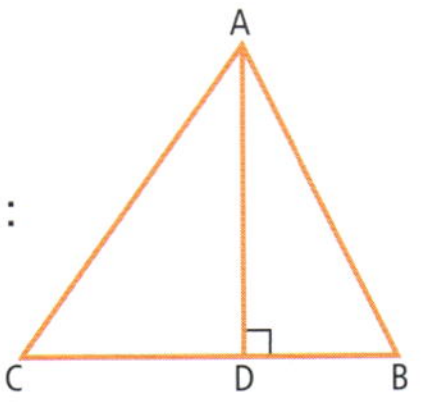

Soit ABC un triangle tel que :
AB = 8 cm ;
BC = 10 cm ;
$\widehat{ABC} = 60°$.
La hauteur issue du sommet A coupe le côté [BC] en D.

On rappelle que :
$\cos 60° = \frac{1}{2}$; $\sin 60° = \frac{\sqrt{3}}{2}$; $\tan 60° = \sqrt{3}$.

a. Prouvez que BD = 4 cm.

b. Déduisez-en la valeur exacte de la distance CD.

c. Montrez que $AD = 4\sqrt{3}$ cm.

d. Calculez la mesure, arrondie au degré, de l'angle $\widehat{ACD}$. (On pourra calculer d'abord la tangente de cet angle.)

 Livret des corrigés p. 41-42

Exercice 7 (6 points)

Fonction et tableur

À l'aide du tableur ci-contre, le professeur a calculé, en colonne B, les valeurs prises par la fonction f définie par $f(x) = x^2 - 3x - 4$ pour les valeurs entières de x comprises entre -2 et 6, -2 et 6 compris.

a. Quelle valeur de x lit-on dans la cellule A4 ? Que lit-on dans la cellule B4 ?

b. Complétez les pointillés à l'aide du tableur.
$f(-2)$ = ...; $f(1)$ = ...;
$f(5)$ = ... Vérifiez par calcul.

c. Trouver à l'aide du tableur les valeurs de x qui ont pour image 0. Vérifiez par calcul.

d. Quelles sont les valeurs entières de x pour lesquelles $f(x) < 0$?

	A	B
1	Valeurs de x	Valeurs de $f(x) = x^2 - 3x - 4$
2	-2	6
3	-1	0
4	0	-4
5	1	-6
6	2	-6
7	3	-4
8	4	0
9	5	6
10	6	14

Problème (7 points)

Fonctions affines et calculs d'aires

Soit (O; I, J) un repère orthonormal du plan. Unité : le cm.

1. On donne la fonction affine f définie par : $x \mapsto \frac{3}{2}x + \frac{9}{2}$, et la fonction affine g définie par : $x \mapsto -3x + 9$.

a. Calculez $f(0)$; $g(0)$; $f(2)$; $g(2)$.

b. Quel est le nombre dont l'image par g est 5 ?

c. Tracez les représentations graphiques ($d1$) de f et ($d2$) de g.

2. Dans la figure ci-après, le rectangle ABCD est tel que AB = 6 cm et AD = 3 cm. F est le milieu de [AB]. E et G sont deux points de [DC] tels que DE = GC. On pose DE = x.

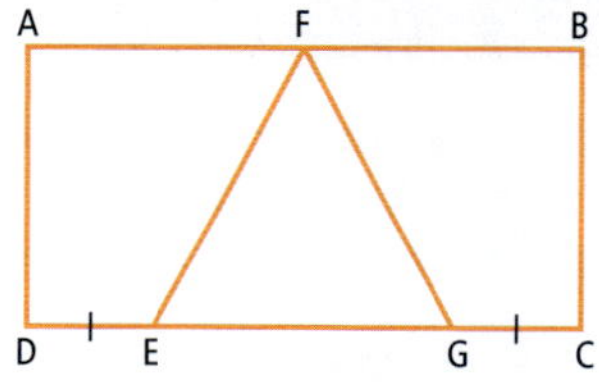

a. Calculez les aires de EFG, AFED et FBCG lorsque $x = 2$.

b. Les points D, E, G et C doivent rester dans cet ordre. Entre quelles valeurs varie x ?

c. Exprimez en fonction de x, les aires de EFG, AFED et de FBCG.

d. Utilisez la première partie du problème pour déterminer graphiquement pour quelle valeur de x le rectangle est partagé en trois parties égales.

e. Vérifiez ce résultat par le calcul.

Sujet 2 de Mathématiques

Exercice 1 (3 points)

Calcul réfléchi

Si $xy = 21$ et $x^2 + y^2 = 58$:

a. Quelle est la valeur de $(x + y)^2$?

☐ 37 ☐ 79 ☐ 90 ☐ 100

b. Quelle est la valeur de $(x - y)^2$?

☐ 16 ☐ 37 ☐ 53 ☐ 100

Exercice 2 (4 points)

Programme de calcul

On donne le programme de calcul suivant :

- Choisir un nombre ;
- Tripler ce nombre ;
- Ajouter le double du nombre choisi ;
- Soustraire 5 ;
- Diviser le résultat par 5 ;
- Ajouter 1 ;
- Soustraire le nombre choisi.

1. a. Vérifiez que, lorsque le nombre de départ est 2, on obtient 0.

b. Lorsque le nombre de départ est − 1, quel résultat obtient-on ?

2. Edgar prétend que, pour n'importe quel nombre de départ x, le résultat est 0. A-t-il raison ? Si oui, démontrez sa conjecture.

Exercice 3 (3 points)

Unités composées

Vrai ou faux ?

	V	F
a. 1 kg/dm^3 = 1 g/cm^3	☐	☐
b. 1 m/s = 60 m/min	☐	☐
c. 1 km/h = 1 m/s	☐	☐
d. 3,7 h = 4 h 10 min	☐	☐

Justifiez votre choix.

Exercice 4 (4 points)

Triangle rectangle, racines carrées et puissances

1. Complétez les pointillés avec la valeur exacte la plus simple possible. Montrez les étapes de calculs.

a. $\sqrt{2000} =$ ....

b. $3^{-2} \times 3^2 - (\sqrt{3})^2 =$ ....

2. KLM est un triangle rectangle en L.

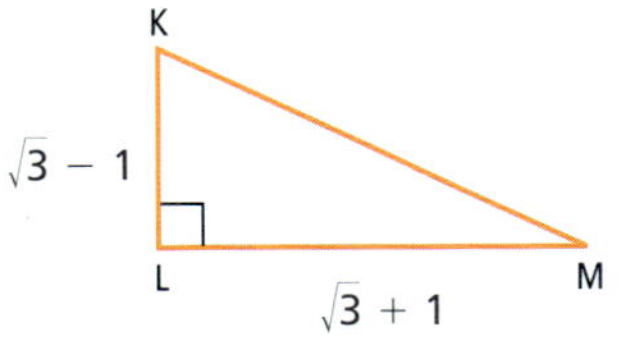

a. Calculez la valeur exacte de la longueur KM.

b. Calculez l'aire du triangle KLM.

Livret des corrigés p. 43

Exercice 5 (3 points)

PGCD et application

Un philatéliste possède 1 631 timbres français et 932 timbres étrangers. Il souhaite vendre toute sa collection en réalisant des lots identiques, c'est-à-dire comportant le même nombre de timbres et la même répartition de timbres français et étrangers.

a. Calculez le nombre maximum de lots qu'il pourra réaliser.

b. Combien y aura-t-il, dans ce cas, de timbres français et étrangers par lot ?

Exercice 6 (4 points)

Résoudre un problème

Dans une salle de bain, un néon et deux lampes consomment 165 watts. — ○ ○

Dans une cuisine, trois néons et une lampe consomment 195 watts. — — — ○

Quelle est, en watts, la consommation des deux néons et des deux lampes d'une salle de séjour ? — — ○ ○

Exercice 7 (4 points)

Probabilités

Un sac contient 20 boules numérotées de 1 à 20. Chacune de ces boules a la même probabilité d'être tirée. On tire une boule au hasard.

1. Quelle est la probabilité de tirer une boule portant un nombre premier ?

2. Quelle est la probabilité de tirer une boule portant un nombre non premier ?

3. Quelle est la probabilité de tirer une boule portant un nombre divisible par 2 ou par 3.

4. On ajoute dans ce sac des boules portant le nombre 0 et on tire au hasard une boule. Sachant que la probabilité de tirer une boule portant le nombre 0 est égale à 1/3, calculer le nombre de boules « 0 ».

Exercice 8 (5 points)

Triangles rectangles et réduction

1. Observez la figure, puis complétez sans explications les pointillés avec les mesures exactes.

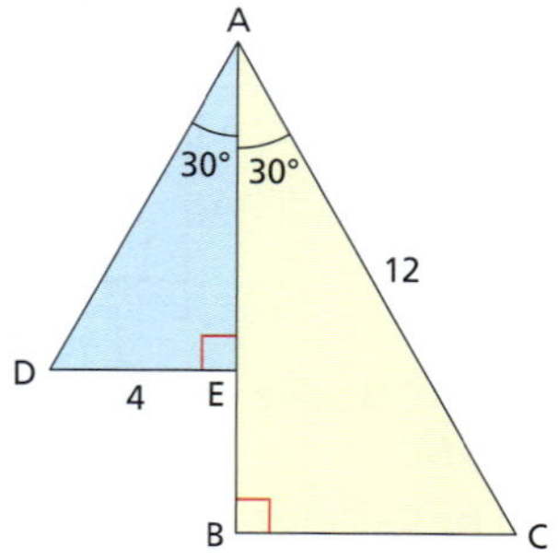

BC = ... AB = ...

AD = ... AE = ...

2. Pourquoi le triangle ADE est-il une réduction du triangle ABC ? Quel est le facteur de réduction ?

3. Sans aucun calcul, comparez l'aire du triangle ADE à celle du triangle ABC.

Exercice 9 (4 points)

Géométrie dans l'espace

L'unité est le centimètre.

Un jouet a la forme d'une demi-boule surmontée d'un cône de révolution de sommet A, comme l'indique la figure ci-contre.

Le segment [BC] est un diamètre de la base du cône ; le point O est le centre de cette base.

On donne AB = 7 et B = 6.

1. a. Construisez en vraie grandeur le triangle rectangle AOB.

b. Calculez la valeur exacte de AO.

c. Calculez la valeur exacte du sinus de l'angle $\widehat{BAO}$.

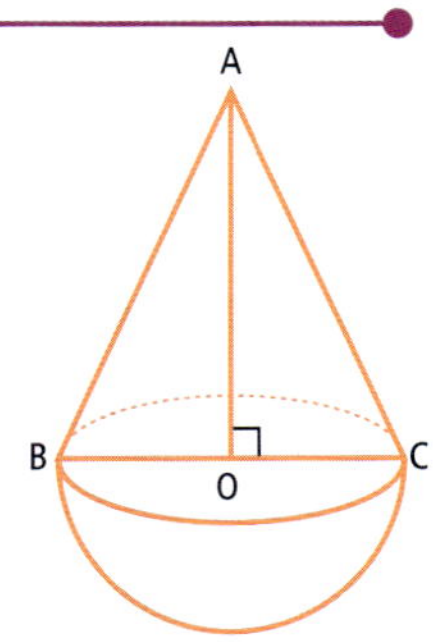

Problème (6 points)

Fonctions, lectures graphiques, étude statistique

1. Sur une feuille de papier millimétré, construisez un repère orthogonal en plaçant l'origine en bas à gauche. Prenez sur l'axe des abscisses 1 cm pour 5 unités, sur l'axe des ordonnées 1 cm pour 4 unités.
Construisez les représentations graphiques des fonctions suivantes :
- $p : x \mapsto 05x$
- $p' : x \mapsto 4 + 0{,}4x$

On se limitera aux valeurs positives de x. Les deux représentations se coupent en A.

a. Trouvez graphiquement les coordonnées de A en utilisant des pointillés.

b. Retrouvez par le calcul ces coordonnées.

2. Afin de financer de nouvelles activités, les élèves du collège décident d'organiser la vente de petits pains. Ils ont le choix entre deux tarifs :
- premier tarif : prix du petit pain, 0,50 € ;
- deuxième tarif : chaque élève verse une cotisation de 4 €, puis chaque petit pain sera payé 0,40 €.

Soit x le nombre de petits pains acheté par un élève.

a. Écrivez en fonction de x le prix payé par l'élève pour chaque tarif.

b. En utilisant le graphique, indiquez à partir de combien de petits pains le second tarif est le plus intéressant.

3. Le tableau ci-dessous indique le nombre de petits pains vendus chaque jour pendant 4 semaines.

a. Complétez le tableau.

b. Finalement, les délégués d'élèves adoptent un troisième tarif : 0,46 € le petit pain. Sachant que le prix d'achat d'un petit pain est de 0,40 €, quel est alors le bénéfice réalisé la première semaine ?

c. Sachant que la vente dure 30 semaines et que les élèves ont besoin de 1 440 € pour réaliser leur projet, combien doivent-ils vendre, en moyenne, de petits pains par semaine ?

	Lundi	Mardi	Mercredi	Jeudi	Vendredi	Total
Sem. n° 1	120	150	80	150	120	
Sem. n° 2	125	150		145	130	625
Sem. n° 3	130	145	90	135		620
Sem. n° 4		150		160	120	
Total	495		330			

Livret des corrigés p. 43-44

Sujet 1 – 1re partie : Histoire (13 points)

I. Repères (3 points)

1. Quand a lieu l'Hégire ?
2. Quand est signé l'édit de Nantes ?
3. Quand est votée en France la loi de séparation des Églises et de l'État ?

II. Questions de cours (5 points)

4. Quand et de quelle manière Hitler accède-t-il au pouvoir ?
5. Qu'est-ce qui montre que l'Allemagne nazie est un régime antisémite ?

III. Étude de document (5 points)

6. À qui s'adresse cette affiche ? Dans quel contexte a-t-elle été faite ?
7. À quoi font référence le soldat agenouillé et le coq agressif ?
8. Qui a fait réaliser cette affiche et dans quel but ?
9. Pourquoi peut-on parler d'une affiche de propagande ?

■ Affiche réalisée par A. Faivre (1867-1945), 1915, ADAGP pour le premier grand emprunt national.

Sujet 1 – 2e partie : Géographie (13 points)

I. Repères (3 points)

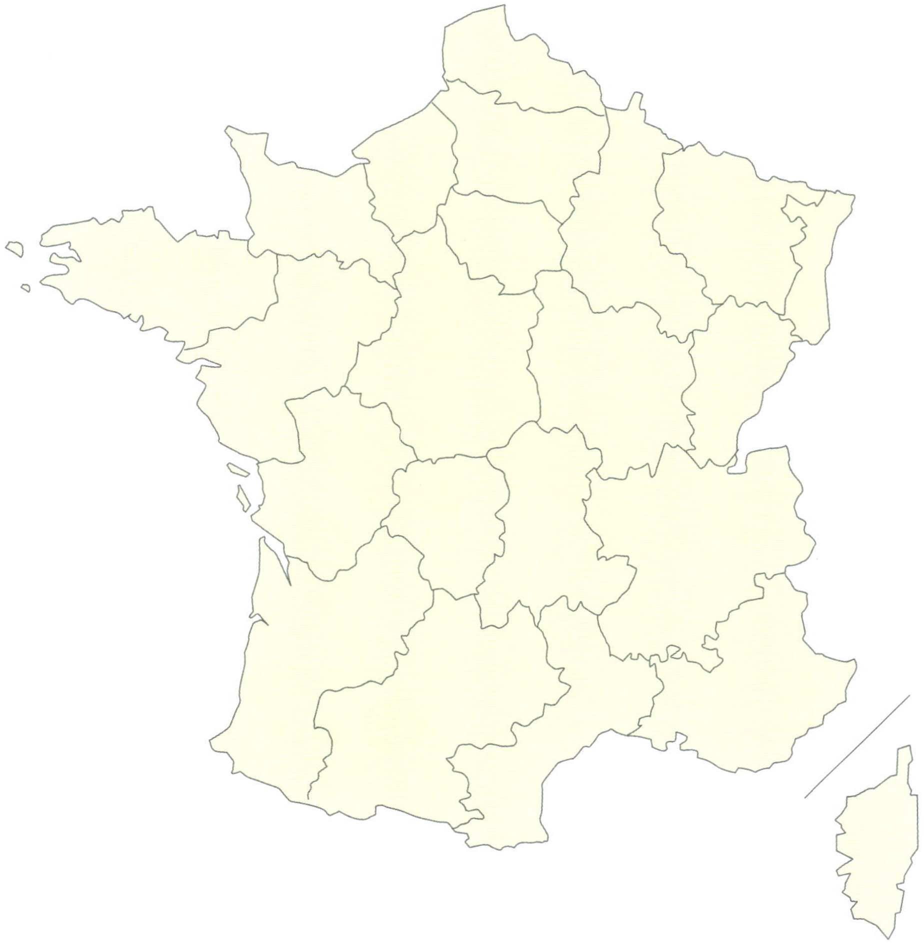

1. Placez sur la carte les trois régions françaises suivantes :
- Franche-Comté
- Languedoc-Roussillon
- Haute-Normandie.

II. Questions de cours (5 points)

2. Comment évolue la population française ?

3. Qu'est-ce qu'une métropole ? Citez un exemple en France et justifiez votre choix.

Livret des corrigés p. 44-45

III. Étude de document (5 points)

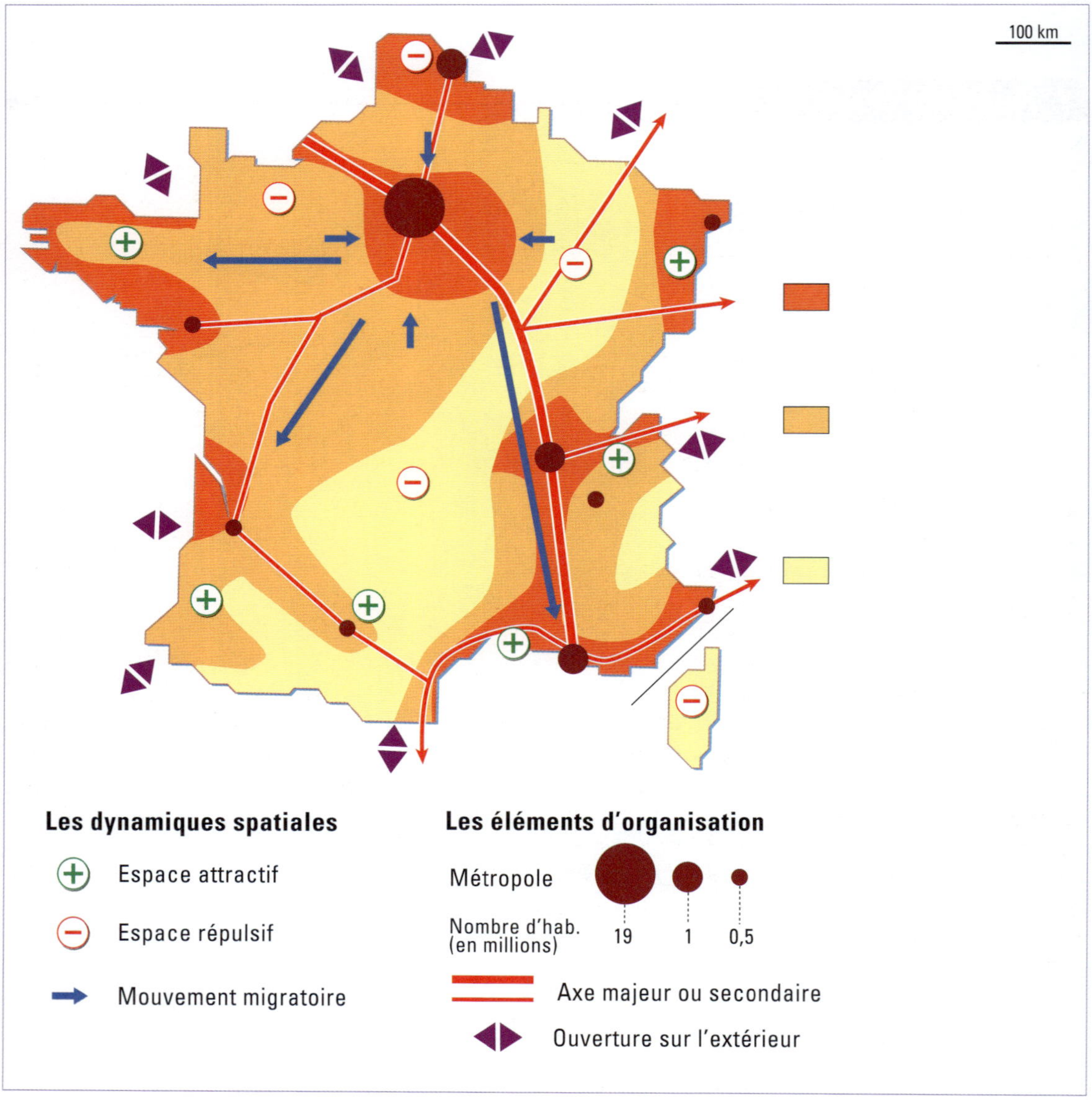

4. Placez les six grands massifs montagneux français en donnant leur nom.

5. Placez les trois premières aires urbaines françaises en donnant leur nom.

6. Complétez les densités de population en légende.

7. Donnez un titre au document.

Sujet 1 – 3e partie : Éducation civique (10 points)

I. Questions de cours (3 points)

1. Qu'est-ce qu'une constitution ? Quand est adoptée celle qui fonde la Ve République en France ?
2. Citez quatre symboles de la République française.
3. Montrez avec plusieurs exemples que la République française est sociale.

II. Étude de document (7 points)

Droit de vote des étrangers, qui est pour, qui est contre ?

Un sondage BVA réalisé en novembre pour notre journal montre que 61 % des Français sont favorables au droit de vote des étrangers aux élections locales. Sur l'échiquier politique, les Verts sont pour tout comme la majorité des socialistes. Mais certains dirigeants ou élus de gauche sont néanmoins réticents. C'est le cas de Jean-Pierre Chevènement ou de Malek Boutih, ex-président de SOS Racisme, qui juge que cette proposition ne vient pas au bon moment et peut nourrir un vote FN. Chez les centristes, Jean-Louis Borloo, qui a varié sur cette question, se dit désormais favorable au droit de vote aux élections locales après dix ans de résidence. François Bayrou aussi soutient cette mesure, dans laquelle il voit un facteur « d'intégration ». En revanche, Marine Le Pen, la présidente du Front national, est totalement opposée à cette perspective et compte en faire un thème majeur de sa campagne pour la présidentielle. A l'UMP, si certains comme Nicolas Sarkozy ont pu être favorables à ce droit par le passé, ce n'est plus le cas aujourd'hui. La Droite populaire, qui regroupe les durs du parti présidentiel, a immédiatement attaqué la proposition du PS, avec une pétition concurrençant celle du FN. Aujourd'hui, l'UMP insiste sur la nécessité du lien entre vote et citoyenneté et dénonce une proposition « électoraliste ».

■ Didier Micoine, leparisien.fr, 08-12-2011.

4. Qui peut voter en France aujourd'hui ?
5. Quel pourcentage de Français souhaitent que les étrangers puissent voter aux élections locales ?
6. Quelle tendance politique est plutôt favorable ? Citez un passage du texte qui justifie votre réponse.
7. Le parti de l'UMP est-il favorable ou défavorable ? Quel argument utilise-t-il pour justifier sa position ?

Livret des corrigés p. 45

Sujet 2 – 1re partie : Histoire (13 points)

I. Repères (3 points)

1. Quand Louis XIV a-t-il régné ?
2. Quand a été adopté le suffrage universel masculin en France ?
3. Quand se déroule la IIIe République en France ?

II. Questions de cours (5 points)

4. Quels sont les objectifs de l'ONU ?
5. Qu'est-ce que la Guerre froide ?

III. Étude de document (5 points)

Françaises, Français,

Étant le détenteur de la légitimité nationale et républicaine, j'ai envisagé, depuis vingt-quatre heures, toutes les éventualités, sans exception, qui me permettraient de la maintenir. J'ai pris mes résolutions. Dans les circonstances présentes, je ne me retirerai pas. J'ai un mandat du peuple, je le remplirai. Je ne changerai pas le Premier ministre […]. Je dissous aujourd'hui l'Assemblée nationale. […] Quant aux élections législatives, elles auront lieu dans les délais prévus par la Constitution, à moins qu'on entende bâillonner le peuple français tout entier, en l'empêchant de s'exprimer en même temps qu'on l'empêche de vivre, par les mêmes moyens qu'on empêche les étudiants d'étudier, les enseignants d'enseigner, les travailleurs de travailler. Ces moyens, ce sont l'intimidation, l'intoxication et la tyrannie exercées par des groupes organisés de longue date en conséquence et par un parti qui est une entreprise totalitaire, même s'il a déjà des rivaux à cet égard.

■ Discours du général de Gaulle à la radio, 30 mai 1968.

6. Quelle fonction occupe celui qui prononce ce discours ? À qui s'adresse-t-il ?
7. Durant quelle crise ce discours est-il prononcé ?
8. Comment l'auteur de ce discours qualifie-t-il ses opposants ?
9. Que souhaitaient ses opposants ?
10. Comment envisage-t-il de sortir de la crise ?

Sujet 2 – 2e partie : Géographie (13 points)

I. Repères (3 points)

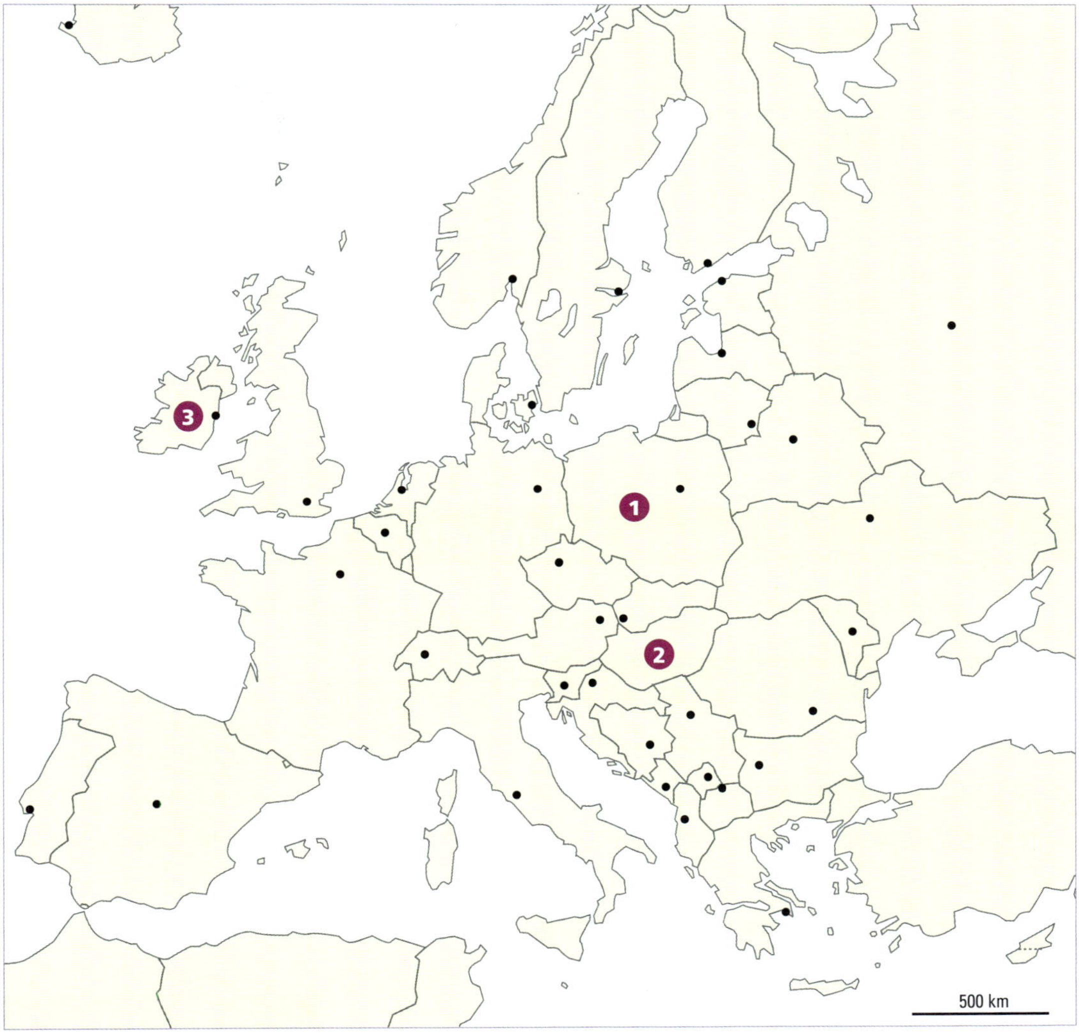

1. À quels États de l'Union européenne correspondent les trois numéros ? Précisez les capitales de chaque État.

❶ .... ❷ .... ❸ ....

Capitale : .... Capitale : .... Capitale : ....

II. Questions de cours (5 points)

2. Combien de pays l'Union européenne compte-t-elle ?

3. Où la Commission européenne siège-t-elle ?

4. Qu'est-ce que la mégalopole européenne ?

Livret des corrigés p. 45-46

III. Étude de document (5 points)

5. Quelle est la moyenne régionale du PIB/hab. dans l'UE ?

6. Quels sont les deux pays qui ont les plus faibles PIB/hab. ?

7. Dans quelle partie de l'Europe se situent-ils ?

8. Comparez les chiffres d'Inner London et du Nord-Est de la Roumanie ?

9. Quelle conclusion pouvez-vous tirer de ce tableau ?

Régions riches, régions pauvres dans l'UE

Région	PIB/hab. en SPA
Inner London (Royaume-Uni)	79 400 €
Luxembourg (Luxembourg)	63 100 €
Bruxelles-capitale (Belgique)	55 100 €
Hambourg (Allemagne)	47 200 €
Moyenne régionale de l'UE	22 845 €
Yuzhen tsentralen (Bulgarie)	6 600 €
Severen tsentralen (Bulgarie)	6 400 €
Sevrozapaden (Bulgarie)	6 000 €
Nord-Est (Roumanie)	5 800 €

■ Source Eurostat

Sujet 2 – 3e partie : Éducation civique (10 points)

I. Questions de cours (3 points)

1. Comment a évolué l'organisation de l'armée en France ?

2. Qu'est-ce que le parcours du citoyen en France ?

3. Par qui ont été créés les Tribunaux Pénaux Internationaux ? À quoi servent-ils ? Citez un exemple.

II. Étude de document (7 points)

4. Quels symboles de la République française apparaissent sur l'affiche ?

5. Quel document est représenté sur l'affiche ? À quoi sert-il ?

6. À qui s'adresse cette affiche ?

7. Contre quoi cette affiche veut-elle lutter ?

■ Affiche réalisée octobre 2011.

Livret des corrigés p. 46

MÉMOS

Classes grammaticales et fonctions

Type	Classe grammaticale	Exemples	Définition
Variable	nom	*Julie, fille, amitié*	Un nom désigne un être, une chose ou une idée. *Julie* est un nom propre, *fille* est un nom commun.
	déterminant	*un, le, cette, ses*	Un déterminant introduit un nom commun. Il forme avec lui un groupe nominal (GN) minimal.
	adjectif qualificatif	*beau, puissants*	Un adjectif qualificatif apporte des précisions sur le nom auquel il se rapporte.
	pronom	*il, lui, celle, les siens*	En général, un pronom remplace un nom ou un groupe nominal (*pro* : « à la place de »).
	verbe	*aimer, partait, serons*	Un verbe exprime une action ou un état. Il prend une forme différente selon le temps évoqué, le nombre et la personne du sujet (il se conjugue).
Invariable	adverbe	*ici, hier, clairement*	Un adverbe peut s'ajouter à un verbe, un adjectif, un autre adverbe ou une proposition.
	préposition	*à, dans, à côté de*	Une préposition sert de lien entre un mot et son complément.
	conjonction de coordination	*mais, ou, et, donc, or, ni, car*	Une conjonction de coordination relie deux mots ou groupes de mots de même classe grammaticale.
	conjonction de subordination	*que, quand, dès que*	Une conjonction de subordination relie deux propositions (une subordonnée et une principale).

Français

	Fonction	Exemples	Définition
Dans la phrase	sujet	*Julie aime Théo.*	Le sujet désigne l'être ou la chose qui fait l'action exprimée par le verbe à la voix active.
	complément d'agent	*Théo est aimé par Julie.*	Le complément d'agent désigne l'être ou la chose qui fait l'action exprimée par le verbe à la voix passive. Il est le plus souvent introduit par *par*.
	attribut du sujet	*Julie est étudiante.*	L'attribut du sujet exprime une caractéristique du sujet; il s'y rapporte par l'intermédiaire d'un verbe d'état (être, sembler…).
	COD	*Julie aime le cinéma.*	Le complément d'objet direct complète le verbe directement (sans préposition).
	COI	*Théo joue à la balle.*	Le complément d'objet indirect complète le verbe indirectement (avec une préposition).
	COS	*Théo envoie un message à Julie.*	Le complément d'objet second complète un verbe qui a déjà un complément d'objet.
	CC	*Théo et Julie se voient avec plaisir.*	Le complément circonstanciel exprime une circonstance (temps, lieu, manière…) de l'action.
Dans le GN	épithète	*une étudiante sympathique*	Une épithète se rapporte directement au nom.
	complément du nom	*une étudiante d'une grande école*	Le complément du nom complète le nom à l'aide d'une préposition.
	apposition	*Passionnée de cinéma, Julie possède cent films.*	Une apposition se rapporte au nom ou au GN, elle en est séparée par une virgule (construction détachée).

Verbes modèles du 1er et du 2e groupe

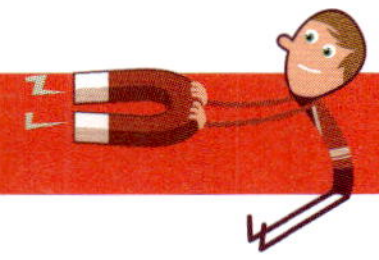

• **Chanter**

INDICATIF			
Présent	**Passé composé**	**Imparfait**	**Plus-que-parfait**
je chante	j'ai chanté	je chantais	j'avais chanté
tu chantes	tu as chanté	tu chantais	tu avais chanté
il chante	il a chanté	il chantait	il avait chanté
ns chantons	ns avons chanté	ns chantions	ns avions chanté
vs chantez	vs avez chanté	vs chantiez	vs aviez chanté
ils chantent	ils ont chanté	ils chantaient	ils avaient chanté
Passé simple	**Passé antérieur**	**Futur**	**Futur antérieur**
je chantai	j'eus chanté	je chanterai	j'aurai chanté
tu chantas	tu eus chanté	tu chanteras	tu auras chanté
il chanta	il eut chanté	il chantera	il aura chanté
ns chantâmes	ns eûmes chanté	ns chanterons	ns aurons chanté
vs chantâtes	vs eûtes chanté	vs chanterez	vs aurez chanté
ils chantèrent	ils eurent chanté	ils chanteront	ils auront chanté

CONDITIONNEL		SUBJONCTIF		IMPÉRATIF	
Présent	**Passé**	**Présent**	**Passé**	**Présent**	**Passé**
je chanterais	j'aurais chanté	que je chante	que j'aie chanté	chante	aie chanté
tu chanterais	tu aurais chanté	que tu chantes	que tu aies chanté	chantons	ayons chanté
il chanterait	il aurait chanté	qu'il chante	qu'il ait chanté	chantez	ayez chanté
ns chanterions	ns aurions chanté	que ns chantions	que ns ayons chanté		
vs chanteriez	vs auriez chanté	que vs chantiez	que vs ayez chanté		
ils chanteraient	ils auraient chanté	qu'ils chantent	qu'ils aient chanté		

• **Finir**

INDICATIF			
Présent	**Passé composé**	**Imparfait**	**Plus-que-parfait**
je finis	j'ai fini	je finissais	j'avais fini
tu finis	tu as fini	tu finissais	tu avais fini
il finit	il a fini	il finissait	il avait fini
ns finissons	ns avons fini	ns finissions	ns avions fini
vs finissez	vs avez fini	vs finissiez	vs aviez fini
ils finissent	ils ont fini	ils finissaient	ils avaient fini
Passé simple	**Passé antérieur**	**Futur**	**Futur antérieur**
je finis	j'eus fini	je finirai	j'aurai fini
tu finis	tu eus fini	tu finiras	tu auras fini
il finit	il eut fini	il finira	il aura fini
ns finîmes	ns eûmes fini	ns finirons	ns aurons fini
vs finîtes	vs eûtes fini	vs finirez	vs aurez fini
ils finirent	ils eurent fini	ils finiront	ils auront fini

CONDITIONNEL		SUBJONCTIF		IMPÉRATIF	
Présent	**Passé**	**Présent**	**Passé**	**Présent**	**Passé**
je finirais	j'aurais fini	que je finisse	que j'aie fini	finis	aie fini
tu finirais	tu aurais fini	que tu finisses	que tu aies fini	finissons	ayons fini
il finirait	il aurait fini	qu'il finisse	qu'il ait fini	finissez	ayez fini
ns finirions	ns aurions fini	que ns finissions	que ns ayons fini		
vs finiriez	vs auriez fini	que vs finissiez	que vs ayez fini		
ils finiraient	ils auraient fini	qu'ils finissent	qu'ils aient fini		

21 verbes du 3e groupe à connaître

	Indicatif					Subjonctif
	présent	imparfait	passé simple	futur	passé composé	présent
aller	je vais il va	j'allais il allait	j'allai il alla	j'irai il ira	je suis allé il est allé	que j'aille qu'il aille
résoudre	je résous il résout	je résolvais il résolvait	je résolus il résolut	je résoudrai il résoudra	j'ai résolu il a résolu	que je résolve qu'il résolve
partir	je pars il part	je partais il partait	je partis il partit	je partirai il partira	je suis parti il est parti	que je parte qu'il parte
venir	il vient	il venait	il vint	il viendra	il est venu	qu'il vienne
courir	il court	il courait	il courut	il courra	il a couru	qu'il coure
offrir	il offre	il offrait	il offrit	il offrira	il a offert	qu'il offre
cueillir	il cueille	il cueillait	il cueillit	il cueillera	il a cueilli	qu'il cueille
voir	il voit	il voyait	il vit	il verra	il a vu	qu'il voie
devoir	il doit	il devait	il dut	il devra	il a dû	qu'il doive
vouloir	je veux il veut	je voulais il voulait	je voulus il voulut	je voudrai il voudra	j'ai voulu il a voulu	que je veuille qu'il veuille
pouvoir	je peux il peut	je pouvais il pouvait	je pus il put	je pourrai il pourra	j'ai pu il a pu	que je puisse qu'il puisse
savoir	il sait	il savait	il sut	il saura	il a su	qu'il sache
faire	il fait	il faisait	il fit	il fera	il a fait	qu'il fasse
dire	il dit	il disait	il dit	il dira	il a dit	qu'il dise
croire	il croit	il croyait	il crut	il croira	il a cru	qu'il croie
vivre	il vit	il vivait	il vécut	il vivra	il a vécu	qu'il vive
prendre	il prend	il prenait	il prit	il prendra	il a pris	qu'il prenne
peindre	il peint	il peignait	il peignit	il peindra	il a peint	qu'il peigne
mettre	je mets il met	je mettais il mettait	je mis il mit	je mettrai il mettra	j'ai mis il a mis	que je mette qu'il mette
avoir	j'ai il a ils ont	j'avais il avait ils avaient	j'eus il eut ils eurent	j'aurai il aura ils auront	j'ai eu il a eu ils ont eu	que j'aie qu'il ait qu'ils aient
être	je suis il est ils sont	j'étais il était ils étaient	je fus il fut ils furent	je serai il sera ils seront	j'ai été il a été ils ont été	que je sois qu'il soit qu'ils soient

Principales confusions orthographiques

Je ne confonds plus…	Nature (ou mots *équivalents*)	Exemple
a et ***à***	• ***a*** **:** 3ᵉ pers. du sing. du v. *avoir* au présent • **à :** préposition	*Il* **a** (= avait) *mis du temps* **à** (≠ avait) *arriver.*
ou et ***où***	• ***ou*** : ou bien • ***où*** : exprime le lieu	*Sais-tu* **où** (≠ ou bien) *il est parti en vacances : à la mer* ***ou*** (= ou bien) **à la montagne ?**
on et ***ont***	• ***on*** : pronom sujet • ***ont*** **:** 3ᵉ pers. du pl. du v. *avoir* au présent	***On*** (≠ avaient) *est surpris par tout le travail qu'ils* **ont** (= avaient) *accompli.*
son et ***sont***	• ***son*** **:** dét. possessif • ***sont*** **:** 3ᵉ pers. du pl. du v. *être* au présent	*Ils* **sont** (= étaient) *admiratifs de* **son** *courage* (= le sien).
ces et ***ses***	• ***ces*** **:** dét. démonstratif • ***ses*** : dét. possessif	***Ses*** *parents* (= les siens) *lui ont offert* **ces** *belles baskets rouges* (= celles-là).
ce et ***se***	• ***ce*** **:** dét. ou pronom démonstratif • ***se*** : pronom réfléchi	*Barnabé* **se** *demande* (➜ verbe *se demander*) *encore s'il va aller voir* **ce** *film* (= celui-là).
c'est et ***s'est***	• ***c'est*** : présentatif • ***s'est*** = *se* + *est*	• ***C'est*** (= cela est) décidé : nous y allons. • *Il* ***s'est*** *décidé à y aller* (➜ verbe *se décider* au passé composé)
ni et ***n'y***	• ***ni*** **:** conjonction de coordination de sens négatif • ***n'y*** = *ne* + *y*	• *Je n'ai* **ni** *regret* **ni** *rancœur.* • *Je* ***n'y*** *pense plus* (= Je ne pense plus à cela).
si et ***s'y***	• ***si*** : conjonction ou adverbe • ***s'y*** = *se* + *y*	• *Il est* **si** *tard. Je ne sais pas* **si** *j'ai le courage.* • *Il* ***s'y*** *est mis* (= Il s'est mis à cela).
sans et ***s'en***	• ***sans*** : préposition exprimant un manque • ***s'en*** = *se* + *en*	• *Il est parti* **sans** *elle.* • *Il* ***s'en*** *sort bien* (= Il se sort bien de cela).
dans et ***d'en***	• ***dans*** : préposition exprimant le lieu ou le temps • ***d'en*** = *de* + *en*	• *Le spectacle commence* **dans** *une heure.* • *Il est soulagé* ***d'en*** *sortir* (= de sortir de là) *sain et sauf.*
quand, ***quant*** et ***qu'en***	• ***quand*** = **à quel moment, lorsque** • ***qu'en*** = *que* + *en* • ***quant à*** = *en ce qui concerne*	• ***Quand*** (= à quel moment) *reviendra-t-il ?* • ***Qu'en*** *pensez-vous ?* (= Que pensez-vous de cela ?) • ***Quant à*** *moi* (= en ce qui me concerne), *je n'y crois pas.*
quoique et ***quoi que***	• ***quoique*** = *bien que* • ***quoi que*** = *quelle que soit la chose que*	• ***Quoi que*** (= bien que) *fatigué, il est là.* • ***Quoi qu'*** *il fasse* (= quelle que soit la chose qu'il fasse), *il réussit.*
quel(les) et ***qu'elle(s)***	• ***quel(les)*** : dét. interrogatif ou exclamatif • ***qu'elle(s)*** = *que* + *elle(s)*	• ***Quel*** *jour* (= lequel) *sommes-nous ?* • *Il faut* ***qu'elle*** (= qu'il) se repose
quelque et ***quel(les) que***	• ***quelque(s)*** : dét. indéfini • ***quel(les) que*** + v. *être* au subjonctif : exprime l'opposition	• *Voici* **quelques** (= des) *fleurs.* • ***Quel que*** *soit ton choix, je le respecterai.*

Grille de relecture d'une dictée

Une fois le texte dicté entièrement, vient le moment de la relecture – une étape clé qui permet bien souvent de corriger de nombreuses erreurs. Pour la rendre la plus efficace possible, voici une grille rappelant les principaux points à prendre en compte dans l'ensemble du texte.

Je vérifie...	J'applique la règle...
la situation de communication	Il faut se demander : qui parle ? à qui ? de quoi ? Ainsi, si le texte est rédigé à la 1re personne, il faut prendre garde d'accorder les verbes à cette personne.
le temps et le mode des verbes	• Pour identifier les différents **temps** utilisés, il faut se demander quel est le type du texte. Ainsi dans un récit au passé, les actions principales sont rapportées au passé simple ; mais on trouve également des verbes à l'imparfait pour planter le décor, ou au plus-que-parfait pour évoquer des actions antérieures. Dans les dialogues, le temps de base est le présent. • Par ailleurs, tous les verbes ne sont pas forcément au **mode** indicatif (mode du réel). Prends garde : – qu'après une subordonnée introduite par si, on trouve le plus souvent un conditionnel (formes en *-rais*, *-rait*, *-raient*...) ; – que, dans certains types de subordonnées, les verbes sont au subjonctif (mode de l'éventuel). Ex. : *Je souhaite qu'il* ***soit*** *heureux*.
l'accord des verbes	Le verbe s'accorde avec le sujet. Pour trouver le sujet, on pose la question : *Qui est-ce qui... ?* ou *Qu'est-ce qui... ?* suivie du verbe. Attention au sujet *qui* : pour bien accorder le verbe dans ce cas, il faut trouver l'antécédent du pronom. Ex. : *Il regarde <u>les navires</u> qui s'éloign****ent***.
l'accord des adjectifs	L'adjectif s'accorde en genre et en nombre avec le nom qu'il qualifie. Pour trouver ce nom, on pose la question : *qui est-ce qui est... ?* ou *qu'est-ce qui est... ?* suivie de l'adjectif.
l'accord des participes passés	• Si le participe passé est employé avec l'auxiliaire *être*, il s'accorde en genre et en nombre avec le sujet du verbe. Ex. : *Elle est habill****ée*** *chaudement.* • Si le participe passé est employé avec l'auxiliaire *avoir*, il ne s'accorde jamais avec le sujet du verbe, mais il s'accorde avec le COD si celui-ci est placé devant le verbe. Ex. : *<u>Les fleurs</u> qu'il a apport****ées*** *sont superbes.*
les terminaisons verbales en [e]	• Pour savoir si un verbe doit se terminer par *-er* (infinitif) ou *-é(es)* (participe passé), on le remplace par un verbe du 3e groupe. Ex. : *Il souhaitait oubli****er*** (prendre) *le passé. – Elle avait oubli****é*** (pris) *de la prévenir*. • On peut également appliquer les règles suivantes : – quand deux verbes se suivent, le second est à l'infinitif ; – derrière une préposition, on trouve toujours un infinitif.
les homophones grammaticaux les plus fréquents (voir p. 297)	• a ≠ à • ont ≠ on • ou ≠ où • est ≠ et • sont ≠ son • ces ≠ ses ≠ c'est
l'emploi des majuscules	On met une majuscule systématiquement : – au début d'une phrase, donc au début du texte et derrière tous les points ; – aux noms propres.

Unités de mesure

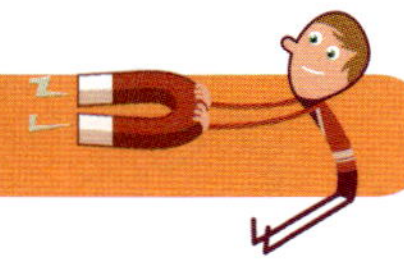

Longueur

- L'unité de référence est le **mètre (m)**.

Unité	Symbole	
kilomètre	km	1 km = 1 000 m
hectomètre	hm	1 hm = 100 m
décamètre	dam	1 dam = 10 m
mètre	**m**	
décimètre	dm	1 dm = 0,1 m
centimètre	cm	1 cm = 0,01 m
millimètre	mm	1 mm = 0,001 m

Les unités de largeur vont de 10 en 10.

Aires

- L'unité de référence est le **mètre carré (m^2)**.

Unité	Symbole	
kilomètre carré	km^2	1 km^2 = 1 000 m^2
hectomètre carré	hm^2	1 hm^2 = 100 m^2
décamètre carré	dam^2	1 dam^2 = 10 m^2
mètre carré	**m^2**	
décimètre carré	dm^2	1 dm^2 = 0,1 m^2
centimètre carré	cm^2	1 cm^2 = 0,01 m^2
millimètre carré	mm^2	

Les unités d'aires vont de 100 en 100.

- En agriculture, on utilise aussi :

Unité	Symbole	
hectare	ha	1 ha = 100 a = 10 000 m^2
are	a	1 a = 100 m^2

Masses

- L'unité de référence est le **kilogramme (kg)**.

Unité	Symbole	
kilogramme	**kg**	1 kg = 1 000 g
hectogramme	hg	1 hg = 100 g
décagramme	dag	1 dag = 10 g
gramme	g	
décigramme	dg	1 dg = 0,1 g
centigramme	cg	1 cg = 0,01 g
milligramme	mg	1 mg = 0,001 g

- On utilise aussi :
- la tonne (t) ; 1 t = 1 000 kg
- le quintal (q) ; 1 q = 100 kg

Volumes

- L'unité de référence est le **mètre cube (m^3)**.

Unité	Symbole	
kilomètre cube	km^3	
hectomètre cube	hm^3	
décamètre cube	dam^3	1 dam^3 = 1 000 m^3
mètre cube	**m^3**	
décimètre cube	dm3	1 dm^3 = 0,001 m^3
centimètre cube	cm^3	
millimètre cube	mm^3	

Les unités de volume vont de 1 000 en 1 000.

- Dans la vie courante, on utilise aussi :

Unité	Symbole	
hectolitre	hL	1 hL = 100 L = 0,1 m^3
décalitre	daL	1 daL = 10 L = 0,01 m^3
litre	**L**	1 L = 1 dm^3
décilitre	dL	1 dL = 0,1 L = 1 cm^3
centilitre	cL	1 cL = 0,01 L = 1 cm^3
millilitre	mL	1 mL = 0,001 L = 1 cm^3

Durées

- L'unité de référence est la **seconde (s)**.

Unité	Symbole	
seconde	**s**	
minute	m	1 min = 60 s
heure	h	1 h = 60 min = 3 600 s
jour	j	1 J = 24 h = 86 400 s

On utilise aussi les divisions décimales de l'heure.
Exemple : 3,5 h = 3 h 30 min.

Angles

Unité	Symbole
degré	°

Exemple :
Un angle droit mesure 90°.
Un angle plat mesure 180°.
Un angle plein mesure 360°.

Formulaire de géométrie

Quadrilatères

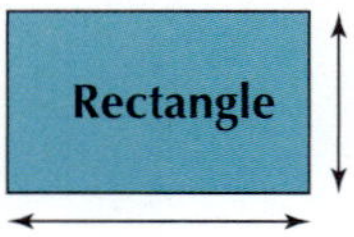

Aire $= L \times \ell$

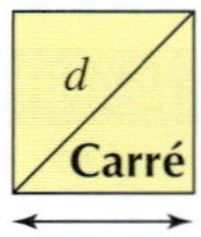

Aire $= c^2$

$d = c\sqrt{2}$

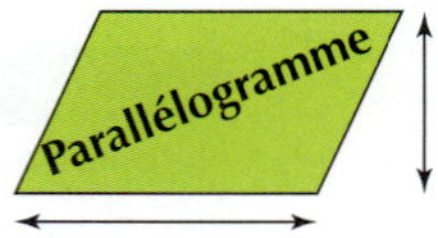

Aire $= b \times h$

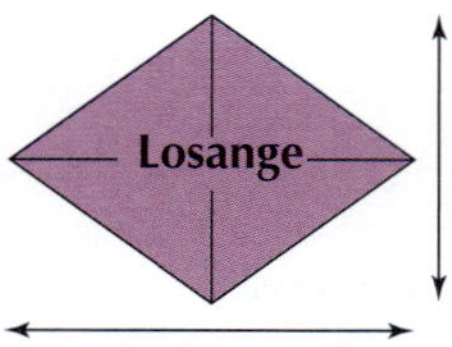

Aire $= \dfrac{D \times d}{2}$

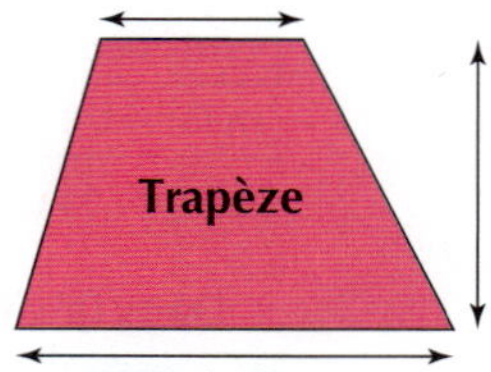

Aire $= \dfrac{(B + b) \times h}{2}$

Cercles et disques

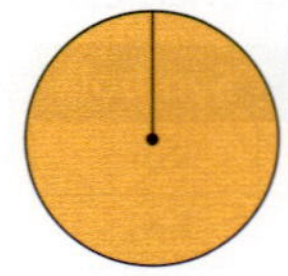

Périmètre $= 2\pi \times r$

Aire $= \pi \times r^2$

Sphères et boules

Aire $= 4\pi \times r^2$

Volume $= \dfrac{4}{3}\pi \times r^3$

Triangles

Triangle quelconque

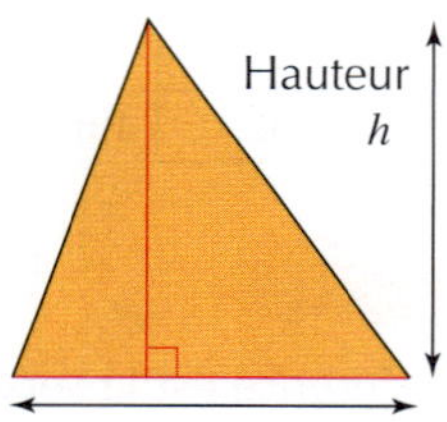

Aire $= \dfrac{b \times h}{2}$

Somme des angles $= 180°$

Triangle équilatéral

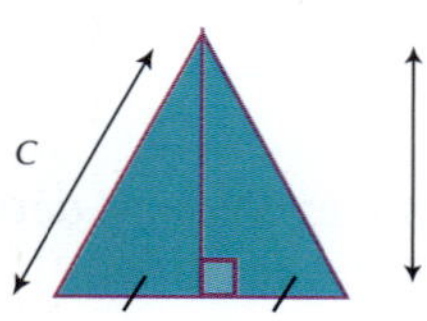

$h = \dfrac{c\sqrt{3}}{2}$

Triangle rectangle

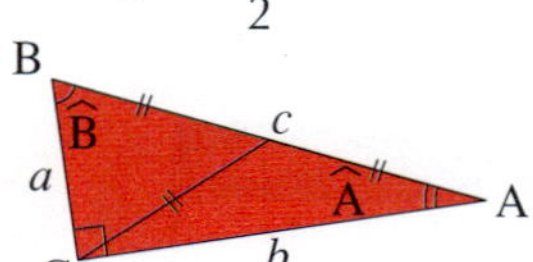

Aire $= \dfrac{a \times b}{2}$

Médiane $= \dfrac{\text{hypoténuse}}{2}$ **Hypoténuse** $= \dfrac{c}{2}$

Propriété de Pythagore : $c^2 = a^2 + b^2$

$\cos(\hat{A}) = \dfrac{b}{c}$ $\sin(\hat{A}) = \dfrac{a}{c}$ $\tan(\hat{A}) = \dfrac{a}{b}$

Prismes et cylindres

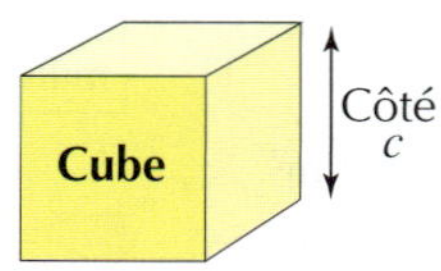

Volume $= c^3$

Aire totale $= 6 \times c^2$

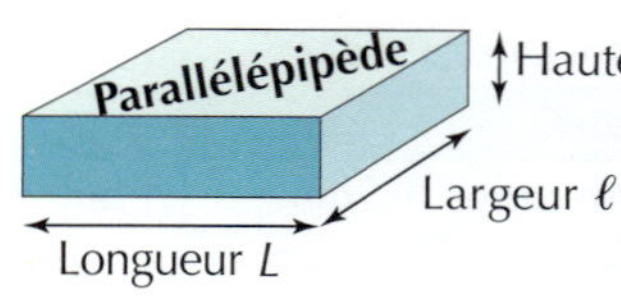

Volume $= L \times \ell \times h$

Aire totale $= 2(L \times \ell + L \times h + \ell \times h)$

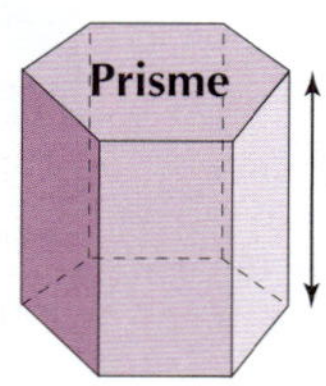

Base d'aire B et de périmètre p

Volume $= B \times h$

Aire latérale $= p \times h$

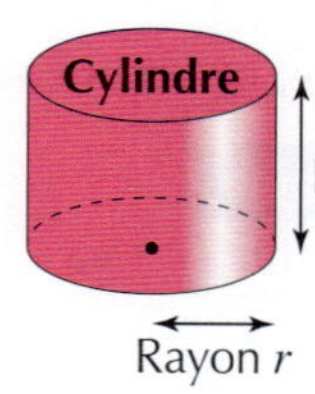

Aire de la base $= \pi \times r^2$

Volume $= \pi \times r^2 \times h$

$= 2\pi \times r \times h$

Pyramides et cônes

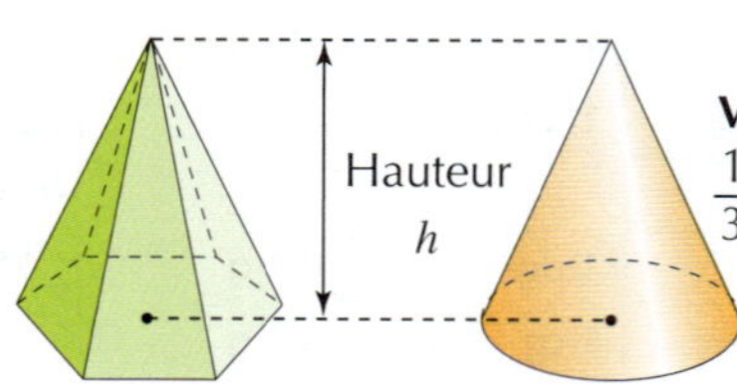

Volume $= \dfrac{1}{3} \times (\text{aire de base}) \times h$

Symboles géométriques

// : parallèle
⊥ : perpendiculaire
[AB] : segment
(AB) : droite
[AB) : demi-droite
AB : longueur

Frises chronologiques du programme

La Première Guerre mondiale

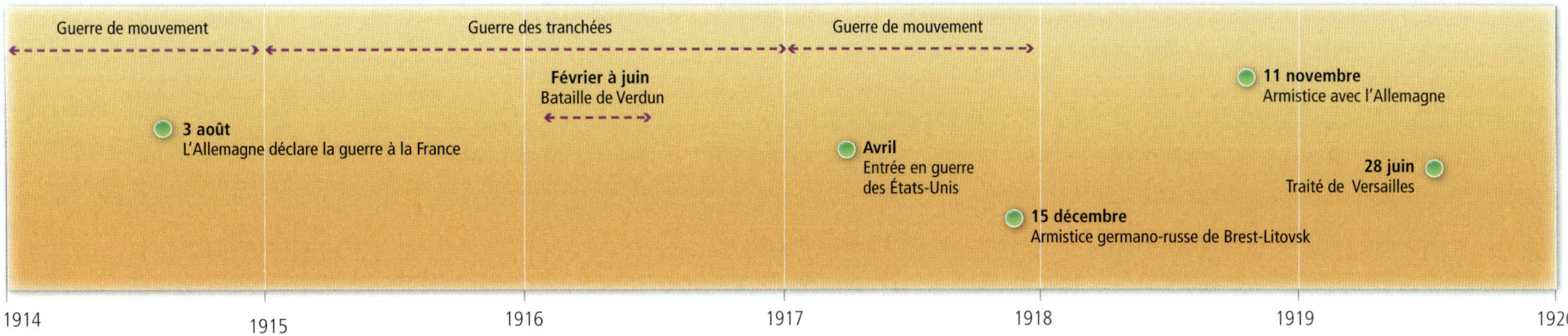

Russie – URSS (1917-1941)

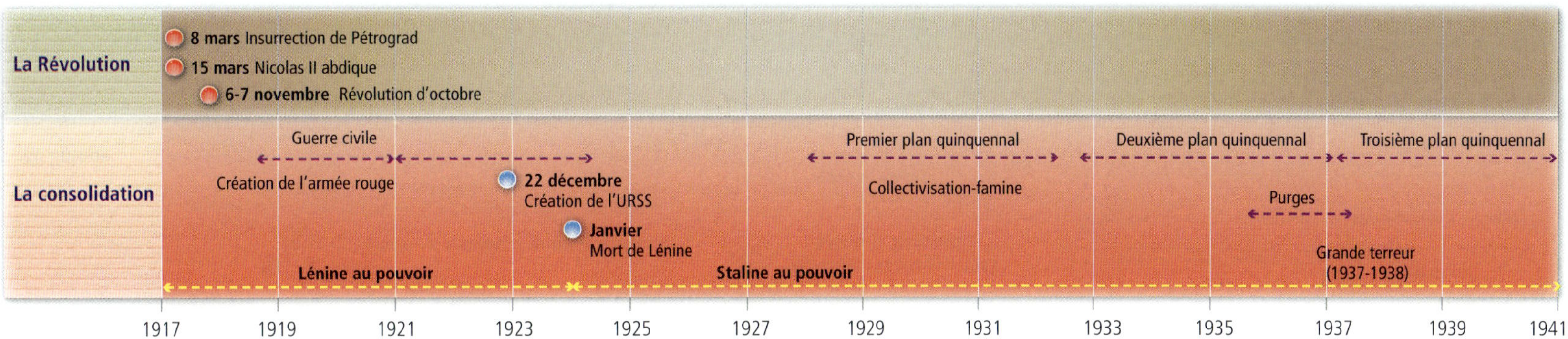

La France (1920-1939)

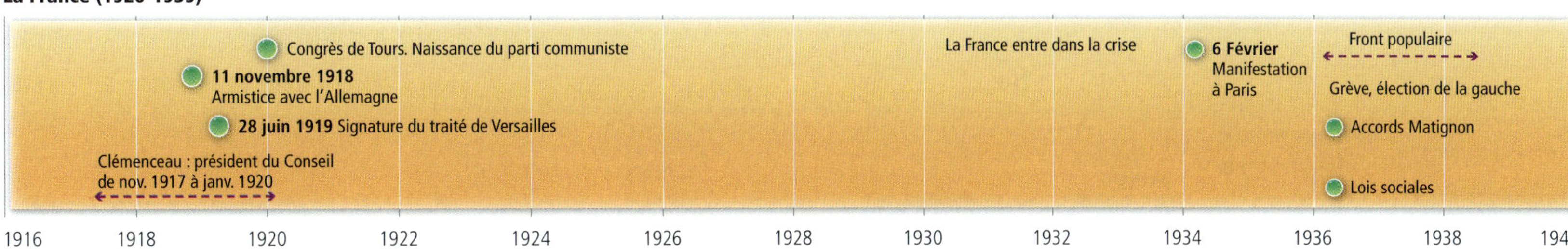

Frises chronologiques du programme

L'Allemagne (1918-1939)

- 1918 : Proclamation de la République
- L'Allemagne dans la crise
- Hitler nommé chancelier
- Lois de Nuremberg
- Service militaire rétabli
- 1936-1939 : Plan quadriennal

1918 – 1920 – 1922 – 1924 – 1926 – 1928 – 1930 – 1932 – 1934 – 1936 – 1938 – 1939

La Seconde Guerre mondiale

En Europe

- **3 septembre :** France et Royaume Uni déclarent la guerre à l'Allemagne
- **22 juin** Hitler attaque l'URSS
- **Juillet 1942-février 1943 :** Bataille de Stalingrad
- 1ers revers allemands
- **Novembre** 1ers débarquements alliés
- Libération des camps
- Suicide d'Hitler
- **8 mai :** Capitulation de l'Allemagne

En Asie

- **7 décembre** Attaque de Pearl Harbor entrée en guerre des États-Unis
- **Août** Contre-offensive américaine
- **6 août** Bombe sur Hiroshima
- **2 septembre** Capitulation japonaise

En France

- **Drôle de guerre**
- **Débâcle**
- **18 juin** Appel du général De Gaulle
- **22 juin** Armistice franco-allemand
- **Régime de Vichy** (1940-1944)
- Rafle du Vel d'Hiv
- **Février :** STO
- **Mai :** 1re réunion du CNR
- Création des FFI
- **6 juin** Débarquement en Normandie
- **25 août:** Libération de Paris
- **Avril 1945** Les femmes votent pour la première fois
- **Octobre 1945** Sécurité sociale

1939 – 1940 – 1941 – 1942 – 1943 – 1944 – 1945 – 1946

Frises chronologiques du programme

Le Monde (1945-1975)

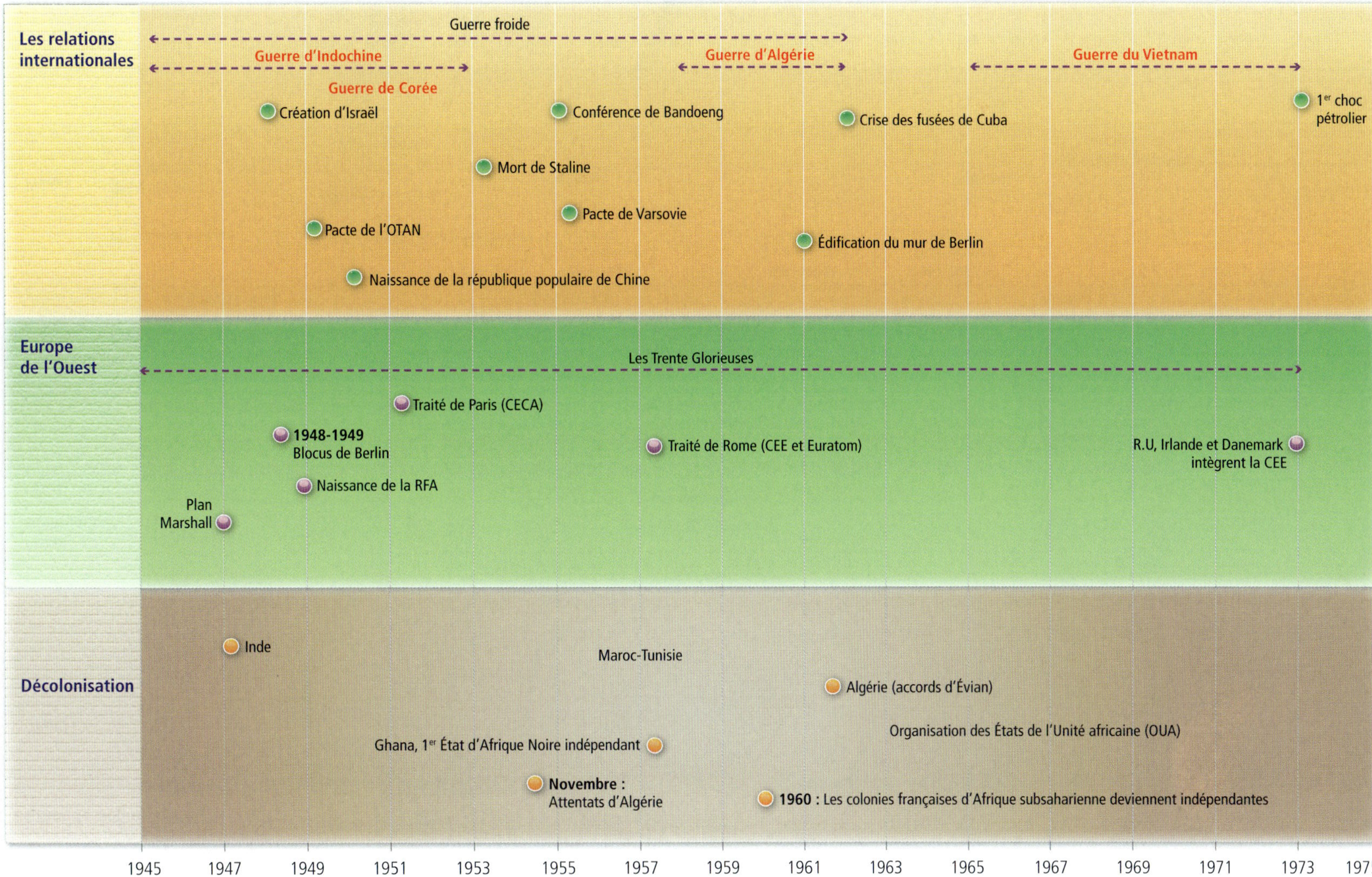

Frises chronologiques du programme

Le Monde depuis 1975

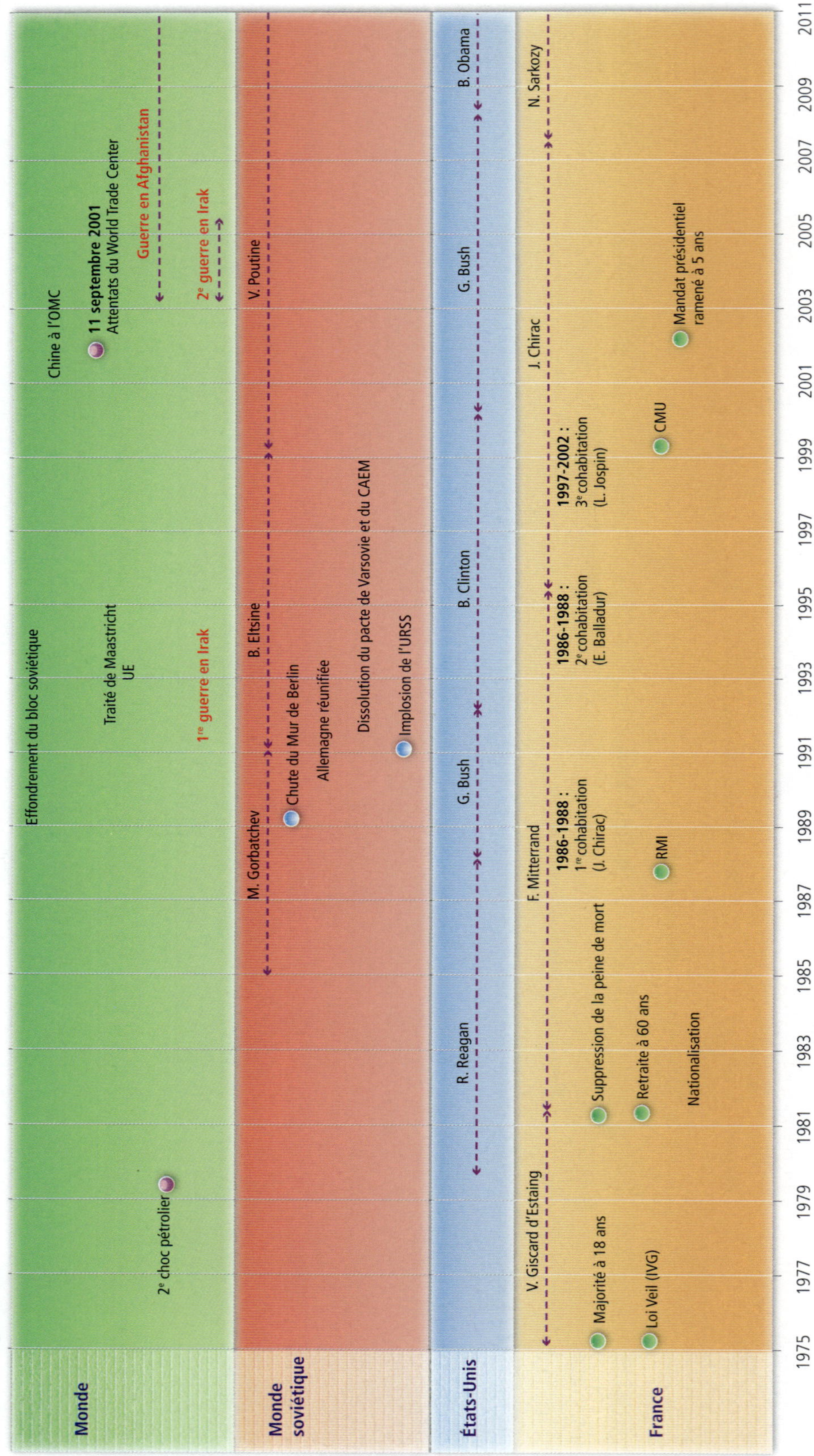

Un monde inégal

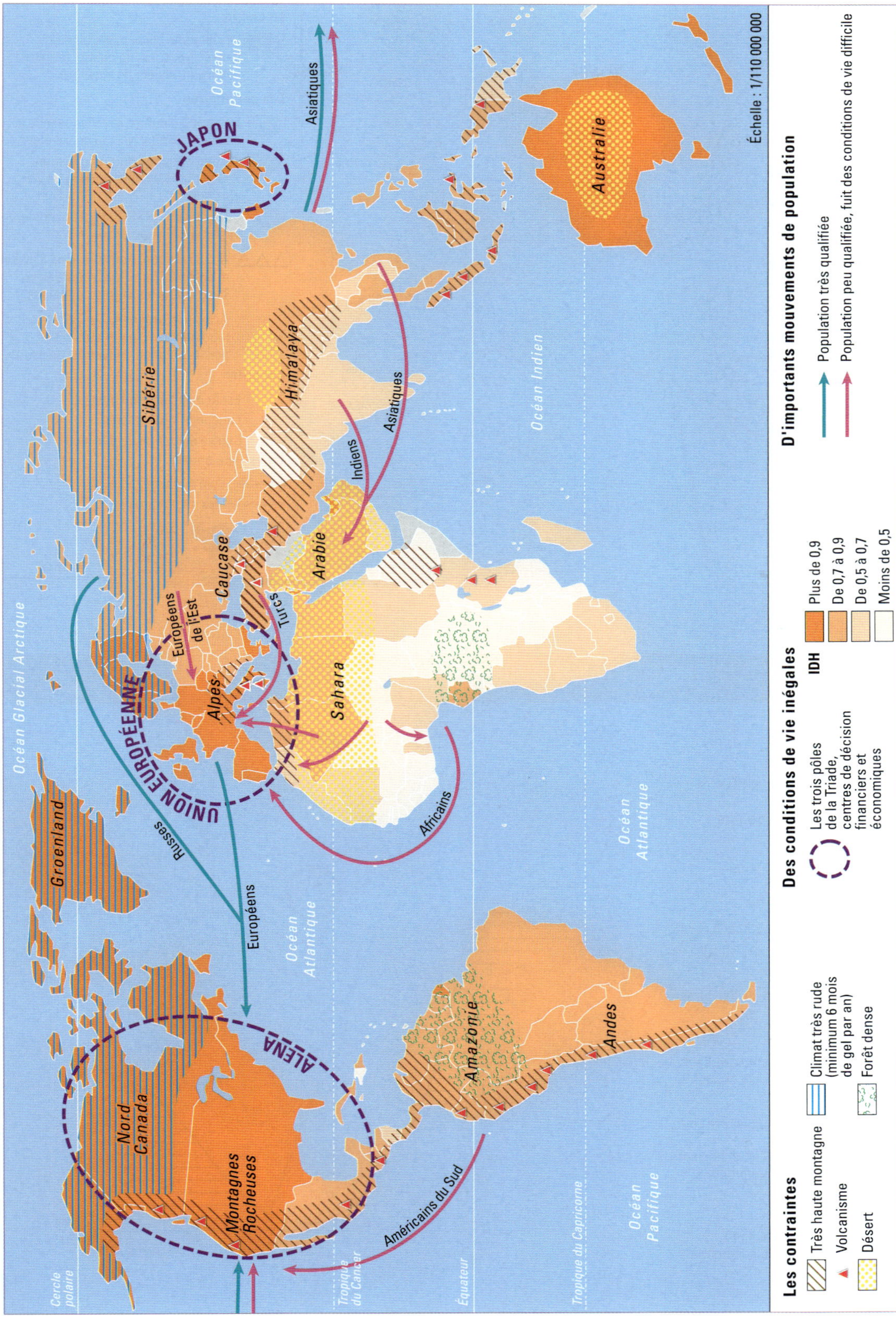

L'organisation de l'espace européen

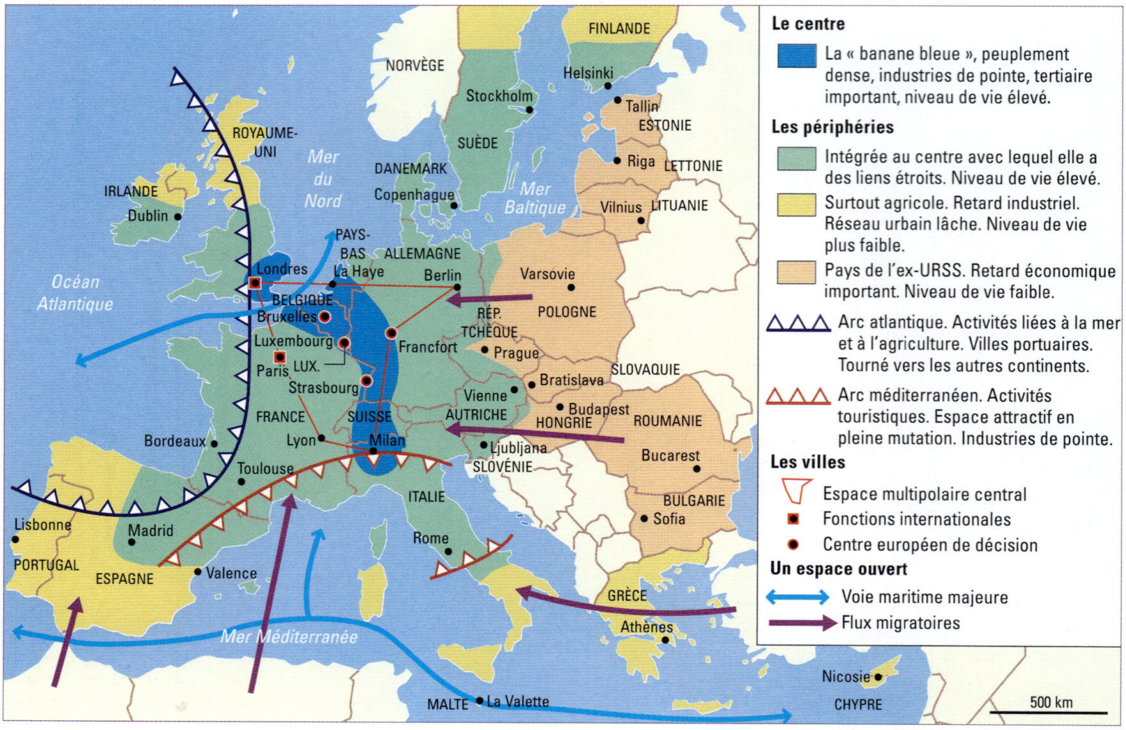

Inégalités et mutations en France

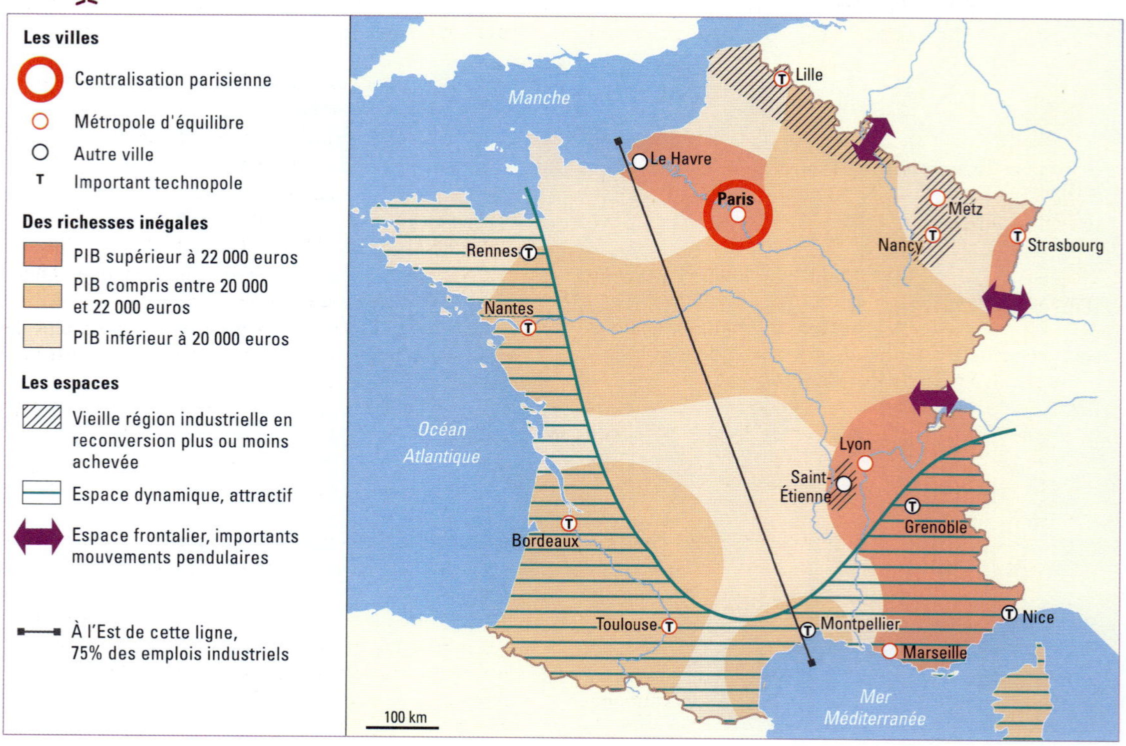

Lexique d'H-G/Éducation civique

Abolition Suppression.

Accords de Schengen Signés en 1985, ils établissent la libre circulation des personnes et des biens entre les États européens signataires.

Alliance militaire défensive Alliance entre des pays qui ne s'entraident militairement que si l'un d'entre eux est attaqué.

Antiparlementarisme Opposition au régime parlementaire et aux hommes politiques qui y participent.

Armistice Convention signée entre des États en guerre. Il marque la fin des hostilités.

Baby-boom Concerne surtout les pays européens entre 1945 et 1965 (voire 1974) qui ont connu pendant cette période une forte augmentation de leur natalité.

Blitzkrieg « Guerre éclair » en allemand. Doctrine qui consiste pour les militaires en des attaques localisées et brèves. L'effet de surprise doit permettre une victoire rapide.

Bolchévique Ancien nom du parti communiste soviétique.

Capital Argent nécessaire pour le fonctionnement d'une entreprise : achat des locaux, du matériel, des matières premières, paie des employés…

CEEA Communauté Européenne de l'Énergie Atomique.

Censure Le fait d'interdire la publication de certains textes (livres, journaux…) ou de passages de ces textes.

Collectivisation Suppression de la propriété privée. Terres, usines, etc., appartiennent à la collectivité donc à l'État.

Crime contre l'humanité Notion créée lors du procès de Nuremberg en 1945. Définie comme « la violation délibérée et ignominieuse des droits fondamentaux d'un individu ou d'un groupe d'individus inspirée par des motifs politiques, philosophiques, raciaux ou religieux. »

Croissance démographique Augmentation de la population.

Croissance urbaine Augmentation de la population vivant en ville et donc extension de la ville.

Culture de masse Forme de culture destinée au plus grand nombre.

Économie de guerre Les productions indispensables au pays sont favorisées. L'État contrôle l'économie.

Énergie fossile Pétrole, charbon, gaz naturel, énergies non renouvelables produites à partir de roches qui viennent de la fossilisation des êtres vivants.

Époque moderne (ou Temps modernes) 3e période historique allant de la fin du XVe siècle (découverte de l'Amérique par Christophe Colomb, 1492) à la fin du XVIIIe siècle (Début de la Révolution de 1789 pour la France).

Époque contemporaine 4e période historique couvrant les XIXe et XXe siècles.

Espérance de vie Nombre moyen d'années que peut vivre une personne à la naissance dans un pays.

État centralisé Toutes les décisions majeures sont prises en un même lieu (Paris pour la France).

Eurocorps Corps d'armée créé en 1992 et opérationnel depuis 1995 qui regroupe la France, l'Allemagne, la Belgique, le Luxembourg et l'Espagne. Sept autres États (Grèce, Pologne, Turquie, Autriche, États-Unis, Italie, Roumanie) détachent quelques officiers à Strasbourg où il a son quartier général.

Exode rural Départ de la campagne pour aller s'installer en ville.

Guerre des tranchées Période de la guerre qui s'étire de 1915 à 1917. Les soldats « s'enterrent » dans des tranchées. Période qui s'oppose à la « guerre de mouvement » (1914) durant laquelle les batailles furent nombreuses.

Guerre froide (1945-1989) Oppositions entre les États-Unis et l'URSS reposant sur la dissuasion nucléaire avec des affrontements indirects.

Guerre totale Touche tous les secteurs, militaire, économique et la population.

IDH Indice de développement humain. Accès aux soins, niveau de vie et de scolarisation, accès à l'eau potable entrent dans son calcul.

Importer Acheter des produits à un pays étranger.

Industrie Activité qui produit des biens en grande quantité, dans des usines avec des machines.

Kolkhoze Exploitation agricole en URSS. Les terres et les outils étaient mis en commun. Le kolkhozien pouvait disposer d'un lopin de terre pour sa production personnelle.

Krach boursier Crise boursière. La plus connue est celle de Wall Street, la bourse de New York, entre le jeudi 24 octobre (le « jeudi noir ») et le mardi 29 octobre 1929.

Ligue Ce n'est pas un parti politique même si les adhérents partagent la même idéologie. Les ligues se développent principalement pendant les périodes de crise.

Mégalopole Ensemble de grandes villes dont les banlieues sont mitoyennes.

Migration Déplacement volontaire de personnes d'une région à une autre, d'un pays à un autre.

Monde bipolaire Expression employée pour désigner l'organisation du monde entre 1945 et 1991. Il y avait deux blocs : le bloc soviétique et le bloc américain.

Mondialisation Interdépendance économique, financière et commerciale entre les Nations.

Multipartisme La liberté d'expression permet à plus de deux partis politiques (système bipolaire) de participer aux débats politiques

Mutineries Elles marquent essentiellement l'année 1917. Les soldats refusent d'aller au combat et d'obéir aux ordres. Certains se mutilent. Le maréchal Pétain y mettra fin en améliorant le sort des Poilus.

OMC Organisation mondiale du commerce. Les accords signés en 1994 fixent les règles du commerce international.

ONU (Organisation des Nations Unies) Organisation internationale créée après la Deuxième Guerre mondiale pour favoriser la paix, les droits de l'homme et le développement des pays. Elle regroupe actuellement 192 pays.

OST Organisation Scientifique du Travail. Méthode d'organisation des usines développée par l'ingénieur américain Taylor. Elle conduit à une division de la production en petites tâches simples exécutées par le même ouvrier.

OTAN Organisation du Traité de l'Atlantique Nord. Alliance militaire défensive créée en 1949 par plusieurs États occidentaux en vue d'assurer la sécurité de l'Occident.

PAC Politique agricole commune. Mise en place en 1962, elle contrôle les prix agricoles et subventionne les agricultures européennes.

Pacte de Varsovie Pacte militaire et d'assistance mutuelle signé en 1955 entre les pays du bloc soviétique pour faire contrepoids à l'OTAN. Il a été dissous en 1991.

Parlement Composé de l'Assemblée nationale et du Sénat, il vote les lois.

Pays développés Pays riches dont l'IDH et le PIB sont forts.

Pays émergents Pays dont le PIB/h et l'IDH sont encore faibles mais qui connaissent une forte croissance économique.

Pays en développement Pays pauvres dont l'IDH et le PIB sont faibles.

Périurbanisation Étalement des villes sur l'espace rural proche.

PESC Politique Etrangère et de Sécurité Commune créée par le traité de Maastricht.

PIB Produit intérieur brut, indicateur qui permet de mesurer l'ensemble des richesses produites par l'agriculture, l'industrie ou les services d'un pays.

PMA Pays les moins avancés, les plus pauvres de la planète.

Poilus Nom donné aux soldats qui combattaient dans les tranchées pendant la Première Guerre mondiale. Dans le langage familier, le terme désignait alors quelqu'un de courageux.

Population active Population qui a un emploi ou est en recherche d'emploi.

Population rurale Population qui vit à la campagne.

Population urbaine Population qui vit en ville.

Pouvoir exécutif Le président de la République et le gouvernement.

Président du conseil Premier ministre en France jusqu'en 1958.

Protectionnisme Doctrine économique qui protège les productions nationales en taxant les produits importés. L'État intervient dans la vie économique.

Purges Marquent les années 1936-1938 en URSS. Il s'agit de l'arrestation, la déportation, l'exécution d'opposants réels ou supposés au régime. Elles connurent leur paroxysme en 1937 lors des procès de Moscou. Environ six millions de personnes en auraient été victimes.

Pyramide des âges Graphique présentant la structure d'une population à un moment donné. En aucun cas elle n'indique une évolution. Mais elle permet de prévoir le vieillissement de la population.

Régime politique Système de gouvernement d'un pays. Il y a deux grands types de régime politique : la république ou la monarchie.

Résistance Ensemble des mouvements et réseaux clandestins qui luttaient contre l'occupation allemande en France pendant la Seconde Guerre mondiale.

Rideau de fer Frontière fortifiée et le plus souvent électrifiée édifiée par les Soviétiques pour isoler les pays du bloc soviétique des pays d'Europe de l'Ouest. L'élément le plus connu est le mur de Berlin édifié en 1961.

Secteur primaire Ensemble des activités agricoles ou liées à l'extraction de matières premières.

Secteur secondaire Ensemble des activités industrielles.

Secteur tertiaire Ensemble des activités liées aux services (banque, assurance, commerce...).

Suffrage universel direct Élection par le peuple (présidentielle, législative, municipale).

Suffrage universel indirect Élection par des élus (sénatoriale ou élection du maire élu par les conseillers municipaux lors de la première réunion du conseil municipal).

Suffrage universel masculin Le droit de vote est accordé à tous les hommes.

Symbole Dessin, objet ou personne qui représente une idée, un principe abstrait.

Taux d'urbanisation Pourcentage des personnes qui habitent en ville.

Traité Texte d'un accord signé par deux (ou plusieurs) pays.

Transition démographique Évolution démographique d'une population qui passe d'une forte natalité et une forte mortalité à des taux de natalité et mortalité faibles.

Trente Glorieuses Expression employée par Jean Fourastié pour désigner les années 1945-1973 pendant lesquelles le niveau de vie des pays développés connut un accroissement sans précédent.

Triade Les trois pôles (Amérique du Nord, Japon, Union européenne) qui dominent la vie économique, commerciale et financière de la planète.

Triple Entente Alliance entre la France, le Royaume Uni et la Russie qui soutiennent la Serbie en 1914.

Triplice ou Triple Alliance Alliance entre l'Empire allemand, l'Empire autrichien et l'Italie en 1914.

UE (Union européenne) Organisation régionale qui regroupe 27 pays européens qui, dans certains domaines, ont décidé d'avoir des politiques communes.

ZEE Zone économique exclusive. Espace maritime sur lequel un État côtier est souverain.

Lexique de SVT

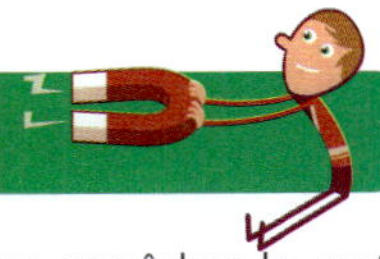

Allèle Une des formes d'un même gène.

Allergie Réaction anormale et démesurée de l'organisme lorsqu'il est en contact avec un allergène, substance étrangère à l'organisme.

Ancêtre commun Être vivant à partir duquel se sont formées d'autres espèces.

Anomalie chromosomique Erreur dans le nombre de chromosomes ou dans leur appariement.

Antibiogramme Test ayant pour fonction d'éprouver l'efficacité d'un antibiotique sur une bactérie pathogène.

Antibiotique Substance qui détruit ou empêche la croissance des bactéries.

Anticorps Protéine sanguine, produite par un lymphocyte B et apte à se lier spécifiquement à un antigène.

Antigène Molécule étrangère déterminant la formation d'un anticorps.

Antiseptique Substance qui tue les bactéries et les virus ou empêche leur développement à la surface de notre épiderme lorsqu'il est lésé.

Arbre généalogique Relation de parenté entre les espèces et les groupes ayant vécu à la surface de la Terre au cours des temps géologiques.

Archives géologiques Ce sont les roches qui ont conservé, au cours des périodes géologiques, des fossiles d'animaux, de végétaux ou leurs traces (ex. : les roches sédimentaires).

Biodégradation C'est la capacité de certains micro-organismes à dégrader des polluants organiques, en particulier les hydrocarbures légers.

Bio-venting Technique consistant à associer l'aspiration des gaz du sol et le traitement biologique réalisé par les micro-organismes.

Caractère héréditaire Caractéristique dépendant de l'expression d'un gène et transmise de génération en génération.

Caryotype Ensemble représentant les chromosomes d'une espèce et dans lequel les chromosomes sont classés par paires et par ordre de taille décroissante.

Cellule-hôte Cellule dans laquelle se multiplient les virus.

Cellule-œuf Cellule résultant de la fécondation de l'ovule par le spermatozoïde. C'est le premier stade de la vie d'un individu.

Chromatide Élément formé d'ADN et de protéines et constituant un chromosome.

Chromosome Élément présent dans le noyau, visible dans la cellule au moment de la division cellulaire et constitué d'une molécule d'ADN enroulée autour de protéines.

Chromosome sexuel Chromosome déterminant le sexe. Le sexe féminin est déterminé par la présence du chromosome X et le sexe masculin par la présence du chromosome Y.

Contamination Envahissement d'un organisme vivant par des micro-organismes pathogènes.

Contragestion Moyen utilisé pour empêcher la gestation.

Crise biologique Période au cours de laquelle de nombreuses espèces ont disparu dans tous les milieux à la surface de la Terre.

Diagnostic prénatal Ensemble de pratiques médicales (échographie, amniocentèse) ayant pour objectif la détection *in utero* d'une affection grave chez l'embryon ou le fœtus.

Division cellulaire Mode de multiplication de toute cellule dans le monde vivant.

Duplication de l'ADN Copie de la séquence d'ADN avant la division cellulaire.

Équilibre alimentaire C'est le résultat obtenu par une consommation d'aliments variés adaptée aux besoins en matière et en énergie d'un organisme.

Explosion évolutive Apparition d'un très grand nombre d'espèces dans différents milieux.

Extinction de masse Disparition brutale et de grande ampleur de nombreux groupes à certaines périodes géologiques données.

Fécondation C'est la rencontre du spermatozoïde et de l'ovule qui se poursuit par la fusion de leurs noyaux.

Filiation Relation montrant l'apparition des espèces les unes à partir des autres.

FIVETE Fécondation *in vitro* (FIV) et transfert d'embryon.

Gène Segment d'ADN ou unité d'information génétique portée par un chromosome.

Greffe Opération chirurgicale ayant pour objectif de remplacer un organe malade ou non fonctionnel par un organe sain ou greffon.

IMC Indice de masse corporelle.

Immunité Propriété que possède un organisme à lutter contre un antigène.

Immunoglobuline Protéine du sérum sanguin secrétée par les plasmocytes issus des lymphocytes B et neutralisant les antigènes en formant des complexes antigènes anticorps.

Immunothérapie Traitement consistant en l'administration de substances ayant pour fonction de stimuler les défenses immunitaires de l'organisme afin de lutter contre différentes maladies.

Infection Colonisation d'un organisme-hôte par des micro-organismes (ex. : bactéries, virus).

IST Infection sexuellement transmissible.

IVG Interruption volontaire de grossesse.

Maladie nutritionnelle Maladie apparaissant à l'issue d'une mauvaise alimentation (ex. : excès de sel, matières grasses et sucre).

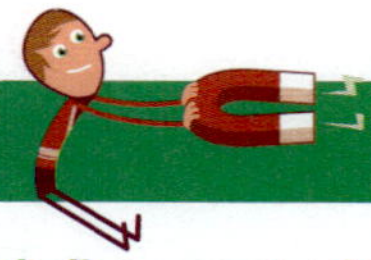

Lexique de SVT

Maladie opportuniste Maladie occasionnée par des troubles graves résultant de toute déficience du système immunitaire.

Maladies cardio-vasculaires Maladies affectant le fonctionnement du cœur et des vaisseaux sanguins.

Mémoire immunitaire Mémoire acquise par la présence dans l'organisme d'anticorps spécifiques, secrétés après l'introduction d'antigènes dans cet organisme.

Météorite Objet rocheux du système solaire pouvant parfois percuter la Terre.

Microphage Se dit d'un animal consommant des particules alimentaires de très petite taille.

Micro-organisme Organisme de taille microscopique (bactéries et virus).

Moelle osseuse Lieu où se forment les cellules sanguines.

MST Maladie sexuellement transmissible.

Muqueuse Couche tapissant les cavités internes du corps en communication avec le milieu extérieur (ex. : appareils respiratoire, génital, digestif…).

Noyau Partie de la cellule contenant les chromosomes.

Obésité État d'un individu en surcharge pondérale sévère et ne pratiquant aucune activité physique.

Organes lymphoïdes Organes (ex. : moelle rouge des os, rate, thymus, ganglions…) producteurs d'éléments ayant pour fonction la défense de l'organisme.

Ovule Gamète femelle.

Papillomavirus Le virus du papillome humain (VPH) est un virus à ADN responsable d'infections sexuellement transmissibles.

Pathogène Se dit d'un microbe à l'origine d'une maladie.

Phagocytose Mécanisme de capture, digestion et élimination d'un micro-organisme par une cellule.

PMA Procréation médicalement assistée.

Point d'impact Point de contact entre un objet du système solaire et la surface de la Terre.

Programme génétique Ensemble de l'information génétique portée par tous les chromosomes et déterminant la construction de l'organisme.

Sérothérapie Immunothérapie.

Sida Syndrome de l'immunodéficience acquise.

Spécifique Se dit d'un anticorps qui ne reconnaît qu'un seul type d'antigène.

Spermatozoïde Gamète mâle.

Syndrome de Turner Absence d'un chromosome sexuel X chez la fille.

Système immunitaire Ensemble des organes lymphoïdes permettant d'identifier tous les éléments étrangers et de les détruire pour maintenir l'intégrité de l'organisme.

Test de séropositivité Test permettant de savoir si une personne est contaminée ou non par le virus du Sida.

Théorie de l'évolution Théorie qui explique la formation des espèces les unes à partir des autres et cela selon la filiation existant entre les groupes.

Toxine Substance toxique secrétée par un micro-organisme (ex. : bactérie).

Trithérapie Traitement palliatif du Sida.

Vaccinothérapie Injection d'antigènes précis à virulence atténuée dans un organisme afin de le protéger durablement contre ces antigènes.

VIH Virus de l'immunodéficience humaine.

Virus Microbe ne pouvant se multiplier que dans les cellules-hôtes et à l'origine du développement de maladies.

Lexique de Physique-Chimie

Accumulateur Dispositif qui stocke l'énergie électrique, comme par exemple les batteries de voiture.

Acide Une solution acide est une solution qui contient plus d'ions hydrogène H^+ que d'ions HO^-.

Alternateur Appareil qui convertit l'énergie mécanique en énergie électrique pour produire une tension variable (alternative sinusoïdale). Il est composé d'un rotor (partie tournante) et d'un stator (partie fixe).

Ampèremètre Appareil de mesure de l'intensité du courant électrique qui se monte en série dans un circuit ou une branche pour mesurer l'intensité.

Amplitude Mesure de l'ampleur de l'oscillation d'un phénomène périodique par rapport à zéro.

Anion Ion portant une charge électrique négative (suite au gain d'un ou plusieurs électrons).

Atome Plus petite partie d'un corps pur simple. Un atome (électriquement neutre) est constitué d'un noyau (électriquement positif) et d'électrons (électriquement négatifs) qui lui tournent autour.

Base Une solution basique est une solution qui contient plus d'ions HO^- que d'ions hydrogène H^+.

Cation Ion portant une charge électrique positive (suite à la perte d'un ou plusieurs électrons).

Centrale à éoliennes Centrale électrique qui utilise l'énergie mécanique du vent pour produire de l'électricité.

Centrale hydroélectrique Centrale électrique qui utilise l'énergie mécanique de l'eau en mouvement pour produire de l'électricité.

Centrale thermique Centrale électrique dont la source primaire est la combustion de charbon, fioul, pétrole ou gaz naturel (on parle alors de centrales thermiques

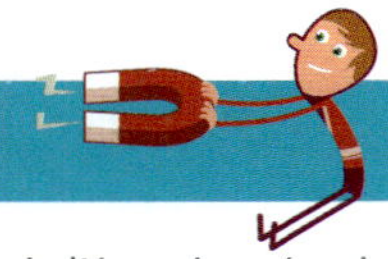

à flamme), ou bien une réaction nucléaire (dans les centrales thermiques nucléaires).

Chute libre Un objet est en chute libre lorsqu'il tombe vers la Terre sous l'effet de son poids.

Compteur électrique Appareil qui mesure l'énergie électrique (en kilowattheures, kWh) consommée dans une habitation.

Conducteur Un matériau est dit conducteur d'électricité lorsqu'il laisse passer le courant. On parle également de conducteurs de chaleur pour les matériaux qui transmettent facilement la chaleur (par exemple les métaux).

Courant électrique Il y a courant électrique lorsqu'il y a déplacement de charges électriques. Dans une solution ionique ce sont des ions qui se déplacent, tandis que dans les métaux le courant électrique est dû au déplacement d'électrons.

DEL Une diode électroluminescente est une diode qui émet de la lumière lorsqu'elle est traversée par un courant dans le sens passant.

Dynamomètre Appareil permettant de mesurer une force, comme par exemple le poids d'un objet.

Électro-aimant Objet constitué d'une bobine conductrice d'électricité et qui produit un champ magnétique lorsqu'il est parcouru par un courant électrique.

Électrode Conducteur électrique faisant partie d'une pile électrochimique, plongé dans l'électrolyte.

Électrolyte Solution ionique dans laquelle trempent les électrodes d'une pile électrochimique.

Électron Particule élémentaire électriquement négative que l'on peut trouver à l'état libre ou dans un atome.

Énergie chimique Énergie contenue dans les liaisons chimiques entre atomes combinés en molécules. Cette énergie peut être libérée (sous forme de chaleur) lors d'une transformation chimique.

Énergie de mouvement Aussi dite énergie cinétique, c'est l'énergie (notée E_c, mesurée en joules, J) acquise par un objet par son mouvement. Elle est proportionnelle à sa masse et au carré de sa vitesse (pour un objet au repos, $E_c = 0$).

Énergie de position Énergie (notée E_p, mesurée en joules, J) acquise par un objet, proportionnelle à sa masse et à son altitude, et qui peut être convertie en énergie de mouvement (par exemple lors d'une chute libre).

Énergie électrique Énergie fournie par l'intermédiaire du courant électrique à un appareil. On l'exprime en joules (symbole J) ou parfois en wattheures (Wh) ou kilowattheures (kWh).

Énergie éolienne Forme d'énergie renouvelable tirée directement du vent.

Énergie fossile Désigne l'énergie que l'on peut produire à partir de roches issues de la fossilisation d'êtres vivants : pétrole, gaz naturel et charbon.

Énergie géothermique Énergie résultant de la désintégration naturelle des roches du manteau terrestre.

Énergie mécanique Notée E_m (mesurée en joules, J), c'est la somme de l'énergie de mouvement et de l'énergie de position d'un objet. Lors d'une chute libre, l'énergie de position diminue et se transforme en énergie de mouvement (qui augmente), mais l'énergie mécanique de l'objet reste constante.

Énergie renouvelable Une source primaire d'énergie est renouvelable lorsqu'elle est inépuisable (ex. : le vent) ou renouvelable à l'échelle humaine (ex. : le bois).

Énergie solaire Énergie délivrée par le rayonnement du soleil à la surface de la Terre.

Équation-bilan Écriture décrivant une transformation chimique, et indiquant en particulier les réactifs et produits de celle-ci.

Force Action mécanique qui s'exerce sur un objet.

Fréquence Nombre de périodes par seconde d'un phénomène. Une fréquence s'exprime en hertz (Hz).

Fréquencemètre Appareil de mesure de la fréquence d'une tension alternative.

Générateur très basse fréquence (TBF) Générateur qui se comporte comme une pile, tantôt branchée dans un sens, tantôt dans l'autre.

Hotte Système d'aspiration de laboratoire permettant d'évacuer gaz et vapeurs toxiques issus d'expériences.

Induction Production de courant électrique dans une bobine lorsqu'elle est en présence d'un champ magnétique variable (par exemple un aimant en rotation).

Intensité de la pesanteur Valeur liant masse et poids d'un objet, notée g et exprimée en Newton par kilogramme (N/kg). Sur Terre g ≈ 9,8 N/kg, mais elle prend d'autres valeurs sur les autres planètes.

Interaction Influence ou action réciproque entre plusieurs objets.

Interaction à distance Interaction entre des objets qui ne sont pas en contact (par exemple l'interaction gravitationnelle entre le Soleil et les planètes).

Interaction gravitationnelle L'interaction gravitationnelle se manifeste par des forces attractives entre deux objets et n'est due qu'au seul fait que ces objets ont une masse.

Ion Atome, ou groupement d'atomes, chargé électriquement car ayant perdu ou gagné un ou plusieurs électrons.

Joule Unité de mesure de l'énergie, notée J.

Masse La masse d'un objet est la quantité de matière qui le constitue. Elle se mesure en kilogramme (symbole kg) et est universelle (reste constante quel que soit l'endroit de l'univers où l'on se trouve).

Matériau Matière naturelle ou synthétique que l'homme utilise pour fabriquer des objets.

Métal Les métaux sont un groupe d'éléments définis par leurs propriétés physico-chimiques. Ils sont généralement extraits de minerais, solides, plus denses que l'eau et conducteurs d'électricité et de chaleur.

Newton Unité de mesure d'une force (symbole N), comme par exemple le poids.

Lexique de Physique-Chimie

Noyau Partie centrale de l'atome, 100 000 fois plus petit que l'atome, électriquement positif.

Oscilloscope Appareil de mesure et de visualisation de la tension électrique.

Oxydation L'oxydation est une réaction d'un élément avec du dioxygène.

Papier pH Papier dont la couleur change en fonction du pH de la solution dans lequel il est trempé.

Période Durée la plus courte, exprimée en secondes (symbole s), au bout de laquelle un phénomène se répète à l'identique.

pH Grandeur sans unité, comprise entre 0 et 14, qui mesure l'acidité (si $pH < 7$) ou la basicité (lorsque $pH > 7$) d'une solution aqueuse. La solution est neutre lorsque $pH = 7$.

pH-mètre Appareil de mesure du pH d'une solution aqueuse.

Pile alcaline Pile qui contient de la potasse (le potassium est un métal « alcalin »).

Pile à combustible Pile « propre » et rechargeable qui utilise le dihydrogène et le dioxygène de l'air pour produire de l'électricité.

Pile électrochimique Pile constituée de deux électrodes plongées dans un électrolyte. Lorsque la pile fonctionne, les ions se déplacent dans l'électrolyte et une tension s'établit entre les électrodes.

Pile saline Aussi dite « pile sèche », qui contient des composés ioniques (des « sels »).

Poids Force qui est la manifestation de l'interaction gravitationnelle entre un objet et la Terre (l'objet est également en interaction avec tous les autres objets à proximité, mais les effets de ces interactions sont négligeables par rapport à celui de la planète tant sa masse est plus importante).

Produit Les substances formées au cours d'une transformation chimique sont désignées comme étant les produits de la réaction.

Protocole expérimental Description détaillé de l'enchaînement des étapes à suivre pour mener à bien une expérience.

Puissance électrique Énergie électrique par unité de temps que consomme un appareil. On l'exprime en watts (W) ou parfois en kilowatts (kW).

Puissance reçue C'est la puissance électrique reçue par un appareil en fonctionnement. La puissance reçue par une installation est la somme des puissances reçues par chaque appareil.

Réactif Dans une transformation chimique, les réactifs sont consommés au cours de la réaction.

Rotor Partie tournante d'un alternateur composée d'un aimant ou d'un électro-aimant.

Sens conventionnel Dans un circuit électrique parcouru par un courant continu, on indique toujours le sens du courant comme allant du + vers le − du générateur.

Solution On parle d'une solution en chimie pour décrire un mélange liquide homogène de plusieurs substances.

Solution aqueuse Solution contenant majoritairement de l'eau.

Solution ionique Solution contenant des ions (anions et cations), globalement électriquement neutre car les charges positives de ses cations compensent exactement les charges négatives de ses anions.

Source primaire On parle de source primaire d'énergie pour désigner les matériaux qui servent à produire de l'énergie (par exemple le charbon pour une centrale thermique, le vent pour une éolienne, etc.).

Spire Boucle d'un fil conducteur ; les bobines électriques sont composées d'un seul fil enroulé en un très grand nombre de spires.

Spot Marque lumineuse qui se déplace sur l'écran d'un oscilloscope.

Stator Partie fixe d'un alternateur composée d'une bobine de fil de cuivre aux bornes de laquelle apparaît une tension électrique variable.

Synthèse En chimie, on parle de la synthèse d'une espèce chimique lorsqu'on la fabrique en usine ou en laboratoire par transformation chimique.

Tension alternative Une tension variable régulière qui prend successivement des valeurs positives et négatives.

Tension continue Une tension électrique continue garde la même valeur au cours du temps.

Tension variable Une tension électrique qui varie au cours du temps.

Transformation chimique Il y a transformation (ou réaction) chimique lorsque les espèces chimiques qui constituent la matière sont modifiées.

Universel Se dit de ce qui s'applique d'une même façon en toute circonstance.

Valeur efficace La valeur efficace d'une tension alternative est égale à son amplitude divisée par la racine carrée de 2.

Verrerie Terme général pour désigner les divers récipients et équipements utilisés en chimie pour réaliser des expériences.

Volatil Un produit volatil est un produit qui s'évapore facilement.

Voltmètre Appareil de mesure de la tension électrique. Pour mesurer la tension aux bornes d'un appareil, on branche le voltmètre en dérivation avec ce dernier.

Lexique d'anglais

Already déjà
Anger colère
Angry en colère

Board (to) embarquer
Break pause
Build (to) construire

Clock in, out (to) pointer

Deliver (to) livrer
Dial (to) composer, faire un numéro

Even même
Express (to) exprimer

Factory usine
Form formulaire

Happen (to) arriver, se passer
Jump (to) sauter

Make up maquillage
Miss (to) manquer, rater

Need (to) avoir besoin
Neighbour voisin

Order (to) commander
Overall blouse
Penfriend correspondant
Perhaps peut-être
Persuade (to) persuader
Playwright auteur dramatique

Recognize (to) reconnaître
Refusal refus
Registration inscription
Regulation règle

Saleswoman vendeuse
Scare (to) effrayer
Set up the table dresser la table

Spend (to) dépenser (argent), passer (temps)
Station gare
Succeed (to) réussir
Suit (to) aller, convenir

Take off (to) décoller (un avion)
Translate (to) traduire
Trip voyage
Try (to) essayer

Whereas alors que, tandis que
While pendant que
Wonder (to) se demander
Work overtime (to) faire des heures supplémentaires
Writer écrivain
Wrong faux

Carte du Royaume-Uni et de l'Irlande

Index

Anglais

Les mots renvoyant à des thèmes de vocabulaire sont indiqués en gras.

Table des illustrations

Recherche iconographique : Hatier Illustration

Conception graphique : Anne Gallet
Adaptation, réalisation : Ici & ailleurs
Cartographie : Aurélie Boissières / Légendes Cartographie
Infographie : Domino, Franck Dubiez, Illustratek
Illustrations (anglais) : Michel Conversin
Pictogrammes : Philippe Derrien
Édition : Brigitte Brisse assistée de Julie Trenque

Achevé d'imprimer en Italie par Castelli Bolis - dépôt légal n°94940-1/02 décembre 2012